最高人民法院

民法典婚姻家庭编解释（二）、涉彩礼纠纷解释理解与适用

最高人民法院民事审判第一庭 编著

人民法院出版社

PEOPLE'S COURT PRESS

图书在版编目（CIP）数据
最高人民法院民法典婚姻家庭编解释（二）、涉彩礼纠纷解释理解与适用 / 最高人民法院民事审判第一庭编著. -- 北京 : 人民法院出版社, 2025. 5. --（司法解释理解与适用丛书）. -- ISBN 978-7-5109-4472-7
Ⅰ. D923.905
中国国家版本馆CIP数据核字第20255WD637号

最高人民法院民法典婚姻家庭编解释（二）、涉彩礼纠纷解释理解与适用
最高人民法院民事审判第一庭 编著

策划编辑 赵 刚
责任编辑 陈晓璇 马 倩 杨佳瑞 白 鸽
出版发行 人民法院出版社
地 址 北京市东城区东交民巷27号（100745）
电 话 （010）67550520（责任编辑） 67550558（发行部查询）
65223677（读者服务部）
客服QQ 2092078039
网 址 http://www.courtbook.com.cn
E-mail courtpress@sohu.com
印 刷 河北鑫兆源印刷有限公司
经 销 新华书店

开 本 787毫米×1092毫米 1/16
字 数 522千字
印 张 30.25
版 次 2025年5月第1版 2025年5月第1次印刷
书 号 ISBN 978-7-5109-4472-7
定 价 148.00元

最高人民法院民法典婚姻家庭编解释（二）、涉彩礼纠纷解释理解与适用

编 委 会

主　　编　贺小荣

副 主 编　陈宜芳　蔡金芳　吴景丽　杜　军

撰 稿 人（按姓氏笔画排序）

于　蒙　马　冉　王　丹　王永明　王楠楠

危浪平　刘　静　刘忠伟　李赛敏　张一宸

赵风暴　柳　凝　侯玉晖　徐　上　唐　倩

谢　勇

执行编委　王　丹　马　冉

凡　例

1. 本书中法律、行政法规名称中的“中华人民共和国”省略，其余一般不省略，例如《中华人民共和国民法典》简称《民法典》。

2. 下列司法解释及法文件使用简称：

文件名称	简称	相关信息
《最高人民法院关于适用〈中华人民共和国民法典〉婚姻家庭编的解释（一）》	《民法典婚姻家庭编解释（一）》	发文字号：法释〔2020〕22号 公布日期：2020年12月29日 施行日期：2021年1月1日
《最高人民法院关于适用〈中华人民共和国民法典〉婚姻家庭编的解释（二）》	《民法典婚姻家庭编解释（二）》	发文字号：法释〔2025〕1号 公布日期：2025年1月15日 施行日期：2025年2月1日
《最高人民法院关于适用〈中华人民共和国民法典〉继承编的解释（一）》	《民法典继承编解释（一）》	发文字号：法释〔2020〕23号 公布日期：2020年12月29日 施行日期：2021年1月1日
《最高人民法院关于适用〈中华人民共和国民法典〉合同编通则若干问题的解释》	《民法典合同编通则解释》	发文字号：法释〔2023〕13号 公布日期：2023年12月4日 施行日期：2023年12月5日
《最高人民法院关于审理涉彩礼纠纷案件适用法律若干问题的规定》	《涉彩礼纠纷解释》	发文字号：法释〔2024〕1号 公布日期：2024年1月17日 施行日期：2024年2月1日
《最高人民法院关于适用〈中华人民共和国民事诉讼法〉的解释》	《民事诉讼法解释》	发文字号：法释〔2015〕5号 公布日期：2015年1月30日 施行日期：2015年2月4日 修正施行日期：2021年1月1日（第一次修正） 2022年4月10日（第二次修正）

续表

文件名称	简称	相关信息
《最高人民法院关于适用〈中华人民共和国婚姻法〉若干问题的解释（一）》	《婚姻法解释（一）》	发文字号：法释〔2001〕30号 公布日期：2001年12月25日 施行日期：2001年12月27日 失效日期：2021年1月1日
《最高人民法院关于适用〈中华人民共和国婚姻法〉若干问题的解释（二）》	《婚姻法解释（二）》	发文字号：法释〔2003〕19号 公布日期：2003年12月25日 施行日期：2004年4月1日 失效日期：2021年1月1日
《最高人民法院关于适用〈中华人民共和国婚姻法〉若干问题的解释（三）》	《婚姻法解释（三）》	发文字号：法释〔2011〕18号 公布日期：2011年8月9日 施行日期：2011年8月13日 失效日期：2021年1月1日
《最高人民法院关于适用〈中华人民共和国合同法〉若干问题的解释（二）》	《合同法解释（二）》	发文字号：法释〔2009〕5号 公布日期：2009年4月24日 施行日期：2009年5月13日 失效日期：2021年1月1日
《最高人民法院关于审理买卖合同纠纷案件适用法律问题的解释》	《买卖合同解释》	发文字号：法释〔2012〕8号 公布日期：2012年5月10日 施行日期：2012年7月1日 修正施行日期：2021年1月1日
《最高人民法院关于审理民间借贷案件适用法律若干问题的规定》	《民间借贷司法解释》	发文字号：法释〔2015〕18号 公布日期：2015年8月6日 施行日期：2015年9月1日 修正施行日期：2020年8月20日（第一次修正） 2021年1月1日（第二次修正）

目 录

CONTENTS

上篇 《民法典婚姻家庭编解释（二）》理解与适用

第一部分 司法解释全文

第二部分 重点问题理解与适用

第三部分 条文理解与适用

下篇　《涉彩礼纠纷解释》理解与适用

第一部分　司法解释全文

第二部分　重点问题理解与适用

第三部分　条文理解与适用

第四部分　典型案例

附　录

上　篇
《民法典婚姻家庭编解释（二）》理解与适用

第一部分 司法解释全文

最高人民法院
关于适用《中华人民共和国民法典》婚姻家庭编的解释（二）

法释〔2025〕1号

（2024年11月25日经最高人民法院审判委员会第1933次会议通过
2025年1月15日最高人民法院公告公布 自2025年2月1日起施行）

为正确审理婚姻家庭纠纷案件，根据《中华人民共和国民法典》《中华人民共和国民事诉讼法》等相关法律规定，结合审判实践，制定本解释。

第一条 当事人依据民法典第一千零五十一条第一项规定请求确认重婚的婚姻无效，提起诉讼时合法婚姻当事人已经离婚或者配偶已经死亡，被告以此为由抗辩后一婚姻自以上情形发生时转为有效的，人民法院不予支持。

第二条 夫妻登记离婚后，一方以双方意思表示虚假为由请求确认离婚无效的，人民法院不予支持。

第三条 夫妻一方的债权人有证据证明离婚协议中财产分割条款影响其债权实现，请求参照适用民法典第五百三十八条或者第五百三十九条规定撤销相关条款的，人民法院应当综合考虑夫妻共同财产整体分割及履行情况、子女抚养费负担、离婚过错等因素，依法予以支持。

第四条 双方均无配偶的同居关系析产纠纷案件中，对同居期间所得的财产，有约定的，按照约定处理；没有约定且协商不成的，人民法院按照以下情形分别处理：

（一）各自所得的工资、奖金、劳务报酬、知识产权收益，各自继承或者受赠的财产以及单独生产、经营、投资的收益等，归各自所有；

（二）共同出资购置的财产或者共同生产、经营、投资的收益以及其他无法区分的财产，以各自出资比例为基础，综合考虑共同生活情况、有无共同子女、对财产的贡献大小等因素进行分割。

第五条 婚前或者婚姻关系存续期间，当事人约定将一方所有的房屋转移登记至另一方或者双方名下，离婚诉讼时房屋所有权尚未转移登记，双方对房屋归属或者分割有争议且协商不成的，人民法院可以根据当事人诉讼请求，结合给予目的，综合考虑婚姻关系存续时间、共同生活及孕育共同子女情况、离婚过错、对家庭的贡献大小以及离婚时房屋市场价格等因素，判决房屋归其中一方所有，并确定是否由获得房屋一方对另一方予以补偿以及补偿的具体数额。

婚前或者婚姻关系存续期间，一方将其所有的房屋转移登记至另一方或者双方名下，离婚诉讼中，双方对房屋归属或者分割有争议且协商不成的，如果婚姻关系存续时间较短且给予方无重大过错，人民法院可以根据当事人诉讼请求，判决该房屋归给予方所有，并结合给予目的，综合考虑共同生活及孕育共同子女情况、离婚过错、对家庭的贡献大小以及离婚时房屋市场价格等因素，确定是否由获得房屋一方对另一方予以补偿以及补偿的具体数额。

给予方有证据证明另一方存在欺诈、胁迫、严重侵害给予方或者其近亲属合法权益、对给予方有扶养义务而不履行等情形，请求撤销前两款规定的民事法律行为的，人民法院依法予以支持。

第六条 夫妻一方未经另一方同意，在网络直播平台用夫妻共同财产打赏，数额明显超出其家庭一般消费水平，严重损害夫妻共同财产利益的，可以认定为民法典第一千零六十六条和第一千零九十二条规定的“挥霍”。另一方请求在婚姻关系存续期间分割夫妻共同财产，或者在离婚分割夫妻共同财产时请求对打赏一方少分或者不分的，人民法院应予支持。

第七条 夫妻一方为重婚、与他人同居以及其他违反夫妻忠实义务等目的，将夫妻共同财产赠与他人或者以明显不合理的价格处分夫妻共同财产，另一方主张该民事法律行为违背公序良俗无效的，人民法院应予支持并依照民法典第一百五十七条规定处理。

夫妻一方存在前款规定情形，另一方以该方存在转移、变卖夫妻共同财产行为，严重损害夫妻共同财产利益为由，依据民法典第一千零六十六条规定请求在婚姻关系存续期间分割夫妻共同财产，或者依据民法典第一千零九十二条规定请求在离婚分割夫妻共同财产时对该方少分或者不分的，人民法院应予支持。

第八条 婚姻关系存续期间，夫妻购置房屋由一方父母全额出资，如果赠与合同明确约定只赠与自己子女一方的，按照约定处理；没有约定或者约定不明确的，离婚分割夫妻共同财产时，人民法院可以判决该房屋归出资人子女一方所有，并综合考虑共同生活及孕育共同子女情况、离婚过错、对家庭的贡献大小以及离婚时房屋市场价格等因素，确定是否由获得房屋一方对另一方予以补偿以及补偿的具体数额。

婚姻关系存续期间，夫妻购置房屋由一方父母部分出资或者双方父母出资，如果赠与合同明确约定相应出资只赠与自己子女一方的，按照约定处理；没有约定或者约定不明确的，离婚分割夫妻共同财产时，人民法院可以根据当事人诉讼请求，以出资来源及比例为基础，综合考虑共同生活及孕育共同子女情况、离婚过错、对家庭的贡献大小以及离婚时房屋市场价格等因素，判决房屋归其中一方所有，并由获得房屋一方对另一方予以合理补偿。

第九条 夫妻一方转让用夫妻共同财产出资但登记在自己名下的有限责任公司股权，另一方以未经其同意侵害夫妻共同财产利益为由请求确认股权转让合同无效的，人民法院不予支持，但有证据证明转让人与受让人恶意串通损害另一方合法权益的除外。

第十条 夫妻以共同财产投资有限责任公司，并均登记为股东，双方对相应股权的归属没有约定或者约定不明确，离婚时，一方请求按照股东名册或者公司章程记载的各自出资额确定股权分割比例的，人民法院不予支持；对当事人分割夫妻共同财产的请求，人民法院依照民法典第一千零八十七条规定处理。

第十一条 夫妻一方以另一方可继承的财产为夫妻共同财产、放弃继承侵害夫妻共同财产利益为由主张另一方放弃继承无效的，人民法院不予支持，但有证据证明放弃继承导致放弃一方不能履行法定扶养义务的除外。

第十二条 父母一方或者其近亲属等抢夺、藏匿未成年子女，另一方向人民法院申请人身安全保护令或者参照适用民法典第九百九十七条规定申请人格权侵害禁令的，人民法院依法予以支持。

抢夺、藏匿未成年子女一方以另一方存在赌博、吸毒、家庭暴力等严重侵害未成年子女合法权益情形，主张其抢夺、藏匿行为有合理事由的，人民法院应当告知其依法通过撤销监护人资格、中止探望或者变更抚养关系等途径解决。当事人对其上述主张未提供证据证明且未在合理期限内提出相关请求的，人民法院依照前款规定处理。

第十三条 夫妻分居期间，一方或者其近亲属等抢夺、藏匿未成年子女，致使另一方无法履行监护职责，另一方请求行为人承担民事责任的，人民法院可以参照适用民法典第一千零八十四条关于离婚后子女抚养的有关规定，暂时确定未成年子女的抚养事宜，并明确暂时直接抚养未成年子女一方有协助另一方履行监护职责的义务。

第十四条 离婚诉讼中，父母均要求直接抚养已满两周岁的未成年子女，一方有下列情形之一的，人民法院应当按照最有利于未成年子女的原则，优先考虑由另一方直接抚养：

（一）实施家庭暴力或者虐待、遗弃家庭成员；

（二）有赌博、吸毒等恶习；

（三）重婚、与他人同居或者其他严重违反夫妻忠实义务情形；

（四）抢夺、藏匿未成年子女且另一方不存在本条第一项或者第二项等严重侵害未成年子女合法权益情形；

（五）其他不利于未成年子女身心健康的情形。

第十五条 父母双方以法定代理人身份处分用夫妻共同财产购买并登记在未成年子女名下的房屋后，又以违反民法典第三十五条规定损害未成年子女利益为由向相对人主张该民事法律行为无效的，人民法院不予支持。

第十六条 离婚协议中关于一方直接抚养未成年子女或者不能独立生活的成年子女、另一方不负担抚养费的约定，对双方具有法律约束力。但是，离婚后，直接抚养子女一方经济状况发生变化导致原生活水平显著降低或者子女生活、教育、医疗等必要合理费用确有显著增加，未成年子女或者不能独立生活的成年子女请求另一方支付抚养费的，人民法院依法予以支持，并综合考虑离婚协议整体约定、子女实际需要、另一方的负担能力、当地生活水平等因素，确定抚养费的数额。

前款但书规定情形下，另一方以直接抚养子女一方无抚养能力为由请求变更抚养关系的，人民法院依照民法典第一千零八十四条规定处理。

第十七条 离婚后，不直接抚养子女一方未按照离婚协议约定或者以其他方式作出的承诺给付抚养费，未成年子女或者不能独立生活的成年子女请求其支付欠付的抚养费的，人民法院应予支持。

前款规定情形下，如果子女已经成年并能够独立生活，直接抚养子女一方请求另一方支付欠付的费用的，人民法院依法予以支持。

第十八条 对民法典第一千零七十二条中继子女受继父或者继母抚养教育的事实，人民法院应当以共同生活时间长短为基础，综合考虑共同生活期间继父母是否实际进行生活照料、是否履行家庭教育职责、是否承担抚养费等因素予以认定。

第十九条 生父与继母或者生母与继父离婚后，当事人主张继父或者继母和曾受其抚养教育的继子女之间的权利义务关系不再适用民法典关于父母子女关系规定的，人民法院应予支持，但继父或者继母与继子女存在依法成立的收养关系或者继子女仍与继父或者继母共同生活的除外。

继父母子女关系解除后，缺乏劳动能力又缺乏生活来源的继父或者继母请求曾受其抚养教育的成年继子女给付生活费的，人民法院可以综合考虑抚养教育情况、成年继子女负担能力等因素，依法予以支持，但是继父或者继母曾存在虐待、遗弃继子女等情况的除外。

第二十条 离婚协议约定将部分或者全部夫妻共同财产给予子女，离婚后，一方在财产权利转移之前请求撤销该约定的，人民法院不予支持，但另一方同意的除外。

一方不履行前款离婚协议约定的义务，另一方请求其承担继续履行或者因无法履行而赔偿损失等民事责任的，人民法院依法予以支持。

双方在离婚协议中明确约定子女可以就本条第一款中的相关财产直接主张权利，一方不履行离婚协议约定的义务，子女请求参照适用民法典第五百二十二条第二款规定，由该方承担继续履行或者因无法履行而赔偿损失等民事责任的，人民法院依法予以支持。

离婚协议约定将部分或者全部夫妻共同财产给予子女，离婚后，一方有证据证明签订离婚协议时存在欺诈、胁迫等情形，请求撤销该约定的，人民法院依法予以支持；当事人同时请求分割该部分夫妻共同财产的，人民法院依照民法典第一千零八十七条规定处理。

第二十一条 离婚诉讼中，夫妻一方有证据证明在婚姻关系存续期间因抚育子女、照料老年人、协助另一方工作等负担较多义务，依据民法典第一千零八十八条规定请求另一方给予补偿的，人民法院可以综合考虑负担相应义务投入的时间、精力和对双方的影响以及给付方负担能力、当地居民人均可支配收入等因素，确定补偿数额。

第二十二条 离婚诉讼中，一方存在年老、残疾、重病等生活困难情形，依据民法典第一千零九十条规定请求有负担能力的另一方给予适当帮助的，人民法院可以根据当事人请求，结合另一方财产状况，依法予以支持。

第二十三条 本解释自 2025 年 2 月 1 日起施行。

第二部分 重点问题理解与适用

《民法典》婚姻家庭编法律适用中的价值理念和思维方法

2020年5月，习近平总书记在十九届中央政治局第二十次集体学习时指出："民法典颁布实施，并不意味着一劳永逸解决了民事法治建设的所有问题，仍然有许多问题需要在实践中检验、探索，还需要不断配套、补充、细化。有关国家机关要适应改革开放和社会主义现代化建设要求，加强同民法典相关联、相配套的法律法规制度建设，不断总结实践经验，修改完善相关法律法规和司法解释。对同民法典规定和原则不一致的国家有关规定，要抓紧清理，该修改的修改，该废止的废止。要发挥法律解释的作用，及时明确法律规定含义和适用法律依据，保持民法典稳定性和适应性相统一。"① 为贯彻落实习近平总书记重要讲话精神，最高人民法院在清理制定《民法典婚姻家庭编解释（一）》的基础上，针对司法实践中面临的重点难点问题，秉持对《民法典》婚姻家庭编与其他各编以及《公司法》等部门法的体系化解释理念，制定了《民法典婚姻家庭编解释（二）》。本文拟以《民法典》婚姻家庭编法律适用中的价值理念和思维方法为主线，结合该司法解释的制定过程以及主要内容，作一简要解析。

婚姻家庭关系是基于两性关系、血缘关系和扶养关系而形成的人与人之间的关系，婚姻家庭法属于典型的身份法。近年来，随着经济社会文化的发

① 习近平：《充分认识颁布实施民法典重大意义 依法更好保障人民权益》，载《求是》2020年第12期。

展，我国的婚姻观念、家庭结构、生活方式也发生了新变化。如何回应社会新需求，在尊重人民群众现实生活的基础上，引领践行社会主义核心价值观，是我们面临的时代课题；在法律层面，婚姻法回归民法体系后，如何协调财产法和身份法，如何在市场经济环境下平衡交易安全和维护婚姻家庭和谐稳定，如何在坚持男女平等基本原则的同时特别保护妇女、未成年人、老年人和残疾人的合法权益，是我们面临的新挑战。习近平总书记深刻指出："中华民族历来重视家庭，正所谓'天下之本在国，国之本在家'，家和万事兴。国家富强，民族复兴，最终要体现在千千万万个家庭都幸福美满上，体现在亿万人民生活不断改善上。千家万户都好，国家才能好，民族才能好。"①《民法典婚姻家庭编解释（二）》立足新的国情、社情、民情，深入贯彻落实习近平总书记关于注重家庭家教家风建设的重要论述精神，以《民法典》基本原则和具体法律规定为基础，体系化解释相关法律规定，努力为婚姻家庭的和谐稳定提供司法保障。

一、平衡保护个人合法权益与家庭团体利益

近现代以来，个人权利意识觉醒。"每个人都被视为目的本身而存在"（康德语）。现代以来的私法主要以财产的归属与交易为重心，具有高度形式理性化特征。在内容上，财产法以权利为核心，个人权利在法律上被表达为利益的正当性评价。个人权利不仅是个人正当利益的固定，还是个人追求正当利益的行为自由。② 相对应地，家庭以婚姻关系为核心，以情感关系为基础，具有伦理性和利他性，双方表现的是全方位的人格投入。这就导致两者天然存在巨大张力。"理性人"作为通常所描述的"民法中的人"的典型形象，大体上等同于财产法上的"经济人"，从事民事活动的目的是追求自身利益的最大化。③ 婚姻家庭法背后并不存在那种"个人主义的自由契约"所构成的人类图像。相反，其被理解为一种超个人主义式的生活图景。在理想中，家庭能够促使家庭成员之间形成温暖和亲密的关系，并为家庭成员提供满足与安全的环境。相比经济团体，夫妻团体内部存在广泛的利他主义。④

---

① 习近平：《在2018年春节团拜会上的讲话》，载新华社2018年2月14日。

② 参见彭诚信：《现代权利理论研究》，法律出版社2017年版，第315页。

③ 参见刘征峰：《家庭法与民法知识谱系的对立》，载《法学研究》2017年第4期。

④ 参见［美］加里·斯坦利·贝克尔：《家庭论》，王献生、王宇译，商务印书馆2011年版，第413页。

习近平总书记深刻指出："随着我国改革开放不断深入，随着我国经济社会发展不断推进，随着我国人民生活水平不断提高，城乡家庭的结构和生活方式发生了新变化。但是，无论时代如何变化，无论经济社会如何发展，对一个社会来说，家庭的生活依托都不可替代，家庭的社会功能都不可替代，家庭的文明作用都不可替代。无论过去、现在还是将来，绝大多数人都生活在家庭之中。"[①]《宪法》第49条规定，婚姻、家庭、母亲和儿童受国家的保护。《民法典》也在原《婚姻法》的基础上增加"婚姻家庭受国家保护"以及"家庭应当树立优良家风，弘扬家庭美德，重视家庭文明建设"等规定，作为婚姻家庭编的基本原则。可见，虽然家庭不是民法上独立的民事主体，但作为社会基本细胞，是特别的保护对象。维护好婚姻家庭的和谐稳定，不仅从最终结果上有益于每个人，更是国家发展、民族进步、社会和谐的重要基点。"家庭法的当代价值取向更应当是在家庭成员自由的、无强制的交流之中产生一种团体认同。"[②] 因此，深入贯彻习近平总书记重要指示精神，落实《民法典》树立优良家风、弘扬家庭美德的基本价值理念，在维护个人合法权益与维护家庭团体性之间实现平衡，是实施《民法典》婚姻家庭编的重要内容。

在平衡保护个人合法权益与家庭团体利益方面，一个重要的体现就是父母给子女买房问题。在子女结婚时，父母尤其是男方父母给子女出资购房既是中国传统家庭财产代际传承的方式，也是父母对子女婚姻幸福美满的祝福和物质支持，同时，更有"养儿防老"，保障父母自身晚年生活的预先安排，有着广泛的社会基础。但是，在子女离婚时，父母的希望落空，利益平衡被打破。如何审理好相关案件，实现父母权益与配偶一方权益的平衡保护，长期以来是司法实践面临的难题。从《婚姻法解释（二）》第22条到《婚姻法解释（三）》第7条，再到《民法典婚姻家庭编解释（一）》第29条，司法政策也一直在探寻更好的解决方式。

笔者认为，保护出资父母一方权益和保护子女配偶一方权益均有一定道理，只是所处立场不同。此种情况之所以引起巨大争议，实际上是个人主义与婚姻家庭团体主义之间张力的体现。保护出资父母一方利益体现的是对个

① 习近平：《注重家庭，注重家教，注重家风》，载《求是》2025年第3期。

② 参见朱虎：《财产法与家庭法的区分——评〈民法典婚姻家庭编解释（二）（征求意见稿）〉》，载《妇女研究论丛》2024年第3期。

人财产权利的尊重；而维护子女配偶一方合法权益，有助于增强其对家庭的认同，鼓励其对家庭的投入和付出，并协助另一方更好地赡养父母，实际上蕴含的是对婚姻家庭的保护，而且，从根本和长远上是有利于出资父母一方利益的。因此，不在于技术上如何处理，而在于基本理念如何确定。

首先，应当将贯彻落实习近平总书记关于家庭家教家风重要论述，贯彻落实《宪法》和《民法典》关于保护婚姻家庭基本原则作为法律适用的出发点。在保护个人合法权益的同时，要注重对家庭团体的保障力度，要看到两者之间对立统一关系。“由于家庭观念仍旧根深蒂固地存活在人们的日常生活之中，因此在坚持个人的人格独立与自主时，应当在制度安排上注重维护婚姻制度和强化家庭责任，以实现家庭在新时代所担负的传承优秀法律文化、稳定婚姻家庭关系、实现儿童权利优先、弘扬婚姻家庭主流价值观的社会功能。”① 夫妻财产法上的个人主义原则应受保障夫妻共同体这一价值的限制。② 家庭关系中的利他行为其实就是一种互利的行为——在一方需要的时候进行帮助，在自己需要的时候得到回馈，如果父母只从利己及子女的角度行事，对方也会作出同样的回应。如果家庭成员间的关系充斥着利己和算计，家庭的亲密关系也将不复存在，父母含饴弄孙、安度晚年的心愿也会成为泡影。③《民法典婚姻家庭编解释（二）》基于上述考虑，将树立优良家风、弘扬家庭美德落实到具体规则设计中，通过肯定双方对家庭的付出，免除其后顾之忧，从而增强家庭的凝聚力和向心力，维护婚姻家庭的和谐稳定。

其次，还应当在解释论背景下研究法律的适用。《民法典》通过第 1062 条、第 1063 条和第 1065 条确立了我国基本的夫妻财产制度。据此，在婚姻关系存续期间受赠的财产原则上为夫妻共同财产，除非赠与合同中明确约定只归一方。而基于中国人含蓄的情感表达方式以及为了维护和谐的家庭关系需要，父母在给子女出资购房时，往往没有明确的赠与合同，更很少明确只给自己子女一方。因此，在双方没有明确约定的情况下，根据法律规定，应当认定为是赠与夫妻双方。那么，能否将不动产登记情况视为是双方明确约定的情形呢？笔者认为，该规则虽然清晰明了，且登记在很多情况下能够间接表达父母的意愿，但也应当看到，以登记为判断标准一方面容易降低家庭

① 参见夏吟兰：《民法分则婚姻家庭编立法研究》，载《中国法学》2017 年第 3 期。

② 参见冉克平：《夫妻团体法——法理与规范》，北京大学出版社 2022 年版，第 19 页。

③ 参见杨晋玲：《亲属法基础理论问题研究》，法律出版社 2017 年版，第 334 页。

共同体认同感、伤害夫妻感情、影响家庭和谐；另一方面，家庭情况千差万别，对基于各种考虑将房产登记在双方名下甚至子女配偶名下的情况，如果将登记与赠与意思表示挂钩，认定为是无条件赠与夫妻双方，与当事人的本意可能不符。实践中，也正因如此推定，导致出资一方父母认为自己利益受损，转而以该出资款项系民间借贷为由提起借款关系纠纷，使得问题更为复杂，也增加了当事人的诉累。此问题的根源仍在于离婚分割夫妻共同财产时，如何认定婚姻关系存续期间父母给子女购房出资款项的归属。基于父母与自己子女利益的一致性，只要在离婚分割夫妻共同财产时确定相关规则，即可实现对父母权益的保护。一般情况下，父母在子女婚后为其购房出资有默示的意思表示基础，即该赠与是以子女的婚姻稳定存续为前提，司法实践中应特别考虑该法律行为作出的意思表示基础和愿景。为此，《民法典婚姻家庭编解释（二）》不再将不动产登记与赠与的意思表示推定挂钩，而是根据不同出资情况和来源，区分两种情形进行规定：（1）在一方父母全额出资的情况下，如果父母与夫妻双方约定，该出资只给予自己的子女，应当按照约定处理。如果没有约定或者约定不明确的，该出资不管是否登记在自己子女名下，在根据《民法典》第 1062 条和第 1063 条应认定为夫妻共同财产的基础上，需要根据《民法典》第 1087 条规定合理分割，即在协议不成时，由人民法院根据财产的具体情况，按照照顾子女、女方和无过错方的原则判决。而所谓“财产的具体情况”应当包括出资来源情况。在具体分割时，考虑到一方父母全额出资，而房产的价值较大，又无法进行实物分割，可以判决该房屋归出资人子女一方所有，同时要综合考虑共同生活及孕育共同子女情况、离婚过错等事实，对另一方予以合理补偿。需要特别说明的是，即便父母明确约定该购房出资只给予子女配偶一方，基于血亲与姻亲关系的差别，一般情况下，该约定也是以子女婚姻关系存续为默示的意思表示基础，在子女离婚时，也需要考虑。（2）在双方父母对房屋均有出资或一方父母部分出资的情况下，思路同上，即以出资来源和比重作为分割的基础，同时综合考虑共同生活及孕育共同子女情况、离婚过错等事实，对另一方予以合理补偿。但在具体分割时，考虑到此种情形出资来源和出资比例的复杂性，无法明确房屋一定归哪一方所有，需要根据个案情况分别处理。比如，双方父母的出资比例为 2∶8，首先要强调的是，如无明确约定，夫妻对该房产并不是按份共有，而是共同共有。这也与《民法典》第 308 条关于共有人对共有的不动产是按份共有还是共同共有没有约定或者约定不明确的，共有人具有家庭关系的，应为共同共有的规定精神一致。在无其他特别因素的情况下，具体分割时，一般可以判决房屋归80%出资比例的一方，但并非一定给另一方20%的补偿，需要在考虑共同生活及孕育共同子女情况、离婚过错等事实的基础上，按照照顾子女、女方和无过错方的原则判决，补偿比例可能高于也可能低于20%。此种“软处理”的方式符合婚姻家庭的利他性和伦理性特征，可以在保护个人合法权益和维护家庭团体性之间实现适当平衡，有助于增进另一方对家庭的认同感和婚姻凝聚力，也不违背父母一方的初衷。在婚龄较短的情况下，亦能够保障出资父母一方的合法权益。同时，也引导当事人从过多地关注登记情况，转向更多地关注对家庭的付出。此外，根据《老年人权益保障法》第14条第3款规定，赡养人的配偶应当协助赡养人履行赡养义务。在其已经协助赡养人履行赡养义务的情况下，给予其一定补偿，亦能够有利于保障老年人权益，实现家庭和睦。

二、平衡保护夫妻财产关系与第三人交易安全

近年来，随着经济社会发展，我国婚姻家庭领域也发生了重大变化。一方面，个人流动性提高与社会分工专业化导致传统大家庭逐渐解体，家庭关系的范围逐渐缩小至核心家庭，并成为社会的细胞和基本单元。在家庭关系之中，夫妻团体成为家庭关系的主轴，是家庭与社会相互联系的路径。[①] 另一方面，家庭的社会职能大大减缩。传统家庭在诸多方面呈现去功能化的趋势，如生产、经营活动就由效率更高的市场或其他组织取而代之。[②] 家庭逐步失去其生产的功能。[③] 此外，社会保障体系的完善，又替代了原有家庭的部分功能。夫妻团体主要是因为人的原因而不是功能的原因聚集在这一处所。[④] 随着个人主义兴起，个人作为独立个体对外从事经济活动的范围越来越广，但对内身份仍为家庭成员。故而，在家庭中的个人扮演着双重角色：一方面，夫妻之间以“伦理人”身份对内营造家庭共同生活，适用以男女平等、婚姻自由、保护弱势群体等为原则的家庭人身法规范；另一方面，夫或

---

① 参见费孝通：《乡土中国·生育制度·乡土重建》，商务印书馆2011年版，第44页。

② 参见［美］加里·斯坦利·贝克尔：《家庭论》，王献生、王宇译，商务印书馆2011年版，第421页。

③ 根据《民法典》第54条和第55条的规定，家庭作为生产单位的情形主要包括个体工商户和农村承包经营户。

④ 参见［德］迪特尔·施瓦布：《德国家庭法》，王葆莳译，法律出版社2010年版，第60页。

妻又以“经济人”的角色对外参与社会经济生活，采用以私法自治为圭臬、具有高度形式理性化的物权法、合同法、公司法等一般财产法规则，资源和财富由此在家庭与社会之间形成“系统循环”。[①] 因此，在适用《民法典》婚姻家庭编时，既要注意适用婚姻家庭编的规定解决内部关系，同时，又要注重家庭与外部市场经济的联系，平衡婚姻外的第三人与婚姻内配偶的利益，平衡市场的交易安全与婚姻的实质正义。既不能简单以婚姻家庭受特殊保护为由消解外部的财产法规则，也不能不考虑外部关系对家庭的影响，以免破坏家庭的伦理基础。

比如，针对实践中存在争议的夫妻一方擅自处分自己名下股权的问题，《民法典婚姻家庭编的解释（二）》在第 9 条明确规定，夫妻一方转让用夫妻共同财产出资但登记在自己名下的有限责任公司股权，另一方以未经其同意侵犯夫妻共同财产权为由请求确认股权转让合同无效的，人民法院不予支持，但有证据证明转让人与受让人恶意串通损害另一方合法权益的除外。这涉及夫妻一方对外从事生产经营行为时如何维护股权登记公信力、保护善意相对人的合理信赖与保障配偶另一方合法权益的平衡。具体分析如下：(1) 应区分内外部关系。在对外方面，股权转让这一商事行为受《公司法》调整，股东个人是《公司法》确认的合法处分主体。市场交易中，在出资成立有限责任公司或者股权转让的情况下，相对人对于出资人或转让人是否已婚还是未婚通常不作为交易考虑的因素，何况当事人的婚姻状况随时都有可能发生变化，故婚姻状况一般不应影响股权认定和转让。如果要求交易相对方、共同发起人或者公司审查某一股东的婚姻状况，不仅有可能侵犯其个人隐私，也不当地增加了交易成本。从现有公司法规定看，除了股权继承涉及身份关系认定外，公司法并没有将出资人婚姻状况作为考虑因素。(2) 应区分不同法律关系分别认定股权的内容。股权是股东因出资行为而对公司享有的获取经济利益和参与公司经营管理的各项权利的总称。[②] 一般认为，股权属于复合型权利，既包括自益权，也包括共益权。而取得股权不仅包括实质要件（出资或者基于受让、继承等），还包括形式要件（通知公司、记载于股东名册、进行工商登记）。基于出资让渡的财产权转化为公司独立

① 参见冉克平：《夫妻团体法——法理与规范》，北京大学出版社 2022 年版，第 20 页。

② 参见最高人民法院民事审判第二庭编著：《〈全国法院民商事审判工作会议纪要〉理解与适用》，人民法院出版社 2019 年版，第 134 页。

财产权后，获得的对价（股权）可纳入夫妻共同财产范畴，由夫妻共同所有。[①]《民法典》第1062条在修改原婚姻法时将“生产、经营的收益”改为“生产、经营、投资的收益”，股权在范围上应当可以被“投资的收益”涵盖。生产、经营、投资的收益包括夫妻一方或者双方从事生产、经营所得的各种收入和投资所得的收入，有劳动收入，也有资本收益，如股票债权收入、股份、股权等资本利得，亦是夫妻共同财产的一种形式。[②] 在夫妻关系内部，应当受夫妻对共同财产有平等处理权规定的制约。在此情况下，显名方未经配偶另一方同意所作处分应解释为无权处分，以保护实际出资财产的共有人的利益。但基于股权行使场合不同，应在不同法律关系项下具体分析，即便认定为无权处分，也是从与实际出资人以及股权受让人的关系角度而言的；在与公司关系层面，根据《公司法》第56条第2款规定，记载于股东名册的股东，可以依股东名册主张行使股东权利。《公司法》第86条第2款规定，股权转让的，受让人自记载于股东名册时起可以向公司主张行使股东权利。因此，只有在股东名册上登记的股东才能向公司主张权利，股东配偶不能以股权系夫妻共同财产出资为由，向公司主张权利。《民法典》在删除原《合同法》第51条关于无权处分规定的基础上，吸收《最高人民法院关于审理买卖合同纠纷案件适用法律问题的解释》（法释〔2012〕8号，已修改）第3条的规定，在买卖合同一章增加第597条第1款，即“因出卖人未取得处分权致使标的物所有权不能转移的，买受人可以解除合同并请求出卖人承担违约责任”。表明了无权处分不再影响合同本身效力的立场。因此，不论是否认定构成无权处分，均不影响股权转让合同的效力，区别在于股权是否能够发生变动。司法审判的关注重点应是该交易是否属于正常的商事交易，是否损害了配偶一方的合法权益，而不能简单地要求所有交易都“共签”来体现夫妻对共同财产的平等处理权。家庭关系的特殊性决定了有权处分和无权处分的事实认定有时并非泾渭分明，司法审判需要以妥善平衡双方利益为目标。在此情况下，司法裁判的视角不在于逻辑推演登记方是有权处分还是无权处分，而在于如何在具体个案中认定股权转让行为是否实质损害

① 参见王丹：《婚姻关系中涉及有限责任公司股权的若干实践问题》，载《法律适用》2024年第12期。

② 参见黄薇主编：《中华人民共和国民法典合同编释义》，法律出版社2020年版，第81页。

了未显名配偶一方的合法权益，进而平衡保护双方利益。[①] 当然，如果有证据证明受让人与出让人恶意串通损害出让人配偶合法权益的，该配偶有权根据《民法典》第154条的规定主张股权转让合同无效。比如，夫妻双方在离婚诉讼期间，一方将其名下股权无偿或以极低的价格转让给其父母、兄弟姐妹等近亲属，不能进行合理说明的，一般可以认定存在恶意串通情形。(3) 在夫妻关系内部，正常的股权转让所获得的对价属于夫妻共同财产，并不损害配偶另一方的利益，如果转让存在恶意转移、隐匿、挥霍等严重损害夫妻共同财产利益的行为的，另外一方不仅可以依据《民法典》第1066条规定在婚姻关系存续期间请求分割共同财产，也可以依据《民法典》第1092条规定，在离婚分割夫妻共同财产时请求对该方少分或者不分。离婚后发现有相关行为的，还可以向人民法院提起诉讼，请求再次分割夫妻共同财产。

再比如，针对夫妻双方均为有限责任公司股东的情形，《民法典婚姻家庭编解释（二）》第10条规定，夫妻以共同财产投资有限责任公司并均登记为股东，双方对该部分股权的归属没有约定或者约定不明确，离婚时，一方请求按照公司章程或者股东名册记载的各自出资额确定股权分割比例的，人民法院不予支持；对当事人分割夫妻共同财产的请求，人民法院依照《民法典》第1087条规定处理。此种情况下，同样应该区分内外部关系：在夫妻关系内部，出资的财产属于夫妻共有，相应地，作为对价所获得的股权不管登记在一方名下还是双方名下，亦均属于夫妻共同的财产。公司章程或者股东名册登记的持股比例可能基于公司经营管理等方面考虑，并无财产约定的本意，不能当然得出在婚姻家庭维度该登记即为夫妻约定财产制，除非双方对此另行明确约定。根据《民法典》第1065条规定，夫妻约定财产制应当采用书面形式。这样规定的目的，在于更好地维护夫妻双方的合法权益以及第三人的利益，维护交易安全，避免发生纠纷。[②] 夫妻约定财产制不仅涉及夫妻双方的利益，还涉及不特定的第三人利益和交易安全，在双方没有明确就股权收益归属进行约定的情况下，在婚姻关系维度内，不能当然根据对外公示的登记信息，确定内部权属分配，[③] 而应当按照《民法典》第1087条

---

① 参见王丹：《婚姻关系中涉及有限责任公司股权的若干实践问题》，载《法律适用》2024年第12期。

② 参见黄薇主编：《中华人民共和国民法典合同编释义》，法律出版社2020年版，第98页。

③ 参见王丹：《婚姻关系中涉及有限责任公司股权的若干实践问题》，载《法律适用》2024年第12期。

关于分割夫妻共同财产的规定进行处理。但是，在公司经营管理层面，不考虑夫妻之间的人身关系，双方应当按照企业登记的持股比例各自行使管理权。

三、维护婚姻家庭和谐稳定与尊重家庭伦理

财产法上的人是“理性人”，财产法规范通过赋予个人权利，使个人能够按照自由的意志实施法律行为，并以自己责任承担既定的法律后果，所有权神圣、契约自由以及过错责任原则即是其基石。在规范的整体体系上，财产法更为形式理性化和实证化，更具统一性。由于形式理性化的法律未参酌外在实质的价值（如伦理、功利规范），因而极大促进了法律的可预测性，成为保障个人追求自我目的和发展的重要方式。① 但是，近代家庭关系与伦理、道德、习俗等因素之间具有的极强外部牵连性，以及家庭内部的不平等状态，致使家庭法难以如同财产法那样进行高度形式理性化的分析与建构，以保障商业交易中的可预期性。因传统道德、习俗与宗教教义所具有的强大惯性，家庭关系长期以来被认为具有超实证法的特征，并不完全属于法规范。② 婚姻是使双方人格同一化而形成的伦理实体，其不能被降格为相互利用的民事契约形式。③ 即使婚姻被学者视为契约（身份契约），其与以货币为媒介的市场经济所特有的“目的契约”也具有本质的差异。④ 因此，在婚姻家庭领域，不宜适用冷酷的商品交易法则，不适用自私自利的计算理性。所谓“清官难断家务事”，一方面是基于婚姻家庭私密性特征，更主要的还是因为婚姻是以感情为基础的，家庭并非按照千篇一律的既定规则生活，而是各有各的相处之道。故而，婚姻家庭纠纷的规则设定也不宜适用整齐划一的标准，而应更框架化、实质化，赋予法官更多的自由裁量权，根据不同家庭的实际情况灵活处理。婚姻家庭的规则更多的是指引性的，通过规则设定引导家庭成员共同努力，“心往一处想、劲往一处使”，树立优良家风、弘扬家

---

① 参见陈聪富：《韦伯论形式理性之法律》，载《清华法学》2003年第2辑。

② 参见［英］弗里德利希·冯·哈耶克：《自由秩序原理》（上），邓正来译，生活·读书·新知三联书店1997年版，第145页。

③ 参见［德］黑格尔：《法哲学原理》，范扬、张企泰译，商务印书馆1961年版，第176页以下。

④ 参见［德］马克斯·韦伯：《经济与社会（下）》（第二卷），阎克文译，上海人民出版社2010年版，第812页。

庭美德，通过每个人的利他行为，最终实现家庭共同体利益最大化，每个人也由此实现人格的完满。而如果一味适用财产法规则，看似规则清晰，看似最大化保护个人利益，其结果可能是仅算计自己的利益得失，而不愿意为家庭共同体投入，最终是对个人利益的“反噬”。尤其是家庭破裂所导致未成年子女稳定成长环境的破坏，损害未成年子女的利益。而未成年人的健康成长不仅对每个家庭至关重要，更是一个国家和民族未来发展的根基。

其中一类重要的纠纷情形是夫妻间给予房产问题。男女双方基于婚姻给予房产的情况在实践中非常普遍，目的也不尽相同。对此，《民法典婚姻家庭编解释（一）》第32条［原《婚姻法解释（三）》第6条］将该种情形引入合同编赠与合同的规定，实际上承认了在赠与财产权利未转移前，赠与方享有任意撤销权。但从司法实践看，很多案件中为了平衡双方利益，不得不变通适用。两种失衡情况是：（1）受赠方与赠与方长期共同生活，仅是未办理过户登记，如果认可赠与方任意撤销权，实际上损害了另一方的信赖利益；（2）赠与财产权利转移后很短时间内，受赠方即提出离婚，在赠与合同制度下，赠与方除了法定撤销权，没有其他救济手段，但是，法定撤销权有法定的适用情形，很多案件事实并不满足该条件，此种情况下如果不支持其返还或者部分返还的诉讼请求，对赠与方是不公平的。对此问题，理论界争议较大，司法实践莫衷一是。对此，《民法典婚姻家庭编解释（二）》第5条第1款和第2款区分未办理转移登记和已经办理转移登记两种情形分别予以规定，其中第1款规定：“婚前或者婚姻关系存续期间，当事人约定将一方所有的房屋转移登记至另一方或者双方名下，离婚诉讼时房屋所有权尚未转移登记，双方对房屋归属或者分割有争议且协商不成的，人民法院可以根据当事人诉讼请求，结合给予目的，综合考虑婚姻关系存续时间、共同生活及孕育共同子女情况、离婚过错、对家庭的贡献大小以及离婚时房屋市场价格等因素，判决房屋归其中一方所有，并确定是否由获得房屋一方对另一方予以补偿以及补偿的具体数额。”第2款规定：“婚前或者婚姻关系存续期间，一方将其所有的房屋转移登记至另一方或者双方名下，离婚诉讼中，双方对房屋归属或者分割有争议且协商不成的，如果婚姻关系存续时间较短且给予方无重大过错，人民法院可以根据当事人诉讼请求，判决该房屋归给予方所有，并结合给予目的，综合考虑共同生活及孕育共同子女情况、离婚过错、对家庭的贡献大小以及离婚时房屋市场价格等因素，确定是否由获得房屋一方对另一方予以补偿以及补偿的具体数额。”对此具体分析如下：（1）关于夫妻间给予房产约定的性质。从实践看，夫妻间给予房产主要是针对该特定财产权属的认定，双方的本意并非建立替代法定财产制的约定财产制，没有整体上对婚前和婚姻关系存续期间所得财产进行约定的意思，尤其对契约成立之后的财产关系不产生一般性和普遍性的约束力。因此，该约定应属于广义的夫妻一般财产约定，而不属于狭义的约定财产制。但是，基于《民法典》第1065条规定的宽泛范围，该种情形不妨受到《民法典》第1065条规范。[①] 在法律适用顺序上，根据《民法典》第464条规定，婚姻、收养、监护等有关身份关系的协议，应当首先适用有关该身份关系的法律规定；只有在婚姻家庭编没有规定的情况下，才可以根据其性质参照适用合同编规定。因此，不能舍弃婚姻家庭编的特别规定而直接适用合同编关于赠与合同的规定，即应当认定该约定对夫妻双方具有法律约束力。这也是诚信原则在家庭领域的体现。（2）要特别关注夫妻给予房产这一法律行为的基础。夫妻间给予房产行为虽看似无偿，但实际上存在默示的交易基础，除双方明确约定该给予不受离婚影响外，不宜将合同性质认定为赠与合同，而应认定为一种无名合同。当事人不能依据赠与合同规则，以财产权利未转移为由行使任意撤销权。该交易基础通常是为了建立或者维系、巩固婚姻家庭关系，增进双方感情和婚姻家庭凝聚力。[②] 在离婚的情况下，该交易基础发生了重大变化，应当考虑该变化对当事人利益的影响，基于诚信原则在特定情况下对合同严守规则予以突破，既“尊重个人对自己生活的自治安排”，同时也要“保护家庭弱势成员，维系家庭良善底线”。[③] 德国判例中发展出的“以婚姻为条件的给予”，对我国处理此类问题非常具有借鉴意义。在德国司法实践中，一般认为，即使客观上没有对等给付，通常也不会将配偶间给予定性为赠与关系，而是将其认定为“以婚姻为条件的给予”（ehebedingten Zuwendung），对此，不适用赠与法。[④] 根据判例中的观点，以婚姻为条件的给予产生于默示或推定成立的家庭法合同，婚姻的存续即为此类合同中的交易基础。也就是说，配偶一方对另一方的给予受合同支配，该合同中的给予并不是无偿的，而是以配偶双方共同生活为目的。根据联邦普通法院的见解，以婚姻为

① 参见王丹：《夫妻间给予房产问题研究》，载《法律适用》2024年第11期。

② 参见王丹：《夫妻间给予房产问题研究》，载《法律适用》2024年第11期。

③ 参见夏江皓：《家庭法介入家庭关系的界限及其对婚姻家庭编实施的启示》，载《中国法学》2022年第1期。

④ 参见［德］迪特尔·施瓦布：《德国家庭法》，王葆莳译，法律出版社2022年版，第169页。

条件的给予的成立条件是：配偶一方以结婚为目的，或为了实现、安排、维持或保障双方的婚姻共同生活而给予另一方财物；同时给付人设想或期待婚姻共同生活将继续存在，并且其在此种共同生活框架下对该财产及其孳息有共同权利，此种期待或设想就是给予的交易基础。婚姻破裂，意味着交易基础的丧失。[①] 上述思路与我国现有民法典体系结构的契合点应是《民法典》合同编第 533 条的情势变更制度。基于诚信原则的情势变更制度以追求实质正义为目的，这与婚姻家庭的基本理念是吻合的，有可以类推适用的基础。夫妻财产约定虽系身份行为的附随行为，但若情势变更规则的适用有利于维护家事法维护婚姻家庭目标的实现，那么二者在性质上就不存在冲突。[②] 因此，在夫妻给予房产推定存在默示交易基础的情况下，基于离婚导致交易基础的重大变化，可以参照适用情势变更制度予以调整，以实现实质正义。（3）基于婚姻家庭的伦理性和利他性特征，确定调整合同需要考量的因素。实践中，应当综合考虑婚姻关系存续时间、共同生活及孕育共同子女情况、离婚过错、对家庭的贡献大小等事实。上述考量因素中，最重要的是婚姻关系存续时间。如果婚姻关系存续时间较短，一般可以判决房屋归给予方所有，由给予方给予适当补偿；如果婚姻关系存续时间较长，接受给予一方无重大过错的，虽然房屋未办理转移登记，也可以基于双方约定，在内部关系上认定给予方应履行约定，将房屋转移登记给对方，当然可以考虑婚姻关系具体情况，由接受给予方给予合理补偿。因为离婚财产分割是对现有财产的分割，考虑到房屋市场价格存在变动，以离婚时房屋市场价格作为参考标准，比较公平合理。对于已经转移登记的，原则上，应当保护接受方的合理预期，不宜随意通过司法手段强行干预。但是，如前所述，该给予行为是以婚姻存续、双方长期稳定共同生活为默示的基础，如果婚姻关系存续时间较短且给予方无重大过错的，维持该给予行为，则会导致双方利益显著失衡，对此予以适当调整也是诚信原则的应有之义。当然，如果双方明确约定是单纯的赠与，不依附于婚姻关系而存在，则可以按照赠与合同规则处理。判定是否系纯粹性赠与的主要依据在于双方是否明确表达了该给予独立于婚姻关系的意愿，即赠与在离婚情形下仍然有效。

---

① 参见［德］迪特尔·施瓦布：《德国家庭法》，王葆莳译，法律出版社 2022 年版，第 174～175 页。

② 参见石雷：《“优良家风”入法：性质、意涵和适用》，载《西南政法大学学报》2021 年第 2 期。

四、婚姻家庭关系中体系化适用《民法典》各编的规定

婚姻法回归民法体系后，在考虑其身份法特性的同时，更需要关注其与《民法典》其他各编的体系化解释，实现《民法典》内在逻辑统一。法典化就是体系化，婚姻家庭法入典后，要从单行法思维向法典化思维转变，由于婚姻家庭编已经与《民法典》其他编构成一个完整的逻辑体系，必须以体系化视野，准确适用《民法典》婚姻家庭编，以维护家庭和谐有序，实现对社会的有效治理。[①] 该思维体现在《民法典婚姻家庭编解释（二）》中主要有以下几项具体规则：

（一）离婚协议参照适用债权人撤销权制度

《民法典》第1064条确定的夫妻共同债务制度加大了对配偶一方权益的保护力度。根据该条规定，如果夫妻一方在婚姻关系存续期间以个人名义超出日常家庭生活需要所负的债务，原则上应被认定为个人债务。在此情况下，有的夫妻双方通过解除婚姻关系，借离婚财产分割协议将所有财产分配给非举债的配偶一方，而将债务留给自己；如此，举债的配偶一方名下无任何财产，而原配偶依离婚协议所分得的财产又非举债方的责任财产，债权人便因此无法得到清偿。[②] 一般而言，“只要行为人履行其家庭法上的义务而给付财产，这种财产给予不能认定为《民法典》第538条规定的‘无偿处分财产权益’行为，不能成为债权人撤销权的对象。虽然此时债务人的行为可能在形式上导致其责任财产减少，但这种减少受法律的特殊保护，其根源正是家庭法中的利他主义假设”。[③] 但是，不能因为离婚协议属于婚姻家庭法规范而认为其完全与外部无任何关联，这是不符合实际的。审判实践中，夫妻之间为逃避债务，通过离婚协议的方式转移夫妻共同财产的情况并不鲜见，这无法通过婚姻家庭法内部规则解决，只能在外部寻找，即涉及债的保全问题。但是基于婚姻关系内部私密性特征，债权人很难了解夫妻财产分割协议内容，如何对双方平衡保护，成为理论和实践的难题。为此，《民法典婚姻家庭编解释（二）》基于体系解释思维，参照适用《民法典》合同编中的第

---

① 参见王利明：《体系化视野下〈民法典〉婚姻家庭编的适用——兼论婚姻家庭编与其他各编的适用关系》，载《当代法学》2023年第1期。

② 参见王轶、蔡蔚然：《基于婚内财产分割协议的物权变动》，载《国家检察官学院学报》2023年第2期。

③ 参见刘征峰：《家庭关系法律适用和续造的抽象界限》，载《法学》2024年第6期。

538条和第539条的规定，将离婚协议纳入债权人撤销权范围。《民法典婚姻家庭编解释（二）》第3条规定："夫妻一方的债权人有证据证明离婚协议中财产分割条款影响其债权实现，请求参照适用民法典第五百三十八条或者第五百三十九条规定撤销相关条款的，人民法院应当综合考虑夫妻共同财产整体分割及履行情况、子女抚养费负担、离婚过错等因素，依法予以支持。"对此，具体分析如下：（1）将离婚协议纳入债权人撤销权制度适用范围，符合债权人撤销权的制度目的和离婚协议的性质。《民法典》针对债务人诈害处分其责任财产的行为，按照有偿和无偿两类情形分别规定了债权人可以行使撤销权。债权人撤销权是指当债务人无偿处分或以不合理的对价交易导致其财产权益减少或责任财产负担不当加重，对债权人的债权实现有影响时，债权人可以请求人民法院撤销债务人所实施行为的一项民事制度。[①] 债权人撤销权是债的保全制度之一。根据《民法典》第464条第2款规定，婚姻、收养、监护等有关身份关系的协议，在有关该身份关系的法律没有规定，可以根据其性质参照适用合同编规定。考虑到离婚协议虽以身份关系为基础，但目的不是维持身份关系而是解除身份关系，其中的财产及债务处理条款更多地体现财产性质。因此，在婚姻家庭编没有特别规定的情况下，应有参照适用合同编债权人撤销权制度的基础，以避免夫妻通过离婚损害债权人利益。（2）离婚协议纳入债权人撤销权行使对象应为参照适用，而非直接适用。所谓"参照"，即指某一法条在其构成要件或法律后果中指示参照其他法条，此种参照分为两类：一种是参照法律要件，另一种是参照法律后果，且即使制定法没有明确规定，被指示参照的法规范之适用，始终只能是"相应地"适用。应避免不合事理的等量齐观，即事物或者说被调整的生活关系自身固有的差异所要求的差异化处理不应当被排除。[②] 对参照适用型引用性法条/准用性法条，"一直必须注意系争两个法律事实之特征上的差异，并针对该差异，慎重地认定拟处理之案型是否有限制或修正拟准用之法条的必要"[③]"参照适用型法条主要是从法律后果上参照适用"。[④] 在将离婚协议参

① 参见最高人民法院民法典贯彻实施工作领导小组主编：《中华人民共和国民法典合同编理解与适用（一）》，人民法院出版社2020年版，第523页。

② 参见［德］卡尔·拉伦茨：《法学方法论》，黄家镇译，商务印书馆2020年版，第332～333页。

③ 参见黄茂荣：《法学方法与现代民法》（第5版），法律出版社2007年版，第174～175页。

④ 王雷：《论身份关系协议对民法典合同编的参照适用》，载《法学家》2020年第1期。

照适用债权人撤销权制度时，要考虑到家庭法与财产法的不同。如果是正常的离婚协议，作为夫妻共同财产分割的约定，另一方取得属于自己的份额，虽然形式上没有表现为支付对价，但并不是无偿取得，只是取得自己应得的部分。因此，债权人原则上不能根据《民法典》第 538 条规定请求撤销。法律调整的是双方不合理的财产分配使得作为债务人的配偶一方责任财产减少，进而影响债权人债权的实现。此种情况下，债务人诈害债权的意图有时较难判断，债权人撤销权涉及债权人债权保护、债务人离婚及处分财产自由和债务人配偶一方利益的平衡保护，应更为慎重。夫妻离婚财产分割不同于市场交易，不存在相对确定的交易价格，无法准确确定“不合理”的区间范围，此时，在参照适用时应当考虑离婚协议的特殊性，不宜适用《最高人民法院关于适用〈中华人民共和国民法典〉合同编通则若干问题的解释》第 42 条[①]和第 43 条[②]规定。夫妻离婚时对共同财产分割，如无特殊情况，一般是各自一半，但这只是理想状态，且不说因为夫妻共同财产的多样性，基于有利生产、方便生活的原则进行实物分割时无法绝对价值相同，即使根据《民法典》第 1087 条规定，也还要考虑照顾子女、女方和无过错方权益的原则进行适当调整。实践中的情况则更为复杂，考虑到离婚协议可能基于子女抚养、一方存在过错等因素，都有可能存在一方多分、另一方少分的情况。因此，在参照适用时不能简单以只要不是平均分配就认为符合《民法典》第 539 条规定条件，而应当综合考虑共同财产整体分割及履行情况、子女抚养费负担、离婚过错、是否存在离婚经济帮助、家务劳动补偿或者离婚损害赔偿等事实，基于婚姻解除的实际情况严格把握撤销标准，以免损害另一方和未成年子女利益。以兼顾对债权人和配偶另一方尤其是妇女、未成年子女利益的平衡保护，既遏制道德风险，又为家庭利他主义留有法律空间。当然，

---

① 《最高人民法院关于适用〈中华人民共和国民法典〉合同编通则若干问题的解释》第 42 条规定：“对于民法典第五百三十九条规定的‘明显不合理’的低价或者高价，人民法院应当按照交易当地一般经营者的判断，并参考交易时交易地的市场交易价或者物价部门指导价予以认定。转让价格未达到交易时交易地的市场交易价或者指导价百分之七十的，一般可以认定为‘明显不合理的低价’；受让价格高于交易时交易地的市场交易价或者指导价百分之三十的，一般可以认定为‘明显不合理的高价’。债务人与相对人存在亲属关系、关联关系的，不受前款规定的百分之七十、百分之三十的限制。”

② 《最高人民法院关于适用〈中华人民共和国民法典〉合同编通则若干问题的解释》第 43 条规定：“债务人以明显不合理的价格，实施互易财产、以物抵债、出租或者承租财产、知识产权许可使用等行为，影响债权人的债权实现，债务人的相对人知道或者应当知道该情形，债权人请求撤销债务人的行为的，人民法院应当依据民法典第五百三十九条的规定予以支持。”

支持债权人撤销权诉讼请求的前提应是相关债务被认定为夫妻一方债务的情况。如果生效判决已经认定是夫妻共同债务，则任何一方的所有财产均为责任财产，债权人对撤销离婚协议没有诉的利益，一般不应予以支持。从利益衡量角度分析，认定为夫妻共同债务已经能够充分保护债权人利益，没必要再牺牲夫妻之间离婚后果的稳定性。

（二）离婚协议约定财产给予子女参照适用真正利益第三人合同制度

离婚是婚姻解体时双方当事人的一个清算过程，而夫妻共同财产分割是离婚协议中的重要内容。实践中，基于共同财产难以具体分割、各方对共同财产价值无法协商一致等原因，很多夫妻选择了折中的办法，即将共同财产的部分或者全部给予双方共同的子女，这是双方的共同利益之所在，较容易达成一致。但是，离婚后，该财产的实际占有一方或登记一方拒绝履行的现象也时有发生，甚至以享有任意撤销权为由主动提起诉讼，要求撤销该协议。对此，实践中有不同观点：一种观点认为，父母将财产无偿给予子女，应为赠与法律关系。根据《民法典》第658条规定，在赠与财产的权利转移之前，赠与人享有任意撤销权；另一种观点认为，离婚协议是以解除身份关系为基础的，是一揽子的整体协议，各部分之间虽相互独立，但是存在互为条件互为因果的关系，甚至一方当事人之所以作出离婚决定，恰恰是考虑到对方同意将财产给予共同子女，尤其是在该子女由其直接抚养的条件下。因此，另一方不享有任意撤销权。《民法典婚姻家庭编解释（二）》采纳了后一种观点。离婚协议中关于共同财产处分的约定，实际上是夫妻双方分割共同财产的具体形式，且与解除婚姻关系、子女抚养等约定构成不可分割的整体，因此不能单独撤销其中一部分内容。即便认为该财产是对子女的赠与，也是夫妻共同赠与，在财产权利没有转移前，一方亦不单独享有任意撤销权。因为双方共同赠与的标的是夫妻共同财产，双方对该共同财产不分份额地共同享有所有权，亦不宜认定一方可以享有一半的撤销权。为此，《民法典婚姻家庭编解释（二）》第20条第1款规定："离婚协议约定将部分或者全部夫妻共同财产给予子女。离婚后，一方在财产权利转移之前请求撤销该约定的，人民法院不予支持，但另一方同意的除外。"

《民法典婚姻家庭编解释（一）》第69条第2款规定，当事人依照《民法典》第1076条签订的离婚协议中关于财产以及债务处理的条款，对男女双方具有法律约束力。登记离婚后当事人因履行上述协议发生纠纷提起诉讼的，人民法院应当受理。既然该协议对夫妻双方具有法律约束力，那么，根据《民法典》第577条规定，当事人一方不履行合同义务或者履行合同义务不符合约定的，另一方可以要求继续履行；如果不履行一方已经将财产处分且第三人善意取得的，另一方可以要求其承担赔偿损失的违约责任。为此，《民法典婚姻家庭编解释（二）》第20条第2款规定："一方不履行前款离婚协议约定的义务，另一方请求其承担继续履行或者因无法履行而赔偿损失等民事责任的，人民法院依法予以支持。"

关于子女能否直接请求不履行一方承担违约责任的问题。考虑到离婚协议的主体是夫妻双方，子女并非合同主体，将特定财产给予子女更多的是夫妻双方对共同财产的折中处理方案，实际系夫妻分割共同财产的方式之一。如果夫妻协商一致变更原处理方式，系对其自身权利的处分，在财产权利转移之前应予尊重。故原则上不应直接赋予子女请求权。但是，实践中，如果夫妻双方有此需求，希望赋予子女请求权，可以参照适用《民法典》第522条第2款真正利益第三人合同制度。《民法典》第522条第2款规定，法律规定或者当事人约定第三人可以直接请求债务人向其履行债务，第三人未在合理期限内明确拒绝，债务人未向第三人履行债务或者履行债务不符合约定的，第三人可以请求债务人承担违约责任；债务人对债权人的抗辩，可以向第三人主张。"真正的利益第三人合同结构是基本合同加第三人约款。在第三人约款中，债权人与债务人特别约定，债务由债务人向第三人履行，第三人可以直接请求债务人向其履行。如果合同当事人仅是约定由债务人向第三人履行债务，没有赋予第三人履行请求权的，不属于本款规定的真正的利益第三人合同，可以按照本条第1款规定的不真正的利益第三人合同处理。"① 为满足双方意思自治需要，《民法典婚姻家庭编解释（二）》第20条第3款规定："双方在离婚协议中明确约定子女可以就本条第一款中的相关财产直接主张权利，一方不履行离婚协议约定的义务，子女请求参照适用民法典第五百二十二条第二款规定，由该方承担继续履行或者因无法履行而赔偿损失等民事责任的，人民法院依法予以支持。"需要强调的是，真正的利益第三人合同的法律效果应限于在债务人未向第三人履行债务或者履行债务不符合约定的，第三人可以请求债务人承担继续履行、赔偿损失等违约责任。但毕竟第三人不是合同当事人，仅是基于法律规定或者通过合同当事人特别约定

① 参见黄薇主编：《中华人民共和国民法典合同编释义》，法律出版社2020年版，第138页。

获得有限的权利，该权利来源于明确规定或约定，并不是完整的合同当事人权利，不能当然推导出享有合同当事人的解除权或者撤销权等权利，“一般认为，第三人对债务人虽取得履行请求权，但由于其不是合同当事人，合同本身的权利，如解除权、撤销权等，第三人不得行使”。[①]

五、维护公序良俗，践行社会主义核心价值观

亲属之间的身份关系以人伦秩序为基础，婚姻家庭领域是践行社会主义核心价值观的重要场域，有大量公序良俗原则的适用空间。萨维尼曾指出，家庭包含了三种不可分离的统一状态，即自然的形态、道德的形态以及法的形态，家庭关系只是部分具有法的性质。国家可以通过否定法律行为效力的方式介入婚姻家庭关系，其中否定法律行为效力涉及最多的依据即为违背公序良俗原则。为维护公序良俗，践行社会主义核心价值观，《民法典婚姻家庭编解释（二）》在以下两方面予以重点回应。

（一）重婚不适用效力补正

《民法典》第1051条将严重违背公序良俗的重婚行为认定为无效婚姻。因《民法典婚姻家庭编解释（一）》第10条规定，法定的无效婚姻情形在提起诉讼时已经消失的，婚姻效力可以补正。对此，实践中存在模糊认识。有意见认为，如果提起诉讼时原合法婚姻当事人已经离婚或者配偶已经死亡的，也属于无效婚姻情形消失的情况，应适用上述司法解释规定，自合法婚姻当事人离婚或配偶死亡的节点开始，重婚行为效力可以自动补正，这样可以减少当事人再次结婚登记的行政成本。但是，从公序良俗的角度来看，重婚行为与未达法定婚龄以及原《婚姻法》规定的“患有医学上认为不应当结婚的疾病”的情况在违法程度上存在轻重之分，前者违反的是公益要件，后者违反的是私益要件。因此，《民法典婚姻家庭编解释（二）》从弘扬社会主义核心价值观的角度，明确重婚行为不适用效力补正。其中第1条规定：“当事人依据民法典第一千零五十一条第一项规定请求确认重婚的婚姻无效，提起诉讼时合法婚姻当事人已经离婚或者配偶已经死亡，被告以此为由抗辩后一婚姻自以上情形发生时转为有效的，人民法院不予支持。”

（二）违反公序良俗的赠与应全部返还

近年来，婚姻家庭领域一类比较多的纠纷是因“婚外情”赠与财物产生

① 参见黄薇主编：《中华人民共和国民法典合同编释义》，法律出版社2020年版，第139页。

的纠纷。据统计，2019 年至 2023 年全国法院一审审结的涉婚外赠与案件占全部赠与纠纷案件的 40%左右，案件量呈大幅上升趋势。实践中赠与纠纷存在裁量结果不一致的现象，具体表现在行为性质、效力认定以及返还财产比例等问题。审判实践迫切需要统一相关规则，为此，《民法典婚姻家庭编解释（二）》第 7 条第 1 款规定："夫妻一方为重婚、与他人同居以及其他违反夫妻忠实义务等目的，将夫妻共同财产赠与他人或者以明显不合理的价格处分夫妻共同财产，另一方主张该民事法律行为违背公序良俗无效的，人民法院应予支持并依照民法典第一百五十七条规定处理。"具体分析如下：（1）认定合同无效的路径主要是违背公序良俗。"婚外情"行为不仅违反了法律规定的夫妻忠实义务，也是严重违背公序良俗的行为。鉴于《民法典》修改了原《合同法》的规定，处分人无处分权不再影响合同效力。夫妻一方未经对方同意处分夫妻共同财产属于广义上的无权处分，在解释上亦不能因此否认合同效力。因此，在路径上应当解释为双方为了维护"婚外情"而赠与，该目的违背公序良俗，依据《民法典》第 153 条第 2 款规定，民事法律行为应认定为无效。（2）相应的法律后果应根据《民法典》第 157 条规定确定。行为人因该行为取得的财产应当返还。如果原物已转让他人且他人构成善意取得等不能返还的情况下，应当折价赔偿，同时，有过错的一方还要赔偿对方因此造成的损失。（3）该种情况的救济不仅包括婚姻关系存续期间，还包括离婚后。不论是在离婚前还是离婚后，当事人处分的均是夫妻共同财产，双方不分份额地对该财产共同享有所有权，而非每人享有一半的所有权；而且，在分割夫妻共同财产时，基于出轨一方存在过错，财产并非平均分配，出轨一方可能不分或少分财产。因此，另一方有权全部要求返还。

《民法典婚姻家庭编解释（二）》几个重点问题的理解与适用[①]

家庭是社会的基本细胞。家庭和谐稳定是国家富强、民族复兴的基石。习近平总书记深刻指出："家庭和睦则社会安定，家庭幸福则社会祥和，家庭文明则社会文明。"[②] 党的二十届三中全会提出，要"完善培育和践行社会主义核心价值观制度机制""加强和改进未成年人权益保护""健全社会公德、职业道德、家庭美德、个人品德建设体制机制，健全诚信建设长效机制，教育引导全社会自觉遵守法律、遵循公序良俗，坚决反对拜金主义、享乐主义、极端个人主义和历史虚无主义"。为深入贯彻落实党的二十届三中全会精神和习近平总书记关于注重家庭家教家风建设的重要论述精神，正确实施《民法典》，统一法律适用，引导树立优良家风、弘扬家庭美德，维护婚姻家庭和谐稳定，最高人民法院在广泛深入调研的基础上制定了《民法典婚姻家庭编解释（二）》。《民法典婚姻家庭编解释（二）》已于2024年11月25日由最高人民法院审判委员会第1933次会议审议通过，自2025年2月1日起施行。现就其制定背景和相关重要问题介绍如下。

一、《民法典婚姻家庭编解释（二）》制定的背景

近年来，随着我国经济社会发展，城乡家庭的结构和生活方式发生了新变化，婚姻家庭呈现新特点，家事纠纷案件数量高位运行。离婚纠纷中财产分割成为新的焦点，财产类型多样化、涉案标的额增大，矛盾冲突激烈。婚姻家庭与财产领域问题交织，案件疑难复杂，法律适用标准亟待统一。

2020年5月，习近平总书记在十九届中央政治局第二十次集体学习时指出："民法典颁布实施，并不意味着一劳永逸解决了民事法治建设的所有问

---

① 本文原载于《人民司法》2025年第3期，作者陈宜芳、吴景丽、王丹，现收录于本书，并略作修改。

② 习近平：《注重家庭，注重家教，注重家风》，载《求是》2025年第3期。

题，仍然有许多问题需要在实践中检验、探索，还需要不断配套、补充、细化。”① 为贯彻落实习近平总书记重要讲话精神，最高人民法院在清理制定《民法典婚姻家庭编解释（一）》后，即开展《民法典婚姻家庭编解释（二）》的调研论证和起草工作。《民法典婚姻家庭编解释（二）》制定过程中，我们广泛征求了立法机关、有关部门和专家学者的意见，各方对解释内容基本形成共识。为更好回应人民群众关切，我们还就解释内容向社会公开征求意见。其间，共收到意见建议近1万份，我们逐一研究，充分吸纳。这些意见建议对完善司法解释内容起到了重要作用。

二、《民法典婚姻家庭编解释（二）》制定的原则

（一）合法性原则

坚持在现有法律制度框架内，遵循法律规定本意，确定审判实践中适用法律的具体规定。比如对争议极大的婚后父母为子女购房出资问题，基于具体案件事实在认定为赠与的前提下，根据《民法典》第1062条和第1063条规定，如果双方没有明确约定，认定为是对夫妻双方的赠与。在此基础上，夫妻双方离婚时，进一步解释《民法典》第1087条的“财产具体情况”，将出资来源作为财产具体情况予以考虑，以妥善平衡各方利益，增强家庭的凝聚力和向心力。

（二）坚持弘扬社会主义核心价值观原则

《民法典婚姻家庭编解释（二）》贯彻落实《民法典》关于树立优良家风，弘扬家庭美德，重视家庭文明建设的规定，旗帜鲜明地弘扬社会主义核心价值观，明确重婚不适用效力补正、违反公序良俗的赠与无效等，引导社会尊重婚姻，强调夫妻之间应遵守忠实义务。

（三）问题导向原则

紧贴审判工作实践中的热点与难点问题，实事求是，不贪大求全，切实为审判实践提供裁判依据。《民法典婚姻家庭编解释（二）》主要针对人民群众普遍关心的父母为子女出资购房、抢夺藏匿未成年子女、同居财产分割、夫妻间给予房产、夫妻一方违反公序良俗的赠与、离婚协议将财产给予

① 习近平：《充分认识颁布实施民法典重大意义　依法更好保障人民权益》，载《求是》2020年第12期。

子女等家事审判中的重点、难点问题予以规范。同时，注重与原有司法解释规定在逻辑上协调一致。

（四）“内外有别”原则

家庭虽不具有独立的民事主体资格，但作为社会的基本细胞，有其特定的角色和功能定位与外界始终处于互动之中。《民法典婚姻家庭编解释（二）》注重民法典婚姻家庭编与物权编、合同编等其他各编以及《公司法》等其他法律的体系协调，既注重在外部关系上维护以公示公信为基础的市场经济规则，也强调在婚姻家庭内部保护配偶另一方合法权益，比如超出家庭日常消费水平的直播打赏、夫妻一方转让股权等。

三、《民法典婚姻家庭编解释（二）》中的几个主要问题

《民法典婚姻家庭编解释（二）》以习近平新时代中国特色社会主义思想为指导，立足新的国情、社情、民情，深入贯彻落实习近平总书记关于注重家庭家教家风建设的重要论述精神，积极回应人民群众新需求新期待。《民法典婚姻家庭编解释（二）》共23条，主要包括以下几个方面：

（一）明确重婚绝对无效的基本原则

《民法典》第1042条规定，禁止重婚。第1051条规定，重婚的婚姻无效。《民法典婚姻家庭编解释（一）》第10条规定：“当事人依据民法典第一千零五十一条规定向人民法院请求确认婚姻无效，法定的无效婚姻情形在提起诉讼时已经消失的，人民法院不予支持。”

实践中，对重婚情形能否适用《民法典婚姻家庭编解释（一）》上述规定，存在不同认识。有观点认为，如果提起诉讼时原合法婚姻当事人已经离婚或者配偶已经死亡的，也属于无效婚姻情形消失的情况，应适用上述司法解释规定，自合法婚姻当事人离婚或配偶死亡的节点开始，重婚的婚姻可以自动转为有效。这样可以减少当事人再次结婚登记的行政成本。

但是，从公序良俗的角度，重婚行为与未达法定婚龄以及原《婚姻法》规定的“患有医学上认为不应当结婚的疾病”的情况在违法程度上存在轻重之分，甚至是本质的不同。前者违反了婚姻的公益要件，应坚决予以否定。后者违反的仅是婚姻的私益要件。

《民法典婚姻家庭编解释（二）》从弘扬社会主义核心价值观的角度，明确重婚行为不适用效力补正。其中第1条规定：“当事人依据民法典第一

千零五十一条第一项规定请求确认重婚的婚姻无效，提起诉讼时合法婚姻当事人已经离婚或者配偶已经死亡，被告以此为由抗辩后一婚姻自以上情形发生时转为有效的，人民法院不予支持。”

本条在向社会征求意见过程中，曾有但书条款，目的是保护重婚中善意的一方。但不少反馈意见认为，重婚是严重违背公序良俗的行为，甚至可能构成犯罪，不应当仅因一方的善意即使得重婚行为合法化。我们经研究认为，对于重婚中善意的一方，可以根据《民法典》第1054条规定，请求有过错的一方损害赔偿，该规定能够保护其合法权益，故删除了但书条款。

（二）规制通过离婚损害债权人利益行为

在夫妻以一方名义对外负债的情况下，有些夫妻意图通过离婚方式“金蝉脱壳”，损害债权人利益。为此，《民法典婚姻家庭编解释（二）》第3条规定：“夫妻一方的债权人有证据证明离婚协议中财产分割条款影响其债权实现，请求参照适用民法典第五百三十八条或者第五百三十九条规定撤销相关条款的，人民法院应当综合考虑夫妻共同财产整体分割及履行情况、子女抚养费负担、离婚过错等因素，依法予以支持。”债权人撤销权制度是针对市场交易中的债务人不当减少责任财产行为的债的保全制度，离婚协议纳入债权人撤销权制度仅为参照适用，非直接适用。对于离婚协议中的财产分割条款是“无偿”还是“不合理价格”的判断，应考虑离婚协议的特殊性。

我们认为，离婚协议中的财产分割条款具有附随性，以婚姻关系解除为前提，往往财产分割会考虑未成年子女由哪一方直接抚养、一方是否存在过错等因素，并非必须均等分割。不能简单以只要不均等分割就损害了一方债权人利益为由撤销离婚协议。在总结审判实践经验基础上，《民法典婚姻家庭编解释（二）》明确，在参照适用时，需要考虑共同财产整体分割及履行情况、子女抚养费负担、离婚过错等事实，严格把握撤销标准，在依法保护债权人合法权益的同时，也要避免损害夫妻另一方和未成年子女利益。

在适用该条规定时，需要注意以下三点：（1）债权人的债权应当发生在离婚之前。（2）该债务已认定为夫妻一方的个人债务。如果该债务被认定为夫妻共同债务，夫妻双方均为债务人，债权人可以同时向夫妻双方主张债权。因此，离婚协议中关于夫妻共同财产分割的约定，不存在影响债权人债权实现的情形，无须动用债权人撤销权制度。（3）夫妻双方通过离婚恶意逃债的情况下，也可能存在《民法典》第154条关于恶意串通的民事法律行为无效之规定的适用余地。从举证责任的角度看，恶意串通的举证证明标准较高，需要达到排除合理怀疑的程度。因此，实践中，债权人大部分是以撤销权纠纷提起诉讼。本条解释主要是针对该类案件处理作出的规定，并非否认当事人以恶意串通损害他人合法权益的民事法律行为无效为由提起诉讼的权利。

（三）细化同居析产规则

自 1994 年《婚姻登记管理条例》实施以来，我国不再认可所谓“事实婚姻”。婚姻家庭受国家保护，是宪法确定的基本原则。只有办理结婚登记，双方具有婚姻关系，才享有夫妻之间的权利义务，包括互相忠实的义务、相互扶养的义务、法定的夫妻共同财产权、相互享有继承权等。近年来，随着社会观念的更新和开放，同居逐渐为一部分人所接受或者默许，但在整个社会中仍远未形成共识。

从司法实践看，近年来，双方因同居引发的析产纠纷有增多趋势，相关纠纷成为审判实践中的疑难问题。同居当事人的财产权利也需要得到法律平等的保护。统一裁判规则和理念，能够更好地回应人民群众的新要求、新期待。基于同居不同于婚姻的基本前提，《民法典婚姻家庭编解释（二）》根据《民法典》意思自治原则和民事主体的财产权利受法律平等保护的规定，明确如果同居双方事先就财产问题明确约定，则按照约定处理；在双方无约定的情况下，基于当前大部分人的心理预期和同居不同于婚姻保护的价值理念，规定在财产分割时遵循“各自所得归各自所有”的原则。鉴于共同生活的复杂性和紧密性，同居双方可能因共同出资购置、共同生产经营投资等情况导致财产无法清晰区分。为此，《民法典婚姻家庭编解释（二）》规定，此种情况，出资比例为首要考虑因素，应以此为基础进行分割，以充分保护当事人个人财产权利。

在此基础上，在财产分割时还需要考虑如下具体因素：

一是共同生活情况，比如同居生活时间长短、双方的付出情况等，也要考虑一方是否存在暴力行为等严重过错。根据《反家庭暴力法》第 37 条规定，同居生活的人虽不属于家庭成员范围，但他们之间实施的暴力行为，参照适用该法的有关规定。因此，如果一方存在暴力行为导致分手的，在同居析产时也可以作为考虑因素。

二是有无共同子女。基于最有利于未成年人的原则，同居期间生育共同子女的，同居结束后，对于直接抚养未成年子女一方，也要予以特别考虑。

三是双方对财产贡献大小。比如双方共同投资，财产增值部分主要由一方经营所得，就不能完全按照出资比例分割。总之，要根据具体案件情况，综合考量上述因素，妥善平衡双方利益。

关于是否需要对同居生活期间抚育子女、照料老年人、协助对方工作的一方给予适当补偿的问题。《民法典婚姻家庭编解释（二）》在向社会征求意见稿中，曾对此予以规定。对该规定的反对意见较多。我们经反复研究认为，应坚持婚姻家庭受国家保护的基本原则，对于同居关系，不能等同于婚姻的保护。现实生活中，同居关系双方生活紧密度较高，也往往存在互相扶助的情况，较为复杂，纠纷产生的原因和背景也不尽相同，相关裁判规则需要继续探索，故删除了该规定。在个案处理中，应当综合考虑共同生活情况，基于诚信原则和权利义务相一致原则，妥善平衡双方利益。

（四）明确父母为子女婚后购房出资的财产分割原则

子女结婚时由父母出资购房既是我国传统家庭财产代际传承的方式，也是父母对子女婚姻幸福美满的祝福和物质支持，更有父母对晚年安享天伦之乐的期盼，有着广泛的社会基础。基于父母子女间密切的人身关系和特有的中国传统家庭文化影响，父母在出资时，一般未明确或不愿明确出资性质以及具体内容。但是在子女离婚时，父母的希望落空，利益平衡被打破，纠纷也由此产生。如何审理好相关案件，实现父母权益与配偶一方权益的平衡保护，长期以来是司法实践面临的难题。从《婚姻法解释（二）》第22条到《婚姻法解释（三）》第7条，再到《民法典婚姻家庭编解释（一）》第29条，司法政策也一直在探寻更好的解决方式。

我们认为，保护出资父母一方权益体现的是对个人财产权利的尊重；而维护子女配偶一方合法权益，有助于增强其对家庭的认同，鼓励其对家庭的投入和付出，并协助另一方更好地赡养父母，实际上蕴含着对婚姻家庭的保护，这从根本上有利于保护出资父母一方权益。审理相关案件要以习近平总书记关于良好家庭家教家风建设论述精神为指导，实现个人财产利益与家庭团体利益的平衡保护。

根据《民法典》的规定，婚姻关系存续期间受赠的财产，除赠与合同确定只归一方的外，属于夫妻共同财产。因此，在赠与合同未明确约定只赠与自己子女的情况下，应按照《民法典》规定，认定为是赠与夫妻双方。但是，父母给子女出资购房的特定目的应在离婚分割夫妻共同财产时作为重要考量因素。在子女离婚尤其是婚姻持续时间较短时，父母出资购房的行为基础丧失，在分割夫妻共同财产时就要考虑个案情况予以平衡。根据《民法典》第1087条的规定，夫妻离婚时双方对分割共同财产协议不成时，由人民法院根据财产的具体情况，按照照顾子女、女方和无过错方权益的原则判决。其中"财产的具体情况"应当包括出资来源情况，在此基础上，还要按照照顾子女、女方和无过错方权益的原则公平合理分割。

鉴于实际生活中出资来源的复杂性，司法解释区分一方父母全额出资与一方父母部分出资（包括双方父母出资）两种情况分别予以规定：

1. 在一方父母全额出资的情况下，如果赠与合同明确约定只赠与自己子女一方的，应当按照约定处理。

如果没有约定或者约定不明确的，房屋不论是否登记在自己子女名下，都可以判决该房屋归出资人子女一方所有，同时要综合考虑共同生活及孕育共同子女情况、离婚过错、对家庭的贡献大小以及离婚时房屋市场价格等因素，确定是否由获得房屋一方对另一方予以补偿以及补偿的具体数额。

2. 在一方父母仅部分出资或者双方父母对房屋均有出资的情况下，因不同案件出资来源和各方出资比例不同，无法明确房屋归哪一方所有，需要根据个案情况分别处理。

因此，《民法典婚姻家庭编解释（二）》第8条第2款规定，婚姻关系存续期间，夫妻购置房屋由一方父母部分出资或者双方父母出资，如果赠与合同明确约定相应出资只赠与自己子女一方的，依照约定处理；没有约定或者约定不明确的，离婚分割夫妻共同财产时，人民法院可以根据当事人诉讼请求，以出资来源及比例为基础，综合考虑共同生活及孕育共同子女情况、离婚过错、对家庭的贡献大小以及离婚时房屋市场价格等因素，判决房屋归其中一方所有，并由获得房屋一方对另一方予以合理补偿。比如，双方父母的出资比例为2：8，如双方没有明确约定房产归属，具体分割时，一般可以判决房屋归80％出资比例的一方，但并非一定给另一方20％的补偿，需要在考虑共同生活及孕育共同子女情况、离婚过错等事实的基础上，按照照顾子女、女方和无过错方权益的原则判决，补偿比例可能高于也可能低于20％。

总之，处理父母为子女婚后出资购房问题，应当以平衡保护个人权益和婚姻家庭团体利益为基本理念，关注婚姻家庭的伦理性、团体性特征，既要引导婚姻当事人注重对家庭的付出，也要防止借短暂婚姻不劳而获大额财物的投机行为，真正实现婚姻家庭的和谐稳定。

（五）调整夫妻间给予房产行为

实践中，男女双方在婚前或者婚姻关系存续期间约定将一方所有的房产给予另一方或者为另一方“加名”的情况比较普遍。对此，《民法典婚姻家庭编解释（一）》第32条将该种情形引入合同编赠与合同的规定，实际上承认了在赠与财产权利未转移前，赠与方享有任意撤销权。从审判实践看，两种典型的情况会导致双方当事人利益失衡：

一是双方长期共同生活，虽曾约定将一方房产给予另一方或者为另一方“加名”，但因各种原因未办理不动产转移登记。如果适用赠与合同规则，认可给予方享有任意撤销权，实际上损害了另一方的信赖利益。

二是房产转移登记后，接受方在短时间内即提出离婚。在不符合法定撤销权的情况下，认定房产无法返还，对给予方是不公平的。我们经反复研究认为，一般情况下，夫妻间给予房产的目的是成立或维护婚姻并共同享有房产利益，这是该行为的基础，也是该行为与普通赠与合同完全无偿的特征不尽相同之处。基于此，《民法典婚姻家庭编解释（二）》第5条对《民法典婚姻家庭编解释（一）》第32条进行了修改。

本条向社会征求意见后，有两种不同的反馈意见：一种意见认为应当坚持诚信原则，不允许给予方反悔；另一种意见认为，要严厉打击不劳而获的行为，不能因短暂婚姻即获得大额财产。我们认为，上述两种意见在特定案件中均有一定道理，这实际上也是《民法典婚姻家庭编解释（二）》对此问题予以规范的原因。

《民法典婚姻家庭编解释（二）》第5条贯彻落实《民法典》第1065条规定，根据诚信原则，综合考虑婚姻家庭的特殊情况，区分尚未办理转移登记和已经办理转移登记两种情况分别予以规定：

1. 尚未办理转移登记的。

首先，《民法典婚姻家庭编解释（二）》第5条第1款明确，双方对房屋归属或者分割有争议且协商不成的，人民法院可以根据当事人诉讼请求，结合给予目的，综合考虑婚姻关系存续时间、共同生活及孕育共同子女情况、离婚过错、对家庭的贡献大小以及离婚时房屋市场价格等因素，判决房屋归其中一方所有，并确定是否由获得房屋一方对另一方予以补偿以及补偿的具体数额。该条规定实际上否定了给予方的任意撤销权，强调了约定对双方具有法律约束力。对于是继续履行该协议，还是基于行为基础的丧失，变更或者解除该协议，需要综合考虑婚姻家庭关系的特殊情况。

2. 已经办理转移登记的。

《民法典婚姻家庭编解释（二）》第 5 条第 2 款规定，如果婚姻关系存续时间较短且给予方无重大过错，人民法院可以根据当事人诉讼请求，判决该房屋归给予方所有，并结合给予目的，综合考虑共同生活及孕育共同子女情况、离婚过错、对家庭的贡献大小以及离婚时房屋市场价格等因素，确定是否由获得房屋一方对另一方予以补偿以及补偿的具体数额。这也就意味着，如果婚姻关系存续时间较长或者给予方有重大过错的，可以由接受方保有该房产，以维护财产秩序的相对稳定，保护接受方合理预期，弘扬诚信价值观。当然，在认定接受方保有房产的情况下，也还要综合考虑共同生活及孕育共同子女情况、对家庭的贡献大小以及离婚时房屋市场价格等因素，确定获得房屋一方对另一方是否予以补偿以及补偿的具体数额。上述规定有助于实现个案中双方当事人利益的平衡。

此外，需要特别说明的是：(1) 鉴于转移登记至另一方名下与双方名下的本质并无不同，司法解释为了条文表述的简洁，将两种情形同时规定。但是，转移登记至“另一方名下”与“双方名下”相比，两者仍存在量的差别，具体案件处理时也要有所区别。“转移登记至双方名下”并没有让渡全部所有权，而仅是让渡了“一半”，也就是说，在离婚财产分割时，“加名”一方一般情况下最多获得二分之一的产权。因此，即便生活时间较长［比如最高人民法院在发布《民法典婚姻家庭编解释（二）》时配套发布的第一个典型案例］，仍可以判决房屋归给予方所有，但要根据家庭生活实际情况，给予另一方合理的补偿。(2) 在适用《民法典婚姻家庭编解释（二）》第 5 条第 2 款时，如果根据案件实际情况，认定房屋归接受一方所有，也要根据家庭生活实际情况由接受一方对给予方予以合理补偿，以妥善平衡双方利益。

实践中还存在一些情况，如接受方存在欺诈、胁迫或者严重侵害给予方或其近亲属的合法权益、有扶养义务而不履行等情况，为此，《民法典婚姻家庭编解释（二）》第 5 条第 3 款规定，给予方有证据证明另一方存在欺诈、胁迫、严重侵害给予方或者其近亲属合法权益、对给予方有扶养义务而不履行等情形，请求撤销前两款规定的民事法律行为的，人民法院依法予以支持。根据相关法律规定，此种情形下撤销赠与后，无须给予对方补偿。但需要注意的是，撤销权应在法定期间内行使。

有的意见认为，《民法典婚姻家庭编解释（二）》的规定赋予法官自由裁量权过大，不利于司法裁判统一。我们研究认为，在市场交易中，大家按照一定的规则行事就能保持相对可预期的秩序，但婚姻家庭与之不同，婚姻家庭涉及伦理、情感、心理等因素，每个家庭也各有自己的相处模式。家事案件中的“个案”情况较多：有的给予方存在过错，有的接受方存在过错；有的双方已经长久共同生活，而有的则“闪离”；有的已生育共同子女，有的无子女。不同因素叠加更会出现各种不同的“组合”。如果一律适用同样的规则，看似整齐划一，但是，案件处理结果有可能损害一方当事人的合法权益。赋予法官一定程度自由裁量权，实现个案中的平衡保护，是实现司法裁判公平正义的要求。下一步，我们将通过发布典型案例、法答网答疑、推荐典型案例入人民法院案例库等方式，进一步细化相关因素的把握尺度，为法官裁量作参考和指引让人民群众在每一个具体案件中感受到法律实施的精准和公平正义。

因《民法典婚姻家庭编解释（二）》改变了《民法典婚姻家庭编解释（一）》第32条的规定，根据法律适用的基本原则，在《民法典婚姻家庭编解释（二）》施行后，《民法典婚姻家庭编解释（一）》第32条不再适用。

（六）规范夫妻一方对外赠与行为，维护公序良俗

近年来，婚姻家庭领域一类较多的纠纷是因“婚外情”赠与财物产生的纠纷。《民法典》规定，家庭应当树立优良家风，弘扬家庭美德，重视家庭文明建设。夫妻应当互相忠实、互相尊重、互相关爱。婚姻关系存续期间，夫妻一方为重婚、与他人同居以及其他违反夫妻忠实义务等目的，私自将婚内共同财产赠与他人，不仅侵害了夫妻共同财产平等处理权，侵犯了另一方的合法财产权益，更是一种严重违反公序良俗的行为，为社会主义核心价值观所不容。审判实践中，对赠与行为性质、效力认定以及返还比例等方面，存在不同认识，需要统一裁判标准。为此，《民法典婚姻家庭编解释（二）》第7条规定：“夫妻一方为重婚、与他人同居以及其他违反夫妻忠实义务等目的，将夫妻共同财产赠与他人或者以明显不合理的价格处分夫妻共同财产，另一方主张该民事法律行为违背公序良俗无效的，人民法院应予支持并依照民法典第一百五十七条规定处理。”具体说明如下：

1. 认定合同无效的路径主要是违背公序良俗。

“婚外情”行为不仅违反了法律规定的夫妻忠实义务，也严重违背公序良俗。鉴于《民法典》修改了原《合同法》的规定，无权处分不再影响合同效力。夫妻一方未经对方同意处分夫妻共同财产属于广义上的无权处分，在解释上亦不能因此否认合同效力。因此，在路径上应当解释为双方基于维护“婚外情”目的的赠与，该目的违背公序良俗，依据《民法典》第 153 条第 2 款规定，民事法律行为应认定为无效。

2. 相应的法律后果应根据《民法典》第 157 条规定确定。

按照《民法典》第 157 条的规定，民事法律行为被认定无效后，行为人因该行为取得的财产，应当返还；不能返还的，应当折价补偿。因此，受赠人应当返还已经接受的财物。如果原物已转让他人且他人构成善意取得等不能返还的情况下，应当折价补偿。

3. 该情况不仅包括婚姻关系存续期间，还包括离婚后。

有的观点认为，如果配偶起诉时双方还在婚姻关系存续期间，那么其有权要求返还全部财物；但是，如果配偶起诉时，双方已经离婚，共有基础已不存在，那么其只能要求返还其中的一半。我们经研究认为，不论配偶起诉是在离婚前还是离婚后，都不能改变当事人处分的财物为夫妻共同财产的性质。对夫妻共同财产，双方不分份额地共同享有所有权，而非每人享有一半的所有权。而且，在分割夫妻共同财产时，基于出轨一方存在过错，财产并非平均分配，出轨一方可能不分或少分财产。因此，另一方有权全部要求返还。

有意见提出，实践中存在夫妻合谋以另一方名义要求返还的情况，这对存在严重过错的出轨一方没有起到惩罚的效果。我们经研究认为，在无过错的配偶与破坏他人家庭的婚外第三者之间，法律保护的是前者，这是必须旗帜鲜明坚持的原则。对于违反夫妻忠实义务的一方，有其他法律制度予以规制，包括可以在不解除婚姻关系的情况下，请求分割夫妻共同财产，也可以在离婚分割夫妻共同财产时要求对违反夫妻忠实义务的一方少分或不分。为此，《民法典婚姻家庭编解释（二）》第 7 条也专门增加了第 2 款，即“夫妻一方存在前款规定情形，另一方以该方存在转移、变卖夫妻共同财产行为，严重损害夫妻共同财产利益为由，依据民法典第一千零六十六条规定请求在婚姻关系存续期间分割夫妻共同财产，或者依据民法典第一千零九十二条规定请求在离婚分割夫妻共同财产时对该方少分或者不分的，人民法院应予支持”。同时，在子女抚养方面，《民法典婚姻家庭编解释（二）》还在第14条规定，离婚诉讼中，父母均要求直接抚养已满两周岁的未成年子女，如果一方存在重婚、与他人同居或者其他严重违反夫妻忠实义务情形的，作为对其不利因素，优先考虑由另一方直接抚养。此外，根据《民法典》第1091条规定，一方存在重婚、与他人同居等严重过错的，还需要在离婚时对另一方承担离婚损害赔偿责任。

（七）明确离婚协议约定财产给予子女裁判规则

离婚纠纷中，夫妻双方对于大额夫妻共同财产尤其是唯一房产往往难以达成一致，折中的办法常常是双方均同意将该财产给予共同子女。也有的当事人之所以同意离婚，正是因为对方同意将共同财产给予子女。但是，离婚后，基于各种原因，该财产的实际占有一方或者登记一方拒绝履行的现象也时有发生，甚至以享有任意撤销权为由主动提起诉讼，要求撤销该协议。对此，实践中存在不同理解。

我们经研究认为，离婚协议中关于财产给予子女的约定，实际上是夫妻双方对共同财产协议处分的具体形式，且与解除夫妻关系、子女抚养等约定构成不可分割的整体，不能单独撤销其中一部分内容。在财产权利未转移前，一方不能根据赠与合同规则单独享有任意撤销权。为此，《民法典婚姻家庭编解释（二）》第20条第1款规定，离婚协议约定将部分或者全部夫妻共同财产给予子女，离婚后，一方在财产权利转移之前请求撤销该约定的，人民法院不予支持，但另一方同意的除外。

离婚协议的当事人为夫妻双方，一方不按照离婚协议约定履行义务时，原则上只能由夫妻另一方主张权利。为此，《民法典婚姻家庭编解释（二）》第20条第2款规定，一方不履行前款离婚协议约定的义务，另一方请求其承担继续履行或者因无法履行而赔偿损失等民事责任的，人民法院依法予以支持。离婚协议的当事人是夫妻双方，子女不是离婚协议的当事人。因此，一般情况下，应当由夫妻的一方起诉，而不是子女起诉。这也有助于避免亲子关系受到进一步损害。

当然，如果离婚协议明确约定子女可以请求一方履行的，可以依照约定处理。为此，《民法典婚姻家庭编解释（二）》第20条第3款参照《民法典》合同编中真正利益第三人合同制度规定，双方在离婚协议中明确约定子女可以就相关财产直接主张权利，一方不履行离婚协议约定的义务，子女参照《民法典》第 522 条第 2 款规定，请求其承担继续履行或者因无法履行而赔偿损失等民事责任的，人民法院应依法予以支持。

此外，实践中，存在当事人将财产给予子女后，发现子女非亲生的情况。为此，《民法典婚姻家庭编解释（二）》第 20 条第 4 款进一步明确，离婚协议约定将部分或者全部夫妻共同财产给予子女，离婚后，一方有证据证明签订离婚协议时存在欺诈、胁迫等情形，请求撤销该约定的，人民法院依法予以支持。该条精神也与《民法典婚姻家庭编解释（一）》第 70 条规定一脉相承。根据《民法典》第 155 条规定，无效的或者被撤销的民事法律行为自始没有法律约束力。因此，在相关约定被撤销后，该部分财产又回到了夫妻共有财产的状态，当事人在撤销的同时，请求重新分割的，基于便利当事人的原则，人民法院可以一并处理。因此，该条第 4 款也同时规定，当事人同时请求分割该部分夫妻共同财产的，人民法院依照《民法典》第 1087 条规定处理。

（八）规制抢夺、藏匿未成年子女行为

抢夺、藏匿未成年子女不仅侵害了父母另一方对子女依法享有的抚养、教育、保护的权利，更为重要的是，该行为会严重损害未成年子女身心健康，应当坚决预防和制止。《未成年人保护法》第 24 条明确规定，未成年人的父母离婚时，应当妥善处理未成年子女的抚养、教育探望、财产等事宜，听取有表达意愿能力未成年人的意见。不得以抢夺、藏匿未成年子女等方式争夺抚养权。《民法典婚姻家庭编解释（二）》用 3 个条文对该行为予以规制：

一是快速制止不法行为。《民法典婚姻家庭编解释（二）》第 12 条第 1 款规定："父母一方或者其近亲属等抢夺、藏匿未成年子女，另一方向人民法院申请人身安全保护令或者参照适用民法典第九百九十七条规定申请人格权侵害禁令的，人民法院依法予以支持。"通过签发人身安全保护令或者人格权侵害禁令的方式，能够及时让孩子恢复到原来的生活状态。人身安全保护令是反家庭暴力法设立的制度。《反家庭暴力法》第 23 条规定，当事人因遭受家庭暴力或者面临家庭暴力的现实危险，向人民法院申请人身安全保护令的，人民法院应当受理。

我们经研究认为，抢夺、藏匿未成年子女行为发生在家庭成员之间，也是一种暴力行为，可以通过签发人身安全保护令的方式预防和制止。人格权侵害禁令是《民法典》设立的制度。《民法典》第 997 条规定："民事主体有证据证明行为人正在实施或者即将实施侵害其人格权的违法行为，不及时制止将使其合法权益受到难以弥补的损害的，有权依法向人民法院申请采取责令行为人停止有关行为的措施。"第 1001 条规定："对自然人因婚姻家庭关系等产生的身份权利的保护，适用本法第一编、第五编和其他法律的相关规定；没有规定的，可以根据其性质参照适用本编人格权保护的有关规定。"父母对未成年子女抚养、教育和保护的义务是基于身份关系，相关身份权利的保护可以参照适用关于人格权保护的有关规定。

此外，基于家庭纠纷的复杂性，如果一方存在赌博、吸毒、家庭暴力等严重侵害未成年子女利益的情况，另一方紧急带离的，严格来说，并不属于法律禁止的"抢夺、藏匿"，而是属于一种自助行为。《民法典婚姻家庭编解释（二）》参照《民法典》第 1177 条规定精神，在第 12 条第 2 款规定："抢夺、藏匿未成年子女一方以另一方存在赌博、吸毒、家庭暴力等严重侵害未成年子女合法权益情形，主张其抢夺、藏匿行为有合理事由的，人民法院应当告知其依法通过撤销监护人资格、中止探望或者变更抚养关系等途径解决。当事人对其上述主张未提供证据证明且未在合理期限内提出相关请求的，人民法院依照前款规定处理。"

二是在一方提起的监护权纠纷案件中，明确可以暂时确定未成年子女抚养事宜。监护权纠纷是侵权责任纠纷的类型之一，主要是针对监护权受到侵害产生的纠纷。《民法典》第 27 条规定，父母是未成年子女的监护人。第 34 条第 2 款规定，监护人依法履行监护职责产生的权利，受法律保护。因一方实施抢夺、藏匿未成年子女行为，导致另一方无法对未成年子女进行抚养、教育、保护的，受到侵害的一方有权提起监护权纠纷。根据《民法典》第 179 条规定，承担民事责任的方式包括停止侵害、排除妨碍等。

但是，判项中如此表述，存在执行内容不明的问题。而且，实践中，一般当事人提起此类诉讼的主要目的是明确分居期间孩子暂由哪一方直接抚养。为此，《民法典婚姻家庭编解释（二）》第 13 条根据当事人诉请和婚姻家庭领域的实际情况，进一步具体化规定为："夫妻分居期间，一方或者其近亲属等抢夺、藏匿未成年子女，致使另一方无法履行监护职责，另一方请求行为人承担民事责任的，人民法院可以参照适用民法典第一千零八十四条关于离婚后子女抚养的有关规定，暂时确定未成年子女的抚养事宜，并明确暂时直接抚养未成年子女一方有协助另一方履行监护职责的义务。"其中的暂时确定未成年子女的抚养事宜并明确其协助义务，实际上是停止侵害、排除妨碍的具体形式，有助于更准确地指导审判实践。

三是在离婚诉讼中，确定未成年子女由哪一方直接抚养时，将抢夺、藏匿未成年子女行为作为对实施一方的不利因素，优先考虑由另一方直接抚养。《民法典婚姻家庭编解释（二）》第 14 条规定，离婚诉讼中，父母均要求直接抚养已满两周岁的未成年子女，一方抢夺、藏匿未成年子女且另一方不存在家庭暴力，虐待、遗弃家庭成员或者有赌博、吸毒恶习等严重侵害未成年子女合法权益情形的，人民法院应当按照最有利于未成年子女的原则，优先考虑由另一方直接抚养。需要特别说明的是，在确定未成年子女由哪一方直接抚养时，应当根据最有利于未成年子女原则，综合各种因素进行判断，具体考量因素包括子女的年龄、性别、与双方的情感依赖程度、双方经济状况等，而非绝对适用某一有利因素或者不利因素。

（九）要特别说明的事项

1. 关于直播打赏款项处理问题。

从司法统计数据看，近年来，涉及直播打赏的纠纷主要是未成年人和夫妻一方未经对方同意的直播打赏。为维护未成年人合法权益、保障未成年人健康成长的目的，《民法典婚姻家庭编解释（二）》征求意见稿明确规定，未成年人打赏的款项，应予退还。该规定精神应予以坚持。但考虑到网信部门已经出台相关规定，限制未成年人账户打赏功能，该问题已经基本得到解决。而且，从司法实践看，目前产生争议的多是未成年人用监护人的账号打赏，甚至也不排除实际上是成年人自己打赏，但恶意以未成年人名义要求返还。因此，需要解决的是如何查清实际打赏者是谁这一事实以及如何合理分配直播平台管理责任和监护人责任的问题。这需要进一步总结审判实践经验，故对该款予以删除。

对于直播内容含有淫秽、色情等低俗信息引诱用户打赏的，《民法典婚姻家庭编解释（二）》征求意见稿明确，夫妻另一方可要求直播平台返还。该规定的精神对于净化网络空间、践行社会主义核心价值观、督促直播平台履行监管职责具有重要意义。部分反馈意见认为，应进一步细化平台与主播之间的责任划分，明确淫秽、色情认定标准。我们经慎重研究认为，该意见有一定道理。涉及直播打赏的纠纷关系到对新业态中各方利益的平衡保护，目前尚未达成共识。考虑到直播内容的即时性、观众的不特定性等，各主体之间的权利义务关系需要进一步明晰。而且，如果直播内容涉及淫秽、色情等违法信息的，根据《治安管理处罚法》有关规定，还存在收缴等情况，严重的甚至有可能构成刑事犯罪，需要通盘考虑民事、行政、刑事责任的有机衔接，故《民法典婚姻家庭编解释（二）》对该款予以删除。下一步，我们将继续总结审判实践经验，通过发布典型案例等方式加强监督指导。

2. 关于离婚经济帮助的具体形式。

离婚经济帮助是古今中外法治文明的重要体现。1950 年《婚姻法》就规定了离婚经济帮助制度。此后的《婚姻法》和《民法典》均延续该项制度。离婚经济帮助不是劫富济贫或均贫富，而是体现社会主义核心价值观中“友善”的必然要求。离婚经济帮助制度的适用需要满足 4 个条件：

第一，判断时点为离婚之时。一方生活困难必须是在离婚时已经存在的困难，而不是离婚后任何时间所发生的困难都可以要求帮助。因此，征求意见稿明确是在“离婚纠纷中”。一方如果在离婚判决后提出经济帮助，人民法院则不会受理。这就排除了部分别有用心之人在离婚后大肆挥霍财产最终身无分文，并要求前配偶提供经济帮助之可能。

第二，受帮助的一方生活确有困难。其生活困难是指依靠分得的夫妻共同财产和个人财产仍不能维持合理生活水平。现实生活中，夫妻双方在离婚时一般会通过分割夫妻共同财产获得一定数额的财产，即使是婚姻过错方，一般也不会达到“净身出户”之程度。即使未分割到夫妻共同财产，如果其有退休金、失业保险金、社会救助金等社会保障，应已达到满足基本生活之需要，对方也无须给予离婚经济帮助。因而离婚经济帮助的对象实则是不仅没有生活来源，同时因为年老、重病、残疾等丧失了劳动能力之群体。

第三，提供帮助的一方应有负担能力。即在满足自己的合理生活需要后仍有剩余。这就意味着，如果离婚双方均只能维持一般的生活水平，也不需要向对方提供经济帮助。对此，征求意见稿也明确是“有负担能力的一方”。

第四，时间限制。离婚经济帮助，不是夫妻扶养义务的延续，而是解除婚姻关系时的一种善后措施，因此，只能是暂时的帮助，这是该制度的应有之义，也是审判实践的通常做法。而且，如果接受帮助的一方已经再婚或与他人同居生活等，帮助也应予以终止。考虑到实践中生活困难的重要方面是无房居住，为落实《民法典》该项制度，统一法律适用，《民法典婚姻家庭编解释（二）》征求意见稿明确了具体的帮助形式。该条向社会征求意见过程中，不少意见对离婚经济帮助制度有一定程度的误读。考虑到房屋价值较大，实践中也需要考虑有负担能力一方的后续生活等，《民法典婚姻家庭编解释（二）》对具体帮助形式不再作规定，实践中可以根据个案情况妥善处理。下一步，我们将继续总结审判实践经验，通过发布典型案例等方式加强监督指导。

第三部分　条文理解与适用

【条文】

第一条

当事人依据民法典第一千零五十一条第一项规定请求确认重婚的婚姻无效，提起诉讼时合法婚姻当事人已经离婚或者配偶已经死亡，被告以此为由抗辩后一婚姻自以上情形发生时转为有效的，人民法院不予支持。

【条文主旨】

本条是关于重婚不适用效力补正的规定。

【条文概览】

《民法典婚姻家庭编解释（一）》第10条规定，“当事人依据民法典第一千零五十一条规定向人民法院请求确认婚姻无效，法定的无效婚姻情形在提起诉讼时已经消失的，人民法院不予支持”。即法定的无效婚姻情形在提起诉讼时已经消失的，婚姻效力可以补正。该条主要针对的是《民法典》第1051条规定的“未达法定婚龄”的情况。重婚是违法犯罪行为，违反的是婚姻的公益要件，不适用效力补正，即使诉讼时合法婚姻当事人已经离婚或者配偶已经死亡的，重婚的婚姻亦不能自以上情形发生时转为有效。

【理解与适用】

一、重婚的定义及表现形式

我国实行一夫一妻的婚姻制度。因此，一夫一妻是我国婚姻家庭的基本制度。一夫一妻制是一男一女结为夫妻的婚姻制度。[①]《民法典》第1041条明确规定，婚姻家庭受国家保护。实行婚姻自由、一夫一妻、男女平等的婚姻制度。一夫一妻制也是社会主义婚姻家庭制度的基本原则，是在婚姻关系上实现男女平等的必要条件，也是男女基于彼此感情进入婚姻领域的必然结果。因此，我国实行的一夫一妻制是法定制度，而重婚则是对一夫一妻制度的直接挑战，是被法律严格禁止的违法行为。

关于重婚的定义，有不同的诠释路径。按照全国人民代表大会常务委员会法制工作委员会的权威释义，所谓重婚，是指有配偶的人又与他人登记结婚的违法行为，或者明知他人有配偶而与他人登记结婚的违法行为。[②]《民法典》第1051条规定重婚是无效婚姻。重婚行为不仅违反民法规定，亦成为刑事犯罪的打击对象。《刑法》第258条规定，有配偶而重婚的，或者明知他人有配偶而与之结婚的，处二年以下有期徒刑或者拘役。该条明确规定对于重婚者还要追究刑事责任。这里的重婚者包括建立重婚关系的双方当事人。在我国现阶段，受法律保护的婚姻关系有两种状态，一种是履行了婚姻登记手续、领取了结婚证的婚姻关系，还有一种是符合一定条件的为司法解释所承认其合法性的事实婚姻。[③]但需要注意的是，我国对于事实婚姻采取有条件地在一定时期、一定范围内承认的态度，对此，《民法典婚姻家庭编解释（一）》第7条明确规定："未依据民法典第一千零四十九条规定办理结婚登记而以夫妻名义共同生活的男女，提起诉讼要求离婚的，应当区别对待：（一）1994年2月1日民政部《婚姻登记管理条例》公布实施以前，男女双方已经符合结婚实质要件的，按事实婚姻处理。（二）1994年2月1日民政部《婚姻登记管理条例》公布实施以后，男女双方符合结婚实质要件的，人民法院应当告知其补办结婚登记。未补办结婚登记的，依据本解释第三条规定处理。"

关于重婚的表现形式。对是否构成重婚的认定问题，民事审判和刑事审判中存在不同认识。《刑法》为依法打击犯罪，追究重婚者的刑事责任，将重婚设定为三种情况，即有配偶者又与他人登记结婚的；有配偶者与他人没有进行结婚登记但以夫妻名义同居生活的；明知对方有配偶又与对方登记结

① 黄薇主编：《中华人民共和国民法典婚姻家庭编释义》，法律出版社2020年版，第38页。

② 黄薇主编：《中华人民共和国民法典婚姻家庭编释义》，法律出版社2020年版，第38页。

③ 最高人民法院民事审判第一庭编著：《最高人民法院民法典婚姻家庭编司法解释（一）理解与适用》，人民法院出版社2021年版，第106页。

婚或者以夫妻名义同居生活的。其中特别是以夫妻名义同居生活的，被《刑法》列入构成重婚的其中一种情形。而民法上的重婚，有观点认为应侧重于已与他人办理结婚登记但又与第三人办理结婚登记的情形。如果与他人办理结婚登记后仅与第三方以夫妻名义同居生活但并未办理结婚登记的，属于同居法律关系，不构成民法上的重婚，但可能构成刑法意义上的重婚。[①] 但也有观点认为，按照举重以明轻的原则，如果刑事上已认定为重婚罪，则在确立民事责任时，也应认定为重婚行为。比如，有的学者认为除法律上的重婚外，当事人前一婚姻未解除，又与他人以夫妻名义共同生活，虽然未办理结婚登记手续，但事实上也构成重婚。[②] 此问题涉及重婚中的“法律婚”与“事实婚”问题，目前通说认为，有配偶的人与他人登记结婚，构成法律上的重婚；虽未登记结婚，但又与他人以夫妻名义同居生活的，构成事实上的重婚。虽然民法上已不承认事实婚姻，但有配偶仍与他人以夫妻名义同居生活的，在刑法上仍可以认定为重婚罪。这与刑事审判实践相符，且应将其作为法定离婚事由和法定的离婚损害赔偿事由。认定此种情况下为重婚，是从保护合法婚姻的角度而言的，并不意味着承认该以夫妻名义同居的事实行为为婚姻。[③] 因此，在确认重婚无效的语境下，如果重婚的行为是未办理结婚登记而以夫妻名义同居的，根据《民法典婚姻家庭编解释（一）》第 7 条规定，如果行为发生在 1994 年《婚姻登记管理条例》公布实施之后的，不认可事实婚姻，即婚姻不成立，而没必要认定为无效；如果行为发生在 1994 年《婚姻登记管理条例》公布实施之前的，应当认定该事实重婚的婚姻无效。

二、重婚的效力

无效婚姻，亦称婚姻无效，是指不具备法定结婚实质要件或形式要件的两性结合，在法律上不具有婚姻效力，应当被宣布为无效的婚姻。我国民事法律认定重婚系无效婚姻，《民法典》婚姻家庭编明确规定重婚是结婚的禁止条件和婚姻无效的原因。

---

① 最高人民法院民法典贯彻实施工作领导小组主编：《中华人民共和国民法典婚姻家庭编继承编理解与适用》，人民法院出版社 2020 年版，第 81 页。

② 薛宁兰、谢鸿飞主编：《民法典评注·婚姻家庭编》，中国法制出版社 2020 年版，第 81～82 页。

③ 王丹：《法定无效婚姻情形已经消失的适用规则》，载《人民司法》2022 年第 19 期。

对于重婚的效力，比较法上很多国家和地区的法律都是持否定态度，很多法律直接规定重婚无效。早在罗马法时代，重婚就因违反一夫一妻制而被立法规定为无效婚姻。[①] 比较法上，《日本民法典》明确规定有配偶者，不得重婚，重婚可作为可撤销婚姻的原因。《瑞士民法典》第 120 条规定，无效婚姻的原因其中之一便是结婚时配偶一方已经有婚姻关系的情形。俄罗斯法律规定，双方中有一方已与他人登记离婚的婚姻无效。菲律宾法律规定，重婚或多配偶的婚姻无效。我国台湾地区“民法”第 985 条规定，有配偶者，不得重婚。一人不得同时与二人以上结婚。此外，《巴西民法典》第 207 条、《意大利民法典》第 86 条、《葡萄牙婚姻法》第 4 条第 6 款、《西班牙民法典》第 101 条第 1 款等对此亦有规定。

我国对重婚亦明确为无效婚姻。主要的理由：（1）我国立法一直持否定态度。我国自《婚姻法》以来均明确禁止重婚，比如 1950 年的《婚姻法》第 2 条明确规定“禁止重婚、纳妾”，而之后的 1980 年及 2001 年历次修改均沿袭“禁止重婚”的立法态度。稍有不同的是，2001 年前的《婚姻法》对结婚的积极性要件和消极性要件进行了规定，但并没有对违反这些规定的婚姻效力进行规定。而 2001 年《婚姻法》修改时正式确立了婚姻无效制度，填补了相关立法空白，具有相当的进步意义。[②]《民法典》第 1042 条延续之前立法态度，在第 2 款明确规定“禁止重婚”。在第 1051 条明确规定重婚系婚姻无效的其中一种情形。（2）违反禁止性规定。《民法典》第 1041 条、第 1042 条、第 1051 条明确规定了我国婚姻家庭受国家保护，实行一夫一妻的婚姻制度；禁止重婚；重婚无效等婚姻基本制度及基本原则。重婚行为冲击一夫一妻制的根本婚姻制度，直接违反我国法律的禁止性规定，不仅为我国民事法律所否定，亦构成刑事犯罪的打击对象，因此，重婚行为本身违反法律禁止性规定而无效。（3）违反公序良俗。一夫一妻制，是世界各国普遍实行的制度。重婚行为冲击人民的朴素正义观，不仅违法，而且冲击社会正常的秩序，影响婚姻家庭的稳定性，违反公序良俗。（4）与社会主义核心价值观不符。社会主义核心价值观是社会主义价值体系的内核，倡导文明、和谐、平等、法治、诚信、友善的良好道德风尚和价值认同。而重婚行为不仅

① 苏敏：《善意当事人保护视域下重婚效力规则的省思》，载《淮南师范学院学报》2022 年第 5 期。

② 薛宁兰：《婚姻无效制度论：从英美法到中国法》，载《环球法律评论》2001 年第 2 期。

为法律所否定，也与道德及社会价值观格格不入。

重婚的婚姻无效，系自始没有法律效力，当事人不具有夫妻的权利与义务。但要注意的是，重婚自始没有法律效力，是指该无效婚姻在依法被确认无效时，才确定该婚姻自始不受法律保护。这也是《民法典婚姻家庭编解释（一）》第20条的明确规定。此外，对于重婚导致的无效婚姻的财产处理，还应注意不得侵害合法婚姻当事人的财产权益。

三、重婚不适用效力补正的考虑

（一）是否适用效力补正的不同观点

关于重婚情形消失后是否可以适用效力补正，目前在司法实践和学术界存在不同认识，主要有三种观点。

第一种观点也是主流观点，认为重婚不得适用效力补正规则，且不存在除外情形。主要理由是认为重婚行为违反一夫一妻原则，有悖于社会的公序良俗，是我国法律明令禁止的严重的婚姻违法行为，从性质上不应当存在激活事由，不产生从违法到合法转化的问题。申请确认构成重婚的婚姻无效时，无论重婚者是否存在两个婚姻关系，还是只存余一个婚姻关系，都应确认构成重婚的婚姻无效，即使前婚已合法终止，后一婚姻关系为无效。[①] 实践中，亦存在大量确认婚姻无效的判决持该观点，认为重婚行为违反我国一夫一妻的基本婚姻家庭制度，在先合法婚姻的终止不是重婚的效力激活事由，即使前婚已经合法终止，都应确认后一婚姻关系因构成重婚而无效。比如河南省郑州市金水区人民法院审理的田某甲诉田某、郭某某无效纠纷案，法院在裁判理由中认为婚姻法司法解释“对于婚姻无效的阻却事由是存在于所有婚姻无效情形中还是仅适用于部分情形，并未作出明确表态，则应根据婚姻法基本原则进行分析。重婚行为严重违反一夫一妻原则，从性质上不应当存在婚姻无效的阻却事由”。[②] 在相当长的一段时间，我国司法实践中是将重婚情形完全排除于效力补正规则的适用范围之外作为主流观点的。

第二种观点与第一种观点完全对立，认为重婚一律适用效力补正规则。这种意见认为，在起诉时法定的无效婚姻情形已经消失的，应将重婚纳入效力补正规则的适用范围。比如北京市丰台区人民法院在审理畅某与李某婚姻

① 夏吟兰等：《中国民法典释评·婚姻家庭编》，中国人民大学出版社2020年版，第76页。

② 参见河南省郑州市金水区人民法院（2012）金民再初字第13号民事判决书。

无效纠纷一案时，认为“畅某在李某原婚姻关系存续期间和李某登记结婚，构成重婚。但在畅某诉讼至法院之前，李某的前一段婚姻已经登记解除，李某重婚的状态已不存在，畅某、李某之间构成无效婚姻的法定事由亦已消除，双方婚姻关系合法有效。故本院对畅某的诉讼请求不予支持”。[①] 有的案例直接认为“法定的无效婚姻情形除血亲关系不可能消除以外，其他情形均可能消灭，因此重婚也适用效力补正规则，重婚情形消灭后当事人再申请宣告婚姻无效的，法院不予支持”。[②] 部分学者也持此种观点，主要认为从维护婚姻家庭关系的稳定和保护未成年子女的合法权益出发，认为基于我国重婚原因的复杂性，当前婚因离婚或被宣告无效、被撤销时，应判定法定无效情形已经消失，人民法院对利害关系人宣告后婚无效的请求应不予支持。[③] 也有学者认为，在家庭法的价值谱系中，当事人的意思自治、家庭共同体以及社会公共利益会形成相互联系、相互制约的复杂维度，无效婚姻的法定无效情形消灭意味着无效婚姻违背社会公共利益的因素不复存在，为了尊重当事人的意思自治并体现婚姻家庭共同体的价值，如果前婚已经消灭，后婚可以转换为有效婚姻。[④]

第三种观点认为原则上重婚不适用效力补正，但保留重婚存在适用效力补正的空间。这类观点主要认为前两种完全对立的观点均存在片面性，或者说过于刚性或过于一刀切。比如若对于后婚效力一律不予承认，可能会出现对于不知道或不应当知道对方存在已婚事实的善意当事人保护不周的问题，而且也可能会打破已经形成稳定婚姻家庭关系的社会秩序；但如果一律适用效力补正，又与一夫一妻的基本婚姻制度相左，且与公序良俗、人民朴素的正义观以及社会主义核心价值观相冲突。因此，有司法实务界及学术界人士提出原则上重婚情形消除后不适用效力补正，但对于部分情形，可区分重婚另一方是否善意而确立不同的规则。首先，在当事人提起诉讼时，如果前婚被人民法院确认无效或者被撤销，此种情形下前婚被视为自始无效，后一婚姻自不构成重婚。[⑤] 这种情况严格来说并不属于重婚效力补正的问题。其次，

① 参见北京市丰台区人民法院（2020）京0106民初22623号民事判决书。

② 参见申请人黄某为与被申请人申某婚姻无效纠纷案，转引自河南省郑州市金水区人民法院（2012）金民再初字第13号民事判决书。

③ 余延满：《亲属法原论》，法律出版社2007年版，第192页。

④ 冉克平：《论婚姻无效的法律效果》，载《现代法学》2023年第5期。

⑤ 史尚宽：《亲属法论》，中国政法大学出版社2000年版，第274页。

实践中更多的是当事人提起诉讼时，前婚当事人已经离婚或者配偶已经死亡。此种情形的前提是前婚是合法婚姻，但在提起确认重婚无效的纠纷时，前婚当事人已经离婚或者配偶已经死亡，此时应当区分重婚另外一方是否善意。此处的善恶意主要是如已结婚而诈称尚未结婚再与他人结婚，其他不知情者，视为善意；重婚另外一方如果明知对方有前婚且是合法婚姻，而仍与之结婚者，应构成重婚，视为恶意。对于善意者，可以认定重婚效力因此得以补正。主要理由是善意一方并不知晓对方存在已婚状态，主观上不具有可苛责性，法律应当对其善意设置相应的保护规则。从比较法上看，也有重婚信赖保护的立法例。部分国家和地区法律规定的重婚法律后果趋于缓和而近似于离婚。比如，《法国民法典》规定，婚姻被宣告无效的，若当事人双方原本为善意，则对夫妻双方仍产生效果；若只有一方为善意，该项婚姻仅对于善意一方产生效果。《俄罗斯联邦家庭法典》规定，婚姻被宣告无效时，善意一方有权从另一方获得生活费，财产分割可适用该法典有关夫妻财产分割的规定。《墨西哥民法典》规定，无效婚姻若原为诚意缔结则在该婚姻关系存续期间，得产生有利于夫妻双方的一切民事效力。若仅有一方是诚意的，则该婚姻对诚意配偶一方产生民事效力。[①]《瑞士民法典》第 122 条第 3 款规定，配偶之他方与已有婚姻关系的人结婚的，如配偶他方为善意，此后前婚已经被解除，不得再请求宣告婚姻无效。即重婚双方或一方信赖原来婚姻已经解除或信赖不存在婚姻而结婚者，因此构成的重婚不得宣告无效。而对于恶意者，不可适用效力补正。其他理由还包括区分善意与恶意的观点符合以往我国民事政策。比如 1963 年《最高人民法院关于贯彻执行民事政策几个问题的意见》曾规定，重婚是违法行为，必须严肃处理。原则上应当维持原配夫妻关系，宣布重婚关系无效。对于重婚行为应根据重婚的原因、情节和后果予以适当处理。在具体处理案件时，既要维护法律的严肃性，也要从实际出发，根据婚姻基础、感情好坏、重婚时间长短、有无子女等全面加以考虑，妥善处理。如果原来夫妻感情不好，女方坚决不愿回去的，或者重婚的时间长，与后夫感情很好，而且已生儿育女的，经动员教育无效，可以说服原夫调解或判决离婚。因此，支持第三种观点的理由认为，上述政策虽

① 饶红琼：《无效婚姻与可撤销婚姻法律问题研究》，四川大学 2005 年硕士学位论文。

然已经废止，但其规定精神实际上区分了善意恶意，可资借鉴。[①]

（二）本条规定重婚不适用效力补正的考虑

重婚的情形能否适用《民法典婚姻家庭编解释（一）》规定，即重婚情形中，后一段重婚的婚姻效力可否因前一段婚姻关系当事人已经离婚或者配偶已经死亡而补正为有效，一直以来在审判实践和学术讨论中存在争议。本条在向社会征求意见稿中，曾规定“以重婚为由请求确认婚姻无效的案件中，被告以提起诉讼时合法婚姻当事人已经离婚或者配偶已经死亡为由主张后一婚姻自此转为有效的，人民法院对该抗辩主张不予支持，但另一方有理由相信重婚一方的合法婚姻已经解除或者不存在婚姻的除外”，即重婚原则上不适用效力补正，但另一方善意的除外。部分反馈意见认为，重婚行为严重违反公序良俗，不能因为另一方善意即保护重婚行为。而且，根据《民法典》第1054条规定，在婚姻被确认无效后，双方同居期间所得财产，按照照顾无过错方原则判决。同时，无过错方还可以请求损害赔偿，足以保护善意相对方的合法权益。我们经反复研究，从体现坚持一夫一妻的婚姻家庭基本制度、维护公序良俗以及弘扬社会主义核心价值观的角度考虑，删除了但书条款，明确规定重婚不适用效力补正，以体现对重婚的否定态度。具体分析如下。

1. 对《民法典婚姻家庭编解释（一）》第10条的解析。

《民法典婚姻家庭编解释（一）》第10条规定：“当事人依据民法典第一千零五十一条规定向人民法院请求确认婚姻无效，法定的无效婚姻情形在提起诉讼时已经消失的，人民法院不予支持。”该条是对当事人请求确认婚姻无效时，导致婚姻无效的阻却事由已经消失的，应如何处理的规定。该条承袭的是《婚姻法解释（一）》第8条“当事人依据婚姻法第十条规定向人民法院申请宣告婚姻无效的，申请时，法定的无效婚姻情形已经消失的，人民法院不予支持”规定的精神。需要特别说明的是，两者对无效婚姻的阻却事由是不同的，主要是关于无效婚姻前后立法的变化。《婚姻法解释（一）》第8条是对《婚姻法》第10条的解释，而当时的《婚姻法》第10条规定的无效婚姻包括四种情形，除了《民法典》第1051条的三种情形外，还包括“婚前患有医学上认为不应当结婚的疾病，婚后尚未治愈的”情形。因《民

---

① 薛宁兰、谢鸿飞主编：《民法典评注·婚姻家庭编》，中国法制出版社2020年版，第81～82页。

法典》第1051条仅规定了三种婚姻无效的类型，即重婚、有禁止结婚的亲属关系、未到法定婚龄，删除了原来的“婚前患有医学上认为不应当结婚的疾病，婚后尚未治愈的”情形，因此，《民法典婚姻家庭编解释（一）》第10条的阻却事由应仅指未到法定婚龄的无效婚姻的效力补正。如前所述，根据《刑法》规定，有配偶而重婚的，或者明知他人有配偶而与之结婚的，处二年以下有期徒刑或者拘役。根据刑事审判实践通说，除了前后两个“法律婚”、两个“事实婚”、“事实婚”+“法律婚”、“法律婚”+“事实婚”外，有配偶者在婚姻关系存续期间又与他人以夫妻名义共同生活的，或者明知他人有配偶但仍然与之以夫妻名义共同生活的，都将构成重婚罪，应当追究重婚者的刑事责任。按照举重以明轻的原则，如果刑事上已认定为重婚罪，则在确立民事责任时，也应认定为重婚行为。考虑到重婚的严重社会危害性，该种情形不宜存在婚姻无效的阻却事由。①

2. 本条规定系综合考虑重婚的社会危害性。

《民法典》第1条立法目的中专门明确“弘扬社会主义核心价值观”。重婚行为违反一夫一妻原则，违反法律禁止性规定，违反社会公序良俗，违反社会主义基本婚姻制度，与社会主义核心价值观格格不入。《民法典》第1043条规定：“家庭应当树立优良家风，弘扬家庭美德，重视家庭文明建设。夫妻应当互相忠实，互相尊重，互相关爱；家庭成员应当敬老爱幼，互相帮助，维护平等、和睦、文明的婚姻家庭关系。”而重婚行为严重违背该条规定倡导的优良家风、家庭美德、家庭文明等风尚以及夫妻间相互忠实、相互尊重等义务。综合考虑，认定重婚行为绝对无效更有利于弘扬社会主义核心价值观。如果双方仍有感情，在前一合法婚姻当事人已经死亡或者离婚后，双方重新登记即可。而且随着婚姻登记制度逐步完善，信息化程度逐步提高，并不会对行政资源造成较大影响。婚姻是以感情为基础的，即使承认重婚效力可以补正，如果双方感情破裂，也挽回不了离婚的结局。一夫一妻制的前提应当是法律认可的夫妻关系，而不是违法形成的重婚行为。②

3. 本条规定有比较法的借鉴。

在比较法上，重婚效力可以补正的立法例并不普遍，大多数国家和地区

① 黄薇主编：《中华人民共和国民法典婚姻家庭编释义》，法律出版社2020年版，第38页。

② 薛宁兰、谢鸿飞主编：《民法典评注·婚姻家庭编》，中国法制出版社2020年版，第81～82页。

法律规定是不支持重婚效力补正的。在认定重婚无效婚姻的国家和地区中，目前仅有挪威、俄罗斯等少数几个国家有相关效力补正的规定。虽然有些国家将重婚规定为可撤销婚姻，表明该国法律对其否定性评价程度较轻，将是否撤销的权利赋予当事人。因此，在当事人不行使撤销权的情况下，重婚效力可以因此补正。但我国明确将重婚认定为无效婚姻，因此，不能直接借鉴可撤销婚姻的立法例即得出我国重婚效力也能补正的结论。

4. 本条规定不影响善意相对人的权利保护。

虽然根据本条的规定，重婚情形消除后亦不能适用效力补正。但对于善意相对人，即在与对方缔结婚姻时不知道或者不应当知道他人有配偶而与之结婚的，可以根据《民法典》得到利益保护。根据《民法典》第1054条规定，在婚姻被确认无效后，双方同居期间所得财产，按照照顾无过错方原则判决。同时，无过错方还可以请求损害赔偿，足以保护善意相对方的合法权益。但是需要注意的是，该条亦明确规定对重婚导致的无效婚姻的财产处理，不得侵害合法婚姻当事人的财产权益。这体现了民法保护合法婚姻当事人利益的鲜明态度。

【实务问题】

在适用本条时，应注意与《民法典婚姻家庭编解释（一）》第10条规定的衔接。《民法典婚姻家庭编解释（一）》第10条的规定仅指未到法定婚龄导致婚姻无效的情况，不适用重婚情形。如河南省郑州市金水区人民法院审理的一起确认婚姻无效纠纷案，裁判要旨为：重婚行为违反一夫一妻制，申请确认婚姻无效时，重婚者无论是否存在两个婚姻关系，人民法院都应判决宣告构成重婚的婚姻无效。案情如下：田某与黄某于1984年1月1日结婚，婚后生育两子田某甲、田某乙。田某与郭某于1991年9月19日在河南省郑州市金水区民政局登记结婚，婚后生育两女田某丙、田某丁。1996年1月3日，田某与黄某经湖北省天门市人民法院调解离婚。2011年4月12日，田某甲诉至河南省郑州市金水区人民法院，要求宣告郭某与田某的婚姻无效。该院于2011年10月19日作出（2011）金民一初字第1973号民事判决，宣告田某与郭某之间的婚姻关系无效。该判决生效后，郭某不服，向金水区人民法院申诉，该院审判委员会经讨论决定，于2012年10月8日作出（2012）金民监字第12号民事裁定，该案进入再审。金水区人民法院再审认为，田某在与郭某登记结婚时并未与黄某离婚，即田某一人同时存在两个婚姻关系，其行为违反《婚姻法》规定的一夫一妻原则，已构成重婚。《婚姻法解释（一）》对于婚姻无效的阻却事由是存在于所有四种婚姻无效中还是仅适用于部分情形，并没有作出明确表态，对此应根据《婚姻法》基本原则进行分析。重婚行为严重违反一夫一妻原则，从性质上不应当存在婚姻无效的阻却事由。故原审原告申请原审两被告之间的婚姻关系无效，符合《婚姻法》规定的无效婚姻情形，法院予以支持。经审判委员会讨论决定，按照《民事诉讼法》第207条，《最高人民法院关于适用〈中华人民共和国民事诉讼法〉若干问题的意见》第201条，《婚姻法》第2条第1款、第10条第1项之规定，判决如下：维持本院（2011）金民一初字第1973号民事判决。本判决书送达后，即发生法律效力。①

① 夏吟兰等：《中国民法典释评·婚姻家庭编》，中国人民大学出版社2020年版，第74～76页。案号为：（2011）金民一初字第1973号、（2012）金民再初字第13号。

【条文】

第二条

夫妻登记离婚后，一方以双方意思表示虚假为由请求确认离婚无效的，人民法院不予支持。

【条文主旨】

本条是关于夫妻双方虚假离婚效力问题的规定。

【条文概览】

身份行为具有不可逆性，法律上不存在所谓“假离婚”。根据《民法典》第1080条规定，完成离婚登记，即解除婚姻关系。婚姻以感情为基础，如果双方仍有感情，再次办理结婚登记即可；如果双方感情已经破裂，强行判决恢复夫妻关系，违反了婚姻自由的基本原则。离婚行为虽属民事法律行为之一种，但关于身份关系的解除，不适用《民法典》总则编中的第146条通谋虚伪意思表示无效的规定。夫妻登记离婚后，一方以双方离婚的意思表示虚假为由，请求确认离婚行为无效，要求恢复夫妻关系的，人民法院不应予以支持。

【理解与适用】

现实生活中，有些夫妻为实现某种目的（如拆迁安置、满足特定政策下的购房资格等），经过协商一致，形式上办理了离婚登记，但并无解除婚姻关系的真实意思，而且往往事实上亦仍以夫妻名义生活在一起，这种情况被俗称为“假离婚”。但是，事后如果一方反悔，不愿意再复婚，往往产生争议成讼。因为办理离婚登记时，需要夫妻双方签订离婚协议，并将之备案于婚姻登记机关，对于该离婚协议约定能否适用《民法典》总则编中的第146条关于通谋虚伪的民事法律行为无效的规定，以双方意思表示虚假（即通俗讲的“假离婚”）为由请求确认无效，理论上存在不同认识，司法实践中也存在一定的分歧，亟须统一裁判标准。

一、本条制定的背景

1950年和1980年的《婚姻法》以及2001年《婚姻法》均未在法律条文中明确表述“离婚协议”。但是，1994年的《婚姻登记管理条例》和2003年的《婚姻登记条例》均规定办理离婚登记的当事人应当提供双方共同签署的离婚协议书，未达成离婚协议的，婚姻登记机关不予受理。[①] 当然，上述条例中的离婚协议书仅是从“证明材料”角度作出的规定。《民法典》对协议离婚制度进行了一定修改，其中重要的内容就是明确了夫妻双方自愿离婚的，应当签订书面离婚协议，同时，规定了离婚协议需要载明的三项内容：解除婚姻关系、子女抚养、财产及债务处理。在婚姻法回归民法典的逻辑框架下，身份行为作为民事法律行为的一种，意思表示应为其核心要素，而离婚协议即是夫妻双方就解除婚姻关系及相关事项所达成的一致意思表示的载体。通过该规定，明确了离婚协议的民事法律行为性质，更具科学性和体系性。

二、本条制定的理论基础分析

对于婚姻关系的解除，目前司法实践及理论上多数意见认为法律上不存在“假离婚”一说，只要办理离婚登记或者判决、调解离婚，双方的婚姻关系即解除，离婚都是“真离婚”。当然，也有部分意见认为通谋虚伪规则可以适用身份行为。[②] 身份行为因涉及公共秩序，且注重当事人的意思，故民法关于通谋虚伪意思表示无效的规定对身份行为亦有适用余地。[③] 若夫妻双方通谋而为假离婚的意思表示，其意思表示亦无效。[④] 对于主张不存在“假离婚”的，不同学者的分析路径也不尽相同，主要有两种观点：第一种观点认为，双方解除法律上婚姻关系的效果意思是真实的，其不愿解除的只是事实上的“婚姻关系”，因而不能说其“离婚”的意思是虚假的，也就不构成

① 《婚姻登记条例》已于2024年修订，此项内容未作修改。

② 具体论述参见贺剑：《意思自治在假结婚、假离婚中能走多远？——一个公私法交叉研究》，载《华东政法大学学报》2022年第5期。

③ 参见林诚二：《民法总则》（下），法律出版社2008年版，第368页。

④ 参见杨立新：《〈民法总则〉规定的虚假民事法律行为的法律适用》，载《法律科学（西北政法大学学报）》2018年第1期。

通谋虚伪行为。[①] 在我国台湾地区，也存在实质意思说、形式意思说两种不同的解释方案。依照实质意思说，离婚意思是指“断绝实体上夫妻关系之意思”；而依照形式意思说，离婚意思则是指“申请离婚登记之意思”。基于实质意思说，通谋虚伪的离婚因欠缺相应意思表示而无效；而基于形式意思说，通谋虚伪的婚姻行为并无意思表示欠缺，故应为有效。[②] 第二种观点认为，假离婚导致婚姻关系终止，不是因为假离婚的意思表示有效，而是因为夫妻双方共同申请了离婚登记并领取了离婚证，婚姻关系因欠缺结婚登记而终止。[③]“于交易契约，许其为虚伪无效之抗辩；而于婚姻，则禁止虚伪无效之抗辩。盖依方式公然缔结之行为，不能因私的密约左右其效力。”[④] 前述两种观点均有一定道理，但并未体现身份行为的本质特征。第一种观点看到了“假离婚”“真登记”的特征，将离婚意思表示与离婚登记意思表示分离，但与财产法上不动产登记生效主义相比，何以不动产“假转移”“真登记”的基础法律行为可以适用《民法典》总则编的规定，在确认无效后可以回转登记，而婚姻不行？该观点并未进一步说明。第二种观点将离婚登记绝对化，亦未解决民法典体系框架下，欠缺“效果意思”的意思表示的效力问题。正如有的学者指出的，婚姻登记公信力旨在保障第三人之“信”（赖），却无法使登记为“真”（实）。相反，只有在登记为“假”即有误时，登记公信力才有适用余地。在通谋虚伪离婚场合，只有在逻辑上先承认通谋虚伪离婚行为的法律后果是无效的，离婚登记因此“名不副实”，旨在保护第三人信赖的离婚登记公信力才有可能登场。其法律后果为：一方面，善意第三人与假离婚一方的结婚行为有效；另一方面，该新婚姻关系成立之时，通谋虚伪离婚双方的旧婚姻关系归于消灭。离婚登记的公信力也仅是为了保护新的婚姻关系而消灭旧的婚姻关系，其不能起到补正通谋虚伪离婚行为的效力瑕疵，使之成为有效的离婚行为，进而消灭旧的婚姻关系的作用。两种途径虽然都可以消灭旧的婚姻关系，但构成要件、时点等都迥然有别。[⑤] 离婚登记则只是

---

① 参见田韶华：《论通谋虚伪行为规则的司法适用》，载《北方法学》2019年第4期。

② 参见陈棋炎等：《民法亲属新论》（第14版），我国台湾地区三民书局2018年版，第79、180页；林秀雄：《亲属法讲义》（第4版），我国台湾地区元照出版有限公司2018年版，第63、168页。

③ 参见翟远见：《论通谋虚伪行为的法律效果》，载《环球法律评论》2023年第5期。

④ 参见［日］栗生武夫：《婚姻法之近代化》，胡长清译，中国政法大学出版社2003年版，第59页。

⑤ 参见贺剑：《意思自治在假结婚、假离婚中能走多远？——一个公私法交叉研究》，载《华东政法大学学报》2022年第5期。

对该有效的离婚意思表示采用公法手段加以确认而已，其自身并不具有修复意思表示瑕疵的功能。[①]

我们认为，首先，离婚是一种民事法律行为。[②] 如前所述，在婚姻法回归民法体系，法律专门将“离婚协议”作为离婚民事法律行为载体予以明确规定的情况下，应从体系解释角度予以分析。原则上，总则编应当适用于各分编，包括婚姻家庭编，对于具体不应适用的情形应作逐一排除，并予以分析论证。既然身份行为逻辑上属于民事法律行为，则关于民事法律行为效力瑕疵的规定原则上亦不应排除于身份行为，除非婚姻家庭编有特殊规定。[③] 当然，基于婚姻家庭领域的特殊性，在适用总则编相关规定时，在构成要件确定上可能需要变通适用，比如《民法典婚姻家庭编解释（一）》第 70 条规定的离婚协议中财产分割条款可以适用于总则编欺诈、胁迫的可撤销民事法律行为，对于重大误解和显失公平的可撤销情形虽然在逻辑上没有排除适用，但在原则上不宜适用。即便在极个别的案例中适用，在具体认定是否构成“重大误解”和“显失公平”时，亦不能采用交易领域的认定标准。其次，在婚姻关系解除上，应当维护身份关系的公示性和稳定性，这是身份行为的特殊性决定的。作为提取公因式的法律行为制度主要源于财产法领域，即便为维持体系一致性将身份行为纳入法律行为制度，也要注意其特殊规定。“身份行为较之于财产行为，有更多伦理色彩。法律行为制度的构建，以财产行为为原型，对于身份关系的适用，多有限制。”[④] “以财产法为主要原型提炼共通规则使得《民法总则》的非总则性特点凸显，从法律适用的角度看，《民法总则》日趋丧失对家庭法的统辖力。需要认真讨论家庭法对《民法总则》选择适用乃至排除适用的情形。”[⑤] 尤其在涉及单纯的身份行为上，《民法典》总则编并非一律当然适用，应当具体条文具体分析。《民法典》第 1080 条明确规定，完成离婚登记，或者离婚判决书、调解书生效，即解除婚姻关系。这反映了立法者在价值层面的权衡，即在意思自治与婚姻

---

① 参见蔡立东、刘国栋：《司法逻辑下的“假离婚”》，载《国家检察官学院学报》2017 年第 5 期。

② 参见夏吟兰：《离婚自由与限制论》，中国政法大学出版社 2007 年版，第 51 页。

③ 关于结婚的效力问题不属于本条规范内容。对于婚姻效力，《民法典》婚姻家庭编中的第 1051 条有特别规定，因此，不适用总则编关于各种民事法律行为效力瑕疵的规定。具体论述可以参见龙俊：《〈民法典〉中婚姻效力瑕疵的封闭性》，载《社会科学辑刊》2022 年第 4 期。

④ 参见朱庆育：《民法总论》，北京大学出版社 2016 年版，第 134 页。

⑤ 参见王雷：《论身份关系协议对民法典合同编的参照适用》，载《法学家》2020 年第 1 期。

登记背后的社会治理等公共利益相比较时，法律并不过多地关注家庭领域基于情感的离婚意思自治，而是采“登记生效主义”。[①] 国家对离婚领域的意思自治的保障主要在于办理离婚登记时审查双方是否是自愿离婚，而且，该审查为形式审查，对于双方当事人离婚的原因和动机不能也无法过多介入。而在本条讨论的“假离婚”场合，双方在办理离婚登记时是明确表示自愿离婚的，正因此，有学者提出，双方解除法律上夫妻关系的意思内容是真实的，而不是虚伪的。只不过不想解除的是事实上夫妻共同生活。这实际上涉及公权力介入婚姻家庭的边界问题：婚姻是以感情为基础的，即便因为各种原因办理了离婚登记，但如果当事人感情还在，重新办理结婚登记即可。对此，法律并未设置障碍，亦不应予以过多干涉。如果办理离婚登记后，一方与第三人办理了结婚登记，说明夫妻感情事实上已经破裂，即便认定前一段婚姻离婚无效，亦不可能恢复其效力。如果自动恢复前一段婚姻效力，在当事人不去重新办理结婚登记的情况下，基于婚姻自由的基本原则，此亦具有不可强制履行性。同时，也能够避免第二段婚姻陷入所谓“重婚”的尴尬境地，维护第三人的信赖和身份秩序的稳定。法律无法去探究当事人离婚的动机，甚至当事人自己的情感也在动态变化之中，当时可能是假离婚，但是其后感情真的破裂，也正因此才导致诉讼，因为双方都愿意复婚的，并不会成讼。[②] 如果以离婚当时意思表示虚假为由认定离婚无效，对于诉讼时当事人的情感状态不予考虑，可能违反了婚姻自由原则。采用通谋虚假离婚的解释路径，导致公权力介入婚姻家庭关系当中，实有干涉婚姻自由之嫌。[③] 与不动产物权变动也采登记生效主义不同，离婚行为作为典型的身份行为，具有强制

---

① 诉讼离婚不属于本条讨论的重点，故为行文方便，此处略论。

② 《我不是潘金莲》的相应情节，即为典型例证。法庭为了查明双方离婚的事实，让给李雪莲办理登记的拐弯镇政府的民政助理老古出庭作证。老古一直在法庭门柱上倚着，张着耳朵，听审案的过程；现一步上前，张口就说，去年离婚是真的；结婚离婚的事，他办了三十多年，从来没出过差错。李雪莲当时就急了：“老古，你那么大岁数了，咋就看不出这事是假的呢？”老古马上也跟李雪莲急了：“如果是假的，不成你们联手骗我了吗？”又拍着巴掌说：“骗我还是小事，不等于在骗政府吗？你说离婚是假的。”指律师老郑：“他刚才也念了秦玉河的话，秦玉河就说是真的。”李雪莲：“秦玉河是个王八蛋，他的话如何能信？”老古：“他的话不能信，我就信你的。去年离婚时，秦玉河倒没说啥，就你的话多。我问你们为啥离婚，你口口声声说，你们感情破裂。当初破裂，现在又不破裂了？这一年你们面都没见，这感情是咋修复的？今天秦玉河连场都不到，还不说明破裂？”说得李雪莲张口结舌。刘震云：《我不是潘金莲》，长江文艺出版社2012年版，第29～30页。转引自蔡立东、刘国栋：《司法逻辑下的“假离婚”》，载《国家检察官学院学报》2017年第5期。

③ 蔡立东、刘国栋：《司法逻辑下的“假离婚”》，载《国家检察官学院学报》2017年第5期。

性、身份性、伦理性、非财产性以及不可逆性。因此，对于婚姻关系是否解除，在婚姻家庭编有明确规定的情况下，应当优先适用，而不能适用总则编关于民事法律行为效力瑕疵的规定。这一体系解释还有一典型例证为《民法典婚姻家庭编解释（一）》增加的第 19 条第 2 款。该款针对胁迫婚姻，明确规定不适用总则编关于撤销权除斥期间的规定。此外，作为佐证的是，在诉讼离婚情形，《民事诉讼法》第 213 条明确规定，当事人对已经发生法律效力的解除婚姻关系的判决、调解书，不得申请再审。该规定也是基于身份关系的不可逆，维护身份关系的稳定性。同样，在协议离婚的情形下，也不能以双方意思表示虚假为由主张离婚无效，否则，将会使得身份关系处于极度不稳定状态，不利于社会秩序的稳定。身份行为固然应尊重当事人之真实意思，但不应一味地为绝对尊重当事人的真实意愿而有损婚姻登记的效力。承认虚假离婚无效会影响婚姻登记公示的公信效力和婚姻的安定。[①] 因此，对于当事人主张虚假意思表示的离婚行为不适用总则编关于通谋虚伪意思表示的规定，主要还是因为婚姻家庭编有特别规定，而婚姻家庭编之所以对此作出特别规定，不仅是因为离婚的意思表示经过婚姻登记机关公示，其更根本原因仍在于立法者在意思自治和社会治理等公共利益两者之间的价值选择，而该价值选择的背后是身份关系的特殊性。

三、关于离婚协议中财产及债务处理条款能否适用虚假意思表示无效的问题

对于离婚协议中财产及债务处理内容是否与解除身份关系一体处理，存在不同认识。首先，关于离婚的意思表示虚假还是财产分割的意思表示虚假问题。从当事人实施该行为的现实情况看，只有解除婚姻关系，才能达到其获得不当利益的目的，从这个意义上，双方解除婚姻关系的意思表示是真实的，只不过原因不是感情破裂，而是为了其他目的。关于财产分割的意思表示，第一种观点认为，离婚协议中涉及财产及债务处理的内容应与离婚本身的判断一致，对双方具有约束力。第二种观点认为，应将离婚协议中有关身份行为与财产行为区分，对于其中的财产处理内容，应体系化解释适用总则编通谋虚伪意思表示规则。离婚协议中财产及债务处理的约定实质系婚姻关系解除情况下的财产清算协议，更多地体现财产法属性。在婚姻法回归民法

① 刘耀东：《虚假离婚若干法律问题研究》，载《云南大学学报（法学版）》2011 年第 2 期。

体系的大背景下，作为相对独立的民事法律行为，总则编关于民事法律行为效力瑕疵的规定原则上即应适用，这也是贯彻意思自治原则的基本要求，除非婚姻家庭编有特别规定。《民法典》在原来合同无效规定基础上，增加了通谋虚伪意思表示无效的规定，其中第146条第1款规定："行为人与相对人以虚假的意思表示实施的民事法律行为无效。"虚假法律行为是指表意人与表示的受领人一致同意表示事项不应该发生效力，亦即双方当事人一致同意仅仅造成订立某项法律行为的表面假象，而实际上并不想使有关法律行为的法律效果产生。[①] 虚假的法律行为之所以无效，就是因为双方当事人一致同意该意思表示无效。[②]"假离婚"情况下，对于财产分割协议，双方实际上并不想产生相应的法律效果，也即，虚假法律行为是因为缺乏效果意思，导致作为法律行为核心要素的意思表示无效，进而法律行为无效，不能对双方产生法律约束力。这与离婚这一身份行为婚姻家庭编有特别规定不同，在婚姻家庭编对于财产分割协议没有特别规定的情况下，应当适用总则编的规定，而且适用总则编的规定，也不违反婚姻家庭的价值理念。因此，应当根据《民法典》第146条规定，认定财产分割及债务处理内容无效。两种观点各有利弊，第一种观点的优点在于可以传递一种价值理念，即婚姻是一件严肃的事情，不能作为获取不法利益的手段；自己行为自己负责，为规避国家政策谋取不法利益的，需承担相应的法律后果。但是，弊端有二：一是，在假离婚的情况下，双方的本意并不是解除婚姻关系，对于离婚财产分割的内容往往也具有随意性，亦不想产生约定的法律效果，即双方均为虚假的意思表示。在该意思表示并非双方真意的情况下，仍维持其效力，依据不足，无法与总则编协调一致。二是，实践中很多夫妻为了符合政策要求，协议将所有夫妻共同财产分割给其中一方，在获得财产一方反悔时，如果仍维持该协议效力，对另一方不公平，导致的结果是违法后果实际上由一方承担，鼓励不诚信行为。第二种观点可以克服第一种观点的弊端，但是也存在缺点，即因离婚协议无效，双方夫妻共同财产仍应按照《民法典》第1087条分割，实际的结果是双方当事人利益均未受到影响，甚至从中获益，对假离婚的规制不足。司法变相成为当事人获取不法利益的兜底保障。从风险收益比对当

---

① ［德］卡尔·拉伦茨：《德国民法通论》，王晓晔等译，法律出版社2003年版，第479页。

② ［德］维尔纳·弗卢梅：《法律行为论》，迟颖译，第480页；［德］卡尔·拉伦茨：《德国民法通论》（下册），王晓晔等译，第499页。

事人行为影响的角度看，既然有司法最后兜底公平分配，可以“放心大胆假离婚了”，导致司法与行政管理不能形成合力。本条在向社会征求意见中，曾同时就离婚协议中财产及债务处理条款予以规定，征求意见稿采用第二种观点，即将财产及债务处理条款根据体系解释将其适用于《民法典》总则编中的第146条。本解释向社会公开征求意见时，即有部分反馈意见认为：如果认定假离婚财产分割协议对双方没有法律约束力，可以任意反悔并重新分割夫妻共同财产，可能存在变相鼓励假离婚的情况，甚至会引发大量以假离婚为由的离婚后财产分割诉讼。我们经反复研究，最后删除了第二款，主要考虑是：第一，应当明确的是，离婚协议为复合性协议，其中财产及债务处理内容虽然附随于解除婚姻这一身份行为，但与解除婚姻关系本身是相对独立的法律行为，离婚协议中财产及债务处理的意思表示瑕疵并不必然影响离婚的效力。第二，第二种观点虽可与总则编形成体系化解释，但可以重新分割的原则，实际上给意图假离婚的当事人吃了一颗“定心丸”，导致“假离婚”风险降低，不利于抑制当事人的行为冲动，对当事人前端行为引导规制不足，可能被诟病为“变相鼓励假离婚”。第三，如果双方“假离婚”后，一方不愿意复婚且坚持维持原离婚财产分割协议的，另一方可以援引《民法典婚姻家庭编解释（一）》第70条规定保护其合法权益，即人民法院经过审理，认为当事人确实存在虚假离婚情况，离婚财产分割协议不是双方当事人真实意思表示，导致利益显著失衡的，可按照上述司法解释规定，以存在欺诈情形为由撤销该离婚协议中的财产分割条款。根据《民法典》第157条规定，无效和被撤销的民事法律行为后果是相同的。第四，本条向社会征求意见时，虽反对意见不多，但也有一些反馈意见认为，该规定不利于诚信建设。因此，在制定裁判规则时，也要最大限度避免裁判规则对当事人行为的不良引导。第五，如果司法解释明确当事人可以财产分配不公为由对已经签订的离婚协议反悔，将导致财产关系处于不稳定状态，不利于对善意第三人和交易安全的保护。

考虑到假离婚通常是为了拆迁补偿安置时多得利益或者是利用政策福利等情况，该假离婚行为会损害其他相关第三人利益或者是对经济调控政策的效果产生一定程度影响，可参照《民法典合同编通则解释》第24条规定精神，在对外关系上，如果当事人的行为涉嫌违法且未经处理，可能导致一方或者双方通过违法行为获得不当利益的，人民法院可以向有关行政管理部门提出司法建议。当事人的行为涉嫌犯罪的，应当将案件线索移送刑事侦查机关；属于刑事自诉案件的，应当告知当事人可以向有管辖权的人民法院另行提起诉讼。明确行政处罚甚至刑事处罚的可能，给当事人以震慑。

四、关于离婚协议中子女抚养条款能否适用虚假意思表示无效的问题

根据《民法典》第1076条的规定，离婚协议除了要载明双方自愿离婚的意思表示和财产以及债务处理事项外，还应当包括对子女的抚养事项。原则上，子女抚养问题应与财产及债务处理同其命运，以意思表示为解释的出发点，但是，根据《民法典》第1084条的规定，我国婚姻家庭法处理离异家庭子女抚养问题，以最有利于未成年子女为原则。我国法律允许当事人对子女抚养问题进行协商，并尊重当事人的协议，只是在当事人达不成协议时由法院根据子女利益和当事人的具体情况判决。但是即便双方意思表示真实，法院也应予以审查，如果该意思表示严重损害未成年子女利益，法院有权对夫妻双方的离婚协议予以调整，以保障子女健康成长。理由如下：首先，子女固然是夫妻双方的，父母有教育、保护未成年子女的权利和义务。但是，子女不是客体，不是夫妻双方的财产，而是有自己权利和义务的民事主体。对于未成年子女来讲，充足的物质保障固然重要，父母的亲情关爱亦必不可少。因此子女有选择跟任何一方生活的权利。其次，夫妻双方离婚后，一方的身体、经济、生活环境等客观情况可能发生变化，如果该变化不利于未成年子女健康成长，也应予以调整。“父母纵然对子女有舐犊深情，为了子女的健康成长，只要发现约定不利于子女，一方向法院提出后，法院应当将未成年子女判由能提供良好成长环境的一方抚养。”①

根据《民法典婚姻家庭编解释（一）》第55条的规定，离婚后，父母一方要求变更子女抚养关系的，或者子女要求增加抚养费的，应当另行提起诉讼。也即，离婚后如果发生新的事实，证明一方不利于未成年子女的，仍可以变更抚养关系。因此，虽理论上可以通谋虚伪意思表示为由认定子女抚养有关约定无效，进而重新认定子女由哪一方直接抚养，但是，考虑到未成年子女生活的稳定性，不宜赋予当事人此种权利，除非有证据证明直接抚养方对未成年子女健康成长不利，此时其可以提出变更子女抚养关系，也能达到同样法律效果，对未成年子女的影响也能降到最小。

① 李洪祥：《离婚财产分割协议的类型、性质及效力》，载《当代法学》2010年第4期。

【实务问题】

一、双方对“假离婚”的事实存在争议，如何处理

根据本条规定，对于身份关系的解除，法律上不存在所谓“假离婚”，故如果当事人仅诉请确认离婚行为无效，要求恢复婚姻关系的，可以直接裁定驳回起诉。

当事人之间的离婚是“真”还是“假”，人民法院往往无法查证，是否复婚，全在于当事人是否还有感情，公权力无法干涉，否则有侵犯婚姻自由之嫌。很多案件当事人主张假离婚往往是为了重新分割夫妻共同财产，此类案件案由一般为离婚后财产纠纷。另一方往往并不认可是假离婚，根据“谁主张谁举证”的原则，需要主张“假离婚”的一方提供证据证明。有的案件中，双方另外还有一份“抽屉协议”对于该“假离婚”的行为有详细表述，这能够比较明确地证明“假离婚”的意思表示；在没有明确证据的情况下，可以根据财产分割协议的合理性、离婚是否发生在该地拆迁补偿前或者基于离婚后符合某些国家政策其中一方获得了利益、双方是否实际仍共同生活等事实进行判断。如果其提供的证据未达到证明标准，该主张也不能获得支持。从司法实践情况看，如果双方感情融洽，在目的达成后，自愿复婚的，不会产生纠纷导致诉讼。发生纠纷都是因为一方不愿意复婚，另一方起诉，因此，也有可能存在一方欺骗另一方离婚的情形，当事人可以根据《民法典婚姻家庭编解释（一）》第 70 条规定，以离婚协议存在欺诈、胁迫等情形为由，请求撤销财产分割协议。此外，虽然该条规定中没有明确可以重大误解①或显失公平②为由请求撤销离婚协议，但并不绝对排除该两种情形的适用，只是认为对这几方面的内容，在适用的时候必须严格限制。个案中如果确实属于应该适用这些规定的，法官可以依据该条规定处理。③ 总之，不管当事人是请求确认离婚协议中财产及债务处理部分的约定无效还是请求撤销，

① 《民法典》第 147 条规定：“基于重大误解实施的民事法律行为，行为人有权请求人民法院或者仲裁机构予以撤销。”

② 《民法典》第 151 条规定：“一方利用对方处于危困状态、缺乏判断能力等情形，致使民事法律行为成立时显失公平的，受损害方有权请求人民法院或者仲裁机构予以撤销。”

③ 参见最高人民法院民事审判第一庭编著：《最高人民法院民法典婚姻家庭编司法解释（一）理解与适用》，人民法院出版社 2021 年版，第 608 页。

审查的核心内容应是协议是否公平合理。除非存在显著失衡的情况，否则，一般不应予以调整。当然，如果请求撤销离婚协议的，还应当受到《民法典》第152条关于撤销权行使期间的限制，也即最长的时间为离婚之日起五年。

二、当事人对于离婚调解书不服的，如何处理

关于身份关系的解除，根据《民法典》第1080条的规定，离婚调解书生效，即解除婚姻关系。《民事诉讼法》第213条规定，当事人对已经发生法律效力的解除婚姻关系的判决、调解书，不得申请再审。本条规范的离婚协议不包括通过诉讼达成的离婚调解书，但与上述法律规定精神是一致的，即身份关系的解除不可逆，当事人也不能以意思表示虚假为由主张无效。

关于财产分割及债务处理部分。登记离婚情况下的离婚协议与诉讼离婚中的离婚调解书也存在不同。虽然离婚调解书是以当事人达成调解协议为基础，与登记离婚中的离婚协议实质内容一致，但是，与离婚协议存在本质不同的是，调解协议实质上是经过了司法审查程序，发生法律效力的是调解书而非调解协议本身，调解协议仅是调解书的主要内容。根据《民事诉讼法》第100条第3款的规定，调解书经双方当事人签收后，即具有法律效力。调解书与判决书均是人民法院依法作出的法律文书，具有同等法律效力。即如果一方当事人不履行调解书内容，另一方可以申请强制执行。因此，当事人主张调解书中财产分割及债务处理内容虚假的，应通过再审程序解决，而不是另诉请求确认调解协议无效或者撤销调解协议。

三、夫妻一方的债权人主张双方是假离婚的处理与本条的区别

本解释在向社会征求意见时曾将第3条作为本条第2款，后考虑到该两款逻辑上不一致，并不是完全针对同一种情形，双方“真离婚”的情况下，也可能存在损害债权人利益从而适用债权人撤销权制度的情况，故将债权人请求撤销离婚协议的问题单列一条。具体审理案件时，应当根据诉讼结构的不同，审理重点有所区别。两类案件一个是对内关系，一个是对外关系，规范目的不同，在确定举证责任以及审理方向上均存在差别。如果是夫妻一方的债权人起诉请求撤销离婚协议的，虽债权人也可能主张夫妻双方是“假离婚、真逃债”，但此种情况属于夫妻对外关系，债权人关注的并非离婚本身的真假问题，而是离婚财产分割是否不当损害其利益。债权人撤销权的逻辑前提是债务人不当处分责任财产影响债权人债权实现，主要是为了遏制债务

人操控责任财产的法律行为。因此，债权人不需要证明双方离婚意思表示虚假。举证责任方面，在夫妻内部关系中，主张假离婚的一方应当对此承担举证证明责任；在夫妻外部关系中，债权人不需要证明双方离婚意思表示虚假，因夫妻共同财产中属于一方的份额也属于其责任财产范畴，因此，债权人只要证明债务人资不抵债，离婚协议的财产分割条款无正当理由且显著失衡，存在不当处分责任财产损害其债权的情形，即可依据本解释第 3 条提起诉讼。当然，在参照适用《民法典》合同编中的第 538 条、第 539 条规定确定是否支持债权人诉讼请求时，要考虑到婚姻家庭领域的特殊情况。离婚协议可能基于子女抚养、一方存在过错等因素，并非均等分割夫妻共同财产，因此，不能简单以只要不均等分割就属于损害债权人利益为由任意撤销离婚协议，要考虑共同财产整体分割及履行情况、子女抚养费负担、离婚过错等因素，在依法保护债权人合法权益的同时，基于婚姻解除的实际情况严格把握撤销标准，以免不当损害夫妻另一方和未成年子女利益。

【案例库案例】

俞某诉杨某同居关系纠纷案①

——一方以“假离婚”为由，请求分割离婚后另一方自行购买的房屋，人民法院不予支持

【基本案情】

原告俞某诉称：原、被告原系夫妻关系，为避免房屋限购，双方于 2013 年 7 月登记离婚。离婚当日，被告即与案外人签订作为《上海市商品房出售合同》附件的《特别告知书》，后于 2013 年 7 月 31 日签订《上海市商品房出售合同》，购买案涉 B 房屋，房屋权利人登记为被告。离婚后，双方共同生活至 2017 年 11 月，因双方产生矛盾，被告通过更换门锁等方式致使原告被迫搬离。原告认为 B 房屋及被告名下的存款、首饰等均属双方共同财产，故起诉请求依法分割原、被告共同财产。

被告杨某辩称：原告要求分割的 B 房屋是离婚后由被告杨某个人购买，产证登记在被告名下，购房款来源于被告个人及其父母出资，原告没有任何出资。房屋贷款是被告自行偿还，原告亦没有替被告归还过。离婚后，原告与被告是分房间居住的，双方的收入均归各自所有，不存在资金混同，不同

① 入库编号：2024-07-2-020-001。

意原告要求分割被告名下存款的诉讼请求。

法院经审理查明：原告俞某与被告杨某（女）原系夫妻关系。双方于2002年8月登记结婚，于2013年7月登记离婚。登记离婚时，双方向民政机关提供离婚协议书约定如下："一、双方自愿离婚……三、夫妻共同财产的处理：1. 双方名下现有银行存款共50万元，归于女方；2. 男方婚前所购的A房屋所有权仍归男方所有，另男方补偿女方150万元……3. 婚前双方各自的财产归各自所有，男女双方各自的私人生活用品及首饰归各自所有……五、双方确认夫妻共同财产在上述第三条已作出明确列明。除上述房屋、家具、家电及银行存款外，并无其他财产，任何一方应保证以上所列婚内全部共同财产的真实性……六、鉴于男方要求离婚的原因，男方应一次性补偿女方精神损害费5万元……七、任何一方不按本协议约定期限履行支付义务的，应付违约金10万元给对方……"

被告于上述离婚登记当日，即与案外人协商购房事宜。7月31日，被告正式与案外人签订《上海市商品房出售合同》1份，约定由其向案外人购买B房屋，合同总房价为2034292元，其中首付款614292元于签约当日支付，余款142万元于2013年9月26日前支付。上述协议签订后，被告账户总计支付上述房款、税款、维修基金等总计1454872.04元，其中被告父亲向其转账1041700元用于支付房款。另被告曾为上述房屋贷款总计62万元，其中个人公积金贷款40万元、截至2017年11月尚余本金55391.60元，判决前该款已结清；商业贷款22万元，该款已于2016年1月15日结清。B房屋现登记在被告一人名下。

原、被告离婚后双方仍共同居住于A房屋，2015年10月起原、被告对B房屋进行了装修。原告为装修支付了78000余元。2016年4、5月间双方搬至B房屋共同生活至2017年11月止。2016年5月起至2017年11月止，原告向被告账户共计转账71360元。另原告在被告支付B房款期间曾分五次通过ATM机取款总计125000元。

上海市闵行区人民法院于2019年6月13日作出（2018）沪0112民初21620号民事判决：一、B房屋之产权（含房屋内固定装修）归被告杨某所有；二、被告杨某于本判决生效之日起10日内支付原告俞某60000元；三、驳回原告俞某其余诉讼请求。宣判后，俞某提起上诉。上海市第一中级人民法院于2019年11月29日作出（2019）沪01民终12118号民事判决：驳回上诉，维持原判。

【裁判理由】

本案的争议焦点有二：一是原、被告双方案涉离婚协议是否有效；二是原、被告离婚后同居期间财产是否混同。

首先，关于案涉离婚协议的效力认定。原、被告于2013年7月至民政机关登记离婚，所签协议经民政机关登记合法有效，效力及于双方。“假离婚”本身并非法律概念，其与所谓的“真离婚”法律意义并无不同，故原、被告双方在婚姻机关登记离婚起，双方身份关系即已解除，原、被告在登记机关签字留存之离婚协议亦不因所谓“假离婚”而失去法律效力。原、被告双方作为完全民事行为能力人在作出上述法律行为时，应充分考虑行为所产生的后果，并承担由此产生的风险，如果允许一方在登记后以“假离婚”为名随意变更民政部门留存的离婚协议，将有损于婚姻登记所保护的法律秩序，故上述离婚协议之效力及于双方当事人，因此产生的风险亦由双方当事人自行承担。本案中，现登记在被告一人名下之B房屋系原、被告登记离婚后取得，该财产并不能比照《婚姻法》的规定作为双方共同财产，而应考虑出资、登记情况来确定房屋产权人。虽然，原告认为上述房屋系同居期间双方共同出资购房，但从系争房屋出资情况来看，首付款中杨某名下账户总共转账支付房款139万余元、税款64000余元，其中杨某父亲向其账户转账104万余元。另原告认为其在离婚后曾通过ATM机取款总计125000元交付杨某用于购房，但被告亦提供了离婚后的取款证据，不认可收到原告现金，即便被告账户的上述存款确实来源于原告，但根据离婚协议中关于双方名下存款50万元归女方所有等约定的内容、被告提款的时间紧邻离婚当时、其提款的金额及被告账户余额等，双方对该笔钱款的归属已经在离婚协议中明确约定，故不能再认定为系原告的个人财产出资，而应作为属于被告的财产出资。对于之后的房贷偿还款项，原告自2016年5月起才每月向被告打款，此时商业贷款已经归还完毕，而每月需要归还的公积金贷款金额仅千余元，即扣除被告公积金的一次性集中冲贷外，上述期间被告总计偿还贷款仅2万余元，无论与原告所打款项的单笔金额还是打款总额均不相符，且双方当时仍共同生活，亦需钱款用于家庭开支，故原告主张该钱款系归还房贷的出资证据不足。

其次，关于双方离婚后同居财产是否混同的认定。原告认为双方同居期间财产混同，其工资用于支付生活开支而被告工资用于存款，故被告支付的还贷部分亦属双方共同出资并要求分割被告名下存款，但根据原告提供之微信、支付宝明细、四年间累计消费的金额及被告提供的银行明细等证据，可以证明原、被告在共同生活期间对家庭生活各有开支，且原告月均所支出的数额并不大。至于原告认为原、被告双方在另案抚养费诉讼中法院对于同居期间财产混同已作出认定之意见，实际上对于子女抚养的共同支出及同居生活期间家庭开销的共同支出，并不能当然导致同居期间各自名下存款的混同，且原告在 2016 年 5 月之后才有向被告账户转款的情况，而月均亦仅 3000 余元，即使不论原告在原离婚协议项下仍有未向被告履行之支付义务，仅根据双方的经济情况及实际家庭所需该数额亦不能全额覆盖双方生活所需，被告亦承担了部分家庭及子女的开销，故原告在未向被告大额转账的情况下要求分割被告名下存款，缺乏事实和法律依据。

最后，因原告在同居生活期间，为被告之房屋装修支付了部分装修款项，实际系为被告个人财产进行了添附，法院综合考虑原告在共同生活期间的贡献、装修贬值情况、共同使用情况等，酌情确定被告支付原告财产折价款 6 万元。

【裁判要旨】

1. 当事人应当自觉遵守、维护我国法律规定的婚姻登记秩序，在办理结婚、离婚登记时充分考虑相应法律后果。当事人在婚姻登记机关办理离婚登记起，双方身份关系即已解除，除法定情形外，双方在登记机关签字留存的离婚协议亦不因所谓“假离婚”而失去法律效力。

2. 《婚姻法》对于夫妻关系存续期间共同财产制的规定是基于双方存在法定身份关系而进行的保护，夫妻关系解除后共同生活期间，双方财产不能比照《婚姻法》当然认定为共同共有。在同居生活期间登记在一方名下的财产的归属，人民法院应在审查出资、财产混同等情况后进行认定。家庭生活开销、共同子女抚养费等费用的共同承担不能当然导致同居期间各自名下存款的混同。

【条文】

第三条

夫妻一方的债权人有证据证明离婚协议中财产分割条款影响其债权实现，请求参照适用民法典第五百三十八条或者第五百三十九条规定撤销相关条款的，人民法院应当综合考虑夫妻共同财产整体分割及履行情况、子女抚养费负担、离婚过错等因素，依法予以支持。

【条文主旨】

本条是关于离婚协议参照适用债权人撤销权制度的规定。

【条文概览】

债权人撤销权制度的目的是当债权人发现债务人诈害债权行为影响其债权实现时，通过撤销债务人的行为以实现债的保全，通常发生在合同履行领域。离婚协议属于民事法律行为，通过离婚协议不当分割夫妻共同财产会导致夫妻一方的责任财产减少，从而损害债权人的利益。将离婚协议纳入债权人撤销权范围，能够更好地实现该制度的目的。离婚协议与一般的民事法律行为不同，是以身份关系为基础的，同时涉及未成年人利益保护，在参照适用债权人撤销权制度时，应当考虑其特殊性。人民法院在审理此类债权人撤销权案件时应综合考虑共同财产整体分割及履行情况、子女抚养费负担、离婚过错等因素，依法处理。

【理解与适用】

一、债权人撤销权制度的基础性问题

离婚协议下债权人撤销权制度的适用，首先应符合债权人撤销权制度的一般性规定。债权人撤销权制度属于合同的保全。合同的保全，又称责任财产的保全，是指债权人在特定条件下行使代位权和撤销权，防止债务人的责

任财产不当减少，确保债权得以清偿。[①] 债之保全制度赋予了债权人在债务人以积极的或消极的行为人为造成自身责任财产减少，存在威胁债权实现之虞时保护自身债权实现的手段。债权人撤销权亦被称为废罢诉权，是对债务人积极减少责任财产，影响债权实现而赋予债权人享有撤销该行为的权利，[②] 在债之保全制度中发挥着不可替代的作用。

（一）关于债权人撤销权的性质和法律效果

关于债权人撤销权的性质，目前存在几种不同的学说，从较早且影响较大的形成权说到请求权说、折中说、责任说等。而研究债权人撤销权的法律性质，直接影响到对《民法典》第 542 条关于“债务人影响债权人的债权实现的行为被撤销的，自始没有法律约束力”法律效果的理解，也就影响到对债权人撤销权实现路径的选择。撤销权的性质在法律效果上体现为，撤销权行使会对债务人的行为产生什么样的作用力。形成权说作为早期学说，认为债权人撤销权的效果在于直接否认诈害行为的效力，从而使得债务人与相对人之间的法律关系绝对消灭。请求权说认为债权人可以基于债权请求权向债务人的相对人或转得人请求给付返还。责任说则认为相对人对债务人的财产继续保持，相当于物上保证人的地位而以财产为限承担责任。折中说则认为债权人撤销权兼有形成权和请求权的性质，在否定债务人与相对人处置财产效力的同时要求相对人将财产返还给债务人。[③] 相对而言，折中说更符合《民法典》债权人撤销权的“入库规则”，采用折中说，判决撤销的同时要求相对人向债务人返还财产，可同时实现撤销债务人实施的诈害行为以及恢复债务人责任财产，实现债之保全的目的，成为越来越多学者的共识，[④] 也为立法机关和司法机关接受。折中说明确了债权人撤销权法律效果为“撤销＋返还”，符合《民法典》第 542 条及第 157 条规定的立法精神，有力解决了长久以来债权人撤销权落地的问题。

---

① 参见石宏：《建立系统完备、体例科学的民事法律规则体系——民法典编纂历程回顾和重大发展》，载《法律适用》2024 年第 10 期。

② 参见黄薇主编：《中华人民共和国民法典合同编释义》，法律出版社 2020 年版，第 176 页。

③ 几种学说的对比详见龙俊：《民法典中的债之保全体系》，载《比较法研究》2020 年第 4 期；韩世远：《合同法总论》（第四版），法律出版社 2018 年版，第 453 页；蒋家棣：《债权人撤销权的法律效果及债权的实现路径——以〈民法典合同编通则解释〉第 46 条为中心》，载《中国应用法学》2024 年第 1 期。

④ 参见王利明：《合同法研究》（第二卷），中国人民大学出版社 2015 年版，第 121 页。

（二）关于债权人撤销权的实现路径

不同于债权人代位权采用“优先受偿”的行使效果，债权人撤销权采用的是“入库规则”。债权人撤销权行使的效果是恢复债务人财产对全部债权人的一般担保，而随之产生的问题是债权人行使撤销权激励不足以及其他债权人“搭便车”的现象。为解决上述问题，《民法典》编纂中曾几次试图规定代位权和撤销权合并行使，但终均因学界无法达成共识而放弃。[①]《民法典合同编通则解释》也曾提出有限制地允许合并行使，但因考虑到无法根本解决债权人行使撤销权激励不足、代位权与撤销权行使的条件不一致等情形而亦未规定。《民法典合同编通则解释》第 46 条的规定基于债权人与债务人的债权债务关系、债权人撤销权的胜诉判决所形成的连环给付关系，通过衔接强制执行程序实现债权人的胜诉权益。

二、离婚协议下债权人撤销权制度的基础性问题

（一）离婚协议是否适用债权人撤销权制度

这一问题涉及离婚协议的性质。根据《民法典》第 1076 条的规定，离婚协议不仅包括双方离婚的意思表示，也包括对子女抚养、财产以及债务处理等事项的协商。总体而言，更多学者认为离婚协议是包含多种类型法律行为的复合性协议，[②] 并认为离婚协议虽整体上属于人身行为，但其中处理共同财产的部分，也可成为债权人撤销的标的。此外，最高人民法院也有观点认为，对于当事人之间达成的离婚财产分割协议，本质上是平等民事主体的自然人之间的民事法律行为，但这种财产所有权关系的变动毕竟是因夫妻之间身份关系的变化所造成，因此，在评价该协议是否公平的问题上，应适用婚姻家庭领域离婚时夫妻共同财产的分割原则、离婚经济补偿原则、离婚时夫妻共同债务清偿原则等规定，但在涉及合同的订立、变更、撤销等问题上，仍应当将合同法的基本原理作为人民法院对相关问题认定的法律依据。[③]

（二）离婚协议如何适用债权人撤销权制度

债权人对离婚协议行使撤销权如何适用债权人撤销权制度。目前主要存

---

① 参见王利明：《债权人代位权与撤销权同时行使之质疑》，载《法学评论》2019 年第 2 期。

② 参见许莉：《离婚协议效力探析》，载《华东政法大学学报》2011 年第 1 期。

③ 参见最高人民法院民事审判第一庭编著：《最高人民法院婚姻法司法解释（二）的理解与适用》，人民法院出版社 2015 年版，第 123 页。

在三种观点：一是可以直接适用。此种观点主要认为对离婚协议中财产处理的部分行使撤销权，不会影响身份关系，可以直接适用债权人撤销权制度。二是可以参照适用。此种观点认为离婚协议整体上属于身份关系协议，仅在对身份关系没有规定且涉及外部债权人利益时，可以根据性质参照适用合同编的规定。三是认为原则上参照适用，特殊情形也可以直接适用。此种观点认为应优先考虑婚姻家庭编的特殊价值，基于其人身属性应参照适用。但如离婚协议部分条款伦理属性较弱，仅涉及财产分割且与一般财产合同区别不大，可以直接适用。我们认为，考虑到离婚协议整体上更多体现身份关系，且具有人身性、伦理性等特殊性，其财产关系仅为离婚协议的部分条款，应明确为参照适用债权人撤销权制度更为妥当。即便是伦理属性较弱的条款，也应纳入整个离婚协议的背景下充分考虑夫妻双方对家庭的投入、对离婚救济的安排、对子女抚养的合意等情形，与一般的财产合同仍有不同，不宜规定为直接适用。因此，本条最终采用“参照适用”的表述。

（三）离婚协议适用债权人撤销权制度的判断标准

债权人参照适用债权人撤销权制度，对离婚协议部分条款行使撤销权的前提应是该条款的财产处分行为导致债务人责任财产减少而影响其债权的实现。实务中较难判断的是，是否所有导致责任财产减少的行为都可归结于诈害债权，如何考虑婚姻家庭的特殊性，即如何在保护善意债权人利益与夫妻离婚财产自主处分权之间作出平衡。于此而言，我们认为有以下几项判断标准。

1. 债权形成的时间应在离婚协议签订之前。

《民法典》第538条及第539条规定的债权应为债权人享有的合法债权，而且该债权应当先于债务人以积极行为诈害债权之前，即债权的既存性。对于离婚协议的场域，夫或妻一方应在离婚协议签订之前即已与债权人发生债权债务关系，并负担债务清偿的义务。该时间点也属于判断债权人善意的关键。实务中应注意的是债权形成的时间并非生效判决确认的时间，而是债权人与夫或妻一方的债务人依照合同约定确定的债权形成时间。此外，实务中也存在以债权人向债务人主张权利的时间与离婚协议签订的时间进行比较，进而以主张权利时间晚于离婚协议的时间为由驳回债权人诉讼请求的做法。此种做法显属错误。

2. 离婚协议诈害债权。

实务中表现更多的是夫或妻作为债务人无偿放弃其自身财产，采用“净身出户”等方式逃避债权履行。对于何种情况下可认为分割行为影响到债权实现，通说采用“无资力说”，即只要债务人通过离婚协议对财产分割后，其剩余财产不足以偿还债务，一般即可认为影响到债权人的债权实现。[①] 这种观点较为符合实际，也契合我国民法上设立债权人撤销权实现债之保全的立法目的，可资参照。夫妻财产分配比例有其特殊性，与公司、合伙等清算不同，我们认为，对于双方财产的处理标准，可采用体系化解释，参照《民法典》及《民法典》婚姻家庭编相关解释规定的诉讼离婚财产分割标准，显著超过上述标准的一般可以初步认定为有诈害债权的嫌疑。具体标准包括《民法典》第 7 条诚信原则，第 1087 条照顾子女、女方和无过错方权益原则，第 1088 条离婚经济补偿原则，第 1090 条离婚经济帮助原则，第 1091 条离婚损害赔偿原则，《民法典婚姻家庭编解释（一）》第 49 条关于子女抚养费确定标准等。这些标准均是法律赋予婚姻当事人在离婚时据以主张多分财产的依据。夫妻一方财产分割与夫妻对家庭的投入、对情感的补偿、对一方过错的惩戒、对子女抚养费的分担等因素皆有关联，不能仅凭对方分割比例较多即认为不当。总之，对于夫妻在离婚协议中的分配比例及方式，在参考法定标准的同时，还应充分考虑共同财产整体分割及履行情况、子女抚养费负担、离婚过错等因素。当然，如一方并不存在上述标准及因素，债务人在明知背负债务的情形下在离婚协议中约定将夫妻双方共有的房产、财产等无偿归对方所有，且影响债权实现的，债权人行使撤销权应予支持。因此，要体系化考虑《民法典》及婚姻家庭编相关解释规定的原则，按照法定分割标准，借鉴通常的财产分割标准，在考虑每一婚姻关系特殊性、整体性后作出较为符合情理的考量。

3. 财产分割存在明显不合理。

《民法典》合同的保全一章规定债权人撤销权的规范基础为第 538 条与第 539 条，二者主要区别是债务人实施的是无偿行为还是有偿行为。此外，二者要求的相对人主观状态亦不同，第 538 条不要求判断相对人的主观状态，而第 539 条则明确相对人“知道或应该知道”存在诈害债权的情形，且该情形“显然包括了影响债权人的债权实现这一内容”。[②] 对于离婚协议中夫

---

① 参见崔建远：《论债权人撤销权的构成》，载《清华法学》2020 年第 3 期。

② 王利明主编：《中国民法典释评——合同编·通则》，中国人民大学出版社 2020 年版，第 377 页。

妻双方对财产的分割，究竟属于第538条还是第539条规定的情形是需要认真研究的问题，该问题直接关系到具体认定前述两种不同撤销权行使的要件。对此，目前学界观点主要有两种。一种是司法实践和学界的多数观点，认为离婚协议中财产分割侵害债权的行为属于无偿处分行为，应当适用《民法典》第538条的规定，即无须考虑债务人的配偶主观状态。这种观点的主要依据系认为夫妻共同财产制下，夫妻分割财产不存在对待给付。仅就共同财产分割而言，超过部分或为赠与或为代物清偿，都未给对方设置对待给付义务。另一种是部分观点认为应区分具体财产分割的方式判断具体适用的规范基础。这种观点支持严格按照第538条、第539条规定的无偿行为、明显以不合理低价或高价交易的行为为判断标准，存在后一种情形的也可视为一种对待给付关系。我们最终采用了第二种观点，主要是充分考虑婚姻家庭的复杂性，区分财产分割条款是否具有对待给付关系，进而选择适用不同的撤销权规范基础更周密，即便是夫妻财产制下，夫妻分割财产也不可避免出现一方当事人以明显不合理低价出售自己财产（实务中主要是不动产）的行为，且往往双方已经各自履行对待给付，此种情形下适用第539条可能更为妥当。此外，在适用《民法典》第539条作为规范基础时要严格按照《民法典合同编通则解释》第42条第3款的规定，谨慎处理存在亲属关系或者关联关系的交易中明显不合理低价或者高价的认定规则，即对于亲密关系的当事人之间的交易价格不受低于一般市场交易价或指导价百分之七十出让、高于百分之三十受让的通常判断标准。

4. 行使撤销权未超过除斥期间。

对于债权人撤销权的行使期间是否为除斥期间的问题，目前学界和实务界也有不同观点。从比较法上看，债权人撤销权因一定期限经过而消灭，是各国法的普遍规定。我们认为，前已述及，债权人撤销权兼具形成权性质，而作为形成权，债权人行使撤销权应当受到除斥期间的限制。《民法典》第199条规定，除斥期间除法律另有规定外，自权利人知道或应当知道权利产生之日起计算。《民法典》第541条规定撤销权自债权人知道或者应当知道撤销事由之日起一年内行使。自债务人的行为发生之日起五年内未行使的，该撤销权消灭。立法机关也认为本条规定撤销权的行使期间为除斥期间。具体到离婚协议场域，鉴于离婚协议系夫妻双方的内部行为，较难为外人所知，因此，对于债权人行使撤销权除斥期间的起算点，应当从有利于债权人的角度认定，即应在债权人知道或应当知道离婚协议财产分割条款具体内容的时间之日起一年内行使。但为促进债权人及时行使债权，稳定民事法律关系，维护交易秩序，此处债权人撤销权也应受到最长五年客观期间的限制。因此，应以债务人与配偶在婚姻登记机关登记离婚之日为起算点，自该日起五年内未行使的，债权人撤销权消灭。实务中存在债权人仅知道债务人离婚，但不清楚财产分割条款具体内容的，且也无法通过其他手段或途径知道相关内容的，不宜认定其已知道存在撤销的事由。一般而言，债权人通过离婚登记机构查询到离婚协议的日期可作为证据，证明其知晓离婚协议财产分割条款的内容，以该日期为除斥期间的起算点较为合理。

【实务问题】

《民法典》第 542 条规定，债务人影响债权人的债权实现的行为被撤销的，自始没有法律约束力。债权人撤销权兼具形成权与请求权的性质，行使撤销权的法律效果为“撤销加返还”，实现路径为通过衔接强制执行程序实现债权人的债权。具体到离婚协议下债权人撤销权制度的实现路径，既要符合一般撤销权的法律效果，适用其实现路径，也因婚姻家庭领域的特殊性具有其自身的特点。

一、确定当事人各方的诉讼地位及管辖

对于债权人撤销权诉讼中当事人各方的诉讼地位，原《最高人民法院关于适用〈中华人民共和国合同法〉若干问题的解释（一）》第 24 条规定，债权人提起撤销权诉讼时只列债务人为被告，未将受益人或者受让人列为第三人的，人民法院可以追加该受益人或者受让人为第三人。在制定《民法典合同编通则解释》时，最高人民法院考虑到债权人撤销权诉讼与第三人撤销之诉的法理相通，且为契合一并审理债权人本诉与撤销权诉讼、实现债权人撤销权诉讼衔接执行程序的需求，以及实践中大多做法，明确规定同时列债务人与相对人为共同被告。具体到离婚协议下的债权人撤销权诉讼，债权人作为原告起诉时，应列债务人及其前配偶为共同被告，按照“原告就被告”的一般原则，以夫妻一方的共同住所地或者一方住所地法院提起诉讼。如债权人为多个，也可以通过合并审理及代表人诉讼机制选取诉讼代表人进行诉讼。同时，要适用《民事诉讼法》关于专属管辖的规定。

二、明确当事人的诉讼请求

结合债权人撤销权的法律效果为“撤销＋返还”，而且“返还”系将财产从相对人处回归给债务人，体现了债权人撤销权制度的“入库规则”。对于债权人提起撤销权之诉，依旧需要明确其诉讼请求，即除请求撤销债务人与相对人的诈害债权的行为外，还应一并请求相对人履行撤销后的返还财产、折价补偿、履行到期债务等责任，请求人民法院支持其“返还”的诉讼请求。在离婚协议下的撤销权诉讼，要求返还的主要是不当处分的财产，不涉及履行到期债务问题。不同于刑事诉讼和行政诉讼，民事诉讼当事人对自己的诉讼权利有更大的自主权和处分权。若债权人未提出“返还”的诉讼请求，为减少当事人诉累，彻底解决纠纷，人民法院应当依法行使释明权，向债权人释明诉讼是否调整诉讼请求，避免当事人因提起诉讼请求不全面导致权利不能得到更好的救济。如释明后当事人仍坚持仅提出“撤销”的诉讼请求，那么人民法院应对此予以尊重。(1) 对于债权人与债务人已有生效法律文书对到期债权予以确认的，债权人提起撤销权诉讼可直接提出“撤销＋返还”的诉讼请求，并且在胜诉后根据债权生效判决及撤销权胜诉判决形成的连环给付关系申请强制执行，获得债权的清偿。(2) 对于债权人与债务人的债权没有生效法律文书确认、亦没有经过公证或仲裁但债权已到期的，债权人可以在提起撤销权诉讼的同时请求一并审理其与债务人之间的债权债务关系。此时的诉讼请求除“撤销＋返还”外，还包括基于给付之诉请求债务人履行债务的诉讼请求，以便人民法院在同一案件中合并审理。债权人在撤销权诉讼胜诉后亦可根据债权生效判决及撤销权胜诉判决形成的连环给付关系申请强制执行，获得债权的清偿。(3) 对于债权人与债务人债权尚未到期，债权人在提起撤销权诉讼中可以提出“撤销＋返还”的诉讼请求。撤销权诉讼胜利后，按照入库规则，相对人自动履行的，相应财产回归债务人，恢复债务人的责任财产；若相对人不履行，则债权人可以申请强制执行将相对人财产执行给债务人，亦可恢复债务人的责任财产，给所有债权人提供一般担保。值得注意的是，关于前述债权人在撤销权胜诉后通过强制执行程序实现胜诉利益的法律依据是被执行人对第三人享有的一般到期债权也可以作为执行标的。前提是，债务人的财产足以清偿全部债务。若债务人的财产不足以清偿全部债务，比如有多个债权人申请执行的情况下，仍应坚持“入库规则”，原则上按照所有债权人平等受偿的原则，依各自申请参与分配的债权数额所占比例受偿，债权人不能获得个别清偿。（4）对于债权人行使撤销权诉讼撤销的范围。债权人提起撤销权诉讼的诉权请求，应明确请求撤销的范围以其债权为限。具体到离婚协议的部分撤销中，亦应考虑撤销标的是否可分。如夫妻处分的财产为共同存款等可分物，债权人可以在其债权范围内要求撤销部分存款分割；而对于夫妻处分的标的不可分，比如已将家庭唯一住房分割给配偶及子女，鉴于房屋为不可分之物，是否可以支持债权人的诉讼请求对该分割进行整体撤销，此问题在实务中存有争议。有学者建议借鉴日本对类似问题的司法实践，采取价格赔偿的方法，即不整体撤销，而是让相对人在财产处理过当的范围之内作价返还。[①] 此种做法既兼顾了婚姻家庭领域的特殊性，又能达到撤销权诉讼的目的，值得司法实践中处理类似问题借鉴。当然，如果系多套房屋，债务人通过离婚协议无偿赠与相对人，极大减少其责任财产，影响债权的实现，自然可以撤销超过过当分配的其中一套或多套房产的处分，自不待言。

三、正确分配举证责任

关于债权人对离婚协议提起撤销权诉讼的案件中，举证责任的分配亦应根据“谁主张谁举证”的民事诉讼举证责任分配原则，但各方所承担的举证责任应体现离婚协议这一涉及婚姻家庭私领域的特殊性，比如债务人与相对人的夫妻关系，不同于普通债权人撤销权诉讼中债务人与相对人的合同交易关系，本条规定“夫妻一方的债权人有证据证明离婚协议中财产分割条款影响其债权实现……”，明确债权人应承担离婚协议存在诈害债权以致影响债权实现情形的举证责任。这也符合举证责任的一般原理。具体而言，债权人在已证明对债务人存有合法债权的前提下，主要证明事项应为债务人处分行为导致其责任财产减少，剩余财产无法清偿债务，影响其债权实现。当然，如通过申请法院调查令等方式查明债务人在离婚协议中系放弃全部财产或无偿转让全部财产，其又不存在其他责任财产的，一般可认为债务人与相对人已实施诈害债权的行为。如债权人与债务人的债权已有生效法律文书，债权人通过申请强制执行仍未执行到财产，执行法院的终结执行裁定可作为债务人“无资力”的证明，债权人亦可将其作为证据向人民法院提交。对于债务

① 参见日本大阪高判平成16年10月15日判例时报1886号第52页。转引自田韶华、赵泽：《离婚协议下债权人撤销权制度的适用》，载《河北法学》2024年第8期。

人与相对人一方而言，其需要承担的举证责任系证明财产分割的合理性及合法性，比如分配比例符合《民法典》关于离婚经济补偿、照顾无过错方、照顾妇女、儿童权益、债务人存在过错等因素。当债务人与相对人对前述事项已举证后，举证责任回转到债权人，其仍应继续提供证据证明债权人的利益何以能超越婚姻家庭编中未成年人子女及无过错方等弱势群体的利益，此亦为离婚协议中债权人举证责任的难点。在适用《民法典》第539条作为规范基础时，债权人还应提供证据证明相对人知道或者应当知道诈害债权的行为。实践中，也可能存在债务人抗辩虽然离婚协议导致其责任财产减少，但其还通过其他交易方式获得更多责任财产，即整体上责任财产数量增加，离婚协议部分财产分割条款不应撤销，则债务人应对此承担举证责任。

四、判决主文明确给付内容

不同于一般的民事判决表述，债权人撤销权因实行“入库规则”，且系债权人介入债务人与相对人之间的民事法律行为，在人民法院经审理支持债权人的撤销权后，判决主文的书写应当准确且明确给付内容，以便债权人真正实现胜诉利益，也有利于后续执行程序的衔接。基于债权人提起撤销权之诉可以提出形成和请求的双重主张，法院判决如支持债权人的起诉则应对两个诉讼请求分别作出明确的判定，在撤销债务人与相对人诈害债权行为的同时，在判决主文中也写明变更不动产登记、变更股权登记或者价值返还等相对人责任的具体内容。① 实务中，债权人撤销权的民事判决一般包括两项，一是撤销债务人与相对人之间诈害债权的行为，另一个是对返还财产的判定。基于“入库规则”，对第二项的判决主文应明确由相对人将相关财产“返还”给债务人，具体因“财产”的不同而对“返还”的表述有所区分。比如，有的债权人要求将已过户给相对人的房屋变更登记回原状，此时法院判决主文可以表述为将案涉房屋恢复登记或变更登记给债务人或债务人与相对人名下。比如债权人要求将债务人通过离婚协议无偿转让给相对人名下的股权变更登记给债务人，此时法院判决主文表述为限双方在一定期限内办理工商信息登记，将案涉股权恢复登记至债务人名下。最高人民法院指导案例118号东某电气发展股份有限公司与国家开某银行股份有限公司、沈阳高某开关有限公司等执行复议案明确要求受让人向债务人返还股权，如不能返还

---

① 参见朱虎：《债权人撤销权的法律效果》，载《法学评论》2023年第6期。

股权，还判决受让人应根据股权价值折价赔偿债务人的损失。实践中，如果法院判决主文未能做到“给付内容明确”，其后执行中也可能会以不符合执行案件受理条件为由裁定驳回执行申请。此外，基于《民法典》第540条规定，债权人行使撤销权的必要费用，由债务人负担。法院对于债权人胜诉的撤销权判决，基本支持债权人主张的合理律师费用。

五、衔接强制执行程序

对于《民法典》第542条债务人行为被撤销后，“自始没有法律约束力”的理解，长期存在债务人的行为被撤销后自始绝对无效还是相对无效等理论争议，直接影响债权人撤销权的法律效果。《民法典合同编通则解释》坚持司法实践一直以来的自始绝对无效的观点，支持相对人将相关财产返还给债务人，通过衔接强制执行程序实现撤销权的法律效果。其主要理由为如果司法实践仅仅撤销债务人与相对人之间侵害债权的行为，要么对债务人与相对人转让的财产不予处置，要么判决相对人向债务人返还相关财产，但在实际效果上基于债务人往往系恶意脱逸财产，不履行对债权人的债务清偿责任，其势必在返还财产后消极对待履行责任，致使债权人虽然赢得撤销权诉讼，但无法获得胜诉利益，“为此，有必要明确在债权人撤销权诉讼中，依据胜诉生效法律文书申请对相对人仍然占有的财产采取强制执行措施”。[①] 同样，在债权人针对离婚协议诈害其债权的行为提起的撤销权诉讼胜诉后，如果债务人的相对人不履行生效判决，债权人可以申请强制执行，“人民法院可以就债务人对相对人享有的权利采取强制执行措施以实现债权人的债权”，从而实现审判程序与执行程序的有效衔接，有利于实质性解决当事人之间的矛盾纠纷，做实定分止争。由此可知，《民法典合同编通则解释》第46条完善了债权人提起撤销权诉讼的法律效果，并明确了债权人实现胜诉权益的执行路径，最终实现债权人基于连环给付关系从相对人获得清偿的效果。因此，在债权人针对离婚协议提起撤销权之诉并胜诉的情况下，当然且应当适用衔接强制执行的模式，否定作为夫妻一方的债务人利用离婚协议诈害债权的行为，并通过财产“返还”的模式实现债权的保全。

---

① 刘贵祥：《关于金融民商事审判工作中的理念、机制和法律适用问题》，载《法律适用》2023年第1期。

【案例库案例】

经检索，人民法院案例库的两个入库案例涉及离婚协议下债权人行使撤销权的问题，对于司法实务有较好的借鉴意义。

1. 上海某食品公司诉李某、何某某、李某某债权人撤销权纠纷案①

——债务人通过离婚协议转移财产损害债权人利益的，债权人有权主张撤销转移财产的相关条款

【基本案情】

上海某食品公司诉称：经法院判决，李某及上海某实业公司应向其支付货款 1929512.45 元。后经执行发现李某及上海某实业公司名下无可供执行财产，但经调查，李某离婚时，将所有房产全部无偿转移至妻子何某某及儿子李某某名下。上海某食品公司认为，李某上述行为属于逃避债务履行的行为，故诉至法院请求：（1）撤销李某、何某某《自愿离婚协议书》第 3 条"男女双方共有财产分割如下"全部条款，恢复某 201 室房屋登记为李某、何某某名下；（2）判令李某、何某某支付上海某食品公司律师费 5000 元。

何某某辩称，离婚协议书对财产的分配，是考虑到夫妻双方各自对家庭的贡献、李某曾具有严重过错而作出的合理约定。上海某实业公司、李某并非没有清偿能力。按常理，夫妻双方离婚后一定会有财产的处理，上海某食品公司在 2016 年 11 月已经知道离婚及财产分割情况，其行使撤销权已超过一年期限。

李某、李某某亦表示，不同意上海某食品公司的诉讼请求。

法院经审理查明：李某与何某某于 1996 年结婚，于 2016 年 8 月 23 日办理离婚登记手续并签订《自愿离婚协议书》。协议书约定："三、男女双方共有财产分割如下：某 201 室房屋产权归女方所有；某 101 室房屋、302 室房屋产权归女方何某某和儿子李某某共同所有。四、……私人剩余借款及银行贷款本金共 204000 元，由女方何某某独自承担。"何某某于庭审中确认，上述某 201 室房屋于 2003 年登记在李某、何某某名下。

2016 年 2 月，上海某食品公司和上海某实业公司签订《合作采购协议》一份，约定上海某食品公司代理采购上海某实业公司指定货品，上海某实业公司如不能支付货款，则公司法定代表人李某个人全额承担支付责任。同年

① 入库编号：2024-07-2-078-001。

8月23日，上海某实业公司、李某向上海某食品公司出具客户对账单，确认2016年6月、7月、8月三个月共计欠款2029512.45元。同年8月29日，上海某实业公司、李某出具付款计划。同年10月7日，李某向上海某食品公司出具还款承诺书，再次确认截至2016年9月30日结欠上海某食品公司货款1929512.45元，李某承诺为上海某实业公司的共同还款人。

2017年3月24日，法院作出判决，判令上海某实业公司、李某支付上海某食品公司货款1929512.45元。后上海某食品公司申请法院强制执行，法院于2017年8月21日作出执行裁定书，因未查实上海某实业公司、李某可供执行的财产，裁定终结本次执行程序。

2017年12月14日，上海某食品公司向一审法院递交了本案民事起诉状。

一审审理中，何某某称上海某食品公司于2016年11月初就已经知道李某、何某某离婚和财产分割的事情。上海某食品公司则称何某某于2016年11月只是口头说已经离婚，但没有说过财产分割的问题。

上海某食品公司于一审中提交的《自愿离婚协议书》上，加盖有“此复印件与原件相符 松江区民政局婚姻登记处 2017年7月14日”之印章。

上海市松江区人民法院于2018年7月26日作出（2017）沪0117民初21684号民事判决：驳回上海某食品公司的全部诉讼请求。

上海某食品公司不服该判决，提起上诉。上海市第一中级人民法院于2019年3月5日作出（2018）沪01民终13292号民事判决：一、撤销上海市松江区人民法院（2017）沪0117民初21684号民事判决；二、撤销李某、何某某于2016年8月23日签订的《自愿离婚协议书》第3条“男女双方共有财产分割如下”全部条款，恢复某201室登记为李某、何某某名下；三、李某于判决生效之日起10日内支付上海某食品公司律师费4500元；四、何某某于判决生效之日起10日内支付上海某食品公司律师费500元。

【裁判理由】

法院生效裁判认为，《中华人民共和国合同法》第74条、第75条规定，因债务人放弃其到期债权或者无偿转让财产，对债权人造成损害的，债权人可以请求人民法院撤销债务人的行为。撤销权自债权人知道或者应当知道撤销事由之日起一年内行使。故债权人撤销权的行使，应当具备以下要件：一是债务人为相应行为对债权人造成损害；二是债权人自应当知道撤销事由之日起一年内行使撤销权。

首先，2016年2月上海某食品公司与上海某实业公司签订的《合作采购协议》明确约定，上海某实业公司不能支付欠款的，李某作为公司法定代表人即应全额承担支付责任。后，上海某实业公司无法支付2016年6月、7月、8月之货款，上海某食品公司于2016年11月诉至法院，法院判决上海某实业公司与李某支付上海某食品公司货款1929512.45元。李某与何某某于2016年8月23日办理离婚登记手续并签订《自愿离婚协议书》，而当天，上海某实业公司、李某也向上海某食品公司出具了客户对账单，确认2016年6月、7月、8月三个月共计欠款2029512.45元。综合上述情况，李某与何某某签订《自愿离婚协议书》时，上海某食品公司之债权已实际存在，且得到了上海某实业公司与李某之确认。

其次，李某与何某某《自愿离婚协议书》的第3条，将坐落于上海的3套夫妻关系存续期间购买的房屋，均归属于何某某及李某某所有。虽第4条规定何某某承担原双方之共同债务204000元，但两相比较，在财产分割方面，李某与何某某之间明显不成比例。而根据2017年8月21日执行裁定书，因未查实上海某实业公司、李某可供执行的财产，法院裁定终结本次执行程序。因此，李某在《自愿离婚协议书》第3条中将其享有之房产份额归属于何某某一方之行为，应认定为《合同法》第74条规定的“无偿转让财产”行为，且李某现无可供执行之财产，故李某上述行为已对债权人上海某食品公司之债权实现造成损害。

最后，关于法律规定的撤销权行使期限，其中“知道或者应当知道撤销事由”，应理解为明确知晓撤销事由之内容，如系仅了解到双方已离婚，并不代表即已清楚双方离婚过程中之财产分割具体状况。何某某称其于2016年11月初就已将财产分割事宜告知对方，但除其自己所称，并无其他证据予以佐证。而上海某食品公司称其是2017年7月14日通过法院调查令调取离婚协议后才知晓财产分割情况，有当时调取之材料为证，且材料印章上显示日期确为2017年7月14日。故综合在案证据情况，称上海某食品公司于2017年7月14日才知晓财产分割情况，依据更为充分。上海某食品公司之撤销权行使期限，应从2017年7月14日起算，而一审法院收到本案诉状日期为2017年12月14日，故未过一年的除斥期间。

综上所述，上海某食品公司主张撤销李某、何某某于2016年8月23日签订的《自愿离婚协议书》第3条“男女双方共有财产分割如下”全部条款，恢复某201室登记为李某、何某某名下，存在充分之事实与法律依据，应予支持。

至于律师费5000元之主张，根据《最高人民法院关于适用〈中华人民共和国合同法〉若干问题的解释（一）》第26条之规定，债权人行使撤销权所支付的律师代理费等必要费用，由债务人负担；第三人有过错的，应当适当分担。故酌定律师费5000元，由李某承担4500元，何某某承担500元。

【裁判要旨】

1. 债务人在明知负有债务的情况下，通过离婚协议将财产转移至夫妻另一方及子女名下，债权人主张撤销该条款的，人民法院应当对债权人是否存在有效债权、离婚协议财产分割是否存在明显失衡、债务人是否无可供执行的其他财产致债权无法实现等情况进行综合认定。

2. 撤销权行使期限自债权人知道或应当知道撤销事由之日起计算。其中，债务人通过离婚处分财产的，债权人知道撤销事由之日，应以债权人知道债务人离婚协议关于财产分割条款具体内容的时间作为起算点；债权人仅知晓债务人离婚事宜但并不清楚财产分割条款具体内容，也无法通过其他途径知晓的，不能认定其应当知道存在撤销的事由。

2. 刘某华诉陈某贤、刘某坤申请执行人执行异议之诉案①

——债务形成后离婚协议约定房屋归夫妻一方所有的，不能排除强制执行

【基本案情】

刘某坤与陈某贤原系夫妻关系，二人于2019年1月14日办理离婚登记手续，并在广东省韶关市浈江区民政局婚姻登记处签订了《离婚协议书》，约定夫妻共同财产的处理：2015年5月29日购买并登记在陈某贤名下的案涉房产所有权归陈某贤所有；双方确认在婚姻关系存续期间没有任何共同债务，任何一方如对外负有债务的，由负债方自行承担。

2018年11月30日，刘某华因设备租赁合同纠纷向韶关仲裁委申请仲裁。2019年12月18日，韶关仲裁委作出（2019）韶仲裁字第1号裁决：一、刘某坤在本裁决书生效之日起15日内向刘某华支付租金40万元；二、刘某坤在本裁决书生效之日起15日内向刘某华支付因不按合同移交租

---

① 入库编号：2024-08-2-471-002。

赁设备产生的使用费 564384 元；三、刘某坤在本裁决书生效之日起 15 日内向刘某华支付违约金 12 万元；四、驳回刘某华其他仲裁请求。在仲裁审理期间，刘某华申请追加陈某贤为当事人及对案涉 301 房进行财产保全，韶关仲裁委驳回了追加陈某贤的申请但对财产保全提交法院进行了办理。该裁决书生效后，刘某华向一审法院申请执行。

2021 年 3 月 10 日，陈某贤对执行其名下案涉 301 房提出异议，广东省韶关市中级人民法院于 2021 年 3 月 25 日作出（2021）粤 02 执民 10 号执行裁定：中止陈某贤名下 301 房的执行。刘某华不服，于 2021 年 4 月 13 日提起本案诉讼，请求：（1）确认刘某坤、陈某贤于 2019 年 1 月 14 日签订的《离婚协议书》第 2 条第 1 项内容陈某贤名下 301 房所有权归陈某贤所有无效；（2）确认陈某贤名下 301 房属于刘某坤、陈某贤共同财产；（3）判令陈某贤对（2019）韶仲裁字第 1 号仲裁裁决裁令刘某坤对刘某华的债务本息承担共同清偿的责任（其中债务本金 1096609 元）；（4）判令拍卖、变卖陈某贤名下 301 房清偿（2019）韶仲裁字第 1 号仲裁裁决确认的债务；（5）本案诉讼费由刘某坤、陈某贤负担。一审庭审中，刘某华变更第 1 项诉讼请求为：撤销刘某坤、陈某贤于 2019 年 1 月 14 日签订的《离婚协议书》第 2 条第 1 项陈某贤名下 301 房归陈某贤所有的内容。

二审中，经法院释明，刘某华将第 3 项请求修改为：改判准予对陈某贤名下 301 房产权份额的 50％属于刘某坤的财产份额在 1090021.11 元范围内予以执行。

广东省韶关市中级人民法院于 2021 年 12 月 13 日作出（2021）粤 02 民初 77 号民事判决：驳回刘某华的全部诉讼请求。宣判后，刘某华认为将“恶意串通”作为债权人行使撤销权的构成要件和前置条件属于法律适用错误且没有对离婚协议关于共同财产的约定是否损害债权人利益进行认定等为由，提起上诉。广东省高级人民法院于 2022 年 9 月 22 日作出（2022）粤民终 890 号民事判决：一、撤销广东省韶关市中级人民法院（2021）粤 02 民初 77 号民事判决；二、准予在 1090021.11 元范围内执行案涉房产的 50％份额属于刘某坤的部分用以偿还刘某华的债权；三、驳回刘某华的其他诉讼请求。

【裁判理由】

法院生效裁判认为，本案争议的焦点问题：债权人对债务人在离婚协议中将自己应有的财产份额无偿转让给另一方的约定能否行使撤销权并强制执行偿还债务。

刘某坤与陈某贤在2019年1月14日离婚协议中就夫妻共同财产陈某贤名下301房的约定为归陈某贤所有，即根据法律规定刘某坤将自己享有50%产权的房屋无偿转让给陈某贤，而本案所涉的刘某坤对刘某华所负债务，产生于刘某坤与陈某贤离婚之前的夫妻关系存续期间，刘某坤将自己所有的财产无偿转让，当然会对债权人造成损害，根据《合同法》第74条“因债务人放弃其到期债权或者无偿转让财产，对债权人造成损害的，债权人可以请求人民法院撤销债务人的行为”之规定，刘某华请求撤销该行为，于法有据，应予支持。一审判决以离婚协议签订时间早于刘某华向陈某贤主张权利的时间为由驳回刘某华的撤销请求显属错误，应予纠正。至于陈某贤抗辩称案涉房产系其儿子刘某刚出资购买属于刘某刚所有而非夫妻共同财产的问题，由于法律规定不动产实行登记对抗制度，因此，具体如何支付购买房屋款项的情况不能对抗法律关于房屋产权人的认定。

在离婚协议中关于刘某坤将自己享有50%产权的房屋无偿转让给陈某贤的内容被撤销的情况下，刘某华请求在其债权范围内强制执行依法有据，应予支持。

【裁判要旨】

夫妻共同财产中的一半份额，是配偶一方债务的责任财产，债务形成后离婚协议约定房屋归夫妻一方所有的，不能排除配偶一方的债权人申请强制执行。申请执行人提起许可执行异议之诉的，可以判决执行共有房屋中50%的份额。

【条文】

第四条

双方均无配偶的同居关系析产纠纷案件中，对同居期间所得的财产，有约定的，按照约定处理；没有约定且协商不成的，人民法院按照以下情形分别处理：

（一）各自所得的工资、奖金、劳务报酬、知识产权收益，各自继承或者受赠的财产以及单独生产、经营、投资的收益等，归各自所有；

（二）共同出资购置的财产或者共同生产、经营、投资的收益以及其他无法区分的财产，以各自出资比例为基础，综合考虑共同生活情况、有无共同子女、对财产的贡献大小等因素进行分割。

【条文主旨】

本条是关于同居终止后财产分割的规定。

【条文概览】

同居不同于婚姻，同居双方不享有夫妻之间的权利义务，不适用法定夫妻共同财产制。对同居期间所得财产分割问题，应尊重当事人意思自治，提倡当事人事先约定，有约定的，按约定处理；在没有约定的情况下，按照“各自所得归各自所有”的原则处理。

在同居生活期间，双方因共同出资购置财产、共同生产经营投资等情况导致财产无法清晰区分，同居析产时，出资比例为首要考虑因素，在此基础上，综合考虑共同生活情况、有无共同子女、对财产的贡献大小等因素进行分割。

【理解与适用】

实践中，基于多种原因，经常出现男女双方未形成婚姻关系，但又共同居住生活的情形，俗称“同居”关系。同居关系一旦形成，就难免发生“共居共财”的现象，而在双方同居关系解除时，必然要对各自的财产进行分割，由此引发大量纠纷。一般而言，作为婚姻关系之外的两性亲密关系，同居关系本身不受民事法律的调整，但在因同居关系引发涉财产分割或者子女抚养纠纷时，人民法院应当受理。[①] 因此，在1989年最高人民法院即出台《关于人民法院审理未办结婚登记而以夫妻名义同居生活案件的若干意见》（以下简称《同居案件若干意见》），对同居关系中析产规则作出了规定。[②] 但该意见现已失效。随着社会经济生活的发展，当今同居关系当事人的年龄结构、思想价值观念、同居财产形式以及对法律后果的预期均已发生了巨大的变化，同居关系愈发常见，同居析产纠纷案件的数量逐年递增，司法实践迫切需要统一相关裁判规则。本条规定即是对同居财产分割作出的具体规定，理解本条规定应当注意以下几点：

一、本条规定的适用范围

（一）本条适用于双方均无配偶的同居关系

依据《民法典》第1040条之规定，《民法典》婚姻家庭编调整因婚姻家庭产生的民事关系。因此，我国婚姻家庭法并未对同居关系进行法律上的界定。从文义的角度看，“同居”概念在《现代汉语词典》中的定义为：（1）同在一处居住；（2）指夫妻共同生活，也指男女双方没有结婚而共同生活。通过上述定义，同居关系一般区分为广义与狭义两种。广义上的同居关系，通常是指基于共同生活、居住而形成的关系。从此含义理解，可以形成广义上的同居关系的情形很多，范围也很广，与自己同住的亲属、朋友、同学等，都可以形成广义上的同居关系。而狭义的同居关系，一般是被赋予了的特定含义共同生活，包括婚姻关系中的所谓婚内同居，以及无配偶的男女双方未办理结婚登记而共同生活的非婚同居，以及有配偶者与他人同居等情形。而从《民法典》的规定看，涉及“同居”概念的共有4个法条，分别是第1042

---

① 《民法典婚姻家庭编解释（一）》第3条规定：“当事人提起诉讼仅请求解除同居关系的，人民法院不予受理；已经受理的，裁定驳回起诉。当事人因同居期间财产分割或者子女抚养纠纷提起诉讼的，人民法院应当受理。”

② 该意见规定：“8. 人民法院审理非法同居关系的案件，如涉及非婚生子女抚养和财产分割问题，应一并予以解决。具体分割财产时，应照顾妇女、儿童的利益，考虑财产的实际情况和双方的过错程度，妥善分割。10. 解除非法同居关系时，同居生活期间双方共同所得的收入和购置的财产，按一般共有财产处理，同居生活前，一方自愿赠送给对方的财物可比照赠与关系处理；一方向另一方索取的财物，可参照最高人民法院（84）法办字第112号《关于贯彻执行民事政策法律若干问题的意见》第（18）条规定的精神处理。12. 解除非法同居关系时，一方在共同生活期间患有严重疾病未治愈的，分割财产时，应予适当照顾，或者由另一方给予一次性的经济帮助。”

条、第1054条、第1079条和第1091条。[①] 其中，第1042条、第1079条、第1091条是对“有配偶者与他人同居”情形作出的规范；而第1054条则是对因“无效或者被撤销的婚姻”关系在同居期间所得的财产进行分割作出的规范。由此可见，首先，《民法典》规定的“同居”关系采取的是狭义的同居概念，不包括一般意义上的、两性关系之外的共同生活。其次，《民法典》在使用同居概念时，所指代的具体内容存在差别，并非在相同语义上使用这一概念。对此，我们认为，因婚内同居是男女双方办理结婚登记取得夫妻身份后共同生活的体现，是婚姻的本质所在，因婚内同居而形成夫妻之间的权利和义务关系本就是《民法典》规范和调整的重要内容。而根据《民法典婚姻家庭编解释（一）》第2条之规定，有配偶者与他人同居是指有配偶者与婚外异性，不以夫妻名义，持续、稳定地共同居住。这种行为不仅严重违背社会伦理道德和善良风俗，而且是对一夫一妻制原则的违反，是法律禁止的行为。因此，本条规定的同居关系，是指无配偶的男女双方没有办理结婚登记即共同生活，也就是实践中通常所称的非婚同居。

长期以来，男女双方没有办理结婚登记即共同生活被认为是违反社会道德标准的行为，甚至曾被界定为非法行为，如《同居案件若干意见》第3条就明确规定，“自民政部新的婚姻登记管理条例施行之日起，没有配偶的男女，未办结婚登记即以夫妻名义同居生活，按非法同居关系对待”。但随着社会观念逐渐发生变化，人们也逐渐认可了男女双方是否结婚属于个人对生活态度的选择，而且我国法律并未禁止没有办理结婚登记的男女双方同居生

① 《民法典》第1042条规定：“禁止包办、买卖婚姻和其他干涉婚姻自由的行为。禁止借婚姻索取财物。禁止重婚。禁止有配偶者与他人同居。禁止家庭暴力。禁止家庭成员间的虐待和遗弃。”第1054条规定：“无效的或者被撤销的婚姻自始没有法律约束力，当事人不具有夫妻的权利和义务。同居期间所得的财产，由当事人协议处理；协议不成的，由人民法院根据照顾无过错方的原则判决。对重婚导致的无效婚姻的财产处理，不得侵害合法婚姻当事人的财产权益。当事人所生的子女，适用本法关于父母子女的规定。婚姻无效或者被撤销的，无过错方有权请求损害赔偿。”第1079条规定：“夫妻一方要求离婚的，可以由有关组织进行调解或者直接向人民法院提起离婚诉讼。人民法院审理离婚案件，应当进行调解；如果感情确已破裂，调解无效的，应当准予离婚。有下列情形之一，调解无效的，应当准予离婚：（一）重婚或者与他人同居；（二）实施家庭暴力或者虐待、遗弃家庭成员；（三）有赌博、吸毒等恶习屡教不改；（四）因感情不和分居满二年；（五）其他导致夫妻感情破裂的情形。一方被宣告失踪，另一方提起离婚诉讼的，应当准予离婚。经人民法院判决不准离婚后，双方又分居满一年，一方再次提起离婚诉讼的，应当准予离婚。”第1091条规定：“有下列情形之一，导致离婚的，无过错方有权请求损害赔偿：（一）重婚；（二）与他人同居；（三）实施家庭暴力；（四）虐待、遗弃家庭成员；（五）有其他重大过错。”

活，认定此行为“非法”缺乏法律依据，故自2001年《婚姻法解释（一）》[①]发布之后，对于当事人未办理结婚登记而共同生活的，不再作出有关合法性的认定。

具体而言，本条规定的同居关系具有以下特征：第一，双方为异性的男女。有观点认为，我国法律虽不承认同性之间形成的婚姻关系，但亦未禁止同性之间形成同居关系，在民事法律“法无禁止即可为”的理念下，同性间的同居关系应当与异性间的同居关系享有同等的权利义务。我们认为，尽管有部分国家已经开始承认同性之间的婚姻关系，但就我国现行法律来讲，同性之间不能缔结合法的婚姻关系，换句话讲，同性间的亲密关系不受《民法典》婚姻家庭编的调整，因此从体系上讲，作为司法机关为适用《民法典》婚姻家庭编时作出的解释，本条规定的同居关系不包括同性之间的共同生活。[②]但是，根据《民法典》第113条的规定，民事主体的财产权利受法律平等保护。从解决实际问题以及公平的角度出发，如有证据证明无配偶的同性之间持续稳定地共同生活，双方因为财产问题发生纠纷的，也应当予以受理，具体分割财产时可参照本条规定处理。

第二，双方均无配偶，即处于未婚、离异或者丧偶状态。双方或是因不愿意受婚姻的约束，或是因不想牵扯子女和财产问题，或是已按照当地习俗办理了婚礼但未达法定婚龄等而尚未办理结婚登记手续等原因，自愿以同居方式共同生活。因此，实践中有观点认为，对于认定同居关系，还需要对双方是否已经实际符合结婚的实质条件或者除未达到结婚年龄之外并无其他不能结婚的事由，否则亦不能认定为本条规定的同居关系。我们认为，从逻辑上讲，当事人选择同居关系可以是双方自愿放弃缔结婚姻关系，即双方不选择办理结婚手续即共同生活的就是本条所指的同居关系，但不能由此推定同居关系就只是因为不办理结婚手续，也可能是因为不能办理结婚手续但亦决定共同生活。

还应注意的是，关于婚姻关系依法被认定为无效或被撤销的，在婚姻被

① 《婚姻法解释（一）》第5条规定：“未按婚姻法第八条规定办理结婚登记而以夫妻名义共同生活的男女，起诉到人民法院要求离婚的，应当区别对待：（一）1994年2月1日民政部《婚姻登记管理条例》公布实施以前，男女双方已经符合结婚实质要件的，按事实婚姻处理；（二）1994年2月1日民政部《婚姻登记管理条例》公布实施以后，男女双方符合结婚实质要件的，人民法院应当告知其在案件受理前补办结婚登记；未补办结婚登记的，按解除同居关系处理。”

② 参见《民法典》第1046条至第1049条之规定。

确认无效或者被撤销前，当事人的生活状态是否属于本条规定的同居关系，实践中存在争议。我们认为，《民法典婚姻家庭编解释（一）》第 22 条明确规定：“被确认无效或者被撤销的婚姻，当事人同居期间所得的财产，除有证据证明为当事人一方所有的以外，按共同共有处理。”根据该条规定，婚姻关系在依法被认定为无效或者被撤销之前，虽亦称为同居，但实与合法婚姻无异，与本条规定的同居关系存在区别：首先，婚姻关系被认定为无效或者被撤销，属于对男女双方身份关系的解除，必须由人民法院行使，而当事人请求解除同居关系的，人民法院不予受理。其次，对于被确认无效或者被撤销的婚姻，在被确认无效或被撤销前，双方以夫妻名义共同生活，与本条规定中的同居状态相比，当事人预期存在不同。再次，《民法典婚姻家庭编解释（一）》第 22 条规定的本意也并非“无效当作有效处理”，原则上如果能够区分出个人财产，还是应当认定为各自所有。只是因为此种情况下，当事人双方是以缔结婚姻为预期共同生活，财产可能无法区分，按照共同共有处理符合实际情况。复次，还要具体区分无效或被撤销的原因，如果是因重婚被确认无效的，根据《民法典》第 1054 条规定，对重婚导致的无效婚姻的财产处理，不得侵害合法婚姻当事人的财产权益。最后，在被认定为无效或者被撤销后，男女双方仍然持续共同生活的，可以认定为本条规定的同居关系。

第三，男女双方共同居住生活且具有持续性，即在较长时期内保持相对稳定的共同生活状态，共同承担生活消费支出，一般拥有共同财产。值得注意的是，需要区分同居与事实婚姻。严格来讲，事实婚姻是相对于合法登记的婚姻而言的，考虑到我国的现实国情，为了维持一定范围内的，特别是广大农村人口婚姻关系的稳定，国家对未办理结婚登记而以夫妻名义同居生活的男女双方之间的关系有条件地予以认可，即在 1994 年 2 月 1 日以前，未办理结婚登记即以夫妻名义同居生活者，双方符合结婚实质要件的，按事实婚姻处理。① 形成事实婚姻的男女双方具有等同于婚姻关系的权利及义务，事实婚姻的财产关系比照夫妻共同财产处理。从事实婚姻与同居关系的区别来看，主要体现在以下几方面：一是构成要件不同。事实婚姻在审判实践中

① 1980 年《婚姻法》施行后，最高人民法院相继于 1984 年、1989 年出台司法解释，对事实婚姻认定标准作出规范。1994 年民政部出台《婚姻登记管理条例》，结合 2001 年对《婚姻法》作出修正后的相关规定，最高人民法院又于 2001 年出台《婚姻法解释（一）》，对事实婚姻的认定标准作出进一步解释。

的认可，是受到特定时间、特定条件等方面限制的。而同居关系的构成相对限制较少。二是法律后果不同。

（二）本条适用于对同居期间的财产的分割

1. 关于同居关系的认定。

由于同居关系具有一定的隐秘性，司法实践中，对于双方是否具备同居关系需要审慎审查，结合民事诉讼的证据规则，对同居生活期间作出认定。具体而言，首先，若男女双方能够就同居关系及同居期间达成一致意见的，可以按照双方确认的事实作出认定。反之，如双方不能达成一致，按照“谁主张、谁举证”的举证责任分配规则，应由主张存在同居关系的一方提供相关证据证明其主张。应当注意的是，如果当事人提交的证据仅能证明双方存在同居关系，但不足以准确认定同居关系的起始时间，人民法院可以结合日常生活经验，作出具体判断。

一般而言，可以用于认定同居关系的证据包括依法取得的一切可以证明双方共同居住生活的证据材料，包括但不限于：（1）记录双方共同居住生活的照片、文字等书面证据；（2）记录双方的日常生活，如共同参加聚会等影像、视听资料；（3）双方签署的租赁合同、共同账户的银行流水等书面材料；（4）邻居、亲属或者朋友的证人证言；（5）双方共同使用的微信、微博等社交媒体及账号，以及用该账号发布的关于双方共同生活的信息等。关于同居是否要求双方有独立的共同居所的问题，实践中存在不同观点。有学者认为，同居应当限定双方有单独的共同居所，否则不能构成共同居住生活的同居关系。但目前的通说认为，同居关系的核心在于长期稳定的共同生活，共同居所仅能作为证明双方存在同居关系的证据，而非作为认定同居关系存在的必要依据。

从诉讼程序角度看，当事人因同居期间财产分割或者子女抚养纠纷提起诉讼的，人民法院应当受理。而按照《民事案件案由规定》，涉及同居财产分割的案由一般被确定为“同居析产纠纷”。但是，当事人提交的证据足以认定双方存在同居关系时，人民法院应当如何处理，实践中仍然存在分歧。我们认为，以何种案由提起诉讼属于原告行使诉权的范畴，由原告自行承担相应的诉讼风险。如原告以同居关系析产纠纷起诉的，人民法院应向原告释明举证义务和诉讼风险，如原告明确其诉请及事实理由为共有物分割的，则可按照共有物分割纠纷进行审理；如原告不同意变更的，则应按照原告的诉请及事实与理由进行审理，由原告承担举证责任。原告不能证明存在同居关系的，应由其承担不利的法律后果。

2. 关于同居财产的范围。

一般而言，男女一方或者双方在同居期间取得的合法收入及财产均可认定为同居财产。参考家庭收入的标准，是指扣除缴纳的个人所得税及个人按规定缴纳的社会保障性支出后在规定期限内的全部可支配收入。主要包括：（1）工资性收入。指因任职或者受雇而取得的工资、薪金、奖金、劳动分红、津贴、补贴以及与任职或者受雇有关的其他所得等。（2）家庭经营净（纯）收入。指从事生产、经营及有偿服务活动所得。包括从事种植、养殖、采集及加工等农林牧渔业的生产收入，从事工业、建筑业、手工业、交通运输业、批发和零售贸易业、餐饮业、文教卫生业和社会服务业等经营及有偿服务活动的收入等。（3）财产性收入。包括动产收入和不动产收入。动产收入是指出让无形资产、特许权等收入，储蓄存款利息、有价证券红利、储蓄性保险投资以及其他股息和红利等收入，集体财产收入分红和其他动产收入等。不动产收入是指转租承包土地经营权、出租或者出让房产以及其他不动产收入等。（4）转移性收入。指国家、单位、社会团体对居民家庭的各种转移支付和居民家庭间的收入转移。包括赡养费、扶养费、抚养费，离退休金、失业保险金，社会救济金、遗属补助金、赔偿收入，接受遗产收入、接受捐赠（赠送）收入等。（5）其他应计入家庭收入的项目。

从财产的类型看，应包括公民的合法收入、房屋、储蓄、文物、图书资料、林木、牲畜、家禽、知识产权中的财产权和法律允许公民所有的其他生产资料、生活资料。并且，随着社会经济的发展和人们生活水平的提高，可以作为同居财产的类型也在不断更新。从财产的归属看，同居财产分为一方个人财产和同居双方共同财产。其中，对于同居期间一方的工资、奖金、生产经营收益，以及因继承、赠与等途径所得的合法收入，在对方没有辅助性劳动和提供生活帮助的情况下，原则上归本人所有。而同居期间的共有财产一般包括：（1）同居生活期间双方共同购置的财产；（2）双方共同生产、经营和投资所得的收入等。

二、同居财产的析产规则

根据我国目前婚姻法的相关规定，夫妻共同财产的主体应是具有婚姻关系的夫妻。夫妻共同财产关系是典型的共同共有关系，系基于配偶身份而产生，只要双方当事人缔结了合法的婚姻关系，在没有约定实行分别财产制的情形下，婚后所得财产原则上属于夫妻共同共有。而在本条规定的同居关系中，当事人无论在人身关系还是财产关系上都具有独立性，不同于合法婚姻关系，自然不应适用婚内所得共同制的法定夫妻财产制的约束，对于同居期间获得的财产也不能当然推定为共同所有，符合双方在选择同居关系时对财产归属的预期。

但是，同居关系中毕竟有共同生活的实质，双方在情感、经济等方面的联系较为紧密，为了共同生活的需要，可能共同出资购置财产等，这部分财产可能已经存在高度混同，甚至可能共同育有子女，对于一般同居财产的归属认定与分割，亦不能简单地以完全个人财产制或者完全的共同财产制来确定。

（一）有约定的从其约定

作为私法，民法充分尊重私权利主体的行为自由。从理论上来讲，同居关系在近现代家庭法领域广泛适用意思自治原则，这是符合时代发展趋势的。以法国民法为例，同居关系本身即被认为具有合同关系的性质，婚姻关系中的夫妻最多可以对婚姻关系的开始或者结束有一定意志自由，婚姻行为的后果中更多体现的是国家意志，但同居关系则不同。相比婚姻关系而言，同居关系中行为的权利义务关系要更加自主且更多体现同居双方的自由意思。尤其是近年来，随着社会思想观念的变化，人们的独立自主意识明显增强，对婚姻家庭领域也产生了一定影响，男女双方不仅要求各自人格的独立，更要求经济的自主。因此，很多人选择了以同居的方式生活。另外，还有相当数量的独身老年人群体，出于避免再婚导致的财产共有以及与子女的矛盾等考虑，也选择同居的方式。从这个角度来看，对同居关系中基于双方意思自治而形成的财产约定也是保护私权的重要体现。因此，没有配偶的男女双方只要具有民法上的行为能力，不违反法律、行政法规的禁止性规定，未损害第三人合法权益，自愿选择同居这一生活方式，就应保障其充分行使相关权利及义务，尤其是对同居财产的归属作出约定的自由。

具体而言，同居关系中的男女双方达成财产约定的，既可以通过口头约定，亦可以通过签订书面的财产协议进行约定。无论是口头还是书面达成的同居财产约定，均应当符合以下条件：（1）同居财产的约定应由双方自愿达成，且不存在会导致约定无效的情形。如一方在签订财产约定的时候不具有民事行为能力的，依据《民法典》第 144 条之规定，该同居财产约定依法应被认定为无效，对双方当事人不具有约束力；或者关于同居财产的约定中附加了诸如女方已怀孕的“必须生育男孩”等违背公序良俗之内容的，可能导致该项约定无效。当然，同居财产约定部分无效的，可以不影响约定其他部分的效力，其他依法达成的约定内容亦可作为分割同居财产的依据。（2）同居财产约定一般可以包括同居前财产的证明、同居后财产的划分以及同居期间双方的权利义务等内容。应当注意的是，同居双方关于财产的约定一旦成立并生效，双方均应按照约定执行。约定达成后一方又反悔的，应与对方协商变更，协商不成的视为未作出约定。

（二）无约定的区别情况处理

1. 双方协商确定财产归属。

严格来讲，同居财产约定既可以在同居关系存续期间达成，也可以在双方解除同居关系时通过协商达成。甚至在双方因财产分割问题形成诉讼之后，在人民法院依法作出裁判之前，同居双方仍可通过协商确定财产的归属。换句话讲，即在人民法院对同居财产作出明确分割之前，同居关系中的男女双方仍可依法达成关于财产分割的约定。

2. 各自所得归各自所有。

对于双方没有达成同居财产约定，又不能通过协商达成一致处理意见的，应当区分不同情形处理。根据本条规定，男女双方在同居期间各自所得的工资、奖金、劳务报酬、知识产权收益，各自继承或者受赠的财产以及单独生产、经营、投资的收益等，归各自所有。同时，我们认为，除本条规定外，一方同居前的财产、一方因受到人身损害获得的赔偿或者补偿、一方专用的生活用品，比照《民法典》第1063条之规定，在婚姻关系中尚被认定为夫妻一方个人所有的财产，举重以明轻，亦应作为同居一方的个人财产归其本人所有。① 这主要是因为，首先，工资、奖金、劳务报酬和知识产权权益一般均是由一方单独劳动所得，或者是一方智力成果的体现；一方继承或者受赠的财产则属于能够明确认定为某一方所有；一方单独生产、经营、投资的收益也主要体现了经营者劳动所得和资本收益，这几类财产要么具有一定程度上的人身属性，要么能够准确区分不易混同，要么单纯体现其中一方

① 《民法典》第1063条规定，下列财产为夫妻一方的个人财产：（1）一方的婚前财产；（2）一方因受到人身损害获得的赔偿或者补偿；（3）遗嘱或者赠与合同中确定只归一方的财产；（4）一方专用的生活用品；（5）其他应当归一方的财产。

的劳动所得或者资本收益，缺少体现对方的参与或者贡献，符合个人财产的认定标准，亦符合双方在选择同居关系时对财产归属的预期。其次，个人财产是同居双方在同居关系存续期间享有独立的管理、使用、收益和处分的权利的财产，他人不得干涉。将上述部分财产认定为同居一方的个人财产，也体现出财产在双方间的分配有利于当事人的生产、经营和生活，不损害财产的效用和经济价值。

3. 共有财产以出资比例为基础，综合其他因素为补充。

夫妻共有财产与其他一般共有财产的区别在于，夫妻共有财产关系是基于配偶身份，基于彼此是夫妻的特别关系而产生的，虽然财产的形成也含有共同投资、共同劳动的内容，但法律更强调的是身份关系，并不要求双方付出同等的劳动、智力才能共同所有。而其他如合伙共有财产、出资合购的共有房屋等财产共有关系主要是基于共同投资、共同经营而形成的，都不是基于身份而产生的共有关系，同居关系中的共有关系正是这种没有配偶身份关系的一般共有关系。从法律规定看，《民法典》第 1049 条明确规定，结婚的男女双方应当亲自到婚姻登记机关申请结婚登记，未办理结婚登记的，应当补办登记。可见，我国法律倡导有长期共同生活意愿的男女办理结婚登记，在法律已经明确规定的情况下，同居关系中的男女双方仍然选择不办理结婚登记又共同生活的方式，就意味着双方放弃了法律对其在婚姻关系中的权利义务尤其是对财产权利的同等保护。因此，有观点认为，同居关系具有“准合伙或共同投资”属性，同居期间双方有约定为共有的财产，或虽无约定但在实际生活中形成了某种财产共有关系，如双方在同居期间有共同生产、经营、投资所得的收入，或者有共同出资购置的财产，应按民法中有关共有关系终止的一般规定处理。对此，《同居案件若干意见》对同居财产亦规定按“一般共有”作出处理，因我国民法理论中并无一般共有的概念，也应理解是按份共有，即本条规定的以各自出资比例为基础实现共有关系。

但是，双方存在持续、稳定的同居事实，是分割同居期间共同财产的前提条件。事实上，一段长期且稳定的同居关系的生活模式与婚姻关系的生活模式极度接近。因此，分割同居共有财产的过程中，还应充分体现民法的公平原则，依法保护同居双方的合法权益。我们认为，考虑到同居双方作为生活共同体，通常具有生活上相互照顾、经济上相互供养的内容，并且上述内容具有一定的持续性，一方履行较多家庭义务尽管可能系基于同居关系中的感情基础，但不可否认的是，一般也是以能够获得另一方经济利益共享为前提，甚至在客观上为另一方取得相应经济利益提供了协助。因此，在同居关系解除时财产分割过程中还应综合考虑共同生活情况、有无子女、对财产的贡献大小等事实，在分割财产时予以酌情考虑，避免同居双方权利义务失衡。

应当注意的是，《同居案件若干意见》第 12 条明确规定："解除非法同居关系时，一方在共同生活期间患有严重疾病未治愈的，分割财产时，应予适当照顾，或者由另一方给予一次性的经济帮助。"对此，有意见认为，同居关系解除时，受害的往往是女方。比如，双方同居生活了很多年，女方基于照顾另一方及其家属的情形，有可能一无所有净身出户，这不符合我国保护妇女儿童权益的政策要求。因此，除对同居期间财产进行分割之外，还应同时判令一方对另一方履行一次性的经济帮助义务。我们认为，从行为引导的角度，《民法典》保护妇女儿童合法权益，最为充分的体现即为婚姻家庭关系中保障妇女享有与男子平等的婚姻家庭权利，法律不鼓励以同居代替婚姻，倡导符合结婚条件的男女双方缔结合法婚姻关系，在同居析产时已充分考虑双方利益平衡的情况下，对于请求经济帮助的，一般不宜再予以支持。

【实务问题】

同居期间债权债务的认定和处理

《民法典》第 1064 条对夫妻共同债务的认定和处理作出规定，但未对同居期间形成的债权债务关系作出明确规定。基于同居关系中的财产关系既不同于夫妻共同财产，也不同于一般的共同共有，对如何认定和处理同居期间的债权债务关系亦应明确相应规则。我们认为，首先，可以参照《同居案件若干意见》的规定①，对于同居关系中的男女双方因同居期间共同生产、生活而共同对外产生的债权、债务，原则上按照债成立时同居关系双方与第三人的约定认定彼此之间的权利义务关系，在约定不明或约定无效的情况下按共同债权、债务处理。其次，对于同居期间一方的借款是否作为共同债务，应综合考查一方举债的原因、举债的目的以及款项的用途等因素。因此，在

① 《同居案件若干意见》第 11 条规定："……同居期间为共同生产、生活而形成的债权、债务，可按共同债权、债务处理。"

同居期间是为同居双方共同利益，或者为同居生活需要并用于同居生活、生产经营，不管是以双方名义还是以一方名义与他人建立的债务关系，均可作为同居期间的共同债务。此外，如双方育有子女的，因抚养共同的子女所形成的债务为共同债务，因抚养各自的子女及赡养形成的债务为个人债务。同理，因赡养各自老人形成的债务亦为个人债务。

值得注意的是，实践中存在双方已经离婚，但仍在一起同居生活的情形，在此期间一方对外举债的，一般而言，除有证据证明另一方对此知晓并用于共同生产、生活外，应认定为共同债务，承担共同还款责任之外，不能直接将之认定为共同债务。但因该情形下经常难以判断是否达到夫妻的外观和共同债务的形态，为遏制实践中同居“夫妻”通过“假离婚”逃避债务的行为，合理保护债权人利益，人民法院应根据民法精神及立法沿革，合理分配举证责任，区分同居形态，综合案件情况，以此判断是否应承担共同责任，以合理平衡以夫妻名义共同生活中未举债方利益与债权人利益。

【条文】

第五条

婚前或者婚姻关系存续期间，当事人约定将一方所有的房屋转移登记至另一方或者双方名下，离婚诉讼时房屋所有权尚未转移登记，双方对房屋归属或者分割有争议且协商不成的，人民法院可以根据当事人诉讼请求，结合给予目的，综合考虑婚姻关系存续时间、共同生活及孕育共同子女情况、离婚过错、对家庭的贡献大小以及离婚时房屋市场价格等因素，判决房屋归其中一方所有，并确定是否由获得房屋一方对另一方予以补偿以及补偿的具体数额。

婚前或者婚姻关系存续期间，一方将其所有的房屋转移登记至另一方或者双方名下，离婚诉讼中，双方对房屋归属或者分割有争议且协商不成的，如果婚姻关系存续时间较短且给予方无重大过错，人民法院可以根据当事人诉讼请求，判决该房屋归给予方所有，并结合给予目的，综合考虑共同生活及孕育共同子女情况、离婚过错、对家庭的贡献大小以及离婚时房屋市场价格等因素，确定是否由获得房屋一方对另一方予以补偿以及补偿的具体数额。

给予方有证据证明另一方存在欺诈、胁迫、严重侵害给予方或者其近亲属合法权益、对给予方有扶养义务而不履行等情形，请求撤销前两款规定的民事法律行为的，人民法院依法予以支持。

【条文主旨】

本条是关于夫妻间给予房产，离婚时如何分割的规定。

【条文概览】

夫妻间给予房产一般是以建立或者维持婚姻关系并保持长久稳定为目的。处理相关纠纷时要考虑该类纠纷的特殊背景，不宜简单按照赠与合同规则处理。婚前或者婚姻关系存续期间，当事人约定将一方所有的房屋转移登记至对方或者双方名下，该约定对当事人双方具有法律约束力，给予方不能随意撤销。至于是否需要继续履行，在离婚纠纷中人民法院可以根据当事人的诉讼请求，结合给予目的，综合考虑婚姻关系存续时间、共同生活及孕育共同子女情况、离婚过错、对家庭的贡献大小等事实，参考离婚时房屋市场价格等因素确定。不管判决房屋归其中哪一方所有，都需要综合考虑上述因素确定是否由获得房屋一方对另一方予以补偿以及补偿的具体数额。

已经办理转移登记的，原则上要维护财产的既有秩序，保护接受方的合理预期，弘扬诚信价值。但是，如果婚姻关系存续时间较短且给予方无重大过错，也可以判决该房屋归给予方所有，并结合给予目的，综合考虑共同生活及孕育共同子女情况、对家庭的贡献大小等事实，参考离婚时房屋市场价格由给予方对另一方予以合理补偿。

受欺诈、胁迫实施的民事法律行为是可撤销的民事法律行为，如接受方存在欺诈、胁迫情形的，给予方可请求撤销。如果接受方严重侵害给予方或其近亲属的合法权益、有扶养义务而不履行等情况，属于重大忘恩行为，给予方请求撤销该民事法律行为的，人民法院应依法予以支持。

【理解与适用】

在婚姻关系存续期间或者谈婚论嫁时，双方之间发生的财物给予行为往往带着对美好婚姻的期盼，但是，当双方结婚不成或者离婚时，这又常成为纠纷的源头。近年来，随着经济社会发展，居民财富增加，夫妻之间给予的财物价值也是“水涨船高”。同时，婚姻较之前不稳定、婚龄偏短，导致矛盾突出，相关纠纷亦呈上升趋势。从审判实践看，夫妻间给予财物的纠纷中，房产占比最高。给予一方的诉讼请求主要是撤销协议，也有部分是确认协议无效或解除协议；接受一方的诉讼请求则包括请求确认房屋归属，办理产权转移登记，确认协议有效以及支付房屋折价款等。审判实践中，该类纠纷裁判标准不统一情况较为突出，亟待统一理念和裁判规则。

一、本条制定背景

1950 年《婚姻法》未涉及夫妻财产约定内容，仅在第 10 条规定：“夫妻双方对于家庭财产有平等的所有权与处理权。”根据当时中央人民政府法制委员会《关于中华人民共和国婚姻法起草经过和起草理由的报告》，该规定不妨碍夫妻双方对财产所有权、处理权与管理权进行约定。1980 年《婚姻法》适应新时期社会经济发展和家庭财产关系变化的需要，允许夫妻双方对财产关系作出约定，以排除共同财产制的适用，其中第 13 条第 1 款规定：“夫妻在婚姻关系存续期间所得的财产，归夫妻共同所有，双方另有约定的除外。”“双方另有约定的除外”实质上赋予了当事人通过约定改变法定夫妻财产制内容的权利。但是该条款对约定财产制的内容，如约定的范围、条件、方式、效力等未作规定，严格来说不属于约定财产制。1993 年《最高人民法院关于人民法院审理离婚案件处理财产分割问题的若干具体意见》（以下简称《离婚案件财产分割意见》，已废止）第 1 条进一步明确：“夫妻双方对财产归谁所有以书面形式约定的，或以口头形式约定，双方无争议的，离婚时应按约定处理。但规避法律的约定无效。”同时，《离婚案件财产分割意见》第 6 条规定：“一方婚前个人所有的财产，婚后由双方共同使用、经营、管理的，房屋和其他价值较大的生产资料经过 8 年，贵重的生活资料经过 4 年，可视为夫妻共同财产。”《婚姻法解释（一）》第 19 条改变了《离婚案件财产分割意见》第 6 条的规定，明确除当事人另有约定外，夫妻一方所有的财产，不因婚姻关系的延续而转化为夫妻共同财产。该条顺应对个人财产权利关注的社会现实，明确一方婚前个人财产不再转化为夫妻共同财产，同时也规定当事人可以约定排除，进一步强调当事人约定的效力。《民法典婚姻家庭编解释（一）》第 31 条延续了《婚姻法解释（一）》第 19 条的规定。

随着经济社会发展和个体权利意识的提高，夫妻间采用约定财产制的情况增多。为此，2001 年修正的《婚姻法》适应新时期调整夫妻财产关系的需要，对夫妻财产约定问题作了补充和完善，其中第 19 条规定：“夫妻可以约定婚姻关系存续期间所得的财产以及婚前财产归各自所有、共同所有或部分各自所有、部分共同所有。”该条在延续 1980 年《婚姻法》理念的基础上，将概括性的规定加以细化，明确当事人可以约定的财产既包括婚姻关系存续期间的共同财产，也包括各自的婚前财产。同时，列举了约定的方式包括“各自所有、共同所有或部分各自所有、部分共同所有”。《民法典》第 1065 条除了将约定主体从“夫妻”改为“男女双方”以及作了部分文字修改外，基本延续了 2001 年《婚姻法》第 19 条的规定。从这些年的实践经验看，该规定基本适应现实需要，此次编纂《民法典》，对这一规定仅作了一些文字修改。

随着房产在夫妻共同财产中比重的增加，夫妻间给予房产引发的纠纷逐年增多，《婚姻法解释（三）》予以相应规范，其中第 6 条规定：“婚前或者婚姻关系存续期间，当事人约定将一方所有的房产赠与另一方，赠与方在赠与房产变更登记之前撤销赠与，另一方请求判令继续履行的，人民法院可以按照合同法第一百八十六条的规定处理。”该规定引入赠与合同规则处理夫妻间给予房产行为，主要考虑因素是：（1）夫妻间给予房产从形式上看不包含对价，与赠与合同的无偿性特征极为类似；（2）符合赠与通常发生的场景，因为赠与人与受赠人之间往往具有亲密关系；（3）合同法中有关赠与合同的当事人并未将夫妻关系排除在外，应予适用；（4）从与夫妻约定财产制的关系看，夫妻约定财产制列举了各自所有、共同所有或者部分各自所有、部分共同所有三种类型，不包括将一方财产归另一方所有，因此，与夫妻约定财产制不冲突。

《民法典婚姻家庭编解释（一）》第 32 条基本沿袭了《婚姻法解释（三）》第 6 条的规定，并将生活中更常出现的“加名”（将一方所有的财产约定为夫妻双方共有）情形纳入其中，以回应司法实践需要。主要考虑将房产转移登记到对方名下是赠与全部所有权，而“加名”的实质是赠与部分份额，只是财物范围大小不同，没有本质区别，在规则设计上应当一体解释。这也成为部分反对意见的理由，认为“加名”情形可以纳入《民法典》第 1065 条将一方个人财产约定为共同所有的情况，不应适用赠与合同规则。《民法典》出台后，也有观点将《民法典》第 464 条第 2 款作为夫妻间给予房产约定适用于赠与合同规则的法律依据。从审判实践情况看，《民法典婚姻家庭编解释（一）》的规定在出现以下两种典型情况时，会存在一定程度的“失灵”：一是夫妻双方长期共同生活，双方基于对婚姻的信赖，未按照约定将房产转移登记，在双方感情破裂时，一方以享有任意撤销权为依据请求撤销赠与，如果认可赠与方享有任意撤销权，则实际上损害了另一方的信赖利益；二是在财产权利转移后不久，接受财产一方即提出离婚，使给予方对婚姻的期望落空。因为如果简单按照《民法典》第 658 条的规定，除非夫妻间的赠与经过公证或具有道德义务性质，否则在赠与房屋的所有权转移之前，赠与人均可以撤销赠与，而不考虑当事人结婚时间的长短以及受赠人对家庭的付出情况、离婚过错等，这可能对受赠人不公平；而如果财产权利已经转移，赠与方基本上很难适用法定撤销权支持其返还的诉讼请求，在婚龄较短的情况下对赠与方不公平。

二、本条规定的理论基础

对于夫妻间给予房产的性质，理论界争议较大，主要有四种观点：（1）赠与说。《民法典婚姻家庭编解释（一）》即采此观点。（2）以婚姻为基础的特殊赠与说。该观点认为，夫妻间赠与不同于夫妻财产制约定，本质上仍具有赠与性质，但该赠与是建立在双方对婚姻和共同生活的期待的基础上的，具有长期合作性、互惠性以及共享性的特点。（3）财产制契约说。该观点认为，夫妻间给予房产的约定以身份关系为基础，一般以维系感情或与对方永久共同生活为目的，因此本质上属于夫妻财产制契约。（4）夫妻财产制契约和赠与分类说。该观点认为，应根据不同情况作区分认定：如将一方个人财产约定为双方共有，则为夫妻财产制契约；如将一方个人财产约定给予另一方，则为赠与。

1. 夫妻间给予房产行为属于夫妻间一般财产约定。

如前所述，狭义的约定财产制与一般财产约定存在区别。我们认为，夫妻间给予房产的行为不属于狭义上的夫妻约定财产制，而是夫妻间的一般财产约定。主要理由如下：约定财产制是对婚前财产和婚姻关系存续期间所得财产的概括性安排，是夫妻双方对婚姻共同体财产的整体考虑。约定财产制的目的在于排除法定财产制的适用，虽可以包括双方现存财产，但更主要的是针对夫妻未来婚姻关系存续期间所得的财产。"任何针对个别或全部夫妻现存财产之约定，因不妨碍法定财产制之适用，均非约定财产制。""夫妻财产制契约是夫妻双方从法律规定的财产制形态中进行选择的约定，因此它并非针对某个或某些特定的财产归属作出的约定，而是一般性地建构夫妻之间的财产法状态，对契约成立之后夫妻的财产关系将产生一般性的、普遍性的拘束力。""与夫妻财产制契约不同的是，夫妻个别财产归属约定所针对的标的财产是具体的、特定的，而非夫妻之整体财产。"有学者以史尚宽先生的论述作为夫妻约定财产制也包括对个别财产约定的论据，但我国台湾地区对应夫妻约定财产制的表述应为"夫妻财产制契约"，而非广义上的夫妻财产契约，对此似乎应作区分。夫妻财产制契约是约定夫妻之间的固定财产模式，从国外立法例看，不少国家提供几种法定的夫妻财产制模式供当事人选择。《民法典》为了体现对夫妻财产制度选择的慎重，明确规定必须采用书面形式。从其他国家看，一般还需要公证或登记。约定财产制并不能涵盖夫妻之间所有可能的财产关系，因为夫妻双方仍可如其他人一样为其他法律行为或交易。因此，不能将夫妻之间所有的涉财产约定均纳入约定财产制。

从历史传统与生活现实看，我国婚姻传统上采取"同居共财"的观念，缺乏约定财产制的文化土壤，虽然法律基于意思自治原则，规定了约定财产制，但是，现实生活中选择约定财产制的夫妻较少，普通百姓对约定财产制的含义以及其所带来的法律后果知之甚少。如果贸然将夫妻之间基于某一项财产的约定上升到约定财产制层面，将会无法根据实际情况进行调整，不符合现实生活。夫妻间给予房产主要是针对该特定财产权属的认定，往往并没有一个明确的书面协议，尤其是在已经办理转移登记的情况下，双方的本意并非概括地适用约定财产制，没有整体上对婚前和婚姻关系存续期间所得的财产进行约定的意思，不涉及财产制的选择，将其拟制为夫妻约定财产制，不符合当事人本意。而且，我国尚没有与约定财产制相配套的完整制度，比如登记、公证等。

从目的上看，二者目的也是不同的。夫妻间给予房产的约定主要是为了维持婚姻关系的和谐稳定，具体包括弥补亏欠、补偿对方贡献、表情达意或一方违反夫妻忠实义务后“悔过”的诚意等。可见，夫妻间给予房产约定往往有特定的目的或附有一定的条件，只不过该目的或条件是默示的，但接受方对此一般是明知的。夫妻一方给予另一方大额财物的行为“不存在‘主观’上的无偿性，而是将另一方在家庭中的给付行为视为此种给予的对价”。也即，夫妻间对特定房产的给予行为是无法包含在狭义的夫妻约定财产制内的。

夫妻间大额财产的无偿转移超出了夫妻财产制的范围。特别巨大的财物付出必有特别的原因或对价，且双方对该原因或对价是知悉并默认的，不考虑这种潜在的对价性将极易导致双方利益失衡。夫妻约定财产制更多是整体上规范夫妻财产关系，是尊重双方对婚姻生活安排意思自治的制度设计，原则上不掺杂上述具体的考虑因素。如果说将一方房产约定为共有尚可能解释为维护婚姻和谐稳定的目的，但是在约定为分别所有制的情况下，恐怕很难解释成有此目的。而从我国现实生活实际看，采用的夫妻约定财产制主要是分别财产制。作为一种排除法定财产制的制度形式，不能因其约定内容不同而异其目的。

2. 夫妻间给予房产的约定可以适用《民法典》第1065条。

夫妻间给予房产的约定虽不属于狭义的约定财产制，但是否适用《民法典》第1065条还需要考察该条规定的涵摄范围。学界对《民法典》第1065条的理解，目前主要有两种观点：一种观点认为，该条是关于夫妻约定财产制的规定，提供了三种夫妻约定财产制类型供当事人选择，包括分别财产制、一般共同制和限定共同制。超出该范围的财产约定不为法律承认，双方的财产关系当然适用法定财产制的规定。另一种观点认为，该条虽是对夫妻约定财产制的规定，但并未对当事人订立夫妻财产约定设定前述限制，约定的内容只要符合民事法律行为的一般规定，符合其合法性要件即可。将其“解释为自由约定式并无任何形式及实质障碍，也与文义相符”。上述两种观点均认为该条是关于夫妻约定财产制的规定。我们认为，从前述对夫妻约定财产制与夫妻财产约定的区分、我国无夫妻约定财产制传统以及约定财产制历史形成的机能等方面来看，并非一定要将该条限制在狭义的约定财产制，而可以将广义的夫妻财产约定纳入该条涵摄范围，如此将最大限度地发挥该条的作用。

首先，从《民法典》第 1065 条规定看，该条并未明确界定约定财产制，而是笼统地表述为夫妻关于财产的约定。其次，我国没有约定财产制的传统，根据前述对我国关于夫妻财产约定的规范梳理，立法上一直未采用约定财产制的概念，而仅表述为“约定”。最后，根据相关解释该条“既可以概括地约定采用某种夫妻财产制，也可以具体地对某一项夫妻财产进行约定”，“如果当事人不愿意概括地约定采用某种夫妻财产制，也可以对部分夫妻财产，甚至某一项财产进行约定”。可见，该条并不仅限于狭义上的约定财产制，而是包括了夫妻的其他财产约定。该条第 2 款更是从约定本身的机能，而不是从约定财产制的机能所作的规定。夫妻间给予房产的约定不管该约定是转移登记至对方名下还是“加名”，均属于夫妻间的一般性财产约定。其虽不属于狭义上的夫妻约定财产制，但仍不妨为《民法典》第 1065 条所规范。根据法律适用的基本原则，因《民法典》婚姻家庭编对夫妻财产约定有特别规定，应当优先适用该特别规定，即该约定对双方具有法律约束力，不宜直接适用《民法典》合同编关于赠与合同任意撤销权的规定。

有观点认为，将一方所有的财产约定为夫妻双方共有的，为约定财产制，属于《民法典》第 1065 条中将婚前财产约定为共同所有的形式；而将一方所有的财产全部约定为另一方单独所有的，不能被《民法典》第 1065 条列举的形式涵盖，而应认定为赠与，适用《民法典》合同编有关赠与合同的规定。也就是只有“加名”情形可以适用《民法典》第 1065 条，而转移登记至另一方名下的情形则不属于《民法典》第 1065 条适用范围。我们认为，从《民法典》第 1065 条文字表述看，确实很难涵盖将一方所有的财产给予另一方的情况，但如果将此种情况排除，会导致仅仅因为给予部分还是全部的量的差别，在法律后果上产生质的不同：全部赠与适用《民法典》合同编规定，赠与人可以行使任意撤销权；部分赠与却适用《民法典》婚姻家庭编的规定。这不符合相似问题同样处理的基本法律原则，也不符合社会生活现实。

目前，多数学者达成共识的是夫妻间给予房产的约定不能简单适用赠与合同规则，但在具体解释路径上存在差异，主要在于多数学者将《民法典》第 1065 条理解为狭义的夫妻约定财产制规定。因而，要么为了适用该条而将夫妻间就特定财产的约定解释为约定财产制，要么将该约定解释为特殊赠与，以避免适用《民法典》合同编赠与合同规则中的任意撤销权。虽然主张适用夫妻约定财产制的观点看到了适用赠与合同规则的不足，以该约定对双方具有法律约束力为落脚点，硬性嫁接到夫妻约定财产制，但未进一步分析该财产约定是否有特定的目的或者交易基础，是否有情势变更原则的适用余地；而将该约定解释为特殊赠与的观点，看到了夫妻间给予财物的特殊目的和适用一般赠与合同存在的问题，但从解释论的角度看，其无立法依据，存在前提性障碍。如前所述，夫妻约定财产制与夫妻财产约定不同，夫妻间给予房产的约定不属于约定财产制范畴。但可以将《民法典》第 1065 条解释为既包括约定财产制也包括一般财产约定，这样既避免了将夫妻间给予房产约定强行解释为约定财产制，又可以将其纳入该条第 1 款的适用范围，并根据该条第 2 款认定该约定对双方具有法律约束力，而排除《民法典》合同编赠与合同中任意撤销权的适用。

3. 夫妻间给予房产约定不宜直接适用赠与合同规则。

《民法典》第 657 条规定："赠与合同是赠与人将自己的财产无偿给予受赠人，受赠人表示接受赠与的合同。"赠与合同最本质的特征是无偿。根据罗马法的传统和契约观念，一个合同之所以生效，必须满足两个条件之一：要么符合特定形式，要么具有债因。而赠与合同没有债因，故《德国民法典》和《法国民法典》均规定赠与合同需要特定的形式，即公证，否则不产生效力。我国《合同法》对赠与合同采用的不仅是诺成契约模式，而且是非要式契约。赠与是一种无偿转移所有权且不能请求返还的契约，应该采用严格的形式主义，在我国采用非要式的情况下，用任意撤销权予以弥补非形式主义的弊端具有合理性。夫妻间给予房产是一种给予行为，形式上也表现为无交易对价，故《婚姻法解释（三）》将夫妻间财产给予行为纳入赠与合同规则调整。基于平衡双方当事人利益考虑，不少案件依据《民法典》第 658 条，将夫妻间给予房产认定为具有道德义务性质的赠与；或根据《民法典》第 663 条，认为受赠人存在严重侵害赠与人合法权益的行为，进而认定赠与人享有法定撤销权。但将夫妻间给予房产的约定认定为具有与“救灾、扶贫、助残等公益、道德义务性质的赠与合同”类似的功能存在解释上的困难，不能将该条中的“道德义务”泛化，认为夫妻之间有维护家庭和谐稳定的道德义务，所以夫妻间给予房产即为具有道德义务性质的赠与；法定撤销权虽然能够解决部分接受方严重损害给予方权益的情形，但在接受方无明显过错的情况下，法定撤销权无用武之地。因此，在参照适用财产法规则设计制度时，应当关注财产法规则与婚姻家庭领域价值理念的不同，尤其需要考虑是否符合婚姻家庭领域的持续性、利他性和伦理性特征。

我们认为，夫妻间财产给予行为不宜直接适用赠与合同规则，主要理由如下：（1）夫妻间给予房产约定看似无偿实则“有偿”。夫妻给予房产约定的目的性特征明显，该目的是给予行为的重要基础，在确定双方权利义务内容时应予以特别考虑。夫妻身份关系的特殊性使其有关给予不动产的约定与一般赠与不同。“夫妻房产约定所追求的产权变动意思与身份变动相关联，其预期的后果与一般民事主体之间赠与的后果有本质上的差异。”一般赠与行为不以特定的身份关系为基础，尽管赠与人实施赠与行为也有其动机或目的，但是该动机或目的不具有法律上的意义。夫妻之间给予房产的约定要么是对另一方造成情感伤害的补偿，要么是对另一方为家庭生活付出的肯定，要么是为建立和维持长久的共同生活，而在共同生活中，对方必然会为此继续付出。因此，虽无明确的金钱对价，但并不是无偿的，其实质的对价是另一方在家庭中的付出。表面上看是夫妻一方将财产无偿赠与另一方，实际上综合考虑了双方之间的情感、生活、伦理要素后，就财产关系安排形成的对价博弈，通过夫妻间不同利益的互利补偿达成最终的平衡，即表面无偿而实质有偿，客观无偿而主观有偿。此种情形下，看似无偿给予，实则与一般赠与存在差异。赠与合同规则中赠与人任意撤销权的正当性基础主要在于其无偿性和“非要式”，而夫妻间给予房产的行为实质上系以婚姻关系的建立与存续为基础，赠与人并非完全基于慷慨，受赠人也并非单纯无偿受让，这使得此赠与不具有任意撤销权的存在基础。此行为也不能认定为附条件赠与，因为附条件法律行为中的条件应当具有合法性，而“不离婚”作为赠与所附条件显然是不合法的。

（2）夫妻间给予房产的约定具有伦理性特征。在一般赠与的情况下，赠与人与受赠人往往也存在情感联系，但其仍具有“一时性”特征，双方当事人在赠与行为完成时有着形同陌路的自由。如上所述，夫妻间给予房产往往是基于各种因素考虑，即使转移登记到对方名下，给予人的目的也是在将来的共同生活中共享房产利益，是以双方命运共同体为考虑基础的，而非简单地全部让渡财产权。夫妻间给予房产行为不是简单的一时性合同，而是以婚姻关系持续、双方长期稳定共同生活为前提的，通过该给予行为使受赠人能够信赖并坚守婚姻。当受赠人正如赠与人所希望的那样信赖其承诺进而坚守婚姻时，则无论从婚姻伦理还是从诚信原则出发，这种信赖都应当得到法律的保护。如果无视这种伦理情境，简单地将其等同于普通赠与行为，将会破坏家庭财产关系的伦理目的，而且会不可避免地对婚姻家庭的稳定、社会善良风俗的维护带来消极后果。

（3）婚姻家庭领域更应当遵循诚信原则。《民法典》第 1043 条第 2 款明确规定，夫妻应当互相忠实，互相尊重，互相关爱。夫妻之间存在特殊的身份关系和情感因素，是相互扶助的“伦理人”，更应当秉持诚实，恪守承诺。如果将夫妻间给予房产的行为认定为赠与，并按照赠与合同规则赋予给予房产一方任意撤销权，那么对夫妻之间的信赖与期待将造成严重伤害。同时，信任也是相互的，如果已经接受房产的一方，在接受后不久即提出离婚或者存在严重过错伤害夫妻感情的，也损害了另一方的信赖和对于长久婚姻家庭生活的期待。

（4）比较法上多将夫妻间赠与同一般赠与区别看待。从比较法的角度看，多数国家和地区的立法或司法实践将夫妻间赠与作为一种特殊赠与对待。例如，《德国民法典》虽然没有明确规定夫妻间的赠与问题，但判例很少将夫妻之间给予行为认定为赠与，而是将其界定为“以婚姻为条件的给予”，从而部分排除了一般赠与规则的适用。“和婚姻相关的给予”指的是夫妻一方以结婚为目的，为了实现、建立、维持或保障婚姻共同生活而给予另一方财产，并且设想或期待婚姻持续存在、自己在婚姻共同生活中分享该财物及其孳息，这些目的和设想构成给予的行为基础。《法国民法典》第 1525 条第 1 款规定，夫妻双方约定对共同财产各占不同份额以及不等额分配财产的条款，无论从其实质还是从其形式来讲，均不视为赠与，而仅仅属于有关婚姻财产的协议，且属于合伙人之间的协议。

综上，夫妻间给予房产的约定一般不应适用赠与合同规则。《民法典》第 1065 条可以解释为不仅包括狭义的约定财产制，还包括夫妻一般财产约定。在规范夫妻间给予房产的行为时，首先，根据特别规定优先于一般规定的法律适用基本原则，在《民法典》婚姻家庭编对夫妻财产约定有特别规定的情况下，应优先适用《民法典》婚姻家庭编的规定。不能舍弃《民法典》婚姻家庭编的规定而直接适用《民法典》合同编的规定。其次，要判断该合同是普通赠与还是有特定目的的赠与，判定的主要依据在于，双方是否明确表达了该给予独立于婚姻关系的意愿，即赠与在离婚情形下仍然有效。除双方明确约定该给予行为不受离婚影响外，不宜将合同性质认定为赠与合同。从体系解释的角度看，该约定也属于民事法律行为的一种，可以认定为一种无名合同，但需要考虑该类协议特定的交易基础。

4. 夫妻间给予房产约定可参照适用情势变更制度。

夫妻财产约定与夫妻约定财产制不仅存在适用范围等方面的不同，而且在设立目的上也存在差异。夫妻约定财产制具有概括性，并一般性地约束未来获得的财产，是双方对婚姻生活中财产关系的整体安排，其虽以婚姻关系的存续为前提，但并非具有特定的目的，尤其是其中占比最高的分别财产制，更多体现着双方的独立人格。夫妻约定财产制作为夫妻间一般性地规范财产关系的制度，适用情势变更制度进行调整存在解释上的障碍。但如前所述，夫妻间给予房产的约定属于夫妻一般财产约定性质，实质上是一种无名合同，且具有财产性质。因此，在该行为适用《民法典》第1065条的基础上，借用《民法典》合同编对因各种原因无法达到或者全部达到给予目的的特殊情况予以调整，不存在解释上的障碍。“以婚姻为条件的给予”是法律行为基础丧失规则在德国家庭法中运用的范例。法律行为基础丧失规则是先由学说、判例发展而来，并最终在2002年《德国债法现代化法》中上升为法律。这是一个法律与社会现实的互动过程，也是私法实质化的一个结果：与近代私法相比，现代私法更为关注契约的实质妥当性，而不仅仅是契约的形式平等与自由。法律行为基础障碍制度不仅有利于贯彻实质正义，而且相对于其他法律规定刚性的解决方式，它更加柔和且灵活，即首先对合同进行调整，而不是直接废止合同。显然，这是一种建设性的解决路径。在德国家庭法的司法实践中，以婚姻为条件的给予产生于默示或推定成立的家庭法合同，婚姻的存续即为此类合同的交易基础，而婚姻破裂则意味着交易基础的丧失。上述思路需要找到与我国《民法典》体系结构的契合点。

从《民法典》第985条的条文表述看，推定该条包括“目的不达的不当得利”似乎存在困难，较为切实可行的办法是通过参照适用《民法典》第533条的情势变更制度予以解决。理论上，类推适用一般包括三个步骤：第一，没有直接的法律规定；第二，有可以类推的法律规范，类推适用不违反相关规范的基本立法意旨；第三，需要调整的案件事实具有足够的相似性。夫妻间给予房产的行为虽然可以纳入《民法典》第1065条的涵摄范围，但是该条仅规定了约定对当事人具有法律约束力，对于该约定能否基于特定情况进行调整没有明确的规定。根据《民法典》第464条第2款，可以将此情形参照适用《民法典》合同编的规定，但是该规定为概括参照适用条款，需要具体分析《民法典》合同编的哪些规定可以参照适用，哪些规定不可以参照适用。如果能够参照适用，还要考虑根据婚姻家庭领域纠纷的特殊性，判断是否需要调整规范的内容加以适用，具体包括调整规范的构成要件、法律效果或者同时对两者进行调整。《民法典》第533条在《合同法解释（二）》的基础上，明确规定了情势变更制度，即在合同成立后，合同的基础条件发生了当事人在订立合同时无法预见的、不属于商业风险的重大变化，双方在合理期限内协商不成的，当事人有权请求变更或者解除合同。德国法上的法律行为基础丧失规则最基本的依据是诚信原则，与我国《民法典》规定的情势变更制度有异曲同工之处。如前所述，夫妻间给予房产的行为存在默示的目的或交易基础，不同于无因性的赠与合同。该目的或交易基础通常是建立或者维系、巩固婚姻家庭关系，增进双方感情和婚姻家庭凝聚力。在离婚的情况下，该目的无法全部实现，可以认定为发生了当事人无法预见的重大变化，与《民法典》合同编的情势变更制度具有相似性，需要基于诚信原则在特定情况下对合同严守规则予以突破，既“尊重个人对自己生活的自治安排”，同时也要保护家庭弱势成员，维系家庭良善底线。情势变更制度以追求实质正义为目的，这与婚姻家庭的基本理念相吻合，有可以类推的基础。因此，在夫妻给予房产目的无法实现时，可以参照适用情势变更制度予以调整，以实现实质正义。

在参照适用时，有两个问题需要解决：一是考虑将“合同的基础条件”解释为不仅包括客观基础条件，也包括主观基础条件。一般认为，《民法典》第533条仅包括客观基础变更，而不包括主观基础变更。但实践中确实有主观基础条件发生重大变化的情况，夫妻间给予房产更多是因主观目的方面未全部实现产生纠纷。该目的虽为给予人一方的主观意愿，但实际上也为接受给予一方所明知，即双方长久共同生活并以夫妻共同体持续共享利益。对此，可采用目的性扩张解释方法，将目的未达到的情况视为基础条件发生变化。实际上，《合同法解释（二）》第26条关于情势变更制度的规定就包括了“不能实现合同目的”的情况。二是需要将适用范围拓宽至“合同已经履行完毕”的情形。从《民法典》第533条的表述看，适用情势变更制度的条件是“继续履行合同对于当事人一方明显不公平”，应解释为合同尚未履行完毕。如果合同已经履行完毕，则不存在继续履行的情况。情势变更制度适用于合同尚未履行或正在履行而发生了情势变更的情形。行为基础丧失规则还可适用于合同已履行完毕才发生了重大的情势变更的场合。夫妻间给予房产的情况有的尚未履行，有的已经履行完毕。对于已经履行完毕的情况，如果严格按照《民法典》第533条进行文义解释，则可能不符合该条的适用条件。因此，可以通过《民法典》第7条诚信原则予以解释或者通过对《民法典》第533条进行目的性扩张解释，以达到和德国的法律行为基础丧失规则相同的法律效果。实践中，还要遵循《民法典合同编通则解释》第32条第2款、第4款“当事人请求变更合同的，人民法院不得解除合同；当事人一方请求变更合同，对方请求解除合同的，或者当事人一方请求解除合同，对方请求变更合同的，人民法院应当结合案件的实际情况，根据公平原则判决变更或者解除合同。当事人事先约定排除民法典第五百三十三条适用的，人民法院应当认定该约定无效”之精神。

三、对本条具体内容的解析

（一）本条适用的时间要求

虽然夫妻双方不乏在婚姻关系存续期间即产生争议，但考虑到法律对婚姻家庭的介入需要有度的限制，故从条文表述看，本条强调了“离婚诉讼时”，即只有在婚姻关系解除的情况下，司法才有必要和可能对双方财产纠纷问题进行处理。

（二）本条规定既包括婚前给予情形，也包括婚姻关系存续期间给予情形

本条向社会征求意见时，有反馈意见认为，本条将婚前和婚姻关系存续期间的变更产权人登记两类情形合并在一起处理，并适用相同的规则，其适配性尚有进一步的讨论空间。我们认为，首先，实践中，婚前和婚姻关系存续期间赠与在很多情况下并非泾渭分明，区分婚前和婚姻关系存续期间的分界线在婚姻登记，但是实践中，有的过户是在登记前，有的过户是在登记后，目的都是缔结婚姻，当事人并没有将其进行特别严格的区分，如果区分不同情况分别规定，反倒有人为割裂之嫌。其次，单纯从逻辑上来说，两者

的解释路径确实会有不同。但是，结果上差别不大，而且，基于目的的大体一致性，考量的因素也基本相同，为避免条文表述重复，本条未再分款表述。从解释路径看，婚前受赠的，为个人财产，但是，婚前受赠的，目的性更为明显，此种给予系为实现双方约定的共同生活之目的，且为此目的而持续共同持有给予标的，而且接受方是明知此目的。在目的未实现或未全部实现时，应当允许给予方进行调整；在婚姻关系存续期间的给予，可能目的更为复杂一些，有的同婚前给予相似，是为缔结或延续婚姻关系，有的是基于婚姻存续期间的过错补偿，有的是感谢另一方承担更多家庭义务等，但最终目的都是维持婚姻并共同享有该房产利益。而这些目的在本条的考量因素中均有所体现。此外，还需要考虑婚姻存续期间的给予与夫妻共同财产制的关系问题。我们经研究认为，根据《民法典》第 1062 条和第 1063 条规定，婚姻关系存续期间受赠的财产若无特别约定，为夫妻共同财产。该受赠的财产应解释为第三人赠与的情形，而非夫妻之间的赠与，否则可能存在循环论证，即如果夫妻将个人所有的财产转移登记至另一方名下，仍为夫妻共同财产，这并不符合双方本意。因此，婚姻关系存续期间一方将婚前房产转移登记至对方或者双方名下的，可以考虑将其区别于夫妻共同财产分割而单独处理。当然，如果“加名”的情况下，视为双方共有，也需要分割。

（三）需要区分转移登记至一方和双方名下的分别处理

在尚未办理转移登记时双方离婚的，如果双方共同生活时间较长，接受方对家庭付出较多，没有明显离婚过错，基于约定的拘束力，给付方要求变更或解除合同的，不应予以支持，该房产可以判归接受方所有，当然应视情况给予给付方一定的补偿。如果婚姻关系存续时间较短且给予方无重大过错的，该房产可以判决归给予方所有，此时，即便给予对方补偿，数额占比也应较少，甚至根据案件具体情况也可以判决不给予对方补偿；在已经办理转移登记后一方提出离婚的，如果双方共同生活时间较短，接受方存在离婚过错等情形，虽然已经履行完毕，仍可以考虑扩大解释《民法典》第 533 条的规定，允许给付方以情势变更为由解除合同，由接受方返还，同时可以根据案件实际情况对接受方给予适当补偿。有意见提出，将此赠与行为认定为“以婚姻为条件的给予”，没有尊重当事人的意思自治，违背了合同严守原则。因为夫妻之间的赠与约定也是契约，应当信守，变更或者撤销赠与不应当因为离婚而成为常态。对此，我们认为，夫妻间给予房产的约定首先应当对双方当事人具有法律约束力，这是合同严守原则的应有之义，但是合同严守原则不是要求任何情况都坚守合同约定而不考虑合同成立的基础。情势变更制度的正当性依据反而在于诚信原则。法官在个案中斟酌各种因素，秉持公平正义地进行司法活动，实现双方利益平衡，正是实现诚信原则的方式。意思自治原则是民法的基本原则，婚姻家庭领域也应当尊重，但与财产法规则上的意思自治原则是以“理性人”设定为基础不同，婚姻家庭领域双方是以“伦理人”出现的，即婚姻家庭中的财产约定是以身份关系为基础的，具有附随性。因此，其中的意思自治不仅有当事人情感因素的考量，更是以身份关系维持为目的，如果完全无视该目的，则实质上没有尊重当事人的意思自治。

虽然从条文表述看，本条第 1 款和第 2 款将转移登记至一方和双方名下同时予以规定，但主要是基于技术的考虑，以避免法条过于冗长，因为不同情况考量的因素是基本相同的。在已经转移登记的情况下，如果婚姻关系存续时间较短且给予方无重大过错，不管是登记在一方名下还是登记在双方名下，均可以判决房屋归给予方所有。但是在婚姻关系存续时间较长时，还是要有所区别。在转移登记至双方名下时（俗称加名），即便不考虑婚姻家庭的特殊情况，一般认为双方形成共同共有，离婚时，另一方最多分得二分之一。故在此情况下，即使婚姻关系存续时间较长，也可以判决房屋归给予方（因为其获得产权的比例一般应大于 50%）。比如，可参见本解释发布时同时配发的典型案例。该案例中双方婚姻关系存续时间达 10 年，之所以仍判决房屋归给予方，不是因为婚姻存续时间短，而是因为该案属于“加名”情况，也就是接受方原则上对房屋享有权益的比例不高于 50%，考虑到出资来源、补偿比例等，判决房屋归给予方符合实际情况。同时，由给予方予以补偿。该案中，离婚时房屋市场价为 600 万元，接受方一般最多分得 300 万元。该案最终判决接受方获得房屋折价款 120 万元。当然，如果给予方存在重大过错等情况，也可以判决房屋归接受一方；在转移登记至对方名下时，如果婚姻关系存续时间较长的，一般可以判决房屋归接受方。有的观点将本条解读为“房产过户或加名没用了”，这种观点是不正确的。本条向社会征求意见时，对该问题的反馈意见分为两种截然不同的观点：一种观点认为，给予房产一方应当遵守诚信原则，不能任意撤销；另一种观点认为，要严防不劳而获的想法和行为，基于较短的婚姻甚至只是婚姻承诺，而无偿获得大额财产，于情于理不合。由此可见该问题的复杂程度。本条主要是指导审判实践关注给予的目的和婚姻家庭的具体情况，实事求是地解决问题，以努力让人民群众在每一个司法案件中感受到公平正义，而非简单机械地“一刀切”。“一刀切”的处理办法虽看似整齐划一，公平对待，但不符合婚姻家庭复杂的现实情况。比如，一方为弥补“出轨”或补偿对方对家庭所作重大牺牲或贡献等目的将其所有房屋登记至对方名下的，一般就可以判决房屋归接受方。

（四）对赠与合同中法定撤销权制度的参照适用

《民法典》第663条规定了法定撤销权的适用情形，与任意撤销权要求财产权利尚未转移不同，该条主要针对的是财产权利已经转移的情况。在受赠人存在严重侵害赠与人或者赠与人近亲属合法权益、对赠与人有扶养义务而不履行或者不履行赠与合同约定义务的情形下，即使财产权利已经转移，赠与人仍可以撤销赠与。赠与合同中的法定撤销权与情势变更制度的关系，应为特别规定与一般规定的关系。情势变更制度适用于所有合同的情况，法定撤销权属于赠与合同中的特别规定。根据特别规定优先于一般规定的法律适用基本原则，如果出现上述情形，不需要援引一般情况下的情势变更制度，直接适用法定撤销权制度即可。虽然夫妻间给予房产属于夫妻间关于财产的约定，不适用赠与合同的规则，但是本着举轻以明重的原则，在赠与系完全无偿的情况下，尚需要受赠人满足一定的条件才有权保有受赠的财产。如果受赠人存在严重背义的行为，即便财产权利已经转移，赠与人仍有权单方撤销赠与。在夫妻间给予财物的情况下，接受一方实际上需要负担维护婚姻家庭和谐稳定的对价，并非完全无偿获得该财物，此时如果其严重损害赠与人利益，给予财物一方更应可以撤销该给予。由于法定撤销权的规定系建立在赠与的道德性和互惠性的基础上，故对夫妻间的赠与也同样适用。实践中，存在模糊认识的是何谓“严重侵害赠与人合法权益”。根据《民法典》总则编及人格权编的规定，民事权益包括了民事权利和利益，具体包括生命权、身体权、健康权等人格权，基于人身自由、人格尊严的其他人格权益，及因婚姻家庭关系等产生的人身权利和各项财产权利等。其中，因婚姻家庭关系等产生的人身权利应当包括《民法典》第1059条规定的夫妻间相互扶养的权利义务以及《民法典》第1091条第1项和第2项规定的重大过错情形下的无过错方享有的权利。例如，在接受财物一方有重婚、与他人同居等严重违反夫妻忠实义务行为的，应当认定为严重侵害赠与人合法权益的行为，即使财产权利已经转移，给予财物一方也应当享有撤销权。

【实务问题】

一、夫妻间给予房产的约定能否发生物权变动效果

根据引起物权变动的法律事实是否为法律行为，一般分为基于法律行为的物权变动和非基于法律行为的物权变动。前者以登记为生效要件，后者自该事实成就时，物权变动即发生效力。《民法典》第 209 条规定，不动产物权的设立、变更、转让和消灭，经依法登记，发生效力；未经登记，不发生效力，但是法律另有规定的除外。一般认为，“法律另有规定”是指《民法典》第 229 条至第 231 条关于法律文书、征收决定、继承、合法建造与拆除房屋等行为的物权变动。对夫妻间给予房产的约定能否产生物权变动的效果，目前理论界主要有三种观点：公示生效主义、公示对抗主义和非基于法律行为的物权变动。我们认为，应当以婚姻家庭和交易安全平衡保护为出发点，区分不同法律关系项下的争议问题，而不应笼统地予以讨论。

首先，在夫妻关系内部，该约定系基于夫妻意思自治产生，应属于民事法律行为，因此，在物权法层面，应遵守登记生效主义规则。这既与物权法规范保持体系解释上的一致，在婚姻保护价值层面亦不会造成严重损害。因为该类纠纷一般发生在离婚诉讼中，即便认定该约定产生物权变动效力，在经过情势变更制度的检视后，如果认定该财产仍应给予接受一方，也要判决登记一方负有转移登记的义务，此与不发生物权变动效力的债权请求权差别不大。因为即使认定该约定不产生物权变动的效力，接受财产一方亦享有请求转移登记的请求权，此时登记一方不能以其享有物权为由抗辩根据双方约定所负有的转移登记义务。可见，两种解释路径对接受财产一方的保护力度实质上差别不大。从婚姻法律视界观之，无论是基于赠与的债权，还是此债权履行后房产登记所产生的物权，均不影响最后的处理。即使登记在受让人名下，也可以重归于赠与人。可以不去考虑是合同之债权，还是最后的债权，其中可能受影响的主要是诉讼时效问题。从比较法上来看，多数国家和地区均将夫妻关系之存续作为时效中止或不完成的法定事由。对此，可通过对《民法典》第 194 条第 1 款第 5 项的解释，将夫妻关系之存续纳入诉讼时效的中止事由，从而实现对接受财产一方权益与类似物权的同等保护。

其次，在对外关系层面，如果夫妻给予房产的约定已经履行，即一方个人财产已经转移登记至另一方名下或者“加名”，发生物权变动效果自不待

言。如果是“假给予真逃债”的，亦如离婚协议一样，应当有债权人撤销权制度的适用空间；如果夫妻给予房产的约定尚未履行，应不产生物权变动的效果。若认定能够发生物权变动，那么在给予财产一方个人负债的情况下，该房产因为给予行为将被排除在责任财产之外，容易产生道德风险。虽然该情况亦可通过债权人撤销权制度予以纠正，但是，基于婚姻关系的私密性特点，夫妻间给予房产的约定很难为外人知悉，在无公示手段的情况下，将导致相关事实认定变得更加困难。需要进一步分析的是，如果对此情况认定不产生物权变动效果，是否对接受财产一方产生重大不利，以致必须以牺牲交易安全为代价。对此，也存在两种情况：一种是接受财产的一方对外所负的个人债务，此时，因该房产未发生物权变动，不属于接受财产一方的责任财产，其利益可以得到充分保护；另一种是给予财产一方对外所负的个人债务，此时，如果认定该房产未发生物权变动效力，则将被纳入给予财产一方的责任财产范围，而且因为该财产为给予财产一方的个人财产，这将对接受财产一方不利。考虑到该风险是其可以事先防控的，而债权人一方不仅存在举证困难，而且也无法对夫妻间的财产变动事先予以防范，这对交易安全的冲击是巨大的。两相比较，采取登记生效主义的观点不仅能够与物权法规则在体系解释上协调一致，亦能在价值保护上实现适当平衡。

二、夫妻双方有特别约定的，能否按照约定处理

意思自治是民事领域的基本原则，双方有约定的按照约定处理也是处理民事纠纷的一般方式。本条在制定过程中曾规定有但书条款“但双方另有约定的除外”，后经研究认为，该约定的内容是什么并不清晰，容易让当事人误认为只要约定财产归谁就属于双方另有约定的情况，这样等于实质上架空了正文规定。而但书条款中“另有约定”是指双方只有特别约定该给予房产行为与婚姻是否存在无关，即使离婚的情况下，给予方也不能变更或撤销。这样的约定才可以排除前面规定的适用，以区别以婚姻为目的的给予。考虑到但书情形在实践中极为少见，如果个案中有此约定，按照约定即可，故删除了但书条款。

三、本条与《民法典婚姻家庭编解释（一）》第32条的关系

如前所述，本条与《民法典婚姻家庭编解释（一）》第32条的思路有所不同，规则也不同。根据法律适用的基本原则，本解释出台之后与本解释

不一致的，应当适用本解释规定，而不应再适用《民法典婚姻家庭编解释（一）》第32条。

四、在婚姻关系存续期间，一方提出相应的诉讼请求应否支持

如果双方没有协议离婚或者提起离婚诉讼，一方起诉请求变更或者解除合同的，因双方默示的合同成立基础尚未发生变化，对该请求应不予支持。

五、房产已经办理转移登记，判决归接受方所有的情况下，是否需要对另一方给予一定补偿

本条第2款仅规定了婚姻关系存续时间较短且给予方无重大过错的情况，但是，在婚姻关系存续时间较长或者给予方有重大过错等情况下，基于案件具体事实判决房屋归接受方所有，也要综合考虑本条规定的各项因素确定是否由获得房屋一方对另一方给予补偿以及补偿的具体数额。

六、恋爱期间以缔结婚姻为目的共同出资购房并将房屋登记在一方名下，分手时房产如何分割

除本条规定的离婚时双方当事人因房屋权属变更产生争议的情形外，审判实践中，男女双方在恋爱期间以缔结婚姻为目的共同出资购房后又分手的，也同样面临房屋分割的问题，人民法院在处理这类纠纷时，可以参考本条予以处理。

一般而言，男女双方在恋爱期间以缔结婚姻为目的共同出资购房的，虽然最终未进入婚姻关系，但共同买房行为与双方的感情基础以及期望缔结婚姻、长久共同生活的初衷紧密相关，与其他单纯的投资收益行为存在明显不同。在此情况下，人民法院不能简单以投资收益原则处理纠纷，即不能将支付购房款比例与房屋的归属、增值收益的分割比例等直接挂钩，而是要综合考虑实际案情，对房屋权属及补偿数额作出相应认定。如在姚某诉王某婚约财产纠纷案[①]中，王某、姚某曾系恋爱关系。恋爱期间，因王某未取得北京市商品房购房资格，便以姚某个人名义购买了案涉房屋，王某及其父亲支付了部分房款、定金及居间费。该房屋登记在姚某一人名下。双方分手后，王某起诉请求按照其出资比例由姚某返还王某购房出资款及相应的增值收益。

① 入库编号：2023-07-2-012-001。

最高人民法院基于婚约的性质、目的，筹考虑房款支付情况，房屋增值、房屋登记、使用和维护情况以及房地产限购政策对当事人的实际影响等各种因素，酌定返还数额，符合本案实际。

【条文】

第六条

夫妻一方未经另一方同意，在网络直播平台用夫妻共同财产打赏，数额明显超出其家庭一般消费水平，严重损害夫妻共同财产利益的，可以认定为民法典第一千零六十六条和第一千零九十二条规定的“挥霍”。另一方请求在婚姻关系存续期间分割夫妻共同财产，或者在离婚分割夫妻共同财产时请求对打赏一方少分或者不分的，人民法院应予支持。

【条文主旨】

本条是关于夫妻一方未经另一方同意，明显超出其家庭一般消费水平直播打赏，夫妻内部关系处理的规定。

【条文概览】

婚姻关系存续期间，一方在网络直播平台用夫妻共同财产打赏，如果打赏数额明显超出其家庭一般消费水平，严重损害夫妻共同财产利益的，属于“挥霍”行为。夫妻另一方可以依据《民法典》第 1066 条的规定，在不解除婚姻关系的情况下，诉请分割夫妻共同财产；如果双方感情破裂离婚的，夫妻另一方也可以依据《民法典》第 1092 条的规定，在离婚分割夫妻共同财产时主张对打赏一方少分或者不分。

【理解与适用】

一、网络直播打赏行为的性质

随着互联网技术的发展，4G、5G 网络在大众生活中逐渐普及，伴随着智能手机等电子产品的更新迭代和社交媒体的兴起，人们开始习惯通过网络进行社交互动。同时，内容经济迅速发展，主播们能够提供各种类型的内容，如才艺表演、游戏解说、生活分享等，足以满足不同观众的兴趣。此外，移动支付的完善也让打赏行为变得方便快捷，观众可以轻松地使用自己的电子钱包对喜爱的主播进行打赏，以此表达对主播的认可与支持。基于上述背景，网络直播作为传统表演服务商业模式的互联网化，成为近年来最火热的网络产品之一，凭借着全新的经营模式，以即时性、互动性、开放性和灵活性等特点，逐渐深入人们的日常生活中。对主播而言，其可以通过展示才艺、分享知识与生活等方式获得收益，用户在观看直播时，可以选择通过直播平台充值购买“礼物”或其他代币，进而“赠送”给主播，而主播则通过此类“赠送”获得分成；对平台而言，网络直播及打赏机制可以提升平台活跃度，吸引流量，有利于平台在激烈的市场竞争中持续发展，同时获得经济利益；对用户而言，网络直播丰富了其精神生活，其可以从主播的直播内容中获得快乐、知识及情感共鸣等，打赏行为则增加了用户与主播之间的互动和连接。但也要看到，网络直播在丰富大众日常生活的同时，也引发了大量新型案件。比如某些平台、一些主播在经济利益驱使下，暗示、诱导甚至欺骗用户进行高额打赏，导致部分用户过度消费，引发经济纠纷。其中，夫妻一方使用共同财产进行网络直播打赏，另一方配偶诉请平台与主播返还打赏款项的案件较为常见。

《民法典》并未明文规定直播打赏行为这一类型和相应的调整规则，但随着互联网行业的发展，对直播打赏行为的定性已成为无可回避的现实问题。对于直播打赏行为的法律性质，学术界和司法实践中主要有三种观点。第一种观点认为，直播打赏双方属于赠与合同关系，理由在于：（1）在网络直播情境下，打赏并未为主播设定相应义务，观众对主播的打赏行为是自愿且无偿的，用户与主播之间的合同属于单务合同、无偿合同，符合赠与合同的特征；（2）打赏的标的本质上等同于打赏金钱，可以成为赠与合同的标的；（3）用户充值本质上是购买虚拟礼物的行为，打赏则是观看者向主播转移虚拟礼物，观众和主播之间并不存在受到服务合同约束的意思，彼此之间的义务不构成对价。第二种观点认为，直播打赏双方属于网络服务合同关系，理由在于：（1）与用户直播打赏相对应的服务内容属于混合服务。（2）观看者的打赏行为无论是主播表演前的打赏还是表演后的打赏，彼此之间都存在对价，特殊之处仅仅在于此服务费用的对价权由服务接受方（观众）享有，由服务的接受方（观众）自由决定支付的价格。（3）用户与主播之间事实上存在一定的对价，只是在外观上表现为没有固定的对价。用户在平台完成注册后，通常可以享受平台提供的免费基础服务，但基于打赏会享受到增值服务带来的利益。增值服务是相对于惯常的表演服务而新增的服务，该服务的产生是以打赏的实现为条件的。主播为了促使用户打赏，可能会设置一些对应的服务条件并向用户提出打赏邀请，用户打赏之后会享受到这些服务条件带来的利益。[①] 第三种观点认为，直播打赏行为中用户和主播之间不成立合同关系。持这类观点者认为，充值打赏作为不可分割的环节属于平台与用户网络服务合同中的内容，由该网络服务合同调整，主播与平台作为一方（或者一体），不与作为另一方的用户产生新的法律关系。主播和平台的利益具有一致性，主播的直播行为可被视为平台的职务行为，因此在网络服务合同中，二者应共同构成提供服务的一方主体，与用户这一消费群体达成网络服务合同。[②] 用户的打赏行为表面上是向主播赠送礼物，实际上只是相当于为主播的表演是否精彩而评分，评分则以赠送礼物的形式呈现，礼物越多，评分越高，表明用户越认可主播的表演。自始至终，只是用户与平台发生法律关系，与主播无关。

二、夫妻一方实施网络直播打赏行为的内部处理规则

在现今社会背景下，个人在娱乐和休闲方面应当有一定的自由空间，故家庭日常消费应当涵盖夫妻适当的娱乐消费。而随着智能手机和互联网的普及，网络直播作为新兴产业，为大众提供了多样化的娱乐选择。因此，夫妻一方适当进行网络打赏可以认定为属于正当的个人生活消费，不属于挥霍夫妻共同财产。但若夫妻一方对共同财产的处分超出了日常生活消费范围，比如数额巨大或者用途上超出了日常家庭生活目的，就涉及对行为效力的认定。我们认为，夫妻共同财产是夫妻双方共同积累的财富，应当用于家庭生活的正常开支和未来的发展。实践中，大部分网络直播打赏行为具有小额、多次等特征，导致用户往往觉得只是用了“小钱”，最终不知不觉用了“大钱”。同时，网络直播平台会通过设置打赏榜单的方式，用竞争模式刺激用户进行大额的打赏；由于主播和平台的利益分成模式，主播亦会用尽各种方式诱导用户进行打赏，导致巨额打赏的纠纷也层出不穷。此类纠纷不仅破坏了家庭的和睦稳定，也影响到了社会安宁。在夫妻一方用夫妻共同财产实施未经另一方同意的、明显超过家庭消费水平的直播打赏行为时，其个人意愿和消费冲动凌驾于家庭共同利益之上，打破了夫妻双方在日常家庭生活框架中的平衡，损害了配偶一方的合法权益，亦随时可能导致家庭财务陷入困境，影响夫妻双方共同生活的基础。因此，本条确定此类行为属于《民法

① 刘海安：《论网络直播用户与主播之间的法律关系属性》，载《政治与法律》2023 年第 1 期。
② 罗敏、苏敏：《论网络直播打赏的法律性质》，载《人民司法》2020 年第 19 期。

典》第1066条及第1092条规定的“挥霍”夫妻共同财产。在对内关系上，配偶一方可以打赏方挥霍夫妻共同财产为由，请求婚内分割共同财产，或在离婚时请求打赏一方少分或者不分共同财产。上述规定体现了对家庭关系的重视和尊重，对配偶一方合法权益的保护，有助于维护和谐稳定的家庭关系，促进社会的稳定和发展。

具体来讲，若夫妻一方未经另一方同意，明显超出家庭一般消费水平打赏的，在夫妻内部关系上，配偶一方可以从以下方面获得救济：

（一）配偶一方可以主张婚内对夫妻共同财产进行分割

依据《民法典》的相关规定，我国婚姻家庭法律关系中实行以法定财产制为主、约定财产制为辅的夫妻财产制度。约定财产制具有优先于法定财产制适用的效力。夫妻双方根据实际情况，可以在婚前或者婚姻存续中的任意时间约定婚姻关系存续期间所得的财产以及婚前财产归各自所有、共同所有或者部分各自所有、部分共同所有。只要双方达成合意，也可以随时变更或者撤销原约定。但如果夫妻双方未就夫妻财产作出约定，或者所作约定不明确，或者所作约定无效时，就适用夫妻法定财产制。而在夫妻法定财产制下，夫妻双方对于夫妻共同财产享有共同所有权，对夫妻共同财产不分份额地共同享有权利、承担义务。除法律规定应归属于夫妻一方的财产外，在婚姻关系存续期间夫妻一方所得和双方共同所得的财产均为夫妻的共同财产，归夫妻共同所有。从性质上讲，夫妻对婚后所得财产的共同所有关系实质上为基于婚姻关系成立的共同共有关系。夫妻财产共同共有产生的根据，是由于夫妻共同生活，共同承受家庭负担，负责家庭的生产和消费；共同共有发生的前提条件是婚姻关系的确立。与按份共有人按照份额对共有物享有所有权不同，共同共有人对共有物享有的权利和承担的义务不取决于份额，具有平等性。基于对共有物享有平等的所有权，共同共有关系中，共同共有人在对共有物进行处分、重大修缮、管理和分割等方面，都与按份共有存在明显区别。这主要是因为，共同共有是基于一定的共同关系产生，共有物也是以维持这种共同关系的存在为目的。在共同关系仍然存在之时，如果允许共同共有人可以随时请求分割共有物，势必会破坏这种共同关系的存续。因此，在婚姻关系终止之前，夫妻共同财产原则上不得进行分割，以保持共有关系的稳定性和基础，保护共有人的合法权益。但是，依据《民法典》第303条关于“共有人约定不得分割共有的不动产或者动产，以维持共有关系的，应当按照约定，但是共有人有重大理由需要分割的，可以请求分割；没有约定或者约定不明确的，按份共有人可以随时请求分割，共同共有人在共有的基础丧失或者有重大理由需要分割时可以请求分割。因分割造成其他共有人损害的，应当给予赔偿”之规定，共同共有人在共有基础丧失或者有重大理由需要分割时，可以请求分割共同财产。夫妻共同财产制有利于保障夫妻中经济能力较弱一方的权益，有利于实现真正的夫妻地位平等，符合我国文化传统和当前绝大多数人对夫妻财产制的要求，有利于维系更加平等、和睦的家庭关系。但在现实生活中，存在夫妻一方通过严重侵害另一方对共有财产享有的权益，或者有其他严重危害对方权益足以导致丧失共有关系基础的情况，夫妻双方又因为种种原因不愿意解除婚姻关系的，夫妻一方可以在符合本条规定的条件下，向人民法院请求分割共同财产。《民法典》第1066条规定：“婚姻关系存续期间，有下列情形之一的，夫妻一方可以向人民法院请求分割共同财产：婚姻关系存续期间，有下列情形之一的，夫妻一方可以向人民法院请求分割共同财产：（一）一方有隐藏、转移、变卖、毁损、挥霍夫妻共同财产或者伪造夫妻共同债务等严重损害夫妻共同财产利益的行为；（二）一方负有法定扶养义务的人患重大疾病需要医治，另一方不同意支付相关医疗费用。”依据该规定，夫妻一方存在隐藏、转移、变卖、毁损、挥霍夫妻共同财产或者伪造夫妻共同债务等行为的，另一方可以向人民法院请求分割共同财产。其中，隐藏是指行为人将财产藏匿起来，不让他人发现，使另一方无法获知财产的所在从而丧失对财产的控制；转移是指行为人私自将财产移往他处，或者将资金取出移往其他账户，脱离另一方的掌握；变卖是指将财产折价卖予他人；毁损是指采用打碎、拆卸、涂抹等破坏性手段使物品改变原状，失去或者部分失去原有的使用价值和价值；挥霍，是指对夫妻共有的财产没有目的地、不符合常理地耗费，致使其不存在或者价值减损。因此，夫妻一方未经另一方同意，明显超出家庭一般消费水平打赏，严重损害夫妻共同财产利益时，打赏方的行为可以被认定为“挥霍”，配偶一方可以主张婚内分割共同财产。司法实践中，在对一方是否具有隐藏、转移、变卖、毁损、挥霍夫妻共同财产或者伪造夫妻共同债务等严重损害夫妻共同财产利益的行为，从而符合婚姻关系存续期间分割夫妻共同财产的条件作出具体认定时，不仅要对上述行为的成立要件作出认定，还应注意把握当事人实施上述行为是否已经达到“严重损害夫妻共同财产利益”的程度。具体而言，要结合行为的性质、夫妻共同财产的数额、造成的影响程度等因素，作出综合认定。如一方虽有上述行为，但是涉及金额较小，或者在夫妻共同财产中所占比例很小，可以忽略不计的，不应认为已经符合婚内分割夫妻共同财产的条件。

（二）配偶一方可以在离婚分割夫妻共同财产时主张对打赏一方少分或者不分

《民法典》第1092条规定："夫妻一方隐藏、转移、变卖、毁损、挥霍夫妻共同财产，或者伪造夫妻共同债务企图侵占另一方财产的，在离婚分割夫妻共同财产时，对该方可以少分或者不分。离婚后，另一方发现有上述行为的，可以向人民法院提起诉讼，请求再次分割夫妻共同财产。"该条文规定的是隐藏、转移、变卖、毁损、挥霍夫妻共同财产以及伪造夫妻共同债务的处理，是对2001年修正的原《婚姻法》第47条的承袭和修改。主要体现在以下几个方面：第一，删除了2001年修正的原《婚姻法》第47条第2款，不再规定妨碍民事诉讼的行为；第二，删除了"离婚时"这一时间限制，不再要求隐藏、转移、变卖、毁损、挥霍夫妻共同财产，或者伪造夫妻共同债务企图侵占另一方财产的行为必须在离婚时实施；第三，增加挥霍夫妻共同财产作为少分或不分的事由；第四，将伪造债务明确为伪造夫妻共同债务。夫妻共同财产从性质上说，属于共同共有。夫妻在婚姻关系存续期间，无论属于双方或一方的收入，无论各自收入的数量多少，也无论其中一方有无收入，夫妻作为共同生活的伴侣，对共同财产享有平等的所有权。对共同财产，夫妻双方均有依法占有、使用、收益和处分的权利。保持夫妻共同财产，不仅是保护夫妻共同财产权的逻辑必然，还有助于维持夫妻共同生活。《民法典》第1062条第2款规定，夫妻对共同财产，有平等的处理权。所谓平等的处理权，依照民法关于共同共有的原理，是指夫妻在处分共同财产时，应当平等协商，取得一致意见，任何一方不得违背他方的意志，擅自处理。特别是对共有财产作较大的变动时，如出卖、赠与等，更应征得他方的同意，否则就侵犯了另一方对共有财产的所有权。根据有关司法解释的规定，在共同共有关系存续期间，部分共有人擅自处分共有财产的，一般认定为无效。如果给其他共有人造成损失，由擅自处分共有财产的人赔偿。隐藏、转移、变卖、毁损、挥霍夫妻共同财产是侵害夫妻共同财产的客观表现。因此，夫妻一方超出其家庭一般消费水平打赏，严重损害夫妻共同财产利益的，可以认定为该条规定的"挥霍"，配偶一方可以在离婚分割夫妻共同财产时主张对打赏一方少分或者不分。法院在审判实践中，应当根据违法行为的情节和案件的具体情况作出处理。另外，由于不排除有女方、无过错方实施上述行为的可能性，如果出现，也应当按照本条的规定处理，与照顾子女、女方和无过错方权益的原则并行不悖。

三、其他需要说明的问题

（一）关于未成年人直播打赏款项的处理

从司法统计数据看，近年来，涉及直播打赏的纠纷主要是未成年人和夫妻一方未经对方同意的直播打赏。出于维护未成年人合法权益、保障未成年人健康成长的目的，本条征求意见稿明确规定，未成年人打赏的款项，应予退还。该规定精神应予以坚持。但考虑到网信部门已经出台相关规定，限制未成年人账户打赏功能，该问题已经基本得到解决。而且，从司法实践看，目前产生争议的大多数情况是未成年人用监护人的账号打赏，甚至不排除有成年人打赏后恶意以未成年人名义主张返还的情形。在具体案件审理中，需要解决的是未成年人身份的识别以及如何合理分配直播平台管理责任和监护人责任的问题，法院应在个案中对账号的注册使用情况、行为模式进行分析。因此，如果打赏的账户是未成年人实名认证的，除非有证据证明是成年人使用并打赏，原则上应予返还。对于未成年人冒用成年人账户实施打赏行为的，人民法院首先应在综合考虑交易账号外观、充值打赏行为特征的基础上，比如打赏时间是否是在未成年人可能操作的时间段、打赏的内容是否是未成年人关注的内容、聊天内容是否符合未成年人语言特征等，准确认定打赏主体。如果确定是未成年人打赏的，依法认定合同无效后，还要根据《民法典》第157条的规定，考虑直播者的过错情况、网络直播平台在运营管理方面是否存在漏洞以及监护人在教育、监管方面是否存在过错等事实，依法确定返还数额。考虑到此类案件的复杂性，需要进一步总结审判实践经验，故对该款予以删除。

（二）关于直播内容含有淫秽、色情等低俗信息的处理

对于直播内容含有淫秽、色情等低俗信息引诱用户打赏的，本条征求意见稿明确，夫妻另一方可要求直播平台返还。该规定的精神对于净化网络空间，践行社会主义核心价值观，督促直播平台履行监管职责具有重要意义。部分反馈意见认为，应进一步细化平台与主播之间的责任划分，明确淫秽、

色情认定标准。我们经慎重研究认为，该意见有一定的道理。第一，涉直播打赏纠纷涉及对新业态中各方利益的平衡保护，目前尚未达成共识。网络直播中存在三对不同的法律关系（平台与主播、主播与用户、用户与平台）以及前后三个行为（用户通过平台服务充值、兑换虚拟礼物、向主播用虚拟货币礼物打赏），需要对不同法律关系性质、各主体之间的权利义务内容、责任形态等进行细致划分。第二，淫秽、色情相对来说有比较明确的定义，低俗信息则不是一个具有严格法律意义的概念，不同文化、社会背景和个人价值观皆可能导致对低俗信息的理解不同，带有主观判断的色彩，如果法律概念过于宽泛和模糊，就可能导致法官在具体案件办理中难以操作，影响法律的实施效果。而且，直播内容具有即时性特征，证据收集认定难，淫秽、色情难认定；观看同一场直播的用户人数庞大，有的有配偶，有的无配偶，统一裁判尺度存在困难。第三，直播内容若含有淫秽、色情等违法信息，根据《治安管理处罚法》等有关规定，还存在收缴等情况，严重的甚至有可能构成刑事犯罪，需要通盘考虑民事、行政、刑事责任的有机衔接，故对该款予以删除。下一步我们将继续总结审判实践经验，通过发布典型案例等方式加强监督指导。

【实务问题】

一、如何确定"挥霍"的具体标准

挥霍，是指对夫妻共有的财产没有目的地、不符合常理地耗费，致使其不存在或者价值减损。在审判实践中，夫妻一方进行的网络直播打赏行为是否可以认定为"挥霍"，可以从下列几个方面考察：（1）夫妻一方主观上是否具有巨额消费夫妻共同财产的故意；（2）网络直播打赏数额是否超出其家庭一般消费水平，既要考虑单次打赏的数额、打赏频率、持续时间和总量，也要考虑个体家庭的经济状况和消费习惯；（3）夫妻一方网络直播打赏数额造成损害的程度，必须达到严重损害夫妻共同财产利益的程度，才可以构成《民法典》第1066条及第1092条规定的"挥霍"。

二、直播打赏行为发生在《民法典》实施之前，《民法典》施行后正在审理的一、二审离婚案件如何适用上述规定

法不溯及既往虽为法律适用的基本原则，但也存在有利溯及的例外。根

据《最高人民法院关于适用〈中华人民共和国民法典〉时间效力的若干规定》第2条规定，《民法典》施行前的法律事实引起的民事纠纷案件，当时的法律、司法解释有规定的，适用当时的法律、司法解释的规定，但是适用《民法典》的规定更有利于保护民事主体合法权益，更有利于维护社会和经济秩序，更有利于弘扬社会主义核心价值观的除外。夫妻一方在婚姻关系存续期间超出家庭一般消费水平打赏的，虽然该行为发生在《民法典》施行之前，但是《民法典》的新规定对于树立优良家风、弘扬家庭美德，对于保护夫妻另一方的合法权益，制裁挥霍夫妻共同财产一方的非法行为更有利。因此，可以适用《民法典》的规定。

三、对于该条中的“少分或者不分”财产，如何具体处理

离婚诉讼中，对于夫妻一方通过直播打赏等挥霍的夫妻共同财产，在分割夫妻共同财产时，应把挥霍的财产作为该方分得的财产份额，对另一方应得的份额应以其他夫妻共同财产折抵，不足折抵的，差额部分由该方折价补偿对方。

【条文】

第七条

夫妻一方为重婚、与他人同居以及其他违反夫妻忠实义务等目的，将夫妻共同财产赠与他人或者以明显不合理的价格处分夫妻共同财产，另一方主张该民事法律行为违背公序良俗无效的，人民法院应予支持并依照民法典第一百五十七条规定处理。

夫妻一方存在前款规定情形，另一方以该方存在转移、变卖夫妻共同财产行为，严重损害夫妻共同财产利益为由，依据民法典第一千零六十六条规定请求在婚姻关系存续期间分割夫妻共同财产，或者依据民法典第一千零九十二条规定请求在离婚分割夫妻共同财产时对该方少分或者不分的，人民法院应予支持。

【条文主旨】

本条是关于违背公序良俗处分夫妻共同财产的规定。

【条文概览】

婚姻关系存续期间，一方为重婚、与他人同居以及其他违反夫妻忠实义务等目的，将夫妻共同财产赠与他人，不仅侵害了夫妻另一方的共同财产权，更是与社会主义核心价值观背道而驰，该民事法律行为因违背公序良俗应认定为无效。民事法律行为被确认无效后，应当依照《民法典》第 157 条规定处理。

夫妻一方对共同财产不分份额地共同享有所有权，作为共有权人之一的无过错一方可以主张返还全部财产。但是，在夫妻关系内部，违反公序良俗的一方并非必然享受该部分财产的利益。该行为可以认定为《民法典》第 1066 条和第 1092 条规定的转移、变卖夫妻共同财产行为，如果严重损害夫妻共同财产利益的，无过错的一方不仅可以在婚姻关系存续期间请求分割夫妻共同财产，而且可以在离婚分割夫妻共同财产时请求对另一方少分或者不分。

【理解与适用】

近年来，婚姻家庭领域一类较多的纠纷是因“婚外情”赠与财物产生的纠纷。婚姻关系存续期间，夫妻一方为重婚、与他人同居以及其他违反夫妻忠实义务等目的，私自将婚内共同财产赠与他人或者以明显不合理的价格处分共同财产，不仅侵害了夫妻共同财产平等处理权，更是一种严重违背公序良俗的行为，为社会主义核心价值观所不容。审判实践中，对赠与行为的性质、效力认定以及返还比例等方面，存在不同认识，需要统一裁判标准。为此，本解释第 7 条作出相应规定。对此，可以从以下几方面进行理解。

一、违背公序良俗处分夫妻共同财产的行为无效

公序良俗是公共秩序和善良习俗的简称，民法学说和民事审判实践中，违背公序良俗的行为包括但不限于：危害国家政治、经济、财政、税收、金融、治安等秩序，危害家庭关系，违反性道德，违反人权和人格尊严，限制经济自由，违反公平竞争等行为。《民法典》第 153 条第 2 款规定，违背公序良俗的民事法律行为无效。据此，公序良俗体现国家对民事领域意思自治的一种强制性限制，民事法律行为违背公序良俗的无效。《民法典》第 1043 条规定，家庭应当树立优良家风，弘扬家庭美德，重视家庭文明建设。夫妻应当互相忠实，互相尊重，互相关爱；家庭成员应当敬老爱幼，互相帮助，维护平等、和睦、文明的婚姻家庭关系。据此，夫妻间互相忠实，既是社会主义核心价值观的道德要求，也是《民法典》的规范要求。以违反夫妻忠实义务等目的处分夫妻共同财产的行为违背公序良俗，依法应属无效。故本条第 1 款明确规定：“夫妻一方为重婚、与他人同居以及其他违反夫妻忠实义务等目的，将夫妻共同财产赠与他人或者以明显不合理的价格处分夫妻共同财产，另一方主张该民事法律行为违背公序良俗无效的，人民法院应予支持并依照民法典第一百五十七条规定处理。”

有观点认为，实践中存在夫妻合谋以另一方名义要求返还的情况，这对存在严重过错的出轨一方没有起到惩罚效果。经研究认为，在无过错配偶与破坏他人家庭的婚外第三者之间，法律保护的是前者，这是必须旗帜鲜明予以坚持的原则。对于违反夫妻忠实义务的一方，有其他法律制度予以规制，包括可以在不解除婚姻关系的情况下，请求分割夫妻共同财产，也可以在离婚分割夫妻共同财产时要求对违反夫妻忠实义务的一方少分或不分。为此，

本条专门增加了第 2 款，即“夫妻一方存在前款规定情形，另一方以该方存在转移、变卖夫妻共同财产行为，严重损害夫妻共同财产利益为由，依据民法典第一千零六十六条规定请求在婚姻关系存续期间分割夫妻共同财产，或者依据民法典第一千零九十二条规定请求在离婚分割夫妻共同财产时对该方少分或者不分的，人民法院应予支持”。同时，在子女抚养方面，本解释还在第 14 条规定，离婚诉讼中，父母均要求直接抚养已满两周岁的未成年子女，如果一方存在重婚、与他人同居或者其他严重违反夫妻忠实义务情形的，作为对其不利因素，优先考虑由另一方直接抚养。此外，根据《民法典》第 1091 条规定，一方存在重婚、与他人同居等严重过错的，还需要在离婚时对另一方承担离婚损害赔偿责任。

二、违背公序良俗处分夫妻共同财产行为无效的法律后果

《民法典》第 157 条规定：“民事法律行为无效、被撤销或者确定不发生效力后，行为人因该行为取得的财产，应当予以返还；不能返还或者没有必要返还的，应当折价补偿。有过错的一方应当赔偿对方由此所受到的损失；各方都有过错的，应当各自承担相应的责任。法律另有规定的，依照其规定。”民事法律行为无效、被撤销以及确定不发生效力后，原则上为自始无效、当然无效、绝对无效，法律后果是恢复至各方当事人在民事法律行为实施前的状态。根据本条规定，违背公序良俗处分夫妻共同财产的行为被认定无效后，应依据《民法典》第 157 条的规定处理，其法律后果具体包括以下几方面。

1. 返还财产。

违背公序良俗处分夫妻共同财产的行为被确认无效后，受赠人或者受让人对所取得的财产已无合法占有依据，据此取得的财产应当返还对方。关于财产返还请求权的性质：一种观点认为属于不当得利返还请求权，认为合同无效或者被撤销后，基于合同所发生的债权债务关系尽管归于消灭，但独立于债权行为的物权行为并不受影响，仍单独有效，发生物权变动的效力；此时只能基于不当得利请求返还原物。另一种观点认为，合同无效或者被撤销后，基于合同发生的物权变动也丧失基础，自然产生物权回转效果，此时享有的是物权请求权性质的返还原物请求权；只有在物权不能返还或者没有必要返还时，返还原物请求权才转变为不当得利请求权。我国立法并未采物权行为理论，不认可物权行为的独立性和无因性，目前后一种观点是学界通

说，《民法典》也采此种观点。返还财产主要适用于赠与或者低价处分行为已经实际履行的情况，如果行为被宣告无效时尚未履行，或者财产并未交付，则不适用这种方式。返还财产的目的在于使双方财产关系恢复到民事法律行为实施前的状态，因此，无论双方是否存在过错，都应当履行返还财产的义务。司法实践中，赠与或者处分的夫妻共同财产一般为房产、汽车、金钱等。返还财产的范围应按照实际交付时的财产为标准确定，即使返还时实际财产已经减损甚至灭失，也仍应承担返还责任；如果当事人接受交付的是实物，原则上应当按照原物返还规则返还；如果原物已经灭失，但存在可以替代的种类物，则应返还同一种类物。

2. 折价补偿。

违背公序良俗处分夫妻共同财产的行为被确认无效后，一般情况下，应当返还财产。但是，有时返还财产并不具备现实条件或者没有必要或者返还财产成本过高，会造成资源的进一步浪费，此时可以通过折价补偿的方式使财产关系恢复原状。前提是如何认定财产不能返还，一般认为包括法律上的不能返还和事实上的不能返还。前者主要是指财产返还受到法律规定的限制，比如受赠财产已被其他人善意取得，不能实际返还财产，只能折价补偿。后者主要是指标的物灭失，造成客观上无法返还，且原物又是不可替代物的情况。所谓没有必要返还财产，主要是指当事人接受的财产在性质上不能恢复原状，应按照相关标准计算价格，以给付金钱等方式返还。

3. 赔偿损失。

返还财产或者折价补偿与当事人是否具有过错无关，如果因前述赠与或者处分夫妻共同财产行为无效而造成损失的，有过错的一方应当赔偿由此而受到的损失；各方都有过错的，应当各自承担相应的责任。一般情况下，婚姻关系存续期间，违背公序良俗赠与财产的一方与受赠一方往往均属明知情形；实践中，存在受赠人并不知晓赠与人已婚的情况，此时如果受赠人因此受到其他损失的，可以请求有过错的配偶一方赔偿损失。

以发布的一起赠与合同纠纷典型案例为例，对前述违背公序良俗处理夫妻共同财产行为的效力及法律后果进行分析。高先生在婚姻关系存续期间，与叶某某存在不正当关系，并向叶某某转账 73 万元。同期，叶某某向高先生回转 17 万元，实际收取 56 万元。高先生的妻子崔女士提起诉讼，请求叶某某返还夫妻共同财产 73 万元。叶某某辩称，高先生转账的部分款项已用于双方消费，不应返还。从前述赠与行为的效力来看：婚姻存续期间，夫妻双方未选择其他财产制的情况下，应属于法定财产制，夫妻共同财产所有权属于共同共有，双方不分份额地共同享有所有权。本案中，高先生未经配偶同意，将夫妻共同财产多次转给与其保持不正当关系的叶某某，属于无权处分，侵犯崔女士的夫妻共同财产权益，且严重违背社会公序良俗，该赠与行为应属无效。从行为无效的法律后果看，高先生一共转账给叶某某 73 万元，叶某某同时期转账给高先生 17 万元，实际收款 56 万元；叶某某应当返还实际收取款项，即 56 万元；该返还责任不因金钱已消费而免除。

三、夫妻一方存在违背公序良俗处分夫妻共同财产情形的，另一方有权请求在婚姻关系存续期间分割夫妻共同财产

《民法典》第 1066 条规定，婚姻关系存续期间，有下列情形之一的，夫妻一方可以向人民法院请求分割共同财产：（1）一方有隐藏、转移、变卖、毁损、挥霍夫妻共同财产或者伪造夫妻共同债务等严重损害夫妻共同财产利益的行为；（2）一方负有法定扶养义务的人患重大疾病需要医治，另一方不同意支付相关医疗费用。此为《民法典》新增条文，由于 2001 年修正的《婚姻法》仅对夫妻离婚时的财产分割作了规定，并未对婚姻关系存续期间夫妻一方可否请求分割夫妻共同财产作出规定。为适应司法实践需求，《婚姻法解释（三）》第 4 条规定："婚姻关系存续期间，夫妻一方请求分割共同财产的，人民法院不予支持，但有下列重大理由且不损害债权人利益的除外：（1）一方有隐藏、转移、变卖、毁损、挥霍夫妻共同财产或者伪造夫妻共同债务等严重损害夫妻共同财产利益行为的；（2）一方负有法定扶养义务的人患重大疾病需要医治，另一方不同意支付相关医疗费用的。"《民法典》编纂过程中，在对《婚姻法解释（三）》第 4 条进行调整后作出第 1066 条的规定。主要体现在：一是将该条规定的适用前提由"婚姻关系存续期间，夫妻一方请求分割共同财产的，人民法院不予支持，但有下列重大理由且不损害债权人利益的除外"修改为"婚姻关系存续期间，有下列情形之一的，夫妻一方可以向人民法院请求分割共同财产"。二是取消"不损害债权人利益"的条件。一方面，因为是否损害债权人利益是一种实质性判断，夫妻一方并不能作出是否损害债权人利益的判断；另一方面，该条规定在婚姻关系存续期间分割夫妻共同财产，并不影响对夫妻共同债务的认定和清偿。"夫妻一方为重婚、与他人同居以及其他违反夫妻忠实义务等目的，将夫妻共同财产赠与他人或者以明显不合理的价格处分夫妻共同财产"，可以认定为

《民法典》第1066条第1项规定的一方有“转移、变卖夫妻共同财产”的严重损害夫妻共同财产利益的行为。因此，本条第2款规定，夫妻一方存在前款规定情形，另一方以该方存在转移、变卖夫妻共同财产行为，严重损害夫妻共同财产利益为由，依据《民法典》第1066条规定请求在婚姻关系存续期间分割夫妻共同财产的，人民法院应予支持。适用该条时须注意：夫妻共同财产是婚姻关系存续的物质条件，在婚姻关系存续期间，夫妻共同财产原则上不得进行分割，以保持婚姻关系的稳定性和基础，保护夫妻双方的合法权益。《民法典》第1066条是法定的婚姻关系存续期间分割共同财产的条件，且该条无兜底条款。因此，司法实践中，在对一方是否具有隐藏、转移、变卖、毁损、挥霍夫妻共同财产或者伪造夫妻共同债务等严重损害夫妻共同财产利益的行为时，需要严格把握标准。不仅要对上述行为的成立要件作出认定，还应注意把握当事人实施上述行为是否已经达到“严重损害夫妻共同财产利益”的程度。具体而言，要结合行为性质、夫妻共同财产数额、造成的影响程度等因素，作出综合认定。一般而言，夫妻一方为重婚、与他人同居以及其他违反夫妻忠实义务等目的，将夫妻共同财产赠与他人或者以明显不合理的价格处分夫妻共同财产的，可以认定为严重侵犯夫妻共同财产权益的情形，在此情况下，另一方有权请求在婚姻关系存续期间分割夫妻共同财产。

四、夫妻一方存在违背公序良俗处分夫妻共同财产情形的，另一方有权请求在离婚分割夫妻共同财产时对该方少分或不分

《民法典》第1092条规定，夫妻一方隐藏、转移、变卖、毁损、挥霍夫妻共同财产，或者伪造夫妻共同债务企图侵占另一方财产的，在离婚分割夫妻共同财产时，对该方可以少分或者不分。离婚后，另一方发现有上述行为的，可以向人民法院提起诉讼，请求再次分割夫妻共同财产。该条改变了2001年修正的《婚姻法》第47条关于夫妻一方实施侵害夫妻共同财产权益行为的，只有该行为发生在“离婚时”才能适用的限制性规定，将侵害夫妻共同财产的行为扩展至整个婚姻关系存续期间。如果夫妻一方在夫妻关系存续期间已经开始隐藏、转移、变卖、毁损、挥霍夫妻共同财产或伪造夫妻共同债务侵占另一方财产的，在离婚分割夫妻共同财产时，人民法院都可以对该方少分或者不分。这也为夫妻一方在婚姻关系存续期间“为重婚、与他人同居以及其他违反夫妻忠实义务等目的，将夫妻共同财产赠与他人或者以明

显不合理的价格处分夫妻共同财产”的离婚前侵害夫妻共同财产行为，提供了适用余地。此种情况可以认定为该条所称的“转移、变卖夫妻共同财产”的行为，在离婚分割夫妻共同财产时，对该方可以少分或者不分。对违背公序良俗处分夫妻共同财产的一方少分或不分夫妻共同财产，是违法行为实施者理应承担的法律责任。需要说明的是，《民法典》的相关规定及司法解释条文对何种情况下可以不分、少分以及少分的具体份额或者比例，没有作出明确规定。审判实践中，应当根据违法行为的情节和案件具体情况作出处理。此外，需要说明的是，《民法典》第1092条既包括“离婚时”也包括“离婚后”，因此，离婚后，另一方发现对方存在违背公序良俗处分夫妻共同财产的，可以请求再次分割该部分夫妻共同财产。并且，在分割该部分夫妻共同财产时，对违反夫妻忠实义务的一方，仍适用少分或者不分的原则精神。

【实务问题】

一、实践中如何认定违背公序良俗处分夫妻共同财产的行为

从客观上看，第一，本条规制的处分行为发生在婚姻存续期间，无论夫妻关系是处于正常、分居或者离婚阶段，只要法律上未解除夫妻关系，任何一方将夫妻共同财产无偿给予第三者，均可能构成违背公序良俗。第二，本条仅适用于处分夫妻共同财产的情形，不包括处分夫妻一方个人财产的行为。由于我国实行法定夫妻共同财产制，原则上应当推定实施处分行为的一方处分的是夫妻共同财产，处分方若提出异议，需负举证责任。第三，本条针对婚外赠与合同（不伦赠与）而创设。赠与的关键要素是“无偿给予”；另外，根据本条规定将“以明显不合理的价格处分夫妻共同财产”也纳入本条适用范围。此外，对于其他若干相似情形，例如放弃债权、免除债务等诸多无偿给予财产利益情形，也可以参照适用本条。从主观要件看，首先，“赠与目的”违背公序良俗，婚外赠与的根本问题在于其维系婚外亲密关系的目的，这显然违反夫妻互忠义务与社会主流伦理，赠与目的违法悖俗，因此无效。另外，本条列举为不完全列举，所列举的重婚、同居情形并未穷尽所有情形，对于其他婚外情当事人之间发生的赠与，同样适用本条进行审查。

二、如何准确适用“返还财产”

首先，婚外赠与因违背公序良俗而无效，属整体无效，不可被分解为处分夫妻共同财产的一半份额和处分另一半份额，认定部分无效。因此由此产生的返还财产属于全额返还而非部分返还。其次，请求返还财产的主体是夫妻另一方。根据本条规定，请求返还财产的主体与请求确认赠与无效的主体都是夫妻另一方。赠与人作为违背公序良俗民事法律行为的当事人一方，而且往往是首倡者和主导者，其返还请求能否得到支持，在理论上和实践中均有争议。我们倾向认为，虽然《民法典》未予明确规定，但在违反夫妻忠实义务赠与他人财产的情况下，赠与人与受赠人之间属于基于不法原因的给付行为，应不支持赠与人的返还请求。另外，婚外赠与财产返还之后，仍属于夫妻共同财产，而非请求返还一方的个人财产。实践中，夫妻一方擅自将夫妻共同财产赠与婚外情对象，属于典型的婚姻过错，另一方可以依据本条第2款，在婚姻存续期间请求分割财产或者在离婚分割夫妻共同财产时对该方少分或者不分。

三、返还范围是否包括孳息

《民法典》第460条规定，不动产或者动产被占有人占有的，权利人可以请求返还原物及其孳息；但是，应当支付善意占有人因维护该不动产或者动产支出的必要费用。因此，在无权占有的情况下，不论是善意占有人还是恶意占有人，均无权获得孳息；也即返还原物范围包括原物和孳息。

四、在财产增值或者贬值的情况下，如何确保相互返还的公平性

违背公序良俗处分夫妻共同财产的行为被认定无效后，在确定财产返还时，要充分考虑财产增值或者贬值因素。应予返还的房屋等财产出现增值或者贬值的，人民法院要综合考虑市场因素、受让人的经营或者添附等行为与财产增值或者贬值之间的关联性，在当事人之间合理分配或者分担，避免一方因行为无效而获益。

五、如何准确适用折价补偿标准与损害赔偿情形

违背公序良俗处分夫妻共同财产的行为被确认无效后，一般情况下，应当返还财产。但是，有时返还财产并不具备现实条件或者没有必要或者返还

财产成本过高，会造成资源进一步浪费，此时可以通过折价补偿方式使财产关系恢复原状，夫妻另一方可请求折价补偿。关于折价补偿的标准，依据《民法典合同编通则解释》第 24 条，以市场价为原则，其他标准为例外时的补充。婚外赠与无效也可能会给受赠人造成损害。例如所赠与的房产在赠与时为低价，而在被判决返还时因房产已灭失或者被转让只能折价补偿，但折价补偿时是按照较高市场价予以计算，这种场合下的差价损失即为损害。还有一种典型的可赔偿损害是重婚中的善意当事人因重婚无效以及由此导致的婚外赠与无效而遭受的财产损失。对于这种损失，善意当事人（不知且不应知道对方有配偶）有权依据《民法典》第 1054 条第 2 款请求过错方（赠与人）赔偿。此外，婚外赠与是纯粹的财产合同，不涉及身份行为，故婚外赠与合同被确认为无效，不会导致任何意义上的精神损害，不存在精神损害赔偿的问题。

六、离婚后，无过错的配偶一方能否要求返还全部夫妻共同财产

有的观点认为，如果配偶起诉时双方还在婚姻关系存续期间，那么其有权要求返还全部财物；但是，如果配偶起诉时，双方已经离婚，共有权基础已不存在，那么其只能要求返还其中的一半。我们经研究认为，不论配偶起诉是在离婚前还是离婚后，都不能改变当事人处分的财物为夫妻共同财产的性质，也不能改变因违背公序良俗导致处分行为无效而产生的法律后果。对夫妻共同财产，双方不分份额地共同享有所有权，而非每人享有一半的所有权。而且，在分割夫妻共同财产时，基于出轨一方存在过错，财产并非平均分配，出轨一方可能不分或少分财产。因此，另一方有权全部要求返还。

七、起诉再次分割夫妻共同财产是否适用诉讼时效

离婚后，另一方发现夫妻一方为重婚、与他人同居以及有其他违反夫妻忠实义务等目的，将夫妻共同财产赠与他人或者以明显不合理的价格处分夫妻共同财产的，可以向人民法院提起诉讼，请求再次分割夫妻共同财产。就提起再次分割夫妻共同财产诉讼的诉讼时效问题，应当结合《民法典婚姻家庭编解释（一）》第 84 条之规定，即当事人依据《民法典》第 1092 条的规定向人民法院提起诉讼，请求再次分割夫妻共同财产的诉讼时效期间为 3 年，从当事人发现之日起计算。该 3 年起算的时间起点为另一方“发现”对方存在上述行为时开始。该规定与《民法典》第 188 条关于诉讼时效的规定

是一致的。法律规定诉讼时效制度的目的就是督促权利人尽快行使自己的权利，在保护当事人合法权利的同时也维护社会安定。也就是说，一方当事人发现另一方存在前述损害夫妻财产权益的行为，应当在发现之日起 3 年内积极行使权利。如果超出规定时间，当事人再向人民法院请求保护其权利的，人民法院依法不予保护。

【条文】

第八条

婚姻关系存续期间，夫妻购置房屋由一方父母全额出资，如果赠与合同明确约定只赠与自己子女一方的，按照约定处理；没有约定或者约定不明确的，离婚分割夫妻共同财产时，人民法院可以判决该房屋归出资人子女一方所有，并综合考虑共同生活及孕育共同子女情况、离婚过错、对家庭的贡献大小以及离婚时房屋市场价格等因素，确定是否由获得房屋一方对另一方予以补偿以及补偿的具体数额。

婚姻关系存续期间，夫妻购置房屋由一方父母部分出资或者双方父母出资，如果赠与合同明确约定相应出资只赠与自己子女一方的，按照约定处理；没有约定或者约定不明确的，离婚分割夫妻共同财产时，人民法院可以根据当事人诉讼请求，以出资来源及比例为基础，综合考虑共同生活及孕育共同子女情况、离婚过错、对家庭的贡献大小以及离婚时房屋市场价格等因素，判决房屋归其中一方所有，并由获得房屋一方对另一方予以合理补偿。

【条文主旨】

本条是关于婚后父母为子女购房出资，离婚时如何分割的规定。

【条文概览】

处理父母为子女婚后出资购房的问题，应当以平衡保护个人权益和婚姻家庭团体利益为基本理念，关注婚姻家庭的伦理性、团体性特征，既要引导婚姻当事人注重对家庭的付出，也要防止借短暂婚姻不劳而获大额财物的投机行为，真正实现婚姻家庭的和谐稳定。根据《民法典》第 1062 条和第 1063 条规定，婚姻关系存续期间受赠的财产，除赠与合同中明确只归一方的以外，属于夫妻共同财产。基于父母为子女出资购房的特殊考量，如果婚姻关系解除，父母出资购房的行为基础丧失，在分割夫妻共同财产时应当考虑个案情况予以平衡。根据《民法典》第 1087 条规定，夫妻离婚对分割共同财产协议不成时，由人民法院根据财产的具体情况，按照照顾子女、女方和无过错方权益的原则判决。其中“财产的具体情况”应当包括出资来源情况。

第一，一方父母全额出资。如果赠与合同明确约定该出资只赠与自己子女一方，依照约定处理，不作为夫妻共同财产分割；如果没有约定或者约定不明确的，应当依据《民法典》规定作为夫妻共同财产。但在离婚分割时，需要考虑出资来源情况，不与登记挂钩。房屋不论是否登记在自己子女名下，都可以判决该房屋归出资人子女一方所有。但是，同时也要综合考虑共同生活及孕育共同子女情况、离婚过错、对家庭的贡献大小等因素，来确定是否需要对另一方予以折价补偿以及补偿的具体数额。

第二，一方父母部分出资或者双方父母对房屋均有出资。同前述情况相同，如果赠与合同明确约定，相应出资只赠与自己子女一方，依照约定处理，双方形成按份共有，不是共同所有；如果没有约定或者约定不明确的，应当依据《民法典》规定作为夫妻共同财产。但在离婚分割时，要将出资来源和各方出资比例作为基础，同时，综合考虑共同生活及孕育共同子女的情况、离婚过错、对家庭的贡献大小以及离婚时房屋市场价格等因素，判决房屋归其中一方所有，并由获得房屋一方对另一方予以合理补偿。

【理解与适用】

日常生活中，父母在子女结婚时出资购置房屋的情形非常普遍，这既是中国传统家庭财产代际传承的方式，也是父母对子女婚姻幸福美满的祝福和物质支持，有着广泛的社会基础。父母出资的情形也十分复杂，可从不同角度加以分类：（1）从出资目的来看，既有父母将出资赠与子女一方情形，又有父母以出资借贷给子女及其配偶双方情形；（2）从出资数额来看，既有为购房全额出资的情形，又有为购房部分出资情形；（3）从出资时间来看，既有在子女婚前出资购房情形，又有在子女婚后出资购房情形；（4）从出资者来看，既有单方父母出资情形，又有双方父母共同出资情形；等等。然而，基于父母子女间密切的人身关系和特有的中国传统家庭文化影响，父母在出资时，一般未明确或不愿明确出资性质以及具体内容。一旦子女离婚，双方利益即会产生激烈冲突。如何审理好相关案件，实现父母权益与配偶一方权益的平衡保护，长期以来是司法实践面临的难题。从《婚姻法解释（二）》第22条到《婚姻法解释（三）》第7条，再到《民法典婚姻家庭编解释（一）》第29条，乃至本解释出台，司法政策也一直在探寻更好的解决方式。

一、本条的制定背景

《民法典》第 1062 条和第 1063 条对婚姻关系存续期间赠与的财产作出了规定，即除了赠与合同中约定只归一方的财产外，受赠的财产为夫妻共同财产。该规定源于《婚姻法》第 17 条和第 18 条，没有改变。这是对婚姻关系存续期间夫妻所得财产的一般处理原则。但是，在父母为子女出资购房的情况下，基于中国人含蓄的情感表达方式以及为了维护和谐的家庭关系需要，在父母给子女出资购房时，往往没有明确的赠与合同，更很少有明确只给自己子女一方的赠与表示，导致实践中法律“除外条款”虚置，而这又往往不是父母的本意，尤其是在子女离婚的情况下。为此，《婚姻法解释（二）》第 22 条第 2 款曾规定：“当事人结婚后，父母为双方购置房屋出资的，该出资应当认定为对夫妻双方的赠与，但父母明确表示赠与一方的除外。”该规定是对《婚姻法》第 18 条第 3 项规定的“遗嘱或赠与合同中确定只归夫或妻一方的财产”的解释，完全符合《婚姻法》的立法精神，是对婚姻存续期间父母为双方购置房屋出资归属认定的细化。该条规定关注的重点是，在有关证据认定父母出资购房系赠与行为时，该出资究竟是对自己子女一方的赠与还是对夫妻双方的赠与。该司法解释颁布后，在审判实践中取得了良好的效果。但随着社会经济发展，该规定也日益显露出一些局限性。这主要表现在：第一，大多数情况下，子女结婚后，父母为子女购房出资很少明确表示是赠与自己子女一方。一方面是因为父母在为子女购房出资时很少甚至不愿设想将来子女离婚的可能；另一方面，即便父母在为子女购房出资时已经考虑了上述可能，一般也不会明确表示赠与自己子女一方，以免影响夫妻感情。第二，在没有书面赠与合同的情况下，何谓“明确表示赠与一方”存在难以认定的现实困难。现实情况中，父母在为子女买房出资时，可能曾口头表示是为双方买房，但一旦子女离婚，父母往往会否认该出资为赠与双方，甚至与其子女串通倒签赠与合同或借条。此时，在双方都只有当事人陈述作为证据的情形下，法院很难作出正确判断。第三，在出现“闪离”的情形时，直接认定父母为子女购买房屋的出资系赠与双方，缺乏社会认同。如果仅仅因为短暂的婚姻就让子女的配偶一方分走一方父母大半生的积蓄，显然与父母出资的预期不符。因此，实践中迫切需要有一个更为明确的判断标准。为此，《婚姻法解释（三）》又进一步进行解释，第 7 条规定：“婚后由一方父母出资为子女购买的不动产，产权登记在出资人子女名下的，可按照婚姻法第十八条第（三）项的规定，视为只对自己子女一方的赠与，该不动产应认定为夫妻一方的个人财产。由双方父母出资购买的不动产，产权登记在一方子女名下的，该不动产可认定为双方按照各自父母的出资份额按份共有，但当事人另有约定的除外。”该规定第1款将“产权登记”与“确定赠与一方”进行链接，使父母出资购房的意思表示客观化，有利于明确裁判规则。适用该条第1款的前提条件是：(1) 一方父母全额出资且产权登记在出资人子女名下；(2) 购买不动产的目的是“为子女”而非为父母本身。但是，现实生活情况复杂多样，家庭情况千差万别，即便是父母全额出资，也有基于各种考虑将房产登记在双方名下甚至子女配偶名下的情况，此种将登记与赠与的意思表示挂钩的方法无力解决上述情况。审判实践中，此种情况一般推定为是对双方的赠与，在离婚时作为夫妻共同财产均等分割，这与当事人的本意可能不符。此外，在父母出首付、夫妻共同还贷的情况下，司法实践也通常将房产认定为夫妻共同财产。尤其是在“闪离”的情形时，这种失衡更为凸显。也正因如此推定，导致出资一方父母认为自己的利益受损，转而以该出资款项系借款为由提起民间借贷纠纷，使得问题更为复杂，也增加了当事人的诉累。2020年年底清理司法解释时，考虑到《婚姻法解释（二）》第22条与《婚姻法解释（三）》第7条需要解决的问题相同，为避免法律适用上的困扰，《民法典婚姻家庭编解释（一）》将两条进行了整合，同时为避免前期僵化适用带来的诸多问题，解释在条文上作出重大改变，在倡导当事人提前约定的前提下，对该问题的处理仅原则性地转引至《民法典》第1062条和第1063条。因该解释未明确具体的裁判规则，理论和实践莫衷一是。有的意见认为，最高人民法院删除原规定也是一种态度，即不认可原来的解释规则，即便子女婚后买房由一方父母全额出资，但只要不是明确赠与自己子女一方，就应当按照《民法典》第1062条规定，视为赠与双方；也有的意见认为，虽然《婚姻法解释（三）》制定时，该两种意见争议巨大，但该解释已经实施10年，社会上已经基本认同该规则，因此，仍应当按照原来的解释思路处理。为进一步统一法律适用，本条进一步对适用原则和考量因素进行规定，既避免太过于原则，导致法律适用不统一，又基于保护婚姻家庭团体性、伦理性目的，明确规定具体考量因素。在依法保护出资人利益的基础上，柔化处理《婚姻法解释（三）》的刚性规定，使相关规则更符合婚姻家庭实际。

二、本条的基本原则与理念

习近平总书记深刻指出："随着我国改革开放不断深入，随着我国经济社会发展不断推进，随着我国人民生活水平不断提高，城乡家庭的结构和生活方式发生了新变化。但是，无论时代如何变化，无论经济社会如何发展，对一个社会来说，家庭的生活依托都不可替代，家庭的社会功能都不可替代，家庭的文明作用都不可替代。无论过去、现在还是将来，绝大多数人都生活在家庭之中。"[①] 近现代以来，个人权利意识逐步觉醒。"每个人都被视为目的本身而存在"（康德语）。现代以来的私法亦主要以财产的归属与交易为重心，具有高度形式理性化特征。内容上，财产法即以权利为核心，个人权利在法律上被表达为利益的正当性评价。个人权利不仅是个人正当利益的固定，还是个人追求正当利益的行为自由。[②] 相应地，家庭以夫妻婚姻为核心，以情感关系为基础，具有伦理性和利他性，双方表现的是全方位的人格投入。两者存在巨大的张力。"理性人"作为通常所描述的"民法中的人"的典型形象，大体上等同于财产法上的"经济人"，从事民事活动的目的是追求自身利益的最大化。[③] 家庭法背后并不存在那种"个人主义的自由契约"所构成的人类图像。相反，其被理解为一种超个人主义式的生活图景。在理想图景中，家庭能够促使家庭成员之间形成温暖和亲密的关系，并为家庭成员提供满足与安全的环境。相比经济团体，夫妻团体内部仍然存在广泛的利他主义。[④] 从中国与西方的婚姻家庭观念看，也存在很大不同。按照西方个人主义的立法，"家庭首先表现为其成员互相主张的各种权利，其次才是一个整体"。这是支配西方现代婚姻家庭立法的思想。但我国的传统观念中，家庭首先是一个整体，其次才是各个成员。西方将人看成是彼此分离的个体，而中国则是将人看成相互依赖的个体。我国自古就有家国同体的观念。事实上，即便是西方个人主义的观点，自 20 世纪末以来，婚姻家庭法应当兼顾个人与社会的双重价值也是人们的共识，限制婚姻家庭领域过度的意思自治，允许国家公权力在某些领域介入家庭生活，保护家庭中弱者的权益，

① 习近平：《注重家庭，注重家教，注重家风》，载《人民日报》2025 年 2 月 1 日第 1 版。

② 参见彭诚信：《现代权利理论研究》，法律出版社 2017 年版，第 315 页。

③ 参见刘征峰：《家庭法与民法知识谱系的分立》，载《法学研究》2017 年第 4 期。

④ 参见［美］加里·斯坦利·贝克尔：《家庭论》，王献生、王宇译，商务印书馆 2011 年版，第 413 页。

平衡婚姻家庭当事人的利益，维护稳定的家庭关系，也是当代世界婚姻家庭法的价值取向。[①] 因此，不管是尊重我国家国天下的传统，还是按照世界范围内婚姻法的新的价值取向，婚姻家庭纠纷的处理都要考虑家庭的团体性。《宪法》第 49 条规定，婚姻、家庭、母亲和儿童受国家的保护。《民法典》也在《婚姻法》的基础上增加“婚姻家庭受国家保护”以及“家庭应当树立优良家风，弘扬家庭美德，重视家庭文明建设”的规定，作为婚姻家庭编的基本原则。可见，虽然家庭不是民法上独立的民事主体，但作为社会基本细胞，是法律的特别保护对象。维护好婚姻家庭的和谐稳定，不仅从最终结果上有益于每个人，更是国家发展、民族进步、社会和谐的重要基点。根据基本权利和人权的价值要求，不应承认父权制家庭，但这不意味着仅从个人意志出发对家庭采取契约化的理解。家庭法的当代价值取向更应当是在家庭成员自由的、无强制的交流之中产生一种团体认同。[②] 因此，处理此类问题的基本理念应是深入贯彻落实习近平总书记的重要讲话精神，贯彻落实《民法典》树立优良家风、弘扬家庭美德的基本价值理念，平衡保护个人权益和婚姻家庭团体利益，不能简单地套用财产法规则，而需要考虑婚姻家庭的伦理性、团体性特征。

三、关于本条的理论探讨

近年来，不少学者主张借鉴德国法上的行为基础丧失制度处理婚姻家庭领域中的部分财产问题。[③] 行为基础丧失制度的基本原理在于诚信原则，即赠与行为发生是以父母期望子女婚姻长久为基础，子女离婚使得父母进行赠与的基础不再存在，此时，如果不能合理期待父母愿意子女的配偶分走一半财产，应当允许当事人在不违背诚信原则的前提下对已生效的赠与行为进行调整或解除。理由是：首先，该制度符合《民法典》婚姻家庭编的立法宗旨，即家庭应当树立优良家风，弘扬家庭美德，重视家庭文明建设。家庭成

---

① 参见金眉：《婚姻家庭立法的同一性原理——以婚姻家庭理念、形态与财产法律结构为中心》，载《法学研究》2017 年第 4 期。

② 参见朱虎：《财产法与家庭法的区分——评〈民法典婚姻家庭编解释（二）（征求意见稿）〉》，载《妇女研究论丛》2024 年第 3 期。

③ 参见杨晋玲：《亲属法基础理论问题研究》，法律出版社 2017 年版，第 334 页；冉克平：《夫妻团体法——法理与规范》，北京大学出版社 2022 年版，第 171 页；［德］迪特尔·施瓦布：《德国家庭法》，王葆莳译，法律出版社 2010 年版，第 172 页。

员应当敬老爱幼，互相帮助，维护平等、和睦、文明的婚姻家庭关系。而如果简单按照登记在自己子女名下即视为赠与自己子女一方，不利于家庭和睦，在婚姻最初即埋下隐患。而行为基础丧失规则有助于《民法典》婚姻家庭编立法宗旨的实现，体现了实质正义的理念。其次，行为基础丧失制度在我国有实定法依据。《民法典》在吸收《合同法解释（二）》第 26 条规定的基础上确立了情势变更制度，该制度与行为基础丧失制度有密切的学理渊源，可以作为我国处理相关问题的法律依据。我们认为，该制度的理念值得借鉴，"法律行为基础障碍制度虽然是《德国债法现代化法》所制定的规则，但已对很多国家的民事立法产生重大影响"。[①] 在德国家庭法领域，"最新的判例已经转变了态度：无论是非婚共同生活伴侣之间的财产补偿，还是岳父母（公婆）对子女（配偶一方）的给予，均可以将目的落空的不当得利返还请求权作为财产补偿的一种解决思路加以考虑"。[②] 因《民法典》第 985 条未明确规定目的落空的不当得利这一类型，从解释论的角度看，最相类似的应是情势变更制度。《民法典》合同编在第 533 条明确规定：合同成立后，合同的基础条件发生了当事人在订立合同时无法预见的、不属于商业风险的重大变化，继续履行合同对于当事人一方明显不公平的，受不利影响的当事人可以与对方重新协商；在合理期限内协商不成的，当事人可以请求人民法院或者仲裁机构变更或者解除合同。人民法院或者仲裁机构应当结合案件的实际情况，根据公平原则变更或者解除合同。同时，根据《民法典》第 464 条第 2 款规定，在婚姻等有关身份关系的协议中，在没有涉及该身份关系的法律规定的情况下，可以根据其性质参照适用《民法典》合同编的规定。因《民法典》婚姻家庭编对于父母为子女婚后购房出资后子女离婚的情况没有明确规定，该行为虽以身份关系为纽带，但更多是财产性质的争议，因此，可以参照适用《民法典》合同编的有关规定。父母为子女婚后购房的出资，虽看似无偿，但实际上暗含着以子女婚姻关系存续为前提，与一般赠与合同不同，子女婚姻关系的存续是该法律行为的重要基础。因此，在按照《民法典》第 1062 条和第 1063 条规定，推定为是对夫妻双方赠与的情况下，应当认定该对夫妻双方的赠与是有特定的原因或基础的。在子女离婚的情况下，

---

① 参见杨代雄：《法律行为基础瑕疵制度——德国法的经验及其对我国民法典的借鉴意义》，载《当代法学》2006 年第 6 期。该文作者指出，《瑞士债务法》第 24 条第 1 款第 4 项、《意大利民法典》第 1467 条、《荷兰民法典》第 6 编第 228 条均已对法律行为的基础瑕疵作出规定。

② 参见［德］迪特尔·施瓦布：《德国家庭法》，王葆莳译，法律出版社 2010 年版，第 175 页。

该赠与的基础条件发生重大变化，而且不能合理期待父母在该重大变化时仍愿意继续赠与双方。因此，基于诚信原则，应对此予以变更或解除。而且，按照情势变更制度的思路，合同基础条件发生变化时，双方首先可以协商，协商不成时，还可以根据履行情况等变更合同，而不是一律解除。此种处理方式不采用原来“一刀切”的“刚性”解决方案，而是为当事人提供一个“柔性”且灵活的解决方法，在废止合同之前，允许当事人对合同进行调整。这样既避免了法律直接涉足家庭争议，且通过一条规则强行处理所有相关争议的不足，满足社会生活要求法院定分止争的多样化需求，符合处理家事案件的实际情况。法院在处理相关案件时，既能够根据个案的具体情况作出判断，又为当事人在废止合同之前的协商、调整创造了条件。此外，基于婚姻家庭的特殊性质，要进一步有针对性地对赠与的基础条件进行详细分析。赠与的基础条件是婚姻，但婚姻中的男女双方以永久共同生活为目的，共同生活时间长短、是否孕育子女、子女配偶对家庭所作贡献程度、离婚过错等事实均属于婚姻维度需要考量的因素，也是引导所有家庭成员维护婚姻家庭和睦的重要指引方向。因此，本条不管是在第 1 款一方父母全额出资的情况，还是在第 2 款双方父母均有出资或者一方父母部分出资的情况内，均规定了上述考量因素。

当然，如果按此思路，需要考虑诉讼结构问题，即如果允许父母基于情势变更原则变更或解除赠与合同，而离婚诉讼当事人原则上为夫妻双方，这势必导致父母需通过另诉解决，增加当事人诉累。考虑到绝大多数情况下，父母与自己子女的利益具有一致性，因此，在离婚分割夫妻共同财产时基于相应理念确定分割原则，即可实现对父母权益的保护。根据《民法典》第 1087 条第 1 款规定，离婚时，夫妻的共同财产由双方协议处理；协议不成的，由人民法院根据财产的具体情况，按照照顾子女、女方和无过错方权益的原则判决。对其中“财产的具体情况”，除了按照有利生产、方便生活的原则，需要考虑发挥物的最大使用效能外，亦需要考量财产的来源情况。对此，《最高人民法院关于人民法院审理离婚案件处理财产分割问题的若干具体意见》（已失效）第 8 条规定，夫妻共同财产，原则上均等分割。根据生产、生活的实际需要和财产的来源等情况，具体处理时也可以有所差别。虽然 2020 年年底该司法解释已被整体废止，但该条规定的精神不违反《民法典》第 1087 条规定的制度目的，仍可参考借鉴。如此，不需要父母再另行提起诉讼解决相关问题。故本条针对离婚纠纷案件的处理作出规定，以实现一体解决当事人纠纷，减少当事人诉累。

四、对具体内容的理解

（一）出资性质的认定规则

近年来，父母主张为子女婚后购房的出资为借款，并诉请自己子女及其配偶或前配偶返还的诉讼增多。对此，实践中认识不一。有的意见认为，该出资应当认定为借贷。理由主要包括：根据《民事诉讼法解释》第109条的规定，对赠与事实的认定高于一般事实“高度可能性”的证明标准，需要达到排除合理怀疑的程度。在父母没有明确赠与意思表示的情况下，另一方如果对赠与事实的举证未达到相应的证明标准，即应当认定借款事实存在；子女已经成年并独立生活，父母对子女不再负有法定的抚养义务，在父母出资未明确表示为赠与的情况下，应当认定该款项为对子女的临时性资金出借；在高房价的今天，对于普通工薪家庭而言，动辄几十万元甚至上百万元的出资，是父母毕生的积蓄，如果直接认定赠与，在子女离婚时配偶一方分走一半，对父母实属不公。也有的意见认为，父母出资购房中，父母之所以愿意拿出自己的积蓄为子女购房出资，主要是基于双方之间的血缘亲情，是为解决或改善子女居住条件，希望让子女生活得更加幸福，因此，这本质上是以亲情为基础的赠与。

我们认为，从审判实践来看，上述两种观点都不能涵括现实生活中所有父母为子女出资购买房屋的情形。对父母出资为子女购买房屋的行为，首先应尊重父母子女间对出资行为性质的约定。在双方对出资行为性质没有约定或约定不明时，则应综合其他因素加以分析，以探究当事人出资的真意。

总体而言，认定双方为借贷法律关系，弊大于利。认定为借贷法律关系的“利”无非是为了保护出资父母的财产权益，但存在如下弊端：（1）认定为借贷关系的基本逻辑是出资来源于父母，应当物归原主，不能损害父母的利益。但是，该做法完全按照一般财产法规则，有违中国传统家事习惯和社会常情常理，忽视了婚姻家庭财产关系的身份属性。（2）认定为借贷关系不符合合同成立的基本要件。借贷是一种民事法律行为，意思表示是其核心要素，因此，除了款项流动外，借贷合意是必须证明的事实。并且，其中的借贷合意应当是在款项流转当时的意思表示，而非父母事后的意思。而现实生活中父母在出资时，往往并没有借贷的意思表示。（3）侵害了夫妻对共同财产的平等处理权。子女的婚姻关系破裂后，出资父母为维护己方利益，后补借条的情况普遍存在，出资父母“名利双收”，既得“里子”，又得“面子”。而子女的配偶则处于“随时被负债”的境地。长此以往，会降低子女的配偶对婚姻及家庭的信任程度，不敢对家庭过多付出，不利于对婚姻安全和婚姻家庭的保护，与《民法典》婚姻家庭编的价值理念不符。（4）有违诚信基本原则。诚信原则要求禁止矛盾行为，破坏相对人的正当信赖并致其受到损害。[①]出资父母在出资时并未明确为借款，在子女婚姻关系存续期间从未要求过归还，在子女婚姻关系破裂时否认出资为赠与，提起诉讼要求归还借款，且往往出具与自己子女签订的借条，此种行为违反诚信原则较为明显。综上，在双方无明确约定情况下，通过认定借贷法律关系保护出资父母利益，不仅不具有适法性，亦存在价值取向和价值判断上的偏离，该认定结果不仅牺牲了子女配偶的利益，也是对诚信原则的违反，与《民法典》婚姻家庭编的基本原则相悖。

适用本条时，需要注意的是：不论是《婚姻法解释（二）》《婚姻法解释（三）》还是《民法典婚姻家庭编解释（一）》和本条，均不是关于出资行为性质的认定规则，相关条款只解决在已经认定为赠与的情况下，是赠与一方还是赠与双方的问题。父母为子女购房的出资性质是借款还是赠与，应当根据案件具体事实进行判断。如果双方对出资性质有约定的则从约定；在没有约定或者约定不明的情况下，父母起诉子女及其配偶或前配偶主张为借款法律关系的，应当由父母就其与子女及其配偶存在借款合意的事实承担举证证明责任，在父母一方仅提供其与自己子女签订的借条的情况下，应当结合其他事实进行审查，无法达到高度可能性证明标准的，认定为赠与更符合实际情况，案件处理上应当驳回父母的诉讼请求。当然，该种处理思路在离婚分割夫妻共同财产时已经充分考虑了父母出资的情况下更为妥当。因此，对该类纠纷“釜底抽薪”的解决办法应是回归到离婚纠纷中合理分割夫妻共同财产上来。

（二）赠与的标的物应当如何认定

如前所述，《婚姻法解释（二）》第22条和《婚姻法解释（三）》第7条是一脉相承的，《婚姻法解释（三）》第7条实际上是对《婚姻法解释

---

① 参见王泽鉴：《民法总则》，北京大学出版社2015年版，第533页。

（二）》第22条但书条款的再解释。但两条也存在一个重要区别，即赠与的标的物是“出资”还是“不动产”。从司法实践来看，虽然也存在父母以自己的名义购买不动产，然后将不动产产权转移登记在其子女一方名下或者双方名下的情况，但绝大多数情况是子女以自己名义签订不动产买卖合同，父母将款项转账至自己子女一方名下或者直接转账至出卖人名下。如系前一种情况，则认定赠与的标的物为房产自无疑问，但是对于普遍存在的后一种情况，则有不同观点：一种观点认为，父母出资的目的是明确的，即购买房产，该款项专款专用，因此，赠与的标的物认定为房产更符合各方本意。特别是在一方父母全额出资的情况下，父母赠与子女的虽然是金钱，但该财产形态已经转化为房产，财产形态的转换不导致权利归属的变化。这也与实践中普遍遵从的一方婚前财产在婚后发生形态变化，并不转化为夫妻共同财产的处理思路一致。另外一种观点认为，父母给付的是出资款，子女及其配偶用该款项购买房屋，此为两个不同的民事法律行为。因此，赠与物应为“资”，而非“房”。这两种观点的核心冲突在于论证结论，即房屋权属认定，尤其是在房产大幅增值的情况下，增值收益的归属。主张赠与物为房产的，逻辑推论的结果为房产及增值收益均归父母一方；主张赠与物为金钱的，逻辑推论的结果为房产及增值收益归夫妻双方。从目的解释的角度看，两种观点的实质区别是价值观之争：支持房产及增值收益归父母的，系从保护父母权益角度所进行的考量；支持赠与物为出资的，房产及增值收益归夫妻双方，系从维护婚姻家庭共同体角度，特别是大多数情况下保障妇女权益的考量。但是，也要看到，房地产的价格有涨有跌，规则的制定应当涵盖所有情况，并秉持风险与收益相一致的原则，不能仅在房价上涨时享有增值收益，而不承担房价下跌的风险。从条文表述看，本条采用了后一种观点，主要理由是：第一，从文字表述看，本条采用了“出资”的表述，与《婚姻法解释（三）》第7条明显不同。第二，出资与购买房产为两个不同的民事法律关系。在认定法律关系性质及内容上，一般不考虑当事人的动机或目的。虽然父母出资的目的是为子女购房，但转移的标的物仍为金钱。第三，从物权的角度看，在赠与法律关系发生时，房产并未由父母所有，当然谈不上赠与他人。出资仅是购房款的来源，与房产权属认定不能混为一谈。第四，从目的解释的角度看，父母出资购房的本意并非商事投资行为，即便保护其合法权益，保护其出资款应已足够，而夫妻共同财产制的维护，婚姻共同体和谐稳定的保障，更具有社会公共利益的属性，在价值位阶上更高。

（三）如何判断是赠与一方还是赠与双方

此问题实践中的争议最大，一种观点认为，《民法典》第1062条和第1063条沿袭了《婚姻法》第17条和第18条规定的精神，即如无约定财产制情形，婚姻关系存续期间受赠的财产原则上为夫妻共同所有，除非赠与合同中确定只归一方的财产。在父母与子女及其配偶无明确约定的情况下，应当认定为是赠与双方。不能将赠与的意思表示与不动产登记挂钩；另一种观点认为，如果父母一方出全资，且登记在自己子女一方名下，认定为是对自己子女一方的赠与，更符合父母本意，也有利于保护父母一方的利益。主要理由是：（1）《婚姻法解释（三）》第7条虽然已经被清理，但《民法典婚姻家庭编解释（一）》第29条并未明确否定《婚姻法解释（三）》第7条的处理思路。而且，《婚姻法解释（三）》第7条已经施行10年有余，目前法院裁判规则大体统一，社会公众亦形成了相对稳定的预期，贸然颠覆该规则会使婚姻财产关系处于不稳定的状态，对社会秩序造成一定影响，不利于纠纷解决。（2）虽然不动产公示公信原则主要解决外部关系，但现实生活中大多数不动产均可能与家庭相关，尽量保证不动产登记与真实权利状态一致，亦有利于保护对不动产登记簿产生信赖的善意第三人，维护财产流转秩序稳定。（3）基于父母子女间密切的人身关系和特有的中国传统家庭文化影响，实践中父母与子女之间一般并没有正式赠与合同的存在，或者说没有一个书面赠与合同的存在。但是，根据《民法典》第140条规定，行为人可以明示或者默示作出意思表示。赠与合同并非必须采用书面形式，应当不排除通过默示方式作出。向不动产登记机关申请登记实际上也是物权变动意思对外表示的过程。而且，《物权法》已实施多年，普通民众对不动产登记的意义已经有较为充分的认识，因此，在具体案件的审理过程中，应当可以通过出资过程中相关的外观行为推定为默示方式表示的赠与意思。另外，除有特别情况外，父母出资一方可以自由确定房产登记在一方名下或者登记在双方名下，各方完全可以提前控制防范风险。（4）父母倾大部分积蓄为子女购房出资是希望能安度晚年，如果认定为是对双方的赠与将使老年人的晚年生活失去部分保障，尤其是在子女婚姻持续时间较短的情况下，更显得利益失衡。（5）该观点与夫妻债务制度能够协调一致。《民法典》第1064条确定的认定夫妻共同债务的原则为“共债共签”。一方以个人名义所负的债务，除家庭日常生活需要外，原则上为个人债务，除非债权人能够证明该债务用于夫妻共同生活、共同生产经营或者基于夫妻双方共同意思表示。该规则的设定是以充分尊重夫妻独立人格、保护个人权益为基本理念。那么，相应地，在夫妻共同财产的认定上，也应当优先尊重个人意愿。（6）与赡养权利义务能够协调一致。配偶对另一方父母没有法定赡养义务。根据《民法典》第1066条的规定，婚姻关系存续期间，一方负有法定扶养义务的人患重大疾病需要医治，另一方不同意支付相关医疗费用的，夫妻一方可以向人民法院请求分割共同财产。可见，在另一方不同意的情况下，夫妻一方只能分割出属于自己的那部分财产来履行赡养义务，其无权要求配偶用夫妻共同财产履行赡养义务。因此，父母赠与子女财产时，配偶也不能当然享有。

上述观点均有一定的道理。二者的根本区别不在于“术”，而在于“道”，即现阶段婚姻家庭领域应当倡导何种价值理念。保护父母一方利益代表着对个人财产权利的尊重，而保护配偶一方利益实质上是对和谐稳定婚姻家庭关系的维护。我们认为，现阶段，要在保护个人合法权益的同时，注重对家庭团体的保障力度，深刻认识二者之间的对立统一关系。要特别关注家庭作为社会基本细胞，对于国家、民族长远健康发展的重要意义。“由于家庭观念仍旧根深蒂固地存活在人们的日常生活之中，因此在坚持个人的人格独立与自主时，应当在制度安排上注重维护婚姻制度和强化家庭责任，以实现家庭在新时代所担负的传承优秀法律文化、稳定婚姻家庭关系、实现儿童权利优先、弘扬婚姻家庭主流价值观的社会功能。”① 夫妻财产法上的个人主义原则应受保障夫妻共同体这一价值的限制。②《宪法》第49条规定，婚姻、家庭、母亲、儿童受国家保护。可见，婚姻、家庭受国家保护首先是一项宪法原则。《民法典》第1041条在《婚姻法》的基础上，专门增加了“婚姻家庭受国家保护”的规定，以落实《宪法》的基本原则。同时，在《民法典》第1043条增加规定：“家庭应当树立优良家风，弘扬家庭美德，重视家庭文明建设”，以在婚姻家庭领域内弘扬社会主义核心价值观，实现法治和德治相结合。在设计具体规则时，应当将贯彻落实习近平总书记关于家庭家教家风建设的重要论述精神，贯彻实施《宪法》和《民法典》相关规定作为基本原则和指导思想。维护配偶一方合法权益，有助于增强其对家庭的认同，鼓励其对家庭的投入和付出，并协助另一方更好地赡养父母，因此，从根本上

① 参见夏吟兰：《民法分则婚姻家庭编立法研究》，载《中国法学》2017年第3期。

② 参见冉克平：《夫妻团体法——法理与规范》，北京大学出版社2022年版，第19页。

是有利于出资父母一方利益的。家庭关系中的利他行为其实就是一种互利行为——在一方需要的时候进行帮助，在自己需要的时候得到回馈，如果父母只从有利于自己和子女的角度行事，对方也会作出同样的回应。如果家庭成员间的关系充斥着利己和算计，家庭的亲密关系也将不复存在。父母含饴弄孙、安度晚年的心愿也会成为泡影。[①] 此外，也要看到，司法解释除了为裁判提供规则依据，实现个案利益平衡外，还往往具有辐射效应，成为人们的行为规则。“司法解释既然可以作为一种裁决依据，同时它应该可以作为一种行为依据。”[②] 在个案中看似维护出资父母财产权益的裁判规则，会因对相应法律后果的预期，导致刚刚进入或即将进入婚姻的当事人心怀芥蒂、各存异心，从而在家庭关系中埋下不和的种子，不利于婚姻家庭的和谐稳定。

根据本条规定，双方在赠与合同中明确约定出资只赠与自己子女一方的，按照约定处理，以尊重各方的意思自治。在没有明确约定赠与一方还是赠与双方时，应当按照《民法典》第 1062 条和第 1063 条规定，认定为是对双方的赠与。《民法典》第 1062 条、第 1063 条、第 1065 条确立了我国基本的夫妻财产制度。据此，在婚姻关系存续期间受赠的财产原则上为夫妻共同财产，除非赠与合同中明确约定只归一方。而基于中国人含蓄的情感表达方式，以及为了维护和谐的家庭关系的需要，在父母给子女出资购房时，往往没有明确的赠与合同，更很少有明确只给自己子女一方，因此，在双方没有明确约定的情况下，原则上应当认定为是赠与夫妻双方。简单将不动产登记视为是双方关于赠与的意思表示方式，弊大于利。

主要体现在以下几个方面：（1）该规则虽然清晰明了，而且登记在很多情况下能够间接地表达父母的意愿，但未考虑子女配偶一方的利益和情感，有将其视为“外人”之嫌，容易降低其对家庭共同体的认同，伤害夫妻感情，不利于家庭和睦，有违家庭文明建设立法精神。设立相关规则时不应仅仅关注“闪离”的家庭，还要关注另一方已经为家庭作出了重大贡献的情况。而且，司法解释除了解决已发生的社会问题外，还具有通过设定行为预期引导人们行为模式的重要功能。简单将不动产登记视为是双方关于赠与的明确约定，等于引导人们认可，只要“房上有名”即可“高枕无忧”，而不再关注对家庭的付出。这与婚姻家庭编的价值、宗旨和目的是不相符合的。

① 参见杨晋玲：《亲属法基础理论问题研究》，法律出版社 2017 年版，第 334 页。

② 参见刘作翔：《规范体系：一个新体系结构的思考》，载《东方法学》2013 年第 1 期。

我们不仅要解决具体的纠纷，也要通过设定规则、释法说理，让人民群众充分理解法律支持什么、反对什么，将法的价值、宗旨和目的体现在群众的日常生活之中，增强群众对法治的信任和对公平正义信念的坚守，增强当事人维护家庭亲情、伦理与道德的自我意识，从而夯实家庭亲情、伦理与道德健康发展的内外机制。[①]（2）如上所述，各个家庭情况千差万别，该规则虽然可以解决部分登记在自己子女名下的情况，但无法解决基于各种考虑将房产登记在双方名下甚至子女配偶名下的情况，滋生更多民间借贷纠纷，加剧矛盾冲突。如前所述，之所以对父母购房出资性质产生如此大的争议进而导致父母作为原告的民间借贷诉讼案件增多，问题的根源仍在于离婚分割夫妻共同财产时，如何认定婚姻关系存续期间父母给子女购房出资款项的归属。简单将登记与赠与意思表示挂钩，不符合实际情况。（3）忽视了子女配偶将来协助履行赡养义务的预期。虽然按照《民法典》的规定，作为姻亲关系的子女配偶对岳父母或公婆无法定的赡养义务，但是在实际生活中，按照中国传统习俗，儿媳和女婿是作为比较亲密的家庭成员，赡养老人的义务也都需要夫妻双方协力完成，无法清晰界分。《老年人权益保障法》明确规定，老年人养老以居家为基础，家庭成员应当尊重、关心和照料老年人。赡养人的配偶应当协助赡养人履行赡养义务。特别是目前我国已经进入老龄化社会，社会养老因资源有限或与国民观念不符而难以成为主要的养老方式，家庭养老更需要夫妻协力。如此泾渭分明的财产分割原则无法激发子女配偶一方协助赡养老人的积极性。（4）夫妻共同债务制度之所以更多关注夫妻个体权益，是基于配偶一方与对外交易中的债权人利益对比的结果，在债权人与夫妻一方交易时，是基于其“理性人”的假设，可以提前做好预防措施，保障其合法权益，而不需要考虑婚姻家庭的团体性特点。但是，父母给子女买房本质上还是发生在家庭内部，以人伦秩序为基础，有较强的伦理性。因此，不能将夫妻共同债务制度的价值理念完全照搬到父母给子女买房的情形中。

此外，赠与的意思表示在款项转移的时候即已形成，离婚诉讼中父母出具只赠与自己子女一方的说明不仅违背了诚信原则，而且不符合民事法律行为成立的条件，不属于本条中“赠与合同约定只赠与自己子女一方”的情况。

---

① 参见方乐：《法律实践如何面对“家庭”?》，载《法制与社会发展》2011 年第 4 期。

（四）要特别关注父母为子女购房出资行为的默示基础

在认定为赠与双方的情况下，能否直接适用《民法典》合同编有关赠与合同的规则，是需要进一步探讨的问题。《民法典》合同编针对赠与合同所设立的规则是建立在无偿性基础上的，不论赠与人出于何种动机，只要契约内容是无偿的，就应认定为赠与。[①] 赠与的无偿性使赠与人的利益保护被放在了突出位置，最重要的特征是在财产权利转移之前被赋予任意撤销权。我国采用的是“契约+非要式+任意撤销权”构建赠与合同的效力模式，赠与人不仅有法定撤销权而且有特定条件下的任意撤销权。[②] 我们认为，赠与合同之所以赋予赠与人任意撤销权最基本的逻辑在于赠与是无偿的，赠与合同的受赠人是纯获利益的，不附负担和不被科以责任。但是，在父母为子女婚后购房出资的情况下，父母赠与的意思表示实际上有着推定或默示的基础，即明确约定以及根据法律推定赠与双方甚或是明确表示赠与自己子女的配偶一方的，该赠与是以子女的婚姻稳定存续为前提。父母在子女婚后为其购房出资虽然表面上不排除为其子女的配偶一方提供了居住条件的考量，但是血亲与姻亲的差异决定了为自己子女提供婚后居住条件才是促使父母出资的本意。因此，不同于一般的赠与合同，不宜直接适用《民法典》合同编赠与合同的规则，对此交易基础，要特别予以考虑。

（五）两种出资情况的具体适用情形

1. 一方父母全额出资。

此时，房产不管是否登记在自己子女名下，在离婚分割夫妻共同财产时，考虑到一方全额出资，而房产的价值较大，又无法进行实物分割，此种情况可以判决该房屋归出资一方所有，同时，综合考虑夫妻共同生活时间长短、双方付出情况、孕育情况、离婚过错等事实，对另一方予以补偿。如果婚姻关系持续时间较长，比如 8 年以上，双方已经孕育子女并协助赡养出资一方父母的，此时可以补偿较多的份额，当然，即便补偿，一般也不应超过离婚时房屋市场价格的一半。但是，如果婚姻关系存续期间较短，比如 3 年以下甚至不超过 1 年，则可以较少补偿甚至不排除个别案件中不予补偿。上

① 参见［日］我妻荣：《债法各论》（中卷一），徐进、李又又译，中国政法大学出版社 2008 年版，第 3 页。

② 参见李永军：《“契约+非要式+任意撤销权”：赠与的理论模式与规范分析》，载《中国法学》2018 年第 4 期。法国、德国采取的是“要式+例外的要物”的模式。

述两种处理方式均是以父母出资系赠与双方、所购房产为夫妻共同财产作为前提。因此，需要在离婚时予以分割，只是各自份额比例不同。关于分割原则的立法依据为《民法典》第1087条，即在协议不成时，由人民法院根据财产的具体情况，按照照顾子女、女方和无过错方权益的原则判决。而所谓“财产的具体情况”不仅要从有利生产、方便生活，最大限度发挥财产的使用效能和价值增值角度予以考虑，还应特别考虑出资来源情况。此种“软处理”的方式符合婚姻家庭的利他性和伦理性特征，可以在保护个人合法权益和维护家庭团体性之间实现适当平衡，有助于增进另一方对家庭的认同感和婚姻凝聚力，也不违背父母一方的初衷。在婚龄较短的情况下，亦能够保障父母一方的合法权益。同时，也引导当事人不再过多地关注登记情况，而更多地关注对家庭的付出。

2. 双方父母对房屋均有出资或一方父母部分出资。

基于赠与标的物为出资的思路，对于该房屋来讲，因系婚姻关系存续期间购买，应当认定为夫妻共同财产。与父母全额出资情况处理思路相同的是，在分割夫妻共同财产时，应将出资来源作为重要考量因素。但此种情况下，因为出资占比不同，离婚分割房产时最终由哪一方获得房屋所有权则存在很大变量。比如，如果一方父母出20%～30%首付，剩余房款采用贷款方式支付。婚姻关系存续期间较长，在双方离婚时贷款已经用夫妻共同财产偿还完毕，双方已经生育子女，出资一方存在过错的，则可以判决房屋归配偶一方所有，由配偶一方按照离婚时房屋的市场价格给予出资一方合理补偿；与之不同的案情下，一方父母出首付，但是双方婚姻存续时间较短，剩余大部分房屋贷款尚未偿还，则可以判决房屋归出资方子女，根据离婚过错、婚姻存续时间、是否孕育子女等因素酌情给予对方补偿。同时，贷款也由出资方继续偿还。如果是双方父母均有出资的情况，《婚姻法解释（三）》第7条第2款规定，由双方父母出资购买的不动产，产权登记在一方子女名下的，该不动产可认定为双方按照各自父母的出资份额按份共有，但当事人另有约定的除外。《民法典婚姻家庭编解释（一）》在清理制定过程中将该款删除。主要考虑是，在没有明确约定的情况下，基于双方出资即认定为是按份共有，与家庭的伦理性特征不相符，也与相关法律规定存在一定冲突。根据《民法典》第308条规定，共有人对共有的不动产或者动产没有约定为按份共有或者共同共有，或者约定不明确的，除共有人具有家庭关系等外，视为按份共有。可见，在双方没有明确约定的情况下，基于家庭关系的特殊身份属性，双方父母均出资的情况下，不宜认定为按份共有。因此，删除该款规定，符合婚姻家庭中财产规则的基本精神。在认定为夫妻共同所有的前提下，与一方父母全额出资或部分出资情况的处理思路相同，在具体分割比例上，出资来源情况在分割比例上仍应作为重要考量因素。如果出资比例相差较大，一般可以判决房屋归出资方子女，由其对配偶一方综合考虑各种因素确定补偿数额。比如，双方父母的出资比例为2∶8，如双方没有明确约定房产归属，具体分割时，一般可以判决房屋归80%出资比例的一方，但并非一定给另一方20%的补偿，需要在考虑共同生活及孕育共同子女情况、离婚过错、对家庭的贡献大小等因素的基础上，按照照顾子女、女方和无过错方权益的原则判决，补偿比例可能高于也可能低于20%；如果出资比例相差不大，则可以按照照顾子女、女方和无过错方权益的原则，判决归其中一方，由获得房屋所有权的一方给予另一方补偿。对于参考的数额，既要考虑房屋增值的情况，也要考虑房屋贬值的情况，因此，比较公平合理的参考标准是离婚时房屋的市场价格。对于市场价格的确定，可以双方协商一致确定，也可通过市场询价等方式酌定，并非必须进行司法鉴定。

本条第2款之所以规定“可以根据当事人诉讼请求”，主要考虑是，因为双方出资比例以及补偿能力的不同，可能存在双方均主张房屋所有权或者仅一方主张房屋所有权的情况，因此，在确定房屋归哪一方所有时，也需要考虑当事人的诉讼请求。考虑到本条更多侧重的是分割比例如何确定的规定，且需要与第1款协调，也有避免内容冗长的技术考虑，故没有再具体区分当事人请求的各种情况。当然，也可能存在双方均不主张房屋所有权的情况。实践中，还要结合《民法典婚姻家庭编解释（一）》第76条的具体操作性规定，并将本条规定的考量因素纳入其中进行处理。

【实务问题】

一、赠与合同是否需要与自己子女及配偶共同签订

对于约定的主体，在赠与的情况下，如果单纯从合同法角度考虑，赠与合同是赠与人与受赠人之间签订的合同，因此，如果父母想只赠与自己一方子女，似乎不需要配偶一方知晓。但考虑到婚姻家庭领域的特殊情况，我们倾向于认为，《民法典》第1063条第3项中“赠与合同中确定只归一方”时，配偶另一方有知情权。理由是：（1）此为婚姻家庭伦理性和夫妻共同财产制的必然

要求。根据法律规定，婚姻关系存续期间，如无约定财产制，则适用法定婚后所得共同制，受赠获得的财产亦不例外。虽然夫妻为独立的民事主体，但对于夫妻共同财产，双方均不分份额地共同享有占有、使用、收益、处分的权利。“确定只归一方”的赠与合同，如果不被配偶另一方知晓，与夫妻共同财产制不相容。配偶另一方不知晓，则在婚姻存续期间所接受的赠与会被视为对双方共同赠与。过后又声称是对一方的赠与，会损害另一方的依赖利益。（2）能够有效阻止父母与自己子女串通、后补证据的情况。实践中，“笔迹形成时间的司法鉴定”比较繁琐，且受鉴定技术、条件等限制，如果允许父母与自己子女签订赠与合同即可，则父母很容易与自己子女倒签合同，审判实践很难查证。由此导致的信息不对称使得配偶方无从知晓赠与是否存在，也不能从源头对风险进行防范，影响婚姻预期和婚姻家庭的和谐稳定。当然，实践中，如果父母与自己子女通过公证方式签订赠与合同，能够确定赠与合同的形成时间和仅赠与自己子女一方的意思表示，可以认定符合本条约定情形。

二、对父母主张出资系民间借贷的，如何处理

在父母作为原告的民间借贷纠纷案件中，借款的合意是需要重点查明的事实。根据“谁主张、谁举证”的基本原则，在一方父母起诉自己子女及其配偶或者前配偶的民间借贷纠纷案件中，对于主张存在借款法律关系的父母一方，应负有对借款合意和款项支付事实的举证证明责任。实践中，款项支付的事实一般比较清楚，关键是能否证明存在借款合意。作为原告的父母一般会提供借条作为书证，该借条上一般有父母和自己子女的签字。对于该证据是否采信，要根据《民事诉讼法解释》第105条的规定，运用逻辑推理和日常生活经验法则，对证据有无证明力和证明力大小进行判断，从而准确认定法律关系的性质。虽然借条上双方签字的真实性很难否认，但作为书证，不仅要求形式上的真实，还必须保证内容的真实性。而对内容真实性的判断，要考虑到日常生活经验法则。从我国现实国情看，绝大多数父母出资的目的是要解决或改善子女的居住条件，为新家庭启动提供资金支持，希望让子女生活得更加幸福，同时，这也是中国传统的家庭财产代际传承方式。父母一般并不要求子女支付相应对价，亦未期待子女他日原物返还。因此，出资为赠与的可能性要远远高于借贷。进而，由主张借贷关系这一低概率事件存在的父母来承担证明责任也与一般人日常生活经验感知相一致。此外，还可以通过考查是否存在借期及利率的约定，是否存在曾向对方主张过借款债

权的事实以及是否有还款的事实等，综合判断借条这一证据内容是否真实。根据《民事诉讼法解释》第108条的规定，对负有举证证明责任的当事人提供的证据，人民法院经审查并结合有关事实，只有确信待证事实的存在具有高度可能性的，才能认定该事实存在；如果结合其他相关事实，并未达到高度可能性的证明标准，应不予认定该事实存在。从对风险的控制角度看，如果父母的本意是借贷，其完全可以通过事先与子女及其配偶签订借条的方式控制风险，而对于子女配偶一方来讲，其对于该笔出资是赠与还是借贷、是赠与一方还是赠与双方的控制能力较弱。不能因房价攀升、“闪婚闪离”现象的出现，就改变基本的婚姻家庭理念。

有的观点认为，根据《民事诉讼法解释》第109条的规定，对于赠与事实，需要达到排除合理怀疑的证明标准，该事实的证明标准要高于借贷事实的证明标准，因此，如果配偶一方对赠与事实举证不能，即应当认定借贷事实的存在。对此，我们认为，这种观点的逻辑是错误的。《民事诉讼法解释》第108条第2款规定，对一方当事人为反驳负有举证证明责任的当事人所主张的事实而提供的证据，人民法院经审查并结合相关事实，认为待证事实真伪不明的，应当认定该事实不存在。在民间借贷纠纷案件中，一方父母为原告，对民间借贷事实尤其是借贷合意负有举证责任，其所举的证据为本证；而其子女的配偶一方系防御的一方，所举证据为反证。本证证明活动的目的在于使法官对待证事实的存在与否形成内心确信，这种内心确信应当满足证明评价的最低要求即法定的证明标准。而反证的证明活动，其目的在于动摇法官对于本证所形成的内心确信，使其达不到证明评价的最低要求。对于反证而言，其证明的程度要求相比本证要低，只需要使待证事实陷于真伪不明即可。因此，被告对双方基础法律关系的性质提出抗辩的，只需要提供证据证明原告主张的民间借贷这一事实并不确定即可。至于双方之间究竟系何种法律关系，则由人民法院综合双方提供的证据加以认定。① 因此，作为被告的子女配偶一方，不需要达到《民事诉讼法解释》第109条规定的证明标准，而应当根据《民事诉讼法解释》第108条第2款的规定，只要其提供的证据达到足以使父母主张的民间借贷事实真伪不明时，人民法院就应当认定民间借贷事实不存在。

---

① 参见杜万华主编：《最高人民法院民间借贷司法解释理解与适用》，人民法院出版社2015年版，第280～281页。

有观点认为，《民间借贷司法解释》第16条规定，原告仅依据金融机构的转账凭证提起民间借贷诉讼，被告抗辩转账系偿还双方之前的借款或者其他债务的，被告应当对其主张提供证据证明。被告提供相应证据证明其主张后，原告仍应就借贷关系的成立承担举证责任。根据上述规定，配偶一方抗辩主张系赠与的，应当提供证据证明。在其未提供证据证明的情况下，应当认定为借贷关系。对此，我们认为，该种理解值得商榷。《民间借贷司法解释》针对的是"陌生人"之间的交往规则，该解释制定的背景及要解决的问题是：当事人因为民间借贷之外的其他行为形成债权债务关系，如买卖、承揽、股权转债权、合伙纠纷、损害赔偿、精神损失等，但却以民间借贷的形式来确认这些债权债务的情况并不鲜见。这些案件表象纷繁复杂，给法院查清案件事实进而准确定性带来很大难度。[①] 可见，该解释主要解决市场交易中借贷与买卖等其他法律关系交织的问题，这与处理婚姻家庭领域基于情感等因素的转账纠纷存在本质差异。而且，如上所述，处理相关纠纷亦应当以遵循基本的证明规则为前提，即被告作为防御一方，其举证责任仅达到使原告主张的事实真伪不明的状态即可，而不需要对其主张的事实达到高度可能性的证明标准。该条中"被告应当对其主张提供证据证明"也说明被告仅是提供反证的角色，而不要求其所提证据达到本证的证明标准。婚姻中作为赠与抗辩一方的被告接受的是一个纯粹的受益行为，不比普通借贷中其他被告人抗辩所基于的双务合同或者侵权等法律行为所引起的接收资金行为。因此，不能依据该条规定，认定配偶一方如果不能达到对赠与事实的证明责任，即应当认定为借贷关系。

出资性质的认定与双方之间是否负有抚养义务无关。实践中，有的判决以子女已经成年、父母无抚养义务为由，认为父母给成年子女购房出资并非其法定义务，在父母未明确表示出资系赠与的情况下，应当认定购房出资款为对子女的临时性资金出借。对此，我们认为，父母子女之间的抚养和赡养义务是身份法上的权利义务，与购房出资性质是两个不同领域的问题，不能混为一谈。是否负有抚养义务，并非赠与的前提。要求赠与以负有抚养或者赡养义务为前提，不符合赠与的基本性质。因此，不能简单以无身份法上的权利义务即否认双方存在赠与关系。

实践中，父母一般会提供与自己子女一方签字的借条，而现有鉴定技术有

① 参见杜万华主编：《最高人民法院民间借贷司法解释理解与适用》，人民法院出版社2015年版，第276页。

些情况下受条件所限尚无法完全准确鉴定证据形成的时间。基于前述关于证据及事实的认定规则，判决未支持父母一方的诉讼请求，但处理模式不同：一种是虽然不否认父母与自己子女之间所签借条的真实性，但基于配偶一方未签字的事实，认定借款并非夫妻双方的意思表示，故仅认定为子女一方的个人债务；另一种则是根据证据认定规则，整体上否认借贷事实。比较而言，后者更能够形成逻辑自洽：（1）如果按照第一种模式，仅判决自己的子女向父母偿还借款，则基于绝大多数情况下父母与子女利益的一致性，该类判决实际上并未达到父母的诉讼目的，无实际意义。（2）第一种模式还面临着逻辑上如何与夫妻共同债务认定规则相衔接的问题，即在认定是出资父母的子女一方以个人名义所负债务的情况下，该债务还应受到《民法典》第1064条第2款的检视。根据该款规定，一方以个人名义超出家庭日常生活需要所负的债务，如果债权人能够证明该债务系用于夫妻共同生活的，应当认定为夫妻共同债务。而父母为子女婚后所购房屋，一般均是为了子女及其配偶双方共同生活居住所用，此时，将该种情况排除在《民法典》第1064条第2款规定的但书条款之外，在逻辑上难以自圆其说。（3）采用第二种模式既符合证据认定规则，绝大多数情况下也符合实际情况。

三、本条是否仅保护经济实力强的一方（出资方）的利益

首先，本条严格按照《民法典》规定，在赠与合同未确定只赠与一方时，认定为是赠与双方，也即是夫妻共同财产。对于赠与合同明确约定只赠与自己子女配偶一方的情况，现实中该种情况较为罕见，而且基于血亲和姻亲关系本质上的不同，即便赠与合同中明确约定只赠与自己子女配偶一方，根据日常生活经验法则，将其解释为有特定的目的更为适宜，否则可能不符合出资父母的本意。其次，在认定为夫妻共同财产的前提下，基于房产所有权的不可分割性，离婚分割夫妻共同财产，比较现实的方式一般是一方取得房屋所有权，同时给另一方折价补偿。因此，法院需要判断房子给哪一方更合适。本条实际上也是对具体分割方式的规定。最后，如果双方婚姻关系存续时间较长，已经共同生育子女，未出资一方对家庭贡献较大，是有权分得折价补偿款的，甚至有可能分得房产市场价格的50%（考虑到夫妻共同财产性质，一般不超过50%），以体现对其家庭付出的认可。因此，本条并非仅保护出资方利益，而是平衡保护双方利益。

【条文】

第九条

夫妻一方转让用夫妻共同财产出资但登记在自己名下的有限责任公司股权，另一方以未经其同意侵害夫妻共同财产利益为由请求确认股权转让合同无效的，人民法院不予支持，但有证据证明转让人与受让人恶意串通损害另一方合法权益的除外。

【条文主旨】

本条是关于夫妻一方转让以夫妻共同财产出资但登记在自己名下的有限责任公司股权的规定。

【条文概览】

以夫妻共同财产向有限责任公司出资但股权登记在一方名下，登记为股东的一方转让股权时，未被登记为股东的另一方不得以未经其同意侵犯夫妻共同财产权为由请求确认转让合同无效，以维护交易秩序、降低交易成本。但是，如果登记为股东的夫妻一方与第三人恶意串通损害未被登记为股东的另一方的合法权益，属于恶意串通损害他人合法权益的行为，应当认定为无效。

【理解与适用】

一、本条的制定背景

随着社会经济发展和家庭财富的增加，以夫妻共同财产向有限责任公司出资已经成为常见的投资方式。然而，我国商事登记实践中，即使是以夫妻共同财产出资所形成的股权，也只能登记于夫妻一方名下，或者拆分股权而使其分别登记于夫妻各方名下，不能登记为夫妻双方共有。为行文方便，本文将这种以夫妻共同财产出资但只登记在夫妻一方（以下称为持股配偶）名下的股权，称为“夫妻股权”。当持股配偶向第三人转让股权，而未被登记为股东的另一方（以下称为未显名配偶一方）以未经其同意侵害夫妻共同财产利益为由请求确认股权转让合同无效时，立足于不同的价值取向可能产生截然不同的结论。在无权处分合同须经权利人追认或取得处分权才有效[①]的背景下，关于持股配偶单方签订的股权转让合同是否有效的争议，逻辑起点在于“夫妻股权”的归属问题上，而对于股权的性质、股权能否共有的认识则是判断“夫妻股权”归属的前提。

关于“夫妻股权”的归属，我国理论界主要有两种观点：一种观点认为，股权本质上是财产性权利，可以成为夫妻共同财产的客体，“夫妻股权”的对价来自夫妻共同出资，故应属夫妻共有。[②]另一种观点认为，股权是一种复合型权利，出资并非取得股权的充分条件，且夫妻共同体并非法律所认可的民事主体，夫妻共同所有亦不同于物权法上的共同共有，故“夫妻股权”并非夫妻共有，但“夫妻股权”所蕴含的财产权益应属夫妻共有。[③]此种认识分歧在司法实践中同样存在。据有的学者观察，有 40.70％的人认为在婚姻关系存续期间取得但登记于一方名下的股权为夫妻共同财产，即认为“夫妻股权”共有的客体为完整股权本身；有 38.37％的人认定夫妻共有的客体并非股权，而是股权财产权利（益）、股权的收益或者是出资额等；另有 20.93％的人在审理此类案件时未明确提及“夫妻股权”共有的客体。[④]

由于对“夫妻股权”归属的认识不同，既往司法实践中对于持股配偶未经另一方同意所进行的股权转让是否属于无权处分的问题，也存在无权处分说和有权处分说两种观点。显然，认定“夫妻股权”共有的客体为股权的司

---

① 《合同法》第 51 条规定：“无处分权的人处分他人财产，经权利人追认或者无处分权的人订立合同后取得处分权的，该合同有效。”

② 参见王涌：《财产权谱系、财产权法定主义与民法典〈财产法总则〉》，载《政法论坛》2016 年第 1 期；王涌、旷涵潇：《夫妻共有股权行使的困境及其应对——兼论商法与婚姻法的关系》，载《法学评论》2020 年第 1 期；吴瑛、杨丽存：《夫妻一方处分共有股权的行为认定》，载《上海法学研究》（集刊）2021 年第 7 卷；姜大伟：《夫妻单方处分名下股权效力认定的利益衡量及其规范路径》，载《北方法学》2021 年第 5 期；缪宇：《夫妻共有股权：形成、管理和处分》，载《社会科学研究》2022 年第 6 期；冉克平、陈丹怡：《有限公司中夫妻股权单方处分的效力认定及其救济》，载《广东社会科学》2024 年第 4 期；王丹：《婚姻关系中涉及有限责任公司股权的若干实践问题》，载《法律适用》2024 年第 12 期。

③ 参见郭富青：《论股权善意取得的依据与法律适用》，载《甘肃政法学院学报》2013 年第 4 期；吴瑛、杨丽存：《夫妻一方处分共有股权的行为认定》，载《上海法学研究》（集刊）2021 年第 7 卷；周游：《股权利益分离视角下夫妻股权共有与继承问题省思》，载《法学》2021 年第 1 期；赵玉：《夫妻股权归属及其单方处分效力的认定》，载《环球法律评论》2022 年第 3 期；汪洋：《泾渭分明：婚姻财产的内外归属方案与内外效应》，载《中国法律评论》2024 年第 1 期；蒋大兴：《为什么法定的商业秩序难以形成和维持？——尊重商法对“隐名交易”的基本立场》，载《法制与社会发展》2024 年第 2 期。

④ 参见王湘淳：《论夫妻股权的渐进式分层共有》，载《清华法学》2023 年第 1 期。

法判决，因持股配偶未经另一方同意处分股权属于无权处分，故有更高的可能性认定持股配偶擅自转让股权无效；认定“夫妻股权”共有的客体并非为股权的司法判决，认定股东擅自转让股权无效的可能性相对较低。[①] 需要注意的是，即使认定登记为股东的公示方享有单独处分股权的权利，也并未使得该转让行为免于司法审查而直接被确认有效。法院在判断持股配偶单方处分股权行为的效力时并非仅考虑股权共有客体这一个要素，通常还会综合股权转让的价格、时间、交易相对人等因素进行判断，在认定持股配偶方系有权转让的案件中，仍有23.913%的股权转让协议因构成恶意串通而被认定为无效。[②]

时至今日，对于以夫妻共同财产出资但登记在一方名下的有限责任公司股权是否属于夫妻共有，仍尚未形成定论。婚姻财产制度侧重于维护家庭共同生活、保护婚姻中弱势方的利益、平等保护实现双方在经济地位上的平等，而公司制度侧重于维护商事交易秩序、提高交易效率、保障交易安全。何种方案才最有利于平衡未显名配偶一方和交易相对人的利益，有待于进一步讨论。区分家庭生活财产与家庭经营财产、股权中的财产性权能与人身性（管理性）权能，或许是一个值得考虑的方案。

2021年1月1日起施行的《民法典》第597条第1款在删去《合同法》第51条、第132条第1款关于无权处分规定的基础上，吸收2012年7月施行的《买卖合同解释》第3条的规定，终结长期以来关于无权处分合同效力的争论，无权处分不再成为导致合同无效的事由。在此背景下，无论对“夫妻股权”归属问题的认识如何，对于持股配偶单方与第三人签订的股权转让合同，另一方以侵害夫妻共同财产利益为由请求主张合同无效均已缺乏法律依据。故本条前半段规定“夫妻一方转让用夫妻共同财产出资但登记在自己名下的有限责任公司股权，另一方以未经其同意侵害夫妻共同财产利益为由请求确认股权转让合同无效的，人民法院不予支持”。

二、区分原则与我国合同效力制度的完善

（一）民事法律行为有效的一般要件

根据《民法典》第143条的规定，民事法律行为有效的一般要件包括以

① 参见王湘淳：《论夫妻股权的渐进式分层共有》，载《清华法学》2023年第1期。

② 参见聂心宇：《夫妻股权的归属及单方处分效力问题研究》，载《法大法律评论》2024年第1辑。

下内容。

1. 行为人具有相应的民事行为能力。

这是民事法律行为有效的主体要件。民事行为能力是指民事主体独立参与民事活动，以自己的行为取得民事权利或者承担民事义务的法律资格。民事法律行为以行为人的意思表示为基础，故行为人必须具备正确理解自己行为的性质和后果、独立表达自己意思的能力。如果行为人要独立地表达自己的意思，并要产生行为人期望的法律效果，行为人就必须具有相应的民事行为能力。这里的“相应”，是指行为人所实施的民事法律行为要与其民事行为能力“相匹配”。

2. 意思表示真实。

意思表示是将希冀发生一定私法上效果的意思表现于外部的行为。意思表示是法律行为的核心要素。此处的意思表示真实，实际上还包含了传统民法理论中意思表示自由的含义，是指行为人自由、自愿地表达出来的外在意思与其内心意思一致，不存在意思与表示不一致或者意思表示不自由的情形。

3. 不违反法律、行政法规的强制性规定，不违背公序良俗。

民事法律行为是否有效，是一个法律评价问题。不违反法律、行政法规的强制性规定以及不违背公序良俗是其中能够体现对个人意思自治与行为施加限制的一项重要条件。民事法律行为虽然是彰显意思自治、保障权利实现的主要制度，但这种自由必须限定在不违反法律、行政法规的强制性规定以及不违背公序良俗的前提之下。而法律、行政法规的强制性规定以及公共秩序和善良习俗，即是对民事主体意思自治施加的限制。由于强制性规定和公序良俗背后所体现的对国家利益、社会公共利益的维护，世界各国和地区的民事立法均将违反这些规定以及违背公序良俗的行为确定为无效。当然，基于民法尊重意思自治、鼓励交易自由的精神，立法和司法中对于民事法律行为无效的认定都越来越趋于严格。①

需要注意的是，虽然前述三个民事法律行为有效的一般要件是合同发生效力的必要条件，但并非欠缺前述要件的合同必然无效，不能基于对《民法典》第143条的反对解释而认为“不具备《民法典》第143条所规定条件的

① 黄薇主编:《中华人民共和国民法典释义及适用指南（上）》，中国民主法制出版社2020年版，第222页。

民事法律行为均无效”。例如，行为人欠缺相应民事行为能力订立的合同系效力待定，经其法定代理人同意或者追认后有效；基于重大误解或者受欺诈而签订的合同系可撤销合同，在撤销之前仍属有效。就此而言，《民法典》第 143 条虽然列举了民事法律行为的有效要件，但却不能通过对该条的反对解释来认定合同效力。

（二）我国民法中的合同效力制度

合同是最常见的民事法律行为，对合同效力的认定则是涉合同纠纷案件审理中的基础性工作。从《经济合同法》时代的有效与无效“二分法”开始，经过近四十年的发展，我国民事合同效力制度日趋完善，合同效力层次更为丰富，形成了“有效、无效、可撤销、效力待定、未生效”的模式。①

除法律另有规定或者当事人另有约定外，依法成立的合同，自成立时生效。但基于契约自由原则，在不违反法律和公序良俗的情况下，当事人可以就合同的生效条件和生效期限加以约定。根据《民法典》第 158 条和第 160 条，附生效条件或者生效期限的合同，自条件成就或者自期限届至时生效，在特定的生效条件成就或者期限届至之前，相关合同处于未生效状态。此外，依照法律、行政法规的规定，有些合同应当办理批准手续方可生效，此类合同在尚未办理批准手续时也属于未生效合同。需要注意的是，未生效合同并非无效合同，未生效合同对合同当事人也具有一定的拘束力，任何一方不得擅自撤回、解除、变更，但因欠缺法律、行政法规规定或当事人约定的特别生效条件，在该生效条件成就前，不能产生请求对方履行合同主要权利义务的法律效力。未生效合同对合同当事人的拘束力至少包括以下三个方面：一是非依法律规定或者未经对方同意，不得擅自变更或者解除合同。②二是对于附生效条件的合同，当事人为自己的利益不正当地阻止条件成就的，视为条件已经成就；不正当地促成条件成就的，视为条件不成就。③ 三是须经批准的合同在获得批准前虽然尚未生效，但不影响合同中履行报批等义务条款以及相关条款的效力，应当办理申请批准等手续的当事人未履行义务的，对方可以请求其承担违反该义务的责任。④

---

① 参见刘贵祥、吴光荣：《关于合同效力的几个问题》，载《中国应用法学》2021 年第 6 期。

② 《民法典》第 136 条第 2 款。

③ 《民法典》第 159 条。

④ 《民法典》第 502 条第 2 款。

至于效力待定的合同，主要是因行为人欠缺相应的行为能力、不具有相应代理或者代表权限而签订的合同。[①] 合同效力待定的情形包括：一是限制民事行为能力人所订立的并非纯获利益的合同，在未经其法定代理人同意或者追认且善意相对人未行使撤销权之前，该合同效力待定。二是行为人无代理权且不构成表见代理却以被代理人名义订立的合同，在被代理人未表示是否追认且善意相对人未行使撤销权之前，该合同是否对被代理人发生效力处于待定状态。三是法人的法定代表人或者非法人组织的负责人超越权限订立的合同，且相对人知道或者应当知道其超越权限的，该合同对法人或者非法人组织发生效力处于待定状态。如该法人或者非法人组织予以追认，合同的法律效果自然归属于该法人或者非法人组织；如其拒绝追认，因相对人并非善意，则应参照《民法典》第157条关于缔约过失责任的规则，根据法人、非法人组织是否有过错来判断其是否应承担相应责任。[②]

根据《民法典》第148条至第150条的规定，下列情形下的合同可撤销：一是基于重大误解所订立的合同，重大误解一方有权请求人民法院或者仲裁机构予以撤销；二是一方以欺诈手段，使对方在违背真实意思的情况下所订立的合同，受欺诈方有权请求人民法院或者仲裁机构予以撤销；三是第三人实施欺诈行为，使一方在违背真实意思的情况下所订立的合同，对方知道或者应当知道该欺诈行为的，受欺诈方有权请求人民法院或者仲裁机构予以撤销；四是一方或者第三人以胁迫手段，使对方在违背真实意思的情况下所订立的合同，受胁迫方有权请求人民法院或者仲裁机构予以撤销；五是一方利用对方处于危困状态、缺乏判断能力等情形，致使合同成立时显失公平的，受损害方有权请求人民法院或者仲裁机构予以撤销。

法律行为是私法自治的工具，合同则是最常见亦最为重要的法律行为。认定合同无效，实质上是对合同当事人行为效果的否定，无疑是对私法自治精神的限制，理应具有足够的正当性，故理论界与实务界均认同合同无效的范围应从严把握。我国合同法律制度逐步完善的过程，也是合同无效范围逐步限缩的过程。根据《民法典》的规定，导致合同无效的事由包括：一是行

---

① 准确地说，行为人不具备相应代理或者代表权限而订立的合同并不因行为人欠缺相应权限而致使合同本身效力待定，只是合同效力归属处于待定状态。

② 参见《民法典合同编通则解释》第20～21条。

为人无民事行为能力；[①] 二是合同系行为人与相对人的通谋虚伪表示；[②] 三是违反法律、行政法规的强制性规定，但该强制性规定不导致合同无效的除外；[③] 四是违背公序良俗；[④] 五是合同当事人恶意串通损害他人合法权益。[⑤] 对于《民法典》第153条第1款所指的"不导致该民事法律行为无效"的强制性规定，《民法典合同编通则解释》作出了进一步解释，并强调"法律、行政法规的规定虽然有'应当''必须'或者'不得'等表述，但是该规定旨在限制或者赋予民事权利，行为人违反该规定将构成无权处分、无权代理、越权代表等，或者导致合同相对人、第三人因此获得撤销权、解除权等民事权利的，人民法院应当依据法律、行政法规规定的关于违反该规定的民事法律后果认定合同效力"。[⑥] 简言之，不能仅因违反了有"应当""必须""不得"等表述的法律或者行政法规就认定合同无效，而应根据《民法典》的具体规定认定违反此类规定的法律后果，并据此认定合同效力。

（三）区分原则与无权处分合同效力的制度演变

无处分权的人处分他人财产所订立的合同（无权处分合同）由效力待定调整为有效，[⑦] 是《民法典》对我国合同效力制度作出的重要完善，也标志着长期以来关于无权处分合同效力的争议画上了句号。

以行为的法律效果为基本划分标准，德国民法上将法律行为分为负担行为和处分行为。当事人一方因负担行为而负有给付义务，对方因此享有要求履行之请求权；处分行为则直接变动一项权利。负担行为与处分行为的区别在于：首先，因负担行为所生的请求权之前并不存在，相关请求权系因负担行为而新生，而处分行为只是导致既存权利发生变动，并不创设新的权利。其次，负担行为不会直接引起当事人积极财产（即权利）的减少，只是增加其消极财产；而处分行为则导致积极财产直接减少。最后，负担行为之义务需要借助给付行为得到履行，而处分行为并不存在履行问题，自身计算负担

① 《民法典》第144条。
② 《民法典》第146条第1款。
③ 《民法典》第153条第1款。
④ 《民法典》第153条第2款。
⑤ 《民法典》第154条。
⑥ 《民法典合同编通则解释》第18条。
⑦ 假定不存在除欠缺处分权外的其他导致合同效力瑕疵的事由。

行为所确立之给付义务的履行行为。[1] 负担行为与处分行为并非在任何情形下均相伴而生，仅存在负担行为而无处分行为（如无偿保管）、仅存在处分行为而无负担行为（如抛弃所有权）或二者并存均有可能，以二者并存状态最为常见。区分原则以同时存在负担行为和处分行为为前提。

买卖合同及其履行是负担行为与处分行为同时并存的典型状态。《合同法》第51条规定："无处分权的人处分他人财产，经权利人追认或者无处分权的人订立合同后取得处分权的，该合同有效。"第132条第1款也规定："出卖的标的物，应当属于出卖人所有或者出卖人有权处分。"在不具有其他导致效力瑕疵事由的前提下，经权利人追认或者无处分权人事后取得处分权后，无权处分合同自然有效。然而，如果权利人未追认且出卖人未取得处分权时，无权处分合同效力状态如何，自《合同法》施行以来就一直争议不断。一种观点认为，我国合同法是对负担行为与处分行为的一体把握，将处分行为纳入债权行为之中，视标的物所有权变动为买卖合同直接产生的效果。既然买卖合同的效力包括标的物所有权移转，当然要求出卖人对出卖之物有处分权。欠缺处分权的，无权处分合同本身效力未定；在权利人拒绝追认和处分人嗣后未取得权利的情况下，合同无效且不得对抗善意第三人。但无处分权人不能因合同无效而免除其对权利人所应负的侵权责任或者不当得利返还责任；买受人则要根据其是否为善意来决定应否对其予以保护。[2] 依该观点，真正的权利人可因买卖合同效力待定而获得全面的保护，但对于与无权处分人进行交易的买受人则可能遭受极为不利的后果。另一种观点则认为，在解释《合同法》第51条时，应区分负担行为与处分行为、物权变动的原因与结果。即便权利人未追认且出卖人未取得处分权时，作为负担行为的无权处分合同均确定有效，效力待定的只是作为处分行为的无权处分。在权利人追认或者无处分权人取得处分权时当然发生权利变动的结果；在权利人不予追认或者无处分权人不能取得处分权的情形下，不发生权利变动的结

---

① 参见朱庆育：《民法总论》，北京大学出版社2016年版，第157～161页。

② 参见梁慧星：《如何理解合同法第五十一条》，载《人民法院报》2000年1月8日第3版；崔建远：《无权处分辨——合同法第51条规定的解释与适用》，载《法学研究》2003年第1期；王利明、崔建远：《合同法新论·总则》，中国政法大学出版社2000年版，第303页；王轶：《物权变动论》，中国人民大学出版社2001年版，第210页。

果，无处分权人应承担违约责任。①

2007年施行的《物权法》首次在立法层面明确了区分不动产物权变动的原因和结果，该法第15条规定："当事人之间订立有关设立、变更、转让和消灭不动产物权的合同，除法律另有规定或者合同另有约定外，自合同成立时生效；未办理物权登记的，不影响合同效力。"《物权法》第15条的规定表明，我国立法层面已经认可了区分原则，即区分物权变动的原因与结果、合同的效力与合同的履行。在买卖合同法律关系中，买卖合同是物权变动的原因行为，所有权转移是物权变动之结果。出卖人在缔约时对标的物没有所有权或者处分权的，并不影响作为原因行为的买卖合同的效力，但能否发生所有权转移的物权变动效果，则取决于出卖人嗣后能否取得所有权或者处分权，处于效力待定状态。如因无权处分致使标的物所有权不能转移的，出卖人则应承担违约赔偿责任。因此，依据《物权法》第15条规定的区分原则的精神，2012年7月1日施行的《买卖合同解释》第3条规定："当事人一方以出卖人在缔约时对标的物没有所有权或者处分权为由主张合同无效的，人民法院不予支持。出卖人因未取得所有权或者处分权致使标的物所有权不能转移，买受人要求出卖人承担违约责任或者要求解除合同并主张损害赔偿的，人民法院应予支持。"

《民法典》第597条第1款的规定肯定了2012年《买卖合同解释》第3条关于无权处分合同不因行为人无处分权而无效的观点。《民法典》在删除《合同法》第51条和第132条第1款并对2012年《买卖合同解释》第3条进行了修改和完善的基础上，于第597条第1款规定："因出卖人未取得处分权致使标的物所有权不能转移的，买受人可以解除合同并请求出卖人承担违约责任。"尽管该条本身并未明确出卖人处分他人之物所订立的合同是否为有效合同，实质上立法机构对此是持肯定态度的。②《民法典》最终采纳"无

① 参见韩世远：《合同法总论》，法律出版社2018年版，第312～319页；王闯：《试论出卖他人之物与无权处分——兼释合同法第一百三十二条与第五十一条之间的关系》，载《人民司法》2000年第11期；丁文联：《无权处分与合同效力——合同法第51条的理解与适用》，载《南京大学法律评论》1999年第2期；葛云松：《论无权处分》，载梁慧星主编：《民商法论丛》（总第21卷），金桥文化出版有限公司2001年版，第185～292页；吴光荣：《论无权处分的适用范围》，载《中外法学》2005年第3期；章正璋：《统一的无权处分制度之构建及其方法》，载《苏州大学学报（法学版）》2018年第2期。

② 参见黄薇主编：《中华人民共和国民法典释义及适用指南（中）》，中国民主法制出版社2020年版，第910页。

权处分合同不因出卖人无处分权而无效”这一观点的主要考虑有：第一，有利于鼓励交易。买卖当事人订立的合同只要不违反法律、行政法规的强制性规定以及不违背公序良俗，原则上均属有效，有利于交易的正常开展。第二，有利于维护交易安全、保护善意买受人。从善意的受让人角度而言，认定合同有效，即使权利人没有追认或者处分人嗣后未能取得处分权、相对人亦未能因善意取得制度而取得标的物所有权，其仍可依据有效合同追究无处分权人的违约责任，否则只能主张缔约过失责任。第三，与《民法典》物权编中的第 215 条关于区分原则的规定协调一致。《民法典》物权编中的第 215 条保留了《物权法》第 15 条的规定，明确了物权变动原因与结果相区分原则。有关设立、变更、转让和消灭不动产物权的合同系物权变动的原因行为，属于负担行为，其功能是使双方当事人受各自意思表示的拘束，从而产生债，属于债权法律关系的范畴，除非法律另有规定或者当事人另有约定，依法成立的合同就可以发生法律效力，而物权的设立、变更、转让和消灭是合同履行所产生的法律效果，系物权变动的结果。第四，无权处分不影响合同效力已经成为司法实践中的主流认识。司法实践中已普遍认为，处分他人之物所订立的合同原则上有效，且行之有效，故立法不应当与实际情况相违背。[①] 第五，与域外立法例的通行做法保持一致。1994 年国际统一私法协会制定的《国际商事合同通则》规定，合同订立时一方当事人无权处置与该合同相关联之财产的事实本身，不影响合同的效力。其理由之一就是，签约人的确经常在合同订立后获得对财产的合法权利或处分权，如果签约人事后未获得这些权利，则可以适用有关不履行的规定，使其承担违约责任。[②]《欧洲合同法原则》的规定与《国际商事合同通则》的上述规定基本相同，并未采纳物权行为无因性理论的日本民法也明文规定出卖他人之物的买卖合同有效。《美国统一商法典》《英国货物买卖法》对于出卖人对合同的标的物无权处分也并未按无效合同来处理。《民法典》明确无权处分合同的效力不因行为人无处分权而无效，既确保了物权人对标的物的所有权，也保护了善意买受人的权益，彰显了合同对当事人的约束力，有利于倡导诚信价值并维护交

① 参见黄薇主编：《中华人民共和国民法典释义及适用指南（中）》，中国民主法制出版社 2020 年版，第 910 页。

② 国际统一私法协会：《国际商事合同通则》，法律出版社 1996 年版，第 53 页。

易安全。[①]

三、持股配偶单方与第三人订立的股权转让合同不因未经另一方同意而无效

股权转让合同的效力与股权权属变动，亦属两个层面的问题。股权转让合同属于负担行为，是导致股权变动的原因，受让人基于该合同对转让方具有请求权，当事人之间订立的有限责任公司股权转让合同，除法律另有规定或者当事人另有约定外，自合同成立时生效，不受股东名册是否变更或公司登记是否变更的影响。而股权变动则属于处分行为，是股权转让合同履行的结果，根据《公司法》（2023 年修订）第 86 条第 2 款，受让人自被记载于股东名册时起可以向公司主张行使股东权利。股权是股东基于其股东身份和地位而享有的从公司获取经济利益并参与公司经营管理的权利。[②] 只有被记载于公司股东名册后，受让人才能以股东身份对公司主张行使股东的权利，此时才取得了股权。

因此，根据物权变动与其基础关系相区分的原则，无论以夫妻共同财产出资但仅登记在一方名下的股权是否属于夫妻共同财产、持股配偶单方所为的处分是否属于无权处分，股权转让合同的效力都不因此而受影响。在股权转让合同不具有无效事由的前提下，如果转让方（持股配偶一方）欠缺对该股权的处分权致使股权不能发生变动的，转让方应承担相应的违约责任。

四、持股配偶与受让人恶意串通损害未显名配偶一方合法权益的股权转让合同无效

《民法典》第 154 条规定："行为人与相对人恶意串通，损害他人合法权益的民事法律行为无效。"依据该规定，无论持股配偶单方所进行的股权转让是否属于有权转让，其与受让人恶意串通损害未显名配偶一方合法权益的股权转让合同均属无效。

所谓恶意串通，是指行为人与相对人互相勾结，为谋取私利而实施的损害他人合法权益的民事法律行为。我国《民法通则》第 58 条第 1 款第 4 项

① 参见黄薇主编：《中华人民共和国民法典释义及适用指南（中）》，中国民主法制出版社 2020 年版，第 909～911 页。

② 施天涛：《公司法论》（第三版），法律出版社 2014 年版，第 254 页。

和《合同法》第52条第2项均规定，恶意串通，损害国家、集体或者第三人利益的民事行为无效，《民法典》基本沿用了原来的规定，只是把“国家、集体或者第三人”这一用语改为“第三人”。恶意串通具有以下特点：一是行为人与相对人都具有恶意，即双方均明知其所实施的民事法律行为将造成他人的损害而为之，主观上有损害第三人合法权益的故意。二是行为人与相对人之间存在意思联络或者沟通，在客观上相互配合或者共同实施了该民事法律行为。三是客观上损害了特定第三人的合法权益，这里的第三人包括国家、特定集体或者特定第三人。

大陆法系传统的民法理论上并无恶意串通合同无效的规定，与之类似的是通谋虚伪表示制度。《民法典》起草过程中，曾有观点认为大部分恶意串通行为可纳入通谋虚伪表示制度的涵摄范围，无须再作规定。但恶意串通与通谋虚伪表示仍存在以下显著区别：第一，在无效的原因上，通谋虚伪表示是指表意人与相对人通谋而为虚伪的意思表示，其之所以无效，是因为双方的意思表示有瑕疵。而在我国，恶意串通的合同只有在损害他人合法权益时才无效，仅有恶意串通并不导致合同无效。可见，恶意串通无效的侧重点不在于意思表示的瑕疵，而在于损害结果。第二，在意思表示是否真实上，通谋虚伪表示是非真意表示，而恶意串通既可能是通谋虚伪表示，也可能是真实意思表示。第三，在是否具有外部性上，通谋虚伪表示尽管常常因涉及第三人而具有外部性，但法律规制的重点则在双方当事人、在意思表示本身，而不在第三人，仅规定通谋虚伪表示不得对抗善意第三人。而恶意串通必须伴随着损害他人合法权益这一要件。第四，通谋虚伪表示在价值上是中性的，仅是对双方均为非真意表示的一种客观揭示，并不包含法律对该类行为的否定性评价。而恶意串通无论是对行为本身的概括，还是对行为发生的损害后果的概括上，均具有强烈的否定性评价色彩。总之，通谋虚伪表示与恶意串通二者的侧重点不同，不能相互替代。[①] 事实上，《民法典》在规定了虚伪意思表示后依然保留了《合同法》有关恶意串通的规定，也表明了恶意串通是与虚伪意思表示不同的一项合同无效事由。

关于恶意串通的证明，根据《民事诉讼法解释》第109条的规定，应达到“能够排除合理怀疑”的证明标准，高于民事诉讼中一般待证事实所要求

① 参见黄薇主编：《中华人民共和国民法典释义及适用指南（上）》，中国民主法制出版社2020年版，第236页。

的“具有高度可能性”（高度盖然性标准）要求。证明标准也称证明要求、证明度，是指在诉讼证明活动中，对于当事人之间争议的事实，法官根据证明情况对该事实作出肯定或者否定性评价的最低要求。[①] 证明标准是裁判者对待证事实是否存在的内心确信程度，具有主观性；同时，证明标准又是一种法律规定的评价尺度，不属于法官自由裁量的范畴，故证明标准又具有法定性。[②] 当事人对待证事实证明到何种程度才能解除证明责任、裁判者基于何种尺度才能认定待证事实存在，这些必须严格按照法律规定进行。证明标准是主观对于客观的评价尺度，难以精准界定，故大陆法系国家和地区民事诉讼中普遍采用高度盖然性的证明标准。理论界和实务界也多认为，根据《民事诉讼法解释》第108条的规定，[③] 除法律对于待证事实所应达到的证明标准另有规定外，我国民事诉讼一般采用高度盖然性证明标准。证明标准也具有层次性要求，《民事诉讼法解释》第109条和《最高人民法院关于民事诉讼证据的若干规定》第86条第1款规定了五种情形下，证明标准提高到“能够排除合理怀疑”的程度。其中，口头遗嘱和赠与的事实，涉及财产的无偿取得，提高证明标准对于财产秩序的稳定和保护利害关系人的利益是必要的；而欺诈、胁迫、恶意串通的事实，不仅涉及民事法律评价，也涉及道德评价以及行政、刑事法律评价，审判实践中对这些事实应适用高于高度盖然性的证明标准，以与相应事实本身的性质和特点及实体法的规定相呼应。[④]

行为人与相对人是否存在恶意串通，系对其主观心理状态的推定，需结合具体案情予以综合评判，合同的交易背景、签订时间、订立主体关联关系、约定内容、交易价款、履行情况等因素均应予以考虑。例如，指导案例33号瑞士嘉某国际公司诉福建金某制油有限公司等确认合同无效纠纷案的裁判要旨认为：“债务人将主要财产以明显不合理低价转让给其关联公司，关

---

① 参见最高人民法院民事诉讼法调研小组编：《民事诉讼程序改革报告》，法律出版社2003年版，第126页。

② 参见宋春雨：《民事证据规则适用通解》，人民法院出版社2024年版，第50～51页。

③ 《民事诉讼法解释》第108条规定：“对负有举证证明责任的当事人提供的证据，人民法院经审查并结合相关事实，确信待证事实的存在具有高度可能性的，应当认定该事实存在。对一方当事人为反驳负有举证证明责任的当事人所主张事实而提供的证据，人民法院经审查并结合相关事实，认为待证事实真伪不明的，应当认定该事实不存在。法律对于待证事实所应达到的证明标准另有规定的，从其规定。”

④ 参见宋春雨：《民事证据规则适用通解》，人民法院出版社2024年版，第59～60页。

联公司在明知债务人欠债的情况下，未实际支付对价的，可以认定债务人与其关联公司恶意串通、损害债权人利益，与此相关的财产转让合同应当认定为无效。”

【实务问题】

对登记方未经配偶同意处分其名下股权的行为是否属于无权处分，目前尚未达成共识，倾向于认为不属于无权处分。当然，在损害配偶另一方权益，比如上面论及的恶意串通等情况下，可以主张合同无效。无权处分说与有权处分说两种观点的冲突，实质上是婚姻家庭法逻辑下夫妻共同财产与公司组织法逻辑下股权行使、处分规则的冲突：根据婚姻家庭法的逻辑，此种情形下形成股权的出资来源于夫妻共同财产，股权为夫妻共同财产的变形，夫妻双方享有平等的处分权利，持股配偶（登记方）擅自进行的处分侵害了未显名配偶一方的平等处理权；若以公司组织法的逻辑为视角进行观察，股东身份仅属于登记股东所有，未显名配偶一方不具有股东资格，基于股东登记外观的公示效力，行使和处分股权的权利应由登记股东独立享有。①

登记方未经配偶同意处分其名下股权是否属于无权处分，涉及婚姻家庭稳定、配偶利益保护和有限公司人合性的维护、交易安全及秩序等多种基本价值的权衡，既要平衡保护股权受让方和未显名配偶一方的合法权益，又不至于对现有法律秩序尤其是交易安全造成重大冲击。② 司法审判的关注重点应是该交易是否属于正常的商事交易，是否损害了未显名配偶一方的合法权益，不能简单地要求所有交易都“共签”来体现夫妻对共同财产的平等处理权。家庭关系的特殊性决定了有权处分和无权处分的事实认定有时并非泾渭分明，司法审判需要以妥善平衡双方利益为目标。在此情况下，司法裁判的视角不在于逻辑推演登记方是有权处分还是无权处分，而在于如何在具体个案中认定股权转让行为是否实质损害了未显名配偶一方的合法权益，进而平衡保护双方利益。③

---

① 参见赵玉：《夫妻股权归属及其单方处分效力的认定》，载《环球法律评论》2022年第3期。

② 参见缪宇：《夫妻共有股权：形成、管理和处分》，载《社会科学研究》2022年第6期；王丹：《婚姻关系中涉及有限责任公司股权的若干实践问题》，载《法律适用》2024年第12期。

③ 王丹：《婚姻关系中涉及有限责任公司股权的若干实践问题》，载《法律适用》2024年第12期。

【条文】

第十条

夫妻以共同财产投资有限责任公司，并均登记为股东，双方对相应股权的归属没有约定或者约定不明确，离婚时，一方请求按照股东名册或者公司章程记载的各自出资额确定股权分割比例的，人民法院不予支持；对当事人分割夫妻共同财产的请求，人民法院依照民法典第一千零八十七条规定处理。

【条文主旨】

本条是关于夫妻均为有限责任公司股东时登记的持股比例并非夫妻财产约定的规定。

【条文概览】

在夫妻以共同财产投资有限责任公司且均登记为股东的情形下，登记的持股比例不能作为双方约定财产制的证据。如果双方对该部分夫妻共同财产没有约定或者约定不明，人民法院在离婚分割夫妻共同财产时，应当按照《民法典》第 1087 条的规定处理。本条适用于以夫妻共同财产向有限责任公司投资所形成的股权在夫妻共同财产分割时的处理规则，仅涉及婚姻财产的内部处理。

【理解与适用】

一、本条的制定背景

随着经济的发展和国民投资渠道的多元化，股权逐渐成为夫妻共同财产中重要的组成部分，但我国商事登记实践中，市场监管部门仅允许将股权登记在一人名下，[①] 2022 年 3 月 1 日施行的《市场主体登记管理条例》亦未明确股权可否登记为共有。因此，实践中，即使是以夫妻共同财产出资所形成

① 王涌、旷涵潇：《夫妻共有股权行使的困境及其应对——兼论商法与婚姻法的关系》，载《法学评论》2020 年第 1 期。

的股权，也只能登记于夫妻一方名下，或者拆分股权而使其分别登记于夫妻各方名下，不能登记为夫妻双方共有。

另外，无论是《婚姻法》第19条还是《民法典》第1065条，都允许夫妻或者即将成为夫妻的人就相互间的财产关系以书面形式作出约定。作出约定的时间，既可以在结婚之前，也可以在结婚时或者结婚之后；约定的范围，既可以是双方的婚前财产，也可以是婚后所得财产；约定的内容，既可以是约定财产归各自所有，也可以是全部共同所有或者部分各自所有、部分共同所有。

当婚姻关系结束时，分别登记于夫妻各方名下的持股比例，是否属于夫妻之间就该股权作出的财产约定，直接关系到该部分财产如何分割。如果将登记的持股比例认定为《民法典》第1065条所指的“夫妻对婚姻关系存续期间所得的财产以及婚前财产的约定”，在不涉及婚姻关系以外的主体利益时，应当尊重夫妻双方的约定，直接按照登记的持股比例进行分割。然而，实践中夫妻在工商部门登记的持股比例具有很大随意性，很可能是基于公司经营管理等方面的考虑，并无财产约定的本意，如果离婚时按照登记的持股比例进行分割，明显有违实质公平。为统一认识，本条规定：在双方没有明确就相应股权归属进行约定的情况下，在婚姻关系维度内，不能当然根据股东名册或者公司章程记载等对外公示的登记信息，确定内部权属分配，而应当按照《民法典》第1087条关于分割夫妻共同财产的规定进行处理。①

二、夫妻约定财产制和法定财产制

夫妻财产制又称婚姻财产制，是指夫妻关系存续期间，规定夫妻财产关系的法律制度，主要包括各种夫妻财产制的设立、变更与废止，夫妻婚前财产和婚后所得财产的归属、管理、使用、收益、处分，家庭生活费用的负担，夫妻债务的清偿，婚姻终止时夫妻财产的清算和分割问题。夫妻财产制的核心是夫妻婚前财产和婚后所得财产的所有权归属问题。夫妻财产制集身份法与财产法的特点于一身，对保护夫妻的合法权利和财产利益，维护平等、和睦的家庭关系，以及保障夫妻与第三人的交易安全，具有重要意义。

从比较法上看，夫妻财产制主要分为共同财产制与分别财产制两大类。

① 王丹：《婚姻关系中涉及有限责任公司股权的若干实践问题》，载《法律适用》2024年第12期。

前者以法国为代表，意大利、俄罗斯等亦采此立法例，除个人婚前财产与婚后的特有财产由夫妻各自所有之外，双方在婚姻关系存续期间所得的财产均属于共同财产；后者指夫妻各自的婚前财产与婚后取得的财产为双方各自所有和管理，双方只对自己的债务负责。由于分别财产制可能会对弱势配偶（特别是妇女）的利益保护不周，因此结合共同财产制与分别财产制的特点的财产增益共同制成为夫妻法定财产制的重要类型。[①] 财产增益共同制以德国为代表，瑞士、日本和我国台湾地区均采此立法例，其与分别财产制的区别在于离婚时要对夫妻各自的财产清算，剩余财产较少的一方有权向较多的另一方请求两者财产差额的一半。[②]

约定财产制是相对于法定财产制而言的，法定财产制是依照法律规定直接适用的财产制，约定财产制是夫妻以契约的形式依法选择适用的财产制。法定财产制主要旨在概括改变夫妻婚后即未来财产之归属，作为其替代的约定财产制亦主要旨在概括改变约定财产制订立后的夫妻未来财产之归属。[③] 约定财产制排除法定财产制的适用，在法律适用上具有优先性，其在夫妻财产制度上的意义体现在以下方面：第一，改变了法定财产制的僵化，为夫妻双方的财产安排提供了意思自治空间，为婚姻自由在财产制度上的实现提供了制度工具。第二，体现了夫妻财产制度中团体本位向个人本位的转移，顺应了当代社会中尊重个体的发展趋势，也体现了婚姻中的个人意志，尤其是在女性的独立意识增强、收入增加、离婚率趋高的时代背景之下，约定财产制的意义更为重大。第三，将婚姻关系中的人身关系和财产关系进行适度分离，缓解婚姻制度中人身和财产的高度绑定，让财产关系更少地影响身份关系，财产因素不再成为影响婚姻的不利因素，从而实现更纯粹的婚姻自由。第四，避免或减少离婚争议，有利于离婚自由。当前离婚纠纷的主要焦点就是财产分割争议，这是离婚诉讼当中的重要内容。如果双方采用约定财产制，财产关系相对清晰，进而可以减少财产分割争议，便于离婚诉讼的顺利进行。[④]

---

① 参见夏吟兰、何俊萍：《现代大陆法系亲属法之发展变革》，载《法学论坛》2011 年第 2 期。

② 参见［德］玛丽娜·韦伦霍菲尔：《德国家庭法》，雷巍巍译，中国人民大学出版社 2023 年版，第 91 页。

③ 贺剑：《夫妻财产法的精神——民法典夫妻共同债务和财产规则释论》，载《法学》2020 年第 7 期。

④ 参见宋刚：《民法典视域下的夫妻约定财产制》，载《政法论丛》2022 年第 3 期。

关于约定财产制，主要有两种立法例：[①] 一种是选择式的夫妻财产制契约制度，即法律上设置几种典型的夫妻财产制，由当事人选择，法律未规定的夫妻财产制，当事人不得选择，且不能通过契约变更财产制的内容，德国、瑞士等国家采用此种模式。另一种是自由式的夫妻财产制契约制度，即法律不设置几种典型的财产制，而由当事人自行约定适用哪种财产制及契约的内容，在不违反法律的限制性规定或公序良俗的情形下，尊重当事人的自由，日本、韩国等国家采用此种模式。约定财产制应优先于法定财产制适用，只有在当事人对夫妻间的财产关系没有约定或约定不明确，或者虽有约定但该约定被确认无效或撤销时，才适用法定财产制。这是私法自治原则的必然要求，也是私法自治原则的一种具体体现。[②] 与法定财产制相比，约定财产制灵活性更强，更能适应复杂多样的社会生活，也更能体现当事人的个性化需要。

我国立法机关在2001年《婚姻法》修正案的说明中首次明确提出“约定财产制”的概念，表示“随着经济的发展，夫妻财产日益多样、丰厚，财产关系日趋复杂，为了更好地规范夫妻财产关系，草案对夫妻共同财产，个人特有财产和约定财产制作了具体规定”。[③] 根据立法机关的说明，2001年《婚姻法》第19条是关于夫妻财产约定制的规定。《民法典》第1065条基本沿用了2001年《婚姻法》第19条规定的内容，仅对个别文字表述进行了完善。如将约定的主体由“夫妻”改为“男女双方”，涵盖了婚前作出约定的情形，用语更为严谨；将第3款“以夫或妻一方所有的财产清偿”改为“以夫或者妻一方的个人财产清偿”，强调个人债务个人清偿原则，也避免了理解上的歧义。

但是，《民法典》第1065条本身并未采用“约定财产制”的概念，未体现约定财产制的系统性和全面性，而是笼统地表述为关于财产的约定，相关解释认为该条“既可以概括地约定采用某种夫妻财产制，也可以具体地对某

---

① 参见余延满：《亲属法原论》，法律出版社2007年版，第253～255页。

② 参见余延满：《亲属法原论》，法律出版社2007年版，第287页。

③ 胡康生：《关于〈中华人民共和国婚姻法修正案（草案）〉的说明》，载http://www.npc.gov.cn/zgrdw/npc/lfzt/rlys/2014-10/24/content_1882720.htm，最后访问时间2024年12月29日。

一项夫妻财产进行约定”。[①] 就此而言，《民法典》第1065条的规定并未体现约定财产制与夫妻关于财产的约定的差异，反而更多地体现了夫妻关于财产的约定的特点。[②]

夫妻约定财产制与夫妻关于财产的约定，二者虽然均属于夫妻之间关于财产方面的安排，但存在重大差异：约定财产制是一项完备的法律制度，旨在概括改变夫妻财产的归属，包括约定财产制的适用规则、财产归属和利用关系、夫妻对外债务的承担规则等一系列制度安排。夫妻约定财产制不仅涉及夫妻双方的利益，还涉及不特定的第三人利益和交易安全。而夫妻关于财产的约定则是一个协议，可能是共同财产之分割协议、夫妻财产之特定或概括赠与，甚至离婚财产协议，属于相对局部的、专门的约定，其法律效果仅限于该约定内容。从夫妻约定财产制与夫妻财产约定的区分、我国无夫妻约定财产制传统以及约定财产制历史形成的机能等方面看，并非一定要将《民法典》第1065条限制在狭义的约定财产制，而可以将广义的夫妻财产约定纳入该条涵摄范围，如此将最大限度地发挥该条的作用。[③]

三、我国夫妻约定财产制的主要内容

根据《民法典》第1065条的规定，我国夫妻约定财产制主要包括以下五个方面的内容。

（一）约定的条件

夫妻对财产关系进行约定是一种双方民事法律行为，不仅要符合民事法律行为的一般要件，还要符合婚姻法的有关规定，因为该约定是基于配偶这一特殊身份发生的。[④] 夫妻对财产关系的约定需要符合下列要件：（1）缔约双方必须具有合法的夫妻身份，未婚同居、婚外同居者对他们之间财产关系的约定，不属于夫妻财产约定。（2）缔约双方必须具有完全民事行为能力。（3）约定必须双方自愿。夫妻对财产的约定必须出于真实的意思表示，以欺诈、胁迫等手段使对方在违背真实意思的情况下作出的约定，对方有权请求

① 参见黄薇主编：《中华人民共和国民法典婚姻家庭编释义》，法律出版社2020年版，第99页。

② 参见宋刚：《民法典视域下的夫妻约定财产制》，载《政法论丛》2022年第3期。

③ 参见王丹：《夫妻间给予房产问题研究》，载《法律适用》2024年第11期。

④ 参见黄薇主编：《中华人民共和国民法典释义及适用指南（下）》，中国民主法制出版社2020年版，第1063页。

撤销。（4）约定的内容必须合法，不得违反法律、行政性法规的强制性规定，不得违背公序良俗，不得利用约定恶意串通、损害他人合法权益，约定的内容不得超出夫妻财产的范围，如不得将其他家庭成员的财产列入约定财产的范围，不得利用约定逃避对第三人所负的债务以及其他法定义务。

（二）约定的方式

各国和地区立法对此均采要式主义，要求夫妻财产制契约必须有特定的格式。《民法典》第1065条第1款明确规定“约定应当采用书面形式”，主要是为了使夫妻双方约定的权利义务内容通过书面形式固定下来，也使得双方在作出约定时更加谨慎。

（三）约定的时间

《民法典》第1065条对约定的时间未作规定，男女双方既可以在结婚之前作出财产制契约，也可以在结婚时、结婚后作出约定。在结婚之前作出约定的，当时双方尚未成立婚姻关系，尚不能称为夫妻，故《民法典》第1065条第1款规定为“男女双方”，从文字表述上更为准确。

（四）约定的内容

《民法典》第1065条第1款规定：“男女双方可以约定婚姻关系存续期间所得的财产以及婚前财产归各自所有、共同所有或者部分各自所有、部分共同所有。”根据这一规定，双方既可以对婚姻关系存续期间所得的财产进行约定，也可以对婚前财产进行约定；既可以对全部夫妻财产进行约定，也可以对部分夫妻财产进行约定；既可以概括地约定采用某种夫妻财产制，也可以具体地对某一项夫妻财产进行约定；既可以约定财产所有权的归属或者使用权、管理权、收益权、处分权的行使，也可以约定家庭生活费用的负担、债务清偿责任、婚姻关系终止时财产的分割等事项。

（五）约定的效力

约定的效力，分为优先效力、对内效力和对外效力。（1）约定财产制的优先效力，是指约定财产制的效力优先于法定财产制适用，只有在当事人未就夫妻财产作出约定，或者所作约定不明确，或者所作约定无效时，才适用夫妻法定财产制。（2）约定财产制的对内效力，是指夫妻财产约定对婚姻关系当事人的效力。根据《民法典》第1065条第2款的规定，夫妻对财产关系的约定，对双方具有法律约束力，双方按照约定享有财产所有权以及管理权等其他权利，并承担相应的义务。（3）约定财产制的对外效力，是指夫妻财产约定对婚姻关系当事人以外的第三人即相对人的效力。目前我国没有建立夫妻财产登记制度，为了保障相对人的利益不因夫妻财产约定而受到损害，《民法典》第 1065 条第 3 款规定："夫妻对婚姻关系存续期间所得的财产约定归各自所有，夫或者妻一方对外所负的债务，相对人知道该约定的，以夫或者妻一方的个人财产清偿。"

四、登记的持股比例一般不得认定为夫妻财产约定

依据《民法典》第 1062 条，我国法定夫妻财产制采取的是婚后劳动和资本所得共同所有规则。[①] 关于夫妻共同财产的范围，《民法典》第 1062 条第 2 项在《婚姻法》第 17 条"生产、经营的收益"基础上，增加了"投资的收益"。在以夫妻共同财产投资有限责任公司且夫妻二人均为股东的情形下，如果夫妻双方没有约定或者约定不明，无论是股权财产价值所对应的出资，还是股权收益，均属于夫妻的共同财产，归夫妻共同所有。

实践中的问题在于，我国公司登记机关曾要求家庭成员（包括夫妻）出资设立有限责任公司的，登记时需要提交财产分割的书面证明或者协议，[②] 有限责任公司置备的股东名册应记载股东认缴和实缴的出资额，[③]《市场主体登记管理条例》也规定公司登记事项包括公司章程、公司备案事项包括股东出资额，[④] 那么，向公司登记机构提交的书面材料或者股东名册登记的持股比例，是否属于《民法典》第 1065 条所指的"夫妻对婚姻关系存续期间所得的财产以及婚前财产的约定"?

显然，向公司登记部门提交的协议或者章程和夫妻财产约定属于两个不同层面的问题。向公司登记公司章程或者股东名册、股东出资协议中的出资比例主要解决股东与公司及公司外部第三人之间的问题，公司章程或者股东

① 冉克平：《论〈民法典〉视野下夫妻之间物权变动的体系构造》，载《比较法研究》2024 年第 5 期。

② 《国家工商行政管理总局关于公司管理登记中的几个具体问题的答复意见》第 5 条规定，家庭成员出资设立有限公司，必须以各自拥有的财产承担相应的责任。登记时需提交财产分割的书面证明或协议。《公司登记管理若干问题的规定》第 23 条规定："家庭成员共同出资设立有限责任公司，必须以各自拥有的财产作为注册资本，并各自承担相应的责任，登记时需提交财产分割的书面证明或者协议。"前述规定现均已失效。

③ 《公司法》（2023 年修订）第 56 条。

④ 参见《市场主体登记管理条例》第 8 条、第 9 条。

名册登记的持股比例可能基于公司经营管理等方面考虑，并无财产约定的本意；[①] 而夫妻财产约定主要解决夫妻关系内部的问题，旨在解决夫妻在婚姻关系存续期间以及婚姻关系破裂时的财产权问题。因此，不能将公司章程或者股东名册登记的持股比例作为夫妻约定财产的意思表示，除非夫妻双方对此另行明确约定。

尽管法律无明确规定，但我国司法实践中通常认为特定夫妻财产归属不明时，应推定为夫妻共同财产。[②] 如无证据证明夫妻双方另行明确约定以夫妻共同财产投资所形成的股权按照登记的持股比例归各自所有，则在双方离婚时，应作为夫妻共同财产，按照《民法典》第 1087 条规定的基本方式和原则处理。

五、离婚时有限责任公司股权的分割

有限责任公司兼具资合性与人合性，股东之间的信任关系和共同利益关系对于公司的正常运营和稳定发展具有重要意义。股权是一种兼具人身权与财产权性质的特殊权利形态，股权转让不仅意味着收益权的让与，实质上还是“股东身份的概括继受”，是转让方将其与有限责任公司之间的权利义务关系，概括地转让给受让人。[③] 故公司法上关于有限责任公司出资额转让规则的设计，不仅要保障股东通过转让方式依法实现股权的财产价值，也要兼顾公司人合性的基础，维护股东间的相互信赖及其他股东的正当利益。因此，相较于股份有限公司的股权转让而言，有限责任公司的股权转让受到一定的限制。此种限制，主要体现为向现有股东以外的其他人转让股权必须遵守法定的程序、其他股东在同等条件下享有优先购买权。2018 年修正的《公司法》第 71 条第 2 款规定，股东向股东以外的人转让股权，一是在程序上，应当将其股权转让事项书面通知其他股东并征求同意；二是应当经其他股东过半数同意；三是其他股东在同等条件下享有优先购买权。股份有限公司的股东之间相互转让全部或者部分股权，因不涉及对公司人合性的冲击，故法律未作限制。2023 年修订的《公司法》第 84 条则进一步降低了对有限责任

---

① 王丹：《婚姻关系中涉及有限责任公司股权的若干实践问题》，载《法律适用》2024 年第 12 期。

② 参见胡康生主编：《中华人民共和国婚姻法释义》，法律出版社 2001 年版，第 64 页。

③ 参见罗培新：《抑制股权转让代理成本的法律构造》，载《中国社会科学》2013 年第 7 期；叶林：《公司在股权转让中的法律地位》，载《当代法学》2013 年第 2 期。

公司股权对外转让的要求，删除了有关“应当经其他股东过半数同意”的规定，仍保留了程序方面的要求（“应当将股权转让的数量、价格、支付方式和期限等事项书面通知其他股东”）和其他股东在同等条件下的优先购买权，由“其他股东同意权+优先购买权”的双层模式转向“其他股东的优先购买权”的单层模式，简化了股权转让的手续。

在夫妻以共同财产向有限责任公司出资但仅有一方登记为股东的情形下，如果夫妻离婚时协商一致将出资额部分或者全部转让给未被登记为股东的另一方，意味着将有新的成员成为有限责任公司的股东，与向原有股东以外的主体转让股权有相似之处。对于此种情形，《民法典婚姻家庭编解释（一）》第73条规定：“人民法院审理离婚案件，涉及分割夫妻共同财产中以一方名义在有限责任公司的出资额，另一方不是该公司股东的，按以下情形分别处理：（一）夫妻双方协商一致将出资额部分或者全部转让给该股东的配偶，其他股东过半数同意，并且其他股东均明确表示放弃优先购买权的，该股东的配偶可以成为该公司股东；（二）夫妻双方就出资额转让份额和转让价格等事项协商一致后，其他股东半数以上不同意转让，但愿意以同等条件购买该出资额的，人民法院可以对转让出资所得财产进行分割。其他股东半数以上不同意转让，也不愿意以同等条件购买该出资额的，视为其同意转让，该股东的配偶可以成为该公司股东。用于证明前款规定的股东同意的证据，可以是股东会议材料，也可以是当事人通过其他合法途径取得的股东的书面声明材料。”该规定区分了财产分割和对公司显名两个层面的问题，尊重了《公司法》关于有限责任公司股权变动的相关规定：一方面，认可股权的财产权利属性，按照《民法典》婚姻家庭编对于夫妻离婚时共有财产应予分割的有关规定，明确在该情形下对有限责任公司的出资额在离婚时应当予以处理；另一方面，认可股权的社员权属性，规定分割股权份额应按照公司法的规则取得股东身份，以保护公司及其他股东的利益。[①] 在2023年修订的《公司法》已经不再要求有限责任公司股权对外转让需经其他股东过半数同意的背景下，夫妻离婚时对于有限责任公司出资额的分割亦不宜再保留此项要求。

在夫妻以共同财产向有限责任公司出资且双方均登记为股东的情形下，

① 参见王丹：《婚姻关系中涉及有限责任公司股权的若干实践问题》，载《法律适用》2024年第12期。

夫妻离婚时对于出资所形成的股权进行分割，只是引起股东内部持股比例的变化，不会从公司外部引入新的股东（但有可能会有一方退出公司），除公司章程另有约定外，应不受“法定程序+其他股东的优先购买权”的限制。如前所述，在夫妻双方未另行作出明确约定的前提下，夫妻以共同财产向有限责任公司投资所形成的股权，无论是出资来源还是因该投资而取得的收益，根据《民法典》第1062条的规定，均应作为夫妻共同财产。如无证据证明夫妻双方另行明确约定以夫妻共同财产投资所形成的股权按照登记的持股比例归各自所有的，则在双方离婚时，应作为夫妻共同财产，按照《民法典》第1087条规定的基本方式和原则处理。

具体而言：首先，应尊重双方对私权事务的意思自治，以夫妻双方协商确定的分割方案为先。需要注意的是，夫妻双方达成的离婚财产及债务处理协议是以离婚法律事实的出现为生效条件的协议，但约定的生效条件未成就的（如协议或调解离婚未成），则离婚财产及债务处理协议尚未生效，对夫妻双方均不产生法律约束力，不能作为人民法院处理离婚案件的依据，人民法院需根据实际情况和法律规定对夫妻共同财产和债务问题进行处理。因此，《民法典婚姻家庭编解释（一）》第69条第1款规定：“当事人达成的以协议离婚或者到人民法院调解离婚为条件的财产以及债务处理协议，如果双方离婚未成，一方在离婚诉讼中反悔的，人民法院应当认定该财产以及债务处理协议没有生效，并根据实际情况依照民法典第一千零八十七条和第一千零八十九条的规定判决。”

其次，如果夫妻双方协议不成，人民法院应根据财产的具体情况，按照照顾子女、女方和无过错方权益的原则判决分割。未成年子女往往是不幸婚姻的最大受害者，联合国《儿童权利公约》确立的儿童最大利益原则已经成为包括我国在内的世界许多国家和地区的共识，因此，人民法院在分割夫妻共同财产时，也应将子女利益最大化作为首要原则，可以根据子女生活和学习的需要，给直接抚养子女的一方适当多分财产，以司法手段为保护、促进子女健康成长提供良好条件。此外，尽管《婚姻法》第46条和《民法典》第1091条都已规定了离婚损害赔偿制度，在《民法典》编纂过程中，仍有意见认为现实生活中因过错方导致的离婚情况较为突出，建议加大对婚姻中过错方的惩罚力度，除规定离婚过错方的赔偿外，在判决分割夫妻共同财产时还应加大对无过错方的保护。立法部门采纳了这一建议，《民法典》第1087条在《婚姻法》第39条规定的基础上，新增了照顾无过错方权益的原则。

【实务问题】

对夫妻共同财产中包括有限责任公司股权在内的投资性财产进行分割时，应当首先由夫妻双方协议处理。如果双方协商不成或者按市价分配有困难的，人民法院可以根据数量按比例分配。①

关于夫妻中的一方对离婚是否存在过错的认定问题。为了保护婚姻关系中的无过错方，《民法典》第1091条规定了离婚损害赔偿制度，第1087条关于离婚时夫妻共同财产的处理规则中新增了照顾无过错方权益的原则。对于离婚过错行为的认定，应以《民法典》第1091条为依据，包括以下几种情形：（1）重婚，即有配偶又与他人结婚；（2）与他人同居，即指有配偶者与婚外异性，不以夫妻名义，持续、稳定地共同居住；（3）实施家庭暴力，是指家庭成员之间以殴打、捆绑、残害、限制人身自由以及经常性谩骂、恐吓等方式实施的身体、精神等侵害行为，家庭暴力既包括身体暴力，也包括精神暴力；（4）虐待、遗弃家庭成员，持续性、经常性的家庭暴力构成虐待，遗弃则指对于年老、年幼、患病或者其他没有独立生活能力的人，负有扶养义务而拒绝扶养的行为；（5）有其他重大过错，指存在如通奸、卖淫、嫖娼、赌博、吸毒等严重违反婚姻义务、家庭义务的行为。司法实践中应当根据具体案件情况，结合过错情节、伤害后果等因素对是否构成重大过错进行认定。

① 《民法典婚姻家庭编解释（一）》第72条。

【条文】

第十一条

夫妻一方以另一方可继承的财产为夫妻共同财产、放弃继承侵害夫妻共同财产利益为由主张另一方放弃继承无效的，人民法院不予支持，但有证据证明放弃继承导致放弃一方不能履行法定扶养义务的除外。

【条文主旨】

本条是关于夫妻一方放弃继承的效力的规定。

【条文概览】

本条涉及《民法典》婚姻家庭编与继承编的协调问题。根据《民法典》婚姻家庭编第1062条、第1063条规定，除遗嘱中确定只归一方的财产外，夫妻在婚姻关系存续期间继承的财产为夫妻共同财产，归夫妻共同所有。而根据《民法典》继承编第1124条规定，继承开始后、遗产处理前，继承人有权放弃继承。继承人放弃继承权系其法定权利，法律并未规定夫妻一方放弃继承需要配偶一方同意。针对实践中存在的夫妻关系不安宁期间或离婚诉讼期间中，一方放弃继承权，此时另一方以侵害夫妻共同财产权为由主张放弃继承无效的问题，本条明确，夫妻一方以另一方可继承的财产为夫妻共同财产、放弃继承侵害夫妻共同财产利益为由主张另一方放弃继承无效的，人民法院不予支持。同时，因继承人放弃继承的权利并非绝对，也要受到一定限制，《民法典继承编解释（一）》第32条即规定“继承人因放弃继承权，致其不能履行法定义务的，放弃继承权的行为无效”。为与该条协调一致，本条规定了但书条款，即人民法院原则上不予支持，但有证据证明放弃继承导致放弃一方不能履行法定扶养义务的除外。

【理解与适用】

一、我国法定夫妻财产制度下的继承

我国实行法定财产制为主、约定财产制为辅的夫妻财产制。其中，法定夫妻财产制实行婚后所得共同制。《民法典》婚姻家庭编中的第1062条第1

款规定“夫妻在婚姻关系存续期间所得的下列财产，为夫妻的共同财产，归夫妻共同所有：……”，第2款规定“夫妻对共同财产，有平等的处理权”。即在双方婚姻关系存续期间，除个人特有财产和夫妻另有约定外，夫妻双方或者一方所得的财产，均为夫妻的共同财产，归夫妻共同所有，夫妻双方享有平等的占有、使用、收益和处分权利。其中，对于如何理解“夫妻在婚姻关系存续期间所得的财产”，即夫妻共同财产的范围，《民法典》婚姻家庭编第1062条第1款作了列举式规定，包括工资、奖金、劳务报酬，生产、经营、投资的收益，知识产权的收益等，其中也包括“继承或者受赠的财产，但遗嘱或者赠与合同中确定只归一方的财产除外”，即如果遗嘱或者赠与合同中指明财产归夫妻一方所有的，是遗嘱人或者赠与人根据自己的意愿处分财产的表现，基于意思自治，应当尊重其对财产的处分权，确定该财产归夫妻一方所有。除此之外，夫妻任何一方继承或者受赠的财产均属于夫妻共同财产。

《民法典》编纂过程中，对于一方继承或受赠的财产应否归于夫妻共同财产，曾有过不同的观点。有的意见提出，婚后所得共同制一般是指夫妻通过劳动获得的财产，而继承、受赠的财产非劳动所得，应当规定为夫妻的个人财产。并且，根据我国继承法律相关规定，女婿、儿媳不在法定继承人的范围之内，如果将一方继承的财产作为夫妻共同财产，等于扩大了法定继承人的范围；遗嘱继承则体现了强烈的个人意愿，体现了被继承人对其财产的处分权，如果将夫妻一方因遗嘱继承而得到的财产视为夫妻共同财产，等于违背了遗嘱人的意愿，限制了其对财产的自由处分权。后立法机关经研究认为，共同财产制关注更多的是家庭，是夫妻共同组成的生活共同体，而不是个人，在这种制度下，夫妻一方继承的财产，同个人的工资收入一样，都是满足婚姻共同体存在的必要财产，应当归夫妻共同所有。法定继承情形下，女婿、儿媳只是分享了其配偶应得的遗产份额，不影响其他法定继承人的利益，所以没有扩大法定继承人的范围；遗嘱继承情形下，如果遗嘱人的本意是只给夫妻一方，可以在遗嘱中指明，确定该财产只归夫妻一方所有，这样就属于除外情形，就属于一方特有财产了，也能体现遗嘱人的意愿。综上考虑，《民法典》延续了《婚姻法》有关该问题的规定，未作修改。[①]

值得注意的是，“夫妻在婚姻关系存续期间所得的……继承或受赠的财

---

① 黄薇主编：《中华人民共和国民法典释义（下）》，法律出版社2020年版，第1995～1996页。

产”，是指继承的事实发生在婚姻关系存续期间，继承的事实发生是指继承开始，根据《民法典》第1121条第1款“继承从被继承人死亡时开始”之规定，故只要被继承人死亡发生在婚姻关系存续期间，若无除外情形，夫妻一方继承所得的财产即应成为夫妻共同财产，即使当时没有对遗产进行分割，在双方离婚后遗产才分割的，配偶一方在遗产分割后仍可以主张相关权益。《民法典婚姻家庭编解释（一）》第81条规定“婚姻关系存续期间，夫妻一方作为继承人依法可以继承的遗产，在继承人之间尚未实际分割，起诉离婚时另一方请求分割的，人民法院应当告知当事人在继承人之间实际分割遗产后另行起诉”，就是这种处理思路的体现。另外应当注意的是，《民法典》规定的应归入夫妻共同财产的是一方继承所得的财产，而非一方基于特定身份关系享有的继承权，这也与《民法典》第1062条规定的其他财产形式一致，比如该条规定的夫妻共同财产的范围包括“知识产权的收益”而非“知识产权”，知识产权的收益是指作品在出版、上演或播映后而取得的报酬，或允许他人使用而获得的报酬，专利权人转让专利权或许可他人使用其专利所取得的报酬，商标所有人转让商标权或许可他人使用其注册商标所取得的报酬等，而知识产权是指著作权、商标权、专利权本身。之所以这样规定，是因为知识产权是一种智力成果权，既是一种财产权，也是一种人身权，具有很强的人身性，与人身不可分离。因此，婚后一方取得的知识产权权利本身归该方专有，权利也仅归权利人行使。比如，作者的配偶无权在其著作中署名，也不能决定作品是否发表。但是，由知识产权取得的经济利益，如因发表作品取得的稿费，因转让专利获得的转让费等，应归夫妻共同所有，属于夫妻共同财产。

二、我国物权制度下的继承

《民法典》第230条规定：“因继承取得物权的，自继承开始时发生效力。”根据该条规定，继承是导致物权变动的一个重要方式，继承开始即被继承人死亡后，所有继承人基于该条规定取得物权。第一，因继承取得物权的，不以登记或者交付为要件。继承开始属于法律事实中的事件，继承引起的物权变动，属于基于法律行为以外的原因引起的物权变动。因继承取得物权的，均不适用物权变动的一般原则，不以登记或者交付为物权变动的生效要件，而是在继承时，继承人当然地、直接地取得物权。第二，继承人自继承开始时即取得物权，也就是说，继承开始的时间，即为继承人取得物权的时间。就继承人取得的物权而言，继承人为一人的，遗产由该继承人单独继承，取得遗产的单独所有权；继承人为多人的，遗产就归全体继承人共同继承，在遗产分割前，遗产归各继承人共有。但是需要注意的是，根据《民法典》第 232 条的规定，如果涉及的遗产为不动产，因继承取得该不动产后，如果要处分该不动产，依照法律规定应该办理登记的，未经登记，处分行为不发生物权效力。

我国法律之所以作出上述规定，主要有以下几个原因：首先，被继承人死亡后，被继承人的民事权利能力即告终止，权利主体资格丧失，被继承人对其生前享有的财产权利包括动产、不动产的所有权也归于消灭，被继承人的财产就成为遗产。在因继承取得物权的情况下，如果仍然适用物权变动的一般原则，要求物权的取得自登记或交付时才能生效，那么因登记或交付往往需要一定的时间，势必导致在被继承人死亡后、不动产登记或者动产交付前，遗产处于无主状态。此外，在因继承而取得物权的情况下，物权变动的状态已经明确，不能因未登记或未交付而否认其效力。其次，按照《民法典》第 1161 条第 1 款的规定，继承人以所得遗产实际价值为限清偿被继承人依法应当缴纳的税款和债务。这就需要明确继承人从继承开始时即对遗产享有所有权，否则，无法判断债务的清偿主体和范围。最后，最大限度地尊重被继承人的意志，维护继承人的利益，防止各种纠纷的发生。

结合上述两部分各自论述的婚姻家庭编规定和物权编规定可以得出，被继承人死亡后，继承开始之时，继承人当然地、直接地取得遗产的物权，如果被继承人在遗嘱中没有特别注明，则夫妻一方在婚姻关系存续期间取得的遗产归于夫妻共同财产，由夫妻共同所有。由此带来的问题是：作为被继承人的夫妻一方可否放弃继承？配偶方可否以放弃继承的行为损害夫妻共同财产利益为由主张放弃无效？这就涉及对放弃继承行为的理解。

三、放弃继承相关制度规定

放弃继承，又称拒绝继承、抛弃继承，是指继承人作出放弃自己继承被继承人遗产的权利的意思表示。继承人在不损害他人权利的情形下而为的法律行为，体现了民事主体按照其自由意志处分个人事务的意思自治原则。《民法典》第 1124 条对允许继承人放弃继承作出明确规定，即在赋予继承人享有继承权的同时，也赋予了继承人对自己的继承权予以放弃的自由。

放弃继承法律制度并非自古就有，允许继承人放弃继承是社会进步与法律发展的结果。放弃继承制度萌芽于古罗马，在古罗马时代，以是否有接受继承的意思表示为依据，继承人分成必然继承人和任意继承人。必然继承人必须继承死者的财产，不得放弃继承权，这类人无须作出接受继承的意思表示；任意继承人则被赋予决定接受遗产继承或者不接受遗产继承的权利，可以根据自己的意愿来决定是接受还是放弃继承。这一制度被承袭发展后，成为现代继承法的一项重要制度，近现代各国的继承法都以自愿继承为原则，赋予继承人选择接受或放弃继承的权利。《继承法》第25条规定了继承人有放弃继承的权利，《民法典》第1124条亦延续了该项规定。

之所以允许继承人放弃继承，是因为根据法理，权利可以放弃，故继承权作为一种权利，在一般情形下是可以放弃的，除非权利的放弃侵犯了他人的合法权益。此外，允许放弃继承，不仅是尊重和保障继承人的意思自治，也在于平衡被继承人的债权人、继承人以及继承人的债权人的利益，体现继承制度的自愿公平、诚信原则。我国采取当然继承主义，根据《民法典》物权编第230条规定，被继承人死亡时，继承开始，被继承人的遗产即由继承人承受，继承人取得遗产的物权。同时，我国采取限定继承原则，《民法典》第1161条规定："继承人以所得遗产实际价值为限清偿被继承人依法应当缴纳的税款和债务。超过遗产实际价值部分，继承人自愿偿还的不在此限。继承人放弃继承的，对被继承人依法应当缴纳的税款和债务可以不负清偿责任。"从该条规定可知，继承人接受遗产，是对财产权利与财产义务的接受。继承人对于被继承人生前依法应当缴纳的税款及债务，应在其接受的遗产的实际价值范围内承担清偿义务。该种情形下，继承人会根据遗产的价值、被继承人所负税款及债务情况决定是否接受继承。遗产明显不足以清偿债务时，继承人通常会放弃继承；当遗产明显大于债务时，继承人会选择接受继承。这是一个理性自然人的正常思虑。故放弃继承制度既从制度上保障了遗产债权的安全，又通过赋予继承人自由选择权提升了财产流转的经济效率。

放弃继承权的主体必须是已取得继承权的人，只有处在优先顺序有资格参加继承的人才能放弃继承。有继承顺序在前的继承人存在时，次顺序的继承人在前一顺序的继承人尚未丧失或放弃继承之前，即使其作出放弃继承的意思表示，也不会发生任何效力。放弃继承权仅需要一方当事人的意思表示就发生法律效力，属于单方民事法律行为，无须他人同意即可成立，一旦成立就发生继承权消灭的法律效果。

放弃继承权是身份行为还是财产行为，目前学界有不同观点：第一种观点认为，继承权的放弃产生继承人身份的确认，故为身份行为。第二种观点认为，继承权的放弃是以继承人具有继承资格为前提的，并不产生继承人身份的确认，而仅发生遗产归属的效果。因此，继承放弃仅为财产行为而非身份行为。第三种观点认为，继承权的放弃同时产生继承人身份确认与遗产归属两个方面的效果，故为身份行为与财产行为相复合的法律行为。我们认同第三种观点，放弃继承的标的为财产，所以说是财产法律行为。但是这种行为和一般的财产法律行为不同，其以行为人具有继承人的身份为前提。在我国，继承人主要是和被继承人有血缘关系或者共同生活的近亲属，继承人的身份具有相当的稳定性。继承权本身是一种兼有身份权与财产权性质的权利。放弃继承放弃的是继承权，即对与身份权有关的财产权的放弃，兼具有身份性和财产性，是一种复合性质的行为，只是财产行为之性质较为浓厚。

关于放弃继承的形式，《民法典》第 1124 条规定，继承人放弃继承的，应当以书面形式作出放弃继承的表示。这是《民法典》对《继承法》第 25 条规定的一个重大修改。之所以要求以书面形式作出，原因有二：第一，放弃继承是继承人对自己权利的重大处分，要求以书面形式作出，可以提醒其谨慎决定。第二，继承人放弃继承后，其不再参与遗产分割，其他继承人可以获得更多的遗产份额，以书面形式作出，有利于保留证据，避免当事人之间就遗产分割产生争议。放弃继承的意思表示应向谁作出？《民法典》对此未作细化规定。《民法典继承编解释（一）》第 33 条、第 34 条规定，放弃继承的意思表示，可以向遗产管理人作出，也可以向其他继承人作出，在涉遗产的诉讼中也可以向人民法院作出表示。

放弃继承必须在特定的时间内作出，根据《民法典》第 1124 条第 1 款规定，放弃继承只能在“继承开始后、遗产处理前”作出。如果被继承人尚未死亡、继承尚未开始，继承人就作出放弃继承的意思表示，这种放弃是无效的；在遗产处理之后，继承人再作出放弃继承的意思表示的，此时放弃的不再是继承权，而是所继承遗产的所有权。这是因为遗产处理后，继承权已经实现，就谈不上再放弃的问题。放弃继承的效力，追溯到继承开始的时间，即继承人作出放弃继承的意思表示后，应视为其对该遗产自继承开始时就没有继承的权利。

放弃继承的权利并非绝对。继承权为继承人的权利，继承人本有权放弃。但是考虑到继承所含有的家庭内部养老育幼的作用，对其放弃继承权的行为应有所限制。《民法典继承编解释（一）》第 32 条规定：“继承人因放弃继承权，致其不能履行法定义务的，放弃继承权的行为无效。”一般认为，该条中的“法定义务”主要是法定扶养义务。本条规定将除外情形明确规定为“不能履行法定扶养义务”。对于“法定扶养义务”如何理解？我们认为，从继承权的性质和功能看，继承权是基于身份关系的财产权，其功能不仅包含财产在有血缘关系和亲缘关系的家庭成员之间的流转，也包含保障家庭成员内部的养老育幼。故“法定扶养义务”，主要指夫妻间的扶养义务、子女对父母的赡养义务、父母对子女的抚养义务。《民法典》第1059条规定：“夫妻有相互扶养的义务。需要扶养的一方，在另一方不履行扶养义务时，有要求其给付扶养费的权利。”《民法典》第1067条规定：“父母不履行抚养义务的，未成年子女或者不能独立生活的成年子女，有要求父母给付抚养费的权利。成年子女不履行赡养义务的，缺乏劳动能力或者生活困难的父母，有要求成年子女给付赡养费的权利。”夫妻间的扶养义务、子女对父母的赡养义务、父母对子女的抚养义务都是法律所规定的义务，不管是否有遗产可继承都必须履行，不得拒绝。继承人放弃继承权的行为导致其不能履行上述法定义务时，放弃行为无效。实践中，可能会有疑问：继承人的债权人能否以继承人放弃继承致使不能偿还其债务为由，主张放弃继承行为无效？我们认为，从有关债权人撤销权的规定看，《民法典》第538条规定：“债务人以放弃其债权、放弃债权担保、无偿转让财产等方式无偿处分财产权益，或者恶意延长其到期债权的履行期限，影响债权人的债权实现的，债权人可以请求人民法院撤销债务人的行为。”放弃继承权应不属于该条规定的“放弃债权、放弃债权担保、无偿转让财产等方式”。继承权以身份关系为基础，继承人对是否放弃继承权，会有多方面的考虑因素，如其和被继承人及其他继承人之间亲属关系的亲密程度等，不等同于对其他财产权利的放弃，而且债权人取得债权时，往往也没有考虑遗产作为债务人的责任财产。故不宜认为仅因继承人有债务，即认定其放弃继承权的行为无效，债权人因此提起撤销权诉讼的，不宜支持。本条规定最后一句将除外情形进一步限定为“不能履行法定扶养义务”，也是排除了以债权等为由主张无效的情形。

四、制度间的协调和平衡

结合对上述婚姻家庭编、物权编、继承编有关条文的分析和理解，会产生这样一个问题：假如在夫妻关系存续期间，被继承人去世，夫妻一方是继承人，那么这方是否可以放弃继承？其放弃继承后，配偶方可否以侵害夫妻共同财产利益为由主张放弃继承无效？以两个案例说明：

案例一：赵某（女）和王某（男）为夫妻关系，但双方当事人早已分居。后赵某起诉王某离婚，双方就夫妻共同财产的范围问题产生争执。经查明，在赵某起诉离婚的前一天，王某的母亲突然去世，留下巨额财产。王某是唯一的第一顺序法定继承人。赵某得知其婆婆去世后，遂主张其与王某的夫妻共同财产应当包括王某继承其母亲的财产，包括房产、汽车、企业股份和现金等。而王某则提出，其已经放弃了继承权，其母亲的财产应当由其舅父作为第二顺序继承人继承，故离婚诉讼中分割夫妻共同财产不应包括其母亲的遗产。

案例二：张某（男）与严某（女）1991 年结婚。1999 年严某的父亲去世，留有一套住房，但一直未进行遗产分割，由严某母亲居住。2004 年张某起诉离婚，诉讼期间严某即公证放弃继承。2005 年，两人经法院调解离婚。离婚后，张某以严某放弃继承的房产为婚姻关系存续期间因继承取得的财产，属于夫妻共同财产为由诉至法院，请求判令严某放弃继承的行为无效，并对该房产属于严某的份额以及其他未分割的遗产进行分割。严某则主张，放弃继承其父亲的财产，无须征得张某的同意，且继承遗产与否，并不影响其应尽的义务，因此放弃继承的行为合法有效。

实践中，如上述两个案例，纠纷往往发生在双方离婚诉讼期间或者离婚后提起诉讼要求再次分割夫妻共同财产时。如何处理，存在分歧。一种观点认为，继承权具有人身专属性，放弃继承是继承人的权利，只要不属于《民法典继承编解释（一）》第 32 条规定的“放弃继承权无效”的情形，放弃继承的行为即应为有效，且作为原继承人的夫妻一方并未实际取得财产，故不发生分割夫妻共同财产的问题。另一种观点认为，被继承人死亡后，继承开始，遗产转归继承人所有，在法定继承情形下或者遗嘱中没有特别注明的情形下，夫妻一方在婚姻关系存续期间取得的遗产归于夫妻共同财产，由夫妻共同所有。因此，继承人放弃继承，是处分了夫妻共同财产，在配偶方不同意的情形下，属于权利滥用行为，违反诚信原则，应认定放弃继承无效。

我们经研究后认为，这个问题涉及《民法典》物权编、婚姻家庭编与继承编的协调问题。虽然从条文规定看，两种观点都有一定的道理，但是从立法目的、利益平衡、群众认知角度考虑，应当倾向于保护继承人放弃继承的权利，即另一方以侵害夫妻共同财产利益为由主张放弃继承无效的，不予支持。主要理由如以下几点所示。

第一，继承权的性质。继承权虽然具有财产属性，但其是基于身份关系产生，权利主体具有专属性。只有和被继承人之间存在某种特定身份关系的主体才能成为继承人，继承人的范围是法律明确规定的，比如根据《民法典》第1127条规定，第一顺序继承人为配偶、子女、父母，都是和被继承人关系非常亲近的近亲属。故继承关系具有较强的社会伦理性。继承权专属于继承人，不能转让。《民法典》婚姻家庭编第1062条规定的应归入夫妻共同财产的也仅是夫妻一方因继承所得的财产，而非继承权本身。也是因为如此，《民法典》继承编明确规定了继承人享有放弃继承的权利，此为其法定权利。继承权以身份关系为基础，故继承人对是否放弃继承权，会有多方面的考虑因素，如其和被继承人及其他继承人之间亲属关系的亲密程度、其他继承人履行了主要赡养义务等，不完全等同于市场交易中财产权利的放弃。所以实践中，在夫妻关系不安宁期间或离婚诉讼期间，继承人放弃继承，虽不排除有不希望配偶方因此获得财产的考虑，但也可能有其他考虑因素。故不能因此就对其放弃继承的权利作出限制。

第二，在遗产分割前，继承人对遗产享有物权的特殊性。虽然《民法典》物权编中的第230条规定“因继承取得物权的，自继承开始时发生效力”，但在遗产分割前，继承人对于遗产的权利和遗产分割后享有的权利并不完全相同。继承人在遗产分割后，对遗产享有的是对既得财产的所有权，继承权已经完全实现；而于继承开始后、遗产分割前，继承人之间享有的是对遗产的共同所有权，而非对具体某一遗产的独立所有权，其继承权尚未完全实现。如果继承人因其个人意愿而放弃继承，则此种权利使对遗产的共同所有权转变为独立所有权的发展可能性中断。也因如此，《民法典继承编解释（一）》第35条规定“继承人放弃继承的意思表示，应当在继承开始后、遗产分割前作出。遗产分割后表示放弃的不再是继承权，而是所有权”。

第三，利益平衡角度。《民法典》婚姻家庭编中的第1062条对夫妻共同财产的范围作了列举式规定，与其他财产形式相比，夫妻一方因继承所得的财产具有特殊性。其他财产，如工资、奖金、劳务报酬，生产、经营、投资的收益，知识产权的收益等，都含有配偶方的协力因素。如在婚姻关系存续期间，一方工作、投资、创作等，都离不开配偶方在家务劳动、照料子女等方面的付出，或物质上、精神上的帮助与支持。故对于一方因工作、投资、创作等取得的财产，应当根据公平原则兼顾双方的利益作出认定与处理。而继承权是基于身份关系取得，与婚姻关系无关，因继承获得财产并不需要夫妻另一方的协力。故从这个角度讲，保护继承人放弃继承的权利，并不会导致出现夫妻双方利益显著失衡的情况。

当然，本条规定是从当事人主张的具体事由能否成立的角度进行的规范，故在配偶方提出确认继承行为无效的诉讼中，重点是对原告提出的事由进行审查。如果原告是以放弃继承导致继承人不能履行法定扶养义务为由主张无效的，就不需要考虑是否属于夫妻共同财产的问题，而应重点审查放弃行为是否影响到了继承人法定扶养义务的履行。

【实务问题】

一、夫妻一方在遗产分割后能否放弃继承

本条规定针对的是夫妻一方作为继承人在继承开始后、遗产分割前放弃继承的情形。由此可能带来一个疑问：遗产分割后，夫妻一方是否还可以放弃所得的遗产？我们认为，遗产分割后，继承人的继承权已经实现，对遗产取得了完全的所有权。继承人此时放弃的不再是继承权，而是财产所有权。放弃财产所有权的行为是否有效，要看财产的权属。根据《民法典》第1062条规定，只要继承开始于婚姻关系存续期间，若无除外情形，该遗产即属于夫妻共同财产。夫妻双方对共同财产有平等的处理权，故如果夫妻一方未经另一方同意，以“放弃”为名处分夫妻共同财产的，应属于无权处分，应适用无权处分相关法律规则，不再属于本条规定规范的情形。

二、“不能履行法定扶养义务”情形的认定

如前所述，影响放弃继承行为效力的“法定扶养义务”主要是指夫妻间的扶养义务、子女对父母的赡养义务、父母对子女的抚养义务。在夫妻之间因一方放弃继承产生争议的情形下，如果涉及“法定扶养义务”，绝大多数情形下是指夫妻间扶养义务以及父母对子女的抚养义务。根据《民法典》第1059条规定，夫妻间的扶养义务是相互的，始于婚姻关系成立之日，终于婚姻关系解除之日。需要扶养的一方，在另一方不履行扶养义务时，有要求其给付扶养费的权利。何种情形下属于“需要扶养”？现行法律并未对此作出界定，一般认为一方因失业、残疾、患病、年老等原因没有固定收入，缺乏生活来源的，应属于“需要扶养”的情形。父母对子女的抚养义务，比较容易理解，只要子女未成年或者成年但不能独立生活的，就存在父母对子女的

抚养义务。另外需要注意的是，本条规定的除外情形，是指放弃继承导致继承人“不能履行法定扶养义务”，如果继承人放弃继承后，依然能正常履行法定扶养义务，或者对其履行法定扶养义务的能力没有影响，则不属于本条规定的除外情形。这个需要在具体案件中综合法定扶养义务的内容、继承人的经济能力、遗产的价值等作出判断。

试举一例说明[①]：王某父亲于2017年6月死亡，王某和其弟弟、母亲均系第一顺位继承人。2019年2月及2019年8月15日，三人先后两次去公证处申请办理继承公证，公证过程中王某表示自愿放弃继承。钟某与王某于2017年9月登记结婚，并于2019年7月生育一子一女。2019年8月20日，钟某向法院起诉与王某离婚，法院于2020年6月作出民事判决书，其中认定“钟某婚后并未工作，无收入来源，王某也未证明钟某有积蓄；后期钟某又丧失民事行为能力，王某应当履行对钟某的扶养义务”等内容。判决书主文为：（1）准予双方离婚；（2）婚生女甲由钟某负责抚养教育，婚生子乙由王某负责抚养教育，王某自2020年4月起于每月10日前按月向钟某支付子女抚养费2000元至婚生女甲有独立生活能力时止；（3）王某支付钟某自2019年1月暂计算至2020年3月17日的各项生活开支若干元；（4）王某支付钟某共同财产分割款若干元等。判决生效后，王某未履行，钟某申请强制执行，后因王某无可供执行的财产，法院裁定终结本次执行程序。

后钟某提起诉讼，要求确认王某放弃继承的行为无效。法院经审理后认为，王某与钟某夫妻婚姻存续期间，在双方分居不久之后即放弃部分涉案财产继承权并且转移了证券账户200余万元的款项，而钟某当时怀有双胞胎，且有流产史，待产在家，并无收入来源，且钟某婚后并未工作，王某也未证明钟某有积蓄，后期钟某又丧失民事行为能力，生效判决已经认定王某应当履行对钟某的扶养义务。王某经法院强制执行后，仍未履行相应的扶养义务，且王某亦未按生效判决书按时足额向钟某支付婚生女甲的每月抚养费。王某放弃继承的行为导致其不能履行法定义务，故其放弃继承的行为应被认定为无效。

① 参见浙江省宁波市海曙区人民法院（2021）浙0203民初2913号民事判决书。

【条文】

第十二条

父母一方或者其近亲属等抢夺、藏匿未成年子女，另一方向人民法院申请人身安全保护令或者参照适用民法典第九百九十七条规定申请人格权侵害禁令的，人民法院依法予以支持。

抢夺、藏匿未成年子女一方以另一方存在赌博、吸毒、家庭暴力等严重侵害未成年子女合法权益情形，主张其抢夺、藏匿行为有合理事由的，人民法院应当告知其依法通过撤销监护人资格、中止探望或者变更抚养关系等途径解决。当事人对其上述主张未提供证据证明且未在合理期限内提出相关请求的，人民法院依照前款规定处理。

【条文主旨】

本条是关于父母一方或者其近亲属等抢夺、藏匿未成年子女时，如何通过司法途径及时快速制止该不法行为以及对相关抗辩事由如何处理的规定。

【条文概览】

《民法典》第1058条规定，夫妻双方平等享有对未成年子女抚养、教育和保护的权利。抢夺、藏匿未成年子女，不仅侵害了父母另一方对子女依法享有的抚养、教育和保护的权利，更为重要的是，会严重损害未成年子女身心健康。人民法院根据当事人申请签发人身安全保护令或者人格权侵害禁令，是快速制止不法行为，及时让孩子恢复到原来的生活状态的有效方式。如果一方存在赌博、吸毒、家庭暴力等严重侵害未成年子女利益的情况，另一方紧急带离的，属于一种自助行为，不宜认定为抢夺、藏匿。但是，采取该行为后，当事人应当在合理期限内通过申请撤销监护人资格、中止探望或者请求变更抚养关系等途径解决。

【理解与适用】

准确理解与适用本条应当着重把握以下几点。

一、条文制定背景

少年儿童是祖国的未来、民族的希望。坚持最有利于未成年人原则，切实保护未成年人合法权益，是社会共识，也是社会共同的责任。近年来，离婚纠纷数量持续高位运行，婚姻家庭关系的不和谐对未成年子女的健康成长产生了一定负面影响。除了父母关系破裂本身所造成的影响外，个别人还出于“霸占”孩子、用孩子威胁另一方以达成利己条件等目的，抢夺、藏匿未成年子女，对孩子的身心健康造成更为严重的不良后果。因此，从法律上对抢夺、藏匿未成年子女的不法行为作出否定性评价，具有必要性。

《未成年人保护法》第24条规定，不得以抢夺、藏匿未成年子女等方式争夺抚养权。该规定问题意识突出，价值导向鲜明，但规定的内容较为原则。考虑到使亲子关系及未成年子女生活状态恢复到正常状态具有紧迫性，而不论是监护权纠纷，还是离婚纠纷均需要较长时间，不利于及时纠正该不法行为。本条规定明确，被抢夺、藏匿一方可以通过人身安全保护令制度或人格权侵害禁令制度，快速及时依法制止不法行为。这不仅可以使未成年子女及时恢复到被抢夺发生前的生活状态，也避免后续可能发生的离婚纠纷中，因不法状态持续影响法官对未成年子女由哪一方直接抚养的判断，并有利于下一步的执行和亲子关系恢复。

不使儿童以不当方式与父母一方分离，保护儿童身心健康成长是世界共识。我国于1991年批准加入联合国《儿童权利公约》。该公约在序言中提到，为了充分而和谐地发展其个性，应当让儿童在幸福、亲爱和谅解的家庭环境中成长。儿童因为身体和心理尚未成熟，在其出生以前和以后均需要包括法律上的适当保护在内的特殊的保护和照料。第9条进一步具体规定：“1. 缔约国应确保不违背儿童父母的意愿使儿童与父母分离，除非主管当局按照适用的法律和程序，经法院审查，判定这样的分离符合儿童的最大利益而确有必要。在诸如由于父母的虐待或忽视、或父母分居而必须确定儿童居住地点的特殊情况下，这种裁决可能有必要。……3. 缔约国应尊重与父母一方或双方分离的儿童同父母经常保持个人关系及直接联系的权利，但违反儿童最大利益者除外。”上述公约内容明确指出，儿童是否与父母分离需经法院审查，按照法律规定的程序进行认定，这与本条文第2款规定的“人民法院应当告知其依法通过撤销监护人资格、中止探望或者变更抚养关系等途径解决”立法精神相一致。而我国虽然尚未加入《国际儿童诱拐民事方面的公约》，但是该公约所确定的“返还儿童机制”，为我国落实《未成年人保护法》相关规定，有力打击抢夺、藏匿未成年子女不法行为提供有益参考。“返还儿童机制”的含义是，任何情况下都必须恢复儿童被诱拐发生前的状态，不能让违法一方从中获益。从司法实践看，抢夺、藏匿未成年子女一方一般是试图通过单方强制改变儿童的惯常生活环境，改变既存的抚养状态，并试图使此种非法事实状态合法化。而未成年子女的成长和身心发育是不可逆的，尤其是对于低龄儿童，较长时间的分离将严重伤害原本亲密稳定的亲子关系。在具体处理时，采取简单快速的“返还儿童”处理原则是避免或者尽量减少这种伤害的最有效方法。

从比较法角度，对于分居或者离婚期间抢夺、藏匿未成年子女的行为，许多国家也科以较为严格的责任，甚至将其认定为犯罪。比如，在挪威，根据《挪威儿童法》第 40 条和《普通民事刑法典》第 216 条规定，如果父母拥有共同监护权，父母一方不能未经另一方同意私自将孩子转移到国外。未经拥有共同监护权的另一方家长同意就转移孩子的，将构成刑事犯罪，而不论转移的一方家长是非监护人还是监护人。美国亦有相关规定。根据《美国加利福尼亚州刑法典》第 278 条规定，任何无监护权的人恶意带走、引诱、保留、扣留或隐藏任何儿童，意图向合法监护人拘留或隐瞒该儿童的行为均构成犯罪。该规定所涉及的行为是针对儿童的父母或者法定监护人的犯罪，而不是指针对儿童本人的犯罪。这种犯罪行为常常出现在家庭暴力或父母之间以及法定监护人之间产生监护权纠纷的状态下。当其中一方决定扣留孩子或者向另一方隐瞒孩子下落时，损害了另一方的监护权，就可能违反该条规定。

二、保护对象

本条既可以依法保障被抢夺、藏匿未成年子女的另一方父母的平等监护权，也是对未成年子女合法人身权益的保护。

一是保护父母的合法权益。《民法典》第 1058 条规定：“夫妻双方平等享有对未成年子女抚养、教育和保护的权利，共同承担对未成年子女抚养、教育和保护的义务。”《妇女权益保障法》第 70 条第 1 款规定：“父母双方对未成年子女享有平等的监护权。”基于上述规定，父母双方因为共同的责任而被联系在一起，相互协调一致地为子女利益依法履行监护职责，双方都有义务协助对方履行该义务。[1] 抢夺、藏匿未成年子女，使孩子脱离父母一方的监护，侵害了其对子女依法享有的抚养、教育和保护的权利，应予纠正。

二是保护未成年子女的合法权益。《未成年人保护法》第 24 条第 1 款规定："未成年人的父母离婚时，应当妥善处理未成年子女的抚养、教育、探望、财产等事宜，听取有表达意愿能力未成年人的意见。不得以抢夺、藏匿未成年子女等方式争夺抚养权。"抢夺、藏匿未成年子女的行为，往往发生在夫妻分居或者离婚纠纷诉讼过程中。此时，双方将注意力更多地集中在自己的情感发泄和经济利益得失上，而忽略了"角落"里的孩子。抢夺、藏匿未成年子女的行为，会进一步加深未成年子女因环境突变、家庭破碎所产生的恐惧和无助感，严重损害未成年子女的身心健康。在这种情况下，必须采取及时快速的手段，使未成年子女尽快恢复到正常的生活状态，尽量减少相关行为对其产生的不良影响。

三、保护方式

解决分居或者离婚纠纷中抢夺、藏匿未成年子女问题的核心和前提是及时快速制止不法行为，做到对儿童伤害最小化，并阻止和限制行为人"以时间换空间"。本条规定了人格权侵害禁令和人身安全保护令两种救济途径。

是可以适用人格权侵害禁令制度。人格权侵害禁令是《民法典》新设立的制度。《民法典》第 997 条规定："民事主体有证据证明行为人正在实施或者即将实施侵害其人格权的违法行为，不及时制止将使其合法权益受到难以弥补的损害的，有权依法向人民法院申请采取责令行为人停止有关行为的措施。"该制度系在人格权受到侵害或者即将受到侵害的急迫情形下，为避免权利主体受到难以弥补的损害，通过及时的或者事先预防性的保护措施对违法行为人所施加的一种命令。该制度是人格权保护事先预防大于事后赔偿基本理念的具体体现。

从体系解释角度看，《民法典》第 1001 条规定："对自然人因婚姻家庭关系等产生的身份权利的保护，适用本法第一编、第五编和其他法律的相关规定；没有规定的，可以根据其性质参照适用本编人格权保护的有关规定。"根据上述规定，对于身份权的保护，在相关法律没有明确规定的情况下，可以参照适用人格权保护的有关规定。父母对未成年子女抚养、教育和保护的

[1] 王丹：《抢夺、藏匿未成年子女法律问题研究》，载《法律适用》2024 年第 1 期。

权利是一种重要的身份权。抢夺、藏匿未成年子女行为损害了父母一方的身份权，因此，对实施该行为的不法主体适用人格权侵害禁令制度有法律依据。据此，本条规定，此种情况下，当事人向人民法院申请人格权侵害禁令的，人民法院应参照适用《民法典》第997条规定依法予以支持。

二是可以适用人身安全保护令制度。人身安全保护令是《反家庭暴力法》设立的制度。《反家庭暴力法》第23条第1款规定，当事人因遭受家庭暴力或者面临家庭暴力的现实危险，向人民法院申请人身安全保护令的，人民法院应当受理。经研究，抢夺、藏匿未成年子女行为发生在家庭成员之间，对未成年子女的身心健康形成重大侵害，可以将该行为视为一种家庭暴力行为，并通过签发人身安全保护令的方式预防和制止。人身安全保护令制度是人格权侵害禁令制度在婚姻家庭领域的特殊形式。虽然从法律施行的时间看，规定人身安全保护令的《反家庭暴力法》先于规定人格权侵害禁令的《民法典》，但从二者内在逻辑关系看，人格权侵害禁令与人身安全保护令属于一般与特殊的关系。因此，将抢夺、藏匿未成年子女行为纳入人身安全保护令制度的规制范畴，具有法律基础。实践中，有些地方立法已经尝试采用人身安全保护令的形式制止相关行为，如《江苏省反家庭暴力条例》第44条即规定，人身安全保护令可以包括禁止抢夺、藏匿未成年子女等措施。故本条结合法律内涵和实践经验作出相关规定。

适用人格权侵害禁令制度和人身安全保护令制度规制抢夺、藏匿未成年子女的不法行为具有以下优势。

一是可以快速反应。由于未成年人的身心发育水平尚不完善，考虑到其对稳定、熟悉的生活环境和父母陪伴具有高度依赖性，必须尽快使未成年子女恢复到正常生活状态，以尽量减少抢夺、藏匿行为对其的不良影响。在时间上，相较于一般的民事诉讼程序，作出人身安全保护令需要的时间更短。《反家庭暴力法》第28条规定：“人民法院受理申请后，应当在七十二小时内作出人身安全保护令或者驳回申请；情况紧急的，应当在二十四小时内作出。”《民法典》虽然没有对人格权侵害禁令的作出时间进行规定，但实践中，人民法院一般参照人身安全保护令制度的规定进行处理，比一般民事诉讼程序明显缩短了处理时间。在程序上，人格权侵害禁令制度和人身安全保护令制度并未赋予被申请人与一般民事诉讼程序中相当的程序性权利。《最高人民法院关于办理人身安全保护令案件适用法律若干问题的规定》第7条规定：“人民法院可以通过在线诉讼平台、电话、短信、即时通讯工具、电子邮件等简便方式询问被申请人。被申请人未发表意见的，不影响人民法院依法作出人身安全保护令。”可以看出，人民法院在查明相关事实时可以采取更为灵活多样的形式，而非局限于开庭、询问的单一方式并满足庭前送达等一系列法定前提条件。同时，如果侵权行为特别明显，不立即作出禁令将使申请人损害难以弥补或者继续扩大的，也可以不询问被申请人。自《民法典》施行以来，不少基层法院已经发出人格权侵害禁令，经调研，这些案件基本上均为侵权行为非常明显的案件，例如，有的被申请人到处张贴宣传材料损害他人名誉，有的被申请人在互联网平台多次发布涉及申请人隐私及诋毁申请人名誉的内容，有的被申请人跟踪、尾随申请人，等等。在证据采信上，相较于一般民事案件需要举证达到高度盖然性的证明标准，人身安全保护令制度适用的证明标准更低。《最高人民法院关于办理人身安全保护令案件适用法律若干问题的规定》第 6 条第 1 款规定：“人身安全保护令案件中，人民法院根据相关证据，认为申请人遭受家庭暴力或者面临家庭暴力现实危险的事实存在较大可能性的，可以依法作出人身安全保护令。”即申请人举证证明达到较大可能性即可，而非达到高度盖然性。实践中，人格权侵害禁令制度亦可以参考人身安全保护令制度的这一证明标准。这充分考虑了紧迫或者突发情况下当事人举证能力受限的客观状态。因此，人格权侵害禁令制度和人身安全保护令制度对制止抢夺、藏匿未成年子女等不法行为，具有更高效、更快捷的优势。

二是可以根据个案需要采取个性化禁令措施。在禁令中明确载明被禁止实施的行为，可以尽量减少被申请人因指令不明而钻空子的可能，最大程度保护被抢夺一方及未成年子女的合法权益。《反家庭暴力法》第 29 条规定：“人身安全保护令可以包括下列措施：（一）禁止被申请人实施家庭暴力；（二）禁止被申请人骚扰、跟踪、接触申请人及其相关近亲属；（三）责令被申请人迁出申请人住所；（四）保护申请人人身安全的其他措施。”《最高人民法院关于办理人身安全保护令案件适用法律若干问题的规定》第 10 条规定：“反家庭暴力法第二十九条第四项规定的‘保护申请人人身安全的其他措施’可以包括下列措施：（一）禁止被申请人以电话、短信、即时通讯工具、电子邮件等方式侮辱、诽谤、威胁申请人及其相关近亲属；（二）禁止被申请人在申请人及其相关近亲属的住所、学校、工作单位等经常出入场所的一定范围内从事可能影响申请人及其相关近亲属正常生活、学习、工作的活动。”上述条文较为全面地规定了人身安全保护令禁止被申请人以直接或者间接方式实施的行为。而对于人格权侵害禁令，现有法律法规尚未规定该禁令可以采取的措施内容，在一定程度上，这种开放性的禁令让人民法院应对抢夺、藏匿未成年子女行为时更加灵活。实践中，还可以探索将未成年子女暂时由一方直接抚养并协助另一方探望等事项一并在禁令措施中予以明确，以减少当事人另行提起监护权纠纷的诉累。

三是可以不同部门联动执行。对于人身安全保护令制度，为充分发挥其制度功效，对不法行为人形成震慑，人民法院加强与公安、民政、妇联等部门和组织的沟通合作，织密法网。比如，最高人民法院、全国妇联、教育部、公安部、民政部、司法部、卫生健康委等部委联合发布的《关于加强人身安全保护令制度贯彻实施的意见》对此作出相应规定。该意见第14条规定："人民法院在作出人身安全保护令后，应当在24小时内向当事人送达，同时送达当地公安派出所、居民委员会、村民委员会，也可以视情况送达当地妇女联合会、学校、未成年人保护组织、残疾人联合会、依法设立的老年人组织等。"第16条规定："人民法院在送达人身安全保护令时，可以向当地公安派出所、居民委员会、村民委员会、妇女联合会、学校等一并送达协助执行通知书，协助执行通知书中应当明确载明协助事项。相关单位应当按照协助执行通知书的内容予以协助。"从制度上对各部门间共同落实人身安全保护令提供指引，建立完善执行联动机制。第17条规定："人身安全保护令有效期内，公安机关协助执行的内容可以包括：协助督促被申请人遵守人身安全保护令；在人身安全保护令有效期内，被申请人违反人身安全保护令的，公安机关接警后应当及时出警，制止违法行为；接到报警后救助、保护受害人，并搜集、固定证据；发现被申请人违反人身安全保护令的，将情况通报人民法院等。"第18条规定："人身安全保护令有效期内，居民委员会、村民委员会、妇女联合会、学校等协助执行的内容可以包括：在人身安全保护令有效期内进行定期回访、跟踪记录等，填写回访单或记录单，期满由当事人签字后向人民法院反馈；发现被申请人违反人身安全保护令的，应当对其进行批评教育、填写情况反馈表，帮助受害人及时与人民法院、公安机关联系；对加害人进行法治教育，必要时对加害人、受害人进行心理辅导等。"上述两个条文细化了公安机关、居委会、村委会、妇联组织、学校等有关部门协助执行的具体内容。从职责职能角度看，在监督被申请人对不作为义务的履行方面，人民法院发挥作用的空间有限，这一方面是由于人民法院的强制执行措施难以介入家庭生活内部，并实时监督。另一方面是由于人民法院内部的司法警察只是审判辅助力量，主要职责是负责维持法庭秩序，在法庭之外，无法承担打击违法犯罪行为、维护社会治安的任务，难以在人身安全保护令作出后，对相应违法行为及时予以规制。协助执行内容的具体化，可以充分发挥公安部门的职能优势，不仅可以及时出警，还能将相关情况通报给人民法院，真正实现部门联动；居委会、村委会、妇联等部门则可以发挥其在矛盾纠纷化解工作中的一线优势，在人身安全保护令有效期内定期回访，跟踪记录人身安全保护令的执行情况，发现违反人身安全保护令的行为时，可以第一时间作出反应，帮助受害人及时与人民法院、公安机关联系，切实调动各部门协同反对家庭暴力的机制活力。因此，对抢夺、藏匿未成年子女不法行为适用人身安全保护令等制度，可以更好地实现后续监管，减少不法行为人再犯的可能。

四是可以对违反禁令者依法惩戒。立法将违反保护令的行为定罪，可以达到促进保护令执行，震慑不法行为人的目的。《反家庭暴力法》第 34 条规定："被申请人违反人身安全保护令，构成犯罪的，依法追究刑事责任；尚不构成犯罪的，人民法院应当给予训诫，可以根据情节轻重处以一千元以下罚款、十五日以下拘留。"根据该规定，实施抢夺、藏匿未成年子女行为一方违反人身安全保护令时，人民法院依据其违反行为轻重依法予以惩戒，对实施不法行为一方直接施加惩罚措施，可以使其对禁令更加保持敬畏之心。同时，本解释第 13 条和第 14 条也作出配套规定。其中，第 13 条明确，在没有离婚的情况下，根据当事人请求，人民法院可以在监护权纠纷中暂时确定未成年子女抚养事宜。第 14 条明确，在离婚纠纷中确定未成年子女由哪一方直接抚养时，将抢夺、藏匿未成年子女行为作为不利因素，优先考虑由另一方直接抚养。当然，在司法审判中，法官一般会通过家事调查、心理评估、走访等方式全面了解各种情况，根据最有利于未成年子女的原则，综合各种因素判断未成年子女由哪一方直接抚养更为适宜，具体考量因素包括子女的个人意愿、年龄、性别、与双方的情感依赖程度、双方经济状况等，而非仅根据是否存在抢夺、藏匿未成年子女行为来判断直接抚养权的归属。但是，第 13 条、第 14 条规定的出台，可以明确人民法院将抢夺、藏匿行为作为负面考量因素的司法态度，避免一方当事人企图通过这种行为使孩子远离另一方的监护，将"不法状态合法化"。

四、对抗辩的处理

基于家庭纠纷的复杂性，如果父母一方存在赌博、吸毒、家庭暴力等严重侵害未成年子女利益的情况，另一方将孩子紧急带离的，严格来说，这种带离行为并不属于法律禁止的“抢夺、藏匿”行为，而是属于一种自助行为。从保护人身安全紧迫性的角度看，不宜从法律上对该行为一律予以否认。但为了避免当事人滥用该抗辩，本条第2款参照《民法典》第1177条规定精神，规定：“抢夺、藏匿未成年子女一方以另一方存在赌博、吸毒、家庭暴力等严重侵害未成年子女合法权益情形，主张其抢夺、藏匿行为有合理事由的，人民法院应当告知其依法通过撤销监护人资格、中止探望或者变更抚养关系等途径解决。当事人对其上述主张未提供证据证明且未在合理期限内提出相关请求的，人民法院依照前款规定处理。”具体可以从以下方面理解。

一是该抗辩仅适用于另一方存在赌博、吸毒、家庭暴力等严重侵害未成年子女合法权益的情形。一方将孩子私自带离，会影响另一方监护权等权利的实现，因此，必须有更高于、更优于另一方履行监护职责产生的权利的法益。赌博、吸毒均属于恶习，家庭暴力直接威胁到未成年子女的身心健康，均属于必要、紧迫的情形。设置兜底性条款，可以容纳更多其他严重侵害未成年子女合法权益情形，有利于人民法院依据个案案情作出裁量。

二是抗辩时需提供相应证据。为防止有人滥用该抗辩以实现不法目的，抗辩人需就另一方存在赌博、吸毒、家庭暴力等严重侵害未成年子女权益的情形提供证据。当然，由于可能存在突发情况，抗辩人难以提供完整、充分的证据，故对其证据的证明力不作过高要求，能初步证明其抗辩即可。比如，抗辩人可以提供照片、视频、录音等可以直接证明发生严重侵害未成年子女权益情形的证据，也可以提供医院诊疗记录、报警或出警记录等，以证明严重侵害未成年子女权益的情形客观存在，必须紧急自救。

三是需要公权力机关作出确认。即使一方实施带离行为是出于保护未成年子女合法权益的正当目的，但带离行为本身仍属于私力救济，该行为并不能真正解决问题根源，亦不足以对抗另一方长期履行监护职责的权利。因此，必须通过法律规定的途径，在得到公权力机关的确认后，才能真正实现其目的。一方如果认为另一方不能履行监护职责，可以向人民法院申请撤销监护人资格、中止探望或者变更抚养关系等，通过这种方式暂时或长期减少另一方对未成年子女施加的不良影响。人民法院在一方抗辩其带离孩子有合理事由时，应当主动告知当事人通过法律途径解决，并给予其一定合理期限。当事人未就其抗辩事由提交相应证据，在人民法院依法告知后亦未通过上述途径提起相应申请的，人民法院应按照抢夺、藏匿未成年子女行为签发禁令。

【实务问题】

一、申请人身安全保护令或者人格权侵害禁令是否必须提起离婚诉讼

人身安全保护令或者人格权侵害禁令是及时快速制止不法行为的紧急措施，不以提起离婚诉讼为前提。抢夺、藏匿未成年子女的行为可能发生在离婚诉讼过程中或者离婚后，也可能发生在夫妻双方分居期间，人民法院签发禁令的目的是使父母与子女间的权利义务恢复到正常状态，而非对相关纠纷进行实质性处理。因此，人民法院是否签发禁令与当事人是否处于或者即将提起离婚诉讼没有必然联系。

二、申请人身安全保护令和人格权侵害禁令是否有区别

如前所述，人身安全保护令实质上是人格权侵害禁令在婚姻家庭领域的特殊形式，在对抢夺、藏匿未成年子女行为的规制方面，两者的目的是相同的，择其一适用即可。如果所在省市已经出台《反家庭暴力法实施条例》等地方立法，可以直接适用相关规定。目前，从程序完善性的角度看，因人身安全保护令制度有相关的司法解释，其中对于选择特别程序、具体审查时间、复议、执行等均有较为完善的规定，法律依据更为明确和直接，便于适用。

三、抢夺、藏匿未成年子女行为已经发生较长时间，是否还可以申请人身安全保护令和人格权侵害禁令

受我国传统婚姻家庭观念影响，被抢夺一方可能先通过自行沟通、找中间人调解、向妇联或者居委会等组织寻求帮助等途径解决，以免公权力机关的介入激化矛盾。在此过程中，还可能会有孩子暂时被送回身边一段时间后又被带走，或者被抢夺一方可以通过视频、电话等方式与孩子保持一定联系等多种情况，因此，被抢夺一方未必能在抢夺、藏匿行为发生后的第一时间申请人民法院出具禁令。人民法院在审查相关事实时，如果发现申请人所主张的抢夺、藏匿行为早已发生或是已经持续一段时间，应当要求申请人进行合理解释，并结合其他

在案证据对相关事实作出认定，符合本条规定的，应当依法签发人身安全保护令或者人格权行为禁令。但需要注意的是，可能存在部分当事人为在离婚中获得孩子的直接抚养权而临时提出申请，并主张抢夺、藏匿行为早已发生，人民法院需结合在案证据严格审查，避免该制度沦为部分当事人谋取利益的工具。

四、其他可以申请撤销监护人资格的情形

父母一方除赌博、吸毒、家庭暴力外，还存在其他怠于履行义务情形等导致严重侵害未成年子女合法权益的，如果另一方及近亲属亦无法履行监护职责的，民政部门有权申请撤销监护人资格，并请求法院指定民政部门作为监护人。如在乐山市市中区民政局申请撤销谢某监护人资格纠纷案①中，谢某非婚生育一女李某某（父亲不详）后，因涉嫌贩毒被判处有期徒刑四年。服刑期间，谢某书面委托区民政局代为监护照料李某某。乐山市市中区公安分局、区民政局转托乐山市儿童福利院代养，并签订代养协议，相关费用由区民政局承担。刑满释放后，谢某所在的区民政局、街道及社区工作人员多次做谢某及其父母的思想工作，要求将李某某领回家监护养育，谢某及其父母均表示无力抚养，谢某还向区民政局出具了声明，载明其自愿放弃对李某某的抚养权。为有利于李某某的健康成长，区民政局根据《民法典》的相关规定申请撤销谢某为其非婚生女李某某的监护人资格，并申请指定区民政局为李某某的监护人。人民法院考虑到未成年人的监护人长期怠于履行义务，导致未成年人缺乏生活关怀、处于危困状态的，符合《民法典》规定的撤销监护人资格的情形，遂判决撤销谢某为李某某的监护人的资格，并指定乐山市市中区民政局为李某某的监护人。

【典型案例】

1. 蔡某某申请人身安全保护令案②

——未成年子女被暴力抢夺、藏匿或者目睹父母一方对另一方实施家庭暴力的，可以申请人身安全保护令

【基本案情】

2022年3月，蔡某与唐某某（女）离婚纠纷案一审判决婚生子蔡某某由

---

① 入库编号：2024-07-2-026-001。

② 2023年最高人民法院发布的第二批反家庭暴力典型案例之一。

唐某某抚养，蔡某不服提起上诉，并在上诉期内将蔡某某带走。后该案二审维持一审判决，但蔡某仍拒不履行，经多次强制执行未果。2023 年 4 月，经法院、心理咨询师等多方共同努力，蔡某将蔡某某交给唐某某。蔡某某因与母亲分开多日极度缺乏安全感，自 2023 年 5 月起接受心理治疗。2023 年 5 月，蔡某到唐某某处要求带走蔡某某，唐某某未予准许，为此双方发生争执。蔡某不顾蔡某某的哭喊劝阻，殴打唐某某并造成蔡某某面部受伤。蔡某某因此次抢夺事件身心受到极大伤害，情绪不稳，害怕上学、出门，害怕被蔡某抢走。为保护蔡某某人身安全不受威胁，唐某某代蔡某某向人民法院申请人身安全保护令。

【裁判理由】

人民法院经审查认为，国家禁止任何形式的家庭暴力。家庭暴力，是指家庭成员之间以殴打、捆绑、残害、限制人身自由以及经常性谩骂、恐吓等方式实施的身体、精神等侵害行为。当事人因遭受家庭暴力或者面临家庭暴力的现实危险，向人民法院申请人身安全保护令，人民法院应当受理。蔡某某在父母离婚后，经法院依法判决，由母亲唐某某直接抚养。蔡某在探望时采用暴力方式抢夺蔡某某，并当着蔡某某的面殴打其母亲唐某某，对蔡某某的身体和精神造成了侵害，属于家庭暴力。故依法裁定：一、禁止被申请人蔡某以电话、短信、即时通讯工具、电子邮件等方式侮辱、诽谤、威胁申请人蔡某某及其相关近亲属；二、禁止被申请人蔡某在申请人蔡某某及其相关近亲属的住所、学校、工作单位等经常出入场所的一定范围内从事可能影响申请人蔡某某及其相关近亲属正常生活、学习、工作的活动。

【典型意义】

抢夺、藏匿未成年子女行为不仅侵害了父母另一方对子女依法享有的抚养、教育、保护的权利，而且严重损害未成年子女身心健康，应当坚决预防和制止。《未成年人保护法》第 24 条明确规定，不得以抢夺、藏匿未成年子女等方式争夺抚养权。本案中，孩子先是被暴力抢夺、藏匿长期无法与母亲相见，后又目睹父亲不顾劝阻暴力殴打母亲，自己也因此连带受伤，产生严重心理创伤。尽管父亲的暴力殴打对象并不是孩子，抢夺行为亦与典型的身体、精神侵害存在差别。但考虑到孩子作为目击者，其所遭受的身体、精神侵害与父亲的家庭暴力行为直接相关，应当认定其为家庭暴力行为的受害人。人民法院在充分听取专业人员分析意见的基础上，认定被申请人的暴力抢夺行为对申请人产生了身体及精神侵害，依法签发人身安全保护令，并安排心理辅导师对申请人进行长期心理疏导，对审理类似案件具有借鉴意义。

2. 颜某某申请人格权侵害禁令案[①]

——父母一方或者其近亲属等抢夺、藏匿未成年子女，另一方向人民法院申请人格权侵害禁令的，人民法院应予支持

【基本案情】

2015年，颜某某与罗某某（男）登记结婚。2022年7月，颜某某生育双胞胎子女罗大某（男）、罗小某（女）。罗大某、罗小某出生后，与颜某某、罗某某共同生活居住在A省。因家庭矛盾未能得到有效调和，2024年3月，罗某某及其父母、妹妹等人将罗大某强行带离上述住所并带至B省。此后，罗大某与罗某某的父母在B省共同生活居住。经多次沟通，罗某某均拒绝将罗大某送回。颜某某遂提起本案申请，请求法院裁定罗某某将罗大某送回原住所并禁止罗某某抢夺、藏匿未成年子女。

【裁判理由】

审理法院认为，父母对未成年子女抚养、教育和保护的权利是一种重要的身份权，抢夺行为严重侵害未成年子女的人格权益和父母另一方因履行监护职责产生的权利。颜某某以其对儿子罗大某的监护权受到侵害为由向人民法院申请禁令，人民法院依法应予受理并可以参照《民法典》第997条的规定进行审查。因抢夺子女形成的抚养状态，是一种非法的事实状态，不因时间的持续而合法化。该抢夺子女的行为强行改变未成年子女惯常的生活环境和亲人陪伴，不利于未成年人身心健康，严重伤害父母子女之间的亲子关系。人民法院裁定罗某某自收到裁定之日起7日内将罗大某送回原住所，并禁止罗某某实施抢夺、藏匿子女或擅自将子女带离住所等侵害颜某某监护权的行为。本案裁定发出后，人民法院组织对双方当事人开展家庭教育指导，并现场督促罗某某购买车票将罗大某从B省接回A省。

【典型意义】

解决分居状态下抢夺、藏匿未成年子女问题的前提是及时快速制止不法行为，尽量减少对未成年人的伤害。签发人格权侵害禁令，可以进行事先预防性保护，避免权利主体受到难以弥补的损害。《民法典》第1001条规定，对自然人因婚姻家庭关系等产生的身份权利的保护，在相关法律没有规定的

---

① 2025年最高人民法院发布的涉婚姻家庭纠纷典型案例之一。

情况下，可以根据其性质参照适用人格权保护的有关规定。父母对未成年子女抚养、教育和保护的权利是一种重要的身份权，人民法院针对抢夺、藏匿未成年子女行为参照适用《民法典》第997条规定签发禁令，能够快速让未成年子女恢复到原来的生活状态，是人格权保护事先预防大于事后赔偿基本理念的具体体现，对不法行为形成有力的法律震慑。

【条文】

第十三条

夫妻分居期间，一方或者其近亲属等抢夺、藏匿未成年子女，致使另一方无法履行监护职责，另一方请求行为人承担民事责任的，人民法院可以参照适用民法典第一千零八十四条关于离婚后子女抚养的有关规定，暂时确定未成年子女的抚养事宜，并明确暂时直接抚养未成年子女一方有协助另一方履行监护职责的义务。

【条文主旨】

本条是关于抢夺、藏匿未成年子女民事责任的规定。

【条文概览】

父母对未成年子女负有抚养、教育和保护的义务，是未成年子女的监护人。一方抢夺、藏匿未成年子女使另一方无法与未成年子女交往，进而无法进行抚养、教育、保护，侵害了其依法履行监护职责产生的权利。根据《民事案件案由规定》，监护权纠纷是指因行使监护权而发生的民事争议，主要是监护权人认为其依法行使的监护权被他人侵害时所引发的纠纷。此种情况下，夫妻另外一方以监护权纠纷为由提起诉讼的，人民法院应予受理并依法裁判。对于具体的责任形式，根据《民法典》第179条规定，承担民事责任的方式主要有停止侵害、排除妨碍、赔偿损失、赔礼道歉等，上述方式可以单独适用，也可以合并适用。在抢夺、藏匿未成年子女的情况下，一般当事人提起此类诉讼的主要目的是明确分居期间孩子暂由哪一方直接抚养。参照适用《民法典》第1084条关于离婚后子女抚养的有关规定，暂时确定未成年子女的抚养事宜，实际上是停止侵害、排除妨碍等民事责任方式在此类纠纷中的具体化，有助于更准确地指导审判实践。同时，根据《民法典》第1058条规定，夫妻双方平等享有对未成年子女抚养、教育和保护的权利，共同承担对未成年子女抚养、教育和保护的义务。为平等保护父母双方权益，参照离婚后不直接抚养子女一方有探望权利的规定，暂时确定未成年子女抚养事宜的同时，明确直接抚养未成年子女一方有协助另一方履行监护职责的义务。

【理解与适用】

未成年人是国家的未来、民族的希望。《民法典》第 1084 条第 3 款规定，离婚后，不满 2 周岁的子女，以由母亲直接抚养为原则。已满 2 周岁的子女，父母双方对抚养问题协议不成的，由人民法院根据双方的具体情况，按照最有利于未成年子女的原则判决。子女已满 8 周岁的，应当尊重其真实意愿。新修订的《未成年人保护法》明确规定应当“坚持最有利于未成年人的原则”“给予未成年人特殊、优先保护”。该法第 24 条特别规定，不得以抢夺、藏匿未成年子女等方式争夺抚养权。但该条规定较为原则，没有相应的惩戒措施或法律后果，难以起到震慑作用，加之当事人法律意识淡薄，离异家庭子女抚养探望监督保护机制不健全，抢夺、藏匿未成年子女问题仍无法得到完全解决。近年来，分居或者离婚期间抢夺、藏匿未成年子女现象呈现出日益增长的趋势，由此引发一系列社会问题，严重影响未成年子女的健康成长。本条规定从司法实践角度，为贯彻落实《民法典》和《未成年人保护法》的规定提出了应对方法。

《民法典》第 1058 条规定：“夫妻双方平等享有对未成年子女抚养、教育和保护的权利，共同承担对未成年子女抚养、教育和保护的义务。”第 1084 条第 1 款规定：“父母与子女间的关系，不因父母离婚而消除。离婚后，子女无论由父或者母直接抚养，仍是父母双方的子女。”《妇女权益保障法》第 70 条第 1 款规定：“父母双方对未成年子女享有平等的监护权。”基于上述规定，父母双方享有平等的抚养、教育、保护的权利义务，双方因为共同责任而被联系在一起，相互协调一致地为子女利益依法履行监护职责，双方都有义务协助对方履行该义务，以共同实现未成年子女利益最大化的目标。父母分居或离婚会严重影响未成年子女，子女赖以成长的生活环境趋于分裂。他们至少要面临失去父母一方的危险，只能通过探望权继续保持联系。父母应在充分体谅的基础上互相配合，使子女和父母双方继续保持联系，否则可能会严重损害子女的利益。[①]

一、分居或离婚诉讼期间抢夺、藏匿未成年子女的表现、危害

近年来，抢夺、藏匿未成年子女的问题比较突出，发生在离婚诉讼前、

① 王丹：《抢夺、藏匿未成年子女法律问题研究》，载《法律适用》2024 年第 1 期。

诉讼中以及离婚后的情况都有。抢夺、藏匿未成年子女的原因各异：有的父母一方把未成年子女藏匿起来，造成子女是由自己直接抚养或者由自己的父母代为照护的事实，以此作为与子女共同生活时间较长的证据来争夺抚养权；有的父母一方把未成年子女藏匿起来是为了让对方撤回离婚诉讼或者达到同意离婚的目的；有的父母一方是因为经济条件相对较差，担心争取抚养权会对自己不利，于是将未成年子女抢走后藏匿。父母享有对未成年子女抚养、教育、保护的权利，但是行使该权利应当从保护未成年子女的利益出发，通过合法的手段来实现。以抢夺、藏匿未成年子女等方式抢夺抚养权，人为阻断未成年子女与父母一方的血肉亲情，会导致未成年子女在成长过程中缺乏父爱或者母爱，造成情感缺失的精神伤害。为了躲避另一方的寻找，不少情况下，抢夺、藏匿未成年子女一方会让未成年子女处于隐秘、动荡的生活环境中，甚至让未成年子女退学、转学等。长期居无定所的生活加剧了未成年子女的不安全感，并使其极易产生焦虑、恐惧等情绪，严重影响未成年子女的健康成长。未成年子女不是父母任何一方的私有财富，父母不能为了满足自己的需求，强行绑架未成年子女的感情，将未成年子女作为达到自己目的的筹码。

从当前司法实践看，分居或离婚诉讼期间抢夺、藏匿未成年子女的主要情形是将未成年子女带离现居住地或藏匿。根据离婚纠纷案件大数据分析，婚龄1～4年为离婚高峰阶段，而这一阶段未成年子女的年龄一般在0～3岁。父母离婚导致未成年子女抚养方式发生变化，由过去的双方共同抚养变为夫妻一方抚养、另一方给付抚养费并进行探望。有些当事人不能正确看待此种抚养方式的变化，将未成年子女视为自家传宗接代的“私有财产”，意图通过该种违法方式造成既成事实，以便在离婚纠纷确定直接抚养中占得先机。也有些是父母双方基于自身恩怨和情感纠葛，通过此种方式泄愤、惩罚对方或者在是否离婚、分割夫妻共同财产时将未成年子女作为工具和砝码。基于上述种种情形，在分居或离婚诉讼期间，一方自己或伙同其近亲属抢夺、藏匿未成年子女，导致对方无法接触未成年子女，造成未成年子女与藏匿方共同生活时间长久的假象。也因为该种违法行为在一定时间内得不到纠正，子女已成长至2周岁，从而架空《民法典》第1084条关于夫妻离婚后，不满2周岁的子女，以由母亲直接抚养为原则的规定。未成年子女的健康成长既需要父爱也需要母爱，这是未成年子女作为独立个体享有的基本人格权益。抢夺、藏匿未成年子女虽然形式上是父母双方的对抗，但《未成年人保护法》之所以对此专门予以规制，在于该行为侵害了未成年子女的利益。只是未成年人的利益诉求表达很难为社会公众知悉。有些未成年子女因长期被藏匿和辗转各地，被迫颠沛流离，居无定所，他们无法得到正常的生活和教育，随之而来的心理障碍、缺乏安全感都将影响他们的一生。有的父母抢夺、藏匿未成年子女后，无心无力照料造成其健康隐患；有的未成年子女成为留守儿童；有的给未成年子女灌输仇视对方的思想，不能正确看待与父母的关系，而另一方因无法见到孩子备受煎熬，也可能作出过激的行为，加剧矛盾纠纷，使得未成年子女的身心健康进一步受到损害。此外，因抢夺、藏匿未成年子女造成既成共同生活事实，也使法院在离婚纠纷确定直接抚养权时审理难度加大。

二、抢夺、藏匿未成年子女应当承担的民事责任

抢夺、藏匿未成年子女不是简单的家庭纠纷，而是一种严重侵害未成年子女人格权益和父母另一方监护权的违法行为，甚至有可能构成犯罪。现行法律对抢夺、藏匿未成年子女的侵权责任无明确规定，司法实践中也很少有追究刑事责任的实例。针对抢夺、藏匿未成年子女问题，实践中虽然在个别案件上有所突破，但尚未形成严密的法律保护机制。现实生活中，因双方尚未离婚，故即使被抢夺方报警，公安部门也一般将此当作家庭矛盾处理，而不是强制要求对方必须把未成年子女交出。在分居期间，一方将未成年子女抢夺、藏匿，致使另一方无法直接行使教育、保护权利。对此，另一方可以提起离婚诉讼。但如果不愿意起诉离婚的，如何保护其权益，是实践难点。

根据《民法典》第 26 条和第 27 条规定，父母对未成年子女负有抚养、教育和保护的义务，是未成年子女的监护人。一方抢夺、藏匿未成年子女的，侵害了另一方履行监护职责产生的权利，可以监护权纠纷作为案由。监护权纠纷是指因行使监护权而发生的民事争议，主要是监护权人认为其依法行使的监护权被他人侵害时所引发的纠纷。“实践中，往往会出现没有监护权的人越过监护权人从事这些行为，可能形成对监护权的侵犯；也有可能出现监护人不履行监护职责，或者侵害了被监护人的合法权益的情形。因此形成纠纷，诉至法院的，均可以确定为监护权纠纷。”① 根据《民法典》第 34

① 杨万明主编：《最高人民法院新民事案件案由规定理解与适用》（上），人民法院出版社 2021 年版，第 125 页。

条之规定，监护人依法履行监护职责产生的权利，应依法予以保护。同时，如果监护人不履行监护职责或者存在侵害被监护人合法权益情形的，亦应当承担相应的法律责任。如前所述，在一方抢夺、藏匿未成年子女使其无法与未成年子女交往，进而无法进行抚养、教育、保护的情况下，一方面侵害了父母一方的监护权，同时，因强制未成年子女不与父母另一方交往，也侵害了被监护人的合法权益。此种情况下，夫妻另外一方以监护权纠纷为由提起诉讼的，人民法院应当依法受理并依法裁判。

对于侵害监护权应当承担的民事责任。根据《民法典》第 1001 条之规定，对自然人因婚姻家庭关系等产生的身份权利的保护，如果总则编、婚姻家庭编和其他法律没有规定的，可以参照适用人格权保护的有关规定。《民法典》第 995 条明确规定，人格权受到侵害的，受害人有权依照本法和其他法律的规定请求行为人承担民事责任。从性质上说，抢夺、藏匿未成年子女，使得父或母一方无法行使监护权的，应当属于侵权行为，当事人以监护权纠纷提起诉讼请求侵权人承担民事责任的，可以参照《民法典》的上述规定处理。

对于具体的责任形式，根据《民法典》第 179 条之规定，在抢夺、藏匿未成年子女的情况下，行为方承担民事责任的方式可以包括停止侵害、排除妨碍、赔偿损失、赔礼道歉等，上述方式可以单独适用，也可以合并适用。（1）停止侵害，即一方实施的抢夺、藏匿未成年子女行为仍在继续中，行为人应当立即停止侵害行为。对于任何正在实施违法行为的不法行为人都可以适用这种民事责任方式。停止侵害的主要作用在于能够及时制止侵害行为，防止扩大侵害后果。（2）排除妨碍，即一方实施的抢夺、藏匿未成年子女行为使对方无法行使或者不能正常行使监护权的，受害人可以要求行为人排除妨碍权利实施的障碍。行为人不排除妨碍时，受害人可以请求人民法院责令其排除妨碍。（3）赔偿损失，即实施抢夺、藏匿未成年子女行为的一方向受害人支付一定数额的金钱以弥补其损失。“有损害必有救济”的核心在于损害赔偿，使受到损害的权利得到救济，使受害人能恢复到未受到损害前的状态。赔偿损失包括财产损害赔偿、人身损害赔偿和精神损害赔偿三种。（4）赔礼道歉，即实施抢夺、藏匿未成年子女行为的一方向受害人承认错误，表示歉意，以求得受害人原谅。在此类案件中，有的受害人并不需要金钱赔偿，而是需要加害人的赔礼道歉，以满足人格尊严或者实现心理安慰的需求。实施抢夺、藏匿未成年子女行为的一方拒不执行赔礼道歉民事责任的，人民法院可以依据案件的实际情况来确定具体的赔礼道歉方式，相关费用由其承担。以上承担民事责任的方式，既可以单独采用一种方式，也可以采用多种方式。至于什么情况下单独适用、什么情况下合并适用，需要根据案件具体情况并依据有关法律、司法解释的具体规定来确定，其最终目的是满足充分救济受害人的需要。适用民事责任承担方式应当掌握的原则是，如果适用一种责任方式不足以保护权利人的权利时，就应当同时适用其他的责任方式。

同时，根据《最高人民法院关于确定民事侵权精神损害赔偿责任若干问题的解释》第 2 条之规定，非法使被监护人脱离监护，导致亲子关系或者近亲属间的亲属关系遭受严重损害，监护人向人民法院起诉请求赔偿精神损害的，人民法院应当依法予以受理。另一方亦应当有权请求精神损害赔偿。虽然该条一般是指监护人以外的他人侵害监护权的情形，但条文表述上并未限制侵权人的范围。因此，作为监护人之一的父或者母因履行监护职责产生的权利受到侵害时，可以将该条作为法律依据，请求精神损害赔偿。

现代社会，人格独立、自由、平等已成为社会基本的法律价值理念，以对人的支配和约束为内容的身份权，例如传统亲属法中的夫权、家长权等都不再为法律所认可。但在亲属法的范畴内，为保护亲属关系利益，法律仍然承认一定范围内基于亲属相对关系的身份权，但法律保护的重心已从对人的支配权利的保护发展演变为对特定身份关系利益（包括财产利益和人格利益）的保护。其中最具有重要性的，就是基于婚姻家庭关系产生的、内含特定的人格和精神利益的亲权以及近亲属范围内的亲属权。亲权是父母对未成年子女进行监督、保护和管教的权利，其性质属于身份权。亲权的行使虽不限于自然血亲，但其本质上是以自然血亲为基础所形成的一种特定的身份权利，亲子感情的幸福圆满是其固有的人格利益内涵。亲权作为具有特定的人格和精神利益内涵的权利，其受侵害所导致的损害通常不体现为财产损失，而主要表现为感情创伤和精神痛苦，即“非财产上的损害”。加害人因故意或重大过失侵害上述身份权利，致受害人伦理感情遭受巨大伤害的，应当赔偿受害人的精神损害。传统民法对此种情形的救济，从概念逻辑上通常是以父母对未成年子女所享有的亲权作为其权利救济类型，换言之，就是以亲权被侵害作为当事人请求权的法律基础。对身份法益被侵害时的非财产损害赔偿，着重在对身份权利内涵的人格利益也即当事人伦理感情的保护，这种保护从司法案例中最初采取“公序良俗违反类型”的保护方法，到立法将其确认为身份法益给予保护，表明法律保护在判断标准上趋于客观化，实际上强化了对身份关系内涵的人格利益的法律保护，符合当今世界加强对人格权益的立法和司法保护的时代潮流。

《民法典》对夫妻分居制度未作出规定，对于夫妻事实上分居期间子女抚养问题亦无明确规则。根据《民法典》第179条之规定，承担民事责任的方式包括停止侵害、排除妨碍、赔偿损失等，但在此类监护权纠纷诉讼的判项中如此表述，存在执行内容不明的问题。从执行效果来看，很多被执行人宁愿“牢底坐穿”也不愿意交出未成年子女。适用赔偿损失等方式可能难以促使被执行人及时履行交出未成年子女的义务，反而会增加时间成本。且实践中，一般当事人提起此类侵害监护权诉讼的主要目的是明确分居期间孩子暂由哪一方直接抚养，因此，本条基于此类纠纷的特殊性，对于停止侵害、排除妨碍等监护权纠纷的民事责任参照适用最相类似的《民法典》第1084条之规定，在具体责任形式上进行细化。确定未成年子女由其中一方直接抚养，并协助另一方履行监护职责，实际上即实现了停止侵害、排除妨碍的目的。

三、如何参照《民法典》第1084条之规定暂时确定未成年子女的抚养事宜

《民法典》第1084条是关于离婚后父母子女关系、父母对子女的权利义务以及子女由哪一方直接抚养等问题的规定。该条第1款、第2款明确了父母离婚不影响父母子女之间的权利义务关系。其立法目的在于明确父母对子女的监护职责，从而使子女的合法权益不因父母离婚而受到损害。该条第3款在《最高人民法院关于审理离婚案件处理子女抚养问题的若干具体意见》规定基础上，对离婚后子女由谁直接抚养进行了归纳提炼，并提出了“最有利于未成年子女”的原则。

夫妻关系可因结婚而形成，也可因离婚而解除，但父母子女关系不能消除，这是由夫妻关系与父母子女关系的不同性质决定的。夫妻身份关系源于婚姻关系，婚姻关系解除则夫妻关系消灭；而父母子女关系是基于子女出生或收养形成的血亲关系，不会因父母婚姻关系的消灭而受到影响。对未成年子女进行抚养，是指父母应当保障和满足未成年子女的基本生活和教育需求。抚养子女，最基本的一点就是要为子女提供生存、生活的费用和居所。父母抚养未成年子女是不得附加任何条件的，自子女出生至子女成年或能够独立生活，父母均享有抚养子女的权利，也均负有抚养子女的义务。在抚养

子女的问题上，父母双方的权利义务是平等的。但是这种平等指的是权利能力上的平等，并不等于父和母在抚养子女时所付出的时间、金钱、精力等是完全相同的。实际上，由于个人经历和生理条件的不同，父和母也不可能在经济收入、知识阅历、身体精力等方面完全对等，这里只是赋予双方一个平等抚养子女的机会。

在婚姻关系存续期间，共同生活的事实使得父母均可直接抚养子女，而离婚分居后，必然只有一方才能直接抚养子女，另一方则需通过其他方式间接抚养。但是，未成年子女不论是由父亲还是母亲直接抚养，仍是父母双方的子女。父母是未成年子女的法定监护人，有保护被监护人的身体健康、照顾被监护人的生活、管理和教育被监护人的法定职责。父母离婚分居后，未成年子女不能与父母双方共同生活在一起的事实，只是表明父母抚养未成年子女的方式发生了改变，但父母抚养、教育、保护未成年子女的权利义务仍然存在。抚养、教育和保护未成年子女，既是父母的权利也是父母的义务。“抚养”，是指父母从物质上、经济上、生活上对子女的养育，包括未成年子女的生活费、教育费、医疗费的负担和日常生活的照料。“教育”，是指父母在思想、品德、学业等方面对未成年子女的全面培养和管理教育。父母没有管教好未成年子女，未成年子女造成他人损害的，父母要承担赔偿责任。“保护”，是指父母有保护未成年子女身心健康和其他合法权益不受侵害的权利和义务，以防止和排除来自自然界的损害和来自他人的侵害。

本条之所以没有使用“协助另一方探望”的表述，主要考虑是，本条适用的情形是夫妻分居期间，尚未离婚，而根据《民法典》第1086条规定，探望权行使的前提是夫妻离婚后。但是，不管双方是否离婚，父母对未成年子女均需要履行监护职责，故本条表述为“有协助另一方履行监护职责的义务”。本条虽未表述为“探望”，但法律效果是基本一致的。

儿童最大利益原则是解决抚养纠纷的基本价值取向。在暂时确定分居期间未成年子女抚养事宜时，仍应依据“最有利于未成年子女”的原则予以认定。本条规定的直接抚养只是与未成年子女一起生活的权利，不直接抚养子女的一方并没有失去对未成年子女的监护权，不管未成年子女由哪一方直接抚养，父母子女之间的权利义务都没有改变。在夫妻分居期间，不与未成年子女共同生活的父母一方对子女实际上是在间接抚养，间接抚养主要通过为未成年子女提供生活、教育、医疗等费用以及定期或不定期探望来实现。如果直接抚养未成年子女的一方作出侵犯子女合法权益的行为，另一方也有权替未成年子女维权，甚至要求变更直接抚养权。暂时直接抚养未成年子女一方有协助另一方履行监护职责的义务。

需注意的是，本条规定的是夫妻分居期间，暂时确定未成年子女的抚养事宜。如果父母在分居后无法修复关系，最终选择离婚，在确定直接抚养权归属时，应依据《民法典》第1084条第3款之规定，从保护未成年子女权益的角度出发，确定父母离婚时未成年子女的抚养权归属问题。

【实务问题】

一、具体案件中如何贯彻“最有利于未成年人原则”

《民法典》首次明确规定“最有利于未成年子女”原则，这既是《儿童权利公约》“儿童利益最大化原则”的体现，也是解释和适用儿童相关权益规定的基本指向。该原则是贯穿国家、社会以及家庭三者的红线，既能引导社会观念、国家政策和法律以及家庭关系站在未成年角度，以实现最有利于未成年子女利益为目标，也能为保护未成年子女建立完善的制度和救济途径。“最有利于未成年子女”是婚姻家庭关系的基本原则，既是司法解决离婚后父母对未成年子女直接抚养问题的基准，也是法院自由裁量权的准则。但法院要解决的问题是“在什么情况下，才是最有利于未成年子女的利益”①，这也是人民法院处理关于涉及未成年子女纠纷的出发点和落脚点。在处理相关纠纷中，一般可以通过家事调查、心理评估、走访等方式全面了解各种情况，了解当事人的核心诉求，查明未成年子女的真实生活状态，综合各种因素判断未成年子女由哪一方直接抚养更为适宜，具体考量因素包括子女的个人意愿、年龄、性别、与双方的情感依赖程度、双方经济状况等。

二、监护权纠纷与离婚纠纷如何协调处理

为最大限度保护当事人权益，填补夫妻分居期间未成年子女抚养问题的法律漏洞，本条利用参照适用的法解释方法予以细化规定。但是，实践中，当事人并非必须通过本条解决相关纠纷。如果夫妻双方感情确已破裂，可以直接提起离婚纠纷，以终局性地解决未成年子女抚养问题。在当事人同时提起监护权纠纷和离婚纠纷的情况下，也可以向当事人释明，撤回关于监护权

① 夏吟兰：《民法典未成年人监护立法体例辩思》，载《法学家》2018年第4期。

纠纷的起诉，直接在离婚纠纷中一并解决。如果离婚纠纷中因为夫妻共同财产查明等问题需要较长时间的，也可以尝试先行判决，以实现当事人在监护权纠纷中的诉讼目的，最大限度减少当事人诉累。

【典型案例】

指导性案例228号：张某诉李某、刘某监护权纠纷案

【裁判要点】

1. 在夫妻双方分居期间，一方或者其近亲属擅自带走未成年子女，致使另一方无法与未成年子女相见的，构成对另一方因履行监护职责所产生的权利的侵害。

2. 对夫妻双方分居期间的监护权纠纷，人民法院可以参照适用《民法典》关于离婚后子女抚养的有关规定，暂时确定未成年子女的抚养事宜，并明确暂时直接抚养未成年子女的一方有协助对方履行监护职责的义务。

【基本案情】

张某（女）与李某于2019年5月登记结婚，婚后在河北省保定市某社区居住。双方于2020年11月生育一女，取名李某某。2021年4月19日起，张某与李某开始分居，后协议离婚未果。同年7月7日，李某某之父李某及祖母刘某在未经李某某之母张某允许的情况下擅自将李某某带走，回到河北省定州市某村。此时李某某尚在哺乳期内，张某多次要求探望均被李某拒绝。张某遂提起离婚诉讼，法院于2022年1月13日判决双方不准离婚。虽然双方婚姻关系依旧存续，但已实际分居，其间李某某与李某、刘某共同生活，张某长期未能探望孩子。2022年1月5日，张某以监护权纠纷为由提起诉讼，请求判令李某、刘某将李某某送回，并由自己依法继续行使对李某某的监护权。

河北省定州市人民法院于2022年3月22日作出民事判决：驳回原告张某的诉讼请求。宣判后，张某不服，提起上诉，河北省保定市中级人民法院于2022年7月13日作出民事判决：一、撤销河北省定州市人民法院一审民事判决；二、李某某暂由上诉人张某直接抚养；三、被上诉人李某可探望李某某，上诉人张某对被上诉人李某探望李某某予以协助配合。

【裁判理由】

本案的争议焦点是：李某某之父李某、祖母刘某擅自带走李某某的行为是否构成侵权，以及如何妥善处理夫妻双方虽处于婚姻关系存续期间但已实

际分居时，李某某的抚养监护问题。

第一，关于李某某之父李某、祖母刘某擅自带走李某某的行为是否对李某某之母张某构成侵权。《民法典》第 34 条第 2 款规定：“监护人依法履行监护职责产生的权利，受法律保护。”第 1058 条规定：“夫妻双方平等享有对未成年子女抚养、教育和保护的权利，共同承担对未成年子女抚养、教育和保护的义务。”父母是未成年子女的监护人，双方平等享有对未成年子女抚养、教育和保护的权利。本案中，李某、刘某擅自将尚在哺乳期的李某某带走，并拒绝将李某某送回张某身边，致使张某长期不能探望孩子，亦导致李某某被迫中断母乳、无法得到母亲的呵护。李某和刘某的行为不仅不利于未成年人身心健康，也构成对张某因履行监护职责所产生的权利的侵害。一审法院以张某没有证据证明李某未抚养保护好李某某为由，判决驳回诉讼请求，系适用法律不当。

第二，关于婚姻关系存续期间，李某某的抚养监护应当如何处理。本案中，李某某自出生起直至被父亲李某、祖母刘某带走前，一直由其母亲张某母乳喂养，至诉前未满 2 周岁，属于低幼龄未成年人。尽管父母对孩子均有平等的监护权，但监护权的具体行使应符合最有利于被监护人的原则。现行法律和司法解释对于婚内监护权的行使虽无明确具体规定，考虑到双方当事人正处于矛盾较易激化的分居状态，为最大限度保护未成年子女的利益，参照《民法典》第 1084 条“离婚后，不满两周岁的子女，以由母亲直接抚养为原则”的规定，李某某暂由张某直接抚养为宜。张某在直接抚养李某某期间，应当对李某探望李某某给予协助配合。

【条文】

第十四条

离婚诉讼中，父母均要求直接抚养已满两周岁的未成年子女，一方有下列情形之一的，人民法院应当按照最有利于未成年子女的原则，优先考虑由另一方直接抚养：

（一）实施家庭暴力或者虐待、遗弃家庭成员；

（二）有赌博、吸毒等恶习；

（三）重婚、与他人同居或者其他严重违反夫妻忠实义务情形；

（四）抢夺、藏匿未成年子女且另一方不存在本条第一项或者第二项等严重侵害未成年子女合法权益情形；

（五）其他不利于未成年子女身心健康的情形。

【条文主旨】

本条是关于离婚时父母均要求直接抚养已满 2 周岁的未成年子女时，确定优先由另一方直接抚养情形的规定。

【条文概览】

在离婚纠纷确定子女由哪一方直接抚养时，最基本和重要的原则应当是最有利于未成年子女原则。离婚诉讼中，父母双方均要求直接抚养已满 2 周岁的未成年子女的，除需要考虑《民法典婚姻家庭编解释（一）》第 46 条和第 47 条规定的有利因素外，还需要考虑双方是否存在影响子女身心健康的不利因素。

如果一方存在实施家庭暴力或者虐待、遗弃家庭成员的行为，或者有赌博、吸毒等恶习，将会不利于未成年人健康成长，甚至严重侵害其合法权益，应作为对该方的不利因素予以考虑。

重婚、与他人同居等严重违反夫妻忠实义务行为虽伤害的是夫妻另一方的感情和合法权益，但该行为对子女情感的伤害、价值观的误导甚至再婚家庭对子女身心健康的影响都应予以考虑，将其作为对该方争夺子女抚养权时的不利因素予以考虑不仅能够保障子女合法权益，也是践行和弘扬社会主义核心价值观的体现。

抢夺、藏匿未成年子女不仅侵害了夫妻另一方对子女的平等监护权，也是严重损害未成年子女身心健康的行为，如果另一方不存在本条第 1 项或者第 2 项等严重侵害未成年子女合法权益情形的，应当在确定子女由哪一方直接抚养时作为对其不利因素予以考虑。

【理解与适用】

《民法典》第 1084 条对离婚后父母子女关系、父母对子女的权利义务以及子女直接抚养权归属问题进行了规定。父母是否离婚不影响父母与子女间的关系。离婚后，子女无论由父或者母直接抚养，父母对于子女仍有抚养、教育、保护的权利和义务。其中第 3 款规定：“离婚后，不满两周岁的子女，以由母亲直接抚养为原则。已满两周岁的子女，父母双方对抚养问题协议不成的，由人民法院根据双方的具体情况，按照最有利于未成年子女的原则判决。子女已满八周岁的，应当尊重其真实意愿。”在离婚纠纷中确定未成年子女由哪一方直接抚养时，应当以最有利于未成年子女为基本原则，结合未成年子女的年龄、性别、与父母双方的情感依赖程度、父母双方的抚养能力和抚养条件等，综合进行确定。

一、确定未成年子女直接抚养主体的基本考量

最有利于未成年子女原则，是贯穿于本法的基本原则，也是处理离婚后子女直接抚养归属问题的出发点。“儿童最大利益原则”最早由 1959 年《儿童权利宣言》确认为保护儿童权利的一项国际性指导原则，此后在相关国际公约中又多次得到重申。1989 年《儿童权利公约》发展并重新建构了《世界人权宣言》中的相关原则，特别是其中的儿童利益最大化原则得到了国际社会的普遍认同。该公约第 3 条第 1 款规定：“关于儿童的一切行动，不论是由公私社会福利机构、法院、行政当局或立法机构执行，均应以儿童的最大利益为一种首要考虑。”其核心是要尊重儿童作为权利的个体以及儿童利益必须高于成人社会之上。虽然儿童利益最大化原则在标准、具体适用中都存在模糊以及很大的不确定性，甚至和其他权利相比还会导致一定的权利冲突以及文化观念冲突，但不可否认的是，儿童利益最大化原则在国际上以及国内获得越来越多的认同。我国成为《儿童权利公约》的缔约国，儿童利益最大化原则逐渐渗入我国立法和司法领域。《民法典》总则编监护部分和婚姻家庭编离婚和收养部分均体现了最有利于未成年人（子女）原则，从而对未成年人的健康发展提

供了全方位、多角度的保护屏障。最高人民法院发布的典型案例中也体现了司法裁判者践行儿童利益最大化的理念，彰显了司法的人文关怀。

二、确定未成年子女抚养权归属的主要情形

在涉及未成年子女抚养的离婚案件中，父母所争夺的并非法律上的监护权，而是直接抚养子女的权利，即与未成年子女一起生活的权利，不直接抚养子女的一方并没有失去对未成年子女的监护权，不管未成年子女归哪一方直接抚养，父母子女之间的权利义务都没有改变。确定直接抚养方，仅仅是法律为了同时保护离婚自由和未成年子女权益而对既有家庭生活方式的重新安排，并非否定非直接抚养方与未成年子女间的权利义务关系。具体来说，不直接抚养子女的一方有权探望子女、关心子女的成长。如果直接抚养子女的一方作出侵犯子女合法权益的行为，另一方也有权替孩子维权，甚至要求变更抚养关系。最有利于未成年子女原则，要通过很多具体情况来衡量，区分不同年龄和情形，最大限度地减少父母离婚给未成年子女带来的伤害。

（一）不满 2 周岁的子女

对于不满 2 周岁的子女，该阶段的未成年子女多数还处在母乳喂养期，"母亲的照顾行为会对婴儿的发展有深远的影响。母亲温暖而敏感……有助于婴儿形成安全的依恋关系，有利于他们好奇心的培养、探索环境行为的增加以及智力的发展，有利于婴儿健全心理功能的发展"①。基于婴儿生长发育的利益考虑以及母亲与婴儿天然的联系和情感连接，原则上由母亲抚养更有利于不满 2 周岁未成年子女的健康成长，故以由母亲直接抚养为原则。同时需要明确另一方具体的探望时间、地点、方式等，依法保障其探望权。若父母双方协议不满 2 周岁的子女由父亲直接抚养，并对子女健康成长无不利影响的，人民法院可予准许。

此外，实践中出现很多母亲确实存在不适宜抚养情形时，强行由母亲直接抚养明显不利于子女成长，有违最有利于未成年子女原则。因此，《民法典婚姻家庭编解释（一）》第 44 条规定："离婚案件涉及未成年子女抚养的，对不满两周岁的子女，按照民法典第一千零八十四条第三款规定的原则处理。母亲有下列情形之一，父亲请求直接抚养的，人民法院应予支持：

① 龙翼飞：《完善婚姻家庭法律制度的新探索》，载《法学家》2008 年第 1 期。

（一）患有久治不愈的传染性疾病或者其他严重疾病，子女不宜与其共同生活；（二）有抚养条件不尽抚养义务，而父亲要求子女随其生活；（三）因其他原因，子女确不宜随母亲生活。”这里规定的其他原因，可以是母亲的经济能力及生活环境对抚养子女明显不利，或母亲的品行不端不利于子女成长，或因违法犯罪被判服刑不可能抚养子女等情形，也可以根据实际情况进行判断，在存在上述规定情形时，不满 2 周岁的子女可由父亲直接抚养。可见，由母亲直接抚养的原则和例外情形的规定，都是从不满 2 周岁子女的利益出发，以最利于其成长为原则。因《民法典》已经明确规定了不满 2 周岁的子女，以由母亲直接抚养为原则。故本条原则上不适用于不满 2 周岁的子女。但是，如果母亲存在本条规定情形，情节严重的，也可以按照最有利于未成年子女原则参照本条规定精神处理。

（二）已满 2 周岁的未成年子女

父母离婚时，首先应自行对子女直接抚养权进行协商，未成年子女由父亲直接抚养，或者由母方直接抚养，或者由父母双方轮流抚养、共同抚养，法院一般都不会干涉。当父母双方对由谁直接抚养已满 2 周岁不满 8 周岁发生争议时，法院应当进行调解，尽可能争取当事人以协议方式解决。但当父母双方对子女直接抚养事宜不能达成一致时，应坚持子女权利本位理念。《民法典婚姻家庭编解释（一）》对抚养子女的优先条件进行了规定。第 46 条规定：“对已满两周岁的未成年子女，父母均要求直接抚养，一方有下列情形之一的，可予优先考虑：（一）已做绝育手术或者因其他原因丧失生育能力；（二）子女随其生活时间较长，改变生活环境对子女健康成长明显不利；（三）无其他子女，而另一方有其他子女；（四）子女随其生活，对子女成长有利，而另一方患有久治不愈的传染性疾病或者其他严重疾病，或者有其他不利于子女身心健康的情形，不宜与子女共同生活。”第 47 条规定：“父母抚养子女的条件基本相同，双方均要求直接抚养子女，但子女单独随祖父母或者外祖父母共同生活多年，且祖父母或者外祖父母要求并且有能力帮助子女照顾孙子女或者外孙子女的，可以作为父或者母直接抚养子女的优先条件予以考虑。”即在确定子女直接抚养权时，应综合考虑父母是否丧失生育能力、父母双方是否有其他子女、子女生活环境的稳定性、祖父母或外祖父母对孙子女或外孙子女的照顾情况等情形。上述部分内容虽看似从父母角度规定，但主要宗旨仍是以保障子女的合法权益为前提和出发点，尽量保持其生活环境的稳定和连续，使未成年人在充满关爱的熟悉环境中健康成长。此外，实践中还应当考虑以下因素：(1) 未成年子女的年龄大小、性别、人数及健康情况；(2) 子女的真实意愿以及人格发展的实际需要；(3) 父母双方的年龄、职业状况、道德品行、个人素质、健康情况、家庭环境、经济负担能力及生活状况；(4) 父母子女间的感情状况、陪伴时间长短、陪伴质量状况等。

在从正面角度考虑子女抚养权归属问题的同时，也需要从反面角度明确，如存在不利于未成年人的客观事实时，应否定一方享有直接抚养权，即否定事由是排除因素。和睦文明的家庭环境有利于未成年人形成良好的人格，使未成年人受益终身。不良的家庭氛围则会影响孩子思想理念的形成，造成扭曲极端的性格，甚至加大未成年人犯罪的概率。父母一方有家暴、吸毒、赌博、嫖娼等恶习可能对孩子的成长产生长远且不可逆的负面影响，在不良家庭氛围中长大的孩子，可能缺乏阳光心态，对社会和家庭感到冷漠悲观，甚至误入犯罪歧途。故本条规定父母一方存在下列五种情形之一的，应当按照最有利于未成年子女的原则，优先考虑由另一方直接抚养。

1. 实施家庭暴力或者虐待、遗弃家庭成员。

根据《反家庭暴力法》第 2 条规定，家庭暴力，是指家庭成员之间以殴打、捆绑、残害、限制人身自由以及经常性谩骂、恐吓等方式实施的身体、精神等侵害行为。家庭暴力是家庭成员之间的严重侵害行为，即使未成年子女本人未直接遭受家庭暴力，但生活在暴力环境中并目睹施暴的过程也会对其内心造成长久的心理创伤，因而也是家庭暴力的间接受害者。同时也存在家庭教育中以暴力方式管教儿童的情形，主要表现为对受害人进行侮辱、谩骂、无端指责、人格贬损、恐吓、威胁等。家庭暴力对于未成年子女的负面影响是不容忽视的，孩子可能成为家庭暴力控制替代对象；施暴者的言行对未成年子女的负面影响不容忽视，其言行会对子女形成潜移默化的影响；施暴方可以利用对未成年子女的直接抚养权继续控制其原配偶。将未成年子女判决由施暴者抚养，不符合最有利于未成年子女原则，不利于未成年子女的身心健康，特别是不利于斩断家庭暴力代际传递的链条。根据《民法典婚姻家庭编解释（一）》第 1 条的规定，持续性、经常性的家庭暴力，构成虐待。家庭暴力具有偶发性、间断性、暴力性，虐待则是一种后果较为严重并具有长期性和连续持久性的行为。遗弃，是指对于年老、年幼、患病或其他没有独立生活能力等需要扶养的家庭成员，负有扶养义务而拒绝扶养的行为，表现为经济上不供养、生活上不照顾，使被扶养人的正常生活不能维持，甚至生命和健康得不到保障，遗弃家庭成员的父母一方存在极大可能遗弃未成年子女。因此，考虑到未成年子女的身体、情感安全需求，若父母一方实施家庭暴力、虐待、遗弃家庭成员等行为，法院应当按照最有利于未成年子女的原则，优先考虑由另一方直接抚养。

2. 有赌博、吸毒等恶习。

父母一方有赌博、吸毒等恶习屡教不改，不但容易引发家庭暴力，消耗家庭的经济积蓄，也使得正常的家庭生活无法继续，必然会对子女身心健康产生不利影响。如让有赌博、吸毒等恶习的父母一方抚养，则严重违反最有利于未成年子女原则，不利于子女健康成长。

3. 重婚、与他人同居或者其他严重违反夫妻忠实义务情形。

重婚，是指有配偶者又与他人结婚的违法行为，重婚行为严重违反一夫一妻的婚姻制度，侵犯了夫妻中另一方的配偶权，同时构成刑事犯罪。其表现为法律上的重婚和事实上的重婚，法律上的重婚是指有配偶又与他人登记结婚，事实上的重婚是指有配偶者与他人虽未登记结婚，但以夫妻名义同居生活。与他人同居，是指有配偶者与婚外异性，不以夫妻名义，持续、稳定地共同居住，该行为同样违反一夫一妻制，也为《民法典》所禁止。事实上的重婚和有配偶者与他人同居之间最大的区别就在于是否以夫妻名义共同居住生活，如果双方以夫妻名义共同居住生活，则构成事实上的重婚；如果双方没有以夫妻名义同居生活，则不属于《刑法》处罚的范围，而属于《民法典》禁止的行为。其他违反夫妻忠实义务的情形，如出轨、通奸、卖淫、嫖娼等，均为有配偶者与他人发生不正当两性关系。此项情形系向社会征求意见后新增加的内容。部分反馈意见认为，应当将一方存在重婚、与他人同居、婚外情等情形作为对其不利因素考虑，理由是重婚、与他人同居等行为不仅对未成年子女的人生观、世界观产生不良影响，而且还可能使未成年子女被迫进入一个陌生的家庭环境，不利于其健康成长。我们经研究认为，不论是从弘扬社会主义核心价值观角度，还是从最有利于未成年子女角度，该意见均有一定道理，故予以采纳。

4. 抢夺、藏匿未成年子女且另一方不存在本条第1项或者第2项等严重侵害未成年子女合法权益情形。

近年来，司法实践中出现父母一方或者其近亲属等以抢夺、藏匿等方式造成子女随其生活时间较长的事实，从而以违法手段达致优先抚养子女的结果，这显然与《民法典婚姻家庭编解释（一）》第46条的本意相悖。为弘扬良好社会风尚和价值导向，在抚养纠纷中，应客观看待通过抢夺、藏匿等违法方式形成长期与未成年子女共同生活的事实，或者通过藏匿、控制、诱导未成年子女表达愿意随其共同生活意愿的，法律应在不损害未成年子女利益的情况下，对其予以否定性评价。尽管抢夺、藏匿行为可能是出于一方希望与未成年子女长期共同生活的良好愿望，表现形式是爱，但该种行为本身一方面体现了行为方不能理性地处理问题，通过情绪化、极端方式处理家庭矛盾，存在一定暴力倾向，同时，也更多地体现了其将未成年子女作为“私有财产”的自私想法，而不是从未成年子女本身情感需求角度考虑。“父母之爱子，则为之计深远。”因此，由其直接抚养未成年子女，从长远来看，不见得是最有利于未成年子女的。实践中，抢夺、藏匿未成年子女可能存在以下几种情形：一是未经另一方同意，擅自或以暴力抢夺等方式，致使另一方较长时间脱离对该未成年子女的监护的；二是通过藏匿的方式阻碍另一方行使对未成年子女的监护权的；三是阻碍或者限制另一方探望未成年子女的。需要注意的是，如另一方存在本条第1项、第2项等严重侵害未成年子女合法权益的情形，则更可能损害未成年子女的利益，从未成年子女的健康成长的角度着想，不应一概剥夺抢夺、藏匿未成年子女的父母一方的抚养权。此项情形系向社会征求意见后新增加的内容。部分反馈意见认为，应当将抢夺、藏匿未成年子女行为作为对一方争取抚养权的不利因素。只有如此，才能釜底抽薪地解决问题，否则，签发人身安全保护令不解决实体权利义务内容；监护权侵权纠纷也存在耗时长，无法实现当事人诉讼目的的困境。我们研究认为，抢夺、藏匿未成年子女的情况较为复杂，不宜笼统将此情形作为确定抚养权的不利因素。比如，另一方存在家庭暴力、赌博、吸毒等严重损害未成年子女利益情形，一方所谓的抢夺、藏匿是一种自力救济，不能作为对其不利因素。

有观点认为，只要一方存在抢夺、藏匿未成年子女行为的，就应当判决由另一方直接抚养或者变更原来的抚养关系。对此，我们认为，该种观点实际上是从惩罚行为人的角度，出发点是为了保护另一方的权益，而不是从未成年子女利益最大化角度出发。如前所述，处理子女抚养关系的基本原则是最有利于未成年子女的原则，因此，不能简单地通过此种方式而不考虑未成年子女的利益，而应当综合考虑双方各方面条件。离婚中抢夺、藏匿未成年子女问题不仅涉及情感、心理因素，还掺杂着双方其他利益考量。不管将直接抚养权判归夫妻中哪一方，都并非解决抢夺、藏匿未成年子女问题一劳永逸的办法。在离婚纠纷中确定子女直接抚养权时，应以最有利于未成年子女为原则，综合考虑各种情形确定。一方面不宜单纯因一方抢夺、藏匿未成年子女为由即否认其直接抚养权；另一方面，因一方抢夺、藏匿行为不利于未成年人子女身心健康，应将此作为不利于未成年子女利益的重要因素，在同等条件下优先考虑由另一方直接抚养。《未成年人保护法》第 116 条规定："国家鼓励和支持社会组织、社会工作者参与涉及未成年人案件中未成年人的心理干预、法律援助、社会调查、社会观护、教育矫治、社区矫正等工作。"因此，在处理该类纠纷中，应当注重通过家事调查、心理疏导等更多柔性手段，加强事前预防、事中干预、事后惩戒等全方位干预。简单地一判了之有时可能反而激化矛盾，最终损害未成年子女利益。此外，如果抢夺、藏匿未成年人子女行为导致夫妻感情破裂的，人民法院在离婚分割夫妻共同财产时，亦应当根据《民法典》第 1087 条规定，按照照顾无过错方原则径行判决。当然，即便确定由抢夺、藏匿一方直接抚养，也要通过发放家庭教育指导令等方式，让该方认识到父母对未成年子女负有共同的教育权利和义务，剥夺另一方行使监护权的行为是违法的。①

5. 其他不利于未成年子女身心健康的情形。

实际上，不利于未成年子女身心健康的行为远不止上述列举的情形。本条将概括式规定作为兜底，人民法院应当根据具体案件情况，结合过错情节、伤害后果等因素，对不利于未成年子女身心健康的情形进行认定，确定优先由另一方抚养，妥善保护未成年子女的权益。

因《民法典》第 1084 条已经明确规定"子女已满八周岁的，应当尊重其真实意愿"。故本解释未对 8 周岁以上子女的法律适用问题单独规定，而是统一规定"已满两周岁的未成年子女"，故本条应适用 8 周岁以上未成年子女情况，而且对于子女已满 8 周岁的，应当尊重其真实意愿。根据《儿童权利公约》和《未成年人保护法》规定，尊重未成年子女真实意愿是贯彻最有利于未成年子女原则的重要体现。《民法典》也明确规定了在父母离婚纠纷中，确定子女由哪一方直接抚养时，应当尊重其真实意愿。因已满 8 周岁的子女属于限制民事行为能力人，对与其有关的日常生活事务已经具有了一定的感知、理解和表达能力，可以独立实施与其年龄、智力相适应的民事法律行为，直接抚养权的确定与其权益密切相关，已满 8 周岁的未成年子女一般对自己由谁直接抚养更有利于自己能够作出相应判断，尊重其真实意愿也

① 王丹：《抢夺、藏匿未成年子女法律问题研究》，载《法律适用》2024 年第 1 期。

更有利于未成年人的健康成长。但未成年子女的主观意愿往往只是其简单的情感选择，容易受到父母一方威逼利诱的影响。故除尊重已满 8 周岁的未成年子女的真实意愿外，还要考虑生活环境稳定性、父母抚养意愿、抚养能力，同时将本条规定的负面因素纳入考量范畴，当几种因素冲突时，人民法院应当按照最有利于未成年子女的原则，确定抚养权的归属。

在确定优先由另一方直接抚养的同时，也要注重保护对方的探望权，如果其拒绝对方行使探望权，应当依法承担法律责任，向其释明协助对方依法行使探望权是其法定义务，履行该义务的最终目的不仅是实现对方探望权益，更重要的是有利于未成年子女的健康成长。根据《未成年人保护法》第 118 条规定，在未成年人的父母或者其他监护人不依法履行监护职责或者侵犯未成年人合法权益的情况下，其居住地的居民委员会、村民委员会应予以劝诫、制止；情节严重的，居民委员会、村民委员会应当及时向公安机关报告。公安机关接到报告或者公安机关、人民检察院、人民法院在办理案件过程中发现未成年人的父母或者其他监护人存在不依法履行监护职责或者侵犯未成年人合法权益情形的，应当予以训诫，并可以责令其接受家庭教育指导。最高人民法院联合全国妇联共同发布的《关于开展家庭教育指导工作的意见》中也规定，未成年人的父母或者其他监护人违反《未成年人保护法》第 24 条的规定，侵犯未成年人合法权益的，人民法院应当训诫，并要求其接受家庭教育指导。

【实务问题】

一、如何准确判断未成年子女的真实意愿

对于离婚、变更子女抚养关系等直接涉及未成年子女与哪方共同生活的案件，未成年子女不但有权选择跟谁生活在一起，而且在父母探望的时间、地点和方式等问题上，他们也应当享有选择、参与协商并发表意见的权利。在听取其意见时，应充分考虑身心尚不成熟的未成年人较长时间与抢夺、藏匿一方共同生活使其所作判断是否真正最有利于自身利益，还应当充分考虑未成年人身心处于弱势地位的特点，提供能让其感到放松的适宜环境，采用未成年人能够理解的问询方式，要特别注重保护其隐私和安全。必要时，可以引入心理评估、妇女儿童权益第三方调查等机制，以确保在不受外界干扰和误导的情况下，准确辨别未成年人的真实想法。人民法院应当依职权主动收集证据和对相关事实进行调查，切实维护好未成年人的正当利益。

二、抚养权、探望权的执行

抚养权、探望权纠纷既涉及身份关系，又涉及对行为的执行，一直是人民法院执行工作的难点。实践中，往往还掺杂着诸多情感、心理因素等，情况十分复杂。一旦处理不好，容易激化矛盾，甚至发生极端事件。根据《民法典婚姻家庭编解释（一）》第 68 条规定，针对拒不履行协助探望义务的个人或者组织，人民法院只能依法采取拘留、罚款等强制措施，但是不能对子女的人身、探望行为强制执行。从现行法律、司法解释规定看，将极少数拒不履行抚养权、探望权生效裁判，造成严重后果或者恶劣影响，或者情节十分严重的，依照拒不执行判决、裁定罪定罪处罚，有法律依据。当然，刑事手段应当慎重适用，不到万不得已，不宜采取刑事手段。对于情节较轻的抢夺、藏匿行为，可以依法给予其他处罚。否则，可能既无助于解决纠纷，又恶化了亲子关系，也不一定符合子女的意愿。因此，我们认为，对于此类执行难问题，首先，要注重审执联动，加强释法说理，视情开展家庭教育指导，通过家事调解、心理疏导等柔性手段，尽量化解双方矛盾，促成正确抚养子女的共识。让其意识到离婚后子女仍是父母双方的子女，未成年子女的健康成长，既离不开父爱，也离不开母爱，从源头上解开当事人的心结。其次，要完善探望权执行机制，包括与民政部门或妇联、工会等合作，推动建立及时介入、抚养探望跟踪、抚养探望监督人等制度机制。据了解，一些地方采取了积极的应对措施，取得了良好成效。比如，广东佛山市顺德区"多模式+云记录"抚养探视机制，在涉子女抚养探视的离婚案件审结后，离婚双方登录抚养探视 App 或小程序，就探视对象、时间、接送地点进行沟通，全程留痕，法官可据此对不履行或履行不到位的责任一方依法处理。一些法院与当地妇联、工会合作，发挥妇女儿童中心、工会之家作用，为当事人行使探望权提供方便。对于少数拒不履行抚养权生效裁判的被执行人或者协助执行义务人，造成严重后果或者恶劣影响，或者情节十分严重，通过强制执行手段仍无法解决的，一些地方法院也尝试以拒不执行法院判决、裁定罪解决离婚后抢夺、藏匿未成年子女的问题，将离婚藏匿子女案件移交公安机关依法审查立案，对当事人果断采取刑事拘留措施，使得抚养权判决得到顺利执行。[①]

① 王丹：《抢夺、藏匿未成年子女法律问题研究》，载《法律适用》2024 年第 1 期。

三、涉家庭暴力的离婚案件可以先行判决

人民法院在审理涉家庭暴力的离婚案件过程中，如果发现家庭暴力程度较为严重的，或者一方当事人、未成年子女面临继续遭受另一方家庭暴力的危险的，可以先行判决离婚，确认未成年子女由一方直接抚养，并对抚养费作出判决。这一判决结果符合本条关于实施家庭暴力应作为取得未成年子女直接抚养权的不利因素的规定，从而保障一方及未成年子女合法权益。如在谢某诉贺某离婚纠纷案[①]中，贺某在婚后时常对谢某实施家庭暴力，派出所向贺某出具过《家庭暴力告诫书》，贺某亦书写过《保证书》，保证以后不再对谢某实施家暴行为。2023 年 4 月 15 日，贺某在饭店因纠纷用开水浇谢某，致使谢某全身多处被烫伤。同年 4 月 24 日晚，贺某在酒店再次对谢某施暴，致使谢某遭受严重损伤。同年 4 月 29 日，公安机关决定对贺某以故意伤害案立案侦查。同年 12 月，公诉机关以犯故意伤害罪、虐待罪对贺某提起公诉。在上述刑事案件审理过程中，谢某向法院提起离婚诉讼，就解除婚姻关系、婚生女直接由谢某抚养、贺某支付生活费、分割共同财产、赔偿精神损失等提出多项诉讼请求。人民法院考虑到离婚纠纷中涉及的准予离婚、子女抚养，财产分割、债务处理等事项，短时间内难以全部查清，而一方当事人又遭受家庭暴力，为依法保护当事人及弱势群体合法权益，保障妇女的身心健康，让谢某早日从婚姻带来的伤害中解脱，并及时妥善解决婚生女的抚养问题，可以根据已经查明的事实对是否准予离婚及子女由谁抚养的问题先行判决，至于分割夫妻共同财产、离婚损害赔偿的问题，待相关事实查明后再行判决。故先行判决准予双方离婚，婚生女由谢某直接抚养，贺某支付相应生活费并承担医疗费、教育费。

---

① 入库编号：2024 - 07 - 2 - 014 - 001。

【条文】

第十五条

父母双方以法定代理人身份处分用夫妻共同财产购买并登记在未成年子女名下的房屋后，又以违反民法典第三十五条规定损害未成年子女利益为由向相对人主张该民事法律行为无效的，人民法院不予支持。

【条文主旨】

本条是关于父母处分未成年子女名下房产的民事法律行为效力的规定。

【条文概览】

父母对未成年子女负有抚养、教育和保护的义务，是未成年子女的监护人。《民法典》第35条关于监护人除为维护被监护人利益外，不得处分被监护人财产的规定，其规范目的是监督监护人依法履行监护职责。基于父母与子女的血缘关系，双方利益上往往具有一致性，父母用夫妻共同财产购买房屋登记在未成年子女名下后，又以买卖、抵押等方式处分该财产，其目的即便不是满足子女的实际需要，但从长远看，也是为了家庭共同利益，对子女是有益的。且购买该房屋的资金来源是夫妻共同财产，因此其再以损害未成年子女利益为由向相对人主张该民事法律行为无效的，不应予以支持。

【理解与适用】

近年来，基于各种考虑，父母将用夫妻共同财产所购房屋登记在未成年子女名下的情况并不鲜见。如果其在处分该房产后反悔的，往往援引《民法典》第35条规定，主张该行为违反法律的禁止性规定，损害了被监护人利益，应为无效，要求返还财产。对此，实践中有不同认识，一种意见认为，《民法典》第35条是对被监护人的特别保护，属于可以导致民事法律行为无效的强制性法律规定，违反该规定的，应当认定民事法律行为无效；另一种意见认为，我国采用的是大监护制度，父母子女之间的亲权也统一纳入监护制度，但亲权与监护之间存在诸多不同，因此，应细化不同的监护类型，避免统一适用相同规则产生的问题。对于父母以外的其他监护人来讲，需要对监护人进行适当监督，以保障最有利于被监护人原则的贯彻落实，这是必要的。但是，对于父母子女关系来讲，除非特殊情况，否则父母不会损害子女的利益。因此，对于父母作为监护人的情况，不应给父母过多的监督和限制，除非父母存在严重侵害未成年子女合法权益的行为。从利益平衡角度看，对于交易相对人来讲，其很难判断父母处分行为是否损害未成年子女利益，如此，可以保护交易安全。本条采纳的是后一种意见。

一、本条的制定背景

（一）比较法研究

英国和美国都不区分亲权和监护，而是采用“大监护”概念，对未成年人设置监护权进行保护。但是，几乎所有的大陆法系民法对未成年人的监护均以亲权为基础展开。法国的亲权承袭罗马法，实质内容主要表现为父母对于未成年子女的照顾、保护。德国原来使用亲权概念，1980 年 1 月 1 日通过《德国关于父母照顾权的修订法案》后，用“父母照顾权”取代亲权概念，这仅为纯粹工具，其存在的意义在于实现子女之福利。而现代监护制度，最初设置的目的主要是补充监护人的行为能力，代理被监护人管理其财产，与亲权的制度目的并不完全相同。

（二）我国的监护制度

所谓监护，是指对于非亲权照护之下的未成年人以及丧失或部分丧失民事行为能力的成年人，为其人身、财产权益而设置的民事法律制度。① 简言之，监护是对无民事行为能力人和限制民事行为能力人的人身、财产等合法权益进行监督、管理与保护的法律制度。履行监督和保护职责的人，称为监护人；被监督和保护的人，称为被监护人。

我国监护制度萌芽于早期的宗族法中。至清末改制，《大清民律草案》在亲属编创立了中国近代的监护制度。民国时期，国民政府制定的《中华民国民法》在亲属编亦确认了监护制度。《民法通则》《民法总则》对监护作出规定，提出了监护职责及撤销监护人资格等内容。《民法典》延续了《民法总则》关于监护制度的相关规定，使“以家庭监护为基础，以社会监护为补充，以国家监护为兜底”的有中国特色监护制度体系得以确立，具有重要意义。

---

① 杨立新：《〈民法总则〉制定与我国监护制度之完善》，载《法学家》2016 年第 1 期。

监护之范围，应有广义与狭义之分。大陆法系国家或地区多采后者，即严格区分亲子关系与非亲子关系，并将父母对未成年子女的监督与保护列入亲权制度范畴，将不在亲权保护下的未成年人和其他限制民事行为能力、无民事行为能力成年人的人身和财产等权益的监督与保护列为监护制度。《民法典》第 26 条规定了父母子女之间的法律义务，即父母对未成年子女负有抚养、教育和保护的义务。成年子女对父母负有赡养、扶助和保护的义务。我国现行立法实际采用的是广义监护概念，即将亲权内容纳入监护制度中，力求实现二者的融合与互洽。

关于监护权的性质界定，目前我国在该领域研究中尚未形成统一认识。主要观点包括以下三种：一是权利说。该说认为监护权是一种身份权，或称为准身份权。依据是原《民法通则》第 18 条第 2 款“监护人依法履行监护的权利，受法律保护”之规定。这里即把监护视为权利作出规定。二是义务说。否认监护系权利，认为监护权本身并未赋予监护人任何利益，而是课以负担，是法律加给监护人的单方义务。三是职责说。认为监护权纯粹是为了保护被监护人的利益，而非为监护人谋取自身利益。这三种观点从不同角度体现了监护的特点与内涵。《民法典》第 34 条继承了原《民法通则》第 18 条的规定，亦是在将监护视为“职责”的前提下，作出了“监护人依法履行监护职责产生的权利，受法律保护”的规定。

《民法典》对于监护设置了专门章节。根据被监护人的不同，可以分为对未成年人的监护和对无民事行为能力或者限制民事行为能力成年人的监护：

1. 对未成年人的监护。

家庭关系是最基本的社会关系，父母子女关系更是家庭关系中最核心的内容。《民法典》第 26 条中规定“父母对未成年子女负有抚养、教育和保护的义务”，第 27 条则强调父母是未成年子女的监护人；父母已经死亡或没有监护能力的，由其他个人或组织依照法定顺序担任监护人。这些条文在法律制度架构上将未成年人的监护植根于父母义务之下，体现了我国法律对未成年人养育与保护规范中“父母责任为先”的原则内涵。父母是未成年子女的自然监护人。《民法典》条文宏观上体现了以儿童最佳利益原则为核心的现代新型亲子关系理念，以及基于家庭成员独立人格和平等地位之上敬老爱幼的社会主义核心价值观。

2. 对成年人的监护。

《民法典》承继了《民法总则》的成年意定监护制度，以《老年人权益保障法》中关于老年人意定监护的规定为基础，确立了我国的成年人意定监护制度。从民法意思自治的角度对已经成年的意思能力欠缺者权利保护问题予以探索解决。即成年人可以根据自己的意愿，以及自身意思能力衰减的情况或身体健康变化的趋势，在其尚具有完全民事行为能力之时，通过协商为自己预先选定监护人。意定监护从制度层面解决了部分意思能力丧失的自然人对于监护人的选定问题，具有划时代意义。

根据监护职责的来源和性质不同，监护可以分为法定监护、遗嘱指定监护、协议确定监护、意定监护等。

1. 法定监护。法定监护的一般情形，见于《民法典》第 27 条、第 28 条关于未成年人、成年人的分别规定。《民法典》第 27 条规定："父母是未成年子女的监护人。未成年人的父母已经死亡或者没有监护能力的，由下列有监护能力的人按顺序担任监护人：（一）祖父母、外祖父母；（二）兄、姐；（三）其他愿意担任监护人的个人或者组织，但是须经未成年人住所地的居民委员会、村民委员会或者民政部门同意。"第 28 条规定："无民事行为能力或者限制民事行为能力的成年人，由下列有监护能力的人按顺序担任监护人：（一）配偶；（二）父母、子女；（三）其他近亲属；（四）其他愿意担任监护人的个人或者组织，但是须经被监护人住所地的居民委员会、村民委员会或者民政部门同意。"第 27 条系从家庭关系出发，坚持最有利于未成年人原则，弥补了未成年人的父母不具备民事主体资格或者丧失监护能力情形下的保护路径。而第 28 条则考虑到成年人人身财产权益保护的需要，重视维护社会秩序的稳定和保障交易安全。

2. 遗嘱指定监护。《民法典》第 29 条规定，被监护人的父母担任监护人的，可以通过遗嘱指定监护人。遗嘱指定监护，是指被监护人的父母通过订立遗嘱为处于自己监护之下的子女另行指定监护人的法律行为。遗嘱指定监护中，被监护人既可以是未成年人，也可以是无民事行为能力或限制民事行为能力的成年人。但前提均是被监护人的父母在立遗嘱指定监护人时正担任监护人。此处的"遗嘱"，应当符合一般遗嘱的法定形式要件和实质要件。此外，《最高人民法院关于适用〈中华人民共和国民法典〉总则编若干问题的解释》第 7 条规定："担任监护人的被监护人父母通过遗嘱指定监护人，遗嘱生效时被指定的人不同意担任监护人的，人民法院应当适用民法典第二十七条、第二十八条的规定确定监护人。未成年人由父母担任监护人，父母中的一方通过遗嘱指定监护人，另一方在遗嘱生效时有监护能力，有关当事人对监护人的确定有争议的，人民法院应当适用民法典第二十七条第一款的规定确定监护人。”

3. 协议确定监护。《民法典》第 30 条规定，依法具有监护资格的人之间可以协议确定监护人。协议确定监护人应当尊重被监护人的真实意愿。一方面，对未成年人而言，协议主体只能是父母之外的祖父母、外祖父母，兄、姐，经未成年人住所地的居委会、村委会或民政部门同意的其他愿意担任监护人的个人或组织。未成年人的父母在有监护能力的情况下，不得通过协议确定其他主体担任未成年人的监护人，以防止其逃避法定义务、推卸监护责任。另一方面，对于无民事行为能力或限制民事行为能力的成年人，协议的主体包括配偶、父母、子女、其他近亲属、经该成年人住所地的居委会、村委会或民政部门同意的其他愿意担任监护人的个人或组织。协议确定的监护人还必须从有监护资格的人员中产生。《最高人民法院关于适用〈中华人民共和国民法典〉总则编若干问题的解释》对未成年人的父母与其他具有监护资格的人订立的相关协议效力及担任监护人的主体等问题作出了明确规定。其中第 8 条规定：“未成年人的父母与其他依法具有监护资格的人订立协议，约定免除具有监护能力的父母的监护职责的，人民法院不予支持。协议约定在未成年人的父母丧失监护能力时由该具有监护资格的人担任监护人的，人民法院依法予以支持。依法具有监护资格的人之间依据民法典第三十条的规定，约定由民法典第二十七条第二款、第二十八条规定的不同顺序的人共同担任监护人，或者由顺序在后的人担任监护人的，人民法院依法予以支持。”该解释第 12 条第 2 款规定，被依法指定的监护人与其他具有监护资格的人之间协议变更监护人的，人民法院应当尊重被监护人的真实意愿，按照最有利于被监护人的原则作出裁判。

4. 有关组织监护。《民法典》第 32 条规定，没有依法具有监护资格的人的，监护人由民政部门担任，也可以由具备履行监护职责条件的被监护人住所地的居民委员会、村民委员会担任。有关组织监护，实际上是立法对于被监护人的一种兜底性保护。可作为“有关组织”监护人的主体，包括民政部门、居民委员会、村民委员会。这样的立法框架也体现了立足于我国国情而设立、以国家监护为兜底的监护制度体系。

5. 成年意定监护。《民法典》第 33 条规定，具有完全民事行为能力的成年人，可以与其近亲属、其他愿意担任监护人的个人或者组织事先协商，以书面形式确定自己的监护人，在自己丧失或者部分丧失民事行为能力时，由该监护人履行监护职责。成年人意定监护制度是我国民法法典化进程中监护制度的重要进步，也是立法对于我国正在步入老龄化社会过程中面临问题的积极回应。制度实质即成年人通过一定形式自愿确定自己的监护人。《最高人民法院关于适用〈中华人民共和国民法典〉总则编若干问题的解释》对意定监护中的解除权及监护人资格撤销等作出规定。其中第11条规定："具有完全民事行为能力的成年人与他人依据民法典第三十三条的规定订立书面协议事先确定自己的监护人后，协议的任何一方在该成年人丧失或者部分丧失民事行为能力前请求解除协议的，人民法院依法予以支持。该成年人丧失或者部分丧失民事行为能力后，协议确定的监护人无正当理由请求解除协议的，人民法院不予支持。该成年人丧失或者部分丧失民事行为能力后，协议确定的监护人有民法典第三十六条第一款规定的情形之一，该条第二款规定的有关个人、组织申请撤销其监护人资格的，人民法院依法予以支持。"

6. 临时监护。《民法典》第31条第3款规定，指定监护人前，被监护人的人身权利、财产权利以及其他合法权益处于无人保护状态的，由被监护人住所地的居民委员会、村民委员会、法律规定的有关组织或者民政部门担任临时监护人。该规定在原《民通意见》的基础上，继承了《民法总则》中加强被监护人临时保护的内容。

（三）对监护的精细化区分

由上述分析可知，虽然《民法典》最终仍采纳了"大监护"的制度设计，但在具体确定权利义务内容时，需要根据不同监护情形，作细致化区分，以适应实践需要。对未成年子女的保护，基本上是亲属法的内容，是父母对未成年子女的当然权利，更是义务，具有维护家庭共同生活秩序之功能，与其他监护情形不同，更多地具有身份法特征，而不属于主体法内容，只有丧失亲权保护的未成年人才有获得监护的必要。

未成年子女一般没有自己的财产，其生活在家庭中，父母用夫妻共同财产抚养未成年子女，基于双方天然的血缘亲情和我国的历史文化传统①，很难区分哪一部分是父母的财产，哪一部分是未成年子女独立的财产。因此，即便将用夫妻共同财产购买的房屋登记在子女名下，也可能是家庭基于各种因素的考虑，并非一定属于未成年人独立的财产。而监护制度的逻辑前提是

① 我国有"亲兄弟明算账"的说法，但没有"父子明算账"的传统。

监护人与被监护人财产完全独立，监护人与被监护人往往没有密切的血缘关系，因此，监督监护人，防止其侵害被监护人财产利益是监护制度设计中的一个重要方面。可见，对于《民法典》第35条应当作更细致的区分，既要保护未成年子女的利益，也要防止违反诚信原则滥用该规定，损害交易相对人的合法权益。

二、适用本条须注意的问题

（一）须为父母双方共同实施

《民法典》第1062条第2款规定，夫妻对共同财产，有平等的处理权。除《民法典》第1060条规定的因家庭日常生活需要而实施的民事法律行为外，夫妻一方对外实施的民事法律行为不当然对另一方发生法律效力。处分夫妻共同财产时，应当夫妻一致同意，如果一方擅自处分的，构成广义上的无权处分。房屋虽登记在未成年子女名下，但因系夫妻共同财产购买，且根据《妇女权益保障法》第70条规定，父母双方对未成年子女享有平等的监护权。《民法典》第1058条也规定，夫妻双方平等享有对未成年子女抚养、教育和保护的权利，共同承担对未成年子女抚养、教育和保护的义务。因此，用夫妻共同财产购买并登记在未成年子女名下后，处分该财产时，应由夫妻共同实施，而非一方擅自处分。故本条将适用范围限定在父母双方均同意的情形。

（二）购房资金来源于夫妻共同财产

本条限定购房的资金来源于夫妻共同财产。如果该房产是未成年子女通过其他途径受赠取得的，则应侧重保护未成年子女的合法权益。至于父母与子女之间针对所购房屋是“代持”民事法律关系还是赠与民事法律关系，并非本条关注的重点。

（三）民事法律行为的主体是子女而非父母

因房屋登记在未成年子女名下，在对外处分该房屋时，名义的权利主体为该未成年子女。父母是未成年子女的法定代理人，父母是以未成年人法定代理人身份实施相关行为。如果父母以自己名义实施相关行为，应按照无权处分的规则处理。

（四）维护诚信原则

《民法典》第7条规定，民事主体从事民事活动，应当遵循诚信原则，秉持诚实，恪守承诺。诚信原则审查的对象，并非法律行为内容，而是“既存的权利”。一个已产生的权利（可能是由于法律行为产生），其行使行为构成权利滥用的，该行为不被允许。但请注意的是，此时产生权利的法律行为的效力并未被否定，也即被否定的只是权利的某个具体行使行为，而非权利本身。[1] 因此，一般来讲，诚信原则并非认定合同效力需要考虑的因素。但是，如果当事人违背诚信原则，恶意主张合同无效的，亦不应予以支持。本条也是贯彻诚信原则的应有之义。

（五）合同存在其他无效情形的，应依法认定

本条是针对实践中存在的当事人以违反《民法典》第35条关于监护人职责规定主张合同无效情形的处理，至于合同如果存在其他无效情形的，应当依法予以认定。

【实务问题】

一、父母离婚后一方处分未成年子女名下房产的，能否适用本条规定

如果父母离婚或者分居期间，一方凭借其直接控制财产的便利，私自处分已经转移到未成年子女名下的房屋的，不属于本条规范情形。实践中存在房产为夫妻共同财产购买，在夫妻离婚时，双方协议将该房产给予未成年子女并已经转移登记，直接抚养一方作为法定代理人处分该财产的情形。该种情况比较复杂，既涉及对外关系中可能存在的广义上的无权代理问题，也涉及对内关系中违约责任承担问题，需要结合具体案件情况处理。此外，根据我们从不动产登记部门了解的情况，对于登记在未成年子女名下的房产，登记部门也是非常慎重的，一般会要求父母双方同意，并且由父母出具承诺书，承诺不违反《民法典》第35条规定。

二、父母双方以法定代理人身份实施的具体形式如何认定

夫妻对共同财产有平等的处理权，但并不意味着在对外实施相关民事法律行为时一定要求双方共同签字。对于一致同意的具体方式，可以是父母双

① 参见于飞：《公序良俗原则与诚实信用原则的区分》，载《中国社会科学》2015年第11期。

方共同在相关合同中签字，也可以是父母一方签字，但另一方知情且未表示反对。此外，虽然没有明确的另一方同意的证据，但售房所得款项或者抵押所得借款用于双方共同生活或者共同生产经营，是为家庭共同利益所为，夫妻另一方和子女均享受到了该收益，也可以认定是父母双方同意。

【条文】

第十六条

离婚协议中关于一方直接抚养未成年子女或者不能独立生活的成年子女、另一方不负担抚养费的约定，对双方具有法律约束力。但是，离婚后，直接抚养子女一方经济状况发生变化导致原生活水平显著降低或者子女生活、教育、医疗等必要合理费用确有显著增加，未成年子女或者不能独立生活的成年子女请求另一方支付抚养费的，人民法院依法予以支持，并综合考虑离婚协议整体约定、子女实际需要、另一方的负担能力、当地生活水平等因素，确定抚养费的数额。

前款但书规定情形下，另一方以直接抚养子女一方无抚养能力为由请求变更抚养关系的，人民法院依照民法典第一千零八十四条规定处理。

【条文主旨】

本条是关于离婚协议中不负担抚养费约定的效力以及履行问题的规定。

【条文概览】

离婚协议中关于一方直接抚养未成年子女或者不能独立生活的成年子女、另一方不负担抚养费的约定对于男女双方具有法律约束力，离婚后，一方以未成年子女名义起诉要求支付抚养费的，原则上不予支持。但是，该约定应以不损害子女利益为前提。双方的协议约定不妨碍子女在必要时向父母任何一方提出超过协议原定数额的合理要求。一般包括两种情况：一是直接抚养子女一方经济状况发生变化导致原生活水平显著降低；二是子女生活、教育、医疗等合理费用确有显著增加。如果夫妻在离婚协议中约定另一方不负担抚养费，是以夫妻共同财产大部分归直接抚养方为前提，该约定实际上是变相支付抚养费的方式，因此，需要考虑离婚协议整体约定。“子女实际需要”“另一方的负担能力”“当地生活水平”也是确定抚养费数额的考量因素。

离婚后，子女由哪一方直接抚养不是一成不变的，核心应是最有利于未成年子女原则。如果原直接抚养一方在离婚后丧失抚养能力，另一方要求变更抚养关系的，应当依照《民法典》第 1084 条规定处理。

【理解与适用】

一、本条的起草背景及不同观点

实践中存在一方为了达到快速离婚的目的或者其他财产分配的考虑，在离婚协议中约定其直接抚养未成年子女或者不能独立生活的成年子女，另一方不负担抚养费，但是，离婚后，又以子女名义起诉另一方主张抚养费的情况。此种情况下不负担抚养费约定的效力如何，以及应否支持子女的诉讼请求，存在不同意见。本条对此作了明确规定。

本条起草过程中的条文表述几易其稿。向社会的公开征求意见稿的表述为：“离婚协议中约定一方直接抚养未成年子女、另一方不负担抚养费，离婚后，直接抚养子女一方经济状况发生变化导致原生活水平显著降低或者子女生活、教育、医疗等必要合理费用确有显著增加，未成年子女起诉请求另一方支付抚养费的，人民法院应依法予以支持。”征求意见过程中，有意见提出，既然直接抚养方承诺不要求对方支付抚养费，就应当遵守诚信原则，不应再以子女名义要求另一方支付抚养费。实际上这也是本条所要表达的意思之一，故条文表述上，将此意思进一步明确，增加了“对双方具有法律约束力”的规定。还有的意见提出，既然直接抚养方丧失抚养能力，就应交由对方抚养，不能支持其额外要求抚养费的诉讼请求。为此，我们增加了第2款。但是，在该种情况下，孩子并不是必须交由对方抚养，还要根据《民法典》第1084条规定处理。考虑到实践中除未成年子女外，还可能存在不能独立生活的成年子女需要支付抚养费的情况，为涵盖更多情况，并与下一条保持适用范围一致，本条在征求意见稿基础上增加了“不能独立生活的成年子女”的内容。

二、本条规定与相关法律规定的联系与区别

父母和子女之间的法律关系属民事法律关系，然而父母子女之间的法律关系与多数民事法律关系不同，并不是基于当事人之间的意思表示产生，而是基于子女的出生或者收养行为而产生，同时权利义务关系由法律直接规定。《民法典》第1058条规定，夫妻双方平等享有对未成年子女抚养、教育和保护的权利，共同承担对未成年子女抚养、教育和保护的义务。第1067条第1款规定，父母不履行抚养义务的，未成年子女或者不能独立生活的成

年子女，有要求父母给付抚养费的权利。《民法典》的上述规定赋予了未成年子女以及不能独立生活的成年子女向不履行抚养义务的父母主张抚养费的请求权。

在父母不履行抚养义务的情况下，无论是婚姻关系存续期间，还是离婚后，未成年子女或者不能独立生活的成年子女均可向父母行使抚养费的请求权。在夫妻婚姻关系存续期间，双方一般共同抚养子女，在实行共同财产制的情况下，双方对于子女共同承担抚养义务，不存在分别负担的问题。但离婚后男女双方不再共同生活，一般情况下子女由其中一方直接抚养，则此种情况下发生抚养费的负担问题。在离婚的情况下，父母对于未成年子女或者不能独立生活的成年子女的抚养义务并未发生改变，只是由一方直接承担对子女的抚养、教育和保护义务，另一方虽不再直接抚养子女，但其抚养义务表现为支付抚养费。基于此，《民法典》第1084条第1款和第2款规定："父母与子女间的关系，不因父母离婚而消除。离婚后，子女无论由父或者母直接抚养，仍是父母双方的子女。""离婚后，父母对于子女仍有抚养、教育、保护的权利和义务。"《民法典》的该条规定与《婚姻法》的规定基本一致，都强调离婚后双方均应当抚养子女，而且即使约定由一方抚养，也不当然免除另一方对子女的抚养义务。因此，为了保障子女的利益和健康成长以及明确离婚后男女双方的义务，离婚协议应当对子女抚养问题作出具体约定。关于此问题，《民法典》第1085条规定："离婚后，子女由一方直接抚养的，另一方应当负担部分或者全部抚养费。负担费用的多少和期限的长短，由双方协议；协议不成的，由人民法院判决。前款规定的协议或者判决，不妨碍子女在必要时向父母任何一方提出超过协议或者判决原定数额的合理要求。"该条原则上规定一方直接抚养子女的，另一方应当负担部分或者全部抚养费，但对于另一方不负担抚养费是否允许则未明确规定。对此，《民法典婚姻家庭编解释（一）》第52条规定："父母双方可以协议由一方直接抚养子女并由直接抚养方负担子女全部抚养费。但是，直接抚养方的抚养能力明显不能保障子女所需费用，影响子女健康成长的，人民法院不予支持。"该条规定允许父母双方依照意思自治的原则对抚养费的负担作出约定，同时又考虑到对子女合法权益的保护，规定父母双方关于免除一方给付抚养费义务的协议必须符合一定的条件，否则不受司法保护，符合《民法典》规定的父母对子女抚养义务的规范意旨。《民法典婚姻家庭编解释（一）》的该条规定与本条规定在司法理念上是一致的。《民法典婚姻家庭编解释

（一）》第52条主要针对的是诉讼离婚中人民法院对当事人协商情况的审查。而本条规定针对的是双方协议离婚后，在离婚协议相关约定履行过程中发生争议的处理原则。

此外，《民法典婚姻家庭编解释（一）》第58条规定："具有下列情形之一，子女要求有负担能力的父或者母增加抚养费的，人民法院应予支持：（一）原定抚养费数额不足以维持当地实际生活水平；（二）因子女患病、上学，实际需要已超过原定数额；（三）有其他正当理由应当增加。"本条规定与上述规定的原则及精神也是一致的。

三、抚养费的概念与范围

我国1950年《婚姻法》并未使用"抚养费"的概念，而是使用了"生活费""教育费"这样区分的表述。1980年《婚姻法》出现了抚养费的表述，但仍然在不同条文中使用了"生活费""教育费"这样的概念。1993年最高人民法院发布的《关于人民法院审理离婚案件处理子女抚养问题的若干具体意见》则使用了"抚育费"的概念。故很长一段时间以来，对于抚养费或者抚育费是否同一概念，以及抚养费、抚育费应具体包括哪些费用，是否包括生活费、医疗费，或者是否还存在其他费用，实践中都有不同的理解和认识。2001年《婚姻法解释（一）》第21条明确了《婚姻法》所称的"抚养费""包括子女生活费、教育费、医疗费等费用"，《民法典婚姻家庭编解释（一）》第42条保留了该规定。

（一）生活费

生活费一般是指人们维持日常生活所需的费用，包括满足衣食住行等方面需求的费用。随着时代的发展，个人的全面成长除了物质需求之外，精神文化需求也不可或缺。国家统计局《居民消费支出分类》显示，居民消费支出包括居民在食品烟酒，衣着，居住，生活用品及服务，交通和通信，教育、文化和娱乐，医疗保健，其他用品和服务等方面的支出。剔除教育消费支出，该分类中列举的食品、衣着、居住、生活用品及服务、交通和通信、文化娱乐等消费性支出可以作为未成年子女或者不能独立生活的成年子女生活费支出的考量因素。

（二）教育费

教育费是指子女正常接受科学文化教育而支出的费用，主要包括学费、书本费以及相关的学杂费。实践中存有争议的主要在于未成年子女参加补习班、兴趣班、培训班所支出的费用以及就读国际学校、私立学校等的花费应否由另一方部分负担。对此，应结合所在地的教育环境、子女的兴趣爱好、父母负担能力等因素综合考虑是否纳入抚养费进行分担。另外，对于子女学前教育所支出费用应否纳入抚养费范畴，没有具体规定。从我国现实情况看，学前教育非常普及，国家也非常重视，《学前教育法》将学前教育作为国民教育体系的组成部分进行规范，故将学前教育费用纳入抚养费符合人民群众期待及现实需要。

（三）医疗费

医疗费是指治疗或者预防疾病所必需的开支，既包括长期患病治疗所支出的医疗费，也包括偶发性疾患或者遭遇意外事故所产生的医疗费。医疗费在抚养费当中是较难衡量费用数额的一项费用，其原因在于医疗费是否发生以及发生的数额都具有相当的不可预测性，但作为维持未成年人的基本生存费用，将之纳入抚养费的范围是合情合理的。需要注意的是，将医疗费纳入抚养费范畴并不意味着所有的医疗费用均应作为抚养费由父母负担，作为抚养费的一部分的医疗费，一般是常规的必要的医疗费，对于美容、整形等非必需医疗费用则不应纳入。

（四）其他费用

社会经济的发展、父母的负担能力以及未成年子女或者不能独立生活的成年子女的需求都会发生变化，司法解释通过列举加兜底的方式将抚养费用设置了弹性空间，当事人以及人民法院均可以根据具体情况对抚养费的内容及数额进行灵活把握。

四、抚养费请求权的性质与抚养费协议的效力

（一）抚养费请求权的性质

抚养费请求权基于一定身份关系产生，具有法定性。首先，依据《民法典》第196条规定，请求支付抚养费不适用诉讼时效的规定，这与一般债权通常具有诉讼时效的特征不同。其次，抚养费请求权专属于被抚养人，不可以转让。需要注意的是，在美国、法国、德国等西方国家，由于社会公共福利体系发达，出于保护被抚养人权益的需要，抚养费请求权具有了更多公权力属性。在这些国家，如果抚养子女一方不履行抚养义务，则政府相关机构

可以在先予支付救济金或津贴的情况下自动获得特定的抚养费请求权，由政府对抚养方进行追偿。这也更加突显了抚养费请求权基于身份关系所具有的需要特殊保护的特征。

（二）抚养费协议的效力

离婚协议是一项复合型的协议，除夫妻双方解除婚姻关系、分割财产、负担债务的内容外，子女抚养费负担也是离婚协议中的重要内容之一（以下简称为抚养费协议）。

在一方直接抚养子女的情况下，抚养费协议通常有以下几种安排：一是由另一方负担全部抚养费；二是由另一方负担部分抚养费；三是另一方不负担抚养费。非直接抚养方即另一方负担部分或者全部抚养费的约定，符合《民法典》的规定，只要不存在法律、行政法规规定的无效情形，当然是有效的；对于非直接抚养方不负担抚养费的约定，其效力如何，司法实践中则存在一定争议。从法律关系构造来看，我们倾向认为，抚养费协议的当事人是父母双方，是父母之间内部关于抚养费如何负担的约定，其目的是父母双方履行自己的抚养义务而对于抚养费进行的数额分摊，至于父母如何分摊以及父母之间存有何种争议，并不影响未成年子女或者不能独立生活的成年子女依法享有的抚养费给付请求权。不宜将该协议理解为直接抚养方作为未成年子女的法定代理人与另一方签订。如果认为抚养费协议属于直接抚养方作为未成年子女的法定代理人与另一方达成的协议，则该协议就属于未成年子女与其父母达成的协议，对未成年子女具有约束力。这与《民法典》第 1085 条第 2 款子女在必要时有权向父母任何一方提出超过协议或者判决原定数额合理要求的规定相矛盾。有的观点认为，给付抚养费是父母离婚后履行对子女抚养义务、保障子女生活的重要方式，一方不负担抚养费，则相当于其不履行对子女的法定抚养义务，该约定违反了法律的强制性规定，应属无效。本解释未采纳该观点。我们认为：首先，抚养费协议中约定另一方不负担抚养费，可能出于多种原因，有的是父母一方为获得子女抚养权而作出的让步；有的是多个子女由双方分别抚养时，双方约定互不负担对方直接抚养子女的抚养费；还有的是离婚财产分割时，直接抚养子女一方分得了较多财产的对价。只要双方是出于真实意思表示，不违反法律、行政法规和强制性规定，就应当承认其效力。依法成立并生效的抚养费协议对当事人双方应具有法律约束力。其次，《民法典》第 1085 条第 1 款规定的“另一方应当负担部分或者全部抚养费”是针对父母子女关系而言的，强调父母对子女的抚养义务。而如前所述，离婚协议是父母之间对抚养义务的分担，应尊重双方意思自治。该款同时也规定父母双方对于抚养费“负担费用的多少和期限的长短，由双方协议”，并未有任何限制。那么，从宽泛的角度理解，约定一方不负担抚养费也不违反法律规定。最后，父母双方达成的一方不负担抚养费的约定一般是综合考虑了是否离婚、夫妻共同财产分割、子女由哪一方直接抚养等情况所达成的一揽子协议，在对子女的权益有所保障的情况下，也没有否定其效力的必要。

当然，这并不是说人民法院对于父母达成的关于抚养费负担的协议就不需要进行审查，也不意味着抚养费协议约定的抚养费就不能进行调整。抚养费的负担攸关子女的健康成长，人民法院应当依职权进行审查。如经查实，抚养方的抚养能力明显不能保障子女所需费用，可能影响子女健康成长的，应不予准许此项协议。《民法典婚姻家庭编解释（一）》第52条也是基于这方面的考虑，规定了对于直接抚养方负担全部抚养费的情况下，其抚养能力明显不能保障子女所需费用，影响子女健康成长的，人民法院不予支持。实践中，如果抚养费协议约定另一方负担的抚养费极低的，也可以参照适用本条规定。

五、行使抚养费请求权的条件

根据本条规定，抚养费负担协议具有法律约束力，离婚后符合条件的情况下，未成年子女或者不能独立生活的成年子女起诉请求另一方支付抚养费的，人民法院应予支持。

（一）原则上应承认抚养费负担协议的效力

依法成立并生效的抚养费协议对双方具有法律约束力，双方当事人应当依约履行。人民法院对抚养费协议进行审查后，如果发现直接抚养方的经济状况、生活条件能够保障子女健康成长，不宜否定抚养费协议的效力。这种行为违反诚信原则，是不值得提倡的行为。当然，这并不影响抚养费协议双方以协议存在欺诈、胁迫、显失公平等法定事由请求人民法院予以撤销，或者协议存在违背公序良俗、违反法律和行政法规的强制性规定等情形而归于无效。在协议被撤销或者被确认无效的情况下，双方应当重新协商达成抚养费协议或者由人民法院进行判决。

（二）行使抚养费请求权的主体

根据本条规定，请求父母一方给付抚养费的请求权主体为未成年子女或者不能独立生活的成年子女。

按照《民法典》第 17 条规定，不满 18 周岁的自然人为未成年人。不满 18 周岁的未成年人无法独立生活，为了保障其身心健康成长，成为具有完整社会生活能力的个体，父母有给付抚养费的必要，这是法律赋予父母的义务，也是人类社会繁衍传承的基本伦理。因此，未成年人向父母行使抚养费请求权不附任何条件，人民法院应当按照我国《民法典》的规定以及最有利于未成年人原则，依法支持未成年子女合法、合理的抚养费请求权。

成年子女作为成年人原则上是完全民事行为能力人，应以自己的智力、劳动维持自己的生活。不能独立生活是指其尽己所能或者由于自身条件所限而无法通过工资、资金、继承、受赠等获得有尊严的生活的全部需要，包括本文前述的生活费、教育费、医疗费等。对于何为“不能独立生活的成年子女”，《民法典婚姻家庭编解释（一）》规定了两种情况：一是尚在校接受高中及其以下学历教育的成年子女；二是丧失、部分丧失劳动能力的成年子女，比如存在身体残疾或者精神疾病，无法通过自己的劳动及其他收入维持正常生活。实践中争议比较大的问题是正在接受大学教育或者研究生教育的成年子女是否属于不能独立生活的成年子女，以及其是否能够请求父母支付抚养费，主要是因为我国目前大学教育的受教育群体数量较大，学费相对昂贵，奖学金、助学金也不可能覆盖所有学生，单靠成年子女自己有限的收入渠道是很难完成学业的。对此我们认为，已经成年的大学生和研究生在生理和心理上都具备独立生活的能力和条件，原则上不属于不能独立生活的成年子女。当然，在审判实践中，对于此种情况发生争议的，人民法院应当加大调解力度，尽量使双方能够达成协议，让有经济能力的父母从成年子女的长远发展的角度考虑，给予子女一定的费用，以维系良好和睦的家庭关系。

（三）客观情况发生变化

本条规定的未成年子女或者不能独立生活的成年子女起诉请求支付抚养费的情形包括两种：一种是指直接抚养方的经济状况发生变化，其生活水平出现了显著降低的情况，比如长时间失业、罹患重病、经营失败等导致原生活水平显著降低。另一种情形则指子女本身的生活、教育、医疗等必要合理费用确有显著增加。前一种情形涉及直接抚养方的客观情况发生变化，后一种情形则涉及子女本身的客观情况发生变化。两种情形的最终结果都导致现有的抚养费负担约定不足以保障子女的健康成长。需要注意的是，离婚后子女请求支付抚养费时，人民法院必须综合考虑离婚协议整体约定、子女实际需要、另一方的负担能力、当地生活水平等因素予以确定。生活中，不同地域、不同时期、不同家庭、不同子女的生活条件、生活需求都会有所不同，人民法院应综合考虑各类费用的必要性及合理性，综合考虑相关情况后公平确定抚养费的数额。

六、关于另一方请求变更抚养关系的处理

本条是根据社会反馈意见增加的条款。有意见提出，既然直接抚养方无力抚养，如果对方也愿意继续抚养，就应由对方抚养。我们认为，经济条件只是确定子女抚养关系的一个考量因素，而不是全部。此种情况下，另一方以直接抚养子女一方无抚养能力为由请求变更抚养关系的，仍应按照根据《民法典》第 1084 条规定的原则处理。《民法典》第 1084 条从保护未成年子女及不能独立生活的成年子女合法权益的角度出发，结合有利于子女健康成长及父母的个人素质、亲子感情、经济能力等因素，对如何处理抚养关系作出了明确规定："离婚后，不满两周岁的子女，以由母亲直接抚养为原则。已满两周岁的子女，父母双方对抚养问题协议不成的，由人民法院根据双方的具体情况，按照最有利于未成年子女的原则判决。子女已满八周岁的，应当尊重其真实意愿。"离婚后子女的抚养包括直接抚养一方的身心照料以及另一方的抚养费支付，都是一个长期的过程，在子女请求另一方支付抚养费时，离婚时"争养"或"推养"的纠纷往往又开始延续或者发酵，双方各自的条件也可能发生了较大变化。考虑到男女双方离婚时子女抚养的办法与离婚后变更抚养关系没有本质的不同。是否需要对抚养关系进行调整，需要结合案件实际情况认定。首先，如果子女请求另一方支付抚养费时仍不满 2 周岁，则因该阶段的子女处于母乳喂养期，与母亲的天然联系更为紧密，由母亲直接抚养对其成长与发展最为有利，故原则上仍应由母亲继续抚养。当然，如果母亲患有久治不愈的传染性疾病或其他严重疾病、有抚养条件不尽抚养义务、品行不端或者因违法犯罪被判服刑不可能抚养子女等情形的，也可以由父亲直接抚养。其次，如果子女请求另一方支付抚养费时已超过 2 周岁，应先由父母进行协议，协议不成由人民法院在有利于保障子女合法权益的前提下进行调解或者判决。最后，如果子女请求支付抚养费时已满 8 周

岁，则要尊重子女的意思，根据其年龄和智力状况，不管是父母双方协议还是人民法院判决都要先听取子女的意见再作出决定。

【实务问题】

一、16周岁以上的未成年人，以自己的劳动收入为主要生活来源的，是否属于本条的规范对象

《民法典》第18条第1款规定，16周岁以上的未成年人，以自己的劳动收入为主要生活来源的，视为完全民事行为能力人。《民法典婚姻家庭编解释（一）》第53条第1款规定："抚养费的给付期限，一般至子女十八周岁为止。十六周岁以上不满十八周岁，以其劳动收入为主要生活来源，并能维持当地一般生活水平的，父母可以停止给付抚养费。"根据上述规定，原则上父母应当给付未成年子女抚养费至18周岁。但16周岁以上的未成年人，以自己的劳动收入为主要生活来源的，可以视为完全民事行为能力人，这既是为了使达到18周岁才能取得民事行为能力的刚性规定有一定的弹性和缓和空间，同时也与社会生活实际相衔接。16周岁以上的未成年人能够凭借自己劳动获得收入并维持当地一般生活水平，表明其符合了成年人的基本条件。正因为如此，司法解释规定父母可以停止给付抚养费。不过也要注意到，未成年人不满18周岁在社会生活中具有多种限制，其获得的收入能否满足其实际需要并不具有稳定性和对等性，不一定能够完全满足其生活、医疗以及教育的需要。在不能满足需要的情况下，父母仍然要给予适当的帮助或者给付抚养费。另外，作为父母虽然可以停止给付抚养费，但抚养义务不仅仅是给付抚养费，还包括身心照料等非金钱支出，父母对未成年子女的抚养义务不因停止给付抚养费而终止。因此，如果直接抚养一方经济状况发生显著变化导致其原生活水平显著降低，而此时子女已满16周岁，且能以自己的劳动收入为主要生活来源的，不属于本条适用情形；已满16周岁子女通过自己的劳动所获收入能够满足日常基本生活，但是如果存在突发重大疾病等情况，导致现有劳动收入无法满足就医等实际需要的，仍可以适用本条规定。

二、“生活、教育、医疗等必要合理费用确有显著增加”应当如何理解

离婚协议中约定的抚养费一般应当理解为已经包含了离婚时常规的可以预见的生活、教育和医疗等费用，未成年子女请求增加的抚养费必须是属于必要的、合理的费用。比如，未成年子女罹患重大或者需要长期治疗的疾病而产生的费用等。对于超出一般家庭正常支出及父母负担能力的奢侈性费用，一般不应认定属于必要合理费用。

【条文】

第十七条

离婚后，不直接抚养子女一方未按照离婚协议约定或者以其他方式作出的承诺给付抚养费，未成年子女或者不能独立生活的成年子女请求其支付欠付的抚养费的，人民法院应予支持。

前款规定情形下，如果子女已经成年并能够独立生活，直接抚养子女一方请求另一方支付欠付的费用的，人民法院依法予以支持。

【条文主旨】

本条是关于夫妻离婚后不直接抚养子女一方欠付抚养费如何处理的规定。

【条文概览】

子女在未成年或者不能独立生活的情况下，有权请求不直接抚养自己的父或母支付欠付的抚养费，该抚养费给付请求权来源于《民法典》第1067条规定，而非来源于父母离婚时签订的协议。《民法典》第1067条规定，只有未成年子女或者不能独立生活的成年子女才享有要求父母给付抚养费的权利。子女成年并能够独立生活的，不再需要抚养，因此，子女请求不直接抚养一方支付欠付抚养费的条件是尚未成年或者虽已成年但不能独立生活。

如果不直接抚养子女一方已经通过离婚协议或者其他方式承诺给付抚养费，其应当按照约定履行义务。子女已经成年并能够独立生活的情况下，虽不能作为原告起诉要求父母支付抚养费，但是，直接抚养子女一方有权根据离婚协议约定或另一方承诺请求对方支付欠付的费用，以避免不直接抚养子女一方恶意逃避抚养义务。

【理解与适用】

一、抚养关系是最基础的家庭关系

父母子女关系是最基础的家庭关系之一。这一法律关系中最核心的权利义务内容是父母对子女的抚养和子女对父母的赡养。父母履行抚养义务包括直接抚养子女和支付抚养费两种方式。父母的抚养义务是法定义务，不能放弃，也不因被剥夺监护人资格而消灭，但是，在保障子女健康成长和正常生活的前提下，父和母之间可就如何履行抚养义务作出安排，包括在离婚的时候就如何支付抚养费作出约定①。本条要解决的问题是，在父母离婚时或者离婚后对不直接抚养子女一方应支付的抚养费金额、支付时间等作出约定的情况下，当事人不按约定履行义务，如何处理。

家庭所承载的人口再生产功能，主要通过父母对子女的抚养关系来实现。对此，《民法典》第1067条规定："父母不履行抚养义务的，未成年子女或者不能独立生活的成年子女，有要求父母给付抚养费的权利。成年子女不履行赡养义务的，缺乏劳动能力或者生活困难的父母，有要求成年子女给付赡养费的权利。"抚养关系和赡养关系不仅是我国婚姻家庭法的基础法律关系，也是我国家庭道德伦理的内核。

中华人民共和国制定的第一部法律——1950年《婚姻法》第13条就对父母对子女的抚养义务作了规定："父母对于子女有抚养教育的义务；子女对于父母有赡养扶助的义务；双方均不得虐待或遗弃。养父母与养子女相互间的关系，适用前项规定。溺婴或其他类似的犯罪行为，严加禁止。"这一规定精神在之后历次法律修改和编纂中均得到贯彻。1980年《婚姻法》第15条规定："父母对子女有抚养教育的义务；子女对父母有赡养扶助的义务。父母不履行抚养义务时，未成年的或不能独立生活的子女，有要求父母付给抚养费的权利。子女不履行赡养义务时，无劳动能力的或生活困难的父母，有要求子女付给赡养费的权利。禁止溺婴和其他残害婴儿的行为。"2001年《婚姻法》承继了1980年《婚姻法》第15条的内容，并根据当时的实际情况，增加了关于禁止"弃婴"的规定。其中第21条规定："父母对子女有抚养教育的义务；子女对父母有赡养扶助的义务。父母不履行抚养义务时，未成年的或不能独立生活的子女，有要求父母付给抚养费的权利。子女不履行赡养义务时，无劳动能力的或生活困难的父母，有要求子女付给赡养费的权利。禁止溺婴、弃婴和其他残害婴儿的行为。"

《民法典》第1067条在《婚姻法》第21条的基础上作了以下修改：一

---

① 无论是父母双方在离婚协议中关于支付抚养费的约定还是不直接抚养子女一方以其他方式向直接抚养子女一方就支付抚养费作出的承诺，均属于双方就给付抚养费事宜形成了合意，以下将此两种方式统一表述为父母双方订立了抚养费协议。

是将“父母对子女有抚养教育的义务；子女对父母有赡养扶助的义务”的一般性规定调整到总则编，其中第26条规定：“父母对未成年子女负有抚养、教育和保护的义务。成年子女对父母负有赡养、扶助和保护的义务。”二是删除了关于“禁止溺婴、弃婴和其他残害婴儿的行为”的规定。此类违法行为虽为民法所否定，但原有的规定并未明确此类行为的民事法律后果，此类行为属于严重的违背家庭伦理和社会公共利益的行为，应由刑事、行政法律规定来规制。三是将请求父母给付抚养费的主体由“未成年的或不能独立生活的子女”调整为“未成年子女或者不能独立生活的成年子女”，在立法用语上更加准确。四是将请求给付赡养费的主体由“无劳动能力的或生活困难的父母”调整为“缺乏劳动能力或者生活困难的父母”，表述更为准确。五是将给付赡养费的义务人明确为“成年”子女。

二、履行抚养义务包括直接抚养与支付抚养费两种方式

（一）抚养义务及其特点

抚养义务是指父母依法承担的为子女提供物质条件和精神依靠、对子女进行养育的义务。从个体的角度看，父母对子女的抚养义务是子女获得物质生活保障和身心健康的条件。从社会发展的角度看，父母对子女的抚养和教育关系到人类社会的发展和繁衍。因此，就父母对子女的抚养义务作出明文规定是世界各国通行的做法。

抚养义务具有绝对性。父母对子女的抚养是基于亲子关系而产生的，抚养既是父母的权利，更是父母的义务。父母不能以放弃抚养权的名义逃避抚养义务。父母承担抚养义务的期间自子女出生之日起至子女成年或者能够独立生活时止。除非当事人死亡，否则这种义务在前述期限内将一直存在，不能被免除。

抚养义务的主体包括父母双方。无论父母之间就工作、家务等方面作出何种分工安排，均不影响父母承担抚养义务。子女对不直接抚养自己的父或母的抚养费给付请求权，不限于父母双方抚养费协议约定的数额。如果直接抚养子女的父或母不具有抚养能力，不能保障子女健康成长或者正常生活，子女仍有权依法请求另一方支付抚养费，另一方以抚养费协议约定其无须支付抚养费或者子女诉讼请求超出抚养协议约定的其应支付的抚养费数额为由进行抗辩的，人民法院对其抗辩不应支持。

抚养义务不受父母是否和子女共同生活的影响。和子女共同生活的父母

一方固然有义务对子女进行抚养和照顾，未和子女共同生活的一方也同样有抚养子女的义务。和子女共同生活的父母一方可以通过在生活上照顾子女，为子女提供生活、医疗、教育费用等方式抚养子女。未和子女共同生活的一方也可以通过支付抚养费、探望子女时的关爱教育等方式履行抚养义务。

抚养义务不受父母婚姻状况的影响。父母双方无论是否解除婚姻关系，均需要履行各自的抚养义务。父母与子女间的关系，不因父母离婚而消除。离婚后，子女无论由父或者母哪一方直接抚养，仍是父母双方的子女。离婚后，父母对于子女仍有抚养、教育、保护的权利和义务；子女由一方直接抚养的，另一方应当负担抚养费。任何一方不履行抚养义务的，子女有权请求其给付抚养费。如在王小某诉王某抚养费纠纷案①中，王小某与王某系父子关系。王某自结婚至今没有工作，2009 年 8 月王小某出生后，王某也没有支付过抚养费，家庭开销一直由王小某的母亲张某承担。由于王某在生活上未对孩子给予照顾、关心和教育，没有尽到作为父亲的抚养和教育的责任，王小某起诉请求王某按照每月 3082 元的标准支付自 2016 年 1 月 1 日至王小某满 18 周岁的抚养费。人民法院认为，婚姻关系存续期间，父母双方或者一方拒不履行抚养子女义务，未成年子女或者不能独立生活的成年子女请求支付抚养费的，应予支持。故综合考虑子女的实际需要、父母双方的负担能力和当地的实际生活水平等情况，依法酌定王某按每月 800 元的标准支付王小某 2016 年 1 月至判决生效之月的抚养费，并自判决生效之月起每月 5 日前支付王小某抚养费 800 元，至王小某年满 18 周岁止。

（二）支付抚养费是承担抚养义务的方式之一

关于支付抚养费的情形，《民法典》第 1071 条第 2 款规定：“不直接抚养非婚生子女的生父或者生母，应当负担未成年子女或者不能独立生活的成年子女的抚养费。”第 1085 条规定：“离婚后，子女由一方直接抚养的，另一方应当负担部分或者全部抚养费。负担费用的多少和期限的长短，由双方协议；协议不成的，由人民法院判决。前款规定的协议或者判决，不妨碍子女在必要时向父母任何一方提出超过协议或者判决原定数额的合理要求。”因此，在父母离婚的情况下，父母承担抚养义务的方式有二：一是与子女共同生活的父或母承担直接抚养子女的义务；二是不与子女共同生活的父或母

① 入库编号：2024-1-42-022-001。

承担给付抚养费的义务。

实践中，离婚父母也可以轮流抚养子女。例如，离婚父母居住生活的地点相近，子女可随时选择到父或母家居住、生活，双方可协商承担子女的教育费等费用。离婚父母也可约定双方分别与子女单独生活一段时间。只要子女始终有人抚养、权益有保障，当事人有权自主选择直接抚养的方式。

三、抚养费协议的内容和效力

（一）父母双方可以就支付抚养费的数额和时间等订立协议

根据《民法典》第1085条规定，父母离婚后，子女由一方直接抚养的，另一方应当负担部分或者全部抚养费。负担费用的多少和期限的长短，由双方协议。父母不得拒绝履行对子女的抚养义务，抚养义务的履行以保障子女的健康成长、正常生活为条件。在此前提条件下，抚养义务人之间，可就抚养义务的履行、抚养费的负担等作出约定。抚养费协议主要包括不与子女共同生活的一方负担抚养费用的数额、支付抚养费用期限的长短、抚养费的支付方式和支付时间等内容。

（二）抚养费协议的效力

1. 抚养费协议对父母双方具有法律约束力。

《民法典》第465条规定："依法成立的合同，受法律保护。依法成立的合同，仅对当事人具有法律约束力，但是法律另有规定的除外。"父母双方是抚养费协议的合同当事人，应受合同约束。《民法典》第577条规定："当事人一方不履行合同义务或者履行合同义务不符合约定的，应当承担继续履行、采取补救措施或者赔偿损失等违约责任。"如果离婚父母一方不履行抚养费协议，另一方有权请求其承担继续履行或者赔偿损失等违约责任。为此，本条第2款规定，离婚后，不直接抚养子女一方未按照离婚协议约定或者以其他方式作出的承诺给付抚养费，子女已经成年并能够独立生活，直接抚养子女一方请求另一方支付欠付的费用的，人民法院依法予以支持。与第1款相比，第2款没有使用"抚养费"的表述，主要考虑抚养费是以身份关系为基础，有特定的功能，直接抚养子女一方请求另一方支付所欠的费用可以纳入广义的债的范畴，但在性质和功能上已不属于抚养费的法定之债。

2. 子女有权请求父或母依据抚养费协议支付抚养费。

如前所述，抚养关系是最基本的家庭关系，是个体健康成长的前提，也是人类繁衍的基础，是家庭伦理道德的体现，因此，将抚养义务确立为父母的法定义务，是世界各国民法通行的做法。我国《民法典》第1067条第1款规定："父母不履行抚养义务的，未成年子女或者不能独立生活的成年子女，有要求父母给付抚养费的权利。"因此，即便父母双方未在离婚协议中就抚养费问题作出约定，子女基于法律规定，也有权请求父母给付抚养费。夫妻双方在抚养费协议中就不直接抚养子女一方应支付抚养费的金额、时间等作出约定，实际上是将父或母一方的法定义务具体化，子女基于其对父母的抚养费请求权，有权请求不与其共同生活的父或母按照抚养费协议约定支付抚养费。对此，本条第1款规定："离婚后，不直接抚养子女一方未按照离婚协议约定或者以其他方式作出的承诺给付抚养费，未成年子女或者不能独立生活的成年子女请求其支付欠付的抚养费的，人民法院应予支持。"

四、有权依据抚养费协议请求支付抚养费的子女范围

依照本条第1款规定，有权依据抚养费协议请求支付抚养费的子女包括两类：一是未成年子女，二是虽然成年但不能独立生活的子女。

（一）未成年子女有权依据抚养费协议请求支付抚养费

《民法典》第17条规定："十八周岁以上的自然人为成年人。不满十八周岁的自然人为未成年人。"《未成年人保护法》第2条规定："本法所称未成年人是指未满十八周岁的公民。"依据上述规定，未成年人一般是指不满18周岁的人。父母对未成年子女的抚养义务是无条件的，这种义务是法定义务，必须履行。如果父母不抚养未成年子女，除了应当承担相应的民事责任外，构成犯罪的，还应承担相应的刑事责任。

并非所有的未满18周岁的人都可以作为抚养费的请求权主体。《民法典》第18条第2款规定："十六周岁以上的未成年人，以自己的劳动收入为主要生活来源的，视为完全民事行为能力人。"这里的被"视为完全民事行为能力"的人虽然也不满18周岁，但其已经有了自食其力的能力，在这种情况下，父母可以不用给付抚养费。对此问题，《民法典婚姻家庭编解释（一）》第53条规定："抚养费的给付期限，一般至子女十八周岁为止。十六周岁以上不满十八周岁，以其劳动收入为主要生活来源，并能维持当地一般生活水平的，父母可以停止给付抚养费。"实践中，将"以其劳动收入为主要生活来源，并能维持当地一般生活水平的十六周岁以上不满十八周岁的

子女”，一般排除在抚养费请求权主体之外，但是不能绝对化。如果其劳动收入虽为主要生活来源，但不能满足接受教育、医疗等需要时，仍然不能免除其父母的抚养义务。人民法院在判决父母是否给付抚养费时，应当考虑子女的收入水平、生活需要以及父母的抚养能力等因素。

（二）不能独立生活的成年子女有权依据抚养费协议请求支付抚养费

一般情况下，子女成年后，成为完全民事行为能力人，应当自食其力。子女成年后，父母对子女不再负担抚养义务。但是，如果成年子女不能独立生活，无法自食其力，父母仍应当承担抚养义务。司法实践中的难点问题是如何认定成年子女“不能独立生活”，《民法典婚姻家庭编解释（一）》第41条承继了《婚姻法解释（一）》第20条确定的原则，规定：“尚在校接受高中及其以下学历教育，或者丧失、部分丧失劳动能力等非因主观原因而无法维持正常生活的成年子女，可以认定为民法典第一千零六十七条规定的‘不能独立生活的成年子女’。”即“非因主观原因而无法维持正常生活”。在清理制定《民法典婚姻家庭编解释（一）》第41条的过程中，曾有意见提出，因刚毕业的高中生没有负担大学学费的能力，将抚养子女的义务范围扩大到大学可以在一定程度上减少因财失学的现象，故建议将“高中及其以下学历教育”修改为“大学及其以下学历教育”。最终，司法解释未采纳这一建议，一方面，通常情况下，如果父母具有抚养能力，都会自愿负担子女的大学费用；另一方面，如果父母没有抚养能力，家庭经济状况较差，强制父母为上大学的子女给付学费、生活费，并不符合我国家庭伦理道德。相反，子女成年后，在父母不具备经济能力的情况下，可以选择勤工俭学、先工后学、贷款学习。司法实践中亦有此类案例，在父母收入很少，只能勉强维持家庭基本生活的情况下，就读研究生的成年子女起诉请求父母支付抚养费的，人民法院不予支持。

（三）有权依据抚养费协议请求支付抚养费的子女类型

本条规定的子女可以包括以下几种类型。

一是亲生子女，包括婚生子女和非婚生子女。本条第1款规定：“离婚后，不直接抚养子女一方未按照离婚协议约定或者以其他方式作出的承诺给付抚养费，未成年子女或者不能独立生活的成年子女请求其支付欠付的抚养费的，人民法院应予支持。”虽然从文义表述看，本款主要规范的是离婚情形下，双方对婚姻关系存续期间所生子女即婚生子女抚养费的约定，但是，

《民法典》第1071条规定：“非婚生子女享有与婚生子女同等的权利，任何组织或者个人不得加以危害和歧视。不直接抚养非婚生子女的生父或者生母，应当负担未成年子女或者不能独立生活的成年子女的抚养费。”因此，即便父母没有婚姻关系，双方同居期间所生子女，如果在解除同居关系时签有相关抚养费协议，也可以参照适用本条规定处理。

二是养子女。《民法典》第1111条第1款规定：“自收养关系成立之日起，养父母与养子女间的权利义务关系，适用本法关于父母子女关系的规定；养子女与养父母的近亲属间的权利义务关系，适用本法关于子女与父母的近亲属关系的规定。”因此，在养父母离婚时，双方应当对未成年养子女的抚养问题作出安排。未成年或者不能独立生活的养子女也有权请求不直接抚养的一方按照离婚协议约定的数额和方式给付抚养费。

需要特别说明的是，根据本解释第19条规定，生父与继母或者生母与继父离婚后，当事人主张继父或者继母和曾受其抚养教育的继子女之间的权利义务关系不再适用《民法典》关于父母子女关系规定的，人民法院应予支持，但继父或者继母与继子女存在依法成立的收养关系或者继子女仍与继父或者继母共同生活的除外。由上述规定可见，本解释采纳的实际系自然解除说。一般情况下，生父（母）与继母（父）离婚时，未成年子女均由生父母继续抚养，即使形成抚养教育事实，亦不会在离婚协议中约定由继父或继母继续负担抚养费。《民法典婚姻家庭编解释（一）》第54条对此进行了规定：“生父与继母离婚或者生母与继父离婚时，对曾受其抚养教育的继子女，继父或者继母不同意继续抚养的，仍应由生父或者生母抚养。”因此，本条中的子女一般不包括继子女。此外，本条适用的前提是，不直接抚养子女一方在离婚协议中承诺或者以其他方式作出的承诺给付抚养费。因此，实践中如果存在特殊情况，即生父与继母离婚或者生母与继父离婚时，双方在离婚协议中明确约定继父或者继母向继子女给付抚养费，根据诚信原则，该约定对于继父或者继母应当具有法律约束力。

三是人工授精的子女。《民法典婚姻家庭编解释（一）》第40条规定：“婚姻关系存续期间，夫妻双方一致同意进行人工授精，所生子女应视为婚生子女，父母子女间的权利义务关系适用民法典的有关规定。”根据上述规定，离婚时，双方应当对婚姻关系存续期间一致同意进行人工授精所生未成年子女抚养问题作出安排。未成年或者不能独立生活的子女也有权请求不直接抚养的一方按照离婚协议约定的数额和方式给付抚养费。

【实务问题】

一、准确把握抚养费的范围

关于抚养费的范围，《婚姻法解释（一）》第21条曾规定：“婚姻法第二十一条所称‘抚养费’，包括子女生活费、教育费、医疗费等费用。”《民法典婚姻家庭编司法解释（一）》第42条延续了这一规定，未作实质性修改，只是将“婚姻法第二十一条所称的‘抚养费’”修改为“民法典第一千零六十七条所称‘抚养费’”，以便于和《民法典》的名称相衔接。从文字表述上，该规定采用列举加概括方式，包括生活费、教育费、医疗费，但抚养费的范围不限于此，应以保障子女健康成长和正常生活为条件，根据具体的案情作出认定。

二、监护人资格被撤销不免除支付抚养费的义务

《民法典》第37条规定：“依法负担被监护人抚养费、赡养费、扶养费的父母、子女、配偶等，被人民法院撤销监护人资格后，应当继续履行负担的义务。”父母是未成年子女的监护人，对未成年子女的监护，既是父母的权利，也是父母的义务。若监护人实施了严重损害被监护人身心健康的行为或者怠于履行监护职责，有关个人或者组织可向人民法院申请撤销其监护人资格。在监护人被撤销监护人资格后，其不再享有监护的权利，但抚养义务并不因此而免除。父母的监护人资格被撤销后，仍应履行给付抚养费的义务，未成年或者不能独立生活的成年子女仍有权依照本条规定，请求其支付欠付的抚养费。

三、能够独立生活的成年子女无权请求父或母支付欠付的抚养费

本条在向社会征求意见过程中，曾有一款规定：“能够独立生活的成年子女请求父或者母给付其未成年或者不能独立生活期间抚养费的，人民法院不予支持。”如前所述，根据《民法典》第1067条规定，只有未成年子女或者不能独立生活的成年子女享有要求父母给付抚养费的权利。子女已成年并能够独立生活的，不再需要抚养。抚养费已失去其功能。如果父或母违反抚养费协议约定，欠付抚养费，可由直接抚养子女一方以合同债权人身份向债务人主张，这也是本条第2款规定的考虑。虽然征求意见稿中的该款规定未

予保留，但规定内容并无不当。如在王某诉史某抚养费纠纷案[①]中，王某和史某系母女关系，王某系史某之女。王某 2020 年大学本科毕业，2023 年年初去国外攻读硕士学位。史某与王某父亲王某 1 于 2023 年 2 月经法院调解离婚。王某认为离婚协议未涉及王某的生活费、学费等各项费用，其虽已年满 18 周岁，但仍在国外攻读硕士学位，没有经济来源，无法独立支付生活费、学费等各项费用，且其父亲王某 1 系下岗职工，经济条件有限。故王某诉至法院，请求判令史某每年支付王某生活费、学费等各项费用 4 万元等。人民法院认为，根据《民法典》第 1067 条第 1 款、《民法典婚姻家庭编解释（一）》第 41 条规定，王某 2020 年大学本科毕业，现 25 岁，2023 年年初开始在国外攻读硕士学位，无完全丧失或部分丧失劳动能力等非主观原因而无法维持正常生活的情形存在，不属于“不能独立生活的成年子女”，故王某要求史某每年支付生活费、学费等各项费用 4 万元，于法无据，遂驳回王某的诉讼请求。

① 入库编号：2024－07－2－022－001。

【条文】

第十八条

对民法典第一千零七十二条中继子女受继父或者继母抚养教育的事实，人民法院应当以共同生活时间长短为基础，综合考虑共同生活期间继父母是否实际进行生活照料、是否履行家庭教育职责、是否承担抚养费等因素予以认定。

【条文主旨】

本条是关于继父母与继子女之间是否形成《民法典》第1072条中“受其抚养教育”事实的认定标准的规定。

【条文概览】

继父母与受其抚养教育的继子女之间的权利义务关系适用《民法典》关于父母子女关系的规定。在认定继子女与继父或者继母是否形成抚养教育事实时，共同生活是核心要素，且共同生活须持续一段长的时间，双方已形成稳定的生活状态。共同生活期间，继父母一般应当实际进行生活照料、履行家庭教育职责并承担一定的抚养教育费用。

【理解与适用】

一、本条主要解决的问题

民政部2024年4季度民政统计数据显示，2024年依法办理离婚登记262.1万对，虽相比2020年统计数量有所下降，但客观上看，无论是离婚数还是离婚率仍然处于较高位。伴随着离婚率的攀升，再婚家庭也随之增多，其中涉及继父母子女关系的权利义务内容，争议较大。《民法典》第1072条第2款规定，继父或者继母和受其抚养教育的继子女间的权利义务关系，适用本法关于父母子女关系的规定。以“受其抚养教育”作为继父母与继子女间适用父母子女关系的前提，首先要解决的是，如何认定双方形成“受其抚养教育”事实。从司法实践的情况来看，不同法院在案件办理中认定不一，有的认为“以继父母对继子女在经济上和生活上是否尽了主要抚养教育义务来判断”，有的法院认为还需要判断家庭成员之间的融入程度，还有法院认为除了经济上支付抚养费用外，还需要有情感上的抚养。本条规定即是针对人民法院在司法实践中认定“受其抚养教育”的不同观点，统一共识性判断标准，进而统一关于继父母子女关系判断方面的法律适用。

二、继父母子女的关系定位

（一）关于继父母和继子女关系规定的立法沿革

所谓继父母，是指父母离婚或者一方死亡后，另一方再婚，子女对父母再婚后的配偶的称谓；所谓继子女，是指夫妻一方对自己配偶与前夫或者前妻所生子女的称谓。继父母和继子女身份来源于子女的生父或者生母的再婚事实，本质上始于姻亲关系。我国立法对于继父母和继子女关系的认定有一个沿革过程。

在《民法典》颁布实施之前，我国先后颁布了两部《婚姻法》，即1950年《婚姻法》和1980年《婚姻法》。1950年《婚姻法》作为中华人民共和国成立以来的第一部法律，确立了婚姻自由、一夫一妻、男女平等、保护妇女和子女合法权益四项基本原则，被誉为具有“彻底的反封建精神”的一部法律。其颁布对于解除封建的包办、买卖婚姻，构建男女自愿结合的和谐的婚姻和家庭，发挥了很大的历史作用，这标志着我国进入了婚姻家庭法制建设的初创时期。[①] 出于保护继子女合法权益的考虑，1950年《婚姻法》第16条规定：“夫对于其妻所抚养与前夫所生的子女或妻对于其夫所抚养与前妻所生的子女，不得虐待或歧视。”该法虽然没有使用“继父母”“继子女”的表述，但是明确规定了“不得虐待或歧视”，在立法中第一次确定了继子女的法律地位，[②] 鲜明体现了“废除漠视子女利益的封建主义婚姻制度，实行保护子女合法权益的新民主主义婚姻制度”的立法宗旨。

党的十一届三中全会后，我国的婚姻家庭法制建设进入恢复和发展时期。在改革开放的新形势下，我国政治、经济和社会生活发生了很大的变化，婚姻家庭领域也出现了新情况新需要。在这种情况下，我国制定了第二部婚姻法即1980年《婚姻法》。1980年《婚姻法》开始使用“继父母”“继

---

① 陈苇、冉启玉：《构建和谐的婚姻家庭关系——中国婚姻家庭法60年》，载《家事法研究》2009年卷。

② 胡康生主编：《中华人民共和国婚姻法释义》，法律出版社2001年版，第112页。

子女”的概念，并且明确规定了继父母继子女的权利和义务。其中第 21 条规定“继父母与继子女间，不得虐待或歧视。继父或继母和受其抚养教育的继子女间的权利和义务，适用本法对父母子女关系的有关规定”，重申了 1950 年《婚姻法》有关“不得虐待或歧视”的规定，更重要的是增加了在满足“抚养教育”的条件下，继父母和继子女之间适用父母子女关系的有关规定，即“父母对子女有抚养教育的义务”“子女对父母有赡养扶助的义务”“父母和子女有相互继承遗产的权利”等。2001 年修订《婚姻法》时对该条未作实质修改。《民法典》第 1072 条也承继了该条规定。

（二）继父母子女关系的判断

继父母和继子女之间的关系理论上分为三种类型：（1）纯粹的姻亲关系。继子女未受继父母抚养教育的，如父母再婚时子女已经成年，或者虽未成年但是继父母未进行抚养教育的，不构成婚姻法规定的适用父母子女关系的情形，仍然属于由生父母和继父母婚姻关系衍生而来的姻亲关系。这种情况下，继父母和继子女之间不享有父母子女间的权利义务，但也不得虐待或歧视。（2）因抚养教育形成的关系。即《民法典》第 1072 条第 2 款规定的情形，双方之间适用父母子女关系有关规定。（3）因收养形成拟制血亲关系。根据《民法典》第 1103 条规定，经继子女的生父母同意，继父母可以收养继子女，这样双方之间成立收养关系，并以《民法典》第 1111 条规定作为处理双方权利义务关系的基础依据，而无须再适用《民法典》第 1072 条。本条规定针对的是上述第二种情形下继父母和继子女之间是否形成抚养教育事实的判断标准问题。

《民法典》第 1072 条第 2 款规定，继父或者继母和受其抚养教育的继子女间的权利义务关系，适用本法关于父母子女关系的规定。对于继父母子女属于姻亲还是拟制血亲，由于《民法典》第 1072 条并没有给出确切的答案，理论认识上存在不同的观点。有的观点认为，如果继子女受继父母抚养教育，符合《民法典》第 1072 条第 2 款规定的，原有的姻亲关系转化为拟制血亲关系，产生父母子女间的权利义务关系，而未形成抚养关系的继父母和继子女之间则不发生父母子女的权利义务关系。但是该种观点也承认，“这种拟制血亲关系又和继父母收养继子女有所不同，它不以解除继子女与其生父母间的权利和义务关系为前提”。还有观点认为，继父母子女就是姻亲关系，而不是拟制血亲，只有收养等情况下才能在非亲生的父母子女之间形成拟制血亲关系。以《民法典》第1072条第2款规定并不能当然得出有抚养教育事实的继父母和继子女之间形成拟制血亲关系的结论，相反，拟制血亲说实际上是将抚养教育事实的发生作为改变继父母子女之间身份关系的要件，忽视了作为当事人的继父母和继子女在关系重大的身份关系上的意思自治。

从域外立法情况来看，如德国、瑞士等国家没有对继父母子女间的法律关系作单独的规定，而是直接套用姻亲关系，认为继父母子女间的关系本质上属于因父母结婚而产生的直系姻亲关系，引入“照顾权”进行规范，而这种“照顾权”大部分需要法院判决取得或确认。[①]《瑞士民法典》第299条规定，夫妻任何一方，应对于另一方对其生子女行使亲权，应当给予适当的支持；如有需要，也可以代表另一方行使亲权。[②] 可见，《瑞士民法典》认为继父母对继子女的权利以生父母一方的亲权为基础，继父母负有“给予适当的支持”的协助义务，但对继子女没有直接的权利义务。继而，当继父母与生父母的婚姻关系解除，继父母的这种义务也随之不再存在。《德国民法典》第1687b条（配偶的照顾法上的权能）规定，(1) 单独享有照顾权的父母一方之不是子女的父亲或母亲的配偶，在与享有照顾权的父母一方取得一致意见的情况下，有在子女的日常生活事务中参与决定的权能。准用第1629条第2款第1句……[③]与《瑞士民法典》不同的是，继父母不以协助或代表的方式参与，而是通过生父母同意的情况下，直接参与有关继子女的事务。同时，《德国民法典》给予子女利益优先考虑，规定在有迟延危险的情况下，继父母无须征得配偶的同意即有权在为子女利益的限度内独立实施全部的法律行为，同时应当不迟延地将自行作出的行为通知配偶一方，也就是紧急亲权。相较之下，社会主义国家一般以“权利义务一致”原则调整继父母子女关系，主要体现在抚养义务和赡养义务相关联。[④] 我国关于继父母子女间的权利义务关系的规定也有类似的考虑，从1980年《婚姻法》到《民法典》，对继父母继子女通过“抚养教育”适用父母子女关系的规定，具有浓郁的中

---

① ［德］妮娜·德特洛夫：《21世纪的亲子关系法——法律比较与未来展望》，樊丽君译，载《比较法研究》2011年第6期。

② 《瑞士民法典》，于海涌、赵希璇译，法律出版社2016年版，第110页。

③ 陈卫佐译注：《德国民法典》，法律出版社2015年版，第515～516页。

④ 薛宁兰主编：《中华人民共和国婚姻法评注·家庭关系》，厦门大学出版社2018年版，第184页。

国特色。《民法典》第1072条的规定能够加大对继子女的保护力度，同时体现对继父母的权利的重视，保障继子女幼有所教，继父母老有所养。

且不论理论界的姻亲关系和拟制血亲关系之争，从实用主义的角度看，多年实践证明，1980年《婚姻法》和《民法典》的这种规范方式是行之有效的。继父母和继子女并非天然地互为父母子女，而是以生父母作为纽带。对继子女而言，继父或继母是其不共同生活的生父或者生母在生活中的“替代者”，占据了原本属于生父或生母的位置和地位，双方关系存在天然的互抗，这是再婚家庭稳定性不足的重要因素之一。通过法律的形式，承认满足一定条件——“受其抚养教育”的继父母和继子女之间可以类比亲生父母子女的关系，使他们获得与亲生父母子女关系相同的对等权利义务的方式，为继父母子女相互之间的权利义务赋予法律意义，在事实联结之外进一步形成法律联结，也是侧面促进满足共同生活、抚养教育等这些事实的继父母子女相互之间的认同和接纳，构建更加稳定的家庭关系的必要手段。同时，也能促成离婚夫妻和再婚家庭更加慎重地对待子女抚养问题。

三、如何认定“受其抚养教育”

此前，在《最高人民法院关于适用〈中华人民共和国婚姻法〉若干问题的解释（三）》制定过程中，曾经尝试对何为抚养教育进行规定。该解释征求意见稿第10条规定：“婚姻法第二十七条所称的‘继父或继母和受其抚养教育的继子女’应符合下列情形之一：（1）继父（或继母）和享有直接抚养权的生母（或生父）与未成年继子女共同生活三年以上，承担了全部或部分抚育费，付出了必要的劳务，并且履行了教育义务；（2）继父或继母因工作等非主观原因，无法与未成年继子女共同生活，但承担了全部或部分抚育费五年以上；（3）未成年继子女的生父母一方死亡，继父或继母与未成年继子女共同生活两年以上，并承担了本条第一款的相关义务。”该条规定虽然最后没有保留，但与本条规定的精神一致，以共同生活时间长短、生活照料、家庭教育职责履行、抚养费承担等作为主要考虑因素。

对于如何认定“受其抚养教育”，理论界有几种观点：第一，共同生活标准。认为只要继父母和继子女在一起共同生活的，就可以认定继子女受到继父母的抚养教育。第二，费用承担标准。继父母为继子女的生活、教育支出全部或部分费用的，即可认定受其抚养教育。[①] 第三，共同生活并履行抚养教育义务标准。继子女和继父母共同生活，而且继父母对继子女尽到了抚养教育义务的，属于受其抚养教育。第四，兼顾主观意愿标准。该观点认为，在共同生活并履行抚养教育义务的基础上，还应当对继父母和继子女形成抚养教育关系的主观意愿给予考虑和尊重，如果仅凭借抚养教育事实认定，不考虑继父母和继子女的主观意愿，将侵害他们的身份行为同意权。[②]

对于继父母和继子女来说，一旦因既存的抚养教育事实适用父母子女关系规定，对于双方来说都是身份上的重大变化，应当慎重，因此在认定时要严格把握。在具体适用时应坚持以下原则和目标。

1. 以最有利于未成年人为原则。

重视儿童福利是我国婚姻家庭立法的重要原则之一，正是基于这种考量《民法典》第1072条第1款就首先明确“继父母与继子女间，不得虐待或者歧视”。中华人民共和国成立前，由于受封建宗法制度的影响，继子女的社会地位低下，正当权益得不到保护。中华人民共和国成立后，旧的社会意识和观念被破除，尊老爱幼、保护儿童和老年人合法权益成为家事法律的必然要求。

2. 以促进家庭和谐稳定为目标。

家庭是社会的基本细胞，在家国体系中发挥着稳定社会的重要作用。近代社会家庭关系经历了以父子关系为主导到以夫妻关系为核心的大家庭到小家庭的转变。未成年的继子女和继父母共同生活并受其抚养教育的，继父母实际担当着继子女在社会中的“事实父母”角色，法律对这种角色身份予以确认，有利于形成稳定的家庭构造，对“受其抚养教育”判断因素的选择，必须要以能够促进家庭稳定为目标。

在此基础上，认定抚养教育事实时，需要具体考量以下因素：（1）是否共同生活，其中共同生活时间长短是重点考察因素；（2）是否进行生活上的照料和精神上的关怀（家庭教育）；（3）是否予以经济上支持（抚养费承担）。

1. 共同生活时间长短。

这是判断是否存在继子女受继父母抚养教育事实的基础要素，也是必要要素。长期共同生活的事实可以通过长时间的相处交流在继父母子女之间产生

① 王丽萍主编：《婚姻家庭继承法学》，北京大学出版社2004年版，第202页。

② 王洪：《婚姻家庭法热点问题研究》，重庆大学出版社2000年版，第250页。

“保持共同生活的必要性”。“共同生活时间长短”应当分两个层次进行理解。

其一，要有共同生活事实的存在。一般而言，父母子女共同生活，父母承担对子女生活上陪伴、经济上支持和精神上关怀的各种义务，为子女的健康成长创造条件。判断继子女是否受到继父母的抚养教育，可以普通的父母子女关系为参考样本，较为贴合一般父母子女关系中的相处模式的，可以认定继子女受到继父母抚养教育。继父母和继子女是不是在同一个家庭空间里共同生活，是判断抚养教育事实最直接的方法。但这里也有两点需要注意，一是并非必须每天在家庭环境里共同生活才能算作“共同生活”，例如对于继子女就读于寄宿学校，或者继父母在外地工作的情况，虽然继父母和继子女没有每天处于同一个家庭生活环境中，只是偶尔一起生活，也不能因此认为双方不符合“共同生活”的要件；二是“共同生活”虽然是判断抚养教育事实的必要要素，但不是唯一要素，抚养教育不是一个仅凭是否共同生活就能够判断的事实，尤其当继子女是未成年人时，父母负有抚养、教育和保护的义务。现实生活中，不乏继子女和继父母生活在一起，继父母非但不能尽到抚养、教育、保护未成年继子女的义务，反而严重侵害继子女合法权益的情况。此时，如果仅以双方共同生活就认定形成抚养教育事实存在，赋予基本等同于生父母子女的权利义务关系，对继子女明显不公，不利于未成年人权益的保护。

其二，要考虑共同生活时间。抚养教育的事实存续应有一定的年限要求，不能太短，避免权利义务关系的失衡。只有继父母和继子女在一起共同生活的事实持续一定时间，才能证明双方之间产生了共同生活的必要性，继父母子女之间的抚养教育事实才有了赖以存在的基础。[①] 抚养教育应当具有一定程度上的稳定性，短期、断续的抚养教育不能认为继子女与继父母之间构成抚养教育事实。一方面，例如，继父或继母只抚养教育继子女很短时间，继子女随后成年，如果认定为双方形成抚养教育关系，和继父母在抚养教育上承担的义务相比，继子女将来可能承担的赡养义务负担偏重。另一方面，考虑现实生活中离婚率较高的现象，为防止因父母多次再婚，子女因抚养教育事实而拥有多个继父或继母的现象，也应规定一个较长的年限。

2. 生活照料和家庭教育。

《民法典》规定父母对子女负有抚养、教育和保护的义务，这些义务的

---

① 王利明主编：《中国民法典学者建议稿及立法理由：人格权编、婚姻家庭编、继承编》，法律出版社2005年版，第397页。

履行离不开生活上的照料和精神上的陪伴教育。从《民法典》第1072条的表述方式也不难看出，要满足适用父母子女关系的条件，抚养和教育缺一不可。抚养最直接的表现形式就是继父母对继子女生活上的照料，包括衣食住行这些生活的基本方面。教育行为体现在继父母对继子女学习上的关心、行为上的引导与教育等。[①] 从儿童福利的角度来说，未成年人的健康成长离不开家庭作用的发挥，家庭教育事关个人和家庭福祉，事关国家和民族命运。当前，我国社会转型速度加快，传统的家庭结构和功能发生深刻变化，一些家长"教而无方、教而不当"或者"养而不教、监而不管"，家庭教育不力或者疏于管教成为未成年人出现严重不良行为或者犯罪的重要原因之一，严重影响未成年人健康成长。2022年《家庭教育促进法》第4条规定，未成年人的父母或者其他监护人负责实施家庭教育。第14条提出了更加明确的要求，规定"父母或者其他监护人应当树立家庭是第一个课堂、家长是第一任老师的责任意识，承担对未成年人实施家庭教育的主体责任，用正确思想、方法和行为教育未成年人养成良好思想、品行和习惯。共同生活的具有完全民事行为能力的其他家庭成员应当协助和配合未成年人的父母或者其他监护人实施家庭教育"。对于父母离异的特殊情况，在第20条又格外要求，未成年人的父母分居或者离异的，应当相互配合履行家庭教育责任，任何一方不得拒绝或者怠于履行；除法律另有规定外，不得阻碍另一方实施家庭教育。可见，无论未成年子女跟随生父母或继父母生活，家庭教育都是父母子女关系中的重要组成部分。在对继父母是否对继子女形成了抚养教育事实的判断中，履行家庭教育职责情况也需要纳入综合考虑范围。

3. 抚养费承担。

我国实行法定夫妻共同财产制，婚姻关系存续期间，除法律规定属于一方单独所有的财产外，其余均为夫妻双方共同共有。为继子女的生活、教育、医疗等各方面成长而支出的费用，无论支出方是亲生父或母一方还是继父或母一方，从比例上来说都有一半属于对方财产。实践中，很难仅凭费用的承担来区分继父母是否对继子女进行了抚养教育。一般而言，不宜强求继父母额外提供证据证明用个人财产支付了继子女的抚养教育费用，才能认定其承担了抚养教育职责。但是，在夫妻双方实行分别财产制，或者虽然没有

---

① 杨棋：《动态系统理论下继父母子女间抚养教育关系成立的认定》，载《中华女子学院学报》2023年第5期。

明确约定分别财产制，但实际上双方财产各自独立使用的情况下，继父母还是应当对其承担抚养费的事实负有举证责任。同时需要注意的是，抚养费的承担不能孤立看待，不能以抚养费支出的多寡作为认定继父母抚养费承担情况的绝对标准，还要考虑个案中继父母的实际财产状况。对于继父母没有个人财产或个人财产较少的情况，可能会无力负担继子女的抚养费，如果其在实际生活中对继子女进行了日常生活照料，履行家庭教育职责，也不能仅以未承担抚养费为由“一票否决”，否认双方的父母子女关系。

【实务问题】

一、生父母使用其和继父母的夫妻共同财产为子女支付抚养费用，能否认定为继父母对继子女进行了抚养

我国法定夫妻财产制为婚后所得共同制，在生父母一方再婚后，如果夫妻双方未采约定财产制，在婚姻关系存续期间所得的财产为夫妻共同财产，虽然生父母一方给付未成年子女的抚养费可能来自夫妻共同财产，但如果双方没有共同生活，不宜仅因此认定继父母对其进行了抚养教育。

二、如何认定“受其抚养教育”的共同生活时间

出于对现实生活复杂性的考虑，本条规定在确认以“共同生活时间长短”作为必要条件的同时，没有对具体的共同生活时间作出规定。比较法上看，各国对继父母子女间形成抚养教育事实的时间长度要求不一。《加拿大安大略省子女家庭服务法》第 3 章第 37 条规定：“……当提及子女时而适用‘父、母’一词时，该词是指下列人员：……（4）在根据本章而介入前的 12 个月内，持续地表明其视该子女为其家庭成员的意图或者是为该子女的父、母的身份为公众所周知并供养了该子女的自然人……”[①]《俄罗斯家庭法典》第 79 条第 2 款规定：“如果继父母教育和抚养继子女少于 5 年，或如果他们以不适当的方式履行教育和抚养子女的义务，法院有权解除继子女赡养其继父母的义务。”[②]《阿尔巴尼亚家庭法》第 81 条规定：“……同样，如继父或

① 陈苇：《加拿大家庭法汇编》，群众出版社 2006 年版，第 93 页。

② 梁慧星主编：《民商法论丛》（总第 17 卷），金桥文化出版（香港）有限公司 2000 年版，第 709 页。

者继母对继子女进行了长期抚养，并对他们在未成年时的照料不少于 10 年，则继子女必须赡养继父或者继母……”① 从 12 个月到 5 年到 10 年，相互之间相差数倍，在脱离个案事实的情况下，很难准确界定究竟哪种方式对未成年继子女的健康成长和再婚重组家庭稳定更为有利。我们认为，相较于继子女作为未成年人的最长时间即 18 年来看，加拿大法中的 12 月期限偏短，不是作为判断抚养教育事实成立的合理选择。而阿尔巴尼亚法中的 10 年期限又过长，如果以此作为标准，对于继父母和生父母再婚时继子女已满 8 周岁的，如果不存在继子女成年后尚不能独立生活的情况，继父母的长期抚养教育反而因期限问题不能得到法律肯定，既不能体现权利义务相一致的原则，也不利于激励继父母积极抚养教育继子女。总体来看，俄罗斯法律规定的 5 年是一个长度比较合适的可参考区间。具体如何认定，应当结合个案中的其他相关事实予以综合判断。

三、是否需要考虑继父母和继子女的主观意愿

有观点认为，继父母子女的主观意愿也应当纳入抚养教育事实的判断参考因素中予以考量，考虑到意思自治原则在现代私法中的重要地位，该判定标准中当然也应当涵盖对当事人主观意愿的考量。也就是说，继父母子女之间的关系是继父母的客观行为与主观意愿对继子女所产生影响的综合反映。如果不考虑继父母的主观意愿而径直为其增添如此重责与负担，显然有失公平。对此，我们认为，从《民法典》第 1072 条规定的文字表述看，无法得出需要继父母或继子女的意思表示这一要素，法律仅是对抚养教育事实的确认。故本条没有将双方主观意愿纳入考量因素。这实际上也是本解释第 19 条的逻辑基础，即继父母子女关系与典型拟制血亲的养父母子女关系存在本质不同，具有附随亲生父母姻亲关系的性质。《民法典婚姻家庭编解释（一）》第 54 条规定，生父与继母离婚或者生母与继父离婚时，对曾受其抚养教育的继子女，继父或者继母不同意继续抚养的，仍应由生父或者生母抚养。可见，父或母的婚姻解除后，即便在婚姻关系存续期间与继子女形成抚养教育事实，亦不再按照自然血亲的父母子女的关系处理。因此，判断是否形成抚养教育事实，不宜将双方主观意愿作为考量因素。

---

① 张贤钰主编：《外国婚姻家庭法资料编选》，复旦大学出版社 1991 年版，第 280 页。

【条文】

第十九条

生父与继母或者生母与继父离婚后，当事人主张继父或者继母和曾受其抚养教育的继子女之间的权利义务关系不再适用民法典关于父母子女关系规定的，人民法院应予支持，但继父或者继母与继子女存在依法成立的收养关系或者继子女仍与继父或者继母共同生活的除外。

继父母子女关系解除后，缺乏劳动能力又缺乏生活来源的继父或者继母请求曾受其抚养教育的成年继子女给付生活费的，人民法院可以综合考虑抚养教育情况、成年继子女负担能力等因素，依法予以支持，但是继父或者继母曾存在虐待、遗弃继子女等情况的除外。

【条文主旨】

本条是关于继父母子女关系解除的规定。

【条文概览】

继父母与受其抚养教育的继子女之间的权利义务关系是以其与该继子女生父母的姻亲关系为基础的，具有附随性特征。在双方未依法成立收养关系的情况下，继父（母）与生母（父）离婚后不再与继子女共同生活的，双方之间的权利义务关系不宜再适用《民法典》关于父母子女关系的规定。

在继父母子女关系解除后，虽然受继父母抚养教育的继子女不再负有赡养义务，但根据权利义务相一致的原则，如果继父母缺乏劳动能力又缺乏生活来源的，人民法院可以综合考虑抚养教育情况、成年继子女负担能力等因素，判决成年继子女给付一定的生活费，但是，继父或者继母曾存在虐待、遗弃继子女等情况的除外。这有助于引导继父母在共同生活期间积极抚养教育未成年继子女，维护平等和睦文明的家庭关系。

【理解与适用】

近年来，随着离婚率上升，再婚家庭增多。再婚家庭的不稳定也进一步导致继父母子女关系认定和解除问题更为复杂。对此，本解释第 18 条对形成抚养教育事实认定因素予以规范。此外，审判实践中还存在以下难点，包括：继父母子女间关系与典型拟制血亲关系间的差异；继父（母）与生母（父）离婚后，继父母子女关系是否当然解除；继父母子女关系解除后，年老的继父母在离婚后既缺乏劳动能力又缺乏生活来源时，能否要求受其抚养教育的继子女给付生活费等。由于法律未对此作出明确规定，目前裁判标准不统一现象突出，亟待规范。

一、有关继父母子女关系的规范梳理

继父母是指子女母亲或者父亲再婚的配偶；继子女是指夫或妻一方与前配偶所生的子女。继父母和继子女的关系是因子女的生父或者生母再婚而形成的，即生父母一方死亡，另一方再婚，或者生父母离婚，生父或者生母再婚。[①] 中华人民共和国成立后，我国法律对继父母子女关系的规定可追溯至1950年《婚姻法》，该法第16条曾规定，夫对于其妻所抚养与前夫所生的子女或妻对于其夫所抚养的与前妻所生的子女，不得虐待和歧视。该条改变了旧中国封建宗法制度影响下继子女社会地位低下、受人歧视、正当权益得不到保护的状况。[②] 该条虽然没有明确使用“继子女”的概念，但是在立法中第一次明确了继子女的法律地位。1980年《婚姻法》出现了“继父母”和“继子女”的概念，第21条规定，继父母与继子女间，不得虐待或歧视。继父或继母和受其抚养教育的继子女间的权利和义务，适用本法对父母子女关系的有关规定。该法明确规定了继父母与继子女间双向的权利义务内容，更为全面。2001年《婚姻法》和《民法典》均沿用上述规定，仅作部分文字修改。“多年的实践证明，我国法律中有关继父母和继子女的规定是行之有效的，所以，这次编纂民法典没有对现行法律中有关继父母和继子女的规定作出改动。”[③]

在现实生活中，继父母与继子女的关系因具体情况的不同而具有不同的权利义务关系，主要分为三种类型：（1）名义型。这种情形主要是指生父或者生母与继母或者继父再婚时，继子女已经成年并能够独立生活或者继子女虽未成年，但是由生父或生母的另一方抚养，未与新组成的家庭共同生活，

① 参见黄薇主编：《中华人民共和国民法典婚姻家庭编释义》，法律出版社2020年版，第120页。

② 参见余延满：《亲属法原论》，法律出版社2007年版，第430页。

③ 参见黄薇主编：《中华人民共和国民法典婚姻家庭编释义》，法律出版社2020年版，第121页。

继父母没有抚养教育继子女。此种情况下，继父母与继子女之间是纯粹的姻亲关系，继父母对继子女不享有抚养、教育、保护的权利义务，继子女对继父母亦无赡养扶助的义务。（2）收养型。这种情形主要是指继父或者继母经继子女的生父母同意，正式办理了收养手续，将继子女收养为养子女。此时，该子女与共同生活的生父或者生母之间的关系仍为直系血亲，而与不在一起共同生活的生父或者生母的父母子女关系随之消灭。大多数国家和地区都鼓励继父母收养继子女，并通过这种转化来调整继子女和继父母的法律关系。我国 1991 年《收养法》第 14 条就曾规定，继父或者继母经继子女的生父母同意，可以收养继子女，并可以不受该法第四条第三项、第五条第三项、第六条和被收养人不满 14 周岁的限制。该规定一直沿用至《民法典》，[①]基本立法精神未改变。此种情况下，继父母子女之间权利义务内容按照收养关系确定。（3）共同生活型。这种情形主要是指生父或者生母与继母或者继父再婚时，继子女因尚未成年而随生父母一方与继父或者继母共同生活时，继父或者继母对其承担了部分或者全部抚养教育义务。《民法典》第 1072 条第 2 款即是规范此种情形，明确“适用本法关于父母子女关系的规定”。在此情况下，继子女与生父或生母的关系仍然存在，自然血亲的父母子女关系并不消除。因此继子女具有双重法律地位，享有双重权利，负有双重义务。此与收养型不同。但是，在姻亲关系解除时，双方之间又不能完全适用自然血亲父母子女关系的规定，比如，不能按照《民法典》第 1084 条的规定，在生父或者生母与继母或者继父离婚后，仍然认定继父母对继子女有抚养、教育、保护的权利和义务。对此，《最高人民法院关于人民法院审理离婚案件处理子女抚养问题的若干具体意见》第 13 条曾规定，生父与继母或生母与继父离婚时，对曾受其抚养教育的继子女，继父或继母不同意继续抚养的，仍应由生父母抚养。该规定也被《民法典婚姻家庭编解释（一）》保留。

二、本条的理论基础

从比较法的角度看，在继父母子女的关系上，存在两种立法例：（1）大

① 《民法典》第 1103 条规定：“继父或者继母经继子女的生父母同意，可以收养继子女，并可以不受本法第一千零九十三条第三项、第一千零九十四条第三项、第一千零九十八条和第一千一百条第一款规定的限制。”

陆法系和英美法系的做法。以尊重当事人的意愿为出发点，在其法律中，继父母与继子女间产生权利义务的唯一途径是建立收养关系，仅属于姻亲关系的继父母子女关系是不受法律调整的，这些国家的法律往往并没有对继父母子女关系作出规定。(2) 俄罗斯及东欧等国的做法。基于维护子女利益的考量，在抚养关系中对继父母与继子女的关系都有专门的规定。比如《俄罗斯联邦家庭法典》规定，如果继父母教育和抚养继子女少于 5 年，或如果他们未以应有的方式履行教育或者抚养继子女的义务，法院有权解除继子女赡养其继父母的义务。《罗马尼亚家庭法》规定，继子女的生父母死亡、失踪或贫困无力抚养时，继父母有抚养未成年子女的义务；而继子女对继父母有赡养的义务，以继父母尽义务在 10 年以上为限。

我国理论界多数意见认为，形成抚养教育事实的继父母子女之间为拟制血亲。[①] "已经形成拟制血亲关系的继父母子女关系并不会因为继父母与生父母离婚而消灭。易言之，形成的抚养教育关系独立于生父（母）与继母（父）的婚姻关系。"[②] 继父母子女关系转化为特殊的拟制血亲关系，其权利义务关系与一般亲生父母子女关系无异，故其法律关系不因生父母婚姻的终止而自然解除。[③] 但也有学者认为，原《婚姻法》第 27 条的规定不足以作为认定有抚养教育事实的继父母子女之间构成法律上拟制血亲的依据。[④] 即使持拟制血亲观点的学者，也认为我国继父母子女关系的立法规定存在弊端并提出了诸多完善的措施。比如，有的学者认为，与收养不同，此种关系无法进行登记，且有赖于法院对抚养教育事实进行确认。为明确和稳定身份关系，不宜承认双方协议的解除效力，必须进行司法确认。[⑤] 按此观点，继父母子女关系不能协议解除，只能诉讼解除，比解除收养关系还要严格。[⑥] 这

---

① 参见杨大文：《亲属法》，法律出版社 2004 年版，第 230～231 页；巫昌祯主编：《婚姻家庭法新论——比较研究与展望》，中国政法大学出版社 2002 年版，第 244 页；陶毅主编：《新编婚姻家庭法》，高等教育出版社 2002 年版，第 183 页；王洪：《婚姻家庭法》，法律出版社 2003 年版，第 240 页。

② 参见马忆南：《婚姻家庭继承法学》，北京大学出版社 2014 年版，第 160 页。

③ 参见房绍坤、范李瑛、张洪波编著：《婚姻家庭与继承法》，中国人民大学出版社 2018 年版，第 117 页。

④ 参见王丽萍：《婚姻家庭法律制度研究》，山东人民出版社 2004 年版，第 223～224 页。

⑤ 参见薛宁兰、谢鸿飞主编：《民法典评注——婚姻家庭编》，中国法制出版社 2020 年版，第 320 页。

⑥ 根据《民法典》第 1114 条和第 1115 条的规定，被收养人成年以前，收养人和送养人可以协议解除；养父母与成年养子女关系恶化、无法共同生活的，也可以协议解除收养关系。

就更进一步加重了继父母子女关系之间的负担。但是，《民法典》编纂时并未采纳相关建议，仍然延续了原《婚姻法》的相关规定，未作修改。因此，需要在解释论的视角下，对《民法典》第1072条作出妥当解释，为实践中处理相关纠纷提供依据。

生父母与子女是基于血缘关系而产生的一种法律关系，这种基础决定了生父母对子女是第一位的亲权关系，而继父母与继子女是基于姻亲关系而发生的一种事实上的抚养关系，两者存在本质不同。主要以姻亲关系为基础的继父母子女关系，应更关注其“附随性”，即继父母子女关系是附随于生父母的姻亲并以事实生活为基础的。[①] 我们认为，不论是否将形成抚养教育事实的继父母子女关系认定为学理上所称的拟制血亲，均需要关注其如下特点：

（1）继父母子女间产生父母子女权利义务的前提是继父母对继子女进行了抚养教育。而继父母对未成年继子女进行的抚养教育并不是一种法定义务，双方之间并非传统上的拟制血亲。不论动因如何，形成抚养教育的事实对双方之后的权利义务将产生重大影响。如，继子女对给予其抚养教育的继父母具有给付相应生活费的义务。但在现实生活中，继父母多是出于维护夫妻感情和婚姻家庭的和睦的目的抚养教育继子女，而不是基于履行义务的自觉。

（2）与典型的收养拟制血亲关系相比，虽然《民法典》第1111条也同样规定了养父母与养子女间的权利义务关系，“适用本法关于父母子女关系的规定”，但其适用的范围与继父母子女关系显然是不同的。而且，该条还同时规定，养子女与养父母的近亲属间的权利义务关系，适用本法关于子女与父母的近亲属关系的规定。养子女与生父母以及其他近亲属间的权利义务关系，因收养关系的成立而消除。而继父母的近亲属与继子女间不因继父母对继子女的抚养教育而发生近亲属间的权利义务关系。

（3）依抚养教育事实认定形成拟制血亲关系未考虑意思自治原则，与总则编存在一定冲突。《民法典》第5条规定，民事主体从事民事活动，应当遵循自愿原则，按照自己的意思设立、变更、终止民事法律关系。意思自治原则是民法的基本原则，婚姻法回归民法体系后，应从体系解释的角度贯彻

① 参见王丹：《继父母子女关系中的若干实践问题——以〈婚姻家庭编司法解释（二）〉第18条和第19条为中心》，载《中国法律评论》2025年第1期。

该原则。在继父母与继子女间建立拟制血亲关系，涉及双方当事人及其近亲属的重大身份利益，应当体现当事人的意思表示要素。继父母接纳继子女共同生活或者进行抚养教育的事实，并不意味着其愿意在将来继续承担该义务。若不考虑当事人的主观意愿，仅凭继父母单方实施的抚育行为便强行认定拟制血亲关系，有违意思自治原则。考虑到现行法律关于形成抚养教育事实的继父母子女关系不需要意思表示要素，因此，不宜特别强调其“独立性”。如果双方期望产生拟制血亲的效果，可以根据《民法典》第1103条的规定通过收养实现。

（4）实际上，即使认为形成抚养教育事实的继父母子女间为拟制血亲的观点，也均承认，其与以收养为典型的拟制血亲存在重大差别。[①] 而在认定为拟制血亲的前提下，对继父母子女关系解除、继承、赡养等问题的处理又脱离了拟制血亲的框架，存在矛盾结论。比如，在继父母已抚养教育继子女，但继子女未履行赡养义务，而继父（母）与生母（父）已经离婚多年再无往来的情况下，能否认定继子女对继父母的遗产享有法定继承权。如果认定为拟制血亲，则该血亲关系独立于继父（母）与生母（父）的婚姻关系，不因该婚姻关系解除而自然终止，逻辑上只能得出继子女享有法定继承权的结论。但从常理和日常生活经验看，该结论一般并不符合继父母的本意，有违朴素正义，为此又必须通过其他解释对结论进行修正，常常自相矛盾，难以形成体系自洽。

（5）支持形成拟制血亲观点的一个论据是，这样有助于维护老年继父母的合法权益。对此，需要具体分析：如果继父母与生父母婚姻关系一直持续，现实生活中，继子女通过照顾自己生父母亦可实现赡养目的，一般亦不会发生争议；如果生父母一方死亡或者虽未死亡但已与继父母分居，继父母在有自己亲生子女的情况下，一般也会依靠亲生子女赡养，成讼的案件很少。即便为保障老年继父母的生活，由受其抚养教育成人的继子女给付一定的生活费，亦可以根据权利义务相一致的原则，通过参照适用《民法典》第1118条关于收养关系解除后的相关安排实现，并非必须通过解释为拟制血亲关系才能解决。此点与自然血亲存在区别：自然血亲并不一定总是遵循权利义务一致原则，即便生父母因为各种原因未履行抚养教育未成年子女的义务，原则上亦有权要求成年子女履行赡养义务。

---

① 参见余延满：《亲属法原论》，法律出版社2007年版，第431页。

三、对《民法典》第1072条第2款的合理解释

《民法典》第1072条第2款的文义表述较为宽泛，需要结合立法目的，对该条进行限缩解释。《民法典》第1072条第2款的立法本意在于确认继父母子女之间业已形成的抚养教育事实，保障未成年继子女能够在和谐稳定的家庭关系中健康成长，保护再婚家庭成员的合理期待。但此目的有多种实现途径，将继父母子女关系认定为拟制血亲看似最为简单、直接，力度最强，但很多时候可能并不符合当事人本意，尤其是生父（母）与继母（父）离婚的情况下。拟制血亲与自然血亲间仍是选择的关系，而不宜采用并列关系，否则会导致身份关系混乱，引发权利冲突。在现有法律体系下，较为妥当的方式是在“抚养教育”范围内适用父母子女关系的相关规定，即足以保护继父母和继子女之间业已形成的事实关联，实现相关立法目的。① 具体而言，对该条“本法关于父母子女关系的规定”的内容，需要进行逐项分析。《民法典》关于父母子女权利义务关系的规定，主要包括三项②：（1）父母对未成年子女负有抚养、教育和保护的权利和义务；（2）成年子女对父母负有赡养、扶助和保护的义务；③（3）父母和子女有相互继承遗产的权利。具体分述如下：

1. 关于父母对未成年子女负有抚养、教育和保护的权利和义务。

“继父母对继子女的抚养教育本身就是法律关系形成的基础，只有继父母事实上对继子女进行了抚养教育才可能形成这一关系。故而，继子女对于继父母本身要求抚养、教育和保护的权利，也不能依据《民法典》第1067条的规定，要求其给付抚养费。”④ 也即，此中的逻辑基础是，因为抚养教育的事实行为，才采用拟制规范，适用父母子女关系的规定，而不是因为双方

① 参见王葆莳：《论继父母子女之间的法定继承权——〈民法典〉第1072条和第1127条解释论》，载《法学》2021年第9期。

② 《民法典》第23条（法定代理人）、第27条（未成年人的监护人）、第29条（遗嘱指定监护人）、第30条（协议确定监护人）、第1015条（选取姓氏），亦均不能适用形成抚养教育的继父母子女关系，因实践中涉及争议较少，本书不再赘述。

③ 该内容原为《婚姻法》的内容，后为体系完整考虑，将该条内容拆分，部分内容放到了《民法典》总则编的监护制度中，但父母子女关系与监护制度的内容虽有重合部分，但在理念和制度目的上有差异，故笔者不建议将监护制度所有内容均引入“本法关于父母子女关系规定”。

④ 参见薛宁兰、谢鸿飞主编：《民法典评注——婚姻家庭编》，中国法制出版社2020年版，第318页。

有父母子女关系作为身份基础，依此身份基础才负有抚养教育的义务。也正因此逻辑，《民法典婚姻家庭编解释（一）》第54条才保留了《最高人民法院关于人民法院审理离婚案件处理子女抚养问题的若干具体意见》第13条规定。根据该条规定，生父与继母离婚或者生母与继父离婚时，对曾受其抚养教育的继子女，继父或者继母不同意继续抚养的，仍应由生父或者生母抚养。可见，在生父（母）与继母（父）离婚的情况下，不能适用《民法典》第1084条关于父母对子女有抚养、教育、保护权利和义务的有关规定。同样，《民法典》第1085条关于不直接抚养一方负担抚养费的义务、探望的权利等，均不宜继续适用。因此，对未成年子女负有抚养、教育、保护的权利和义务应以生活共同体存续为前提。如果婚姻关系继续，共同生活的事实未改变，则继父母确负有抚养、教育和保护的义务，该义务源于继父母与未成年子女的生父母建立了夫妻共同体，则共同生活过程中，作为生父母的配偶，必须要协助其完成抚养、教育、保护未成年子女的义务，创造未成年人健康成长的必要家庭环境，但应以姻亲关系以及共同生活事实存在为前提。当然，基于最有利于未成年子女的原则，虽然继父母对未成年继子女以抚养教育事实作为创设权利义务的基础，但在婚姻关系存续期间，应不允许继父母通过拒绝抚养教育的方式促使该事实不成就，以逃脱相应的义务，继父（母）在与继子女生母（父）婚姻关系存续的共同生活期间，不能单方拒绝抚养未成年子女，即不能以终止共同生活事实的方式摆脱养育义务。只有在婚姻关系终止时，其才有选择权，否则将违反《民法典》第1072条的制度目的。

此外，如上所述，与收养不同，继父母对继子女的抚养教育并不会产生继子女与继父母的近亲属之间的法律关系，他们之间仅具有姻亲关系。故而，不适用《民法典》第1074条所规定的祖父母、外祖父母与孙子女、外孙子女之间的抚养、赡养规则，也不适用《民法典》第1075条所规定的兄弟姐妹之间的扶养规则。①

2. 关于成年子女对父母负有赡养、扶助和保护的义务。

有学者认为，《民法典》第1072条第2款所谓“适用本法关于父母子女关系的规定”主要是指适用成年子女对父母义务的条款，即《民法典》第26

---

① 参见薛宁兰、谢鸿飞主编：《民法典评注——婚姻家庭编》，中国法制出版社2020年版，第318页。

条第 2 款规定的“成年子女对父母负有赡养、扶助和保护的义务”。根据《民法典》第 1067 条的规定，成年子女不履行赡养义务的，缺乏劳动能力或者生活困难的父母，有要求成年子女给付赡养费的权利。[①] 如前所述，建构继父母子女关系的基本原则之一是权利义务相一致原则。在继子女受继父母抚养教育成人后，对于缺乏劳动能力又缺乏生活来源的继父母，可以要求该继子女给付一定的生活费，这原则上可以独立于生父（母）与继母（父）的婚姻关系，也不必然以继父母子女关系继续存在为前提。参照适用《民法典》第 1118 条的规定，仍可以得出该结论，即继父母子女关系解除后，对缺乏劳动能力又缺乏生活来源的继父母仍可以要求受其抚养教育的成年继子女给付生活费。

3. 关于父母和子女有相互继承遗产的权利。

有观点认为，既然适用父母子女关系的规定，那么按照《民法典》第 1070 条的规定，父母与子女有相互继承遗产的权利，即可推出已经形成抚养教育事实的继父母子女可以相互继承。该观点还以《民法典》第 1127 条第 3 款和第 4 款作佐证，“子女包括有扶养关系的继子女，父母包括有扶养关系的继父母”。对此，需要注意的是：首先，从特别规定优于一般规定的法律适用基本规则角度考虑，在《民法典》继承编对法定继承人范围有专门规定的情况下，应当适用继承编的规定，而不宜越过继承编直接适用婚姻家庭编的规定。其次，从文字表述看，《民法典》第 1072 条仅规定了继父母和“受其抚养教育的继子女”之间适用父母子女关系的规定，并未规定生父（母）与继母（父）结婚时该子女已经成年未受继父母抚养教育但赡养了继父母的情形。可见，如果以此条为依据确定继承人范围，并不全面。而根据权利义务相一致原则，如果对继子女进行了抚养教育的继父母死亡时，其遗产还能被未履行赡养义务甚至因为与继子女生父母离婚多年未共同生活的继子女继承，亦很大可能违背其真实意愿。《民法典》继承编源于原《继承法》，在关于扶养的表述上采用了广义的扶养概念，即不仅包括夫妻、兄弟姐妹之间等的扶养，还包括“上对下”的抚养和“下对上”的赡养。而婚姻家庭编中的“扶养”，仅是在狭义范围内使用。因此，在解释《民法典》第 1127 条第 3 款和第 4 款时，应根据法条的文字表述、两款之间的关系以及继承法律关系

---

① 参见薛宁兰、谢鸿飞主编：《民法典评注——婚姻家庭编》，中国法制出版社 2020 年版，第 318 页。

的制度目的作出解释。鉴于继承编没有区分扶养的具体适用场景，对于每款中的“扶养关系”应根据被继承人的不同，作具体区分。因继承主要是以血缘关系和配偶之间的身份关系为基础，同时兼顾弘扬互帮互助的社会主义核心价值观为目标，而继父母子女之间并无血缘关系，因此，对于第 3 款“有扶养关系的继子女”，基于权利义务一致原则，解释为在继父母为被继承人的情况下，继子女对继父母实际进行了赡养，更符合该条规定的制度目的；相应地，第 4 款中“有扶养关系的继父母”解释为在继子女为被继承人的情况下，继父母对继子女实际进行了抚养为宜。而且，因继父母子女关系是以姻亲为基础，姻亲关系消除的，即使双方曾经存在扶养关系，继父母子女间亦不宜互相主张法定继承权。对曾经形成扶养关系的继父母和继子女，可以根据《民法典》第 1131 条酌情分配遗产，以达个案平衡。[①]

四、继父母与受其抚养教育的继子女之间关系的解除

对于已形成抚养教育事实的继父母子女关系能否解除的问题，《民法典》延续了原《婚姻法》，未作明文规定。一般认为，继父母子女关系的终止包括以下几种情况：（1）因继父母或者继子女一方死亡而终止；（2）协议解除；（3）诉讼解除。当事人要求解除已形成抚养教育事实的继父母子女关系，不能达成协议的，可以向人民法院起诉，由人民法院裁决是否准予解除。对于第 2 种和第 3 种情况，在继子女未成年的情况下，应以生父（母）与继母（父）离婚为前提。如果生父（母）与继父母尚在婚姻关系存续期间，考虑到《民法典》第 1072 条系对人的一般性法律地位和法律关系的规定，属于强制性规范，当事人不能通过约定排除其适用。[②] 为保障未成年子女的利益，在继父（母）与生母（父）未离婚的情况下，不宜允许与继子女共同生活的继父母通过协议或者诉讼解除的方式免除其履行抚养教育职责。当然，如果继父母实施家庭暴力、虐待、遗弃等严重侵害未成年子女利益行为的，可以撤销其监护权。继子女成年后，如果成年继子女与继父母关系恶化，双方协商一致解除或者诉请法院解除的，应当解除继父母子女关系。

实践中存在的问题是，如果继子女的生父（母）与继母（父）的婚姻关

① 具体论述参见王葆莳：《论继父母子女之间的法定继承权——〈民法典〉第 1072 条和第 1127 条解释论》，载《法学》2021 年第 9 期。

② 参见夏江皓：《〈民法典〉第 1072 条（继父母与继子女间的权利义务关系）评注》，载《法学家》2023 年第 6 期。

系终止，继父母与受其抚养教育的继子女之间的关系是自然解除，还是必须签订明确的解除协议或者诉讼解除，法律未作规定，实践中存在模糊认识。有的观点认为，继父母与继子女之间的关系虽然是以生父（母）与继母（父）之间的婚姻关系为前提，但在继父母与继子女形成抚养教育事实后，他们之间是一种独立的民事法律关系，不因生父（母）与继母（父）之间的婚姻关系解除而自然终止；有的观点认为，如果继子女的生父（母）与继母（父）离婚时继子女尚未成年，继父母拒绝继续抚养，应认为继父母与继子女间拟制血亲关系解除，已经形成的权利义务关系终止。本条采纳了后一种观点。具体分析如下：（1）身份关系认定应当符合现实生活实际情况。近年来，随着离婚率上升，再婚家庭增多，再婚家庭亦存在诸多不稳定因素。从司法实践反映的情况看，继父（母）与生母（父）离婚后，一般不会在离婚协议中或者通过另行签订协议的方式明确解除继父母子女关系，双方或者不明确约定或者约定继子女仍由生父母抚养，但实际情况是一般继父母不再与继子女共同生活。如果要求当事人必须通过明确的协议解除或诉讼解除，否则仍适用父母子女关系的规定，不仅增加当事人诉累，而且实无必要，与现实情况亦不符。对此，审判实践已经在尝试探索各种说理方式，以平衡双方利益。比如在郑某1与郑某2、郑某3、郑某4、郑某5法定继承纠纷案①中，法院认为，继父母在离婚时要求生父母偿付抚养费用，离婚后既不承担抚养费用也不来往，足以表明继父母子女关系已经解除。在各地方高级人民法院的司法文件中，也有类似的尝试，比如《江苏省高级人民法院家事纠纷案件审理指南（婚姻家庭部分）》第13条规定，对于已经形成抚养教育关系的继父母子女，因生父（母）与继母（父）离婚导致再婚关系终止的，如果继父母不同意继续抚养未成年继子女的，继父母子女关系可以解除，该子女应当由生父母抚养。（2）坚持权利义务相一致原则。实际上，在已经形成抚养教育事实的情况下，不同意继父母子女关系自然解除的观点，主要是考虑继父母已经进行了事实上的抚养教育，那么当其年老时，应当对应地享有请求赡养的权利。此种考虑有一定道理。实际上，在《最高人民法院关于继母与继父离婚后仍有权要求已与其形成抚养关系的继子女履行赡养义务的批复》中就曾规定："尽管继母王淑梅与生父李明心离婚，婚姻关系消失，但王淑梅与李春景姐弟等人之间已经形成的抚养关系不能消失。因此，有负担能力

① 参见北京市平谷区人民法院（2019）京0117民初8635号民事判决书。

的李春景姐弟等人，对曾经长期抚养教育过他们的年老体弱、生活困难的王淑梅应尽赡养扶助的义务。”其中蕴含的理念即权利义务相一致原则。故本条第2款在原则认定继父母子女关系因姻亲关系解除而自然解除的前提下，为平衡双方利益，根据权利义务相一致原则，参照《民法典》第1118条关于收养关系解除后的规定，设置例外保护条款，即“继父母子女关系解除后，缺乏劳动能力又缺乏生活来源的继父或者继母请求曾受其抚养教育的成年继子女给付生活费的，人民法院可以综合考虑抚养教育情况、成年继子女负担能力等因素，依法予以支持，但是继父或者继母曾存在虐待、遗弃继子女等情况的除外”。

【实务问题】

一、继父（母）与生母（父）离婚时，能否要求返还已经支付的抚养费

在继父（母）与继子女的生母（父）婚姻关系存续期间，一般实行的是法定夫妻共同财产制，对于生父母一方来讲，抚养自己亲生子女为法定义务，作为经济上一体的夫妻，支付的抚养费很难分清彼此，故对已经自愿抚养继子女的，离婚时，不宜支持继父母返还抚养费的诉讼请求。

二、共同生活的生父（母）死亡时，已形成抚养教育事实的继父母子女关系，能否自然解除

很多观点主张，基于保护未成年子女利益考虑，此种情况下继父母子女关系不能自然解除。继父母不得因未成年继子女的生父母死亡而停止对未成年继子女的抚养教育。如继子女的生父母另一方仍健在，要求将子女领回抚养的，要经继父母同意。双方协商不成的，由人民法院根据子女的利益判决。如未成年继子女被生父母生存一方领回抚养，则继父母子女关系解除；如果在生父母死亡时，继子女已经由继父母抚养成人，无论继父母子女关系是否解除，继子女都应对继父母尽赡养扶助义务。我们认为，与收养关系不同，继父母子女关系形成后，继子女与生父母间的权利义务关系，并不因此而消除。而且，基于血缘亲情，亲生父母的权利应优于继父母予以保护，那么此种情况下，亲生父母另外一方要求将子女领回抚养，何以必须经处于劣位的继父母同意？反之，既然认为已经形成的父母子女关系不能自然解除，

那么，亲生父母另一方领回的事实，何以又达到了继父母子女关系解除的效果？亲生父母的单方意志和行为何以能够决定继父母子女关系的解除，如此重大的身份行为变动，完全依赖于亲生父母另一方的意志，亦难谓妥当。可见，该观点看似全面，但不仅法律依据不足，逻辑亦难以自洽，而且可能对未成年继子女造成不利影响。我们倾向于认为，亲生父母一方死亡或者生父（母）与继母（父）离婚是再婚情况下婚姻关系终止的两种情形，原则上应作同等对待。参照本条解释规定精神，在共同生活的生父（母）死亡时，再婚婚姻关系终止，作为附随的继父母子女关系也应当自然解除，此时应当与《民法典婚姻家庭编解释（一）》第54条作一体解释，对曾受其抚养教育的未成年继子女，如果继父（母）不同意继续抚养的，该子女仍应由生父或者生母抚养，这是作为生父母的法定义务。法律赋予选择权的应是该继父（母），而非在世的生父（母）另一方。只有在继父母自觉自愿抚养的情况下，才是对未成年子女最有利的，否则强行判决继父母一方抚养反而可能损害未成年子女的利益。即便存在另一方生父或者生母也去世、下落不明、无能力抚养等特殊情况，该继续抚养的义务也不宜强加给继父母，否则，继父母一方可能会倾向于在再婚的婚姻关系存续期间人为造成不抚养教育的事实，以免日后反倒增加负担，这实际上最终损害的是未成年子女的利益。而且，即便已经形成抚养教育的事实，如果继父母不愿意继续抚养未成年继子女，强行判令继父母继续抚养教育未成年子女，也可能存在共同生活期间侵害未成年继子女合法权益的情况，因为在家庭内部，公权力很难监督。上述特殊情况下，可以按照《民法典》第27条和第32条的规定，由其他有监护能力的人或者民政部门、具备履行监护职责条件的被监护人住所地的居民委员会或者村民委员会按照顺序担任监护人，而不宜直接强加给继父母。

【典型案例】

受继父母抚养教育 继子女应当给付养老生活费

——柳某诉延甲、延乙等赡养纠纷案①

【基本案情】

柳某（女）与延某（男）于1979年登记结婚，延某为再婚。婚后，柳某同延某以及延某的5名未成年子女延甲、延乙、延丙、延丁、延戊共同生

① 2024年12月31日最高人民法院发布的老年人权益保护典型案件之一。

活。双方结婚时，延甲已满 16 周岁且以自己务农为主要生活来源，延乙、延丙、延丁、延戊年幼，由柳某、延某共同抚养。2023 年，延某去世，柳某也年过 7 旬，缺乏劳动能力，有一定的固定收入。柳某在养老问题上与 5 名继子女产生矛盾。柳某诉至法院，请求判令延甲、延乙、延丙、延丁、延戊每人每月给付生活费 1000 元。

【裁判结果】

审理法院认为，柳某与延某结婚时，延甲虽不满 18 周岁，但已满 16 周岁并以自己的劳动收入为主要生活来源，柳某与延甲未形成抚养关系。延乙、延丙、延丁、延戊在成长中均受柳某的抚养教育，彼此间权利义务关系适用《中华人民共和国民法典》关于父母子女关系的规定。延某去世后，柳某已年过 7 旬，缺乏劳动能力，有权请求延乙、延丙、延丁、延戊给付一定的生活费。延乙、延丙、延丁、延戊家庭经济条件并不宽裕，应当综合考虑柳某和继子女的经济状况、柳某的实际需求等因素认定生活费金额。最终判决：延乙、延丙、延丁、延戊每人每月向柳某支付生活费 100 元。

【典型意义】

随着老龄人口逐年增加，再婚重组家庭夫妻面临养老新问题。继父母在家庭中的付出与随着年龄增大而日益增强的养老需求之间的关系，影响到个人幸福、家庭和睦和社会和谐，需要准确把握和妥当处理。人民法院以继父母与继子女间是否形成长期稳定的抚养教育关系作为继子女是否应当给付继父母养老生活费的重要标准，符合法理和情理。本案中，人民法院认真调查案件事实，根据每名继子女的情况客观地做出认定和处理，有利于激励作为成年人的继父母关爱幼小，切实承担家庭责任，也有利于激励继子女孝老爱亲、相互扶持，推动亲情关系和谐美满。

【条文】

第二十条

离婚协议约定将部分或者全部夫妻共同财产给予子女，离婚后，一方在财产权利转移之前请求撤销该约定的，人民法院不予支持，但另一方同意的除外。

一方不履行前款离婚协议约定的义务，另一方请求其承担继续履行或者因无法履行而赔偿损失等民事责任的，人民法院依法予以支持。

双方在离婚协议中明确约定子女可以就本条第一款中的相关财产直接主张权利，一方不履行离婚协议约定的义务，子女请求参照适用民法典第五百二十二条第二款规定，由该方承担继续履行或者因无法履行而赔偿损失等民事责任的，人民法院依法予以支持。

离婚协议约定将部分或者全部夫妻共同财产给予子女，离婚后，一方有证据证明签订离婚协议时存在欺诈、胁迫等情形，请求撤销该约定的，人民法院依法予以支持；当事人同时请求分割该部分夫妻共同财产的，人民法院依照民法典第一千零八十七条规定处理。

【条文主旨】

本条是关于离婚协议约定将夫妻共同财产给予子女，一方不履行或者签订协议时存在欺诈、胁迫等情形如何处理的规定。

【条文概览】

离婚协议中关于财产给予子女的约定，实际上是夫妻双方对共同财产协议处分的具体形式，与解除夫妻关系、子女抚养等约定构成不可分割的整体，不能单独撤销其中一部分内容。在财产权利未转移前，一方不享有任意撤销权。

夫妻一方不履行离婚协议约定的义务，构成违约的，另一方可以要求继续履行；如果不履行一方已经将财产处分，第三人善意取得的，另一方可以要求违约损害赔偿。

离婚协议的当事人为夫妻双方，原则上只能由其中一方主张权利；如果离婚协议明确约定子女可以就相关财产直接主张权利，符合真正利益第三人合同构造，子女可以参照适用《民法典》第 522 条第 2 款规定，请求不履行义务的一方履行。

离婚后，夫妻一方有证据证明签订离婚协议时存在欺诈、胁迫等情形，可以适用欺诈、胁迫民事法律行为可撤销的规定予以救济。离婚协议该部分内容被撤销后，相应财产恢复到夫妻共有性质，当事人如果一并请求予以重新分割的，为减少当事人诉累，人民法院可以一并处理。

【理解与适用】

协议离婚是我国法律明确规定的解除婚姻关系的方式之一。书面离婚协议是当事人协议离婚的必备要件，其中包含夫妻双方对婚姻关系存续期间的财产分配、子女抚养等问题作出的一系列安排。近年来，父母在离婚协议中作出给予子女财产约定的现象增多，该约定是夫妻双方综合考虑共同财产分割、共同债务清偿、离婚损害赔偿、子女抚养、子女谋生能力等一系列责任、义务达成的合意。如夫妻双方对于大额夫妻共同财产尤其是唯一房产往往难以达成一致，折中的办法常常是双方均同意将该财产给予共同子女。也有的当事人之所以同意离婚，正是因为对方同意将共同财产给予子女。但是，离婚后，该财产的实际占有一方或者登记一方拒绝履行的现象也时有发生，司法实践对离婚协议“给予子女财产”条款法律定性、子女是否有独立请求权等问题存在分歧，亟待统一。

一、离婚协议中关于“给予子女财产”约定的性质

关于离婚协议中“给予子女财产”条款的性质，理论界有“赠与说”“离婚财产清算说”“第三人利益合同说”等观点。

我们经研究认为，不宜简单将该约定等同于合同法范畴内的赠与合同，主要考虑是：其一，对子女的“赠与”系赠与人（父母）单方意思表示，不符合赠与合同构成要件。《民法典》第 657 条规定，赠与合同是赠与人将自己的财产无偿给予受赠人，受赠人表示接受赠与的合同。赠与合同是赠与人与受赠人意思表示一致的合意，而子女作为受赠人并未参与离婚协议订立，未明示或者默示表达出同意受赠的意思，更谈不上意思表示一致。实务中很少出现子女在父母的离婚协议上确认接受赠与的情形，也即，离婚协议中的

所谓赠与并未在赠与人与受赠人之间达成一致，不构成赠与合同。[①]《民法典》第140条第2款规定，沉默只有在有法律规定、当事人约定或者符合当事人之间的交易习惯时，才可以视为意思表示。考虑到父母离婚给予子女财产难有约定或“惯例”可循，也无法将此“沉默”视为“受赠”的意思表示。其二，如果夫妻双方达成一致，即使财产权利已经转移，也可以抛弃原来的离婚协议另作处分，这不符合赠与合同的权利义务内容。其三，将“给予子女财产”条款定性为特殊赠与不准确。有司法裁判从“离婚协议目的”已实现，支持任意撤销权有违诚信角度，否定将父母离婚时给予子女财产简单等同于“一般赠与合同”的观点。但目的性赠与的依据并不充分，离婚当事人将财产赠与子女的动机和目的复杂多样，并非只是为了迅速达成签订离婚协议之目的，亦可有弥补离婚给子女带来的感情创伤、对直接抚养子女一方提供经济帮助等考虑，将给予子女财产认定为为了实现离婚目的，逻辑不妥。还有观点认为，给予子女财产行为与父母对子女的抚养义务及其他附随义务紧密相连，具有一定道德义务性质，赠与人任意行使撤销权将可能导致子女利益发生不道德减损。然而父母给予子女财产不属于民众普遍认可的民俗人情，更不宜苛以为“道德义务”，此种观点也难以成立。

从夫妻内部关系角度看，“离婚财产清算说”有一定的道理。离婚协议中关于共同财产给予子女的约定，是夫妻双方对共同财产分割采取的具体方式，其本质上应为离婚财产分割协议。而作出此类财产安排的背后往往是各种复杂的情感、伦理、经济因素的综合考量。根据《民法典婚姻家庭编解释（一）》第69条和第70条的规定，该约定对夫妻双方具有法律约束力，除有证据证明签订离婚协议时存在欺诈、胁迫等情形的，不允许当事人任意撤销。一方也不能单独撤销属于其自己的部分。从父母双方与子女之间关系的角度看，此协议虽形式上表现为无偿性，父母也有给予子女的意思，但并非合同法意义上的赠与合同，原因已如前述。

第三人利益合同，又称为“利他合同”“为第三人利益订立的合同”或“向第三人履行合同”，是涉他合同的一种，指合同双方当事人为第三人设定了合同权利，由第三人取得利益的合同。其特征主要包括以下几方面：一是合同的当事人是债权人和债务人，第三人并不参与合同的订立，而且也不需

① 参见最高人民法院民事审判第一庭编：《民事审判指导与参考》（2013年第3辑），人民法院出版社2014年版，第236～237页。

承担违约责任。二是合同的订立事先无须通知或征得第三人的同意。第三人利益合同，属于第三人享受利益的合同，接受债务人的给付并不会给第三人带来损失，相反会使其受益，因此一般情况下第三人是不会拒绝该给付的，同时该合同的订立也无须事先通知或征得第三人的同意，只需合同订立后，向第三人履行通知义务即可。但是，并不排除第三人有拒绝接受给付的权利。第三人是否接受该利益，完全取决于第三人的意志，第三人不受领的，由债权人受领。三是第三人一般不受行为能力的限制。如果合同的订立旨在使一方当事人纯获利益，则不以具有相应的行为能力为要件。利益第三人合同具体可以区分为真正利益第三人合同和不真正利益第三人合同。[①] 两者的区别在于，真正利益第三人合同中的"第三人"享有对债务人的履行请求权，而不真正利益第三人合同中的"第三人"仅可以接受债务人的履行，不享有对债务人的履行请求权。作为离婚协议的当事人，夫妻双方虽不是典型的债权人与债务人的合同关系，但双方一致的意思表示是共同向合同之外的第三人即子女履行，由子女无偿取得相关财产。包含给予子女财产内容的离婚协议，突破合同相对性，在当事人为夫妻双方的离婚协议中确定了单纯利益（给予财产）子女的内容，该类离婚协议更类似于利益第三人合同的权利义务架构。基于体系解释的方法，如果离婚协议中约定子女可以直接就相关财产主张权利，赋予子女诉权就有了相应的请求权基础和法律依据。将离婚协议"给予子女财产"约定纳入利益第三人合同制度，参照《民法典》第522条规定的原则处理，能够利用该制度的弹性，依法保护各方利益。

二、"给予子女财产"义务履行请求权的行使

（一）"不真正利益第三人合同"与"真正利益第三人合同"

向第三人履行的合同根据第三人是否享有履行请求权分为不真正利益第三人合同和真正利益第三人合同。《民法典》第522条在保留《合同法》第64条不真正利益第三人合同作为第1款的基础上，增加规定了第2款关于真正利益第三人合同的规定，明确了第三人对债务人的履行请求权。

不真正利益第三人合同是合同履行的一种特殊形式，第三人是纯粹的履

① 《民法典》第522条规定了该两类情形，其中第1款规定的是"不真正的利益第三人合同"，延续了《合同法》第64条的规定，第三人对债务人无请求权；第2款是《民法典》的新增内容，明确了第三人对债务人的履行请求权，是立法上首次对真正利益第三人合同的规定。

行受领人，并不获得直接针对债务人的履行请求权。债务人未向第三人履行债务或者履行债务不符合约定的，应当向债权人承担违约责任。该款规定坚守合同相对性原则，合同仅对当事人具有法律约束力，对合同当事人之外的第三人不具有法律约束力。

真正利益第三人合同是指根据合同当事人的约定，由债务人向第三人履行债务，并且根据法律的规定或者合同的约定，第三人可以直接请求债务人履行的合同。其特点在于突破合同相对性，使合同效力拓展到非合同当事人的第三人，第三人可以取得履行请求权。

（二）离婚协议未约定子女就夫妻共同财产直接主张权利的，子女不享有履行请求权

不真正利益第三人合同中，在债务人不向第三人履行全部或者部分债务时，可以请求债务人履行债务的权利人是债权人，第三人不享有直接要求债务人履行的权利。第三人对履行不具有自己独立的法律利益，履行之中所包含的法律利益，仍是债权人的利益。受领履行的第三人所获得的只是一种纯粹事实性质的经济利益，故债务人不履行或者履行债务不符合合同约定的，应当向债权人承担违约责任。

根据合同相对性原则，合同项下的权利与义务原则上只由合同当事人享有或者承担，履行请求权只归债权人享有。真正的利益第三人合同赋予合同当事人之外的第三人履行请求权，这是对合同相对性原则的突破，应当严格掌握，因此《民法典》第 522 条第 2 款规定，只有在法律规定或者当事人约定第三人可以直接请求债务人向其履行债务时，才构成真正利益第三人合同，第三人才能取得履行请求权。

离婚协议的主体是夫妻双方，子女并非合同主体，将夫妻共同财产中的部分或全部给予子女，更多的是夫妻双方对共同财产的折中处理方案，实际系夫妻分割共同财产的方式之一，如果夫妻协商一致变更原处理方式，系对其自身权利的处分，应予尊重。故原则上不应直接赋予子女请求权。只有离婚协议明确约定子女可以就本条第 1 款相关财产直接主张权利，子女才享有履行请求权。

例如，（2024）最高法民申 2480 号丁某乙（女）因丁某甲（父）、许某（母）未履行离婚调解协议中关于将股权给予丁某乙的约定诉请丁某甲、许某赔偿损失一案，法院认为："民事调解书及调解书确认的调解协议的当事

人均系丁某甲和许某，且调解协议对丁某甲、许某解除婚姻关系、分割共同财产、确认子女抚养等多项人身和财产事项作出了安排。虽然调解协议第四条约定，丁某甲将其在某集团900万股（依工商登记为准）的50%无偿转让给女儿丁某乙，许某将其在某集团200万股（依工商登记为准）无偿转让给丁某乙，在丁某乙具备法定条件和手续时由双方办理转让手续，但并未约定丁某乙可以依据该约定直接向丁某甲、许某主张权利。因此，在丁某甲、许某未按调解协议约定转让股权的情况下，丁某乙不具有要求丁某甲、许某履行调解协议或承担不履行调解协议后续责任的权利，不具有提起本案诉讼的原告主体资格。”

（三）离婚协议约定子女就夫妻共同财产直接主张权利的，子女享有履行请求权的范围

在子女享有直接履行请求权的情况下，子女实际上享有独立的法律利益，在离婚协议约定的履行义务人未履行或者履行不符合约定的，子女可以请求其承担继续履行、赔偿损失等违约责任。如财产已经灭失或业已由第三人善意取得，子女可以向父母提起主张赔偿损失的违约之诉。

一般认为，子女虽取得履行请求权，但由于其不是离婚协议当事人，协议本身的权利如解除权、撤销权等，子女无权行使。

三、撤销“给予子女财产”约定的特殊情形

（一）当事人请求撤销“给予子女财产”约定的司法处理

人民法院充分尊重当事人对其民事实体权利和诉讼权利处分权的原则。如果一方以欺诈、胁迫等手段，使对方在违背自己真实意思表示的情况下订立的合同，只要不属于《民法典》规定民事法律行为无效的情形，合同并不当然归于无效，其法律效力属于可撤销，至于该合同最终是否被撤销，当事人享有请求权。只有当事人提出了请求，人民法院才审理这一合同是否应当被撤销。

人民法院充分尊重当事人的意思自治。从我国目前实际情况看，当事人去民政部门离婚时，民政部门对达成离婚协议的男女，一律要求双方就财产分割及子女抚养等问题协商一致并形成书面材料后，才会办理离婚手续。通常来说，离婚协议是夫妻双方在平等自愿的前提下协商一致的结果，该协议具有民事合同性质，对双方具有法律上的拘束力。任何一方没有特殊原因，

都应接受这一决定所带来的法律后果。当事人提起撤销离婚协议“给予子女财产”约定诉讼的，人民法院按照立案登记制要求受理，但只有经实体审理认定该协议签订时存在本条规定的特定情形，才能够支持当事人行使撤销权。

严格审慎认定可撤销情形。因为双方自行签订的财产分割协议只是内部约定，其法律效力未经实质审查认定，结合离婚过程中双方关系紧张，不能排除出现阻碍协议合法性的情形出现，因此法律赋予双方起诉撤销离婚财产分割协议的权利。本条明确列举了人民法院支持当事人请求撤销给予子女财产约定的两种情形，即欺诈和胁迫。例如，亲子关系对当事人达成给予子女财产约定具有本质性的影响，当事人在离婚之后发现并有证据证明子女并非其亲生的，可以认定其将夫妻共同财产给予该子女所作的意思表示受到了欺诈，人民法院依法予以支持。本条延续《民法典婚姻家庭编解释（一）》第70条规定，使用“等”字，为人民法院在个案审理中发现协议内容存在重大误解、显失公平等情形，根据具体案情依法作出公正裁判留有余地。

未明确列举，是考虑撤销离婚协议案件中应当严格限制对这几方面的适用。例如，对于“显失公平”的认定。离婚协议涉及的包括给予子女财产在内的财产分割约定，确实存在与一般民事合同不同之处。离婚男女因共同生活，可能还育有子女，在订立离婚协议时，除纯粹的经济利益考虑外，也掺杂着一些感情因素。衡量这类协议是否公平，不能像对待其他民事合同一样，以等价有偿作为唯一的标准。特别是对于将财产给予子女的约定，更难以用“等价有偿”来衡量。那些以获得配偶同意迅速离婚为目的，将大部分或者全部夫妻共同财产均答应给予配偶或者子女，而一旦达到离婚目的，即以协议显失公平为由起诉，请求人民法院撤销该协议的当事人，不能予以支持。

（二）当事人请求撤销“给予子女财产”协议的同时，可以请求人民法院依法分割该部分财产

本条明确当事人可在撤销给予子女财产约定诉讼中一并请求分割该部分财产，以减轻当事人诉累，促进实质解纷。该部分财产分割原则适用《民法典》第1087条关于离婚时夫妻共同财产的处理原则。即，以均等分割为一般原则，充分考虑照顾子女、女方和无过错方利益等原则，还要根据待分割财产的具体状态、性质和用途等属性，尽量使财产在双方间的分配有利于当事人的生产、经营和生活，不损害财产的效用和经济价值。

离婚协议中仅“给予子女财产”条款被依法撤销的，其他部分财产分割内容仍然有效，人民法院在分割该部分财产时，应当综合考虑已协议分割的财产情况。

【实务问题】

一、离婚协议约定给予未成年子女的房屋被征收的，相应征收补偿利益的归属

夫妻在离婚协议中作出的将夫妻共有房屋给予子女的意思表示，属于双方在解除婚姻身份关系时对于夫妻共同财产、子女抚养问题一揽子进行安排处理的条款，具有法律约束力，双方均应依约履行。婚姻关系解除后，一方反悔主张撤销该约定的，人民法院不予支持。在未办理产权变更登记前，房屋被征收的，相应征收补偿利益应当归子女所有。

在人民法院案例库案例徐某华诉王某飞、第三人王某某合同纠纷案[①]中，徐某华与王某飞于2006年12月31日离婚，双方签订离婚协议约定，案涉房屋归婚生女王某某所有；未成年人王某某归王某飞抚养，直至王某某工作时止；徐某华不承担任何费用（包括生活费、教育费、医疗费）。案涉房屋在王某飞名下，未办理产权变更登记，2020年9月案涉房屋被政府征收，王某飞领取了征收补偿款893423.30元，王某某多次向王某飞追索房屋征收补偿款未果。王某某为在校研究生。徐某华遂诉至法院，请求判令王某飞向王某某支付房屋征收补偿款893423.30元及利息。法院生效裁判认为，离婚协议是夫妻双方权衡利益、考量利弊后，围绕婚姻关系解除而形成的一个有机整体，涉及的夫妻身份关系解除、夫妻共同财产分割以及子女抚养问题等内容既相互独立，又相互依存。徐某华与王某飞于2006年12月31日签订离婚协议，约定案涉房屋归婚生女王某某所有，该约定是双方的真实意思表示，合法有效。王某飞虽认为该房屋为其婚前个人财产，但其已作出赠与王某某的意思表示。案涉房屋因征收而灭失，转化为相应的征收补偿利益，该征收补偿利益应归王某某所有。王某飞向王某某支付生活费、教育费等，是其作为父亲关爱子女、履行抚养义务的体现，王某飞提出在其给付王某某的

① 入库编号：2024-07-2-102-002。

房屋征收补偿款中予以扣减，不予支持。故依法判决王某飞向王某某给付房屋征收补偿款 893423.30 元及利息。

二、当事人依据本条提起诉讼，案由如何确定

父母在离婚协议中约定将财产给予子女的，如协议中并未约定子女享有独立请求权，子女无独立权利，不具备原告主体资格，应当由离婚协议的一方起诉要求另一方履行协议，案由为离婚后财产纠纷。如果离婚协议中明确约定子女享有独立请求权的，那么子女可以作为原告提起诉讼，案由可选赠与合同纠纷。

三、子女行使请求权是否受时效限制

离婚当事人关于“给予子女财产”的约定不能直接引起物权变动，离婚协议明确约定子女可以就相关财产直接主张权利，子女向父母主张履行义务的请求权是债权请求权，受诉讼时效限制。如离婚协议写明交付财产或者办理过户登记时间的，从约定的时间届满之日起计算诉讼时效；未写明的，子女可以随时主张履行，但应当给予义务人履行必要的准备时间。

四、含有“给予子女财产”条款的离婚协议经由法院制作离婚调解书的，子女能否依据该调解书申请强制执行

协议效力由法院调解书加以确认的，如约定的履行义务时间、内容、对象均明确且符合法律关于强制执行的有关规定的，可由案件当事人申请执行。如果以离婚协议为基础的离婚调解书未确认子女对财产具有直接诉权，则因子女并非当事人，一般无权申请强制执行。

五、离婚协议给予子女不动产的约定能否排除强制执行

从更公平合理平衡各方当事人利益考虑，应当对离婚协议与债权债务形成时间先后、两种请求权性质差异、未变更权属登记原因等因素进行审查，综合判定能否排除强制执行。通常来说，需要考虑以下几项因素：一是因夫妻之间更容易形成隐秘的损害债权人利益的串谋，应当严格审查离婚协议订立时间是否在法院查封、冻结财产之前，以确保合理排除债务人具有恶意逃债的主观故意。二是涉案不动产对于子女是否承担了生活保障功能。对于生活所需，不完全限定于《最高人民法院关于人民法院办理执行异议和复议案

件若干问题的规定》第 29 条规定的“用于居住且买受人名下无其他用于居住的房屋”，如案涉房屋用于对外出租，租金打入子女账户或者用于子女日常生活的，也可能认定为用于子女生活保障。三是子女对未办理变更登记是否存在过错。考虑到父母子女间关系具有的人伦性质，对该条件不宜过于苛刻。

六、当事人请求撤销“给予子女财产”协议的同时请求分割该部分财产的，诉讼费收取标准如何确定

相比于普通财产案件的收费标准，《诉讼费用交纳办法》考虑离婚案件的特殊性，对涉及财产分割的离婚案件的诉讼费进行了专门规定，以减少离婚双方的诉讼费负担。对于此类纠纷如何预收案件受理费，倾向于根据《诉讼费用交纳办法》第 13 条第 2 项规定，比照离婚案件涉及财产分割的收费标准预收案件受理费。主要考虑此类案件属于婚姻家庭纠纷的范畴，与在离婚时涉及财产分割并无实质性的区别，只存在时间先后的差别。当事人请求撤销“给予子女财产”协议并分割该部分财产，往往是基于出现新的事实，非因自身原因在离婚时不对该财产进行分割，案件受理费标准比照离婚案件涉及财产分割的收费标准预收，更符合《诉讼费用交纳办法》规定精神。

七、签订离婚协议时如果一方就子女非亲生事宜存在欺诈，被欺诈一方可以诉请返还已经承担的抚养费

离婚后发现子女非亲生的，一般可以认定为签订离婚协议时存在欺诈情形，被欺诈方除了可以按照本条规定请求撤销离婚协议中关于部分或者全部夫妻共同财产给予子女的条款外，还可以请求欺诈方返还已经承担的抚养费，并赔偿精神损失。如在刘某某诉王某某离婚后损害赔偿纠纷案[①]中，2018 年 4 月，双方在离婚调解书中约定，长子刘某甲、长女刘某乙均随刘某某共同生活，抚养费刘某某自理。2021 年 5 月，经亲子鉴定，排除刘某某是刘某乙的生物学父亲。刘某某据此提起诉讼，请求王某某支付非亲生子女抚养费、过错赔偿及精神损害赔偿。人民法院认为，王某某在与刘某某婚姻关系存续期间，与他人生育女儿，违反了夫妻之间忠诚的义务，王某某的行为存在明显过错，给刘某某造成了精神上的损害，故刘某某主张精神损害赔偿

① 入库编号：2023-07-2-016-001。

金，有事实和法律依据。刘某某与刘某乙无血缘关系，对刘某乙并无法定抚养义务，故对刘某某为刘某乙所付出的抚养费应当由王某某返还给刘某某。判令王某某返还刘某某对刘某乙的抚养费用 3 万元、赔偿刘某某精神损害抚慰金 2 万元。

【条文】

第二十一条

离婚诉讼中，夫妻一方有证据证明在婚姻关系存续期间因抚育子女、照料老年人、协助另一方工作等负担较多义务，依据民法典第一千零八十八条规定请求另一方给予补偿的，人民法院可以综合考虑负担相应义务投入的时间、精力和对双方的影响以及给付方负担能力、当地居民人均可支配收入等因素，确定补偿数额。

【条文主旨】

本条是关于离婚经济补偿认定和处理问题的规定。

【条文概览】

离婚经济补偿须以解除婚姻关系为前提。离婚诉讼中，夫妻一方主张在婚姻关系存续期间存在抚育子女、照料老年人、协助另一方工作等负担较多义务情形，依据《民法典》第1088条规定请求另一方给予补偿的，应当提供证据证明。确定补偿数额时，应当考虑付出方负担相应义务投入的时间、精力，对自己未来职业发展的不利影响、对对方职业发展的助益等因素，还要考虑给付方的负担能力，参考当地居民人均可支配收入等因素，确定补偿数额。

【理解与适用】

一、本条制定的背景

在2001年之前，我国婚姻法中没有对离婚经济补偿的规定。2001年修正的《婚姻法》首次引入了离婚经济补偿制度，明确对家务劳动价值予以认可。该法第40条规定："夫妻书面约定婚姻关系存续期间所得的财产归各自所有，一方因抚育子女、照料老人、协助另一方工作等付出较多义务的，离婚时有权向另一方请求补偿，另一方应当予以补偿。"此为我国婚姻法中对离婚经济补偿的最初规定。但该条将离婚经济补偿的前提确定为"夫妻书面约定婚姻关系存续期间所得的财产归各自所有"，即采取分别财产制的夫妻之间，离婚时承担了较多家庭义务的一方才有权请求对方补偿。从审判实践情况看，多年来，经济补偿制度并未在司法实践中得到普遍运用。相反，有关统计显示，2001年修正的《婚姻法》第40条的适用率明显偏低，少数的适用案例中，还有一部分是经过法院的目的性扩张解释后才得以适用。出现这种情况的主要原因在于我国绝大多数家庭都采取了法定的共同财产制，约定分别财产制的家庭数量极少，基数的缺乏导致2001年修正的《婚姻法》第40条的规定无法发挥应有的作用。有鉴于此，《民法典》删除了对离婚经济补偿以夫妻分别财产制为适用前提的规定，而将经济补偿范围扩大到法定财产制和约定财产制同样适用，扩充了离婚经济补偿的适用范围，也体现了对家务劳动价值的更大肯定。

每一个家庭成员都会在家庭中得到立足社会的基本物质和精神支持。夫妻中在照料老人、子女或者配偶，以及为家庭生活提供服务和便利等方面付出更多的一方，将其更多的时间和精力投入到无偿家务劳动中的利他行为，使包括配偶在内的家庭成员均有受益。根据民法权利义务相一致的原则，负担更多家庭义务的一方，应当享有获得相应经济补偿的权利。尤其是，现实生活中，常常存在一方因负担较多的家庭义务，导致其投入在自我发展、自我实现上的时间和精力被大量压缩，甚至完全牺牲自我发展的机会，全力投入到家务劳动中的情况。当夫妻双方离婚，负担了更多的家庭义务，给另一方提供了更多无形支持的一方反而会因自身经济能力弱或缺乏经济能力而面临权益不能得到保障的困境，显然有悖公平。家务劳动价值应当得到尊重，有必要为夫妻中负担较多家庭义务的一方提供离婚经济补偿。从价值方面看亦是如此。根据马克思的劳动价值论，劳动可以分为具体劳动和抽象劳动。家务劳动同样凝结了具体劳动和抽象劳动，因而它应该是有价值的，它创造的价值应和其他劳动价值一样都属于社会价值的一部分。家务劳动虽然没有直接的量化价值描述，却创造了无数的有形和无形价值。投入家务劳动，承担家庭义务的人，理应获得相应的报酬。

世界范围内，家务劳动的价值也得到了很多国家的认可。例如，《瑞士民法典》规定，在协助配偶他方从事职业或经验事业中，配偶一方的付出显著超出其为抚养家庭作出的贡献的，其有权请求为此得到合理的补偿金。《德国民法典》规定，在离异的婚姻一方因照料或教育共同的子女而不可能期待其就业的情形以及在此种情形持续期间，该方可以向另一方要求生活费。

从近几年司法实践看，离婚纠纷中当事人提出离婚经济补偿诉请的情况有所增多，但关于离婚经济补偿的具体标准和考量因素，各地法院裁判标准不一。司法实践中迫切需要对该制度予以细化规定。我们经研究认为，《民法典》之所以如此规定，是为了加强对家庭负担较多义务一方权益的保护，但是也要考虑到夫妻共同财产制下，另一方也有分割夫妻共同财产的权利，因此，两者要互相平衡。考虑到不同地域、不同家庭的情况千差万别，司法解释无法对补偿的具体数额作出统一规定，因此，从考量因素的角度作出规定，法官可以在具体酌定数额时予以参考。本条规定在总结审判实践经验基础上，进一步细化《民法典》第1088条的裁判考量因素，明确人民法院可以综合考虑负担相应义务投入的时间、精力和对双方的影响以及给付方负担能力、当地居民人均可支配收入等，确定补偿数额。

二、离婚经济补偿制度的意义

离婚经济补偿制度实质上是对家务劳动价值的认可，使承担家务劳动较多的一方在离婚时有权获得经济上的补偿。法律确立这一救济制度，正是基于公平原则对婚姻期间夫妻家事付出不均等予以平衡与救济。[①] 人的时间和精力是有限的，一方承担了较多家务劳动，必然会影响提升自身职业能力以及其他能力的时间和精力，作为受益的另一方，于情于理，给予对方一定补偿理所应当。在这里，大家要注意到，这种补偿可以是男方给女方，也可以是女方给男方，谁付出多了谁就有权要求补偿。本解释进一步明确了法院判决经济补偿数额应考虑的主要因素，规定根据负担相应义务投入的精力及对双方的影响、对家庭所作贡献程度、双方离婚时经济状况以及给付方负担能力、当地收入水平等事实确定补偿数额，增强了条文可操作性。这一方面保障了为家庭负担较多义务方的权益，彰显了法律的公平正义，同时也有利于推动“男性也不能当甩手掌柜，要同妻子分担养老育幼等家庭责任，共担家务劳动”，当然，在男性一方承担较多家庭责任的婚姻关系中，也同样如此。

离婚经济补偿的不是全部家务劳动的价值，而是没有纳入夫妻共同财产范围的家务劳动价值。需要注意的是，离婚经济补偿的并非家务劳动本身，而是家务劳动的价值。它不仅节省家庭支出，促进增加家庭财富，而且间接

① 参见薛宁兰：《民法典离婚救济制度的功能定位与理解适用》，载《妇女研究论丛》2020年第4期。

提升配偶人力资本的价值，例如以共同财产投资配偶接受教育培训，或以包揽家务劳动等方式支持配偶获取职业、学位证书等，又如为配偶职业升迁承担较多家庭义务而影响自己职业发展，造成自身人力资本的减损。对家庭共同生活贡献较大的一方，因家务劳动、照顾家庭成员等挤压自身发展的时间、精力和机会，减少职业投入和经济收入，导致离婚后谋生能力降低、生活水平下降、人力资本贬值、社会竞争力减弱。此类情形下，如果离婚时不能获得经济补偿，那么夫妻双方都将倾向于面向市场进行人力资本投资，而丧失投资于子女抚养、教育、老人照护、家庭生活的积极性，无益于婚姻关系的质量与和谐稳定。离婚经济补偿扩展到夫妻共同财产制后的一个重要作用就是在离婚时给予为家庭共同生活付出较多的一方补偿难以产权化的人力成本损失。

三、经济补偿请求以负担了较多家庭义务为前提

本条根据《民法典》第1088条规定的表述，列举了抚育子女、照料老年人、协助另一方工作等，作为承担较多义务的一方可提出经济补偿的情形。当然，离婚经济补偿的适用情形并不局限于以上三个方面，为家庭利益而负担的义务均应在此之列，主要表现为家务劳动和机会成本。家务劳动，是指为自己和家人最终消费所进行的准备食物、清理住所环境、整理衣物、购物等无酬家务劳动以及对家庭成员和家庭以外人员提供的无酬照料与帮助活动。此外，婚姻关系存续期间，夫妻一方为了家庭牺牲教育目标和职业能力而帮助另一方获得了文凭、资格，导致夫妻之间经济上的不平衡，承担较多家庭义务的一方付出了较高的社会成本。因此，离婚经济补偿不是“家务有偿化”，也不应与家政服务人员工资相类比。根据权利义务相一致的原则，负担较多义务但未获得相应权利的一方应当得到适当的补偿。判断一方是否承担了较多义务，应结合一方在家庭义务上付出的时间成本、精力成本以及对自己职业发展的影响等多方面因素，综合进行衡量。

四、离婚经济补偿与夫妻共同财产制度的关系

在《民法典》编纂过程中，有学者提出在夫妻共同财产制下，离婚经济

补偿制度可能导致对夫妻一方家务劳动的双重评价。[①] 我们认为，由于夫妻共同财产制在我国占据主导地位，采取约定财产制在司法实践中情况较少，离婚经济补偿制度的适用受到了极大限制，从事家庭事务的价值在夫妻共同财产制下并未得到充分补偿；尽到较多家庭责任的一方因家庭事务严重挤压其自身发展的时间和精力，减少了职业投入和经济收入，导致离婚后求职谋生能力、社会竞争力降低及生活水平下降。正因如此，《民法典》婚姻家庭编完善了离婚救济制度，不再以约定财产制为前提。离婚经济补偿不仅适用于约定财产制，也应当适用于夫妻共同财产制。

《民法典》规定的离婚救济体系包含离婚经济补偿、离婚经济帮助以及离婚损害赔偿，是离婚自由的平衡机制，系对特殊贡献者、离婚生活困难者以及维护家庭团体和睦的受害者的矫正和补偿，从另一个角度增强家庭共同体的凝聚力以及弘扬家庭美德。[②] 我们认为，离婚时分割夫妻共同财产与离婚经济补偿的性质不同，不可互相替代，两项制度在立法本意、功能定位、适用情形等方面均不相同，有独立存在之必要。离婚时分割夫妻共同财产是离婚效力之一，是当事人应享有的法定财产权；离婚经济补偿则是一种离婚救济制度，是对家庭事务、家庭生活贡献较多的一方应享有的法定离婚救济权，重在弥补其人力成本损失。该条规定是遵循权利与义务对等原则，只要夫妻一方客观上因抚育子女、照料老年人、协助另一方工作等负担较多义务，就有权在离婚时要求因此受益的一方对处于弱势地位的一方给予经济补偿。至于其主观上是否愿意以及是否有其他过错导致离婚等，均不是本条所涵括范围。例如，妻子在生育子女之后，辞职在家抚育子女、赡养老人、协助另一方工作，承担家庭义务较多。几年后离婚时，妻子既可依《民法典》第 1087 条规定的照顾女方、照顾子女权益（如离婚后妻子抚养子女）、照顾无过错方（如妻子无过错）等原则主张多分共同财产，又可按《民法典》第 1088 条的规定主张承担较多家庭义务的经济补偿，法院判决具体补偿数额后，应从丈夫个人财产中支付此补偿款。

人伦正义是民法的人文精神和公平正义的体现，是社会主义核心价值观的重要内容。离婚经济补偿作为离婚三大救济制度之一，其主要功能是在夫

---

① 参见薛宁兰、谢鸿飞主编：《民法典评注（婚姻家庭编）》，中国法制出版社 2020 年版，第 436 页。

② 参见冉克平：《民法典离婚救济制度的体系化阐释》，载《政法论丛》2021 年第 5 期。

妻共同财产分割的基础上，对承担较多家庭义务一方的权利给予救济和平衡，既体现法律对夫妻一方从事家庭事务价值的肯定，又体现了对离婚救济理念的重申。其正当性的核心在于，婚姻应被视为夫妻共享、共同的事业，如因婚姻存续期间男女分工安排的不同，导致对婚姻家庭生活作出特殊贡献的一方就业能力减弱，根据公平原则和信赖保护思想要求对由婚姻引起的财产上的不利益进行补偿，立法就应当给予一定的恢复性矫正补偿。保障家务贡献者的利益与维护婚姻家庭共同体的利益具有一致性，二者均有利于家庭的整体利益和维系平等和谐稳定的婚姻家庭关系。[①] 夫妻关系和其他家庭成员关系具有很强的伦理性，夫妻对婚姻家庭生活所作的贡献，并非以获取相应报酬为目的的单纯的财产法上的行为，往往蕴含着亲属伦理因素，很难以具体的财产价值来衡量。[②] 因此，经济补偿数额的确定，以夫妻共同财产分割的确定为基础，补偿金应当从承担支付义务一方的个人财产或分得的共同财产中支付。不能采取在夫妻共同财产分割前先扣除经济补偿，再对剩余共同财产进行分割的做法，否则，离婚经济补偿的救济功能将失去意义。此外，离婚经济补偿的适用条件是权利人对家庭尽了较多义务，无论离婚后是否经济困难，均享有这一权利。

五、准确认定离婚经济补偿的方式和数额

私人事务领域以当事人的意思自治为先，经协商一致达成的协议，对双方都具有法律约束力。只有当双方无法通过协商就经济补偿达成一致意见时，方得由法院根据案件实际情况，依法判决。本条规定是遵循权利和义务对等的原则作出的。只有在一方为婚姻共同体尽了较多义务，如抚养子女、照料老人、协助另一方工作的情况下才可向对方请求补偿。夫妻离婚时，一方对承担较多家务劳动的另一方给予经济补偿，首先应当由要求离婚的夫妻自行协商确定，这种协商可以是在协议离婚时确定，也可以在诉讼离婚中确定。如果在协议离婚时双方达成了一致的协议，则可以向婚姻登记部门提交。婚姻登记部门查明确属自愿，且不违反法律规定的，给予离婚登记，双方应自觉履行协议。在诉讼离婚中，双方对离婚补偿达成一致意见，交由法院以调解书或者判决书的形式予以确认。如果双方达不成协议，人民法院则

---

① 参见冉克平：《民法典离婚救济制度的体系化阐释》，载《政法论丛》2021年第5期。

② 参见夏吟兰等：《中国民法典释评》，中国人民大学出版社2020年版，第249页。

依据本条的规定进行判决确定。

负担的家庭义务如何量化，家务劳动的价值如何计算素来是审判实践的难题。由于家务劳动服务对象的特定性和劳动内容的私人化，家务劳动虽然作为社会经济的一部分，但并未被纳入国民经济核算，无论查询国民生产总值或国内生产总值，还是查询任何的经济报告，都无从寻找未市场化的家务劳动所占的价值。相反，一直以来家务劳动都作为一种不计报酬的无偿劳动存在。多年来，不断有研究者试图通过经济学和统计学的方式找到答案。例如，曾有研究数据分别显示，保守估计家务劳动潜在价值约占 GDP 的 30%；[①] 也有研究以杭州一市为样本，得出结论认为，杭州市家务劳动经济价值平均约占当年地区生产总值的 12.23%，相当于杭州人均消费支出的 46.47%，相当于第三产业增加值的 23.11%，如果将无酬家务劳动与市场上的有酬劳动相比，家务劳动的价值相当于杭州市就业人员全年工资总额的 43.23%。[②] 可以看出，家务劳动这种在社会经济运行中表现不明显、存在感低、没有薪酬的劳动方式，创造的经济价值实则不容忽视，对社会再生产具有重要的意义。然而，直至今日，并没有一种权威的量化计算方式可用来确认家务劳动的具体价值。人民法院确定离婚经济补偿数额时，必须全面综合考察，尽量使经济补偿数额与负担较多一方付出的劳动、产出的价值得以匹配。可以综合考虑以下几方面的因素。

一是负担家庭义务投入的时间、精力。一方面，投入时间。不仅包括日常投入在家庭生活和具体事务上的时间，还包括婚姻关系存续时间的长短，投入时间越多、婚姻持续时间越长，补偿数额应当相应增加。另一方面，投入精力。此处不仅指狭义上的家务劳动，如洗衣、做饭等，也包括照顾老人、生育和抚育子女、协助另一方工作生活等，无异于职场中繁杂的工作任务，需要投入大量的体力劳动，更需要投入全面用心的精神关怀和细致入微的照料。同等条件下，强度更大、更复杂的家庭义务理应获得更多补偿。

二是相应家庭义务对双方的影响。一方面，家庭义务的效益。其中既包括直接效益，也包括间接效益，如良好的家庭生活环境，或者由此带来的家庭积极财产的增多或消极财产的减少。另一方面，负担较多义务一方的信赖

---

① 参见廖宇航：《家务劳动价值的估算》，载《统计与决策》2018 年第 8 期。

② 参见吴燕华：《居民家务劳动时间经济价值研究——以杭州市为例》，载《吉林工商学院学报》2015 年第 3 期。

利益。婚姻中，负担较多家庭义务的一方出于对婚姻前景的信赖，付出较多精力从事家务劳动，随之而来的不免有其自我发展空间的压缩，无形中付出了个人工作选择、职业晋升、培训学习、收入能力等方面的机会成本。为此，另一方因此而获得的有形财产利益、无形财产利益及可期待的财产利益，如一方在婚姻期间获得的学历学位、工作前景、执业资格、专业职称、知识产权等，均可以纳入经济补偿数额的考量范围。

三是给付方负担能力。经济补偿具体数额也要考虑家庭实际情况。离婚经济补偿的目的在于“补偿”，如果给付方经济状况不佳，缺乏支付能力，支付补偿费用将影响其基本生活，也要予以充分考虑。

四是当地居民人均可支配收入。当地收入状况反映了所在地区的生活成本和经济发展情况。在经济相对发达地区，生活成本高，在同等条件下补偿数额也较高；在经济相对落后地区，在同等条件下补偿数额也相对较低。参考当地统计部门公布的人均收入水平、消费水平等数据，使得确定的离婚经济补偿数额符合当地实际情况，具有合理性和公平性。

五是其他因素。本条规定未作穷尽式列举，旨在适应经济社会发展情况，涵盖司法实践中的各类情形，法官在审判工作中可进行综合考量。

【实务问题】

一、法院可否主动适用离婚经济补偿

虽然与普通财产类案件相比，家事案件更强调法院的职权主义，但是，也要尊重当事人的意思自治。对于离婚经济补偿的诉讼请求，需一方主动提出，法院不得主动适用。人民法院在当事人未提出经济补偿请求的情况下，不得径行就经济补偿作出判决。但是，法院可以向当事人释明其经济补偿请求权，是否行使由当事人自行决定。当事人在离婚诉讼中可直接向另一方提出经济补偿请求，同时负有举证责任。

二、可否在不解除婚姻关系的前提下提出经济补偿请求

离婚经济补偿是婚姻关系解除的善后措施，因此，当事人不能在婚姻关系存续期间提出该请求，而是必须在离婚时提出。如果通过诉讼离婚的，具体程序可以参照《民法典婚姻家庭编解释（一）》第 88 条的规定处理。即人民法院受理离婚案件时，可将《民法典》第 1088 条规定中当事人的有关

权利义务，一并书面告知当事人。并具体区分以下不同情况：（1）符合《民法典》第1088条规定的一方如果是离婚诉讼的原告，基于该条规定向人民法院提起离婚经济补偿请求的，必须在离婚诉讼的同时提出。（2）符合《民法典》第1088条规定的一方作为被告的离婚诉讼案件，如果被告不同意离婚也不基于该条规定提起请求的，可以就此单独提起诉讼；如果该方一审时未基于《民法典》第1088条的规定提出离婚经济补偿请求，二审期间提出的，人民法院应当进行调解；调解不成的，告知当事人另行起诉。双方当事人同意由第二审人民法院一并审理的，第二审人民法院可以一并裁判。协议或判决离婚后，一方提出经济补偿请求的，人民法院一般不予受理。主要考虑是：经济补偿请求权是法律赋予负担了较多家庭义务的一方的权利，其可以行使，也可以不行使。这种权利也不存在客观障碍导致对权利享有状态不明的情况，将经济补偿请求权扩大到婚姻关系存续期间或离婚后，现实意义不大，也不利于双方尽快解决争议，投入新生活。

【典型案例】

陈某诉汤某离婚纠纷案①

【基本案情】

陈某（男）与汤某（女）婚后于2010年5月生育长女陈甲，2014年6月生育次子陈乙。婚后陈某因在外地工作，夫妻长期分居，自2016年起，汤某一直一个人承担照顾家庭和抚育两个子女的义务。2023年7月，陈某诉至法院，要求与汤某离婚。汤某同意离婚，但主张其对家庭付出较多，要求陈某给付离婚经济补偿。

【裁判结果】

江苏省仪征市人民法院认为，陈某与汤某夫妻感情确已破裂，应准予双方离婚。自2016年起，汤某独自照顾两个子女，在抚育子女方面投入了较多的时间和精力，负担了较多的义务，陈某应给付汤某一定的经济补偿。遂判决：准予陈某与汤某离婚，陈某给付汤某离婚经济补偿6万元，同时对子女抚养和共同财产分割作出处理。

【典型意义】

离婚经济补偿制度在《婚姻法》第40条已有规定，但是以“夫妻书面

① 2023年江苏法院家事纠纷典型案例。

约定婚姻关系存续期间所得的财产归各自所有”为适用前提。基于我国传统习惯和法律制度，分别财产制在我国适用并不普遍。结婚后，一方更多地承担了抚育子女、照料老年人、协助另一方工作的家务劳动，必然会占用其获得个人收入的时间、精力和机会，甚至可能出现根本没有个人财产的情形。另一方取得财产虽然与其个人努力密不可分，但由于其配偶承担了大量的家务劳动，使其能够有更多的时间和精力投入到工作中，因此其财产的取得实际上亦与配偶的奉献密切相关。在此情形下，如果离婚时完全按照约定财产制对财产进行处理，势必对承担较多家务劳动而个人财产较少的一方极不公平。将离婚经济补偿限于分别财产制中，导致该制度适用范围过窄，发挥作用有限。离婚时在夫妻共同财产较少或者无夫妻共同财产的情形下，为家庭负担较多义务的一方不能得到相应的财产补偿，将导致夫妻双方权利义务的失衡。《民法典》第1088条删除了这一适用离婚经济补偿的前提条件，降低了该制度的适用门槛，无论是分别财产制还是共同财产制，只要婚姻关系存续期间因抚育子女、照料老年人、协助另一方工作等负担较多义务的，离婚时即有权提出离婚经济补偿，通过为其提供补偿性扶养，以平衡夫妻双方在婚姻关系存续期间的经济利益，是对贡献方从事家务劳动价值的充分肯定，也深刻体现了保护弱者的司法观念。

【条文】

第二十二条

离婚诉讼中，一方存在年老、残疾、重病等生活困难情形，依据民法典第一千零九十条规定请求有负担能力的另一方给予适当帮助的，人民法院可以根据当事人请求，结合另一方财产状况，依法予以支持。

【条文主旨】

本条是关于离婚经济帮助的认定和处理的规定。

【条文概览】

离婚经济帮助是古今中外法治文明的重要体现。离婚经济帮助，不是夫妻扶养义务的延续，而是解除婚姻关系时的一种善后措施；不是劫富济贫或均贫富，而是体现社会主义核心价值观中“友善”的必然要求。离婚经济帮助制度的适用需要满足四个条件：第一，离婚诉讼中。离婚经济帮助的判断时点为离婚之时。一方生活困难必须是在离婚时已经存在的困难，而不是离婚后任何时间所发生的困难都可以要求获取帮助。一方如果在离婚判决后提出经济帮助，人民法院则不会受理。这就排除了部分别有用心之人在离婚后大肆挥霍财产最终身无分文，并要求前配偶提供经济帮助之可能。第二，受帮助的一方生活确有困难。其生活困难是指依靠分得的夫妻共同财产和个人财产仍不能维持合理生活水平。现实生活中，夫妻双方在离婚时一般会通过分割夫妻共同财产获得一定数额的财产，即使是婚姻过错方，一般也不会达到“净身出户”之程度。即使未分割到夫妻共同财产，如果其有退休金、失业保险金、社会救助金等社会保障，应已达到满足基本生活之需要，对方也无须给予离婚经济帮助。因而离婚经济帮助的对象实则是不仅没有生活来源，同时因为年老、重病、残疾等丧失了劳动能力之群体。第三，提供帮助的一方应有负担能力。即在满足自己的合理生活需要后仍有剩余。这就意味着，如果离婚双方均只能维持一般的生活水平，也不需要向对方提供经济帮助。第四，时间限制。离婚经济帮助是暂时的帮助，这是该制度的应有之义，也是审判实践的通常做法。而且，如果接受帮助的一方已经再婚或与他人同居生活等，帮助也应予以终止。

【理解与适用】

一、制定法依据

1950 年《婚姻法》就规定了离婚经济帮助制度，其中第 25 条规定："离婚后，一方如未再行结婚而生活困难，他方应帮助维持其生活；帮助的办法及期限，由双方协议；协议不成时，由人民法院判决。"1980 年通过的《婚姻法》第 33 条规定："离婚时，如一方生活困难，另一方应给予适当的经济帮助。具体办法由双方协议；协议不成时，由人民法院判决。"2001 年修正的《婚姻法》第 42 条规定："离婚时，如一方生活困难，另一方应从其住房等个人财产中给予适当帮助。具体办法由双方协议；协议不成时，由人民法院判决。"《民法典》基本延续了婚姻法的这一规定，其中第 1090 条规定："离婚时，如果一方生活困难，有负担能力的另一方应当给予适当帮助。具体办法由双方协议；协议不成的，由人民法院判决。"

二、域外法考察

从域外的情况看，大陆法系国家通过成文法的方式，明确了离婚扶养制度。比如，《德国民法典》第 1569 条至 1586 条对离婚扶养制度的有关问题进行了规定，主要包括基本原则、请求扶养的情形、扶养请求权的限制、给付的能力和顺位、给付的数额与方式以及扶养的终止等。具体而言，在基本原则方面，确立了离婚的当事人双方均应当自行维持生活的自我责任原则。在适用条件方面，要求离婚配偶一方基于照顾子女、年老、疾病或者残疾、需要接受教育、无业以及公平原则且不能维持生计的条件。在限制性规定方面，在离婚扶养费的给付有失公平时，可以在数量上减少扶养费或者在时间上限制当事人权利的行使甚至是拒绝扶养。在数额确定与给付方式方面，扶养费的数额根据婚姻期间的生活水平予以确定，除了基本的生活需要之外，还包括法定情形下支出的适当保险费、教育培训费等。在变更和终止方面，主要是基于按照婚姻期间的生活水平给付扶养费有失公平以及出现权利人对义务人或者其近亲属实施严重违法或犯罪行为，继续履行扶养费义务显失公平情形的，可以变更或者终止。在住房方面，基于同住子女的最佳利益和配偶双方的生活状况，一方比另一方对婚姻住房的需求更加迫切，或者具有其他公平合理的原因时，一方可以请求另一方在离婚时将婚姻住房交付自己。

大陆法系的《法国民法典》也规定补偿性给付制度，即一方需要对另一方支付为补偿婚姻中断而出现生活条件差异方面的补偿金，以平衡控制离婚给另一方造成的生活差异。比如，《法国民法典》第 270 条至第 281 条规定了离婚补偿性给付内容，主要包括适用条件和考量因素、离婚抚养费的给付方式、离婚抚养费的变更与终止、婚姻住房等。具体而言，在适用条件方面，需考量请求一方的过错、婚姻关系的存续时间、当事人的年龄和身体状况、就业状况、经济能力、子女教育等因素。在给付方式方面，通常采用本金的方式支付，也可以是转让财产所有权或者赋予权利人某项财产有期限的或者终身的使用权、居住权、用益权。在变更和终止方面，当事人双方的经济需求或者经济收入发生重大变化时，当事人可以请求法院调整、中止或者终止扶养费的支付。在住房方面，若家庭住房属于离婚配偶一方个人所有，为保证子女稳定的生活环境和利益，可将该住房租让给直接抚养子女的一方，租期由法院确定并可以延长至最小的子女成年时。

英美法系国家则通过判例的方式，明确离婚后经济帮助应考量的各种因素。在扶养费的判决上，法院进行裁决时，不仅需要综合各种因素，还要遵从习惯、原则的相关内容。从离婚经济帮助的归责原则看，在早期的法律制度中，基于经济的不发达、妇女自由权的限制等因素，妻子对丈夫具有更多的人身、财产依附关系。离婚经济帮助是基于丈夫的过错而要求其继续给付抚养费的义务。在现代法律制度中，离婚经济帮助制度的归责原则已抛弃过错原则，离婚采取无过错离婚原则，是否给付抚养费不再过多考虑过错，而是请求方的需求和给付一方的支付能力。

从我国的法律规定看，如上所述，1950 年、1980 年的《婚姻法》以及 2001 年修正的《婚姻法》和《民法典》对离婚后困难的一方给予经济帮助的问题均予以规定。当夫妻双方之间的婚姻关系终结时，丈夫和妻子在法律上的权利义务关系已经消灭，双方没有互相扶养的义务，除了因子女扶养而发生的子女生活费、教育费的给付以及探望权的行使外，双方在法律上不再具有相互联系。但法律规定在一方生活困难时，有负担能力的一方对另一方给予适当帮助，则是基于双方因结婚而建立一种互相信赖、互相帮助的特殊社会关系，双方在夫妻关系存续期间都为维持婚姻共同体作出了巨大努力和牺牲。当婚姻关系终结时，法律要求有负担能力的一方给予生活困难的另一方经济帮助，则是将道德上的义务上升为法律义务。从学界的研究情况看，针对离婚经济帮助的性质问题，存在不同的观点。有的认为，离婚经济帮助是离婚后扶养义务；有的认为，离婚经济帮助是离婚后一方当事人对陷入困境的另一方提供的救济和补助；有的则认为，离婚经济帮助是婚姻关系解除时的一种善后措施。尽管对离婚经济帮助的性质认识存在分歧，但对于离婚后陷入生活困难的一方给予经济帮助的问题，则具有高度的一致性。

三、离婚经济帮助的认定

离婚诉讼中，一方当事人请求另一方给予适当帮助的，应符合法律规定的情形。根据《民法典》第1090条规定，在认定一方当事人是否符合经济帮助的条件时，人民法院应根据法律的规定，结合案件具体情况对当事人的请求作出判定。

（一）生活困难情形

《民法典》第1090条规定："离婚时，如果一方生活困难，有负担能力的另一方应当给予适当帮助。"从法律规定看，生活困难是离婚经济帮助的基本要件。对于什么属于生活困难情形，本条列举了生活中较为常见的几种情况，主要包括年老、残疾、重病等生活困难情形，但并不能简单以一方存在年老、残疾、重病的情形而直接认定属于生活困难情形，需综合根据案件具体情况加以判断。

针对生活困难标准问题，曾存在不同的观点，即绝对困难与相对困难的区别。绝对困难观点认为，法律所规定的一方生活困难是对生活真正困难一方给予的救济措施，是一方依靠离婚时分得的财产及个人财产无法维持最基本的正常生活。生活困难是绝对困难而非相对困难，应当有一个固定的标准加以判断。相对困难观点认为，对于生活困难一方的要求不能过于严苛。在夫妻关系存续期间，因为种种原因导致夫妻离婚时一方名下的财产很少，完全采用绝对的标准来衡量，容易造成当事人的权益无法得到有效的保护，应采取相对困难的标准，综合相关因素判断一方是否属于生活困难。此外，相对困难观点还认为，双方结为夫妻后，基于一种信任关系建立家庭后，对于家庭的贡献不同，家庭财产的取得也难以量化，不能以夫妻一方的具体付出多少来分配。在婚姻关系的处理方面，诸多的问题应该基于情感和道德因素进行判断。因离婚导致一方生活水平有明显降低的，生活困难的一方依法可请求另一方给予经济帮助。

2001年施行的《婚姻法解释（一）》对此则采纳了绝对困难的标准。该解释第 27 条规定："婚姻法第四十二条所称'一方生活困难'，是指依靠个人财产和离婚时分得的财产无法维持当地基本生活水平。一方离婚后没有住处的，属于生活困难。离婚时，一方以个人财产中的住房对生活困难者进行帮助的形式，可以是房屋的居住权或者房屋的所有权。"主要考虑是，我国幅员辽阔，各地区基本生活水平相差较大，以当地基本生活水平为标准，来判断是否属于生活困难的做法，是比较客观、可行的。如果一方离婚时分得的财产无法维持基本生活，本人亦无其他收入来源的，属于生活困难。

而《民法典》第 1090 条关于离婚后一方对生活困难的另一方给予适当经济帮助的规定中仅明确了生活困难情形，规定较为笼统，没有明确生活困难情形。但从相关解读看，对"生活困难"的界定，一般认为是一方离婚后分得的财产不足以维持其合理的生活需要，或者不能通过从事适当的工作维持其生活需要等。为推动《民法典》第 1090 条的规定内容在司法实践中的适用，便于实践操作，本条规定对生活困难情形作了列举式规定，明确了年老、残疾、重病等常见生活困难情形，以助力统一司法适用。由此，对于生活困难情形，应结合当事人一方是否属于年老、残疾、重病的个体具体情况，综合有关因素认定是否属于生活困难情形。实践中，如生活困难的一方虽在原生活居住的大城市没有房屋，但在老家有房屋，也不宜认为其无房居住。

（二）另一方有负担能力

从法律规定看，离婚经济帮助的条件除了要求一方生活困难外，还要求另一方有负担能力，即另一方在满足自己的合理的生活需要后存在可以帮助另一方的经济能力。如果另一方没有负担能力，比如自己的生活也存在困难，或者仅能满足自己的合理生活需要，则不用负担给予经济帮助的义务。至于有负担能力的一方向另一方提供帮助的财产来源，可以是个人财产以及从夫妻共同财产中分得的财产等。

需注意的是，离婚经济帮助的对象，法律并未予以限定。请求经济帮助的一方既可以是男性，也可以是女性；同样，给予经济帮助的一方既可以是男性，也可以是女性。在适用上，并无性别之分，应对家庭弱势群体基本生存权益予以统一保护。

四、离婚经济帮助的处理

（一）关于离婚经济帮助的实现途径

根据《民法典》的规定，离婚经济帮助的具体办法首先应由双方协议，即由双方对经济帮助的形式等内容自由协商一致达成。仅在双方不能达成协议时，才由人民法院判决。因此，如当事人一方符合离婚经济帮助情形时，针对经济帮助的具体办法或标准，应尊重双方当事人的一致意思表示，先通过双方自行协商解决，以确定提供经济帮助的标准和履行方式等。在双方不能达成一致时，人民法院才可根据当事人的诉讼请求，结合另一方的财产状况等因素，确定具体的经济帮助形式。

（二）关于离婚经济帮助的形式

从法律规定看，法律仅明确有负担能力的一方给予适当帮助，而关于帮助的具体形式问题，则没有明确。鉴于实践中生活困难的情况一般是无房居住，故解释征求意见稿曾规定，一方因经济困难无房居住的，人民法院可以根据当事人请求，判决有负担能力的另一方采用下列方式予以帮助：（一）一定期限的房屋无偿使用权；（二）适当数额的房屋租金；（三）通过判决设立一定期限的居住权；（四）其他符合实际的方式。该条在向社会征求意见过程中，反对意见较多，虽然大多数是对离婚经济帮助制度本身的误读，但也反映了对该制度的适用需要更为慎重。综合考虑有关情况，《民法典婚姻家庭编解释（二）》最终通过的条文未再规定具体的帮助形式，仅作原则性规定。

具体案件审理中，对于离婚经济帮助的具体形式，可考虑双方的收入和财产、就业能力、子女抚养情况等因素，结合当事人的诉讼请求，判令有负担能力的一方给予帮助。就经济帮助的具体办法，由双方协议完成，协议不成的，才由人民法院判决。人民法院在判决时，应查明双方的财产状况、经济条件、谋生能力、受帮助方的生活困难程度、帮助方的负担能力等因素，结合当地的一般生活水准，确定一方给予另一方的适当帮助。（1）离婚时，如一方年轻具有劳动能力，仅是生活暂有困难，另一方可给予短期的或一次性的帮助；（2）如双方已结婚多年，一方年老病残、失去劳动能力而又无生活来源的，另一方应在居住和生活等方面给予适当的安排，在经济上可视具体情况，给予相对较长期的帮助。根据本条规定，在确定具体帮助形式时要

“结合另一方财产状况”。比如，如果有负担能力的一方有两套以上个人所有的房屋，可以考虑由生活困难的一方无偿居住一段时间；但是，如果另一方虽有一定负担能力，但仅有一套房屋，双方矛盾较为激烈，则不宜采用无偿居住的方式，而可以判决其支付一定期限的房屋租金。

（三）关于离婚经济帮助是否考虑婚姻关系中的过错

离婚经济帮助的认定，是否要求生活困难一方不存在过错或者实施经济帮助的另一方有过错，对此存在不同的认识。有的认为，离婚时对于生活困难的一方给予经济帮助，是以生活困难一方无过错为前提条件的，如果生活困难的一方有过错，即使生活困难，对方也无须进行帮助。比如，我国台湾地区“民法”第1057条规定：“夫妻无过失之一方，因判决离婚而陷于生活困难者，他方纵无过失，亦应给予相当之赡养费。”该规定要求陷于生活困难的一方应该无过失，这就使得有过失的当事人虽然生活困难但也无法要求对方给付赡养费。该种观点认为离婚后原夫妻双方之间已经没有互相扶养的义务，对于生活困难一方的帮助问题应由政府解决。如果不考虑离婚责任主体，让另一方仍然负担赡养的义务，可能会导致无过错方去照顾有过错方，有失公平。还有的认为，无论生活困难的一方是否有过错，对方都应对其进行帮助，这种做法比较符合发展趋势。从《民法典》的规定表述看，并未以生活困难一方是否有过错作为决定是否对其实施帮助的依据。因为这种帮助不是过错赔偿，不是基于对无过错方的照顾，更不是对有过错方的惩罚。不考虑当事人主观上是否存在过错，而是应该根据法律的规定和客观情况进行判断。法律所规定的离婚经济帮助的宗旨是对弱者实施救助，符合规定情形的弱者，在客观条件具备时就应该适用并受到保护。如果要追究对于造成婚姻关系破裂的责任在谁并对过错方进行惩罚的话，是另一个问题，可以通过其他制度加以解决。

我们倾向于认为，从严格适用法律规定的角度看，是否对生活困难一方进行离婚经济帮助不宜以婚姻关系中的过错作为前提要素。主要理由为：首先，从离婚经济帮助的目的看，离婚经济帮助主要在于对生活困难的一方给予的道义上的帮助（基于法律规定而上升为法律义务）。基于双方因结婚所建立起来的一种互相信赖、互相帮助的特殊关系，双方在婚姻关系存续期间均为维持婚姻共同体作出了牺牲，婚姻关系终结时，具有负担能力的一方对生活困难的另一方给予经济帮助，充分体现了道义的要求，亦体现了社会主义核心价值观和中华民族的传统美德。其次，从法律的规定看，不论是 1950 年的《婚姻法》还是 2001 年修正的《婚姻法》，均未将生活困难一方当事人是否存在过错作为是否给予经济帮助的条件。且从《民法典》的规定看，对离婚经济帮助亦沿用了《婚姻法》的规定，未将生活困难当事人一方不存在过错作为经济帮助条件。由此，如将生活困难一方当事人的过错作为离婚经济帮助的条件，则缺乏法律依据。在具体案件中，可以根据生活困难一方的过错程度，在帮助形式和范围上予以酌情考虑。

【实务问题】

一、离婚经济帮助是否有次数的限制

对离婚经济帮助是否有次数的限制，也即经济帮助是一次还是可以多次，有不同的认识。有的认为，离婚经济帮助仅能帮助一次，而不能进行多次帮助；有的认为，离婚经济帮助是对离婚时生活困难一方的适当帮助，在确定的帮助期限后，如果符合仍存在生活困难情形，仍可以再次请求另一方给予帮助。

我们认为，离婚经济帮助原则上只是帮助一次，而不是反复进行帮助，当事人已经履行完离婚判决或双方协议中所定的帮助义务后，如果另一方仍然存在生活困难的，除非本人愿意继续提供帮助，否则，没有义务再对对方进行帮助。即使生活困难者再提起诉讼要求对方进行帮助的，人民法院一般也不应予以支持。所谓帮助一次的含义，是以在离婚时确定的标准、数额及形式为准，就相关内容履行完毕的，就是帮助一次的完成。比如判决以金钱提供帮助的，可能是一次性给付生活困难者一定数额的金钱，也可能是判决分批给付或给付到一定时期为止。判决以住房提供帮助的，可以是规定让其居住一定时间或附加某些条件限制等。不管怎样，只要离婚时确定的帮助义务已经完全履行完毕了，就是属于一次帮助的完成。

二、离婚经济帮助是否可以终止

离婚经济帮助是对离婚时生活困难一方基本生存权益的救济，经济帮助不能被当作无限期的生存手段，否则将违背民法的公平原则。通常情况，离婚经济帮助是暂时性的过渡措施，有一定的期限，期限届满后，有负担能力的一方对于生活困难一方的帮助自动终止，也即提供经济帮助的一方不需要再给予另一方经济帮助。但在期限届满前，给予经济帮助的一方能否基于一定的情形而终止经济帮助，认识不一。经研究，考虑到实践中提供离婚经济帮助的情形较为复杂，《民法典》对此未有明文规定，基于司法解释的定位，本条未对终止经济帮助的内容予以规定，可由人民法院根据个案具体情况予以认定。从司法实践中的情况看，人民法院根据案件情况，综合考虑给予帮助方负担能力等有关情况，对于给予经济帮助一方请求终止帮助的请求予以判断。根据离婚经济帮助的制度功能和公平原则，一般情况下，如果存在以下情形，当事人向人民法院诉请中止帮助的，可予以支持：（1）接受帮助方已再婚或者与他人同居；（2）给予帮助方丧失负担能力；（3）接受帮助方生活困难缓解。比如，在归某诉田某、陈某1、陈某2腾退房屋纠纷案中，田某与归某在法院调解离婚，因田某生活困难且无房居住，双方约定归某单位分配的公房由田某继续居住，归某住房自行解决。离婚后归某取得了房屋产权，田某与陈某1结婚并生育子女陈某2。归某起诉要求田某、陈某1、陈某2腾退涉案房屋，在诉讼期间田某与陈某1离婚。归某的主张应否得到法院支持？法院裁判认为，离婚时一方对另一方婚前承租的公房无权承租而解决住房确有困难的，人民法院可判决或调解其暂时居住。本案田某与归某离婚时调解协议未对田某的居住期限予以明确约定，但并不表明田某可以永久居住，经济帮助也不是无休止的。田某在涉案房屋中居住多年且再婚生育子女，从居住的合理期限、田某家庭生活的变化以及归某应享有的物权方面考虑，田某、陈某2均不宜继续在涉案房屋居住。田某虽在诉讼中与陈某1离婚，但并不能因此逃避腾退房屋的义务。归某对房屋享有占有、使用、收益和处分的权利，其起诉要求田某、陈某1、陈某2腾退房屋的理由正当，应当予以支持。

三、离婚经济帮助与离婚经济补偿的协调适用

离婚经济帮助与离婚经济补偿是《民法典》重要且充满人文关怀的制度。《民法典》第1088条规定：“夫妻一方因抚育子女、照料老年人、协助另一方工作等负担较多义务的，离婚时有权向另一方请求补偿，另一方应当给予补偿。具体办法由双方协议；协议不成的，由人民法院判决。”第1090条规定：“离婚时，如果一方生活困难，有负担能力的另一方应当给予适当帮助。具体办法由双方协议；协议不成的，由人民法院判决。”《民法典婚姻家庭编解释（二）》通过本条明确离婚经济帮助认定的同时，第21条也明

确了离婚经济补偿的认定。司法实践中，有的夫妻一方在请求另一方给予经济补偿的同时，也请求其给予离婚经济帮助。对此问题如何处理，存在不同的认识。有的观点认为，在离婚诉讼中，一方已经请求另一方给予补偿，不得再主张经济帮助。有的观点认为，一方在请求经济补偿的同时，仍可以要求另一方给予经济帮助，在适用上并不存在冲突。

我们认为，离婚经济补偿与离婚经济帮助为法律所规定的不同制度设计，两者在请求主体、请求内容、适用条件、制度目的等方面存在差异，不能将两种制度对立起来。在离婚诉讼中，如当事人起诉请求既有经济补偿的内容，又包括经济帮助的内容，人民法院应根据案件具体情况予以裁判，不能仅以支持了夫妻一方离婚经济补偿的请求为由，在未根据法律规定查明有关事实对当事人诉讼请求进行评判的情况下，直接驳回当事人一方有关离婚经济帮助的诉讼请求。

【条文】

第二十三条

本解释自 2025 年 2 月 1 日起施行。

【条文主旨】

本条是关于本解释施行时间的规定。

【条文概览】

本解释于 2024 年 11 月 25 日经最高人民法院审判委员会第 1933 次会议讨论通过，于 2025 年 1 月 15 日公布并于同年 2 月 1 日起施行。在本解释公布实施之前已经生效施行的司法解释，其内容与本解释不一致的，应以本解释为准。

【理解与适用】

一、关于本解释的施行时间

司法解释是最高人民法院就审判工作中如何具体应用法律作出的重要司法规范，生效之日才具有法律效力，亦即在全国范围内（不含港澳台地区）具有普遍约束力。《立法法》第 61 条规定："法律应当明确规定施行日期。"法律的施行日期关系到该法何时产生拘束力，也是执行法律的前提。2007 年，最高人民法院印发《最高人民法院关于司法解释工作的规定》，其中，第 25 条规定，司法解释以最高人民法院公告形式发布。司法解释自公告发布之日起施行，但司法解释另有规定的除外。2007 年公布的《最高人民法院办公厅关于规范司法解释施行日期有关问题的通知》（法办〔2007〕396 号）规定："一、今后各部门起草的司法解释对施行日期没有特别要求的，司法解释条文中不再规定'本解释（规定）自公布之日起施行'的条款，施行时间一律以发布司法解释的最高人民法院公告中明确的日期为准。二、司法解释对施行日期有特别要求的，应当在司法解释条文中规定相应条款，明确具体施行时间，我院公告的施行日期应当与司法解释的规定相一致。"2021 年，经最高人民法院审判委员会讨论，决定对《最高人民法院关于司法解释工作的规定》予以修改，但其中第 25 条未改动。由此可以看出，无论以何种形式表述施行日期，这个问题都必须明确。因为司法解释的生效日期关系到其何时开始具有约束力，能否适用该司法解释认定案件相关事实，确认相关的法律关系和法律责任，以及在裁判文书中何时可以引用。考虑到本解释对当事人利益影响较大，设置一定缓冲期有助于更好地理解和适用本解释，故本解释未采用“自公布之日起施行”的模式，而是在解释条文中明确规定了施行日期，且施行日期与公告一致。

二、关于法律、司法解释施行时间的形式

我国法律、司法解释根据各自情况规定了不同的施行时间，其形式大体有以下四种：

（一）自公布之日起施行

该种方式可使司法解释立即发挥规范相关法律关系的作用。这一形式分为两种情况，一种情况是在司法解释条文中明确“自公布之日起施行”。譬如，《最高人民法院关于建设工程价款优先受偿权问题的批复》（已失效）第 5 条规定：“本批复第一条至第三条自公布之日起施行。”另一种情况是，2007 年以来，根据《最高人民法院关于司法解释工作的规定》，如果自公布之日起施行的，不再在司法解释条文中规定，而是在公告中明确。比如，2024 年 12 月 24 日公布的《最高人民法院关于〈中华人民共和国公司法〉第八十八条第一款不溯及适用的批复》，在公告中明确自 2024 年 12 月 24 日起施行。

（二）自公布一段时间之后的某日起施行

这主要考虑到从公布到施行有一个学习宣传贯彻的过程，要把一个法律、司法解释学习宣传贯彻好，确实需要进行部署准备。具体而言，每件法律、司法解释内容的多寡不同，公布与施行的时间间隔也各不相同，有的在一周以内，有的十天左右，有的一个月，最长的达半年之久甚至更长。这主要根据法律、司法解释的内容、适用需要的急缓程度来确定。例如，《中华人民共和国民法典》于 2020 年 5 月 28 日公布，自 2021 年 1 月 1 日起施行。2023 年修订的《中华人民共和国公司法》于 2023 年 12 月 29 日公布，自 2024 年 7 月 1 日起施行。同时，该法第 266 条第 2 款还规定：“本法施行前已登记设立的公司，出资期限超过本法规定的期限的，除法律、行政法规或

者国务院另有规定外，应当逐步调整至本法规定的期限以内；对于出资期限、出资额明显异常的，公司登记机关可以依法要求其及时调整。具体实施办法由国务院规定。”2015 年 1 月 30 日最高人民法院公告公布的《最高人民法院关于适用〈中华人民共和国民事诉讼法〉的解释》（法释〔2015〕5 号），自 2015 年 2 月 4 日起施行。该司法解释从公布到施行的时间为 5 日。预留一定的时间能够更好地实现各项程序衔接，为审理案件做好充分准备。

（三）在一件司法解释中规定两个施行时间

2002 年《最高人民法院关于建设工程价款优先受偿权问题的批复》（法释〔2002〕16 号）第 5 条规定：“本批复第一条至第三条自公布之日起施行，第四条自公布之日起六个月后施行。”其中承包人行使优先受偿权的时间限制从批复公布之日起 6 个月后施行，其目的是充分保护工程承包人的工程价款的优先受偿权。在同一件司法解释中同时规定两个施行时间的情况是极为少见的，这说明不同司法解释条文的生效时间是由条文本身的内容和实际需要决定的。

（四）待另一法律公布一段时间后施行

我国有的法律公布后不立即生效，而是由该法律或者专门的决定来规定具体的施行时间。譬如，《企业破产法（试行）》第 43 条规定：“本法自全民所有制工业企业法施行满三个月之日起试行，试行的具体部署和步骤由国务院规定。”这样规定主要考虑到法律之间的相互配合与衔接，条文本身对本法施行的时间并不明确，完全取决于另一法律的施行时间。这是一种极为特殊的法律生效的形式。

以上四种形式的共同点在于，无论采用哪种形式，法律、司法解释的施行时间都需要以一定形式加以明确。选择不同的形式是由法律、司法解释的具体性质和现实对法律、司法解释的实际需要决定的。

三、关于法律、司法解释的溯及力

与法律、司法解释施行时间密切相关的问题是其溯及力问题。法的溯及力，亦即法的溯及既往的效力，是指法律生效后，对其生效之前的事件、行为和法律关系是否适用的问题。如果适用则具有溯及力，如果不适用则不具有溯及力。

（一）从法理的角度看，法律是指导人们行为的准则，只有在其公布后才能成为约束人们行为的规范

法律具有稳定性和预期性，它不能要求人们在法律公布前就去遵守它。在现实社会中，人们只能按照现行的法律规定去约束自己，使其在法律允许的范围内进行活动，以维护自己的劳动、生活、休息、民主、自由和发展等权利，而无法预见将来新法律如何去约束自己。如果新颁布的法律可以规范以前人们的行为，将使守法的民众处于忐忑不安、无所适从的状态，不利于社会秩序的稳定和经济的发展，也会对生产力造成很大破坏。因此，法不溯及既往是基本原则，但应有个别例外。对此，民法学界提出一些重要观点，譬如“空白溯及”和“有利溯及”。空白溯及是指行为当时法律没有规定，新法律规定能够更好地保护民事主体的合法权益。比如，《最高人民法院关于适用〈中华人民共和国民法典〉时间效力的若干规定》第3条规定，《民法典》施行前的法律事实引起的民事纠纷案件，当时的法律、司法解释没有规定而《民法典》有规定的，可以适用《民法典》的规定，但是明显减损当事人合法权益、增加当事人法定义务或者背离当事人合理预期的除外。有利追溯表现为，如果先前的某种行为或关系在行为时并不符合当时的法律规定，但依现行法律则是合法的，并且对相关各方都有利，就应当依新法律承认其合法性并予以保护。[①] 比如，《最高人民法院关于适用〈中华人民共和国民法典〉时间效力的若干规定》第2条规定，《民法典》施行前的法律事实引起的民事纠纷案件，当时的法律、司法解释有规定，适用当时的法律、司法解释的规定，但是适用《民法典》的规定更有利于保护民事主体合法权益，更有利于维护社会和经济秩序，更有利于弘扬社会主义核心价值观的除外。

（二）从立法的角度看，法不溯及既往是各国普遍遵循的法治原则，但法律有特别规定的除外

《立法法》第104条规定：“法律、行政法规、地方性法规、自治条例和单行条例、规章不溯及既往，但为了更好地保护公民、法人和其他组织的权利和利益而作的特别规定除外。”这是我国首次在宪法性法律文件中规定法

① 朱力宇、孙晓红：《论法的溯及力的若干问题——关于法律不溯及既往的争议、实践、反思与主张》，载《河南省政法管理学院学报》2008年第1期。

不溯及既往原则。其中的但书是对该原则的有益补充。一般而言，溯及力的例外主要包括从宽例外、补缺例外、持续性行为例外等。譬如，当时的法律认为某行为是犯罪，但新施行的法律认为该行为不是犯罪的，则不属于犯罪行为，体现了“从旧兼从轻”。这是对法不溯及既往原则的有益补充。

（三）从司法解释的角度看，情况较为复杂

司法解释是否具有溯及力在刑、民之间有明显不同。关于刑事司法解释的溯及力，2001 年 12 月 17 日施行的《最高人民法院、最高人民检察院关于适用刑事司法解释时间效力问题的规定》第 1 条规定：“司法解释是最高人民法院对审判工作中具体应用法律问题和最高人民检察院对检察工作中具体应用法律问题所作的具有法律效力的解释，自发布或者规定之日起施行，效力适用于法律的施行期间。”由此可以看出，刑事司法解释的溯及力及于法律施行期间。理由是：司法解释是对法律的释明，虽在被解释法律施行后制定，但应被视为被解释法律的一部分，其在生效之日起就应适用于审判实践，而且具有溯及力，但其溯及力应受被解释法律的时间效力范围的限制，即如果以制定法为解释对象，该司法解释一般与被解释法律同步发生效力，被解释法律如果能够适用于某一案件，该司法解释同样也应适用于该案件。2008 年 12 月 1 日施行的《最高人民法院关于适用〈中华人民共和国民事诉讼法〉审判监督程序若干问题的解释》（法释〔2008〕14 号）第 13 条第 1 款第 4 项规定，原判决、裁定适用法律、法规或司法解释有违反法律溯及力规定的，人民法院应当认定为《民事诉讼法》第 179 条第 1 款第 6 项规定的“适用法律确有错误”。这样的案件据此应当进行再审，进一步强调民事法律、法规、司法解释没有溯及力。但也有例外，譬如，1999 年 12 月 29 日起施行的《最高人民法院关于适用〈中华人民共和国合同法〉若干问题的解释（一）》（法释〔1999〕19 号）第 3 条规定：“人民法院确认合同效力时，对合同法实施以前成立的合同，适用当时的法律合同无效而适用合同法合同有效的，则适用合同法。”这样规定可以体现合同法的立法目的，尽量使合同有效，促进交易安全，最大限度地维护双方当事人的合法权益。在审判实践中，对适用法溯及既往的情况，一定要有明确的规定，没有明确规定的，不得推定法律、司法解释溯及既往。

四、关于本解释的具体适用

本司法解释主要是实体规范，施行后对其调整范围内的行为、事件优先适用。按照法不溯及既往的原则，一般不适用于它施行前发生的事件和行为。

（一）关于适用本司法解释的条件

适用本司法解释应具备三个条件：第一，本司法解释已经正式公布并施行，开始发生法律效力；第二，就其适用的案件类型而言，它主要适用于婚姻家庭纠纷案件；第三，就案件审理阶段而言，本司法解释适用于尚未审结的一、二审婚姻家庭纠纷案件。理由是：司法解释是对法律的释明，其施行时间本应与被解释的法律同步，而这些法律已先于司法解释生效。具体而言，本司法解释的依据是《民法典》《民事诉讼法》，这些法律在本司法解释出台前均已施行。具体而言，《民法典》施行后的法律事实引起的民事案件，本解释施行后尚未终审的，适用本解释；本解释施行前已经终审，当事人申请再审或者按照审判监督程序决定再审的，不适用本解释。

（二）关于适用本司法解释的方法

本司法解释施行后，在适用方法上应当注意几个问题：（1）处理本解释范围内的婚姻家庭纠纷，优先适用本解释。本解释施行前，最高人民法院已经对《民法典》婚姻家庭编作出解释（一），总体上讲，以前的解释与本解释规范的问题是不同的，但也可能会出现交叉或者与本解释不同的规定。为避免具体适用中引起冲突和歧义，造成同案不同判，根据新法优于旧法的法律适用原则，与本解释冲突的，应以本解释为准。（2）当事人申请再审或者按照审判监督程序决定再审的婚姻纠纷案件，不适用本解释，而只能适用当时的法律、行政法规、地方性法规或者单行条例、司法解释。本解释施行前已经审理终结的婚姻家庭纠纷案件，当事人以违反本解释为由申请再审的，人民法院不予支持。如果当事人在诉讼中通过引用本解释来主张权利，从法律适用的角度不应予以支持。但如果依据当时生效的法律、行政法规、司法解释应予支持，对其实体权利应予保护。这主要考虑到：第一，《立法法》第104条规定："法律、行政法规、地方性法规、自治条例和单行条例、规章不溯及既往……"如果本司法解释溯及既往，不符合《立法法》的有关规定。第二，本司法解释施行后，如果已经终审的婚姻家庭纠纷案件再审时可以适用本司法解释，那将造成根据当时法律判决的许多同类案件改判，不利于维护生效判决的既判力和司法的稳定性。

【实务问题】

在审判实践中，正确理解法律、司法解释的溯及力是正确适用法律的关键之一，判断法律、司法解释有无溯及力及其范围和程度是法官办案首先要解决的问题。关于本司法解释溯及力的理解和适用，在审判实务中应注意以下两个问题：

一、关于司法解释与司法政策的关系

根据2021年修正的《最高人民法院关于司法解释工作的规定》第6条规定，司法解释的形式分为“解释”、“规定”、“规则”、“批复”和“决定”五种。对在审判工作中如何具体应用某一法律或者对某一类案件、某一类问题如何应用法律制定的司法解释，采用“解释”的形式。根据立法精神对审判工作中需要制定的规范、意见等司法解释，采用“规定”的形式。对规范人民法院审判执行活动等方面的司法解释，可以采用“规则”的形式。对高级人民法院、解放军军事法院就审判工作中具体应用法律问题的请示制定的司法解释，采用“批复”的形式。修改或者废止司法解释，采用“决定”的形式。凡属司法解释，一律编“法释”文号并发布公告。除此以外，最高人民法院围绕党的中心工作和国家大局，根据形势发展需要，就如何加强审判工作发布了许多指导性文件，这些文件类型包括“意见”“通知”“会议纪要”等。这些都属于司法政策。就性质而言，司法解释是对法律的释明，具有普遍的拘束力，在裁判文书中可以引用。而司法政策是指导全国法院开展审判工作的意见，有的是对司法解释的释明、补充，其效力层次低于司法解释。具体适用中应当注意三点：第一，要正确区分司法解释和司法政策，认清两者的不同性质和形式，不要把二者混为一谈；第二，司法政策没有溯及力，不能依照新的司法政策来改变以前按照司法解释的规定终审的案件；第三，在司法解释规定的溯及力范围内，保护双方当事人或者债权人的合法权益。理由有三：一是司法政策虽对审判工作具有重要指导和规范作用，但不是办案中强制适用的规范，在裁判文书中不得引用；二是司法政策的效力层次低于司法解释，它所依据的司法解释本身没有溯及力，处于从属地位的司法政策不能与司法解释相抵触；三是用司法政策改变以前依据司法解释作出的判决，将会造成大批已经终审的案件重新再审改判，影响生效司法裁判的既判力和稳定性。鉴于司法政策没有溯及力，如果新的相关司法政策与本司法解释有不同规定时，不得以新的司法政策为依据对依照本司法解释终审的案件进行再审。

二、正确适用本司法解释和其他法律规范

本司法解释是一个具有鲜明时代特征和创新意义的规范。在适用过程中，要注意处理好两个关系：

（一）正确处理本司法解释与其他法律规范的关系

本司法解释是根据相关法律精神，结合婚姻纠纷案件的特点制定的专门规范，具有很强的针对性，审判实践中要按照特别法优于普通法的法律适用原则，处理好案件的法律适用问题。在裁判文书中并列引用多个规范性法律文件时，引用顺序是：法律及法律解释、行政法规、地方性法规、自治条例或者单行条例、司法解释。同时引用两部以上法律的，应当先引用基本法律，后引用其他法律。经审查认为行政规章合法有效的，可以作为裁判说理的依据，但不能直接引用。①

（二）正确处理“从旧”与“从新”的关系

与适用法律一样，适用司法解释一般也应当坚持“从旧兼从新”原则，调整新法出台前发生的行为、事件时，“从旧”是原则，“从新”是例外。所谓“从旧”，是指新的司法解释生效后，不能适用于施行前发生的事件和行为，除非规定其具有某些溯及力。按照以前的司法解释作出的生效裁判，不得以新的司法解释为依据进行再审改判。所谓“从新”，是指新的司法解释生效后，如果过去的法律、司法解释对此前发生的事件、行为没有规定，而新的司法解释规定可以适用新规定，则适用新的司法解释。

三、如何适用本解释第 5 条

本解释第 5 条与《民法典婚姻家庭编解释（一）》第 32 条均是针对夫妻间给予房产问题的规定。《民法典婚姻家庭编解释（一）》第 32 条规定，婚前或者婚姻关系存续期间，当事人约定将一方所有的房产赠与另一方或者共有，赠与方在赠与房产变更登记之前撤销赠与，另一方请求判令继续履行

① 《最高人民法院关于裁判文书引用法律、法规等规范性法律文件的规定》（法释〔2009〕14 号）。

的，人民法院可以按照《民法典》第 658 条的规定处理。该条将夫妻间给予房产问题按照合同编赠与合同规则处理。本解释第 5 条与《民法典婚姻家庭编解释（一）》第 32 条存在本质不同，其基本理念是夫妻间给予房产有特定的法律行为基础，不能简单适用合同编的赠与合同规则。因此，该条与《民法典婚姻家庭编解释（一）》第 32 条理念和规则均不同，相关纠纷不应再适用原来的规定，而应适用新的规定。

四、如何适用本解释第 8 条

本解释第 8 条与《民法典婚姻家庭编解释（一）》第 29 条均是关于婚后父母给子女出资购房的规定。《民法典婚姻家庭编解释（一）》第 29 条规定，当事人结婚前，父母为双方购置房屋出资的，该出资应当认定为对自己子女个人的赠与，但父母明确表示赠与双方的除外。当事人结婚后，父母为双方购置房屋出资的，依照约定处理；没有约定或者约定不明确的，按照《民法典》第 1062 条第 1 款第 4 项规定的原则处理。其中第 1 款是关于结婚前父母给子女购房出资的规定，与本解释第 8 条规范的情形不同，仍应适用该款规定。对于结婚后父母给子女出资购房的情形，本解释第 8 条与《民法典婚姻家庭编解释（一）》第 29 条规定不冲突，不过本解释规定得更具体，故适用中可以直接适用本解释规定。因本解释是对《民法典》的解释，且《民法典》关于夫妻共同财产认定及离婚分割的规定均与原《婚姻法》一致。离婚纠纷案件中，离婚均属于新的事实，故本解释施行后尚未终审的案件，可以适用本解释；本解释施行前已经终审，当事人申请再审或者按照审判监督程序决定再审的，不适用本解释。

下　篇
《涉彩礼纠纷解释》理解与适用

第一部分 司法解释全文

最高人民法院
关于审理涉彩礼纠纷案件适用法律若干问题的规定

法释〔2024〕1号

（2023年11月13日最高人民法院审判委员会第1905次会议通过
2024年1月17日最高人民法院公告公布 自2024年2月1日起施行）

为正确审理涉彩礼纠纷案件，根据《中华人民共和国民法典》、《中华人民共和国民事诉讼法》等法律规定，结合审判实践，制定本规定。

第一条 以婚姻为目的依据习俗给付彩礼后，因要求返还产生的纠纷，适用本规定。

第二条 禁止借婚姻索取财物。一方以彩礼为名借婚姻索取财物，另一方要求返还的，人民法院应予支持。

第三条 人民法院在审理涉彩礼纠纷案件中，可以根据一方给付财物的目的，综合考虑双方当地习俗、给付的时间和方式、财物价值、给付人及接收人等事实，认定彩礼范围。

下列情形给付的财物，不属于彩礼：

（一）一方在节日、生日等有特殊纪念意义时点给付的价值不大的礼物、礼金；

（二）一方为表达或者增进感情的日常消费性支出；

（三）其他价值不大的财物。

第四条 婚约财产纠纷中，婚约一方及其实际给付彩礼的父母可以作为共同原告；婚约另一方及其实际接收彩礼的父母可以作为共同被告。

离婚纠纷中，一方提出返还彩礼诉讼请求的，当事人仍为夫妻双方。

第五条 双方已办理结婚登记且共同生活，离婚时一方请求返还按照习俗给付的彩礼的，人民法院一般不予支持。但是，如果共同生活时间较短且彩礼数额过高的，人民法院可以根据彩礼实际使用及嫁妆情况，综合考虑彩礼数额、共同生活及孕育情况、双方过错等事实，结合当地习俗，确定是否返还以及返还的具体比例。

人民法院认定彩礼数额是否过高，应当综合考虑彩礼给付方所在地居民人均可支配收入、给付方家庭经济情况以及当地习俗等因素。

第六条 双方未办理结婚登记但已共同生活，一方请求返还按照习俗给付的彩礼的，人民法院应当根据彩礼实际使用及嫁妆情况，综合考虑共同生活及孕育情况、双方过错等事实，结合当地习俗，确定是否返还以及返还的具体比例。

第七条 本规定自 2024 年 2 月 1 日起施行。

本规定施行后，人民法院尚未审结的一审、二审案件适用本规定。本规定施行前已经终审、施行后当事人申请再审或者按照审判监督程序决定再审的案件，不适用本规定。

第二部分 重点问题理解与适用

《关于审理涉彩礼纠纷案件适用法律若干问题的规定》几个重点问题的理解与适用[①]

移风易俗是社会文明进步的重要标志。党的十八大以来，以习近平同志为核心的党中央高度重视社会主义精神文明建设。习近平总书记深刻指出，家庭是社会的基本细胞，是人生的第一所学校。不论时代发生多大变化、不论生活格局发生多大变化，我们都要重视家庭建设，注重家庭、注重家教、注重家风。最高人民法院一直高度重视婚姻家庭领域矛盾纠纷化解，为深入贯彻落实习近平总书记关于注重家庭家教家风建设的重要论述精神，贯彻落实《民法典》关于“树立优良家风，弘扬家庭美德，重视家庭文明建设”和“禁止借婚姻索取财物”的规定，最高人民法院制定了《关于审理涉彩礼纠纷案件适用法律若干问题的规定》（以下简称《规定》）。现就其制定背景和相关重要问题介绍如下。

一、《规定》制定的背景

近年来，“高额彩礼”问题受到公众普遍关切，成为社会的一大痛点。尤其是在一些农村偏远地区，这一问题更为突出，彩礼数额持续走高，攀比之风蔓延。这不仅背离了彩礼的初衷，使彩礼给付方家庭背上沉重的经济负担，也给婚姻稳定埋下隐患，不利于社会文明新风尚的弘扬。党的二十大报

① 本文原载于《人民司法》2024 年第 10 期，作者陈宜芳、吴景丽、王丹，现收录于本书，并略作修改。

告提出，要提高全社会文明程度。2021年以来，中央一号文件连续4年对治理高额彩礼、移风易俗提出工作要求。遏制高价彩礼陋习、培育文明乡风成为社会的共同期盼。从司法实践反映的情况看，涉彩礼纠纷案件数量近年呈上升趋势，高额彩礼与婚龄偏短问题交织，使得矛盾冲突更为激烈，甚至出现因彩礼返还问题引发的恶性刑事案件。为贯彻落实党的二十大精神和中央一号文件要求，回应人民关切，最高人民法院全面总结近年来司法实践经验，经过充分调研、反复论证、广泛征求意见，制定了本《规定》，并征求了全国人大常委会法工委、最高人民检察院、公安部、司法部、民政部、全国妇联、国务院妇儿工委以及各高级人民法院的意见，同时，向社会公开征求意见。《规定》已由最高人民法院审判委员会第1905次会议审议通过，自2024年2月1日起施行。

二、《规定》制定的原则

（一）合法性原则

坚持在现有法律制度框架内，遵循法律规定本意，明确审判实践中的具体裁判规则。《民法典》没有明确规定彩礼问题，根据其中第10条规定，法律没有规定的，可以适用习惯，但是不得违背公序良俗。《规定》即以习惯作为彩礼纠纷的法源依据。

（二）问题导向原则

《规定》旗帜鲜明地弘扬社会主义核心价值观，强调禁止借婚姻索取财物，明确以彩礼为名借婚姻索取的财物，当事人可以请求返还。针对彩礼纠纷，紧贴审判工作实践中的热点与难点问题，不务虚，不贪大求全，切实为审判实践提供裁判依据。《规定》主要针对近年来涉彩礼返还纠纷中的彩礼范围界定、返还条件和比例、双方父母是否可以作为当事人等亟须统一相关裁判标准的问题予以规范。同时，注重与原有司法解释规定在逻辑上协调一致。

（三）注重平等保护原则

《规定》一方面切实保护妇女合法权益，明确对于虽未办理结婚登记但已经共同生活的，考虑到对妇女自身的影响，返还时应酌减一定数额（对于生活时间较长的，也可以不予返还）；另一方面也注重平衡保护彩礼给付方合法权益，规定如果共同生活时间较短且彩礼数额过高的，可以综合考虑彩礼数额、共同生活及孕育情况、双方过错等事实，在双方离婚时予以适当返还。

三、《规定》中的几个主要问题

《规定》共7条，主要解决彩礼范围、彩礼与恋爱期间一般赠与区别、彩礼返还主体、彩礼返还条件等问题，与《民法典婚姻家庭编解释（一）》结合，形成逻辑完整的彩礼纠纷法律适用规则。

（一）强调禁止借婚姻索取财物

《民法典》第1042条规定，禁止借婚姻索取财物。借婚姻索取财物违反了婚姻自由原则，应当坚决予以打击。《规定》明确，以彩礼为名借婚姻索取财物，另一方要求返还的，人民法院应予支持。

本条向社会征求意见过程中，有意见提出，应当以是否有结婚意愿为标准，明确规定借婚姻索取财物的具体情形。还有的意见提出，彩礼就是借婚姻索取财物，应当一律禁止。

我们经研究认为，彩礼是中国婚嫁领域的传统习俗，为广大群众普遍接受，适当数额的彩礼是双方表情达意的重要载体，蕴含着对婚姻的美好祝福，也有的将彩礼作为新家庭的启动资金，是家庭财物传承的重要途径。对于民间习俗，法律不能一律予以禁止，而且，这从实际操作上也是不现实的。

当然，习俗要受到公序良俗原则的检视，以彩礼为名借婚姻索取财物的，可以违反公序良俗为由认定合同无效，给付方有权要求返还。但是，借婚姻索取财物更侧重主观状态，实践中，很难区分给付彩礼行为是主动自愿还是被索取。给付彩礼最终的目的是维持长期共同生活的婚姻，在当事人目的达不到时，也可能反过来影响其主观状态。

一般来讲，以彩礼为名借婚姻索取财物较多的一方，有的本身就没有结婚的意愿，有的可能有结婚的意愿，只是借机索取财物。因此，既不能以事后结果评判行为时的主观状态，也不宜以接收彩礼一方是否有意愿结婚作为区分标准。因为有的情况即使当事人有结婚意愿，也可能存在借机索取财物的情况，且结婚意愿作为主观因素在诉讼中亦需要客观事实证明，实践中当事人很难举证证明。

有意见提出，收受彩礼后携款潜逃或者短期内多次以缔结婚姻为名收取高额彩礼后无正当理由悔婚的，应认定为借婚姻索取财物。我们认为该意见有一定道理，上述两种情形具有一定的典型性，如果有证据证明存在上述情形，一方根据《规定》第 2 条，请求对方返还的，人民法院应予支持。

就借婚姻索取财物问题，最高人民法院 1993 年印发的《关于人民法院审理离婚案件处理财产分割问题的若干具体意见》（以下简称《意见》）第 19 条规定："借婚姻关系索取的财物，离婚时，如结婚时间不长，或者因索要财物造成对方生活困难的，可酌情返还。对取得财物的性质是索取还是赠与难以认定的，可按赠与处理。"该意见将结婚时间长短、给付一方的生活状况作为考量因素，《规定》第 5 条与上述《意见》的精神是一致的。

因此，在难以认定是否系借婚姻索取财物的情况下，可以依据《规定》第 5 条，在综合考虑彩礼数额、共同生活及孕育情况以及是否办理结婚登记等因素的情况下，酌情确定返还比例，这样也能够依法平衡保护双方合法权益。考虑到实践情况较为复杂，需要继续探索总结经验，《规定》对此未予以明确规定。

（二）明确彩礼与恋爱期间一般赠与的区别

司法实践中，对男女双方婚恋过程中一方给予另一方的财物是彩礼还是一般赠与，存在认定难问题。

《民法典》未对彩礼作出明确界定。根据《民法典》第 10 条规定，处理民事纠纷，应当依照法律；法律没有规定的，可以适用习惯，但是不得违背公序良俗。彩礼是我国民间的一种习惯称呼，也称为"聘礼"等，来源于我国古代婚姻制度中的"六礼"。既然法律没有明确规定彩礼，对涉彩礼纠纷案件审理的主要法源是习惯，那么在确定彩礼范围时，就要以当地群众普遍认可的彩礼内容为基础。

具体来说，彩礼与恋爱期间一般赠与存在以下区别：（1）发生阶段不同。恋爱期间的赠与发生在恋爱阶段，有些尚未谈及结婚。而彩礼发生在谈婚论嫁的特殊阶段，通常已经有较为明确的婚期。（2）发生的原因不同。彩礼与恋爱期间的一般赠与相比，虽然当事人的目的和动机相似，但是彩礼的给付一般是基于当地风俗习惯，直接目的是缔结婚姻关系，有其相对特定的外延范围。而恋爱期间的赠与多是为了联络关系、增进感情，由一方自愿、无偿给予对方。（3）财物数额不同。彩礼所给付财物的数额或价值按照当地生活水平看，一般较大。而恋爱期间的赠与通常金额不高，以表情达意为主。(4) 参与的当事人不同。“父母之命”的传统习俗在我国仍具有较大影响力，因此，彩礼给付和接收一般会有双方父母参与其中。这与恋爱期间男女双方仅在两人之间表达感情的赠与存在不同。

为此，《规定》明确，在认定某一项给付是否属于彩礼时，可以根据一方给付财物的目的，综合考虑双方当地习俗、给付的时间和方式、财物价值、给付人及收受人等事实认定。《规定》在起草过程中曾经将“一方给付财物的目的”与其他因素并列规定，后考虑该因素是主观因素，其他为客观因素，应予以区分，而且该因素也与第1条的彩礼给付目的性特征相一致，故将“根据一方给付财物的目的”提前。对于其他客观因素，要综合予以考量，比如，可以考察当地是否有给付彩礼的习俗、是不是以结婚为目的给付，给付的时间是不是在双方谈婚论嫁阶段、给付是否有双方父母参与以及给付财物价值大小等事实，在此基础上予以综合判断。

《规定》同时以反向排除的方式明确了几类不属于彩礼的财物，包括：一方在对方节日或者生日等有特殊纪念意义时点给付对方价值不大的财物、一方为表达或者增进感情的日常消费性支出等。此类财物或支出，金额较小，主要是为了增进感情的需要，在婚约解除或离婚时，可以不予返还。但是，如果是大额赠与，虽然不属于按照习俗给付的彩礼范围，亦应当考虑赠与的特定目的，参照本《规定》理念处理。

（三）明确涉彩礼纠纷的诉讼主体

彩礼返还纠纷中，程序上存在的主要争议是婚约双方的父母能否作为诉讼当事人。在中国的传统习俗中，儿女的婚姻一般由父母操办，接、送彩礼也大多有双方父母参与。

《规定》充分考虑上述习俗，区分两种情况：

一是婚约财产纠纷。此类案件原则上以婚约双方当事人作为诉讼主体，但考虑到实践中，彩礼的给付方和接收方并非限于婚约当事人，双方父母也可能参与其中，为尊重习俗，同时也有利于查明彩礼数额、彩礼实际使用情况等案件事实。《规定》明确，婚约财产纠纷中，婚约一方及其实际给付彩礼的父母可以作为共同原告；婚约另一方及其实际接收彩礼的父母可以作为共同被告。

二是离婚纠纷。考虑到离婚纠纷的诉讼标的主要是解除婚姻关系，不宜将婚姻之外的其他人作为当事人，故《规定》明确，在离婚纠纷中一方提起返还彩礼诉讼请求的，当事人仍为夫妻双方。

在征求意见过程中，有意见提出，实践中，有的给付彩礼和接收彩礼的主体不仅包括父母还包括其他近亲属等，应当将上述人员一并纳入诉讼主体范畴。我们经研究认为，婚约财产纠纷案件中，适当将诉讼主体由婚约当事人扩大到其父母，符合传统习俗，但如果扩大到其他亲属，将导致过多人牵涉诉讼，严重影响诉讼效率，也容易激化矛盾。对于有的婚约当事人父母早亡，由其他亲属抚养长大并在彩礼给付接收中代行父母职责的情况，我们在《规定》起草过程中已对此予以特别关注。但是，考虑到个案千差万别，亦无明确的法律或习俗概念界定该类人员，为保证司法解释准确清晰，《规定》未作扩大表述。实践中，如出现此种特殊情况，可以基于习俗，参照适用本《规定》处理。

（四）完善彩礼返还规则

近年来，返还彩礼纠纷数量逐年递增，但法院审判面临无法律依据的困境。《婚姻法解释（二）》第10条第1款规定了彩礼返还问题。《民法典婚姻家庭编解释（一）》沿袭了《婚姻法解释（二）》第10条的规定，未作修改。该条对彩礼返还规定的条件非常严格，仅在未办理结婚登记（司法实践还要求“且未共同生活”）、办理结婚登记但确未共同生活或者彩礼给付导致给付人生活困难情况下才支持返还的请求。

但是，近些年来，给付了彩礼的男女双方大部分已经办理结婚登记并已共同生活，实践中对导致给付人生活困难掌握的标准又非常严格，使得大多数案件均无法适用上述司法解释规定。对于虽办理结婚登记，但同居生活时间较短，彩礼数额较大，男方无明显过错的情形下，女方提出离婚，是否能根据具体情况，按比例适当返还彩礼，无明确具体的法律依据，这成为审判实践中的难点。我们经研究认为，彩礼问题不仅是法律问题，更是社会问题，要本着实事求是的原则处理，最大限度实现法律效果、社会效果和政治效果的有机统一。此类纠纷如果处理不好，不仅会导致双方利益明显失衡，严重影响社会和谐稳定，甚至可能对乡村振兴等国家重大战略部署产生一定影响。因此，有必要明确特定情形下彩礼的返还条件和比例。

办理结婚登记和共同生活是婚姻的重要内容。结婚登记是婚姻有效成立的法定形式要件，共同生活是婚姻的本质特征，两者都具有重要意义。从逻辑上讲，婚姻的这两个重要方面通过不同形式组合，可能出现4种情况，即未办理结婚登记且未共同生活；未办理结婚登记但已共同生活；已办理结婚登记但未共同生活；已办理结婚登记且已经共同生活。《民法典婚姻家庭编解释（一）》第5条沿袭了《婚姻法解释（二）》第10条的规定，其第1款第1项和第2项包括了3种情况，即未办理结婚登记的两种情况和已办理结婚登记但未共同生活的情况。但是，2011年，最高人民法院曾以《全国民事审判工作会议纪要》（以下简称《纪要》）的形式对此进行明确，《婚姻法解释（二）》第10条第1款第1项中"双方未办理结婚登记手续"，并非针对双方已共同生活的情形；如果未婚男女双方确已共同生活但最终未能办理结婚登记手续，给付彩礼方请求返还彩礼，人民法院可以根据双方共同生活的时间、彩礼数额并结合当地风俗习惯等因素，确定是否返还及具体返还的数额。故此，《民法典婚姻家庭编解释（一）》规范的实际只有两种情形，未规范已经共同生活的情形（包括未办理结婚登记和已办理结婚登记情况）。

基于此，《规定》在《民法典婚姻家庭编解释（一）》的基础上扩展了另外两种情况：一是已经结婚并共同生活；二是未办理结婚登记但已经共同生活。《规定》基于彩礼的目的性特征，充分考虑婚姻的丰富内涵，既落实结婚登记的法定要求，同时也关注共同生活的实质内容。

关于第一种情况。一般认为，彩礼给付既然以婚姻为最终目的，那么，在双方已经结婚的情况下，目的已经实现，原则上不应再予以返还。但是，婚姻毕竟是男女两性以永久共同生活为目的，给付彩礼的目的除了办理结婚登记这一法定形式要件外，更重要的是双方长期共同生活。因此，共同生活时间长短应当作为确定彩礼是否返还以及返还比例的重要考量因素。如果婚姻生活时间较短，则永久共同生活的目的并没有全部达成，部分返还亦有其合理性。这也与《规定》第1条的表述相呼应。《规定》第1条原为"以缔结婚姻为目的"，后改为"以婚姻为目的"。主要是考虑，缔结婚姻更多地理解为一个即时行为，而彩礼的目的不仅仅是办理结婚登记，更多的是长久共同生活。实际上，这也是本《规定》制定的基础，即彩礼的目的不仅是办理结婚登记一个行为，长久共同生活才是婚姻的本质特征。此外，考虑到目前我国尤其是农村社会高额彩礼引起的一系列社会问题，通过司法手段予以规制亦有其必要性。当然，在已经结婚并共同生活的情形下，司法规制的应是"高额彩礼"而非一般按照习俗给付的彩礼。因此，《规定》第5条明确，双方已办理结婚登记且共同生活，离婚时一方请求返还按照习俗给付的彩礼的，人民法院一般不予支持。但是，如果共同生活时间较短且彩礼数额过高的，人民法院可以根据彩礼实际使用及嫁妆情况，综合考虑彩礼数额、共同生活及孕育情况、双方过错等事实，结合当地习俗，确定是否返还以及返还的具体比例。该条明确了在已经结婚并共同生活的情况下，司法调整的是婚龄较短且彩礼数额过高的情况。关于如何认定彩礼数额过高，《规定》没有给出具体的数额标准，主要考虑是彩礼作为习俗，本就千差万别，中国地域辽阔，各地经济发展水平差异也较大，即使在同一地区，不同家庭经济条件也可能差别较大。因此，对“高额”确定一个统一的标准是不现实的，反而可能因机械司法损害当事人合法权益。对此，必须通过法官行使适当自由裁量权的方式解决，参考彩礼给付方所在地居民人均可支配收入、给付方家庭经济情况以及当地习俗等事实，由法官在个案中对是否属于高额彩礼作出具体认定。彩礼是一方以结婚为目的给付另一方的财物，因此，在已经结婚且共同生活的情况下，返还彩礼应当以离婚为条件，故本条表述为“离婚纠纷中”。

关于第二种情况。从近些年司法实践反映的情况看，部分地区存在因一方未达法定婚龄等原因，双方未办理结婚登记手续，只是按照当地习俗举办了婚礼即开始共同生活，此种情况下虽无婚姻之法定要件，但已有婚姻之实，如果按照原有司法解释规定一律判决返还彩礼，对接受彩礼一方是不公平的。《规定》在《纪要》基础上进一步完善，对此种情况进行了规范。基本逻辑思路是：该种情况与已经办理结婚登记手续的毕竟有所不同，结婚登记是婚姻有效成立的法定要件，法律目前已经不承认事实婚姻。因此，在双方未办理结婚登记的情况下，彩礼原则上应当返还，但亦不应当忽略共同生活的“夫妻之实”。该共同生活的事实不仅承载着给付彩礼一方的重要目的，也会对接受彩礼一方的女性身心健康产生一定程度的影响，尤其是女性如果有过妊娠经历或生育子女等情况。如果仅因未办理结婚登记而要求接受彩礼一方全部返还，有违公平原则，也不利于保护妇女合法权益，应当根据彩礼实际使用及嫁妆情况，综合考虑共同生活及孕育情况、双方过错等事实，予以酌减。如果共同生活时间较长，且已经共同孕育子女的，甚至可以不予返还。可见，虽然两种情况考量的因素大体一致，但与已经办理结婚登记原则上不应返还，特定情况下部分返还的思路是不一样的，故分两条规定。同时，这样规定也能与《民法典婚姻家庭编解释（一）》第 5 条在逻辑上一致。

此外，需要说明以下两点：

1. 有意见提出，能否规定明确具体的返还标准，比如共同生活几年返还多少比例，几年以上即可以不用返还。我们经研究认为，现实生活的丰富性和复杂性决定了相关纠纷不能采用“一刀切”的规则处理，尤其是在婚姻家庭领域，所谓“不幸的家庭各有各的不幸”。《规定》通过总结审判实践经验，归纳了几个需要考量的因素，包括共同生活情况、孕育情况、双方过错等，考虑各种因素的不同组合可能产生不同的结果，故难以规定统一的返还比例。实践中，由法官根据个案事实综合判断，更符合案件实际情况。

2. 《规定》第 5 条和第 6 条在表述上均将“彩礼实际使用情况”提前单列，主要是考虑其他因素是酌情判断是否返还以及返还比例的考量因素，而“彩礼实际使用情况”是在查明事实基础上需要扣减的事项。比如，不管是已经办理结婚登记还是未办理结婚登记的情况，如果有证据证明彩礼已经被用于举办婚礼、置办酒席或者已在双方共同生活中消费的，可以在返还时扣减相应数额。这符合不当得利规则的法律后果，即返还剩余部分以及扣除对方受益部分。

（五）健全嫁妆处理规则

嫁妆与彩礼同为中国传统婚嫁习俗的重要组成部分，《诗经》中“以尔车来，以我贿迁”即是有关嫁妆的记载。民间习俗送嫁妆的目的一方面是展现女方家的经济实力，另一方面也是为女方争取在夫家的地位。嫁妆多少依据女方家的实力地位而定。明清以前，嫁妆一般属于女方私有财产，女方有相对独立的处分权。如果因为各种原因女方离开夫家，一般也允许其自行带走。如张家山汉简《二年律令·置后律》记载：“女子为户毋后而出嫁者，令夫以妻田宅盈其田宅。宅不比，弗得。其弃妻，及夫死，妻得复取以为户。弃妻，畀之其财。”可见，汉朝就规定了女方对嫁妆的私有权利。《睡虎地秦简》中，也有关于嫁妆归属权的记载，当时有犯人违法犯罪需要赔款，有人询问是否可以使用其妻子的嫁妆，官方回复不可以，这说明嫁妆并不会被算入夫家财产，这让嫁妆成为女性生活的依靠。当然，明清之后，女性对嫁妆的控制权逐步减弱。中华人民共和国成立后，同彩礼一样，现行法律没有明确规定嫁妆问题，嫁妆归属仍受习俗调整。作为与彩礼相伴相生的婚嫁习俗，嫁妆仍广泛存在，但表现形式也存在差别，有的是女方收到彩礼后，将其中一部分作为嫁妆返还用于新家庭，有的地方嫁妆数额甚至高于彩礼数额。

因此，在处理彩礼返还问题时，需要考虑嫁妆情况，如果有一部分彩礼已通过嫁妆的形式返回到新的家庭中，并已经转化为夫妻共同财产，则在离婚时可在分割夫妻共同财产时一并处理。如果是女方家在彩礼外额外陪送的嫁妆，则对于尚存的部分，应当予以返还。对于已经共同消费的部分或者已经添附到男方财产上的嫁妆数额，可以在返还彩礼时予以扣减。为此，《规定》第5条和第6条均明确在彩礼返还时要考虑嫁妆情况。此外，传统上一般认为，离婚时，尚存的嫁妆应归女方，现实生活中亦对此争议不大，从审判实践情况看，仅就嫁妆返还产生的纠纷极少，故《规定》未就嫁妆返还问题再作单独规定，逻辑上可以参照本规定处理。下一步，我们将继续总结审判实践经验，通过发布典型案例等方式加强监督指导。

（六）确立共同生活认定规则

《规定》未就具体的生活时间进行规定，实践中应当依据个案具体情况综合认定。比如，2023年12月最高人民法院、民政部、全国妇联联合发布的4起涉彩礼纠纷典型案例之案例一，双方共同生活1年多时间，彩礼数额较高，给付方不存在明显过错，女方存在终止妊娠情形，法院综合各种因素判决酌情返还30%的彩礼，较好地平衡了双方当事人的利益。

此外，有意见提出，将是否孕育作为彩礼返还的考量因素，对女性保护不利。最高人民法院一直高度重视对妇女权益的保护，在涉彩礼返还纠纷中亦不例外。正是考虑到了女性在妊娠、分娩、抚育子女等方面的付出，《规定》才明确应当将此作为酌情减少彩礼返还甚至不予返还的考量因素，如果不将其作为考量因素，是对女性付出的漠视，不利于保护妇女合法权益。比如上述典型案例之案例二中，双方虽未办理结婚登记，但已按照当地习俗举办婚礼后共同生活，并生育子女，法院判决不予返还彩礼。

此外，我们根据反馈意见，对相关条文进行了文字修改。比如，将征求意见稿中第5条和第6条中的“孕育子女”修改为“孕育情况”，以涵盖终止妊娠等情形。再比如，将征求意见稿中第5条和第6条中的“共同生活时间”修改为“共同生活情况”，以指引法官在考量共同生活事实时，不能简单计算时间长短，还需要综合考虑是否实际一起居住、未实际共同居住的原因等情形，这也恰恰说明简单规定共同生活时间并不符合实际情况。

（七）厘清双方过错认定思路

《规定》第5条和第6条均要求在彩礼返还时要考虑双方过错情况。从比较法的视角考察，基于婚约的赠与物返还是否需要解约人就解约的原因无过失，各国做法不一。法国、瑞士民法采否定说。美国有些州依据传统理论认为，只有在双方同意解除婚约关系或者受赠人不正当解除婚约关系时，赠与人才有权要求返还赠与物；有些州则依据现代理论认为，以结婚为条件的赠与物在解除婚约时都应当返还，而不需要考虑是否有过错。主要理由是婚约的破裂没有真正过错的一方，在婚约期间，任何一方都有权利改变主意不与对方结婚，这实际上也是为了防止不幸福的婚姻发生，缔结婚约的目的之一就是给当事人以时间考验对方感情。现代离婚亦都普遍不采取过错原则，而是采破裂原则。

对此，我们经研究认为，这里需要考察两个层次的问题：

一是，婚约解除本身不需要考虑过错，任何一方均有权解除婚约，不能因为一方有过错而限制其解除婚约的权利，对于离婚亦是如此，我国《民法典》对离婚也是采取感情破裂原则，《民法典婚姻家庭编解释（一）》第63条更是明确规定，人民法院审理离婚案件，符合《民法典》第1079条第3款规定的“应当准予离婚”情形的，不应当因当事人有过错而判决不准离婚。

二是，如果有过错的一方解除婚约的，是否有权要求返还赠与物。对此，我们经研究认为，如果基于婚约的赠与物返还需要解约人就解约的原因无过失，可能会不当限制当事人的解约自由。因此，原则上不应因一方过错而丧失赠与物返还请求权，但是，也不能完全无视双方过错情况，这也是诚信原则的应有之义。如果给付彩礼一方存在家庭暴力、与他人另行订立婚约或者结婚等严重过错的，彩礼接受方可以酌情减少返还比例；如果接受彩礼一方存在上述严重过错的，应当加大返还比例。但是，如果只是双方感情不和等原因，不宜认定一方有过错。

此外，鉴于《规定》对于彩礼返还比例、高额彩礼认定标准以及彩礼范围等方面，均仅是规定了参考因素，需要在个案中予以具体判断。因此，在适用《规定》过程中，还要注意参考人民法院案例库中已经发布的典型案例，实现法律适用标准的统一。

第三部分　条文理解与适用

【条文】

第一条

以婚姻为目的依据习俗给付彩礼后，因要求返还产生的纠纷，适用本规定。

【条文主旨】

本条是关于本规定适用范围的规定。

【条文概览】

法律没有明确界定彩礼的性质和范围，彩礼的法源为习惯。彩礼是以婚姻为目的的给付，虽然婚约没有强制履行的效力，但是基于婚约给付的彩礼具有财产性质，相关纠纷属于人民法院受案范围。因要求返还彩礼产生的纠纷，适用本规定。

【理解与适用】

一、本规定的制定背景

近年来，彩礼数额持续走高，有人罔顾家庭经济情况，盲目将彩礼多少视为衡量爱情的标准；有人认为彩礼越多越显得自己有面子，攀比之风悄然蔓延。这不仅背离了彩礼的初衷，使彩礼给付方家庭背上沉重的经济负担，也给婚姻稳定埋下隐患，不利于社会文明新风尚的弘扬。党的二十大报告提出，要提高全社会文明程度。保持健康的婚姻观，倡导精神与情感的和谐共鸣，彩礼多少不是衡量感情的标尺。2021 年以来，中央一号文件连续五年对治理高额彩礼、移风易俗提出工作要求。从司法实践反映的情况看，涉彩礼纠纷案件数量近年来呈上升趋势，甚至出现因彩礼返还问题引发的恶性刑事案件，给社会稳定造成了一定程度的影响。

《婚姻法解释（二）》第10条第1款规定了彩礼返还问题。该条规定："当事人请求返还按照习俗给付的彩礼的，如果查明属于以下情形，人民法院应当予以支持：（一）双方未办理结婚登记手续的；（二）双方办理结婚登记手续但确未共同生活的；（三）婚前给付并导致给付人生活困难的。适用前款第（二）项、第（三）项的规定，应当以双方离婚为条件。"《民法典婚姻家庭编解释（一）》沿袭了上述规定，未作修改。该条对彩礼返还规定的条件非常严格，仅在未办理结婚登记（司法实践还要求"且未共同生活"）、办理结婚登记但确未共同生活或者彩礼给付导致给付人生活困难情况下才支持返还的请求。近年来，涉彩礼返还纠纷集中于两类案件：一是给付了彩礼的男女双方已经办理结婚登记且已共同生活，但是共同生活时间较短；二是仅按当地习俗举办婚礼即共同生活但未办理结婚登记。实践中对导致给付人生活困难掌握的标准又非常严格，使得大多数案件均无法适用。对于虽办理结婚登记，但同居生活时间较短，彩礼数额较大，男方无明显过错的情形下，女方提出离婚，是否能根据具体情况，按比例适当返还彩礼，无明确具体的法律依据。如果对相关返还彩礼的诉讼请求完全不予支持，会导致双方利益明显失衡，严重影响社会和谐稳定。司法实践亟须统一相关的规则。

二、涉彩礼纠纷案件总体情况

涉彩礼纠纷案件不仅是一家之内的情感纠纷，其实质是某一地区经济社会发展状态、婚嫁观念变迁、人口比例变化等相互交织的产物，也是整个社会文明程度的反映。从调研了解的情况看，涉彩礼纠纷案件呈现以下特点：

（一）地域分布

统计数据显示，涉彩礼纠纷案件量呈现出明显的西多东少、北多南少的地域特点。在我国东部、南部等经济较发达地区，彩礼返还纠纷发生率相对较低，在我国西部、北部等经济欠发达地区，彩礼返还纠纷发生率相对较高，在少数民族自治地方婚约财产纠纷发生率较高。

（二）案件类型

以"婚约财产纠纷"及"离婚纠纷""离婚后财产纠纷""同居关系析产纠纷"等为案由的案件均可能涉及彩礼返还等问题。其中，离婚纠纷和婚约财产纠纷是涉彩礼纠纷案件的主要案由。

（三）彩礼金额

近年来，彩礼数额整体上持续走高且形式多样。各省之间由于经济发展水平、风俗习惯等不同，彩礼数额有差别，但总的特点是彩礼主要发生在农村，并且数额逐年上涨，远远超过当地农村平均收入水平。彩礼形式多样，除金钱形式支付外，还包括房屋、车辆、金银首饰等贵重财物。据统计，全国各级人民法院一审审结的涉彩礼纠纷案件平均标的额为12万元左右，且呈现逐渐升高的趋势。彩礼价值通常是当地人均可支配收入的3～10倍。部分经济欠发达地区彩礼负担更重，经济条件越差的家庭支付高额彩礼的可能性越高，恋爱或婚姻关系结束后当事人更容易因彩礼发生矛盾纠纷，矛盾纠纷发生后也更加难以调和。

（四）案情特点

从婚姻缔结程序来看，绝大部分男女双方已按农村习俗举办了婚礼或者已经同居生活，办理结婚登记手续的也占一定比例。少部分女方已有怀孕、生育子女的情形。已经共同生活的案件中，一般共同生活时间较短。绝大多数离婚纠纷或婚约财产纠纷案件中，都是由女方提出离婚或解除婚约，男方不同意，原因多为家庭琐事、性格不合、身体健康问题等。

三、高额彩礼的成因分析

彩礼数额持续走高是各方面因素综合作用的结果：

一是传统陋习的惯性力量。有的家庭认为“嫁出去的女儿泼出去的水”，必须索要金钱才能弥补多年养育成本；有的女方家庭因为家庭经济条件较差，企图通过嫁女儿获得高彩礼，帮助儿子顺利成婚；有的男方家庭兄弟众多，为了通过婚姻争夺更多财富，男方也愿意抬高彩礼数额。在错误观念影响下，彩礼逐渐走向畸形。

二是精神文化生活缺乏与价值导向偏差。农村男女普遍结婚较早，年龄小、受教育不够导致其“三观”并不成熟，容易出现物质追求过度而精神追求不足的问题。在缺乏自主生活能力和经济基础的情况下，当事人特别是女性为了保障婚后生活会索要更高额彩礼。同时，农村地区具有熟人社会特征，人与人之间的关系比城镇更为紧密，信息传递更快，无形之中会形成攀比之风，造成彩礼数额居高不下。

三是法治观念需要加强。我国《民法典》等法律中均明确规定“禁止借婚姻索取财物”，但从现实情况来看，法律明确规定的这一原则并未真正为广大人民群众所了解并执行。

上述问题的出现是多种复杂因素共同作用的结果，如在经济上，城镇化速度过快，地域间经济发展不平衡，为更好地在城镇安家落户，需要借助彩礼来实现；在教育上，农村地区仍存在受教育水平不高的情况，难以形成健康婚恋观；在治理上，村规民约的约束力不强，需要进一步加强移风易俗工作；在社会保障上，女性由于生育等原因，经济能力受婚姻影响更大，潜在增加了结婚成本。此外，农村地区人口流动性大、男女性别比例差距增大，也是造成彩礼数额不断走高的客观因素。

四、适用本条须注意的问题

（一）彩礼的法源为习惯

《民法典》第10条规定，处理民事纠纷，应当依照法律；法律没有规定的，可以适用习惯，但是不得违背公序良俗。彩礼是我国民间的一种习惯称呼，也称为“聘礼”，来源于我国古代婚姻习俗“六礼”中的“纳征”，历史悠久。作为我国婚嫁领域的传统习俗，彩礼有着深厚的社会文化基础，蕴含着两个家庭对“宜其室家”的美好愿望。但是，现行法律对彩礼问题并未予以明确规定，因此，处理涉彩礼纠纷案件时，习惯是最重要的法源。不论是对彩礼范围的界定、彩礼返还规则的把握，还是当事人诉讼地位的列明，均需要考虑彩礼的习俗特征。

（二）彩礼与婚约的关系

婚约，亦称订婚或定婚，是男女双方以将来结婚为目的而作出的事先约定。现实生活中，彩礼一般与婚约相伴相生，婚约当事人常因婚约而给付他方一定的彩礼。然而，在现代民法上，婚约的签订与彩礼的接收无法律关系，彩礼给付也并非以签订和履行婚约为前提。但是，考虑到目前《民事案件案由规定》中仍以婚约财产纠纷作为案由，而婚约亦不以书面形式为必要，因此，可以一般地认为，在彩礼给付的情况下，双方是有婚约存在的。

从历史发展看，婚约的法律效力经历了从有到无的一个过程。古代各国基本以婚约作为婚姻的成立要件。例如，古巴比伦王国《汉谟拉比法典》规定：“倘自由民娶妻而未订契约，则此妇非其妻。”根据罗马法规定，无婚约的结合只属于姘合而不能成为婚姻。我国古代也是将订婚作为婚姻的成立要件。近代以来，随着个体独立人格的自觉，婚约的性质也发生了根本变化，婚约不再作为结婚的必经程序，也并非婚姻成立要件，订立婚约的当事人双方之间不具有身份关系，一方亦不得诉请法院强制履行。在婚约解除的责任方面，“关于婚约之解除，近代立法皆取宽大态度，良以婚姻在求其美满，与其离婚于后，不若使其解约于前也”①。可见，婚约解除原则上不考虑过错问题，但因婚约解除产生赠与物返还的法律后果则是一项基本原则。解除婚约时的返还赠与物，是直接基于赠与行为本身的效力，可以适用《民法典》合同编的有关规定。

虽然婚约对当事人并无法律上的约束力，解除婚约也不需要诉诸法律程序，但因解除婚约往往会产生向对方索还已给付财物的情况，因而产生财产纠纷。由于其争议的标的是与婚约有关的财产关系，而不是解除或维持婚约关系，所以人民法院应予受理。审判实践中，婚约财产纠纷主要包括两类：一类是按照我国民间婚俗给付的彩礼。目前，彩礼主要发生在农村。处理该类纠纷的直接法律依据为《民法典》第10条、《民法典婚姻家庭编解释（一）》第5条和本规定；另外一类婚约财产纠纷虽不直接体现为彩礼，但亦与婚约有关，主要是在城镇，双方以结婚为目的共同购置房产或车辆等大额财物，在结婚不成时产生的返还财产纠纷。

（三）彩礼给付的规范分析

对于彩礼给付的规范性质，理论上尚未形成一致认识，原来多数意见认为彩礼给付属于附解除条件的赠与。“当婚约解除时，婚姻已不可能缔结，解除条件成就，此种赠与行为丧失法律效力，给付人自可请求受领人返还。”② 各国或地区的司法实践做法亦不同。例如，在日本，理论上有目的赠与说、附解除条件的赠与说、证约定金说、证约定金兼有婚姻准备资金性质之赠与说等。原来以附解除条件的赠与说为有力说，但后来则是以成立婚姻为最终目的的赠与说为有力说。③ 在我国台湾地区，多数学者主张附解除条件的赠与说。④ 但是在司法实践中，原来一般认为其为附解除条件的赠与，

---

① 史尚宽：《亲属法论》，中国政法大学出版社2000年版，第143页。

② 史尚宽：《亲属法论》，中国政法大学出版社2000年版，第157页。

③ 陈棋炎等：《民法亲属新论》，我国台湾地区三民书局2004年版，第90～91页。转引自余延满：《亲属法原论》，法律出版社2007年版，第157页。

④ 史尚宽：《亲属法论》，中国政法大学出版社2000年版，第158～159页。

或者是附有负担的赠与。后来又认为，当事人接受聘礼，应系期待他日之履行婚约，应无先预想婚约不履行，而附以解除条件，对聘礼的返还预先为意思表示的情理，则以聘礼为附解除条件的赠与，与当事人的意思及实际的情形，似均有不符。将聘礼的接受解释为附负担的赠与，即无异于认为当事人因受领聘礼而负担结婚的义务，与婚姻的纯洁性，初已不合，更与婚约不得请求强迫履行的规定有所不符。于是，不再采上述二说。① 我们认为，附解除条件的赠与说在解释上存在如下障碍：其一，所附条件并非当事人本意，实为法律拟制，而且，将婚姻不成立作为合同解除条件亦存在限制当事人结婚自由之嫌。其二，附条件赠与合同只能产生“全有”或者“全无”的结论，无法为实践中酌定返还实现双方利益平衡提供理论依据。其三，在附条件民事法律行为中，对于成就的条件，要予以审查。根据《民法典》第159条规定，附条件的民事法律行为，当事人为自己的利益不正当地阻止条件成就的，视为条件已成就；不正当地促成条件成就的，视为条件不成就。如果将给付彩礼行为认定为附解除条件的赠与，则需要考察结婚不成这一条件的成就是否被不正当影响。而在基于婚约给付彩礼的场合，一般认为，婚约的破裂没有真正的过错一方，婚约期间任何一方均有权改变主意不与对方结婚，这实际上也是为了防止不幸福的婚姻发生，缔结婚约的目的之一就是给当事人以时间对对方的感情进行考验。更何况现代离婚都不考虑双方是否有过错，解除婚约更无须考虑过错问题。② 可见，如果采纳附条件赠与说，与婚约解除的基本理念存在不合之处。我们倾向认为，将彩礼给付认定为以婚姻为最终目的的赠与较为适当。首先，该认定符合当事人的本意，比附解除条件的赠与解释起来更为直接。“将彩礼给付界定为目的性给付，即男方因期待与女方缔结并维持婚姻而作出的、本无实施义务的给付；只要给付目的实现，男方的不当得利返还请求权即被排除。”③ 其次，虽然在民事法律理论中，一般认为，单纯的目的或动机没有法律意义，但是，如果将法律行为的目的或动机作为其附款时，此目的和动机亦应当作为重要考量因素受到法律保护。在彩礼给付场合，婚姻这一彩礼给付的最终目的应当予以特别考虑。而且，通过对目的的多层次探寻，能够给实践中解决彩礼部分返还问题需要

① 陈棋炎等：《民法亲属新论》，我国台湾地区三民书局2004年版，第90～91页。转引自余延满：《亲属法原论》，法律出版社2007年版，第157页。

② 夏吟兰：《美国现代婚姻家庭制度》，中国政法大学出版社1999年版，第53页。

③ 姚明斌、刘亦婷：《彩礼返还请求权的规范构造》，载《南大法学》2023年第4期。

考量的各种因素提供理论支撑。“一个抽象的给付目的，可能会由多个具体的标准构成。给付目的的实现程度，也未必是一个全有或全无的绝对状态。在彩礼语境下，男方给付彩礼的抽象目的是缔结并维持婚姻，落实到实际生活中，则通常体现为办理结婚登记、举办婚庆典礼、共同生活、生育子女等具体事项。”① 如此，通过对构成给付目的的各个因素的评判，能够为酌定返还部分彩礼提供逻辑基础。

本条向社会征求意见稿的表述为“以缔结婚姻为目的”，后改为“以婚姻为目的”。主要是考虑，缔结婚姻更多地被理解为一个即时行为，而彩礼的目的具有多层次性特征，不仅仅是办理结婚登记，更多的是长久共同生活，在农村更多地看重生育。实际上，这也是本规定制定的基础，即彩礼的目的不仅是办理结婚登记一个行为，长久共同生活才是婚姻的本质特征，这也与本规定第 5 条和第 6 条在逻辑上是一致的，故作此修改，以避免产生歧义。

【实务问题】

一、管辖问题如何确定

关于管辖问题。根据《民事诉讼法》第 22 条和《民事诉讼法解释》第 3 条、第 4 条规定的精神，因婚约财产纠纷提起的诉讼，应当由被告住所地人民法院管辖，被告住所地与经常居住地不一致的，由经常居住地人民法院管辖。几个被告住所地、经常居住地在两个以上人民法院辖区的，各人民法院都有管辖权。公民的经常居住地是指公民离开住所地至起诉时已连续居住一年以上的地方，但公民住院就医的地方除外。根据《民法典》第 25 条规定，自然人以户籍登记或者其他有效身份登记记载的居所为住所；经常居所与住所不一致的，经常居所视为住所。

二、案由确定

考虑到彩礼返还诉求可能在离婚纠纷中提出，也可能以婚约财产纠纷提出，故本规定并未限定为婚约财产纠纷，而是表述为“涉彩礼纠纷案件”。如果单纯是因彩礼返还引发的纠纷，一般包括双方尚未办理结婚登记或者已

① 姚明斌、刘亦婷：《彩礼返还请求权的规范构造》，载《南大法学》2023 年第 4 期。

经离婚后又因彩礼返还引发的争议，此类纠纷的案由应定为婚约财产纠纷。还有的情况是在离婚诉讼中，一方要求返还彩礼，此时，为减少当事人诉累，可以在离婚纠纷中一并解决，案由不变，仍为离婚纠纷。

三、贯彻落实本规定的具体方式

（一）具体确定返还比例时，应将典型案例和人民法院案例库中的案例作为参考标准

本规定采用动态系统论的方法，仅规定了确定彩礼返还比例和标准需要考量的因素，但考虑到复杂多样的婚姻家庭生活实际，不宜规定整齐划一的返还数额和比例。因此，需要根据不同案件的具体情况，公平合理地判决。为避免“同案不同判”，需要规范法官自由裁量权，其中重要的参考标准就是最高人民法院发布的典型案例和人民法院案例库中涉彩礼返还的案例。比如，最高人民法院发布的第一批涉彩礼纠纷典型案例中的案例一王某某与李某某离婚纠纷案：2020 年 9 月，王某某与李某某（女）登记结婚。王某某家在当地属于低收入家庭。为与对方顺利结婚，王某某给付李某某彩礼 188000 元。李某某于 2021 年 4 月终止妊娠。因双方家庭矛盾加深，王某某于 2022 年 2 月起诉离婚，并请求李某某返还彩礼 188000 元。审理法院结合当地经济生活水平及王某某家庭经济情况，认定王某某所给付的彩礼款 188000 元属于数额过高，事实上造成较重的家庭负担。综合考虑双方共同生活时间较短，女方曾有终止妊娠等事实，酌定李某某返还彩礼款 56400 元。上述案例的影响因素有：结婚 1 年半左右的时间、彩礼数额相对于其家庭收入过高、女方曾有终止妊娠，判决返还比例为 30%。

再如，最高人民法院发布的第一批涉彩礼纠纷典型案例中的案例二张某与赵某婚约财产纠纷案：张某与赵某（女）于 2018 年 11 月经人介绍相识，自 2019 年 2 月起共同生活，于 2020 年 6 月生育一子。2021 年 1 月双方举行结婚仪式，至今未办理结婚登记手续。赵某收到张某彩礼款 16 万元。后双方感情破裂，于 2022 年 8 月终止同居关系。张某起诉主张赵某返还 80%彩礼，共计 128000 元。审理法院认为，双方自 2019 年 2 月起即共同生活并按民间习俗举行了婚礼，双方在共同生活期间生育一子，现已年满 2 周岁，且共同生活期间必然因日常消费及生育、抚养孩子产生相关费用，若在以夫妻名义共同生活数年且已共同养育子女 2 年后仍要求返还彩礼，对赵某明显不

公平，故判决驳回张某的诉讼请求。该案例的影响因素为：共同生活超过3年、生育共同子女、日常消费、数额不属于过高，虽未办理结婚登记但按照当地习俗举办了婚礼并以夫妻名义共同生活，判决不予返还。根据举轻以明重原则，如果上述案情相似，在已经办理结婚登记的情况下，也应按此规则处理。

（二）以明确规则促基层治理

高额彩礼的治理是一项系统工程，涉及民政部、全国妇联等多个部门。比如，近年来，民政部认真落实习近平总书记关于移风易俗工作的重要指示批示精神，以婚俗改革为抓手，多措并举，标本兼治，大力推进移风易俗，扎实开展高额彩礼等婚俗陋习治理。一是扎实开展婚俗改革实验区建设。为发挥先行先试、示范带动作用，2020年民政部印发《关于开展婚俗改革试点工作的指导意见》，先后分两批确定了32个全国婚俗改革实验区，指导各实验区在倡导简约适度婚俗礼仪、治理婚俗领域不正之风、培育文明健康婚俗理念等方面探索经验、打造样板，相关试点地区已形成较好的可复制可推广的改革经验。二是认真做好突出问题治理。积极发挥党员干部示范带头和红白理事会、道德评议会等基层自治组织作用，用党员干部的身体力行和村规民约、家宴中心、合约食堂、红黑榜等有效措施，规范引导婚姻当事人抵制大操大办、随礼攀比、低俗婚闹等行为。常态化选树一批婚事新办简办、“低彩礼”和“零彩礼”典型。目前，内蒙古、黑龙江、山东、浙江、河南、江西、甘肃、重庆、四川等许多地方已公布了彩礼、随礼等倡导性标准。在审理案件中要注意相关的地方性标准。三是着力推进婚姻家庭辅导服务。各地民政部门依托婚姻登记机关，与妇联等单位积极探索为婚姻当事人提供婚姻家庭辅导服务。四是改革创新。倡树简约适度的婚俗礼仪，增强新婚当事人对婚姻的庄重感和神圣感，减轻群众负担。五是培育文明向上的婚俗文化。各地以社会主义核心价值观为统领，积极传承中华优秀婚姻家庭文化，在婚姻登记机关内部设置婚姻文化墙、文化长廊或婚俗文化展厅等，为当事人上好正向婚姻家庭价值观第一课。

全国妇联以实施“家家幸福安康工程”为总抓手，以寻找“最美家庭”活动为载体，推动形成家庭文明新风尚，引导广大家庭抵制高额彩礼，践行移风易俗。一是以典型示范引领文明新风。全国妇联自2014年起，在全国范围内部署开展了寻找“最美家庭”活动，指导各地深入城乡社区、机关企事业单位等，广泛动员妇女和家庭成员在晒家规、议家训、亮家风的过程中发现身边的最美家庭典型，其中就包括一批婚事新办简办、“不要彩礼要幸福”的家庭典型。各地妇联也将移风易俗纳入推荐文明家庭、五好家庭、绿色家庭、美丽庭院等标准，联合有关部门开展移风易俗群众推荐评议活动，评选“好媳妇”“好婆婆”“移风易俗示范户”。二是以宣传倡导弘扬文明新风。抓住时间节点聚焦宣传。三是积极打造中国婚恋网，探索搭建妇联系统上下联动、部门单位协同互动的婚恋交友公益平台，抓住七夕等时间节点，组织开展线上线下交友联谊活动，用年轻人喜爱和易于接受的方式加强正确婚恋观、生育观、家庭观教育引导。

2022年8月，农业农村部、中央文明办、民政部等八个部门联合发布《开展高价彩礼、大操大办等农村移风易俗重点领域突出问题专项治理工作方案》，提出治理的目标是高额彩礼等陈规陋习在部分地区持续蔓延势头得到有效遏制，农民群众在婚丧嫁娶中的彩礼等支出负担明显减轻。从司法审判的角度，就是要通过案件审理，服务和保障高额彩礼问题的专项治理。最高人民法院通过发布涉彩礼纠纷典型案例，总结归纳裁判要点，既明确裁判规则，依法平衡各方利益，也给予相关当事人以行为指引，推动建设文明社会风气。在治“已病”的同时，积极融入社会治理大格局，下大力气预防“未病”，从源头上规范给付彩礼行为。通过发出司法建议等方式促进完善村规民约。如福建省龙岩法院坚持和发展新时代“枫桥经验”，积极构建“五联四化”治理体系，结合办理彩礼返还纠纷案件中的问题，指导部分辖区45个村将彩礼金额、随礼数额纳入村规民约中，为爱“减负”，破解“天价彩礼”治理难题，实现“办理一案、治理一片”的良好社会效果。河北省河间法院结合办理彩礼返还纠纷案件中的问题，对所辖大庄村等在村规民约制定过程中遇到的问题进行逐条解答，以减少因彩礼产生的诉讼。

【条文】

第二条

禁止借婚姻索取财物。一方以彩礼为名借婚姻索取财物，另一方要求返还的，人民法院应予支持。

【条文主旨】

本条是关于禁止以彩礼为名借婚姻索取财物的规定。

【条文概览】

借婚姻索取财物是《民法典》明确禁止的行为。一方以彩礼为名借婚姻索取财物的，另一方有权要求全部返还。

【理解与适用】

一、重申禁止借婚姻索取财物

《民法典》第1042条规定，禁止借婚姻索取财物。借婚姻索取财物违反了婚姻自由原则，应当坚决予以打击。本规定明确，以彩礼为名借婚姻索取财物，另一方要求返还的，人民法院应予支持。

二、以彩礼为名借婚姻索取财物违背公序良俗

公序良俗的概念起源于罗马法。一般认为，公序良俗包括公共秩序和善良风俗两个方面。公共秩序是指“社会之存在及其发展所必要之一般秩序”，包括社会公共秩序和生活秩序。善良风俗是指社会一般道德观念，即“人们在长期的社会生活中形成的并为人们内心确信的一种普遍性的道德标准，属于社会民众的一般价值判断范畴”。公序良俗原则的作用体现在以下三个方面：一是对私法自治进行必要的限制。以公序良俗限制私法自治的范围，是罗马法以来公认的原则。“民事活动往往出于当事人的主观意思，为防止当事人滥用私欲，该意思及其后果必须受到法律调控。而公序良俗代表着国家利益和社会道德，是法律自身正当性的最有力支持者，凡与其相悖者，都是

对法治国家的背叛，背离公序良俗要求的民事活动当然不能发生效力。”① 二是填补法律漏洞。社会生活丰富多样，法律规定无论多么周密、完善，都不可能穷尽所有社会现象，在保持法律稳定性的前提下，通过公序良俗条款的引入，给法官以指引，从而妥善处理纠纷。“一般来说，法官在适用公序良俗原则时，主要从禁止的角度来处理问题，即衡量民事活动是否与公序良俗原则相违背，如有违背，则予否定。”② 三是评判习惯的法律适用性。“在确定民事习惯适用性时，应考察习惯是否符合国家利益和社会公共利益，是否能得到国家公共秩序的支持，是否能纳入国家统一的法秩序之中；同时还应考察习惯是否符合社会和经济发展的实际需要，是否符合社会一般道德观念。”法律没有明确规定彩礼的性质和相关规则，根据《民法典》第 10 条规定，可以适用习惯，但是不得违背公序良俗。给付彩礼行为应当受到公序良俗原则的检视。《民法典》第 153 条第 2 款规定，违背公序良俗的民事法律行为无效。因此，对于以彩礼为名的各种因婚姻给付财物的行为，要予以甄别，如果认定为是以彩礼为名借婚姻索取财物的，可以违背公序良俗为由认定给予财物行为无效，给付方有权要求返还。

三、借婚姻索取财物的事实认定

就借婚姻索取财物问题，1951 年《最高人民法院、司法部关于婚姻案件中聘金或聘礼处理原则问题的函》（现已失效）区分了买卖婚姻性质的聘金与赠与性质的聘金，把前者定性为以索取对方一定财物为结婚条件的变相的买卖婚姻，斟酌具体情况及情节轻重予以没收；相反承认了后者的合法性，原则上给付人不许请求返还。1979 年《最高人民法院关于贯彻执行民事政策法律的意见》（现已失效）同样区分了两种情形，第一种情形为“婚姻基本上自主自愿，但女方向男方要了许多财物，或父母从中要了一部分财物的，属于剥削阶级的旧习俗，主要是进行批评教育……如因财物发生纠纷，可根据实际情况，酌情处理”。第二种情形为“对于完全自主自愿的婚姻，男女主动互相赠送和赠送对方父母的财物……离婚时，原则上不予返还”。及至 1980 年《婚姻法》以及 2001 年修正案，第 3 条都明文规定“禁止借婚姻索取财物”，并为《民法典》第 1042 条继受。最高人民法院于 1993 年 11 月公

① 谢哲胜、常鹏翱、吴春岐：《中国民法典立法研究》，北京大学出版社 2005 年版，第 59 页。

② 于飞：《公序良俗原则与诚实信用原则的区分》，载《中国社会科学》2015 年第 11 期。

布施行的《关于人民法院审理离婚案件处理财产分割问题的若干具体意见》（现已失效）第19条曾作如下规定："借婚姻关系索取的财物，离婚时，如结婚时间不长，或者因索要财物造成对方生活困难的，可酌情返还。对取得财物的性质是索取还是赠与难以认定的，可按赠与处理。"该意见将结婚时间长短、给付一方的生活状况作为考量因素，也是通过斟酌客观事实来进行灵活处理。故我们认为，借婚姻索取财物与一般彩礼给付无法区分时，可以统一纳入彩礼返还规则，通过综合考量彩礼数额、共同生活时间、双方过错等因素酌定返还数额，如此，才能够实现个案中的实质正义。

借婚姻索取财物更侧重主观状态。实践中，对于彩礼给付行为，很难区分是主动自愿还是被"索取"。对于接收彩礼一方，借婚姻索取财物的情况也比较复杂。有的本身没有结婚意愿，单纯是索取财物；有的可能有结婚意愿，只是借机索取财物。因此，不宜以接收彩礼一方是否有意愿结婚作为区分标准。同时，是否有结婚意愿亦属于主观状态，也需要通过是否已经登记、是否共同生活等客观事实进行判断。不能简单以已经办理结婚登记即排除存在借婚姻索取财物的情形。在双方已经办理结婚登记的情况下，判断一方是不是以彩礼为名索取财物，还需要考量双方的共同生活等情况。但由于婚后共同生活状态具有私密性，当事人产生矛盾后往往各执一词，这对当事人的举证标准和人民法院的认证能力均提出较高要求。如果案件事实比较明显的，比如，收受彩礼后携款潜逃，或者短期内多次以缔结婚姻为名，收取高额彩礼后无正当理由悔婚的，可以认定为借婚姻索取财物的行为。最高人民法院发布的第二批人民法院涉彩礼纠纷典型案例中的案例一即是该类案件的典型。赵某（男）与孙某已经办理结婚登记并给付彩礼8.6万元，后赵某提起离婚诉讼，以孙某将婚姻作为获取财物的手段为由，请求法院判决双方离婚、孙某返还全部彩礼。该案中，赵某与孙某就是否共同居住、感情状况等存在较大争议。尽管双方从办理结婚登记到提起离婚诉讼的时间不足一年，但人民法院无法仅依据该事实认定孙某存在不法目的。本案的突破点在于，赵某向法庭提出孙某在近四年中还身涉两起其他离婚诉讼。人民法院依职权调查后发现，孙某不仅在较短时间内多次"闪婚"、均接收较高数额彩礼、婚姻存续时间均较短，更重要的是，历次离婚诉讼中男方对于婚后双方无夫妻之实、孙某回娘家居住的共同生活状态等描述基本一致，结合孙某无法提供证据证明其对维系婚姻作出相应努力，人民法院据此认定孙某以彩礼为名借婚姻索取财物，判令解除婚姻关系，孙某返还全部彩礼8.6万元。根据本规定第2条，一方以彩礼为名借婚姻索取财物，另一方请求返还的，人民法院应予支持。给付彩礼的目的除了办理结婚登记这一法定形式要件外，更重要的是双方形成长期、稳定的共同生活状态。本案中，虽然孙某已与赵某办理结婚登记，但婚姻关系存续时间较短，且孙某主要在娘家居住，双方未能形成长期、稳定的共同生活状态。同时，结合双方经常因孙某索要钱财发生争吵以及孙某之前所涉两次离婚纠纷的具体情况，人民法院认定其有通过婚姻索取财物的行为，判令其全额返还彩礼，再次明确禁止借婚姻索取财物的司法态度，维护正常的婚恋秩序。

【实务问题】

一、如何区分借婚姻索取财物与恋爱中的赠与行为

区分借婚姻索取财物与恋爱中的赠与行为，应当结合双方具体行为予以认定。一般情况下，恋爱期间的男女双方为增进感情，主动、自愿赠与对方财物以表心意，感情破裂后，一方不能仅以未实现婚姻目的为由主张另一方借婚姻索取财物，赠与的财物一般无须返还。借婚姻索取财物则是一方为取得财物而与另一方建立恋爱关系、作出结婚承诺，给付一方通常是被迫而非自愿赠与财物。最高人民法院发布的第二批涉彩礼纠纷典型案例中的案例二即是典型：2023年6月，王某（男）与李某通过微信相亲群相识。同月下旬，李某向王某表达交往意愿，并提出在共同生活和办理结婚登记之前王某要给其25万元，王某表示同意，双方遂建立恋爱关系。自2023年6月至2024年2月，李某多次以支付房屋租金、买首饰及其他生活消费为由，向王某索取12万余元。其间，双方一直异地生活，主要通过微信联络，李某主动与王某联系几乎均以索要钱款为目的，其余时间则以工作忙碌等为由拒接、忽视王某的电话，且其从未回赠过王某财物。因自2024年2月起李某拒接王某电话，对王某的领证提议采取推脱、逃避的态度，并多次表示“给够钱才领证”，双方产生隔阂，王某提起本案诉讼，请求李某返还所得钱款12万余元。李某抗辩称，王某在恋爱中自愿赠与的财物不应返还。本案中，李某在此段关系中名为恋爱、实为索财，其仅在有物质需要时才与王某联系。同时，李某虽表示可以结婚，但明确表示“给够钱才领证”。综合考虑双方相处模式、感情基础、资金往来等各项因素，认定李某对感情是漠视态度，其与王某建立恋爱关系是为了利用王某对结婚的期待索要财物从而满足

物质需求，索取财物意图明显。尽管李某索要的单笔款项价值不大，但不能将王某的赠与行为视为正常恋爱中的赠与，可以认定为借婚姻索取财物。

二、如何辨析婚介机构高额收费中的借婚姻索取财物问题

婚介机构的主要作用是为未婚男女提供信息资源和媒介服务，属于中介性质。《民法典》第961条规定，中介合同是中介人向委托人报告订立合同的机会或者提供订立合同的媒介服务，委托人支付报酬的合同。对于相关服务合同产生的纠纷可以适用《民法典》合同编的相关规定。但是，与商事中介服务目的在于双方订立合同不同，男女双方通过婚介机构牵线搭桥，最终目的是缔结婚姻，而婚姻是以感情为基础，因此，中介机构是否恰当履行义务，是案件审理的难点。近年来，婚介机构乱象丛生，有的婚介机构利用未婚男女急于寻找佳偶的心理，以提供“闪婚”的中介服务为名收取高额服务费；有的婚介机构对提供的个人信息资源未经核实，甚至以婚托作为诱饵，往往在合同中约定，提供一定数量优质相亲对象或者缔结婚姻，即完成合同义务。对于其提供的人员是否真正有结婚意图、婚介机构是否诚实守信地履行合同义务、收取的中介费用是否合理等，实践中往往难以证明，这更加大了对婚介乱象的治理难度。最高人民法院发布的第二批涉彩礼纠纷典型案例中的案例三即为其例：某婚介公司的广告宣传中有提供“闪婚”服务等内容。2024年1月15日，该婚介公司向林某（男）发送了赵某的个人信息。2024年1月18日，林某与该婚介公司签订《（男方）婚姻介绍服务合同》后支付服务费17万元。2024年1月19日，林某与赵某登记结婚。后双方因发生矛盾，于2024年2月29日经法院调解离婚，赵某退还了彩礼。其间，双方未共同居住。林某遂提起诉讼，主张因服务合同目的无法实现，请求由婚介机构返还全部服务费17万元。人民法院综合考虑婚介机构履行合同情况、林某自身过错等因素，判令婚介机构返还服务费15万元。

【条文】

第三条

人民法院在审理涉彩礼纠纷案件中，可以根据一方给付财物的目的，综合考虑双方当地习俗、给付的时间和方式、财物价值、给付人及接收人等事实，认定彩礼范围。

下列情形给付的财物，不属于彩礼：

（一）一方在节日、生日等有特殊纪念意义时点给付的价值不大的礼物、礼金；

（二）一方为表达或者增进感情的日常消费性支出；

（三）其他价值不大的财物。

【条文主旨】

本条是关于如何界定彩礼的规定。

【条文概览】

法律未就彩礼作出明确规定，在界定彩礼范围时应当遵从习惯。对男女双方恋爱期间给予的财物，应当首先考察当地是否有给付彩礼的习俗，给付财物是否以结婚为目的，包括给付行为是否发生在双方谈婚论嫁期间、财物数额大小、父母是否参与其中等事实，综合认定。

为了庆祝生日、节日等给付的价值不大的礼物、礼金，以及双方交往期间为表情达意的消费性支出等，应属于人情往来的情谊行为，不应认定为彩礼。

【理解与适用】

彩礼是我国民间的一种习惯称呼，通常是指男女双方以缔结婚姻为目的，按照当地民间习俗或习惯做法，由一方或其家庭成员（通常是男方）给付另一方或其家庭的礼金及贵重物品。由于各地风俗习惯不同，人们对于彩礼的认知存在很大差异，特别是在具体案件中，由于当事人双方立场、诉求及利益的不同，对于哪些财物应当计入彩礼范围、哪些财物属于赠与或正常往来、陪嫁物品如何折价等，均存在争议。主要争议在于彩礼与一般赠与的区别，这也决定了当结婚目的无法实现时，给付方是否有权主张返还的问题。婚约财产纠纷中，就双方之间的给付，主张返还彩礼一方（通常为男方）往往将其交付或者支出的所有费用均主张为彩礼性质要求返还；女方往往仅认可“聘礼”部分的金额，其余部分如“三金”“见面礼”“改口费”等均主张为赠与性质。这导致实践中彩礼数额较难认定。

一、彩礼的习俗特征

《民法典》第10条规定，处理民事纠纷，应当依照法律；法律没有规定的，可以适用习惯，但是不得违背公序良俗。“民事习惯是民事活动规律的经验性总结，是行为反复性的结果，其作为现代民法的法律渊源及交易规则，能指导当事人行为、降低交易成本和弥补成文法律的不足。习惯具有地方性、行业性、时间性和自发性。”① 彩礼属于习惯范畴，而习惯的地域性特征决定了在处理与彩礼有关的纠纷时，应当重点考察不同地域的习俗。比如，有些地方所谓的“一动不动”“万紫千红一片绿”，还有不同地方的“上车礼”“下车礼”“打发礼”“离娘钱”，等等，名目繁多，各地称谓也不尽相同。习俗应为彩礼给付方意思表示提供实质性参考因素，这也是《民法典婚姻家庭编解释（一）》之所以采用“按照习俗给付的彩礼”表述的原因。既然法律没有明确规定彩礼，对涉彩礼纠纷案件审理的主要法源是习惯，那么在确定彩礼范围时，就要以当地群众普遍认可的彩礼内容为基础。比如最高人民法院发布的第一批涉彩礼纠纷典型案例中的刘某与朱某婚约财产纠纷案。关于案涉款项的性质，除已明确注明为彩礼的80万元款项外，还有备注为“五金”的26万元。审理法院认为，“五金”的款项给付符合婚礼习俗中对于彩礼的一般认知，应当认定为彩礼。

彩礼的给付主体和给付时间也具有习俗性特征。本条将“给付人及接收人”“给付时间”也作为界定彩礼范围的参考因素。彩礼的给付主体一般包含男方或其家庭成员，接收人包括女方或其家庭成员。而普通赠与通常仅发生于男女双方之间。一般彩礼的给付通常发生在双方谈婚论嫁直至结婚登记或者举办婚礼这段时间。当然，也要考虑各地婚俗以及具体案件的实际情况。个案中有的男女双方先结婚登记、后举办婚礼以及共同生活，有的则是先举办婚礼、共同生活而后结婚登记。登记结婚、举办婚礼以及共同生活三

① 谢哲胜、常鹏翱、吴春岐：《中国民法典立法研究》，北京大学出版社2005年版，第59页。

者之间存在时间差。婚姻关系不同于“一时性”交易行为，结婚登记或者举办婚礼仅仅意味着婚姻生活这一“继续性”关系的开始，各方行为都围绕婚姻关系展开。给付彩礼的目的是缔结以及维持长期、稳定的婚姻关系，实际给付时点在婚前或婚后具有偶然性，且不影响给付目的的实现。

二、彩礼的目的性特征

彩礼给付应当“以婚姻为目的”，这是意思表示层面区分彩礼与普通赠与的核心要素，且“以婚姻为目的”不同于单纯的“以共同生活为目的”，应当包含“结婚登记”这一内容，排除以建立同居关系为目的的给付。比如，根据一般生活经验，结合双方恋爱关系及转账记录留言等事实，如果给付目的主要是表达爱意而非结婚，例如转账中包含特殊含义的数字，如“1314”“520”等，则该部分转账不宜认定为彩礼而只是普通赠与。不过将这些转账排除出彩礼，除了特殊含义数字蕴含的表达爱意的意思，关键还在于价值不大这一客观标准。对于见面礼、改口费等是否属于彩礼，各地裁判意见不统一。有的意见认为，“改口费”这一称谓能直接体现与婚姻关系的关联，象征双方及父母在情感和家庭角色层面相互接纳、承认，归入以婚姻为目的的彩礼更契合当事人的真实意思。我们倾向认为，从传统上看，见面礼、改口费等一般是在婚礼等仪式上给付的，表达对对方身份的接纳，一方父母基于特殊身份关系、为增进感情而对另一方的赠与，除非能够认定接受彩礼一方并无结婚意愿，仅是借婚姻索取财物，否则，离婚时一般不得请求返还。

本条第1款向社会征求意见时的表述为“人民法院在审理涉彩礼纠纷案件中，可以综合双方当地民间习俗、给付目的、给付的时间和方式、财物价值大小、给付人及接收人等因素，认定彩礼范围”。考虑到本规定确定的彩礼返还相关规则的逻辑基础即在于彩礼的目的性特征，故为使各条相互协调一致，也进一步引导法官在界定彩礼范围时重点考虑彩礼给付的目的性特征，故将第3条中“一方给付财物的目的”提前；而且给付财物的目的为主观因素，其他为客观因素，也应予以区分；同时，与第1条的“以婚姻为目的”的表述能够互相协调一致。

三、彩礼与恋爱期间一般赠与的区别

彩礼与恋爱期间的一般赠与相比，虽然当事人在实施行为时的目的和动机相似，但是彩礼的给付一般是基于当地风俗习惯，直接目的是缔结婚姻关系，有其相对特定的外延范围。[①] 彩礼只能说是婚恋期间赠与物的重要形式。婚约或者恋爱期间的赠与物有的并非“彩礼”，而仅仅是为了增进感情的一种纯粹的赠与。这种赠与可适用赠与合同的有关规定处理，不宜全部纳入彩礼范畴，否则，将使彩礼的范围无限扩大，不利于纠纷解决。《婚姻法解释（二）》在起草过程中，曾考虑“彩礼”并不是一个规范的法律用语，因而采用了“结婚前给付对方财物”的用语。后来根据各方面反馈意见，认为使用“结婚前给付对方财物”这种规范用语，虽然有一定好处，但是容易把握不准司法解释的本意，会扩大条文的适用范围，使那些所在地区根本不存在这一习俗、自愿给付对方财物的人，在解除婚约关系后也将性质不属于彩礼的财物给付，以此条为依据诉至人民法院要求返还。有鉴于此，上述司法解释，本着解决实际问题的原则，最终还是采纳了“彩礼”这一带有特定含义的用语。[②] 可见，现有的司法解释在采用彩礼表述时，是有其特定考虑的。将彩礼与恋爱期间一般赠与相区别，符合实际情况。

具体来说，彩礼与恋爱期间一般赠与存在以下区别：

1. 发生阶段不同。恋爱期间的赠与发生在恋爱阶段，有些尚未谈及结婚。而彩礼发生在谈婚论嫁的特殊阶段，通常已经有较为明确的婚期。

2. 发生的原因不同。彩礼的给付一般是基于当地风俗习惯，直接目的是缔结婚姻关系。恋爱期间的赠与多是为了联络关系、增进感情，由一方自愿、无偿给予对方。

3. 财物数额不同。彩礼所给付财物的数额或价值按照当地生活水平看，一般较大。而恋爱期间的赠与通常金额不高，以表情达意为主。

4. 参与的当事人不同。“父母之命”的传统习俗在我国仍具有较大影响力，因此，彩礼的给付和接收一般会有双方父母参与其中。这与恋爱期间男女双方仅在两人之间表达感情的赠与存在不同。

总体而言，区分给付的财物是彩礼还是恋爱期间一般赠与，应结合当地是否有给付彩礼的习俗、给付的目的、给付的时间、给付金额的大小等因素进行判断。

---

① 关于彩礼与恋爱期间一般赠与的区别，参见王丹：《彩礼纠纷现状及司法应对》，载《人民司法》2023年第6期。

② 最高人民法院民事审判第一庭编著：《最高人民法院婚姻法司法解释（二）的理解与适用》，人民法院出版社2004年版，第95～96页。

本条第2款综合实践中比较典型的情形，从反向排除的角度对不属于彩礼的情形予以细化规定，以具体指导审判实践。一般包括以下情况：（1）当地并无给付彩礼的风俗习惯，一方在婚前自愿给付另一方的财物；（2）男女双方在交往期间，一方为表情达意而赠与对方的定情物、信物及其他财物；（3）男女双方在交往过程中请客花费等人情往来的消费性支出及其他维系发展情感的必要支出；（4）一方及家人在节日或者生日等有特殊纪念意义时点给付对方的价值不大的礼物和礼金；（5）男女双方在筹备、举办婚礼过程中为款待、宴请亲友所支出的相关费用。

【实务问题】

一、不属于按照习俗给付的大额财物，在结婚不成时如何处理

如前所述，在界定一项财物给付行为是不是彩礼时，“以婚姻为目的”“存在彩礼习俗”“财物价值较大”是三项实质性标准。现实生活中，有些婚恋期间给付的财物并非习俗上的彩礼，但也是以婚姻为目的，对该种情况，我们认为，两者的逻辑基础是一致的，在处理规则上，两者也应保持一致。同彩礼一样，恋爱期间的大额赠与亦非完全的无偿性，一般来讲，当事人是以将来能够结婚并共同生活作为隐含的目的或动机，而该目的或动机是赠与行为的重要基础。在相应的目的无法实现时，当事人协商不成的，应当允许司法予以适当调整，以平衡双方当事人利益。总而言之，无论给付财物称谓为何，依据习俗还是个人意愿，目的是启动婚姻程序还是单纯情感互动，只要财物客观价值达到贵重或大额程度，从社会治理角度都有必要适用彩礼返还规则调整双方利益状态。即便认定为恋爱期间非依据习俗给付的大额赠与，也不妨碍将结婚或共同生活作为赠与人的隐含目的或动机，在相应目的无法实现时应全部或部分返还，以与彩礼返还的逻辑协调一致。

对于男女交往期间产生的大额转账汇款的性质如何认定，可以参考典型案例冷某诉宋某婚约财产案。基本案情：2020年4月7日，冷某与宋某经媒人介绍相识，4月12日确立了恋爱关系。在异地通过电话及微信等方式沟通交往一段时间后，于2020年7月27日晚在原告家中双方亲属及媒人一同会餐，但会餐中未提及彩礼之事。2020年7月28日冷某向宋某转账5万元。双方于同年8月开始同居生活，经过一段时间相处，宋某于2021年3月提出分手，双方解除恋爱关系。后双方因交往期间产生的大额转账性质认定及

返还问题产生纠纷，诉至法院。审理法院认为：本案争议的焦点为该5万元是否属于彩礼款以及是否应该返还的问题。本案中，虽然双方未按照农村习俗举行过彩礼的仪式并书写彩礼单，但原告冷某给付被告宋某5万元款项的事实存在，且该款项的数额较大，给付时间又发生于原、被告双方父母以及媒人均在场的聚餐之次日，而随后双方开始同居生活，再结合冷某为宋某购买过钻戒、金手镯的事实以及冷某提供的通话录音，能够认定双方存在缔结婚姻的目的。恋爱中男女达成结婚合意后，一方出于结婚目的的财物赠与，在结婚目的不能实现时，受赠一方占有财物的合法依据已不存在，所以恋爱期间以结婚为目的的赠与，在双方当事人婚约解除后，赠与人有权利请求受赠人返还。考虑到双方同居7个月的事实情况，结合双方现实生活中的实际花销，判决宋某应当酌情返还3万元。

二、如何确定给付财物数额的大小

鉴于各地经济社会发展水平差异较大，同一地区各个家庭的收入情况也可能差别较大，无法确定全国范围内统一的数额标准。实践中，可以参考当地人均可支配收入，并结合个案实际情况确定。而且，彩礼不限于金钱。金钱与实物虽然表现形式不同，但性质相同，均可以成为彩礼，人民法院应当结合当地的具体情况以及客观案情进行认定。如果当地有彩礼给付的习俗，且给付的金钱数额较大，或者给付的实物价值较高，均可以认定为彩礼。

【条文】

第四条

婚约财产纠纷中，婚约一方及其实际给付彩礼的父母可以作为共同原告；婚约另一方及其实际接收彩礼的父母可以作为共同被告。

离婚纠纷中，一方提出返还彩礼诉讼请求的，当事人仍为夫妻双方。

【条文主旨】

本条是关于涉彩礼纠纷中当事人地位列明的规定。

【条文概览】

确定涉彩礼纠纷的当事人要考虑彩礼的习俗性特征。根据中国传统习俗，彩礼的给付和接受一般会有男女双方父母参与其中，且多为家庭共同财产，故在婚约财产纠纷中，双方父母可以作为当事人，以进一步查清事实，明晰责任承担。离婚纠纷主要解决婚姻关系解除、夫妻共同财产分割和确定未成年子女抚养事宜，当事人为夫妻双方，不宜扩大诉讼主体范围。

【理解与适用】

一、制定背景

近年来，涉彩礼返还纠纷中，程序上存在的主要争议问题是婚约当事人父母能否作为当事人参加诉讼。彩礼多数是在媒人、亲朋在场的情况下给付，也有少数通过转账等方式给付，接收方可能是亲朋转交，也可能是直接交予女方或其父母。对于金银首饰等女方个人权属色彩较浓的物品，一般认定由女方返还；对于其他彩礼，因接收方的不确定性使得法院在认定诉讼主体时存在不明确之处。各地法院审判指引中，有的原则上仅承认男女双方为诉讼当事人，或因为彩礼仅归属于女方而非其父母，或因为诉讼当事人限于男女双方并不妨碍事实认定层面对给付人或接收人作扩张性理解。而多数法院认可将对方父母列为共同被告参加诉讼，这种做法从司法实践效果来看，符合彩礼的习惯做法，也有利于查明案件事实和案件的执行。最高人民法院在 2017 年《关于审理彩礼纠纷案件中能否将对方当事人的父母列为共同被告的答复》中，认可男女双方及其父母和亲属均可成为返还彩礼诉讼的当事人。

二、本条的法理基础

《民法典》第10条规定，处理民事纠纷，应当依照法律；法律没有规定的，可以适用习惯，但是不得违背公序良俗。法律没有就彩礼问题予以规定，彩礼的法源为习惯。人民法院应当在不违背公序良俗的情况下按照习惯处理涉彩礼纠纷。在我国的传统习俗中，儿女的婚姻被认为是终身大事，一般由父母操办，送彩礼也大都由父母代送，且多为家庭共同财产。因此，在确定诉讼当事人时，亦应当考虑习惯做法。这也与本规定第3条的逻辑保持一致。本规定第3条明确，在确定彩礼范围时，彩礼给付人和接收人也是考量的因素之一。

当然，各地区、各家庭情况千差万别，彩礼接收人以及对该笔款项如何使用，情况非常复杂，既有婚约当事人直接接收的，也有婚约当事人父母接收的；彩礼的去向也呈现不同样态，既有接收一方将彩礼作为嫁妆一部分返还的，也有全部返还给婚约当事人作为新家庭生活启动资金的，还有的由接收彩礼一方父母另作他用。如果婚约当事人一方的父母接收彩礼的，可视为与其子女的共同行为，在婚约财产纠纷诉讼中，将婚约一方及父母共同列为当事人，符合习惯，也有利于查明彩礼数额、彩礼实际使用情况等案件事实，从而依法作出裁判。

三、婚约财产纠纷中涉及彩礼纠纷的处理

此种情形一般发生在双方未办理结婚登记的情形，当事人因为彩礼返还提起诉讼的，案由定为婚约财产纠纷。此类案件，原则上以婚约双方当事人作为诉讼主体。但如前所述，实践中，彩礼的给付方和接受方并非限于婚约当事人，双方父母也可能参与其中，这也符合习惯做法。为尊重习俗，同时也有利于查明彩礼数额、彩礼实际使用情况等案件事实，确定责任承担主体，本条明确，婚约财产纠纷中，婚约一方及其实际给付彩礼的父母可以作为共同原告；婚约另一方及其实际接收彩礼的父母可以作为共同被告。一般情况下，父母与自己子女利益是一致的，因此，作为给付方，婚约当事人作为原告一般即可实现其诉讼目的，并非必须由其父母作为共同原告。本条之所以规定"婚约一方及其实际给付彩礼的父母可以作为共同原告"，主要是出于平衡保护的角度考虑，并非实践必需。

本条在起草过程中曾反复多次修改，在最初的征求意见稿中曾规定为实

际给付人和实际接收人，但很多意见反馈认为，如此规定范围过大（比如姑、舅等亲属也可能接收部分彩礼），导致很多人牵涉诉讼，更容易激化矛盾。之后我们将范围限制为父母，同时考虑到个别情况下，其中一方当事人父母不在世，而由其兄、姐或者其他近亲属抚养长大并在给付和接收彩礼过程中代行家长职责。因此，本条曾规定“代行父母职责的其他实际给付人”“代行父母职责的其他实际收受人”在特定情况下也可以作为共同原告或共同被告。之所以强调“代行父母职责”，主要是考虑与父母并列的“其他实际给付人”“其他实际收受人”容易扩大理解为其他亲属或媒人等。但在研究过程中，部分意见认为，代行父母职责并非法律用语，在司法解释中规定不严谨。考虑到个案千差万别，亦无明确的法律或习俗概念界定该类人员，同时，本条文字表述为“可以”，并未完全否认特殊情况下参照适用情形，为保证司法解释准确清晰，本规定未作扩大表述，最终仅表述为“父母”。实践中，如出现此种特殊情况，可以基于习俗，参照适用本规定处理。

四、离婚纠纷案件中涉及彩礼纠纷的处理

根据《民法典婚姻家庭编解释（一）》第5条规定，双方办理结婚登记手续但确未共同生活或者婚前给付并导致给付人生活困难，当事人请求返还按照习俗给付的彩礼的，应当以双方离婚为条件。本规定第5条也明确“离婚时”，故实践中，存在的一类诉讼是，在离婚纠纷中，原告提起离婚诉讼同时要求返还彩礼，或者被告同意离婚但同时提起诉请要求返还彩礼。此时，虽彩礼返还与离婚纠纷审理范围不同，但为便利当事人和出于诉讼经济考虑，可以在离婚纠纷中一并审理。需要说明的是，虽然离婚诉讼为复合诉讼，但该诉讼主要是以解除婚姻关系为基础，财产分割和子女抚养是基于夫妻身份关系解除的附随内容。因此，离婚诉讼的诉讼主体仍为夫妻双方，不宜将夫妻以外的其他彩礼实际给付人、实际收受人列为诉讼当事人，否则，将会使离婚诉讼当事人范围扩大，不利于离婚纠纷审理。一方以不是彩礼的实际收受人为抗辩，拒绝返还彩礼的，可以告知当事人另行提起婚约财产纠纷。

【实务问题】

一、婚约财产纠纷的当事人是否可以扩大到其他主体

婚约财产纠纷案件中，适当将诉讼主体由婚约当事人扩大到其父母，符

合传统习俗，但如果扩大到其他亲属，将导致过多人牵涉诉讼，严重影响诉讼效率，也容易激化矛盾。因此，婚约财产纠纷的当事人，除父母之外，原则上，不宜再扩大其他主体。当然，在个别情况下，接收彩礼一方可能因父母不在世、丧失民事行为能力等特殊情况，而由其兄、姐或者其他近亲属抚养长大并在接收彩礼过程中代行家长职责，因此，应当允许“代行父母职责的其他实际给付人”“代行父母职责的其他实际收受人”在特定情况下作为共同原告或共同被告。但是，如果仅是因为亲属往来原因，在订婚或婚礼前后接收或给付礼钱的，不宜将相关当事人均作为诉讼主体。

二、父母一方能否单独作为原告或被告

婚约财产纠纷的主体是婚约双方，这是产生纠纷的基础，因此，即使一方父母全部给予或接收彩礼，在婚约财产纠纷中，也不宜完全抛开婚约主体或仅以其作为第三人而单独以双方父母作为原告或被告。典型案例如张某某与赵某某、赵某、王某婚约财产纠纷案[①]。基本案情如下：张某某与赵某某（女）经人介绍认识，双方于2022年4月定亲。张某某给付赵某某父母赵某和王某定亲礼36600元；2022年9月张某某向赵某某银行账户转账彩礼136600元。赵某某等购置价值1120元的嫁妆并放置在张某某处。双方未办理结婚登记，未举行结婚仪式。2022年9月，双方解除婚约后因彩礼返还问题发生争议，张某某起诉请求赵某某及其父母赵某、王某共同返还彩礼173200元。审理法院认为，双方未办理结婚登记，现有证据不足以证明张某某与赵某某持续、稳定地共同生活，张某某不存在明显过错，但在案证据也能证实赵某某为缔结婚姻亦有付出的事实，故案涉定亲礼、彩礼在扣除嫁妆后应予适当返还。关于赵某、王某是否系本案适格被告的问题，审理法院认为，关于案涉彩礼136600元，系张某某以转账方式直接给付给赵某某，应由赵某某承担返还责任，扣除嫁妆后，酌定返还121820元；关于案涉定亲礼36600元，系赵某某与其父母共同接收，应由赵某某、赵某、王某承担返还责任，酌定返还32940元。

---

① 最高人民法院发布的第一批涉彩礼纠纷典型案例之一。

【条文】

第五条

双方已办理结婚登记且共同生活，离婚时一方请求返还按照习俗给付的彩礼的，人民法院一般不予支持。但是，如果共同生活时间较短且彩礼数额过高的，人民法院可以根据彩礼实际使用及嫁妆情况，综合考虑彩礼数额、共同生活及孕育情况、双方过错等事实，结合当地习俗，确定是否返还以及返还的具体比例。

人民法院认定彩礼数额是否过高，应当综合考虑彩礼给付方所在地居民人均可支配收入、给付方家庭经济情况以及当地习俗等因素。

【条文主旨】

本条是关于已经办理结婚登记且共同生活情况下彩礼返还规则的规定。

【条文概览】

彩礼在法律上可以定性为以婚姻为目的的赠与，而且该目的包含结婚登记、共同生活等多项因素。已办理结婚登记且共同生活的，在双方离婚时一般不予返还彩礼。但是，如果共同生活时间较短，该赠与的目的并未完全实现，在彩礼数额过高的情况下，应当允许给予方变更或者撤销。具体应在扣减已经使用部分和无法返还的嫁妆部分基础上，综合考虑彩礼数额、共同生活及孕育情况、双方过错等事实，结合当地习俗，确定是否返还以及返还的具体比例。

给付方所在地居民人均可支配收入具有客观性和可操作性，可以作为认定彩礼数额是否过高的参考标准，但同时也要考虑不同家庭的实际经济状况，实事求是予以认定。

【理解与适用】

一、本条制定的背景

社会层面，近年来，彩礼数额持续攀升，不仅异化了婚姻关系，也给社会治理带来隐患，不利于社会文明新风尚的弘扬。2021 年以来，中央一号文件连续五年提出治理高额彩礼，移风易俗。但因彩礼属于习俗范畴，更多地只能以引导、宣传和提供政策支持为主，治理高额彩礼需要前后端共同发力。在处理涉彩礼返还纠纷时对高额彩礼予以调整，通过司法手段促推高额彩礼综合治理是人民法院贯彻落实中央一号文件精神的必然要求。“如果现实生活存在不利家庭稳定的因素，那么家庭法律应当是抑制而不是助长这些消极因素的发生。”① 法律在设计彩礼返还规则时，应当既要贯彻落实中央决策部署，推进移风易俗，又要保持司法的谦抑立场，仅在利益严重失衡时才予以介入调整，并抑制不当行为的发生。

法律层面，返还彩礼纠纷逐年递增，但法院审判面临无法律依据的困境。关于返还彩礼条件，《民法典婚姻家庭编解释（一）》规定了三种可返还情形，包括未办理结婚登记、已办理结婚登记但确未共同生活以及彩礼给付导致给付人生活困难。但近年来产生了很多新情况，现实生活中存在大量未办理结婚登记却按照当地习俗举办婚礼并共同生活以及已办理结婚登记但共同生活较短等情况，无法适用上述司法解释规定，彩礼是否返还以及如何返还成为难点。按照传统习俗，在婚姻不成的情况下，彩礼应当予以返还；反之，已经结婚的，彩礼一般不再予以返还。但是，随着经济社会发展以及人们思想观念的变化，原有规则存在的社会基础发生了重大变化：婚姻存续期间偏短，同时交织彩礼数额过高，对彩礼给付方家庭造成重大困扰，产生严重利益失衡，司法应对此予以调整。

二、彩礼返还的正当性基础

（一）情势变更原则适用彩礼返还的障碍

有学者认为，在结婚不成等情形下支持彩礼返还时，可以参照适用《民法典》第533条的情势变更原则。根据《民法典》第533条规定，合同成立后，合同的基础条件发生了当事人在订立合同时无法预见的、不属于商业风险的重大变化、继续履行合同对于当事人一方明显不公平的，受不利影响的当事人可以与对方重新协商；在合理期限内协商不成的，当事人可以请求人民法院或者仲裁机构变更或者解除合同。人民法院或者仲裁机构应当结合案件的实际情况，根据公平原则变更或者解除合同。从该条的文字表述看，该

① 林辉煌：《家产制与中国家庭法律的社会适应——一种“实践的法律社会学”分析》，载《法制与社会发展》2012年第4期。

条适用的前提是，“继续履行合同对于当事人一方明显不公平”，可见，该条适用的场景应当是合同尚未履行或者正在履行过程中，而不包括合同已经履行完毕的情况。我国情势变更制度的确立源于 2009 年《合同法解释（二）》，根据崔建远教授的论述，情势变更原则适用于合同尚未履行或正在履行而发生了情势变更的场合。之所以适用情势变更原则要求情势变更发生在履行完毕前，是因为合同因履行完毕而消灭，其后发生情势变更与合同无关。[①] 而在彩礼纠纷中，彩礼实际上已经给付完毕。因此，从解释论的角度看，利用《民法典》第 533 条规定的情势变更原则证成彩礼返还的正当性，存在一定障碍。

（二）赠与基础丧失规则的可行性分析

有学者认为，可以借用德国 2002 年债法改革中新增加的行为基础丧失制度。它从一种单纯的学说，到被德国的判例普遍承认，最后被纳入《德国民法典》，是一个法律与社会现实的互动过程，也是私法实质化的一个结果。[②] 该制度的理论依据是诚实信用原则。[③] 对于任何一个合同而言，都是当事人以特定情况的存在为基础，并预计这种特定情况将会继续存在；没有这些情况，合同的目的就无法达成。该制度所要解决的问题是：如果合同赖以存在的特定情况发生了当事人无法预计的重大变化，当事人合同目的无法达成，继续履行合同或者保持合同的履行完毕状态将使其中一方当事人丧失最低限度的合同实质正义，需要法律予以调整。该制度主要针对两种情形：一是已成为合同基础的情势在合同订立后发生了重大变更，而假如当事人预见到这一变更，就不会订立合同或者会以不同内容订立合同，但以其不能合理期待为限；二是已成为合同基础的重要观念表明是错误的。当然，该制度适用应当存在两个前提：一是当事人对相关情形没有约定。如果当事人已经有约定或以可推断的方式对可能存在的情形作出了约定，则应当通过合同解释确定。二是法律对相关问题也没有作出具体规定。如果法律已对相关问题作出规定，则应按照法律的规定解决。[④] 该制度不仅有利于在合同中贯彻实

① 参见崔建远：《合同法总论》（中卷），中国人民大学出版社 2012 年版，第 19 页。

② 杨代雄：《法律行为基础瑕疵制度——德国法的经验及其对我国民法典的借鉴意义》，载《当代法学》第 2006 年第 6 期。

③ 参见［德］维尔纳·弗卢梅：《法律行为论》，迟颖译，法律出版社 2013 年版，第 591 页。

④ 参见［德］迪特尔·梅迪库斯：《德国民法总论》，邵建东译，法律出版社 2001 年版，第 653 页。

质正义的理念，而且相较于其他制度，它“可以为当事人提供一个柔性并且灵活的解决方案”[①]。该制度在德国家庭法中也有应用。根据德国判例，以婚姻为条件的给予基于某种默示推定成立的家庭法合同而发生，婚姻的存续是这些合同的交易基础。也就是说，配偶一方对另一方的给予受合同支配，该合同中的给予并不是无偿的，而是配偶双方共同生活的结果。进而，婚姻破裂意味着该合同的交易基础丧失。[②] 行为基础丧失规则还可适用于合同已经履行完毕才发生重大情势变更的场合。该规则与情势变更原则显失公平的要求不同，其要求的是不可苛求性，即坚持履行原订的合同将会引起无法忍受的、与法和正义不相一致的结果。行为基础丧失规则的适用范围比情势变更原则广，适用的条件也比情势变更原则更为灵活，这更适合于婚姻家庭问题的解决场合。[③] 由于《民法典》没有明确规定该制度，从解释论的角度，不宜直接据此进行解释，但鉴于该制度源于诚信原则，而《民法典》总则编将诚信原则作为民事法律行为的基本原则予以规定，该原则可以也应当统摄婚姻家庭领域的法律适用，以填补相应的法律漏洞。因此，行为基础丧失规则的基本理念可以参考。也即，通过解释诚信原则填补法律漏洞的方式将该理念运用于彩礼返还情形。彩礼是以婚姻为目的的赠与。当双方结婚不成或者“闪离”时，如果让接收一方继续保有彩礼不符合诚信原则，亦不能苛求给付彩礼一方在未办理结婚登记或婚龄较短的情况下即丧失高额彩礼，在法律没有明确规定的情况下，借用德国行为基础丧失理念，通过解释《民法典》的诚信原则，在双方协商不成时，允许当事人变更或解除合同，并综合考虑各种情况酌定返还部分彩礼。

三、彩礼返还的请求权基础

关于彩礼给付方的请求权基础，有学者认为，此时赠与人享有的是不当得利返还请求权。[④] 对此，我们认为，应根据赠与物不同，对赠与人请求受

---

① 杜景林：《德国新债法法律行为基础障碍制度的法典化及其借鉴》，载《比较法研究》2005年第3期。

② 参见［德］迪特尔·斯瓦尔：《德国家庭法》，王葆莳译，法律出版社2010年版，第71～75页，第110～111页。

③ 杨晋玲：《亲属法基础理论问题研究》，法律出版社2017年版，第338页。

④ 王洪：《婚姻家庭法》，法律出版社2003年版，第73页；杨遂全等：《婚姻家庭法新论》，法律出版社2003年版，第85页；杨立新：《亲属法专论》，高等教育出版社2005年版，第91页。

赠人返还财产的根据或其享有的权利进行具体分析。由于通说认为我国民法未采物权行为理论，不能以物权行为无因性为逻辑基础，通过不当得利制度解释合同解除后的返还问题。参考未真正采物权行为理论的《瑞士民法典》的规定，[①] 当彩礼是实物且存在时，赠与人可基于物权请求权请求受赠人返还原物；当原物已转让他人且他人构成善意取得时，赠与人可基于不当得利请求权或侵权损害赔偿请求权，要求受赠人返还相应款项；当原物已经毁损、灭失时，赠与人只能基于侵权损害赔偿请求权，要求受赠人返还相应款项。当彩礼是金钱时，因金钱的交付导致了所有权的绝对转移，赠与人可基于不当得利请求权，要求受赠人还款。同时，在将彩礼返还纳入不当得利体系后，根据《民法典》第 986 条规定，在彩礼接收方善意的情况下，如果彩礼已经因举办婚礼、置办酒席、购置双方共同生活的物品或者已在双方共同生活中消费的，接收方不承担返还的义务。

四、彩礼返还规则应受公序良俗原则调整

以习俗为依据确定的彩礼返还规则，应当受到公序良俗原则的检视。公序良俗原则具有评判习惯的法律适用性的作用。“在确定民事习惯适用性时，应考察习惯是否符合国家利益和社会公共利益，是否能得到国家公共秩序的支持，是否能纳入国家统一的法秩序之中；同时还应考察习惯是否符合社会和经济发展的实际需要，是否符合社会一般道德观念。”[②] 在依据习俗确定相关行为规则时，应引入公序良俗原则予以评判。近三年来，中央大力推进移风易俗和社会精神文明建设，专项治理的对象是高额彩礼，对于不属于高额彩礼的部分，并未完全否认，也即可以为公序良俗所容纳。对于高额彩礼，可以认定违反公序良俗而予以否定。在具体处理中，可以在判断彩礼数额过高的前提下，整体酌定返还数额。

五、对本条的理解适用

如前所述，现有的《民法典婚姻家庭编解释（一）》第 5 条仅规定了三种彩礼返还情形，除了导致给付人生活困难外，主要是未办理结婚登记（且

---

① 《瑞士民法典》第 94 条规定：婚约双方的赠与物，在解除婚约时可请求返还；如赠与物已不存在，可依照返还不当得利的规定处理。

② 谢哲胜、常鹏翱、吴春岐：《中国民法典立法研究》，北京大学出版社 2005 年版，第 59 页。

未共同生活）和已办理结婚登记但确未共同生活两种情况，但在法律逻辑上，尚有两种情况未予规定，需要完善相关规则：一是已经结婚并共同生活；二是未办理结婚登记但已经共同生活。本条即是针对第一种情况所作的规定。双方已办理结婚登记手续并共同生活，离婚时一方请求返还按照习俗给付的彩礼的，人民法院一般不应予以支持。但是，也要看到，给付彩礼的目的除了办理结婚登记这一法定形式要件外，更重要的是双方长期共同生活。因此，共同生活时间长短应当作为确定彩礼是否返还以及返还比例的重要考量因素。在“闪离”的情况下，如果对相关返还彩礼的诉讼请求完全不予支持，尤其是举全家之力给付的高额彩礼，会使双方利益明显失衡，司法应当予以适当调整。

已经结婚并共同生活的，原则上，彩礼目的已实现，不应再予以返还。对此原则，应予重申，以体现彩礼的本质，同时保护妇女权益。因此，本条第 1 款明确，已经结婚并共同生活的，一般情况下是不予支持的。但基于目前的国情，考虑到彩礼作为习惯所承载的社会功能，在彩礼数额较大，而双方结婚时间较短，且男方无明显过错的情况下，可以酌情适当返还，以妥善平衡双方利益。由于个案情况千差万别，无法通过单一标准确定具体的返还比例，故本条规定，在扣除彩礼实际使用及陪嫁的数额后，需要综合考量彩礼的数额、双方共同生活的时间、有无生育子女、双方过错情况等，酌情确定是否返还以及返还的数额和比例。

1. 共同生活情况。根据《民法典婚姻家庭编解释（一）》第 5 条第 1 款第 2 项规定，双方即便已经办理结婚登记，但确未共同生活的，应当返还全部彩礼。一般情况下，双方已办理结婚登记手续并共同生活，离婚时一方请求返还按照习俗给付的彩礼的，人民法院不予支持。但是，也要看到，给付彩礼的目的除了办理结婚登记这一法定形式要件外，更重要的是双方长期共同生活。在“闪离”的情况下，如果对相关返还彩礼的诉讼请求完全不予支持，尤其是举全家之力给付的高额彩礼，会使双方利益明显失衡。

对于已经结婚并共同生活的，应当区分情况：在不属于高额彩礼的情况下，即使共同生活时间较短，离婚时原则上亦不予返还；在高额彩礼的情况下，法律有予以调整的必要。比如，最高人民法院发布的第一批涉彩礼纠纷典型案例中的案例一：2020 年 9 月，王某某与李某某（女）登记结婚。王某某家在当地属于低收入家庭。为与对方顺利结婚，王某某给付李某某彩礼 188000 元。李某某于 2021 年 4 月终止妊娠。因双方家庭矛盾加深，王某某于 2022 年 2 月起诉离婚，并请求李某某返还彩礼 188000 元。审理法院认为，双方当事人由于婚前缺乏了解，婚后亦未建立起深厚感情，婚姻已无存续可能，准予离婚。结合当地经济生活水平及王某某家庭经济情况，王某某所给付的彩礼款 188000 元属于数额过高，事实上造成较重的家庭负担。综合考虑双方共同生活时间较短、女方曾有终止妊娠等事实，为妥善平衡双方当事人利益，化解矛盾纠纷，酌定李某某返还彩礼款 56400 元。本案中，双方共同生活仅一年多时间，给付彩礼的目的尚未全部实现，给付方不存在明显过错，相对于其家庭收入来讲，彩礼数额过高，给付彩礼已造成较重的家庭负担。同时，考虑到终止妊娠对女方身体健康亦造成一定程度的损害等事实，判决酌情返还部分彩礼，能够较好地平衡双方当事人间的利益。在已经结婚并共同生活的情况下，司法贯彻落实中央一号文件精神，重点调整的是高额彩礼导致的利益失衡现象。

本条和本规定第 6 条在征求意见稿中的表述为“共同生活时间”，后修改为“共同生活情况”，以指引法官在考量共同生活事实时，不能简单计算时间长短，还需要综合考虑是否实际一起居住、未实际共同居住的原因等情形。

2. 孕育情况。不可否认，生育目前仍然是婚姻的重要内容，我国长期以来也有“多子多福”的传统。生育子女，对男方及其家庭来说，可能成为婚姻的重要目的；对女方来说，因妊娠、分娩，女性必然承担更多的生理风险及心理压力，也需要予以重点考虑。在征求意见过程中，有意见提出，如果将是否孕育作为彩礼返还的考量因素，有使女性成为生育机器之嫌。对此，我们认为，是否妊娠、生育，是双方当事人自行对生活选择的结果，法律仅是在双方对彩礼返还产生争议时，将此作为是否返还以及返还比例的考量因素。正是考虑到了女性在妊娠、分娩、抚育子女等方面的付出，才应当酌情减少彩礼返还甚至不予返还，如果不将其作为考量因素，更是对女性付出的漠视，不利于保护妇女合法权益。一般来说，已经共同生活并生育子女的，原则上彩礼不应当予以返还。最高人民法院在发布的第一批涉彩礼纠纷典型案例中的案例一，也是考虑了终止妊娠对女方身体健康造成一定程度的损害，对彩礼返还数额予以酌减，以保护女性合法权益。本条和本规定第 6 条在征求意见稿中的表述为“孕育子女”，后修改为“孕育情况”，以涵盖终止妊娠等情形。

3. 双方过错情况。基于婚约的赠与物返还是否须解约人就解约的原因无过失，法国、瑞士民法采否定说；美国各州法院对此做法不一。一些法院遵循传统，认为赠与物只有在双方同意解除婚约关系或者受赠人不正当解除婚约关系时，才能要求返还赠与物。史尚宽先生认为，如因婚约人一方以违诚实信用原则之行为而使产生婚约解销之结果（须有因果关系），例如与他人订立婚约或结婚，则应解释丧失其返还请求权。① 有些法院则依据现代理论认为，不论双方是否同意，以结婚为条件的赠与物在婚约解除时都应当返还，而不考虑是否有过错。② 其理由主要是：婚约的破裂没有真正的过错一方，婚约期间任何一方均有权改变主意不与对方结婚，这实际上也是为了防止不幸福的婚姻发生，缔结婚约的目的之一就是给当事人以时间对对方的感情进行考验。更何况现代离婚都不考虑双方是否有过错，解除婚约更无须考虑过错问题。③ 对此，我们认为，这里需要考察两个层次的问题，一个是婚约解除是否需要考虑过错的问题。正如有些学者所论述的，不能因当事人一方有过错而限制其离婚的自由，这是现代婚姻法的基本原则，解除婚约亦然。不能因为一方有过错而限制其解除婚约的权利，更何况，婚约对当事人而言并无法律上的约束力。第二个层次的问题是如果有过错一方解除婚约的，是否有权要求返还赠与物。如果基于婚约的赠与物返还需要解约人就解约的原因无过失，可能会不当限制当事人的解约自由，实际上对后续的婚姻并无实益。因此，原则上不应因一方过错而丧失返还请求权，但是，亦不能完全无视各方过错情况，这也是诚信原则的应有之义。④ 如果给付彩礼一方存在家庭暴力、与他人另行订立婚约或结婚等严重过错的，另一方可以酌情减少返还比例；如果接收彩礼一方存在严重过错的，应当加大返还比例。

彩礼是一方以结婚为目的给付另一方的财物，因此，在已经结婚且共同生活的情况下，返还彩礼应当以离婚为条件，故本条表述为“离婚纠纷中”。

4. 彩礼数额。彩礼以缔结婚姻为目的，但彩礼无法保障婚姻长久。在当事人已经办理结婚登记并共同生活的情况下，给付彩礼的目的已经实现，一般不宜再判决返还。但是，在彩礼数额远远超出当地人均收入和家庭经济承受能力的情况下，彩礼已经失去其本身承载的功能限度，甚至异化为借婚姻索取财物。而《民法典》是明确禁止借婚姻索取财物的，因此，彩礼数额过

① 史尚宽：《亲属法论》，中国政法大学出版社 2000 年版，第 162 页。
② 余延满：《亲属法原论》，法律出版社 2007 年版，第 158 页。
③ 夏吟兰：《美国现代婚姻家庭制度》，中国政法大学出版社 1999 年版，第 53 页。
④ 王丹：《新形势下彩礼纠纷的司法应对》，载《中国应用法学》2024 年第 1 期。

高的，应当予以返还。

5. 彩礼实际使用情况。将彩礼实际使用情况作为彩礼返还的考量因素，关键在于查明彩礼是作为双方共同消耗，还是接受彩礼一方单方使用。如果彩礼用于双方共同生活、购置共同财产或者办婚礼酒席消费等，在彩礼返还时应当将该部分予以扣除。

6. 对彩礼是否属于高额的判断标准。如前所述，双方已经结婚并共同生活的，原则上，彩礼目的已实现，不应再予以返还。本条之所以规定特定情形下返还彩礼主要是考虑到目前我国尤其是农村社会高价彩礼引起了一系列社会问题，通过司法手段予以规制。但是，在已经结婚并共同生活的情形下，司法规制的应是“高额彩礼”而非一般按照习俗给付的彩礼。实践中，判断彩礼是否属于“高额”，并没有明确的参考标准。本条在征求意见过程中，很多意见反馈，应当明确如何界定“高额”标准。从法律规定看，《民法典》虽未对彩礼问题予以明确规定，但亦未否认彩礼本身的合法性。根据《民法典》第10条规定，处理民事纠纷，应当依照法律；法律没有规定的，可以在不违背公序良俗的前提下，适用习惯。如前所述，合理范围内的彩礼属于“习惯”范畴，应当尊重其所承载的文化因素和社会功能，法律不宜一概否定。但考虑到彩礼作为习俗，本就千差万别，所谓“百里不同俗”，同时，各地经济发展水平差异也较大，即使在同一地区，不同家庭之间经济情况也可能存在较大差别，因此，不宜在全国范围内确定统一的“高额”标准。本条第3款规定了“高额”的参考标准，包括当地居民人均可支配收入、给付方家庭收入等。一般来讲，超出当地居民人均可支配收入的三倍，可以认定为高额彩礼。此外，根据民政部公布的信息，为贯彻中央治理高额彩礼的政策，目前，内蒙古、黑龙江、山东、浙江、河南、江西、甘肃、重庆、四川等许多地方已公布了彩礼、随礼等倡导性标准。有些市级或县级政府也规定了当地的彩礼限额，比如，宁夏回族自治区固原市泾源县规定彩礼最高不得超过6万元。在认定是否属于高额彩礼时，也可以参考各地出台的相关规定。在同一地区，不同家庭收入情况可能差别较大，因此，给付方的家庭收入情况也应当作为考虑彩礼数额是否过高的因素，具体可以通过审查给付方的经济来源、收入高低等，判断所给付的彩礼价值金额对于给付方家庭经济总量而言是否占比过高、负担是否过重。

六、彩礼与嫁妆的关系

嫁妆与彩礼同为中国传统婚嫁习俗的重要组成部分，《诗经》中“以尔车来，以我贿迁”即是有关嫁妆的记载。传统上，送嫁妆的目的一方面是展现女方家的经济实力，另一方面也是为女方争取在夫家的地位提供物质基础。嫁妆多少依据女方家的实力地位而定。明清以前，嫁妆一般属于女方“私有财产”，女方对嫁妆有相对独立的处分权。如果因为各种原因女方离开夫家，一般也允许其自行带走。如张家山出土的汉简《二年律令·置后律》中记载：“女子为户毋后而出嫁者，令夫以妻田宅盈其田宅。宅不比，弗得。其弃妻，及夫死，妻得复取以为户。弃妻，畀之其财。”其中的“弃妻，畀之其财”即是允许女方保有对嫁妆的权利。当然，明清之后，女性对嫁妆的控制权逐步减弱。可见，彩礼与嫁妆的权利归属并不一致，彩礼主要是归属女方家庭，嫁妆虽带去男方家庭，但一般属于女方个人所有。中华人民共和国成立后，同彩礼一样，现行法律没有明确规定嫁妆问题，嫁妆归属仍受习俗调整。作为与彩礼相伴相生的婚嫁习俗，嫁妆仍广泛存在，但不同地区、不同家庭均可能存在较大差别。有的地方主要是女方出嫁妆，有的地方嫁妆数额甚至高于彩礼数额；有的家庭收到彩礼后不返还作为陪嫁或者仅象征性地给较少的嫁妆，而有的家庭在女方收到彩礼后将大部分甚至全部均作为嫁妆返还用于新家庭。因此，对于涉及嫁妆的纠纷，应根据习俗和来源情况，实事求是处理。本规定之所以未就嫁妆问题作出规定，主要是从我们调研了解情况看，传统上一般认为，离婚时，尚存的嫁妆应归女方，现实生活中亦对此争议不大，实践中单纯要求返还嫁妆的案件极少，涉及嫁妆的纠纷更多的是在离婚分割夫妻共同财产或者彩礼返还纠纷中处理。考虑到本条和第6条中确定彩礼返还数额时，均明确规定需要考虑嫁妆使用情况，为避免引起更多纷争，本规定未就嫁妆返还问题再作单独规定。

【实务问题】

一、是否共同生活如何认定

婚姻生活的复杂性、私密性决定了公权力介入时需要把握好尺度和方式。涉彩礼返还纠纷中，不论是已办理结婚登记还是未办理结婚登记的情况，在确定是否返还以及返还的具体比例时，共同生活时间均是重要的考量因素。但是，案件情况千差万别，对何谓“共同生活”，很难明确规定统一的标准。双方是否实际“共同生活”应在个案中基于已经查明的事实予以认定。比如最高人民法院发布的第一批涉彩礼纠纷典型案例中的案例三：刘某与朱某（女）2020 年 7 月确立恋爱关系，2020 年 9 月登记结婚。刘某于结婚当月向朱某银行账户转账一笔 80 万元并附言为“彩礼”，转账一笔 26 万元并附言为“五金”。双方曾短暂同居，但分别在不同省份的城市工作生活，并因筹备婚宴、拍婚纱照、共同旅游、亲友相互往来等产生部分费用。后因筹备举办婚礼等事宜发生纠纷，双方于 2020 年 11 月协议离婚，婚姻关系存续不到三个月。关于共同生活的认定，审理法院认为，双方虽然已经办理结婚登记，但从后续拍摄婚纱照、筹备婚宴的情况看，双方仍在按照习俗举办婚礼仪式的过程中。双方当事人婚姻关系仅存续不到三个月，其间双方工作、生活在不同的城市，对于后续如何工作、居住、生活未形成一致的规划。双方虽有短暂同居经历，但尚未形成完整的家庭共同体和稳定的生活状态，不能认定为已经有稳定的共同生活。

二、对于嫁妆应如何处理

作为与彩礼相伴相生的婚嫁习俗，嫁妆目前仍较为普遍，但不同地区、不同家庭可能存在较大差别。为此，本规定第 5 条和第 6 条均明确在彩礼返还时要考虑嫁妆情况，即应当扣减已经共同消费或已经添附到男方财产上的嫁妆数额。比如，最高人民法院发布的第一批涉彩礼纠纷典型案例中的案例四：张某某与赵某某（女）经人介绍认识，双方于 2022 年 4 月定亲。张某某给付赵某某父母赵某和王某定亲礼 36600 元；2022 年 9 月张某某向赵某某银行账户转账彩礼 136600 元。赵某某等购置价值 1120 元的嫁妆并放置在张某某处。双方未办理结婚登记，未举行结婚仪式。2022 年 9 月，双方解除婚约后因彩礼返还问题发生争议，张某某起诉请求赵某某及其父母赵某、王某共同返还彩礼 173200 元。审理法院认为，双方未办理结婚登记，现有证据不足以证明张某某与赵某某持续、稳定地共同生活，张某某不存在明显过错，但在案证据也能证实赵某某为缔结婚姻亦有付出的事实，故案涉定亲礼、彩礼在扣除嫁妆后应予适当返还。可见，在处理彩礼返还问题时，需要考虑嫁妆情况，如果部分彩礼已通过嫁妆的形式返回到新的家庭中，并已经转化为夫妻共同财产，则可在离婚分割夫妻共同财产时一并处理。如果是女方家在彩礼外额外陪送的嫁妆，对于尚存的部分，应当返还给女方。对于已经消费的部分，可以在返还彩礼时予以扣减。

三、如何区分“导致给付人生活困难”与高额彩礼

《民法典婚姻家庭编解释（一）》第 5 条第 1 款第 3 项规定，婚前给付并导致给付人生活困难的，当事人有权请求返还按照习俗给付的彩礼。“导致给付人生活困难”一般应指给付彩礼的一方婚前举债给付、婚后无经济来源偿还债务，或者是婚前用家庭财产给付、婚后无固定经济来源、依靠自己的力量无法维持最基本的生活水平，即给付人因婚前给付彩礼导致其生活依靠个人财产和离婚分得的财产都不足以维持当地最低基本生活水平。生活困难需根据给付彩礼的数额、给付人的生活来源及家庭状况、当地生活水平等因素综合考虑，参照当地最低生活保障标准合理确定。若因给付彩礼，导致给付人及其家庭背负高额债务，虽然给付人的收入能维持基本生活，但无经济来源偿还债务的，仍然可以有条件地支持一方要求返还彩礼的诉讼请求。高额彩礼的判断因素与上述“导致给付人生活困难”的判断因素有重合部分，虽高额彩礼一般也会导致给付人生活困难，但两者的着眼点和严重程度不同。“导致给付人生活困难”更多的是保障彩礼给付方家庭的基本生存权，而高额彩礼是从公序良俗维护的角度予以规范。

【条文】

第六条

双方未办理结婚登记但已共同生活，一方请求返还按照习俗给付的彩礼的，人民法院应当根据彩礼实际使用及嫁妆情况，综合考虑共同生活及孕育情况、双方过错等事实，结合当地习俗，确定是否返还以及返还的具体比例。

【条文主旨】

本条是关于未办理结婚登记但已经共同生活情况下彩礼返还规则的规定。

【条文概览】

给付彩礼后未办理结婚登记的，原则上应当返还彩礼，但双方已共同生活的，应当考虑共同生活对双方尤其是对彩礼接受一方的影响，在扣减已经使用部分和无法返还的嫁妆部分基础上，综合考虑共同生活及孕育情况、双方过错等事实，结合当地习俗，确定是否返还以及返还的具体比例。

【理解与适用】

一、本条制定的背景

根据《民法典婚姻家庭编解释（一）》第5条第1款第1项规定，双方未办理结婚登记手续的，彩礼应当返还。但是，实践中，部分地区存在因一方未达法定婚龄等原因，双方未办理结婚登记手续，只是按照当地习俗举办了婚礼即开始共同生活的情况。此种情况下虽无婚姻之法定要件，但已有婚姻之实，如果按照上述司法解释规定一律判决返还彩礼，对接受彩礼一方是不公平的。近年来，最高人民法院通过发布典型案例等方式明确该条所称的“双方未办理结婚登记手续”是指“未办理结婚登记手续且未共同生活”的情形，对未办理结婚登记手续但已经共同生活的情况，应当考量各种因素予以适当返还而不是全部返还。

二、对本条的理解

（一）本条与前一条的逻辑区别

本条与本规定第 5 条均是针对已经共同生活的情况，且考虑的因素大体相同，但两者的逻辑基础是不同的。根据《民法典》第 1049 条规定，确立婚姻关系的标志是完成结婚登记。因此，未办理结婚登记的，原则上应当返还全部彩礼，只是考虑已经共同生活的情况，可予以酌减。而在已经办理登记的情况下，赠与目的已经实现，原则上不应再予以返还。但是，婚姻不仅仅是结婚登记一个即时行为，其实质内容是男女两性长久共同生活，应当对共同生活的因素予以特别考虑。因此，即便已经办理结婚登记，但是如果婚姻生活时间较短，则永久共同生活的目的并没有全部达成，部分返还亦有其合理性。故将两种情况分两条规定；同时，也能与《民法典婚姻家庭编解释（一）》第 5 条的逻辑保持一致。

本条与第 5 条在表述上也存在一定差异，本条没有明确“考虑彩礼数额”，主要考虑是：在已经结婚登记且共同生活的情况下，彩礼目的大部分已经实现，返还彩礼的条件应当更严格一些。因此，在确定考量因素时，要特别考虑彩礼的数额，只有共同生活时间短且彩礼数额过高的，才予以酌情返还；而在未办理结婚登记的情况下，原则上应予返还。但是，如果双方实际已经共同生活甚至生育子女，对女方影响较大，应兼顾女方权益保护。故此种情况下应当酌情减少返还数额，而不考虑是否系高额彩礼。

（二）应当关注共同生活之实

如前所述，我们倾向认为，将彩礼定性为以婚姻为最终目的的赠与更为符合当事人的本意，也更能兼顾婚姻家庭关系的伦理性，给实践中需要考量的各种因素预留空间。既然给付彩礼的行为属于以婚姻为最终目的的赠与，当结婚不成时，最终目的无法实现，此种赠与行为丧失法律效力，给付人自可请求受领人返还。而且，原则上应当全部返还。

彩礼返还问题应当符合社会生活实际情况。虽然 1994 年《婚姻登记管理条例》实施后，法律不再承认事实婚姻，根据《婚姻法》和《民法典》规定，婚姻以登记为要件，未办理结婚登记情况下，不具有夫妻权利义务关系。但是，在广大农村地区，按照当地习俗举行婚礼后共同生活即为夫妻，仍得到人民群众一定程度的认可，如果仅以未办理结婚登记为由返还全部彩礼，对彩礼接受一方是不公平的。因此，在审理未办理结婚登记情况下的彩礼返还纠纷时，不应当忽略共同生活的“夫妻之实”。该共同生活的事实不仅承载着给付彩礼一方的重要目的，也会对女性身心健康产生一定程度的影响，尤其是在孕育子女等情况下。如果仅因未办理结婚登记而要求接受彩礼一方全部返还，有违公平原则，也不利于保护妇女合法权益。因此，双方虽未办理结婚登记手续但已经共同生活的，应当考量各种因素确定是否返还。比如，最高人民法院发布的第一批涉彩礼纠纷典型案例中的案例二：双方当事人虽未办理结婚登记，但按照当地习俗举办了婚礼，双方以夫妻名义共同生活三年有余，且已生育一子。该案判决综合考量上述事实，对返还彩礼的诉讼请求不予支持，符合当地风俗习惯，特别体现了对妇女合法权益的保护。

（三）彩礼实际使用及嫁妆情况的考量

本条在向社会征求意见时，将“彩礼实际使用及嫁妆情况”与其他考量因素并列规定。后考虑彩礼如果已经实际使用，比如彩礼已经被用于举办婚礼、置办酒席、购置双方共同生活的物品或者已在双方共同生活中消费，是需要扣减的，这符合“目的不达不当得利”的处理原则，即返还剩余部分。而其他情况系酌情返还的考量因素，与“彩礼实际使用情况”所起作用不同。

如前所述，按照传统习俗，嫁妆应属私人财产，但不少情况下，嫁妆已经用于夫妻共同生活。因此，如果能够返还的，应当返还；不能返还的，可能要考虑对方受益情况，这也属于应予以扣减的部分，与其他酌情返还的考量因素不同。

（四）双方过错情况

本条与前一条对过错的考量因素大体一致，即是否解除婚约不考虑过错情况，但在确定财产是否返还以及返还比例时，应考量过错因素。如果给付彩礼一方存在家庭暴力、与他人另行订立婚约或结婚等严重过错的，另一方可以酌情减少返还比例；如果接收彩礼一方存在严重过错的，应当加大返还比例。如因彩礼给付方隐瞒自身重大疾病导致未办理结婚登记的，应考虑其过错情况对彩礼返还数额予以酌减。

【实务问题】

一、共同生活多长时间即可以不需要返还彩礼

考虑到彩礼返还比例不仅需要考虑共同生活时间，还要考虑孕育情况、双

方过错等事实，不同因素叠加会出现各种不同组合，规定具体的时间反而可能损害一方当事人的利益。故本规定未就具体的生活时间进行规定。实践中应当依据个案具体情况综合认定。具体可以参考第一批涉彩礼纠纷典型案例中的案例二的裁量标准，即共同生活3年以上，且育有子女，彩礼数额不明显过高。

二、是否未办理结婚登记且未共同生活即必须返还全部彩礼

在认定彩礼是否返还及返还的具体比例时，人民法院要考虑彩礼的习俗性特征，并根据不同家庭实际情况，综合考虑双方当事人共同生活及孕育情况、有无过错等各项因素确定。一般来讲，双方未缔结婚姻且未实际共同生活，彩礼接受方应返还全部彩礼，但也要考虑到双方未能缔结婚姻的原因，如果未能缔结的原因全部系彩礼给付方导致，在确定彩礼返还数额时也可以适当酌减。比如，最高人民法院发布的第二批涉彩礼纠纷典型案例中的案例四：2023年8月，吴某（男）与刘某举行订婚仪式，给付彩礼22.8万元。后因刘某发现吴某隐瞒患有重大疾病导致不能生育的情况，未再办理结婚登记。审理法院认为，双方未办理结婚登记且未共同生活，符合法律规定的返还全部彩礼的法定情形，但因吴某向刘某隐瞒了自身存在重大疾病导致不能生育的情况，其对未办理结婚登记这一结果存在过错，应对返还彩礼数额予以酌减。

三、婚姻被确认无效或被撤销的，彩礼如何返还

根据《民法典》第1054条第1款规定，无效或者被撤销的婚姻自始没有法律约束力。相当于双方当事人没有结婚，但与未办理结婚登记的情况也应区别对待。因为很多时候当事人已经共同生活过一段时间，且即使未共同生活，但曾经登记结婚的事实也会对当事人未来产生一定影响。该条更多地是从当事人之间不具有夫妻的权利义务关系角度所作的规定。而导致无效婚姻的情形不同，应对彩礼返还产生影响。从《民法典》第1054条增加的第2款规定看，无效婚姻更应关注无过错方的合法权益，也即应当区分各方过错情况，予以平衡考虑。比如，如果给付彩礼一方隐瞒重大疾病办理结婚登记后，彩礼接受人作为无过错方请求撤销婚姻的，此时彩礼返还应予以酌减。

【条文】

第七条

本规定自2024年2月1日起施行。

本规定施行后，人民法院尚未审结的一审、二审案件适用本规定。本规定施行前已经终审、施行后当事人申请再审或者按照审判监督程序决定再审的案件，不适用本规定。

【条文主旨】

本条是关于本规定施行时间及溯及力的规定。

【条文概览】

本规定于2023年11月13日经最高人民法院审判委员会第1905次会议讨论通过，于2024年1月17日公布并于同年2月1日起施行。本规定是针对审判实践中彩礼返还纠纷所作的具体裁判规则，并非对某一法律条文的解释。故施行后，人民法院尚未审结的一审、二审案件均可以适用本规定。为维护判决稳定性和社会秩序，本规定施行前已经终审、施行后当事人申请再审或者按照审判监督程序决定再审的案件，不适用本规定。

【理解与适用】

一、关于本规定的施行时间

司法解释是最高人民法院就审判工作中如何具体应用法律作出的重要司法规范，生效之日才具有法律效力，亦即在全国范围内（不含港澳台地区）具有普遍约束力。《立法法》第61条规定："法律应当明确规定施行日期。"法律的施行日期关系到该法何时产生拘束力，也是执行法律的前提。2007年，最高人民法院印发《最高人民法院关于司法解释工作的规定》，其第25条规定，司法解释以最高人民法院公告形式发布。司法解释自公告发布之日起施行，但司法解释另有规定的除外。2007年公布的《最高人民法院办公厅关于规范司法解释施行日期有关问题的通知》（法办〔2007〕396号）规定："一、今后各部门起草的司法解释对施行日期没有特别要求的，司法解释条文中不再规定‘本解释（规定）自公布之日起施行’的条款，施行时间一律以发布司法解释的最高人民法院公告中明确的日期为准。二、司法解释对施行日期有特别要求的，应当在司法解释条文中规定相应条款，明确具体施行时间，我院公告的施行日期应当与司法解释的规定相一致。”2021年，经最高人民法院审判委员会讨论，决定对《最高人民法院关于司法解释工作的规定》予以修改，但其中第25条未改动。由此可以看出，无论以何种形式表述施行日期，这个问题都必须明确。因为司法解释的生效日期关系到其何时开始具有约束力，能否适用该司法解释认定案件相关事实，确认相关的法律关系和法律责任，以及在裁判文书中何时可以引用。考虑到本解释对当事人利益影响较大，设置一定缓冲期有助于更好地理解和适用本规定，故本规定未采用“自公布之日起施行”的模式，而是在条文中明确规定了施行日期，且施行日期与公告一致。

二、关于本规定的溯及力

如前所述，法律对彩礼问题没有明确规定，故本规定并非对某一具体法律条文的解释，因此，正在审理的一、二审案件均可以适用。但已经终审的案件，不论是再审申请阶段还是已经再审审理阶段，均不适用本规定，以维护判决的稳定性。

三、本规定与《民法典婚姻家庭编解释（一）》相关规定的关系

如前所述，除婚前给付导致给付人生活困难情形外，《民法典婚姻家庭编解释（一）》第5条是针对未共同生活情况所作的规定，包括未办理结婚登记和已办理结婚登记两种情形，而本规定第5条和第6条是针对已经共同生活情况所作，两者适用的范围不同。因此，原则上，本规定实施后，《民法典婚姻家庭编解释（一）》相关规定并未废止。但是，由于本规定的基础逻辑与《民法典婚姻家庭编解释（一）》存在不尽相同之处，故在具体审理案件中，应以本规定的精神为准。比如，最高人民法院发布的第二批涉彩礼纠纷典型案例中的案例四：2023年8月，吴某（男）与刘某举行订婚仪式，给付彩礼22.8万元。后因刘某发现吴某隐瞒患有重大疾病导致不能生育的情况，未再办理结婚登记。双方没有共同生活过。该案符合的是《民法典婚姻家庭编解释（一）》第5条双方未办理结婚登记且未共同生活的情形。根

据该条规定，彩礼给付方要求返还彩礼的，人民法院一般应予支持。但本案中，双方未办理结婚登记系因吴某向刘某隐瞒其身患重大疾病导致，吴某存在过错，在处理相关纠纷时应对该情形予以考虑。经人民法院调解，对刘某返还彩礼数额予以适当酌减，体现了对双方当事人利益的平等保护。可见，《民法典婚姻家庭编解释（一）》第5条并未考虑双方过错情况，而本规定第5条和第6条均将过错作为确定彩礼返还数额的酌定考量因素。因此，如果存在过错情形，相关纠纷应根据本规定精神处理。

第四部分　典型案例

1. 第一批涉彩礼纠纷典型案例①

案例一

已办理结婚登记但共同生活时间较短，离婚时应当根据共同生活时间、孕育子女等事实对数额过高的彩礼酌情返还

——王某某与李某某离婚纠纷案

【基本案情】

2020年9月，王某某与李某某（女）登记结婚。王某某家在当地属于低收入家庭。为与对方顺利结婚，王某某给付李某某彩礼188000元。李某某于2021年4月终止妊娠。因双方家庭矛盾加深，王某某于2022年2月起诉离婚，并请求李某某返还彩礼188000元。

【裁判结果】

审理法院认为，双方当事人由于婚前缺乏了解，婚后亦未建立起深厚感情，婚姻已无存续可能，准予离婚。结合当地经济生活水平及王某某家庭经济情况，王某某所给付的彩礼款188000元属于数额过高，事实上造成较重的家庭负担。综合考虑双方共同生活时间较短，女方曾有终止妊娠等事实，为妥善平衡双方当事人利益，化解矛盾纠纷，酌定李某某返还彩礼款56400元。

【典型意义】

彩礼是以缔结婚姻为目的依据习俗给付的财物。作为我国婚嫁领域的传统习俗，彩礼是男女双方及家庭之间表达感情的一种方式，也蕴含着对婚姻

① 2023年12月11日，最高人民法院、民政部、全国妇联联合发布。

的期盼与祝福。然而，超出负担能力给付的高额彩礼却背离了爱情的初衷和婚姻的本质，使婚姻演变成物质交换，不仅对彩礼给付方造成经济压力，影响婚姻家庭的和谐稳定，也不利于弘扬社会文明新风尚。2021 年以来，中央一号文件连续三年提出治理高额彩礼问题。遏制高额彩礼陋习、培育文明乡风成为全社会的共同期盼。基于彩礼给付的特定目的，一般情况下，双方已办理结婚登记手续并共同生活，离婚时一方请求返还按照习俗给付的彩礼的，人民法院不予支持。但是，也要看到，给付彩礼的目的除了办理结婚登记这一法定形式要件外，更重要的是双方长期共同生活。因此，共同生活时间长短应当作为确定彩礼是否返还以及返还比例的重要考量因素。本案中，双方共同生活仅一年多时间，给付彩礼的目的尚未全部实现，给付方不存在明显过错，相对于其家庭收入来讲，彩礼数额过高，给付彩礼已造成较重的家庭负担，同时，考虑到终止妊娠对女方身体健康亦造成一定程度的损害等事实，判决酌情返还部分彩礼，能够较好地平衡双方当事人间的利益，引导树立正确的婚恋观，倡导形成文明节俭的婚礼习俗，让婚姻始于爱，让彩礼归于“礼”。

案例二

男女双方举行结婚仪式后共同生活较长时间
且已育有子女，一般不支持返还彩礼

——张某与赵某婚约财产纠纷案

【基本案情】

张某与赵某（女）于 2018 年 11 月经人介绍相识，自 2019 年 2 月起共同生活，于 2020 年 6 月生育一子。2021 年 1 月双方举行结婚仪式，至今未办理结婚登记手续。赵某收到张某彩礼款 16 万元。后双方感情破裂，于 2022 年 8 月终止同居关系。张某起诉主张赵某返还 80% 彩礼，共计 128000 元。

【裁判结果】

审理法院认为，双方自 2019 年 2 月起即共同生活并按民间习俗举行了婚礼，双方在共同生活期间生育一子，现已年满 2 周岁，且共同生活期间必

然因日常消费及生育、抚养孩子产生相关费用，若在以夫妻名义共同生活数年且已共同养育子女 2 年后仍要求返还彩礼，对赵某明显不公平，故判决驳回张某的诉讼请求。

【典型意义】

习近平总书记强调指出，家庭是社会的基本细胞，是人生的第一所学校。不论时代发生多大变化，不论生活格局发生多大变化，我们都要重视家庭建设，注重家庭、注重家教、注重家风。《民法典》规定，家庭应当树立优良家风，弘扬家庭美德，重视家庭文明建设；保护妇女、未成年人、老年人、残疾人的合法权益。人民法院在审理涉及彩礼纠纷案件中要坚决贯彻落实习近平总书记关于家庭家教家风建设的重要论述精神和民法典的相关规定。《最高人民法院关于适用〈中华人民共和国民法典〉婚姻家庭编的解释（一）》第 5 条关于未办理结婚登记手续应返还彩礼的规定，应当限于未共同生活的情形。已经共同生活的双方因未办理结婚登记手续不具有法律上的夫妻权利义务关系，但在审理彩礼返还纠纷时，不应当忽略共同生活的“夫妻之实”。该共同生活的事实不仅承载着给付彩礼一方的重要目的，也会对女性身心健康产生一定程度的影响，尤其是在孕育子女等情况下。如果仅因未办理结婚登记而要求接受彩礼一方全部返还，有违公平原则，也不利于保护妇女合法权益。本案中，双方当事人虽未办理结婚登记，但按照当地习俗举办了婚礼，双方以夫妻名义共同生活三年有余，且已生育一子。本案判决符合当地风俗习惯，平衡各方当事人利益，特别体现了对妇女合法权益的保护。

案例三

已办理结婚登记，仅有短暂同居经历尚未形成稳定共同生活的，应扣除共同消费等费用后返还部分彩礼

——刘某与朱某婚约财产纠纷案

【基本案情】

刘某与朱某（女）2020 年 7 月确立恋爱关系，2020 年 9 月登记结婚。刘某于结婚当月向朱某银行账户转账一笔 80 万元并附言为“彩礼”，转账一

笔 26 万元并附言为“五金”。双方分别在不同省份的城市工作生活。后因筹备举办婚礼等事宜发生纠纷，双方于 2020 年 11 月协议离婚，婚姻关系存续不到三个月。婚后未生育子女，无共同财产，无共同债权债务。双方曾短暂同居，并因筹备婚宴、拍婚纱照、共同旅游、亲友相互往来等产生部分费用。离婚后，因彩礼返还问题发生争议，刘某起诉请求朱某返还彩礼 106 万元。

【裁判结果】

审理法院认为，彩礼是男女双方在缔结婚姻时一方依据习俗向另一方给付的钱物。关于案涉款项的性质，除已明确注明为彩礼的 80 万元款项外，备注为“五金”的 26 万元亦符合婚礼习俗中对于彩礼的一般认知，也应当认定为彩礼。关于共同生活的认定，双方虽然已经办理结婚登记，但从后续拍摄婚纱照、筹备婚宴的情况看，双方仍在按照习俗举办婚礼仪式的过程中。双方当事人婚姻关系仅存续不到三个月，其间双方工作、生活在不同的城市，对于后续如何工作、居住、生活未形成一致的规划。双方虽有短暂同居经历，但尚未形成完整的家庭共同体和稳定的生活状态，不能认定为已经有稳定的共同生活。鉴于双方已经登记结婚，且刘某支付彩礼后双方有共同筹备婚礼仪式、共同旅游、亲友相互往来等共同开销的情况，对该部分费用予以扣减。据此，法院酌情认定返还彩礼 80 万元。

【典型意义】

涉彩礼返还纠纷中，不论是已办理结婚登记还是未办理结婚登记的情况，在确定是否返还以及返还的具体比例时，共同生活时间均是重要的考量因素。但是，案件情况千差万别，对何谓“共同生活”，很难明确规定统一的标准，而应当具体情况具体分析。本案中，双方婚姻关系存续时间短，登记结婚后仍在筹备婚礼过程中，双方对于后续如何工作、居住、生活未形成一致的规划，未形成完整的家庭共同体和稳定的生活状态，不宜认定为已经共同生活。但是，考虑到办理结婚登记以及短暂同居经历对女方的影响、双方存在共同消费、彩礼数额过高等因素，判决酌情返还大部分彩礼，能够妥善平衡双方利益。

案例四

婚约财产纠纷中，接受彩礼的婚约方父母可作为共同被告

——张某某与赵某某、赵某、王某婚约财产纠纷案

【基本案情】

张某某与赵某某（女）经人介绍认识，双方于2022年4月定亲。张某某给付赵某某父母赵某和王某定亲礼36600元；2022年9月张某某向赵某某银行账户转账彩礼136600元。赵某某等购置价值1120元的嫁妆并放置在张某某处。双方未办理结婚登记，未举行结婚仪式。2022年9月，双方解除婚约后因彩礼返还问题发生争议，张某某起诉请求赵某某及其父母赵某、王某共同返还彩礼173200元。

【裁判结果】

审理法院认为，双方未办理结婚登记，现有证据不足以证明张某某与赵某某持续、稳定地共同生活，张某某不存在明显过错，但在案证据也能证实赵某某为缔结婚姻亦有付出的事实，故案涉定亲礼、彩礼在扣除嫁妆后应予适当返还。关于赵某、王某是否系本案适格被告的问题，审理法院认为，关于案涉彩礼136600元，系张某某以转账方式直接给付赵某某，应由赵某某承担返还责任，扣除嫁妆后，酌定返还121820元；关于案涉定亲礼36600元，系赵某某与其父母共同接收，应由赵某某、赵某、王某承担返还责任，酌定返还32940元。

【典型意义】

《民法典》第10条规定，处理民事纠纷，应当依照法律；法律没有规定的，可以适用习惯，但是不得违背公序良俗。法律没有就彩礼问题予以规定，人民法院应当在不违背公序良俗的情况下按照习惯处理涉彩礼纠纷。根据中国传统习俗，缔结婚约的过程中，一般是由男女双方父母在亲朋、媒人等见证下共同协商、共同参与完成彩礼的给付。因此，在确定诉讼当事人时，亦应当考虑习惯做法。当然，各地区、各家庭情况千差万别，彩礼接收人以及对该笔款项如何使用，情况非常复杂，既有婚约当事人直接接收的，也有婚约当事人父母接收的；彩礼的去向也呈现不同样态，既有接收一方将彩礼作为嫁妆一部分返还的，也有全部返回给婚约当事人作为新家庭生活启

动资金的，还有的由接收彩礼一方父母另作他用。如果婚约当事人一方的父母接收彩礼的，可视为与其子女的共同行为，在婚约财产纠纷诉讼中，将婚约一方及父母共同列为当事人，符合习惯，也有利于查明彩礼数额、彩礼实际使用情况等案件事实，从而依法作出裁判。

2. 第二批涉彩礼纠纷典型案例[①]

案例一

短期内多次“闪婚”并收取高额彩礼，可以认定以彩礼为名借婚姻索取财物

——赵某诉孙某离婚纠纷案

【基本案情】

2020年10月，赵某（男）与孙某经人介绍相识，同月双方登记结婚。赵某向孙某给付彩礼86000元，婚后未生育子女。2021年6月，赵某提起本案诉讼，主张孙某将婚姻作为获取财物的手段，请求判决双方离婚，由孙某返还全部彩礼，主要理由是：婚后孙某主要在娘家居住，双方共同生活时间不超过一个月，其间因孙某一直主张身体不适无夫妻之实，双方还经常因孙某索要财物一事发生矛盾，2021年3月再次为此事争吵后，孙某回娘家不再与其联系。

经法院查明，近4年内，孙某另外还有两段婚姻，均是与男方认识较短时间后便登记结婚，分别接收彩礼8万元、18万元。在两段婚姻所涉离婚诉讼中，男方均提到双方婚后不久即因钱财问题发生矛盾，之后孙某就回娘家居住，没有夫妻生活。

【裁判结果】

审理法院认为，根据已查明的事实及当事人陈述，孙某在四年内就已涉及三起离婚纠纷，结婚仓促，婚姻关系维系时间短，且男方均表示，孙某收取了较高数额的彩礼，婚后双方只有夫妻之名，孙某在双方发生矛盾后即回

① 2025年2月28日最高人民法院发布。

娘家居住，没有继续与男方共同生活的意思表示。综合全部在案证据，可以认定孙某的行为属于以彩礼为名借婚姻索取财物。故判令解除婚姻关系，由孙某返还全部彩礼86000元。

【典型意义】

根据《最高人民法院关于审理涉彩礼纠纷案件适用法律若干问题的解释》第2条规定，一方以彩礼为名借婚姻索取财物，另一方请求返还的，人民法院应予支持。给付彩礼的目的除了办理结婚登记这一法定形式要件外，更重要的是双方形成长期、稳定的共同生活状态。本案中，虽然孙某已与赵某办理结婚登记，但婚姻关系存续时间较短，且孙某主要在娘家居住，双方未能形成长期、稳定的共同生活状态。同时，结合双方经常因孙某索要钱财发生争吵以及孙某之前所涉两次离婚纠纷的具体情况，人民法院认定其有通过婚姻索取财物的行为，判令其全额返还彩礼，再次明确禁止借婚姻索取财物的司法态度，维护正常的婚恋秩序。

案例二

一方基于索取财物目的与另一方建立恋爱关系、作出结婚承诺，可以认定为借婚姻索取财物

——王某诉李某婚约财产纠纷案

【基本案情】

2023年6月，王某（男）与李某通过微信相亲群相识。同月下旬，李某向王某表达交往意愿，并提出在共同生活和办理结婚登记之前王某要给其25万元，王某表示同意，双方遂建立恋爱关系。自2023年6月至2024年2月，李某多次以支付房屋租金、买首饰及其他生活消费为由，向王某索取12万余元。其间，双方一直异地生活，主要通过微信联络，李某主动与王某联系几乎均以索要钱款为目的，其余时间则以工作忙碌等为由拒接、忽视王某的电话，且其从未回赠过王某财物。因自2024年2月起李某拒接王某电话，对王某的领证提议采取推脱、逃避的态度，并多次表示“给够钱才领证”，双方产生隔阂，王某提起本案诉讼，请求李某返还所得钱款12万余元。李某抗辩称，王某在恋爱中自愿赠与的财物不应返还。

【裁判结果】

审理法院认为，恋爱中的赠与是指男女双方为增进感情，主动、自愿赠与对方财物以表心意，且通常为互相赠与，若日后双方未结婚，赠与的财物一般无须返还。借婚姻索取财物则是一方为取得财物而与另一方建立恋爱关系、作出结婚承诺，给付一方通常是被迫而非自愿赠与财物。本案中，结合双方交往真实意图、给付财物态度、相处模式及感情状况等事实可以看出，李某对双方的感情持漠然态度，其与王某建立恋爱关系是为了利用王某对结婚的期待索要财物从而满足物质需求，李某的行为构成借婚姻索取财物。李某应将王某给付的钱款全部返还。故判令李某返还全部12万余元。

【典型意义】

本案中，李某在此段关系中名为恋爱、实为索财，其仅在有物质需要时才与王某联系。同时，李某虽表示可以结婚，但明确表示“给够钱才领证”，索取财物意图明显。尽管李某索要的单笔款项价值不大，但不能将王某的赠与行为视为正常恋爱中的赠与，而是认定李某借婚姻索取财物，按照《最高人民法院关于审理涉彩礼纠纷案件适用法律若干问题的解释》第2条规定，李某应全部返还。

案例三

婚介机构以保证“闪婚”为名收取高额服务费，应结合合同履行情况返还部分费用

——林某诉某婚介公司服务合同纠纷案

【基本案情】

某婚介公司的广告宣传中有提供“闪婚”服务等内容。2024年1月15日，该婚介公司向林某（男）发送了赵某的个人信息。2024年1月18日，林某与该婚介公司签订《（男方）婚姻介绍服务合同》后支付服务费17万元。2024年1月19日，林某与赵某登记结婚。后双方因发生矛盾，于2024年2月29日经法院调解离婚，赵某退还了彩礼。其间，双方未共同居住。林某遂提起本案诉讼，主张因服务合同目的无法实现，请求由婚介机构返还全部服务费17万元。

【裁判结果】

审理法院认为，婚介机构作为特殊的服务行业机构，应当秉承诚信的服务理念为委托人提供服务，严格遵守行业规范，妥善履行合同义务。本案中，婚介机构在提供婚介服务过程中没有充分评估双方感情基础，未能妥当履行合同义务，反而以提供“闪婚”服务为名借机收取高额服务费。但考虑到婚介机构提供婚姻信息、陪同必然产生一定费用，林某对赵某缺乏了解就匆匆结婚，自身也存在过错，酌情考虑扣除 2 万元劳务费等合理费用，判令婚介公司返还服务费 15 万元。

【典型意义】

现实生活中，婚介机构为未婚男女牵线搭桥，成就美好姻缘，本是好事，适当收取服务费亦不违反法律规定。但如利用未婚男女急于寻找佳偶的心理，以提供“闪婚”的中介服务为名收取高额服务费，则该行为违反了婚介服务的应有之义，与社会主义核心价值观相悖。“闪婚”当事人因婚前缺乏深入了解，感情基础不牢，容易“闪离”。在此情况下，当事人主张高额服务费应予返还的，人民法院可以结合婚介机构履行合同情况、当事人离婚原因等因素，认定具体返还金额。

案例四

因彩礼给付方隐瞒自身重大疾病导致未办理结婚登记的，应考虑其过错情况对彩礼返还数额予以酌减

——吴某诉刘某婚约财产纠纷案

【基本案情】

2023 年 8 月，吴某（男）与刘某举行订婚仪式，给付彩礼 228000 元。后因刘某发现吴某隐瞒患有重大疾病导致不能生育的情况，未再办理结婚登记。双方没有共同生活过。吴某遂提起本案诉讼，请求刘某返还全部彩礼 228000 元。

【裁判结果】

审理法院认为，双方未办理结婚登记且未共同生活，符合法律规定的返还全部彩礼的法定情形，但因吴某向刘某隐瞒了自身存在重大疾病导致不能

生育的情况，其对未办理结婚登记这一结果存在过错，应对返还彩礼数额予以酌减。经法院调解，刘某酌情向吴某返还彩礼20万元，吴某撤回起诉。

【典型意义】

双方未办理结婚登记且未共同生活时，彩礼给付方要求返还全部彩礼的，人民法院一般应予支持。但本案中，双方未办理结婚登记系因吴某向刘某隐瞒其身患重大疾病导致，吴某存在过错，在处理相关纠纷时应对该情形予以考虑。经人民法院调解，对刘某返还彩礼数额予以适当酌减，体现了对双方当事人利益的平等保护。

3. 人民法院案例库案例

祝某某诉戴某1、白某某、戴某2婚约财产纠纷案①

——孕育子女可作为彩礼返还比例的考量因素之一

【基本案情】

祝某某与戴某1（女）系恋爱关系，2016年5月14日，祝某某母亲给付彩礼15万元，2016年6月12日双方举办了婚礼，但未进行婚姻登记。祝某某与戴某1自2016年6月12日起共同生活至2017年11月，其间双方共同孕育一子但夭折，后双方因感情产生裂痕无法缔结婚姻关系。祝某某起诉请求判令戴某1及其父母戴某2、白某某返还彩礼15万元。

吉林省辽源市西安区人民法院于2018年7月25日作出（2018）吉0403民初1158号民事判决：被告戴某1、白某某、戴某2于本判决书生效之日起5日内返还原告祝某某彩礼5万元。宣判后，双方当事人均未提起上诉，一审判决已发生效力。

【裁判理由】

法院生效判决认为：男女双方缔结婚姻应以感情为基础。鉴于双方按照习俗举办了婚礼，共同生活了一年多，且孕育一子，结合本地农村常情和本案的实际情况，对于祝某某返还彩礼的请求，酌定戴某1、白某某、戴某2返还彩礼5万元。

① 入库编号：2023-07-2-012-004。

【裁判要旨】

根据《最高人民法院关于适用〈中华人民共和国婚姻法〉若干问题的解释（二）》第10条之规定，虽然本案双方未办理结婚登记，且共同生活时间不长，但已生育一子。孕育子女对女性生理、心理均会产生较大影响，基于这一因素，应对彩礼返还数额予以酌减。同时，戴某1、白某某、戴某2是共同家庭成员，共同接受、支配该彩礼款。戴某1接受彩礼款15万元的行为可视为三人的共同行为，故应共同承担返还责任。

郑某诉施某婚约财产纠纷案[①]

——关于彩礼与恋爱赠与的区分认定

【基本案情】

郑某与施某（女）在2022年5月确立恋爱关系。为缔结婚姻，郑某在2022年6月现金支付施某10万元，同年7月3日通过转账支付施某10万元。后双方未能办理结婚登记手续。同年10月，施某提出分手。郑某起诉要求施某返还彩礼，施某辩称，该20万元是郑某为增进感情自愿赠与她的款项，并非彩礼。

福建省平潭县人民法院于2022年12月29日作出（2022）闽0128民初5080号民事判决：一、施某应于本判决生效之日起10日内返还郑某彩礼20万元。宣判后，双方当事人均未提起上诉，一审判决已发生效力。

【裁判理由】

法院生效判决认为：从查明的事实看，双方有缔结婚姻的目的。郑某在双方确立恋爱关系后不久，即于2022年6月、7月分批支付各10万元的整笔款项，与双方其他零散资金往来相比，支付方式有明显区别。因此，郑某主张该笔款项系为缔结婚姻支付的彩礼，与施某主张系承诺赠与其花销的费用相比，明显更具有合理性。双方并未办理婚姻登记手续，郑某要求施某返还，于法有据，予以支持。

【裁判要旨】

判断某笔款项是彩礼还是恋爱期间的一般赠与，主观上要看双方是否以结婚为目的，客观上要考察支付款项类型、支付方式是否具有习俗性、给付财物的数额、给付方经济状况等因素。

---

① 入库编号：2023-07-2-012-005。

附录

一、《民法典婚姻家庭编解释（二）》及关联规定对照表

《民法典婚姻家庭编解释（二）》	关联规定
第一条 当事人依据民法典第一千零五十一条第一项规定请求确认重婚的婚姻无效，提起诉讼时合法婚姻当事人已经离婚或者配偶已经死亡，被告以此为由抗辩后一婚姻自以上情形发生时转为有效的，人民法院不予支持。	**《民法典》第一千零五十一条** 有下列情形之一的，婚姻无效： （一）重婚； （二）有禁止结婚的亲属关系； （三）未到法定婚龄。 **《民法典婚姻家庭编解释（一）》第十条** 当事人依据民法典第一千零五十一条规定向人民法院请求确认婚姻无效，法定的无效婚姻情形在提起诉讼时已经消失的，人民法院不予支持。
第二条 夫妻登记离婚后，一方以双方意思表示虚假为由请求确认离婚无效的，人民法院不予支持。	**《民法典》第一千零八十条** 完成离婚登记，或者离婚判决书、调解书生效，即解除婚姻关系。 **《民法典婚姻家庭编解释（一）》第六十九条** 当事人达成的以协议离婚或者到人民法院调解离婚为条件的财产以及债务处理协议，如果双方离婚未成，一方在离婚诉讼中反悔的，人民法院应当认定该财产以及债务处理协议没有生效，并根据实际情况依照民法典第一千零八十七条和第一千零八十九条的规定判决。 当事人依照民法典第一千零七十六条签订的离婚协议中关于财产以及债务处理的条款，对男女双方具有法律约束力。登记离婚后当事人因履行上述协议发生纠纷提起诉讼的，人民法院应当受理。 **第七十条** 夫妻双方协议离婚后就财产分割问题反悔，请求撤销财产分割协议的，人民法院应当受理。 人民法院审理后，未发现订立财产分割协议时存在欺诈、胁迫等情形的，应当依法驳回当事人的诉讼请求。
第三条 夫妻一方的债权人有证据证明离婚协议中财产分割条款影响其债权实现，请求参照适用民法典第五百三十八条或者第五百三十九条规定撤销相关条款的，人民法院应当综合考虑夫妻共同财产整体分割及履行情况、子女抚养费负担、离婚过错等因素，依法予以支持。	**《民法典》第五百三十八条** 债务人以放弃其债权、放弃债权担保、无偿转让财产等方式无偿处分财产权益，或者恶意延长其到期债权的履行期限，影响债权人的债权实现的，债权人可以请求人民法院撤销债务人的行为。 **第五百三十九条** 债务人以明显不合理的低价转让财产、以明显不合理的高价受让他人财产或者为他人的债务提供担保，影响债权人的债权实现，债务人的相对人知道或者应当知道该情形的，债权人可以请求人民法院撤销债务人的行为。

续表

《民法典婚姻家庭编解释（二）》	关联规定
	《民法典合同编通则解释》第四十三条 债务人以明显不合理的价格，实施互易财产、以物抵债、出租或者承租财产、知识产权许可使用等行为，影响债权人的债权实现，债务人的相对人知道或者应当知道该情形，债权人请求撤销债务人的行为的，人民法院应当依据民法典第五百三十九条的规定予以支持。 **第四十四条** 债权人依据民法典第五百三十八条、第五百三十九条的规定提起撤销权诉讼的，应当以债务人和债务人的相对人为共同被告，由债务人或者相对人的住所地人民法院管辖，但是依法应当适用专属管辖规定的除外。 两个以上债权人就债务人的同一行为提起撤销权诉讼的，人民法院可以合并审理。 **第四十五条** 在债权人撤销权诉讼中，被撤销行为的标的可分，当事人主张在受影响的债权范围内撤销债务人的行为的，人民法院应予支持；被撤销行为的标的不可分，债权人主张将债务人的行为全部撤销的，人民法院应予支持。 债权人行使撤销权所支付的合理的律师代理费、差旅费等费用，可以认定为民法典第五百四十条规定的“必要费用”。 **第四十六条** 债权人在撤销权诉讼中同时请求债务人的相对人向债务人承担返还财产、折价补偿、履行到期债务等法律后果的，人民法院依法予以支持。 债权人请求受理撤销权诉讼的人民法院一并审理其与债务人之间的债权债务关系，属于该人民法院管辖的，可以合并审理。不属于该人民法院管辖的，应当告知其向有管辖权的人民法院另行起诉。 债权人依据其与债务人的诉讼、撤销权诉讼产生的生效法律文书申请强制执行的，人民法院可以就债务人对相对人享有的权利采取强制执行措施以实现债权人的债权。债权人在撤销权诉讼中，申请对相对人的财产采取保全措施的，人民法院依法予以准许。
第四条 双方均无配偶的同居关系析产纠纷案件中，对同居期间所得的财产，有约定的，按照约定处理；没有约定且协商不成的，人民法院按照以下情形分别处理： （一）各自所得的工资、奖金、劳务报酬、知识产权收益，各自继承或者受赠的财产以及单独生产、经营、投资的收益等，归各自所有； （二）共同出资购置的财产或者共同生产、经营、投资的收益以及其他无法区分的财产，以各自出资比例为基	**《民法典》第一千零五十四条** 无效的或者被撤销的婚姻自始没有法律约束力，当事人不具有夫妻的权利和义务。同居期间所得的财产，由当事人协议处理；协议不成的，由人民法院根据照顾无过错方的原则判决。对重婚导致的无效婚姻的财产处理，不得侵害合法婚姻当事人的财产权益。当事人所生的子女，适用本法关于父母子女的规定。 婚姻无效或者被撤销的，无过错方有权请求损害赔偿。 **《民法典婚姻家庭编解释（一）》第三条** 当事人提起诉讼仅请求解除同居关系的，人民法院不予受理；已经受理的，裁定驳回起诉。 当事人因同居期间财产分割或者子女抚养纠纷提起诉讼的，人民法院应当受理。

续表

《民法典婚姻家庭编解释（二）》	关联规定
础，综合考虑共同生活情况、有无共同子女、对财产的贡献大小等因素进行分割。	**第二十二条** 被确认无效或者被撤销的婚姻，当事人同居期间所得的财产，除有证据证明为当事人一方所有的以外，按共同共有处理。
第五条 婚前或者婚姻关系存续期间，当事人约定将一方所有的房屋转移登记至另一方或者双方名下，离婚诉讼时房屋所有权尚未转移登记，双方对房屋归属或者分割有争议且协商不成的，人民法院可以根据当事人诉讼请求，结合给予目的，综合考虑婚姻关系存续时间、共同生活及孕育共同子女情况、离婚过错、对家庭的贡献大小以及离婚时房屋市场价格等因素，判决房屋归其中一方所有，并确定是否由获得房屋一方对另一方予以补偿以及补偿的具体数额。 婚前或者婚姻关系存续期间，一方将其所有的房屋转移登记至另一方或者双方名下，离婚诉讼中，双方对房屋归属或者分割有争议且协商不成的，如果婚姻关系存续时间较短且给予方无重大过错，人民法院可以根据当事人诉讼请求，判决该房屋归给予方所有，并结合给予目的，综合考虑共同生活及孕育共同子女情况、离婚过错、对家庭的贡献大小以及离婚时房屋市场价格等因素，确定是否由获得房屋一方对另一方予以补偿以及补偿的具体数额。 给予方有证据证明另一方存在欺诈、胁迫、严重侵害给予方或者其近亲属合法权益、对给予方有扶养义务而不履行等情形，请求撤销前两款规定的民事法律行为的，人民法院依法予以支持。	**《民法典》第六百六十三条** 受赠人有下列情形之一的，赠与人可以撤销赠与： （一）严重侵害赠与人或者赠与人近亲属的合法权益； （二）对赠与人有扶养义务而不履行； （三）不履行赠与合同约定的义务。 赠与人的撤销权，自知道或者应当知道撤销事由之日起一年内行使。 **第六百五十八条** 赠与人在赠与财产的权利转移之前可以撤销赠与。 经过公证的赠与合同或者依法不得撤销的具有救灾、扶贫、助残等公益、道德义务性质的赠与合同，不适用前款规定。 **第一千零六十五条** 男女双方可以约定婚姻关系存续期间所得的财产以及婚前财产归各自所有、共同所有或者部分各自所有、部分共同所有。约定应当采用书面形式。没有约定或者约定不明确的，适用本法第一千零六十二条、第一千零六十三条的规定。 夫妻对婚姻关系存续期间所得的财产以及婚前财产的约定，对双方具有法律约束力。 夫妻对婚姻关系存续期间所得的财产约定归各自所有，夫或者妻一方对外所负的债务，相对人知道该约定的，以夫或者妻一方的个人财产清偿。 **第一百四十八条** 一方以欺诈手段，使对方在违背真实意思的情况下实施的民事法律行为，受欺诈方有权请求人民法院或者仲裁机构予以撤销。 **第一百五十条** 一方或者第三人以胁迫手段，使对方在违背真实意思的情况下实施的民事法律行为，受胁迫方有权请求人民法院或者仲裁机构予以撤销。 **《民法典婚姻家庭编解释（一）》第三十二条** 婚前或者婚姻关系存续期间，当事人约定将一方所有的房产赠与另一方或者共有，赠与方在赠与房产变更登记之前撤销赠与，另一方请求判令继续履行的，人民法院可以按照民法典第六百五十八条的规定处理。 **第七十六条** 双方对夫妻共同财产中的房屋价值及归属无法达成协议时，人民法院按以下情形分别处理： （一）双方均主张房屋所有权并且同意竞价取得的，应当准许； （二）一方主张房屋所有权的，由评估机构按市场价格对房屋作出评估，取得房屋所有权的一方应当给予另一方相应的补偿；

续表

《民法典婚姻家庭编解释（二）》	关联规定
	（三）双方均不主张房屋所有权的，根据当事人的申请拍卖、变卖房屋，就所得价款进行分割。 **《最高人民法院关于适用〈中华人民共和国民法典〉总则编若干问题的解释》第二十一条** 故意告知虚假情况，或者负有告知义务的人故意隐瞒真实情况，致使当事人基于错误认识作出意思表示的，人民法院可以认定为民法典第一百四十八条、第一百四十九条规定的欺诈。 **第二十二条** 以给自然人及其近亲属等的人身权利、财产权利以及其他合法权益造成损害或者以给法人、非法人组织的名誉、荣誉、财产权益等造成损害为要挟，迫使其基于恐惧心理作出意思表示的，人民法院可以认定为民法典第一百五十条规定的胁迫。
第六条 夫妻一方未经另一方同意，在网络直播平台用夫妻共同财产打赏，数额明显超出其家庭一般消费水平，严重损害夫妻共同财产利益的，可以认定为民法典第一千零六十六条和第一千零九十二条规定的“挥霍”。另一方请求在婚姻关系存续期间分割夫妻共同财产，或者在离婚分割夫妻共同财产时请求对打赏一方少分或者不分的，人民法院应予支持。	**《民法典》第一千零六十六条** 婚姻关系存续期间，有下列情形之一的，夫妻一方可以向人民法院请求分割共同财产： （一）一方有隐藏、转移、变卖、毁损、挥霍夫妻共同财产或者伪造夫妻共同债务等严重损害夫妻共同财产利益的行为； （二）一方负有法定扶养义务的人患重大疾病需要医治，另一方不同意支付相关医疗费用。 **第一千零九十二条** 夫妻一方隐藏、转移、变卖、毁损、挥霍夫妻共同财产，或者伪造夫妻共同债务企图侵占另一方财产的，在离婚分割夫妻共同财产时，对该方可以少分或者不分。离婚后，另一方发现有上述行为的，可以向人民法院提起诉讼，请求再次分割夫妻共同财产。 **《民法典婚姻家庭编解释（一）》第三十八条** 婚姻关系存续期间，除民法典第一千零六十六条规定情形以外，夫妻一方请求分割共同财产的，人民法院不予支持。
第七条 夫妻一方为重婚、与他人同居以及其他违反夫妻忠实义务等目的，将夫妻共同财产赠与他人或者以明显不合理的价格处分夫妻共同财产，另一方主张该民事法律行为违背公序良俗无效的，人民法院应予支持并依照民法典第一百五十七条规定处理。 夫妻一方存在前款规定情形，另一方以该方存在转移、变卖夫妻共同财产行为，严重损害夫妻共同财产利益为由，依据民法典第一千零六十六条规定请求在婚姻关系存续期间分割夫妻共同财产，或者依据民法典第一	**《民法典》第一百五十三条第二款** 违背公序良俗的民事法律行为无效。 **第一百五十七条** 民事法律行为无效、被撤销或者确定不发生效力后，行为人因该行为取得的财产，应当予以返还；不能返还或者没有必要返还的，应当折价补偿。有过错的一方应当赔偿对方由此所受到的损失；各方都有过错的，应当各自承担相应的责任。法律另有规定的，依照其规定。 **第一千零六十六条** 婚姻关系存续期间，有下列情形之一的，夫妻一方可以向人民法院请求分割共同财产： （一）一方有隐藏、转移、变卖、毁损、挥霍夫妻共同财产或者伪造夫妻共同债务等严重损害夫妻共同财产利益的行为； （二）一方负有法定扶养义务的人患重大疾病需要医

续表

《民法典婚姻家庭编解释（二）》	关联规定
千零九十二条规定请求在离婚分割夫妻共同财产时对该方少分或者不分的，人民法院应予支持。	治，另一方不同意支付相关医疗费用。 **第一千零九十二条** 夫妻一方隐藏、转移、变卖、毁损、挥霍夫妻共同财产，或者伪造夫妻共同债务企图侵占另一方财产的，在离婚分割夫妻共同财产时，对该方可以少分或者不分。离婚后，另一方发现有上述行为的，可以向人民法院提起诉讼，请求再次分割夫妻共同财产。
第八条 婚姻关系存续期间，夫妻购置房屋由一方父母全额出资，如果赠与合同明确约定只赠与自己子女一方的，按照约定处理；没有约定或者约定不明确的，离婚分割夫妻共同财产时，人民法院可以判决该房屋归出资人子女一方所有，并综合考虑共同生活及孕育共同子女情况、离婚过错、对家庭的贡献大小以及离婚时房屋市场价格等因素，确定是否由获得房屋一方对另一方予以补偿以及补偿的具体数额。 婚姻关系存续期间，夫妻购置房屋由一方父母部分出资或者双方父母出资，如果赠与合同明确约定相应出资只赠与自己子女一方的，按照约定处理；没有约定或者约定不明确的，离婚分割夫妻共同财产时，人民法院可以根据当事人诉讼请求，以出资来源及比例为基础，综合考虑共同生活及孕育共同子女情况、离婚过错、对家庭的贡献大小以及离婚时房屋市场价格等因素，判决房屋归其中一方所有，并由获得房屋一方对另一方予以合理补偿。	**《民法典》第一千零六十二条** 夫妻在婚姻关系存续期间所得的下列财产，为夫妻的共同财产，归夫妻共同所有： （一）工资、奖金、劳务报酬； （二）生产、经营、投资的收益； （三）知识产权的收益； （四）继承或者受赠的财产，但是本法第一千零六十三条第三项规定的除外； （五）其他应当归共同所有的财产。 夫妻对共同财产，有平等的处理权。 **第一千零六十三条** 下列财产为夫妻一方的个人财产： （一）一方的婚前财产； （二）一方因受到人身损害获得的赔偿或者补偿； （三）遗嘱或者赠与合同中确定只归一方的财产； （四）一方专用的生活用品； （五）其他应当归一方的财产。 **《民法典婚姻家庭编解释（一）》第二十九条第二款** 当事人结婚后，父母为双方购置房屋出资的，依照约定处理；没有约定或者约定不明确的，按照民法典第一千零六十二条第一款第四项规定的原则处理。 **第七十六条** 双方对夫妻共同财产中的房屋价值及归属无法达成协议时，人民法院按以下情形分别处理： （一）双方均主张房屋所有权并且同意竞价取得的，应当准许； （二）一方主张房屋所有权的，由评估机构按市场价格对房屋作出评估，取得房屋所有权的一方应当给予另一方相应的补偿； （三）双方均不主张房屋所有权的，根据当事人的申请拍卖、变卖房屋，就所得价款进行分割。
第九条 夫妻一方转让用夫妻共同财产出资但登记在自己名下的有限责任公司股权，另一方以未经其同意侵害夫妻共同财产利益为由请求确认股权转让合同无效的，人民法院不予支持，但有证据证明转让人与受让人恶意串通损害另一方合法权益的除外。	**《民法典》第一百五十四条** 行为人与相对人恶意串通，损害他人合法权益的民事法律行为无效。 **第一千零六十二条** 夫妻在婚姻关系存续期间所得的下列财产，为夫妻的共同财产，归夫妻共同所有： （一）工资、奖金、劳务报酬； （二）生产、经营、投资的收益； （三）知识产权的收益；

续表

《民法典婚姻家庭编解释（二）》	关联规定
	（四）继承或者受赠的财产，但是本法第一千零六十三条第三项规定的除外； （五）其他应当归共同所有的财产。 夫妻对共同财产，有平等的处理权。 **《民法典婚姻家庭编解释（一）》第七十二条**　夫妻双方分割共同财产中的股票、债券、投资基金份额等有价证券以及未上市股份有限公司股份时，协商不成或者按市价分配有困难的，人民法院可以根据数量按比例分配。 **第七十三条**　人民法院审理离婚案件，涉及分割夫妻共同财产中以一方名义在有限责任公司的出资额，另一方不是该公司股东的，按以下情形分别处理： （一）夫妻双方协商一致将出资额部分或者全部转让给该股东的配偶，其他股东过半数同意，并且其他股东均明确表示放弃优先购买权的，该股东的配偶可以成为该公司股东； （二）夫妻双方就出资额转让份额和转让价格等事项协商一致后，其他股东半数以上不同意转让，但愿意以同等条件购买该出资额的，人民法院可以对转让出资所得财产进行分割。其他股东半数以上不同意转让，也不愿意以同等条件购买该出资额的，视为其同意转让，该股东的配偶可以成为该公司股东。 用于证明前款规定的股东同意的证据，可以是股东会议材料，也可以是当事人通过其他合法途径取得的股东的书面声明材料。
第十条　夫妻以共同财产投资有限责任公司，并均登记为股东，双方对相应股权的归属没有约定或者约定不明确，离婚时，一方请求按照股东名册或者公司章程记载的各自出资额确定股权分割比例的，人民法院不予支持；对当事人分割夫妻共同财产的请求，人民法院依照民法典第一千零八十七条规定处理。	**《民法典》第一千零六十五条**　男女双方可以约定婚姻关系存续期间所得的财产以及婚前财产归各自所有、共同所有或者部分各自所有、部分共同所有。约定应当采用书面形式。没有约定或者约定不明确的，适用本法第一千零六十二条、第一千零六十三条的规定。 夫妻对婚姻关系存续期间所得的财产以及婚前财产的约定，对双方具有法律约束力。 夫妻对婚姻关系存续期间所得的财产约定归各自所有，夫或者妻一方对外所负的债务，相对人知道该约定的，以夫或者妻一方的个人财产清偿。 **第一千零八十七条**　离婚时，夫妻的共同财产由双方协议处理；协议不成的，由人民法院根据财产的具体情况，按照照顾子女、女方和无过错方权益的原则判决。 对夫或者妻在家庭土地承包经营中享有的权益等，应当依法予以保护。 **《民法典婚姻家庭编解释（一）》第七十二条**　夫妻双方分割共同财产中的股票、债券、投资基金份额等有价证券以及未上市股份有限公司股份时，协商不成或者按市价分配有困难的，人民法院可以根据数量按比例分配。

续表

《民法典婚姻家庭编解释（二）》	关联规定
	第七十三条　人民法院审理离婚案件，涉及分割夫妻共同财产中以一方名义在有限责任公司的出资额，另一方不是该公司股东的，按以下情形分别处理： （一）夫妻双方协商一致将出资额部分或者全部转让给该股东的配偶，其他股东过半数同意，并且其他股东均明确表示放弃优先购买权的，该股东的配偶可以成为该公司股东； （二）夫妻双方就出资额转让份额和转让价格等事项协商一致后，其他股东半数以上不同意转让，但愿意以同等条件购买该出资额的，人民法院可以对转让出资所得财产进行分割。其他股东半数以上不同意转让，也不愿意以同等条件购买该出资额的，视为其同意转让，该股东的配偶可以成为该公司股东。 用于证明前款规定的股东同意的证据，可以是股东会议材料，也可以是当事人通过其他合法途径取得的股东的书面声明材料。
第十一条　夫妻一方以另一方可继承的财产为夫妻共同财产、放弃继承侵害夫妻共同财产利益为由主张另一方放弃继承无效的，人民法院不予支持，但有证据证明放弃继承导致放弃一方不能履行法定扶养义务的除外。	**《民法典》第一千一百二十四条**　继承开始后，继承人放弃继承的，应当在遗产处理前，以书面形式作出放弃继承的表示；没有表示的，视为接受继承。 受遗赠人应当在知道受遗赠后六十日内，作出接受或者放弃受遗赠的表示；到期没有表示的，视为放弃受遗赠。 **第一千零六十二条**　夫妻在婚姻关系存续期间所得的下列财产，为夫妻的共同财产，归夫妻共同所有： （一）工资、奖金、劳务报酬； （二）生产、经营、投资的收益； （三）知识产权的收益； （四）继承或者受赠的财产，但是本法第一千零六十三条第三项规定的除外； （五）其他应当归共同所有的财产。夫妻对共同财产，有平等的处理权。 **《最高人民法院关于适用〈中华人民共和国民法典〉继承编的解释（一）》第三十二条**　继承人因放弃继承权，致其不能履行法定义务的，放弃继承权的行为无效。
第十二条　父母一方或者其近亲属等抢夺、藏匿未成年子女，另一方向人民法院申请人身安全保护令或者参照适用民法典第九百九十七条规定申请人格权侵害禁令的，人民法院依法予以支持。 抢夺、藏匿未成年子女一方以另一方存在赌博、吸毒、家庭暴力等严重侵害未成年子女合法权益情形，主张	**《民法典》第九百九十七条**　民事主体有证据证明行为人正在实施或者即将实施侵害其人格权的违法行为，不及时制止将使其合法权益受到难以弥补的损害的，有权依法向人民法院申请采取责令行为人停止有关行为的措施。 **第三十六条**　监护人有下列情形之一的，人民法院根据有关个人或者组织的申请，撤销其监护人资格，安排必要的临时监护措施，并按照最有利于被监护人的原则依法指定监护人：

续表

《民法典婚姻家庭编解释（二）》	关联规定
其抢夺、藏匿行为有合理事由的，人民法院应当告知其依法通过撤销监护人资格、中止探望或者变更抚养关系等途径解决。当事人对其上述主张未提供证据证明且未在合理期限内提出相关请求的，人民法院依照前款规定处理。	（一）实施严重损害被监护人身心健康的行为； （二）怠于履行监护职责，或者无法履行监护职责且拒绝将监护职责部分或者全部委托给他人，导致被监护人处于危困状态； （三）实施严重侵害被监护人合法权益的其他行为。 本条规定的有关个人、组织包括：其他依法具有监护资格的人，居民委员会、村民委员会、学校、医疗机构、妇女联合会、残疾人联合会、未成年人保护组织、依法设立的老年人组织、民政部门等。 前款规定的个人和民政部门以外的组织未及时向人民法院申请撤销监护人资格的，民政部门应当向人民法院申请。 **第三十七条**　依法负担被监护人抚养费、赡养费、扶养费的父母、子女、配偶等，被人民法院撤销监护人资格后，应当继续履行负担的义务。 **《未成年人保护法》第二十四条**　未成年人的父母离婚时，应当妥善处理未成年子女的抚养、教育、探望、财产等事宜，听取有表达意愿能力未成年人的意见。不得以抢夺、藏匿未成年子女等方式争夺抚养权。 未成年人的父母离婚后，不直接抚养未成年子女的一方应当依照协议、人民法院判决或者调解确定的时间和方式，在不影响未成年人学习、生活的情况下探望未成年子女，直接抚养的一方应当配合，但被人民法院依法中止探望权的除外。 **《反家庭暴力法》第二十三条**　当事人因遭受家庭暴力或者面临家庭暴力的现实危险，向人民法院申请人身安全保护令的，人民法院应当受理。 当事人是无民事行为能力人、限制民事行为能力人，或者因受到强制、威吓等原因无法申请人身安全保护令的，其近亲属、公安机关、妇女联合会、居民委员会、村民委员会、救助管理机构可以代为申请。 **《最高人民法院关于办理人身安全保护令案件适用法律若干问题的规定》**大部分条文，此处略。
第十三条　夫妻分居期间，一方或者其近亲属等抢夺、藏匿未成年子女，致使另一方无法履行监护职责，另一方请求行为人承担民事责任的，人民法院可以参照适用民法典第一千零八十四条关于离婚后子女抚养的有关规定，暂时确定未成年子女的抚养事宜，并明确暂时直接抚养未成年子女一方有协助另一方履行监护职责的义务。	**《民法典》第一千零八十四条**　父母与子女间的关系，不因父母离婚而消除。离婚后，子女无论由父或者母直接抚养，仍是父母双方的子女。 离婚后，父母对于子女仍有抚养、教育、保护的权利和义务。 离婚后，不满两周岁的子女，以由母亲直接抚养为原则。已满两周岁的子女，父母双方对抚养问题协议不成的，由人民法院根据双方的具体情况，按照最有利于未成年子女的原则判决。子女已满八周岁的，应当尊重

续表

《民法典婚姻家庭编解释（二）》	关联规定
	其真实意愿。 **《未成年人保护法》第二十四条** 未成年人的父母离婚时，应当妥善处理未成年子女的抚养、教育、探望、财产等事宜，听取有表达意愿能力未成年人的意见。不得以抢夺、藏匿未成年子女等方式争夺抚养权。 未成年人的父母离婚后，不直接抚养未成年子女的一方应当依照协议、人民法院判决或者调解确定的时间和方式，在不影响未成年人学习、生活的情况下探望未成年子女，直接抚养的一方应当配合，但被人民法院依法中止探望权的除外。 **第一百零八条** 未成年人的父母或者其他监护人不依法履行监护职责或者严重侵犯被监护的未成年人合法权益的，人民法院可以根据有关人员或者单位的申请，依法作出人身安全保护令或者撤销监护人资格。 被撤销监护人资格的父母或者其他监护人应当依法继续负担抚养费用。
第十四条 离婚诉讼中，父母均要求直接抚养已满两周岁的未成年子女，一方有下列情形之一的，人民法院应当按照最有利于未成年子女的原则，优先考虑由另一方直接抚养： （一）实施家庭暴力或者虐待、遗弃家庭成员； （二）有赌博、吸毒等恶习； （三）重婚、与他人同居或者其他严重违反夫妻忠实义务情形； （四）抢夺、藏匿未成年子女且另一方不存在本条第一项或者第二项等严重侵害未成年子女合法权益情形； （五）其他不利于未成年子女身心健康的情形。	**《民法典》第一千零八十四条第三款** 离婚后，不满两周岁的子女，以由母亲直接抚养为原则。已满两周岁的子女，父母双方对抚养问题协议不成的，由人民法院根据双方的具体情况，按照最有利于未成年子女的原则判决。子女已满八周岁的，应当尊重其真实意愿。 **《民法典婚姻家庭编解释（一）》第四十四条** 离婚案件涉及未成年子女抚养的，对不满两周岁的子女，按照民法典第一千零八十四条第三款规定的原则处理。母亲有下列情形之一，父亲请求直接抚养的，人民法院应予支持： （一）患有久治不愈的传染性疾病或者其他严重疾病，子女不宜与其共同生活； （二）有抚养条件不尽抚养义务，而父亲要求子女随其生活； （三）因其他原因，子女确不宜随母亲生活。 **第四十五条** 父母双方协议不满两周岁子女由父亲直接抚养，并对子女健康成长无不利影响的，人民法院应予支持。 **第四十六条** 对已满两周岁的未成年子女，父母均要求直接抚养，一方有下列情形之一的，可予优先考虑： （一）已做绝育手术或者因其他原因丧失生育能力； （二）子女随其生活时间较长，改变生活环境对子女健康成长明显不利； （三）无其他子女，而另一方有其他子女； （四）子女随其生活，对子女成长有利，而另一方患

续表

《民法典婚姻家庭编解释（二）》	关联规定
	有久治不愈的传染性疾病或者其他严重疾病，或者有其他不利于子女身心健康的情形，不宜与子女共同生活。 **第四十七条** 父母抚养子女的条件基本相同，双方均要求直接抚养子女，但子女单独随祖父母或者外祖父母共同生活多年，且祖父母或者外祖父母要求并且有能力帮助子女照顾孙子女或者外孙子女的，可以作为父或者母直接抚养子女的优先条件予以考虑。
第十五条 父母双方以法定代理人身份处分用夫妻共同财产购买并登记在未成年子女名下的房屋后，又以违反民法典第三十五条规定损害未成年子女利益为由向相对人主张该民事法律行为无效的，人民法院不予支持。	**《民法典》第一百六十二条** 代理人在代理权限内，以被代理人名义实施的民事法律行为，对被代理人发生效力。 **第二十三条** 无民事行为能力人、限制民事行为能力人的监护人是其法定代理人。 **第三十五条** 监护人应当按照最有利于被监护人的原则履行监护职责。监护人除为维护被监护人利益外，不得处分被监护人的财产。 未成年人的监护人履行监护职责，在作出与被监护人利益有关的决定时，应当根据被监护人的年龄和智力状况，尊重被监护人的真实意愿。 成年人的监护人履行监护职责，应当最大程度地尊重被监护人的真实意愿，保障并协助被监护人实施与其智力、精神健康状况相适应的民事法律行为。对被监护人有能力独立处理的事务，监护人不得干涉。
第十六条 离婚协议中关于一方直接抚养未成年子女或者不能独立生活的成年子女、另一方不负担抚养费的约定，对双方具有法律约束力。但是，离婚后，直接抚养子女一方经济状况发生变化导致原生活水平显著降低或者子女生活、教育、医疗等必要合理费用确有显著增加，未成年子女或者不能独立生活的成年子女请求另一方支付抚养费的，人民法院依法予以支持，并综合考虑离婚协议整体约定、子女实际需要、另一方的负担能力、当地生活水平等因素，确定抚养费的数额。 前款但书规定情形下，另一方以直接抚养子女一方无抚养能力为由请求变更抚养关系的，人民法院依照民法典第一千零八十四条规定处理。	**《民法典》第一千零八十四条第二款** 离婚后，父母对于子女仍有抚养、教育、保护的权利和义务。 **第一千零八十五条** 离婚后，子女由一方直接抚养的，另一方应当负担部分或者全部抚养费。负担费用的多少和期限的长短，由双方协议；协议不成的，由人民法院判决。 前款规定的协议或者判决，不妨碍子女在必要时向父母任何一方提出超过协议或者判决原定数额的合理要求。 **第一千零六十七条第一款** 父母不履行抚养义务的，未成年子女或者不能独立生活的成年子女，有要求父母给付抚养费的权利。 **《民法典婚姻家庭编解释（一）》第四十一条** 尚在校接受高中及其以下学历教育，或者丧失、部分丧失劳动能力等非因主观原因而无法维持正常生活的成年子女，可以认定为民法典第一千零六十七条规定的“不能独立生活的成年子女”。 **第四十二条** 民法典第一千零六十七条所称“抚养费”，包括子女生活费、教育费、医疗费等费用。 **第四十九条** 抚养费的数额，可以根据子女的实际需要、父母双方的负担能力和当地的实际生活水平确定。

续表

《民法典婚姻家庭编解释（二）》	关联规定
	有固定收入的，抚养费一般可以按其月总收入的百分之二十至三十的比例给付。负担两个以上子女抚养费的，比例可以适当提高，但一般不得超过月总收入的百分之五十。 无固定收入的，抚养费的数额可以依据当年总收入或者同行业平均收入，参照上述比例确定。 有特殊情况的，可以适当提高或者降低上述比例。 **第五十二条**　父母双方可以协议由一方直接抚养子女并由直接抚养方负担子女全部抚养费。但是，直接抚养方的抚养能力明显不能保障子女所需费用，影响子女健康成长的，人民法院不予支持。 **第五十三条**　抚养费的给付期限，一般至子女十八周岁为止。 十六周岁以上不满十八周岁，以其劳动收入为主要生活来源，并能维持当地一般生活水平的，父母可以停止给付抚养费。 **第五十八条**　具有下列情形之一，子女要求有负担能力的父或者母增加抚养费的，人民法院应予支持： （一）原定抚养费数额不足以维持当地实际生活水平； （二）因子女患病、上学，实际需要已超过原定数额； （三）有其他正当理由应当增加。
第十七条　离婚后，不直接抚养子女一方未按照离婚协议约定或者以其他方式作出的承诺给付抚养费，未成年子女或者不能独立生活的成年子女请求其支付欠付的抚养费的，人民法院应予支持。 前款规定情形下，如果子女已经成年并能够独立生活，直接抚养子女一方请求另一方支付欠付的费用的，人民法院依法予以支持。	**《民法典》第一百九十六条**　下列请求权不适用诉讼时效的规定： （一）请求停止侵害、排除妨碍、消除危险； （二）不动产物权和登记的动产物权的权利人请求返还财产； （三）请求支付抚养费、赡养费或者扶养费； （四）依法不适用诉讼时效的其他请求权。 **第一千零六十七条第一款**　父母不履行抚养义务的，未成年子女或者不能独立生活的成年子女，有要求父母给付抚养费的权利。 **《民法典婚姻家庭编解释（一）》第五十三条**　抚养费的给付期限，一般至子女十八周岁为止。 十六周岁以上不满十八周岁，以其劳动收入为主要生活来源，并能维持当地一般生活水平的，父母可以停止给付抚养费。 **第四十一条**　尚在校接受高中及其以下学历教育，或者丧失、部分丧失劳动能力等非因主观原因而无法维持正常生活的成年子女，可以认定为民法典第一千零六十七条规定的“不能独立生活的成年子女”。 **第五十条**　抚养费应当定期给付，有条件的可以一次性给付。

续表

《民法典婚姻家庭编解释（二）》	关联规定
第十八条 对民法典第一千零七十二条中继子女受继父或者继母抚养教育的事实，人民法院应当以共同生活时间长短为基础，综合考虑共同生活期间继父母是否实际进行生活照料、是否履行家庭教育职责、是否承担抚养费等因素予以认定。	**《民法典》第一千零七十二条** 继父母与继子女间，不得虐待或者歧视。 继父或者继母和受其抚养教育的继子女间的权利义务关系，适用本法关于父母子女关系的规定。 **《民法典婚姻家庭编解释（一）》第五十四条** 生父与继母离婚或者生母与继父离婚时，对曾受其抚养教育的继子女，继父或者继母不同意继续抚养的，仍应由生父或者生母抚养。
第十九条 生父与继母或者生母与继父离婚后，当事人主张继父或者继母和曾受其抚养教育的继子女之间的权利义务关系不再适用民法典关于父母子女关系规定的，人民法院应予支持，但继父或者继母与继子女存在依法成立的收养关系或者继子女仍与继父或者继母共同生活的除外。 继父母子女关系解除后，缺乏劳动能力又缺乏生活来源的继父或者继母请求曾受其抚养教育的成年继子女给付生活费的，人民法院可以综合考虑抚养教育情况、成年继子女负担能力等因素，依法予以支持，但是继父或者继母曾存在虐待、遗弃继子女等情况的除外。	**《民法典》第一千零七十二条** 继父母与继子女间，不得虐待或者歧视。 继父或者继母和受其抚养教育的继子女间的权利义务关系，适用本法关于父母子女关系的规定。 **第一千一百零三条** 继父或者继母经继子女的生父母同意，可以收养继子女，并可以不受本法第一千零九十三条第三项、第一千零九十四条第三项、第一千零九十八条和第一千一百条第一款规定的限制。 **第一千一百一十八条** 收养关系解除后，经养父母抚养的成年养子女，对缺乏劳动能力又缺乏生活来源的养父母，应当给付生活费。因养子女成年后虐待、遗弃养父母而解除收养关系的，养父母可以要求养子女补偿收养期间支出的抚养费。 生父母要求解除收养关系的，养父母可以要求生父母适当补偿收养期间支出的抚养费；但是，因养父母虐待、遗弃养子女而解除收养关系的除外。 **《民法典婚姻家庭编解释（一）》第五十四条** 生父与继母离婚或者生母与继父离婚时，对曾受其抚养教育的继子女，继父或者继母不同意继续抚养的，仍应由生父或者生母抚养。
第二十条 离婚协议约定将部分或者全部夫妻共同财产给予子女，离婚后，一方在财产权利转移之前请求撤销该约定的，人民法院不予支持，但另一方同意的除外。 一方不履行前款离婚协议约定的义务，另一方请求其承担继续履行或者因无法履行而赔偿损失等民事责任的，人民法院依法予以支持。 双方在离婚协议中明确约定子女可以就本条第一款中的相关财产直接主张权利，一方不履行离婚协议约定的义务，子女请求参照适用民法典第五	**《民法典》第五百二十二条** 当事人约定由债务人向第三人履行债务，债务人未向第三人履行债务或者履行债务不符合约定的，应当向债权人承担违约责任。 法律规定或者当事人约定第三人可以直接请求债务人向其履行债务，第三人未在合理期限内明确拒绝，债务人未向第三人履行债务或者履行债务不符合约定的，第三人可以请求债务人承担违约责任；债务人对债权人的抗辩，可以向第三人主张。 **第一百四十八条** 一方以欺诈手段，使对方在违背真实意思的情况下实施的民事法律行为，受欺诈方有权请求人民法院或者仲裁机构予以撤销。 **第一百五十条** 一方或者第三人以胁迫手段，使对方在违背真实意思的情况下实施的民事法律行为，受胁

续表

《民法典婚姻家庭编解释（二）》	关联规定
百二十二条第二款规定，由该方承担继续履行或者因无法履行而赔偿损失等民事责任的，人民法院依法予以支持。 离婚协议约定将部分或者全部夫妻共同财产给予子女，离婚后，一方有证据证明签订离婚协议时存在欺诈、胁迫等情形，请求撤销该约定的，人民法院依法予以支持；当事人同时请求分割该部分夫妻共同财产的，人民法院依照民法典第一千零八十七条规定处理。	迫方有权请求人民法院或者仲裁机构予以撤销。 **第一千零七十六条第二款**　离婚协议应当载明双方自愿离婚的意思表示和对子女抚养、财产以及债务处理等事项协商一致的意见。 **第一千零八十七条**　离婚时，夫妻的共同财产由双方协议处理；协议不成的，由人民法院根据财产的具体情况，按照照顾子女、女方和无过错方权益的原则判决。 对夫或者妻在家庭土地承包经营中享有的权益等，应当依法予以保护。 **《最高人民法院关于适用〈中华人民共和国民法典〉总则编若干问题的解释》第二十一条**　故意告知虚假情况，或者负有告知义务的人故意隐瞒真实情况，致使当事人基于错误认识作出意思表示的，人民法院可以认定为民法典第一百四十八条、第一百四十九条规定的欺诈。 **第二十二条**　以给自然人及其近亲属等的人身权利、财产权利以及其他合法权益造成损害或者以给法人、非法人组织的名誉、荣誉、财产权益等造成损害为要挟，迫使其基于恐惧心理作出意思表示的，人民法院可以认定为民法典第一百五十条规定的胁迫。 **《民法典婚姻家庭编解释（一）》第六十九条**　当事人达成的以协议离婚或者到人民法院调解离婚为条件的财产以及债务处理协议，如果双方离婚未成，一方在离婚诉讼中反悔的，人民法院应当认定该财产以及债务处理协议没有生效，并根据实际情况依照民法典第一千零八十七条和第一千零八十九条的规定判决。 当事人依照民法典第一千零七十六条签订的离婚协议中关于财产以及债务处理的条款，对男女双方具有法律约束力。登记离婚后当事人因履行上述协议发生纠纷提起诉讼的，人民法院应当受理。 **第七十条**　夫妻双方协议离婚后就财产分割问题反悔，请求撤销财产分割协议的，人民法院应当受理。 人民法院审理后，未发现订立财产分割协议时存在欺诈、胁迫等情形的，应当依法驳回当事人的诉讼请求。
第二十一条　离婚诉讼中，夫妻一方有证据证明在婚姻关系存续期间因抚育子女、照料老年人、协助另一方工作等负担较多义务，依据民法典第一千零八十八条规定请求另一方给予补偿的，人民法院可以综合考虑负担相应义务投入的时间、精力和对双方的影响以及给付方负担能力、当地居民人均可支配收入等因素，确定补偿数额。	**《民法典》第一千零八十八条**　夫妻一方因抚育子女、照料老年人、协助另一方工作等负担较多义务的，离婚时有权向另一方请求补偿，另一方应当给予补偿。具体办法由双方协议；协议不成的，由人民法院判决。 **《妇女权益保障法》第六十八条第二款**　女方因抚育子女、照料老人、协助男方工作等负担较多义务的，有权在离婚时要求男方予以补偿。补偿办法由双方协议确定；协议不成的，可以向人民法院提起诉讼。

续表

《民法典婚姻家庭编解释（二）》	关联规定
第二十二条　离婚诉讼中，一方存在年老、残疾、重病等生活困难情形，依据民法典第一千零九十条规定请求有负担能力的另一方给予适当帮助的，人民法院可以根据当事人请求，结合另一方财产状况，依法予以支持。	**《民法典》第一千零九十条**　离婚时，如果一方生活困难，有负担能力的另一方应当给予适当帮助。具体办法由双方协议；协议不成的，由人民法院判决。
第二十三条　本解释自2025年2月1日起施行。	**《民法典》第一千二百六十条**　本法自2021年1月1日起施行。《中华人民共和国婚姻法》、《中华人民共和国继承法》、《中华人民共和国民法通则》、《中华人民共和国收养法》、《中华人民共和国担保法》、《中华人民共和国合同法》、《中华人民共和国物权法》、《中华人民共和国侵权责任法》、《中华人民共和国民法总则》同时废止。 **《民法典婚姻家庭编解释（一）》第九十一条**　本解释自2021年1月1日起施行。

二、《最高人民法院关于办理人身安全保护令案件适用法律若干问题的规定》理解与适用

（一）司法解释全文

最高人民法院
关于办理人身安全保护令案件适用法律若干问题的规定

法释〔2022〕17号

（2022年6月7日最高人民法院审判委员会第1870次会议通过
2022年7月14日最高人民法院公告公布
自2022年8月1日起施行）

为正确办理人身安全保护令案件，及时保护家庭暴力受害人的合法权益，根据《中华人民共和国民法典》《中华人民共和国反家庭暴力法》《中华人民共和国民事诉讼法》等相关法律规定，结合审判实践，制定本规定。

第一条 当事人因遭受家庭暴力或者面临家庭暴力的现实危险，依照反家庭暴力法向人民法院申请人身安全保护令的，人民法院应当受理。

向人民法院申请人身安全保护令，不以提起离婚等民事诉讼为条件。

第二条 当事人因年老、残疾、重病等原因无法申请人身安全保护令，其近亲属、公安机关、民政部门、妇女联合会、居民委员会、村民委员会、残疾人联合会、依法设立的老年人组织、救助管理机构等，根据当事人意

愿，依照反家庭暴力法第二十三条规定代为申请的，人民法院应当依法受理。

第三条 家庭成员之间以冻饿或者经常性侮辱、诽谤、威胁、跟踪、骚扰等方式实施的身体或者精神侵害行为，应当认定为反家庭暴力法第二条规定的“家庭暴力”。

第四条 反家庭暴力法第三十七条规定的“家庭成员以外共同生活的人”一般包括共同生活的儿媳、女婿、公婆、岳父母以及其他有监护、扶养、寄养等关系的人。

第五条 当事人及其代理人对因客观原因不能自行收集的证据，申请人民法院调查收集，符合《最高人民法院关于适用〈中华人民共和国民事诉讼法〉的解释》第九十四条第一款规定情形的，人民法院应当调查收集。

人民法院经审查，认为办理案件需要的证据符合《最高人民法院关于适用〈中华人民共和国民事诉讼法〉的解释》第九十六条规定的，应当调查收集。

第六条 人身安全保护令案件中，人民法院根据相关证据，认为申请人遭受家庭暴力或者面临家庭暴力现实危险的事实存在较大可能性的，可以依法作出人身安全保护令。

前款所称“相关证据”包括：

（一）当事人的陈述；

（二）公安机关出具的家庭暴力告诫书、行政处罚决定书；

（三）公安机关的出警记录、讯问笔录、询问笔录、接警记录、报警回执等；

（四）被申请人曾出具的悔过书或者保证书等；

（五）记录家庭暴力发生或者解决过程等的视听资料；

（六）被申请人与申请人或者其近亲属之间的电话录音、短信、即时通讯信息、电子邮件等；

（七）医疗机构的诊疗记录；

（八）申请人或者被申请人所在单位、民政部门、居民委员会、村民委员会、妇女联合会、残疾人联合会、未成年人保护组织、依法设立的老年人组织、救助管理机构、反家暴社会公益机构等单位收到投诉、反映或者求助的记录；

（九）未成年子女提供的与其年龄、智力相适应的证言或者亲友、邻居等其他证人证言；

（十）伤情鉴定意见；

（十一）其他能够证明申请人遭受家庭暴力或者面临家庭暴力现实危险的证据。

第七条 人民法院可以通过在线诉讼平台、电话、短信、即时通讯工具、电子邮件等简便方式询问被申请人。被申请人未发表意见的，不影响人民法院依法作出人身安全保护令。

第八条 被申请人认可存在家庭暴力行为，但辩称申请人有过错的，不影响人民法院依法作出人身安全保护令。

第九条 离婚等案件中，当事人仅以人民法院曾作出人身安全保护令为由，主张存在家庭暴力事实的，人民法院应当根据《最高人民法院关于适用〈中华人民共和国民事诉讼法〉的解释》第一百零八条的规定，综合认定是否存在该事实。

第十条 反家庭暴力法第二十九条第四项规定的“保护申请人人身安全的其他措施”可以包括下列措施：

（一）禁止被申请人以电话、短信、即时通讯工具、电子邮件等方式侮辱、诽谤、威胁申请人及其相关近亲属；

（二）禁止被申请人在申请人及其相关近亲属的住所、学校、工作单位等经常出入场所的一定范围内从事可能影响申请人及其相关近亲属正常生活、学习、工作的活动。

第十一条 离婚案件中，判决不准离婚或者调解和好后，被申请人违反人身安全保护令实施家庭暴力的，可以认定为民事诉讼法第一百二十七条第七项规定的“新情况、新理由”。

第十二条 被申请人违反人身安全保护令，符合《中华人民共和国刑法》第三百一十三条规定的，以拒不执行判决、裁定罪定罪处罚；同时构成其他犯罪的，依照刑法有关规定处理。

第十三条 本规定自2022年8月1日起施行。

（二）重点问题理解与适用

《关于办理人身安全保护令案件适用法律若干问题的规定》的理解与适用[①]

家庭是社会的基本细胞。家庭和谐稳定是国家发展、社会进步、民族繁荣的基石。党的十八大以来，以习近平同志为核心的党中央对家庭文明建设作出重要部署。习近平总书记深刻指出："家庭和睦则社会安定，家庭幸福则社会祥和，家庭文明则社会文明。"[②] 为深入贯彻落实习近平总书记关于注重家庭家教家风建设的重要论述精神，贯彻落实《民法典》关于"树立优良家风，弘扬家庭美德，重视家庭文明建设"和"禁止家庭暴力"的规定，最高人民法院制定了《关于办理人身安全保护令案件适用法律若干问题的规定》（以下简称《规定》）。现就其制定背景和相关重要问题介绍如下。

一、《规定》制定的背景

2016 年实施的《反家庭暴力法》表明了国家禁止任何形式家庭暴力的鲜明态度。其中，人身安全保护令是反家庭暴力法创设的重要制度，也是该法的核心内容。《反家庭暴力法》第 23 条第 1 款规定，当事人因遭受家庭暴力或者面临家庭暴力的现实危险，向人民法院申请人身安全保护令的，人民法院应当受理。《反家庭暴力法》实施后，各级人民法院积极履职尽责，人身安全保护令作出数量逐年上升。据统计，截至 2021 年 12 月 31 日，全国法院共作出人身安全保护令 10917 份，有效预防和制止了家庭暴力的发生或者再次发生，依法保护了家庭暴力受害人的人身安全和人格尊严。但是，近年来，人身安全保护令在作出和执行等环节还存在一定问题，而且逐渐凸显。

① 本文原载于《人民司法》2022 年第 22 期。现收录于本书，并略作修改。

② 习近平：《注重家庭，注重家教，注重家风》，载《求是》2025 年第 3 期。

为此，2021年，最高人民法院就人身安全保护令制度实施问题开展专题调研，主要开展了以下四项工作：一是对人身安全保护令典型案例进行逐个分析，了解家庭暴力的集中发生领域，总结经验；二是在全国范围内进行书面调研；三是对各地有关人身安全保护令的司法文件进行全面、系统地梳理和比较，归纳共性规则；四是邀请全国妇联、中国女法官协会共同开展实地调研。调研中尤其听取了妇联、公安、民政等相关部门意见。在广泛充分调研基础上，2022年3月，最高人民法院会同公安部、全国妇联等六部委共同发布了《关于加强人身安全保护令制度贯彻实施的意见》，对家庭暴力的发现机制、证据收集机制以及执行联动机制等作了进一步细化和完善。为统一法律适用标准，明晰裁判规则，最高人民法院制定了本《规定》，经征求全国人大常委会法工委、最高人民检察院、公安部、司法部、民政部、全国妇联、国务院妇儿工委以及各高级人民法院的意见后，由最高人民法院审判委员会第1870次会议通过，于2022年8月1日起施行。

二、《规定》制定的原则

1. 合法性原则。坚持在现有法律制度框架内，遵循法律规定本意，确定审判实践中的具体法律适用问题。尽管司法实践中关于扩大人身安全保护令适用范围的呼声很高，但为不突破现有的法律框架，依然未将前夫、前妻或者解除同居关系的人员纳入人身安全保护令的适用范围。

2. 注重保护家暴受害人原则。从调研了解的情况看，目前，人身安全保护令制度实施过程中的一个瓶颈问题是证明标准不明确，签发率偏低。《规定》不仅列举了各种证据形式，给予家庭暴力受害人以明确的举证指引，同时明确了申请人身安全保护令的证明标准为“较大可能性”，而不是“高度可能性”，从而依法减轻家庭暴力受害人的举证负担。

3. 可操作性原则。《规定》以问题为导向，紧贴审判实践中的热点、难点问题，不务虚，不贪大求全，切实为审判实践提供裁判依据。对于争议比较大而司法实践中又较少出现的问题未作规定。

三、《规定》中的几个主要问题

《规定》共13条，以体现人身安全保护令的预防功能为出发点，着力扫清该类案件在受理和作出程序中的各种障碍，突出对家庭暴力受害人权益保护的时效性，明确规则。主要包括以下几个方面的问题：

（一）关于人身安全保护令案件的程序独立性问题

《规定》第 1 条规定，向人民法院申请人身安全保护令，不以提起离婚等民事诉讼为条件。通过该规定，明确了向人民法院申请人身安全保护令不需要在先提起离婚诉讼或者其他诉讼，也不需要在申请人身安全保护令后一定期限内提起离婚等诉讼。这主要是考虑人身安全保护令的制度目的是预防和制止家庭暴力，而与是否离婚无关。实践中，不少受害人也只是单纯希望制止家庭暴力行为，并不想解除婚姻关系。

此外，人身安全保护令与诉讼保全也不同，不以后续提起离婚等诉讼为必要。从程序法的角度看，人身安全保护令的申请、审查、执行等均具有高度的独立性，完全可以不依托于家事诉讼而独立存在。这符合人身安全保护令快速、及时制止家庭暴力的基本特征和制度目的。2016 年，最高人民法院作出《关于人身安全保护令案件相关程序问题的批复》，确定人身安全保护令案件比照民事诉讼法上的特别程序审理，强调了该类案件办理程序的简捷性和经济性，实际上也暗含了人身安全保护令无须依附于其他民事诉讼程序的独立性。

《规定》第 1 条进一步确认了人身安全保护令案件的独立性，明确人身安全保护令案件不依附于离婚等民事诉讼程序。

（二）家庭暴力的行为种类

《反家庭暴力法》第 2 条规定："本法所称家庭暴力，是指家庭成员之间以殴打、捆绑、残害、限制人身自由以及经常性谩骂、恐吓等方式实施的身体、精神等侵害行为。"该条列举了家庭暴力的常见形式，但实践中，除了上述列举的形式外，还存在其他可以归为家庭暴力范畴的行为，需要明确。

《规定》第 3 条对家庭暴力行为种类作了列举式扩充，明确冻饿以及经常性侮辱、诽谤、威胁、跟踪、骚扰等均属于家庭暴力，从而进一步明晰了人身安全保护令的适用范围，保障家庭成员免受各种形式家庭暴力的侵害。

需要特别说明的是，从现有理论研究成果和国外立法例看，将性暴力和经济控制纳入家庭暴力范畴并无大的争议。《规定》没有明确列举该两种情形，主要考虑是：(1) 对于性暴力，一方面，可能涉及目前争议较大的婚内强奸问题；另一方面，基于该类行为发生的时空领域的特殊性，证据收集、留存困难，导致事实认定上也存在一定难度，需要审判实践进一步总结经验。(2) 对于经济控制，《反家庭暴力法》对家庭暴力的界定，主要是以身体和精神暴力为主。从司法实践看，因经济控制原因提出人身安全保护令的案件数量较小，目前的样本数量无法为制定规则提供实践支撑。司法实践中，对于上述两种形式，各地法院可以根据案件实际情况进行探索，积累实践经验，条件成熟的时候再作进一步明确。

（三）关于代为申请的问题

《反家庭暴力法》第23条第2款规定，当事人是无民事行为能力人、限制民事行为能力人，或者因受到强制、威吓等原因无法申请人身安全保护令的，其近亲属、公安机关、妇女联合会、居民委员会、村民委员会、救助管理机构可以代为申请。实践中，除了受到强制、威吓外，还存在因年老、残疾、重病等原因致使受害人不敢或者不能亲自申请的情况。为最大限度保障该类特殊困难群体能够依法及时获得人身安全保护令制度的救济，《规定》第2条在《反家庭暴力法》基础上进行了适当扩充，将年老、残疾、重病等情况纳入代为申请情形。

但考虑到该类人员生活保障仍需要以家庭为基础，而且，其并非因民事行为能力欠缺而导致意思表示受限，仅仅是身体状况等现实原因，是否申请人身安全保护令可以也需要充分尊重其自身意愿，因此，《规定》在扩大代为申请情形时增加了一个限制条件，即“根据其意愿”。

同时，对于代为申请的主体，《规定》结合审判实践，在征求有关部门意见的基础上，根据部门职责分工，增加了民政部门、残疾人联合会、依法设立的老年人组织等，以充分调动全社会力量，进一步织牢织密对该类人员的保护网，合力保障其人身健康和生命安全。本条在征求意见过程中，有部门建议增加学校、幼儿园、医疗机构以及未成年人保护机构、儿童福利机构作为代为申请的主体。

我们经研究认为，学校、幼儿园、医疗机构在工作过程中较容易发现家庭暴力，故法律已经赋予其强制报告的义务，代为申请人身安全保护令与其基本职责关系较远，且在实践中不好操作，故未作出明确规定。未成年人属于无民事行为能力人或者限制民事行为能力人，考虑到《反家庭暴力法》对无民事行为能力人或者限制民事行为能力人代为申请的情形已经有明确规定，司法解释没有重复规定。

在没有规定未成年人的情况下，《规定》相应地也没有增加未成年人保护机构和儿童福利机构作为代为申请的主体。实践中，如果家暴受害人是未成年人，未成年人保护机构或者儿童福利机构代为申请的，人民法院可以受理。

（四）关于证据形式及证明标准问题

《反家庭暴力法》第20条规定，人民法院审理涉及家庭暴力的案件，可以根据公安机关出警记录、告诫书、伤情鉴定意见等证据，认定家庭暴力事实。但是，实践中，家庭暴力行为具有封闭性、隐秘性等特点。而且，与一般民事侵权案件不同，受害人往往处于弱势地位，不敢或缺乏收集证据的意识，未及时采取报警、验伤、拍照、住院治疗等方式固定、收集证据。有些家庭暴力发生时，当事人虽第一时间报警，但公安机关仅将其作为一般家事纠纷，只进行口头处理，不记录现场状况，不对加害人做询问笔录，甚至也不给受害人做询问笔录，未留存证据或者虽留存有证据但不允许当事人自己查看。

此外，经常性谩骂、恐吓等精神侵害行为更是难以留存证据，实践中往往只有当事人陈述。上述原因常导致家庭暴力受害人的申请因证据不足而被驳回，限制了人身安全保护令作用的发挥。

人民法院还可以根据哪些证据作出人身安全保护令，是审判实践中亟待明确的问题。

我们经研究认为，根据《民事诉讼法》第66条的规定，证据形式包括当事人的陈述、书证、物证、视听资料、电子数据、证人证言、鉴定意见、勘验笔录等。具体到申请人身安全保护令案件中的证据，根据家庭暴力发生特点，总结审判实践经验，《规定》细化列举了10种证据形式，比较常见的如当事人的陈述（包括申请人的陈述和被申请人的陈述）、被申请人曾出具的悔过书或者保证书、双方之间的电话录音、短信，医疗机构的诊疗记录，妇联组织等收到反映或者求助的记录，公安机关的出警记录、讯问笔录、询问笔录、接警记录、报警回执等。

这不仅能够明确指导审判实践，也为家庭暴力受害人留存、收集证据提供了清晰的行为指引。人民法院在审查申请人身安全保护令案件时，可以综合上述证据的一种或者几种对家庭暴力事实进行认定。

人身安全保护令案件中，对家庭暴力事实的证明标准把握不准，是制约签发率的重要原因。当事人为证明自己的请求或者申请能够成立，应当提供相应的证据予以证明，这一点并无异议，问题是当事人提供的证据达到何种证明程度，法院即可作出人身安全保护令，实践中采用的标准并不一致。

从域外的情况看，不论大陆法系国家和地区，还是英美法系国家和地区，对于证明标准均作层次性的多元化区分，比如德国，证明标准被确定为3级：第一级为原则性证明标准，要求法官对真相形成全面心证，达到很高的盖然性，适用于通常的实体事实的证明；第二级为降低的证明标准，要求达到令人相信的程度，相当于英美法系国家和地区盖然性占优的标准，适用于程序性事实的证明；第三级为提高的证明标准，要求达到显而易见的程度，适用于如显失公平的证明等特殊场合。①

人身安全保护令案件的证明标准，要根据人身安全保护令的性质、功能等作出合理认定。从内容上看，人身安全保护令可以包括禁止实施家庭暴力，禁止骚扰、跟踪、接触以及责令迁出居所等措施，主要是对被申请人行为的控制，类似于行为保全，因此，严格来说，人身安全保护令案件并不是独立的诉讼案件。从程序上看，根据《反家庭暴力法》第 28 条规定，人民法院受理申请后，应当在 72 小时内作出人身安全保护令或者驳回申请；情况紧急的，应当在 24 小时内作出，可见，人身安全保护令的作用是快捷、高效地制止已经发生或者可能发生的家庭暴力行为，更多的是追求效率，而不是通过判断是非确定民事责任承担。

人身安全保护令不对申请人与被申请人的权利和义务作出终局性的判断，不对当事人的亲属关系、财产分配、子女监护权探望权等人身财产关系作出终局决定，也不是对被申请人的惩罚措施。人身安全保护令的目的是制止正在发生的家庭暴力，给受害人提供一道“隔离墙”，故应当与民事案件实体事实的证明标准有所区分。

修改后的《最高人民法院关于民事诉讼证据的若干规定》第 86 条第 2 款对于降低证明标准的情形作了规定：“降低证明标准的情形主要针对民事诉讼程序中的程序性事项，从保障当事人诉讼权利、推进诉讼程序出发，对于程序性事项降低证明标准，符合审判实际的需要。”②

参照上述规定精神，《规定》根据人身安全保护令非诉程序特点，明确签发人身安全保护令的证明标准是“较大可能性”，而不需要达到“高度可

① 最高人民法院民事审判第一庭编著：《最高人民法院新民事诉讼证据规定理解与适用（下）》，人民法院出版社 2020 年版，第 750～751 页。

② 最高人民法院民事审判第一庭编著：《最高人民法院新民事诉讼证据规定理解与适用（下）》，人民法院出版社 2020 年版，第 750 页。

能性”，从而减轻了当事人的举证负担，有助于充分发挥人身安全保护令的作用。

同时，《规定》还进一步重申了人民法院依职权调查取证的规定。这些规定完善了人身安全保护令案件的证据规则体系，进一步消除了家庭暴力受害人的举证困难，为保护家庭暴力受害人合法权益提供了更加坚强有力的制度支撑，从而保障人民群众更安全更有尊严地生活。

（五）人身安全保护令适用的人员范围

《反家庭暴力法》第 37 条规定，家庭成员以外共同生活的人之间实施的暴力行为，参照本法规定执行。《民法典》实施之前，对于家庭成员的范围，没有明确的法律规定。《民法典》第 1045 条对家庭成员进行了界定。该条规定，亲属包括配偶、血亲和姻亲。配偶、父母、子女、兄弟姐妹、祖父母、外祖父母、孙子女、外孙子女为近亲属。配偶、父母、子女和其他共同生活的近亲属为家庭成员。也即，配偶、父母、子女以及共同生活的兄弟姐妹、祖父母、外祖父母、孙子女、外孙子女为家庭成员。

但是“家庭成员以外共同生活的人”都包括哪些，实践中存在一定模糊认识。现实生活中比较常见的共同生活的人主要是儿媳、女婿、公婆、岳父母，也包括其他一些因监护、扶养、寄养等关系共同生活的人。这类人员与家庭成员一样，具有相似的生活紧密度和情感连接性，因为共同生活的事实，参照适用《反家庭暴力法》，争议不大，《规定》对此进行了明确。

需要特别说明的是，离婚后或恋爱、同居关系终止后的暴力行为，能否参照适用《反家庭暴力法》，对此实践中最具争议。该类情况在现实生活中并不鲜见，甚至由此产生极端恶性事件，引起舆论广泛关注。从调研了解的情况看，很多地方法院倾向于将该种暴力行为纳入参照适用范围，依当事人申请作出了人身安全保护令。

对此，我们也进行了深入研究。从《反家庭暴力法》规定看，人身安全保护令适用的情形是家庭成员，家庭成员以外共同生活的人可以参照适用。而离婚后或恋爱、同居关系终止后的人员既不属于家庭成员，也未共同生活，因此，不适宜通过司法解释方式将其纳入人身安全保护令的适用范围。目前，正在修改的《妇女权益保障法（征求意见稿）》规定，该类人员可以参照《反家庭暴力法》规定申请人身安全保护令。如果最终法律保留该条规定，则该类人员参照适用《反家庭暴力法》规定向人民法院申请人身安全保护令就有了明确的法律依据。在现行法律没有明确规定的情况下，该类人员之间发生的暴力行为可以通过《民法典》第 997 条的人格权禁令予以解决。《民法典》第 997 条规定，民事主体有证据证明行为人正在实施或者即将实施侵害其人格权的违法行为，不及时制止将使其合法权益受到难以弥补的损害的，有权依法向人民法院申请采取责令行为人停止有关行为的措施。

“人身安全保护令是人格权行为禁令针对家庭暴力行为的具体化特殊化适用，是为有效保护受害人的生命权、身体权、健康权等人格权，由法院依法责令行为人停止家庭暴力侵害行为的一种命令制度。虽然从法律施行时间看，规定人身安全保护令的《反家庭暴力法》先于规定人格权禁令的《民法典》，但从两者内在逻辑关系看，人格权行为禁令与人身安全保护令属于一般与特殊的关系。人格权行为禁令是一般化普遍化适用于保护所有人格权主体免予所有人格权侵害的制度，具有适用主体、适用客体上的一般性，而原本规定在先的人身安全保护令反而成为了人格权禁令的一种特殊适用程序。”[①] 家庭暴力虽然广义上也属于人格权侵权范畴，但人身安全保护令属于特别法规定，在反家庭暴力法明确规定的人员范围内，应优先适用。但对于该范围以外人员之间实施的暴力行为，则应当适用《民法典》第 977 条的规定。

本条之所以没有就该部分人员申请人格权禁令作出指引性规定，主要考虑是，如果最终通过的《妇女权益保障法》能够保留征求意见稿的相关规定，则该类人员可以直接根据《妇女权益保障法》，参照适用《反家庭暴力法》规定，向人民法院申请人身安全保护令，而不需要再适用人格权禁令制度。

（六）被申请人辩称受害人有过错如何处理的问题

实践中，被申请人对自己实施的家庭暴力行为往往提出各种辩解，以对方“有错在先”为由为自己的行为寻找借口，借机通过暴力的方式控制对方，是比较常见的情形之一，甚至有些法官在决定是否作出人身安全保护令时也会考虑对方过错情况。

为纠正上述对家庭暴力的错误认识，着重体现对家庭暴力“零容忍”的态度和原则，《规定》第 8 条明确规定，被申请人认可存在家庭暴力行为，

---

① 林建军：《人身安全保护令的性质与内容》，载《法律适用》2022 年第 7 期。

但辩称受害人有过错的，人民法院应当依法作出人身安全保护令。该条规定明确了这样一个观念，即任何理由都不是实施家庭暴力的借口。家庭暴力是违法行为，甚至有可能构成犯罪，要坚决予以制止和打击。那种认为家庭暴力情有可原的想法是完全错误的。实践中，受害人可能存在虐待老人或出轨等过错行为，但《民法典》等法律已对相应情形作出了规定，比如，根据《民法典》第 1087 条规定，离婚时夫妻共同财产分割在双方协议不成时要考虑照顾无过错方权益的原则。再比如，根据《民法典》第 1091 条规定，如果一方构成虐待、遗弃家庭成员或者存在与他人同居等重大过错的，要承担损害赔偿责任。

（七）人身安全保护令案件与离婚等案件中对家庭暴力事实认定的关系问题

据调研了解，很多基层法院法官之所以对签发人身安全保护令持谨慎态度，证据标准把握过严，一个很大的担心是，如果当事人将来提起离婚诉讼，并以人民法院曾作出人身安全保护令为由主张存在家庭暴力事实的，将给离婚案件审理造成被动。而在离婚案件中，一旦认定家庭暴力事实存在，就必须依法判决离婚和支持离婚损害赔偿的诉讼请求。

我们经研究认为，基层法院法官的担心有一定道理，尤其对于普通民众来讲，盖有人民法院印章的人身安全保护令是最好的家庭暴力证明。但该种观念在诉讼法意义上确实需要一定程度的澄清。尤其是，如果将两者捆绑，将使得法官签发人身安全保护令畏手畏脚，反倒限制了该制度作用的有效发挥，不能及时保护家庭暴力受害人。

为此，《规定》第 9 条从证明标准的角度对两者关系进行了澄清。主要思路是：人身安全保护令的目的在于制止正在发生或者可能发生的家庭暴力行为，要求便捷快速，与诉讼中经过当事人举证质证程序采信证据认定事实，存在本质不同。根据《规定》第 6 条规定，人身安全保护令案件的证明标准是“较大可能性”，而非“高度可能性”，故同样是对家庭暴力事实的认定，由于人身安全保护令案件证明标准相较离婚案件中对涉及实体权利义务关系事实的证明标准低，如果只要作出人身安全保护令，就必须在离婚纠纷中认定家庭暴力事实，则实际上变相降低了实体权利义务关系的证明标准。

因此，仅以人民法院曾签发人身安全保护令为由，即在离婚案件中认定家庭暴力事实，这样的事实认定可能是不扎实的。根据《反家庭暴力法》规定，向人民法院申请人身安全保护令有两种情形，一种是面临家庭暴力的现实危险，一种是遭受了家庭暴力。如果系因面临家庭暴力现实危险作出的人身安全保护令，当然不能以人身安全保护令作为认定家庭暴力事实的证据。

实际上，《规定》第9条要规范的也并不主要是该种情形。该条主要解决的是，即便当事人以实际遭受家庭暴力为由申请人身安全保护令，但是，由于签发人身安全保护令的证明标准较低，仅为“较大可能性”即可，而不需要达到涉及实体权利义务事实的“高度可能性”证明标准。而且，在72小时甚至24小时内即必须签发，相关证据一般未经法定的举证质证程序，人身安全保护令裁定书中亦没有法院查明事实部分，故离婚纠纷中，对涉及实体权利义务内容的家庭暴力事实，还不能仅以曾签发人身安全保护令为由直接认定。

但是，签发人身安全保护令一般有一些基础证据，根据《规定》第6条规定，包括当事人陈述、被申请人曾出具的悔过书或者保证书、记录家庭暴力发生或者解决过程等的视听资料以及医疗机构的诊疗记录等。此种情况下，既要考虑人民法院曾作出人身安全保护令的事实，也要进一步对基础证据进行审查和质证，并根据《民事诉讼法解释》第108条的规定对家庭暴力事实进行认定。人身安全保护令属于非诉程序，应当适用适当的职权干预和职权探知。审判实践中，考虑到家庭暴力受害人普遍举证能力比较弱，人民法院应当进行适当的释明，告知当事人补充提供有关证据。

（八）违反人身安全保护令构成拒不执行判决、裁定罪的问题

人民法院作出人身安全保护令后，被申请人理应严格遵守，不再实施家庭暴力。如果被申请人在保护期内仍然实施家庭暴力，则不仅是对家庭成员人格权的再次侵害，也是对司法权威的漠视，应当坚决依法惩治。《反家庭暴力法》第34条规定，被申请人违反人身安全保护令，构成犯罪的，依法追究刑事责任；尚不构成犯罪的，人民法院应当给予训诫，可以根据情节轻重处以1000元以下罚款或者15日以下拘留。

据调研了解，人身安全保护令制度实施中存在的主要问题之一是违反后受到的惩罚力度较弱，一般只能是训诫、1000元以下罚款或者15日以下拘留，对施暴方起不到足够的威慑作用。《反家庭暴力法》第34条虽然规定“构成犯罪的，依法追究刑事责任”，但实践中对于违反人身安全保护令的，能否构成拒不执行判决、裁定罪，存在不同认识，需要对构成何种犯罪进一步明确。

经研究，我们认为，违反人身安全保护令的，可以构成拒不执行判决、

裁定罪，主要理由是：

1. 从适用对象看。根据《刑法》第313条规定，拒不执行判决、裁定罪针对的是“对人民法院的判决、裁定有能力执行而拒不执行”的行为，人身安全保护令是人民法院依法作出的裁定，属于拒不执行判决、裁定罪的适用范畴。

2. 从体系解释的角度看。《反家庭暴力法》第33条和第34条均规定了刑事责任的承担问题，第33条规定了加害人实施家庭暴力，构成犯罪的，依法追究刑事责任，第34条规定了被申请人违反人身安全保护令，构成犯罪的，依法追究刑事责任。可见，第34条主要是对人身安全保护令本身的保障。当然，违反人身安全保护令的，一般情况下是再次实施了家庭暴力。如果通过实施家庭暴力的方式违反人身安全保护令，则可能同时构成虐待罪、故意伤害罪甚至故意杀人罪等，具体定罪量刑还要考虑犯罪竞合的问题。

3. 违反人身安全保护令本身情节严重的，可以按照拒不执行判决、裁定罪定罪处罚，这是《反家庭暴力法》第34条规定的立法初衷，[①] 不存在破坏刑法谦抑性问题。

4. 根据《最高人民法院关于审理拒不执行判决、裁定刑事案件适用法律若干问题的解释》第3条规定，违反人民法院限制消费令等拒不执行行为，经采取罚款或者拘留等强制措施后仍拒不执行的，可以以拒不执行判决、裁定罪定罪量刑。第14条规定，申请执行人有证据证明同时具有下列情形，人民法院认为符合《刑事诉讼法》第210条第3项规定的，以自诉案件立案审理：（1）负有执行义务的人拒不执行判决、裁定，侵犯了申请执行人的人身、财产权利，应当依法追究刑事责任的；（2）申请执行人曾经提出控告，而公安机关或者人民检察院对负有执行义务的人不予追究刑事责任的。被申请人违反人身安全保护令的，与上述情形相比，在行为特点上有相似之处，可以作一定程度的类比。

据此，《规定》明确，被申请人违反人身安全保护令，符合《刑法》第313条规定的，以拒不执行判决、裁定罪定罪处罚，从而将违反人身安全保护令行为本身纳入拒不执行判决、裁定罪适用范围，更有针对性地加大刑事

① 全国人大常委会法制工作委员会社会法室编著：《中华人民共和国反家庭暴力法解读》，中国法制出版社2016年版，第133～134页。

打击力度，增强人身安全保护令的权威性，回应社会关切。

需要特别说明的是，该条只解决违反人身安全保护令本身能否构成拒不执行判决、裁定罪的问题，至于是否与其他犯罪构成竞合，需要根据案件具体情况确定。为避免产生歧义，该条后半段规定，同时构成其他犯罪的，按照《刑法》有关规定处理。之所以作此笼统规定，主要考虑是《规定》并非刑事法律适用司法解释，具体的刑事裁判规则，比如犯罪竞合等问题，在相关刑事司法解释中均有明确规定，故在条文表述上仅笼统性地作出转引性规定，未作具体规定。实践中，在构成犯罪竞合的情况下，应当依照处罚较重的规定定罪处罚。

（三）典型案例

1. 人身安全保护令十大典型案例①

案例一

陈某申请人身安全保护令案

【基本案情】

申请人陈某（女）与被申请人段某某系夫妻关系。双方婚后因工作原因分居，仅在周末、假日共同居住生活，婚初感情一般。段某某常为日常琐事责骂陈某，两人因言语不合即发生争吵，撕扯中互有击打行为。2017 年 5 月 5 日，双方因琐事发生争吵厮打，陈某在遭段某某拳打脚踢后报警。经汉台公安分局出警处理，决定给予段某某拘留 10 日，并处罚款 500 元的行政处罚。因段某某及其父母扬言要在拘留期满后上门打击报复陈某及其父母，陈某于 2017 年 5 月 17 日起诉至陕西省汉中市汉台区人民法院，申请人民法院作出人身保护裁定并要求禁止段某某对其实施家庭暴力，禁止段某某骚扰、跟踪、接触其本人、父母。

① 2020 年 11 月 25 日，最高人民法院与全国妇联、中国女法官协会联合发布。

【裁判结果】

陕西省汉中市汉台区人民法院裁定：一、禁止段某某对陈某实施辱骂、殴打等形式的家庭暴力；二、禁止段某某骚扰、跟踪、接触陈某及其相关近亲属。如段某某违反上述禁令，视情节轻重处以罚款、拘留；构成犯罪的，依法追究刑事责任。

【典型意义】

因段某某尚在拘留所被执行拘留行政处罚，汉台区人民法院依法适用简易程序进行缺席听证，发出人身安全保护令。办案法官充分认识到家庭暴力危害性的特点，抓紧时间审查证据，仔细研究案情，与陈某进行了面谈、沟通，获知她本人及其家属的现状、身体状况、人身安全等情况，准确把握针对家庭暴力的行为保全申请的审查标准，简化了审查流程，缩短了认定的时间，依法、果断作出裁定，对受暴力困扰的妇女给予了法律强而有力的正义保护。陈某为家暴受害者如何申请人身安全保护令作出了好的示范，她具有很强的法律、证据意识，在家庭暴力发生后及时报警、治疗伤情，保证自身人身安全，保存各种能够证明施暴行为和伤害后果的证据并完整地提供给法庭，使得办案法官能够快速、顺利地在申请当日作出了民事裁定，及时维护了自己的权益。

案例二

赵某申请人身安全保护令案

【基本案情】

申请人赵某（女）与被申请人叶某系夫妻关系，因向法院提起离婚诉讼，叶某通过不定时发送大量短信、辱骂、揭露隐私及暴力恐吓等形式进行语言威胁。自叶某收到离婚诉讼案件副本后，恐吓威胁形式及内容进一步升级，短信发送频率增加，总量已近万条，内容包括“不把你全家杀了我誓不为人”“我不把你弄死，我就对不起你这份起诉书”“要做就做临安最惨的杀人案”等。赵某向法院申请人身安全保护令。案件受理后，因叶某不配合前往法院，承办人与叶某电话沟通。叶某在电话中承认向赵某发送过大量短信，并提及已购买刀具。

【裁判结果】

浙江省临安市人民法院裁定：禁止叶某骚扰、跟踪、接触赵某及其父母与弟弟。

【典型意义】

本案是一起因被申请人实施精神暴力行为而作出人身安全保护令的案件。《反家庭暴力法》第 2 条规定，本法所称家庭暴力，是指家庭成员之间以殴打、捆绑、残害、限制人身自由以及经常性谩骂、恐吓等方式实施的身体、精神等侵害行为。因此，被申请人虽然未实施殴打、残害等行为给申请人造成肉体上的损伤，但若以经常性谩骂、恐吓等方式实施侵害申请人精神的行为，法院亦将对其严令禁止，对申请人给予保护。

案例三

周某及子女申请人身安全保护令案

【基本案情】

申请人周某（女）与被申请人颜某经调解离婚后，三名未成年子女均随周某生活。然而每当颜某心情不好的时候，便不管不顾地到周某家中骚扰、恐吓甚至殴打周某和三个孩子，不仅干扰了母子四人的正常生活，还给她们的身心造成了极大的伤害。周某多次报警，但效果甚微，派出所的民警们只能管得了当时，过不了几日，颜某依旧我行我素，甚至变本加厉地侵害母子四人的人身安全，连周某的亲友都躲不过。周某无奈之下带着三名子女诉至法院，请求法院责令颜某禁止殴打、威胁、骚扰、跟踪母子四人及其近亲属。

【裁判结果】

江苏省连云港市海州区人民法院裁定：一、禁止颜某对周某及三名子女实施家庭暴力；二、禁止颜某骚扰、跟踪、接触周某母子四人及其近亲属。

【典型意义】

本案系一起针对“离婚后家暴”发出人身安全保护令的典型案例。反家庭暴力法，顾名思义适用于家庭成员之间，现有法律对家庭成员的界定是基于血亲、姻亲和收养关系形成的法律关系。除此之外，《反家庭暴力法》第

37 条中明确规定“家庭成员以外共同生活的人之间实施的暴力行为，参照本法规定执行”，意味着监护、寄养、同居、离异等关系的人员之间发生的暴力也被纳入家庭暴力中，受到法律约束。

案例四

李某、唐小某申请人身安全保护令、变更抚养权案

【基本案情】

申请人李某（女）与被申请人唐某原系夫妻关系，2008 年协议离婚，婚生子唐小某由唐某抚养。唐某自 2012 年以来多次对唐小某实施家暴，导致唐小某全身多处经常出现瘀伤、瘀血等被打痕迹，甚至一度萌生跳楼自寻短见的想法。李某得知后曾劝告唐某不能再打孩子，唐某不听，反而威胁李某，对唐小某的打骂更甚，且威胁唐小某不得将被打之事告诉外人，否则将遭受更加严厉的惩罚。李某向公安机关报案，经医院检查唐小某不但身上有伤，并且得了中度抑郁症和焦虑症。李某、唐小某共同向法院申请人身安全保护令，诉请法院依法禁止唐某继续施暴，同时李某还向法院提起了变更唐小某抚养权的诉讼。

【裁判结果】

广西壮族自治区柳州市柳北区人民法院裁定：一、禁止唐某对李某、唐小某实施谩骂、侮辱、威胁、殴打；二、中止唐某对唐小某行使监护权和探视权。

【典型意义】

由于法治意识的薄弱，不少家庭对孩子的教育依旧停留在“三天不打，上房揭瓦”这种落后的粗放式教育方法上，很大程度上会对孩子心智的健康发育造成影响且留下难以抹去的阴影。本案中，在送达人身安全保护令时，家事法官还建议警方和社区网格员，不定期回访李某、唐小某母子生活状况，及时掌握母子生活第一手资料，确保母子日常生活不再受唐某干扰。通过法院对人身安全保护令的快速作出并及时送达，派出所和社区的通力协执，及时帮助申请人恢复安全的生活环境，彰显了法院、公安、社区等多元化联动合力防治家庭暴力的坚定决心。

案例五

朱小某申请人身安全保护令案

【基本案情】

朱小某（10岁）与父亲朱某（被申请人）、继母徐某（被申请人）共同生活。朱某和徐某常常以“教育”的名义对朱小某进行殴打，树棍、尺子、数据线等都成为体罚朱小某的工具。日常生活中，朱小某稍有不注意，就会被父母打骂，不管是身上还是脸上，常常旧痕未愈，又添新伤。长期处于随时面临殴打的恐惧中，朱小某身心受到严重伤害。区妇联在知悉朱小某的情况后，立即开展工作，向法院提交派出所询问笔录、走访调查材料、受伤照片等家暴证据，请求法院依法发出人身安全保护令。

【裁判结果】

江苏省连云港市赣榆区人民法院裁定：一、禁止朱某、徐某对朱小某实施家庭暴力；二、禁止朱某、徐某威胁、控制、骚扰朱小某。

【典型意义】

孩子是父母生命的延续，是家庭、社会和国家的未来。作为孩子的法定监护人，父母或是其他家庭成员应为孩子营造良好的成长氛围，以恰当的方式引导和教育孩子，帮助孩子树立正确的人生观和价值观。本案中，朱小某的父母动辄对其谩骂、殴打、体罚，对孩子造成严重的身心伤害，给其童年留下暴力的阴影。法院作出人身安全保护令之后，立即送达被申请人、辖区派出所、居委会及妇联，落实保护令监管事项，并专门与被申请人谈话，对其进行深刻教育，同时去医院探望正在接受治疗的朱小某。法院和妇联对朱小某的情况保持密切关注，及时进行必要的心理疏导，定期回访，督促朱某、徐某切实履行监护职责，为孩子的成长营造良好环境。

《反家庭暴力法》第23条第2款规定，当事人是无民事行为能力人、限制民事行为能力人，或者因受到强制、威吓等原因无法申请人身安全保护令的，其近亲属、公安机关、妇女联合会、居民委员会、村民委员会、救助管理机构可以代为申请。随着反家暴工作的不断深入，对于自救意识和求助能力欠缺的家暴受害人，妇联等职能机构代为申请人身安全保护令的案件越来越多。勇于对家暴亮剑，已经成为全社会的共同责任。法院、公安、妇联、社区等部门构建起严密的反家暴联动网络，全方位地为家庭弱势成员撑起“保护伞”。

案例六

林小某申请人身安全保护令案

【基本案情】

申请人林小某（女）与被申请人林某系亲生父女关系，林小某从小跟随爷爷奶奶长大，从未见过母亲。后林小某转学到林某所在地读初中，平时住校，周末与林某一同居住。林小某发现林某有偷看其洗澡并抚摸其身体等性侵害行为，这对林小某的身体、心理等方面造成了严重的伤害。林小某感到害怕不安，周末就到同学家居住以躲避父亲。林某找不到林小某，便到学校威胁和发微信威胁林小某，导致其不敢上晚自习。老师发现并与林小某谈话后，林小某在班主任陪同下报警，配合民警调查，并委托社工组织向法院申请人身安全保护令。

【裁判结果】

广西壮族自治区钦州市钦北区人民法院裁定：一、禁止林某对受害人林小某实施家庭暴力；二、禁止林某骚扰、接触林小某。同时，将人身安全保护令向林小某的在校老师和班主任，林小某和林某居住地的派出所和居委会进行了送达和告知。

【典型意义】

本案中，学校在发现和制止未成年人受到家庭暴力侵害方面发挥了重要作用。公安部门接到受害人报警后，联系了社工组织，为受害人提供心理疏导及法律救助。社工组织接到救助后，第一时间到学校了解情况，为未成年人申请人身安全保护令。法院依法签发人身安全保护令后，林小某也转学同爷爷奶奶一起生活。人民法院在审理相关案件中，主动延伸司法服务，贯彻“特殊保护、优先保护”理念，较好地维护了未成年人的合法权益。

案例七

罗某申请人身安全保护令案

【基本案情】

申请人罗某现年 68 岁，从未结婚生子，在其 27 岁时，收养一子取名罗某某，并与其共同生活。其间，罗某某经常殴打辱骂罗某。2019 年 11 月，因琐事，罗某某再次和罗某发生争执，并声称要杀死罗某。罗某害怕遭罗某某殴打，遂向当地村委会反映了上述情况，村委会考虑到罗某年岁已高，行动不便，且受到罗某某的威吓，村委会代罗某向法院申请人身安全保护令。

【裁判结果】

四川省德阳市旌阳区人民法院裁定：一、禁止罗某某对罗某实施家庭暴力；二、责令罗某某搬出罗某的住所。

【典型意义】

当事人因遭受家庭暴力或者面临家庭暴力的现实危险，向人民法院申请人身安全保护令的，人民法院应当受理。当事人是无民事行为能力人、限制民事行为能力，或者因受到强制、威吓等原因无法申请人身安全保护令的，其近亲属、公安机关、妇女联合会、居民委员会、村民委员会、救助管理机构可以代为申请。本案中，由于罗某年岁已高，行动不便，且受到罗某某的威吓，当地村委会代为申请符合上述法律规定。

案例八

吴某某申请人身安全保护令案

【基本案情】

申请人吴某某（女）与被申请人杨某某（男）2009 年相识后成为男女朋友，并居住在一起。2018 年农历春节过后吴某某向杨某某提出分手，杨某某同意。2018 年 4、5 月，杨某某开始对吴某某进行跟踪、骚扰、殴打并强行闯入吴某某的住所和工作场地，限制吴某某的人身自由，抢夺吴某某住所的钥匙、手机，在吴某某住所地张贴污蔑、辱骂、威胁吴某某的材料。吴某某多次向住所地、工作场地所在的派出所报警，杨某某在经警察教育、警告之后仍屡教不改，并且变本加厉骚扰吴某某。吴某某向法院申请人身安全保护令。

【裁判结果】

四川省成都市成华区人民法院裁定：一、禁止杨某某对吴某某实施暴力行为；二、禁止杨某某对吴某某及其家属实施骚扰、跟踪、接触；三、禁止杨某某接近、进入吴某某的住所及工作场所。

【典型意义】

本案是一起同居关系的一方申请人身安全保护令的案件。《反家庭暴力法》不仅预防和制止家庭成员之间的暴力行为，还包括家庭成员以外共同生活的人之间实施的暴力行为。同居关系中暴力受害者的人身权利应当受到法律保护，同居关系的一方若遭受家庭暴力或者面临家庭暴力的现实危险，人民法院也可依当事人申请作出人身安全保护令。

案例九

黄某违反人身安全保护令案

【基本案情】

申请人陈某某（女）与被申请人黄某系夫妻关系。两人经常因生活琐事发生争吵，黄某多次对陈某某实施家庭暴力。2016 年 3 月 22 日晚，黄某殴打陈某某后，陈某某报警，后经医院诊断为腰 3 右侧横突骨折。2016 年 3 月 28 日，陈某某向东兴法院提出人身保护申请，请求禁止黄某对陈某某实施家庭暴力，禁止骚扰、跟踪、威胁陈某某及其近亲属。陈某某在承办法官联系其了解受家暴情况时，表示只是想警告黄某，暂不希望人民法院发出人身安全保护令。承办法官随即通知黄某到法院接受询问，黄某承认实施家庭暴力，承认错误，并承诺不再实施家庭暴力。人民法院为预防黄某再次实施家暴，于 2016 年 5 月 19 日裁定作出人身安全保护令，并同时向黄某及其所在派出所、社区、妇联送达。后黄某违反人身安全保护令，于 2016 年 7 月 9 日 20 时许和次日早晨两次对陈某某实施家庭暴力。陈某某在 2016 年 7 月 10 日（周日）早上 9 时许电话控诉被家暴事实，法官即联系城东派出所民警，派出所根据联动机制对黄某拘留5日。

【裁判结果】

2016年5月19日，广西壮族自治区东兴市人民法院作出（2016）桂0681民保令1号民事裁定：一、禁止黄某殴打陈某某；二、禁止黄某骚扰、跟踪、威胁陈某某及其近亲属。

【典型意义】

如何认定存在家庭暴力行为，一是看证据是否确凿，如报警记录、信访材料、病历材料等，能充分证明家庭暴力存在的，立即裁定准许人身保护；二是通过听证或询问认定是否存在家暴行为，以便有针对性、快速地认定家暴，及时保护受家暴者及其亲属方。本案中，人民法院充分利用联动保护机制，作出人身安全保护令后，将裁定抄送给被申请人所在辖区派出所、妇委会、社区等，并保持紧密互动，互相配合，对裁定人身保护后再次出现的家暴行为进行严厉处罚。联动机制对受家暴方的紧急求助起到了关键作用。

案例十

洪某违反人身安全保护令案

【基本案情】

申请人包某（女）与被申请人洪某原系恋人关系，双方共同居住生活。洪某在因琐事引起的争执过程中殴打包某，导致包某头皮裂伤和血肿。包某提出分手，并搬离共同居所。分手后，洪某仍然通过打电话、发微信以及到包某住所蹲守的方式对其进行骚扰。包某不堪其扰，遂报警，民警对洪某进行了批评教育。包某担心洪某继续实施家庭暴力，向法院申请人身安全保护令。重庆市巴南区人民法院依法作出人身安全保护令。洪某收到人身安全保护令后，无视禁止，继续通过打电话、发短信和微信的方式骚扰包某，威胁包某与其和好继续交往，其间发送的消息达300余条。

【裁判结果】

重庆市巴南区人民法院决定，对洪某处以1000元罚款和15日拘留。

【典型意义】

本案是一起典型的针对家庭暴力作出人身安全保护令和对违反人身安全

保护令予以司法惩戒的案例，主要有以下几点典型意义：第一，通过作出人身安全保护令，依法保护家庭暴力受害者的合法权利，彰显了法治的应有之义。中国几千年来都有“法不入家门”的历史传统，但随着时代的更迭和进步，对妇女儿童等弱势群体的利益保护已经得到社会的普遍认可。家庭成员以外共同生活的人可以被认定为是拟制家庭成员，根据《反家庭暴力法》第37条的规定，家庭成员以外共同生活的人可以申请人身安全保护令。第二，依法对公然违抗法院裁判文书的行为予以惩戒，彰显了遵法守法的底线。人身安全保护令不仅仅是一纸文书，它是人民法院依法作出的具有法律效力的裁判文书，相关人员必须严格遵守，否则应承担相应的法律后果。无视人身安全保护令，公然违抗法院裁判文书的行为已经触碰司法底线，必须予以严惩。第三，通过严惩家暴行为，对施暴者起到了震慑作用，弘扬了社会文明的价值取向。“法不入家门”已经成为历史，反对家庭暴力是社会文明进步的标志。通过罚款、拘留等司法强制措施严惩违反人身安全保护令的施暴者，让反家暴不再停留在仅仅发布相关禁令的司法层面，对施暴者予以震慑，推动整个社会反家暴态势的良性发展。

2. 中国反家暴十大典型案例（2023）[①]

案例一

陈某某故意杀人案

——家庭暴力犯罪中，饮酒等自陷行为导致限制刑事责任能力的，应依法惩处

【基本案情】

陈某某（男）和胡某某（女）系夫妻关系，陈某某因饮酒致酒精依赖，长期酒后辱骂、殴打胡某某。2019年5月5日，胡某某因害怕陈某某伤害自

① 2023年6月15日，最高人民法院与联合国妇女署共同举办了“涉家暴案件审判的司法理念与实践经验暨中国反家暴十大典型案例发布”国际研讨会。会上，最高人民法院发布了中国反家暴十大典型案例（2023年）。

己而到娘家暂住，直至 5 月 8 日回到其与陈某某二人居住的家中。次日凌晨，因经济压力及琐事，陈某某在家中二楼卧室与胡某某发生争吵，并在争执中坐在胡某某身上，用双手掐胡某某颈部，又将胡某某后脑往地上砸，致其机械性窒息当场死亡。陈某某案后自杀未果。经鉴定，陈某某具有限定刑事责任能力。

【裁判结果】

法院生效裁判认为，陈某某非法剥夺他人生命，致人死亡，其行为已构成故意杀人罪。陈某某案发时具有限定刑事责任能力，但该精神障碍系非病理性的原因自由行为饮酒所致，且陈某某存在长期酒后家暴行为，本案亦是由陈某某单方过错引发，不宜认定为“家庭矛盾引发”而予以从轻处罚。因陈某某能够如实供述自己罪行，可予以从轻处罚。综上，对陈某某判处死刑，缓期二年执行，剥夺政治权利终身。

【典型意义】

1. 家庭暴力不是家庭纠纷，不属于从轻处罚情形。家庭暴力与家庭纠纷有着本质的区别。纠纷婚恋双方、家庭成员之间的纠纷或矛盾通常具有偶发性、程度轻的特点，由此引发的案件与该矛盾具有直接的关联，被害人对矛盾的激化往往也有一定的责任。但家庭暴力双方地位和权力结构并不平等，施暴人基于控制目的实施的暴力行为，呈现隐蔽性、长期性、周期性、渐进性的特点，施暴人对案件具有单方面的过错。将家庭暴力与家庭纠纷区分开来，从而不对该类刑事案件以“家庭矛盾引发”而从轻处罚，能够对家庭暴力的施暴人起到警示作用，从而有效预防和遏制家庭暴力的现象。

2. 证人证言可构成认定家暴的主要证据，且不认定为初犯。法院在无行政处罚或刑事处罚记录、伤势鉴定等客观证据的情况下，以包括陈某某兄弟、子女在内的多名证人证言形成的证据链条，认定陈某某对被害人的迫害在结婚多年中持续存在，并以该既往严重家暴史否定其初犯评价，并予以从重处罚。

3. 酗酒、吸毒所致精神病变不必然减轻其刑事责任。对吸毒、醉酒等自陷型行为应采用“原因自由行为理论”予以评定。主动摄入行为是加害人的一种生理性依赖，施暴人明知自己极易酒后失控施暴，仍将自身陷于醉酒后的行为失控或意识模糊情境中，就应对施暴行为负责，且绝大多数情况下，主动摄入酒精、毒品或其他物质后，加害人实施家庭暴力的手段和程度都会加大，给受害人带来更残忍的严重后果。陈某某虽因酒精依赖导致大脑皮质器质性损伤，被评定为限定刑事责任能力，但该损伤系其自主选择所致，法院仍根据其全案情节，对其判处严刑。

从国际标准来看，联合国《消除对妇女一切形式歧视公约》及其一般性建议和联合国大会相关决议要求，“法庭是否确保主动摄入酒精、毒品或其他物质的加害人对妇女实施暴力行为后不会被免除责任”，即加害人在主动摄入酒精、毒品等物质后对妇女实施暴力行为应承担刑事责任，本判决符合这一国际准则。

案例二

姚某某故意杀人案

——受暴妇女因不堪忍受家庭暴力而杀死施暴人的，可认定为故意杀人“情节较轻”

【基本案情】

被告人姚某某（女）和被害人方某某（男）系夫妻关系，二人婚后育有四个子女。方某某与姚某某结婚十余年来，在不顺意时即对姚某某拳打脚踢。2013 年下半年，方某某开始有婚外情，在日常生活中变本加厉地对姚某某实施殴打。2014 年 8 月 16 日中午，方某某在其务工的浙江省温州市某厂三楼员工宿舍内因琐事再次殴打姚某某，当晚还向姚某某提出离婚并要求姚某某独自承担两个子女的抚养费用。次日凌晨，姚某某在绝望无助、心生怨恨的情况下产生杀害方某某的想法。姚某某趁方某某熟睡之际，持宿舍内的螺纹钢管猛击其头部数下，又拿来菜刀砍切其颈部，致方某某当场死亡。作案后，姚某某拨打 110 报警并留在现场等待警察到来。

案发后，被害人方某某的父母表示谅解姚某某的行为并请求对姚某某从轻处罚。

【裁判结果】

法院生效裁判认为，姚某某因不堪忍受方某某的长期家庭暴力而持械将其杀死，其行为已构成故意杀人罪。根据被告人的供述以及在案十位证人的证言，应当认定方某某在婚姻生活中对姚某某实施了长期的家庭暴力。被告人姚某某对被害人方某某实施的家庭暴力长期以来默默忍受，终因方某某逼迫其离婚并独自抚养两个未成年子女而产生反抗的念头，其杀人动机并非卑劣；姚某某在杀人的过程中虽然使用了两种凶器并加害在被害人的要害部位，并承认有泄愤、报复的心理，但结合家暴问题专家的意见，姚某某属于家庭暴力受暴妇女，其采取杀害被害人这种外人看似残忍的行为，实际上有其内在意识：是为了避免遭受更严重家暴的报复。姚某某作案后没有逃匿或隐瞒、毁灭罪证，而是主动打电话报警，归案后如实供述自己的犯罪事实，并带领侦查人员找到作案使用的菜刀，具有认罪、悔罪情节。综上，姚某某的作案手段并非特别残忍、犯罪情节并非特别恶劣，可以认定为故意杀人“情节较轻”。姚某某具有自首情节，被害人方某某的父母对姚某某表示谅解，鉴于姚某某尚有四个未成年子女需要抚养，因此对姚某某给予较大幅度的从轻处罚。综上，对被告人姚某某以故意杀人罪，判处有期徒刑五年。

【典型意义】

1.2015 年 3 月 2 日，最高人民法院、最高人民检察院、公安部、司法部共同发布了我国第一个全面的反家庭暴力刑事司法指导性文件《关于依法办理家庭暴力犯罪案件的意见》（以下简称《反家暴意见》），在该意见第 20 条中，较为全面地规定了由家庭暴力引发的杀害、伤害施暴人案件的处罚。本案系首例适用两高两部《反家暴意见》将受暴妇女以暴制暴的情形认定为故意杀人“情节较轻”的案件。本案深入了解被告人姚某某作为受暴妇女的特殊心理和行为模式，全面把握姚某某在本案中的作案动机、犯罪手段以及量刑情节，明确认定姚某某属于故意杀人“情节较轻”，对其作出有期徒刑五年的判决。

2. 本案系全国首例家暴问题专家证人意见被判决采纳的案件。本案在开庭时聘请具有法学和心理学专业知识的人员出庭向法庭提供专家意见。家庭暴力问题专家出庭接受各方质询，可以向法庭揭示家庭暴力问题的本质特征以及家庭暴力关系中施暴人和受暴人的互动模式，帮助法庭还原案件中涉及家庭暴力的事实真相，尤其是家庭暴力对受暴人心理和行为模式造成的影响，从而协助法庭准确认定案件的起因、过错责任以及家暴事实与犯罪行为之间的因果关系等与定罪量刑密切相关的重要事实，避免法官因缺乏关于家庭暴力关系中双方的互动模式给受暴人的心理和行为造成的影响等方面的专业知识可能导致错误裁判的风险。在庭审中，专家证人出庭接受了控、辩双方的质询并就家庭暴力的特征、表现形式、受暴人与施暴人在亲密关系中的互动模式以及受暴妇女、施暴人特殊的心理、行为模式等家庭暴力方面的专业知识向法庭作了客观、充分的解释。法庭根据被告人行为，结合专家证人在庭上提供的对受暴妇女的一般性规律意见，认定被告人姚某某在杀人的过程中虽然使用了两种凶器并加害在被害人的要害部位，但其采取上述手段杀害被害人更主要的还是为了防止被害人未死会对其施以更加严重的家庭暴力。在涉家暴刑事案件审理中引入专家证人证言，对其他地方法院审理类似案件具有重要的借鉴意义。

从国际标准来看，联合国《消除对妇女一切形式歧视公约》及其一般性建议和联合国大会相关决议要求，“在案件审理过程中，应充分考虑性别因素并以受害人为中心”。本案专家证人证言中也描述了在长期遭受家庭暴力下对受害人的影响。根据世界卫生组织的研究表明，长期家暴可能给家暴受害人带来各种严重的身心影响，如个体在长期遭受无法逃脱的负面刺激或困境后，逐渐丧失对改变自身状况的信念和动力，产生无助和无能为力的心态，称为习得性无助。这些影响在家庭暴力事件发生时，有可能会影响妇女对暴力程度、危险性和预期结果的认知，以及影响他们所采取的对策、行为的判断力。本判决符合这一国际准则。

案例三

李某、杨某故意伤害案

——管教子女并非实施家暴行为的理由，对子女实施家庭暴力当场造成死亡的应认定为故意伤害罪

【基本案情】

被告人李某离婚后，长期将女儿被害人桂某某（殁年 10 岁）寄养于其姨妈家中；2019 年 12 月，李某将桂某某接回家中，与其同居男友被告人杨某共同生活。李某与杨某时常采用打骂手段“管教”桂某某。2020 年 2 月 6 日中午，因发现桂某某偷玩手机，李某、杨某便让桂某某仅穿一条内裤在客厅和阳台罚跪至 2 月 8 日中午，并持续采取拳打脚踢、用皮带和跳绳抽打、向身上浇凉水等方式对桂某某进行体罚，其间仅让桂某某吃了一碗面条、一个馒头，在客厅地板上睡了约 6 个小时。2 月 8 日 14 时许，桂某某出现身体无力、呼吸减弱等情况，李某、杨某施救并拨打 120 急救电话，医生到达现场时，桂某某已无生命体征。经鉴定，桂某某系被他人用钝器多次击打全身

多处部位造成大面积软组织损伤导致创伤性休克死亡。

【裁判结果】

法院生效裁判认为，李某、杨某故意伤害他人身体，致一人死亡，其行为已构成故意伤害罪。李某、杨某在共同故意伤害犯罪中均积极实施行为，均系主犯。判处李某死刑，缓期二年执行，剥夺政治权利终身；判处杨某无期徒刑，剥夺政治权利终身。

【典型意义】

1. 以管教为名，对未成年子女实施家庭暴力造成严重后果的，不予从轻处罚。李某与杨某作为10岁女童的母亲和负有共同监护义务的人，明知被害人尚在成长初期，生命健康容易受到伤害，本应对孩子悉心呵护教养，但却在严冬季节，让被害人只穿一条内裤，在寒冷的阳台及客厅，采取拳打脚踢、绳索抽打、水泼冻饿、剥夺休息等方式，对被害人实施48小时的持续折磨，造成被害人全身多部位大面积软组织损伤导致创伤性休克而死亡。综观全案，对孩子进行管教，只是案发的起因，不能达到目的时，单纯体罚很快变为暴虐发泄。法院认为李某与杨某犯罪故意明显，犯罪手段残忍，后果极其严重，对其不予从轻处罚。判决昭示司法绝不容忍家庭暴力，彰显对人的生命健康尊严，特别是对未成年人的保护。

2. 连续实施家庭暴力当场造成被害人重伤或死亡的，以故意伤害罪定罪处罚。依据最高人民法院、最高人民检察院、公安部、司法部2015年印发的《关于依法办理家庭暴力犯罪案件的意见》第17条相关规定，虽然实施家庭暴力呈现出经常性、持续性、反复性的特点，但其主观上具有放任伤害结果出现的故意，且当场造成被害人死亡，应当以故意伤害罪定罪处罚。

案例四

邱某某故意伤害案

——制止正在进行的家庭暴力行为，符合刑法规定的，
认定为正当防卫，不负刑事责任

【基本案情】

邱某某（女）和张某（男）甲案发时系夫妻关系，因感情不和、长期遭

受家庭暴力而处于分居状态。二人之子张某乙 9 岁，右耳先天畸形伴听力损害，经三次手术治疗，取自体肋软骨重建右耳廓，于 2019 年 6 月 5 日出院。同年 7 月 2 日晚，邱某某与张某甲多次为离婚问题发生争执纠缠。次日凌晨 1 时许，张某甲到邱某某和张某乙的住所再次进行滋扰，并对邱某某进行辱骂、殴打，后又将张某乙按在床上，跪压其双腿，用拳击打张某乙的臀部，致其哭喊挣扎。邱某某为防止张某乙术耳受损，徒手制止无果后，情急中拿起床头的水果刀向张某甲背部连刺三刀致其受伤。邱某某遂立即骑电动车将张某甲送医救治。经鉴定，张某甲损伤程度为重伤二级。检察机关以邱某某犯故意伤害罪提起公诉。

【裁判结果】

法院生效裁判认为，为了使本人或者他人的人身权利免受不法侵害，对正在进行的家庭暴力采取制止行为，只要符合刑法规定的条件，就应当依法认定为正当防卫，不负刑事责任。本案中，邱某某因婚姻纠纷在分居期间遭受其丈夫张某甲的纠缠滋扰直至凌晨时分，自己和孩子先后遭张某甲殴打。为防止张某乙手术不足一月的再造耳廓受损，邱某某在徒手制止张某甲暴力侵害未果的情形下，持水果刀扎刺张某甲的行为符合正当防卫的起因、时间、主观、对象等条件。同时根据防卫人所处的环境、面临的危险程度、采取的制止暴力的手段、施暴人正在实施家庭暴力的严重程度、造成施暴人重大损害的程度以及既往家庭暴力史等因素进行综合判断，应当认定邱某某的正当防卫行为未超过必要限度，不负刑事责任。依法宣告邱某某无罪。

【典型意义】

1. 对反抗家庭暴力的行为，准确适用正当防卫制度进行认定。家庭暴力是指家庭成员之间以殴打、捆绑、残害、限制人身自由以及经常性谩骂、恐吓等方式实施的身体、精神等侵害行为，受害人大多数是女性和未成年人，相对男性施暴人，其力量对比处于弱势。人民法院充分运用法律，准确把握正当防卫的起因、时间、主观、对象等条件，结合《最高人民法院、最高人民检察院、公安部、司法部关于依法办理家庭暴力犯罪案件的意见》的相关规定，对遭受家庭暴力的妇女和儿童予以充分保护和救济，对其在紧急情况下的私力救济行为，符合刑法规定的，准确认定为正当防卫。

2. 对反抗家庭暴力中事先准备工具的行为，进行正确评价。司法实践中对于事先准备工具的正当防卫行为的认定存在一定困难，在反家暴案件中应当考虑施暴行为的隐蔽性、经常性、渐进性的特点以及受害人面临的危险性和紧迫性，对此予以客观评价。邱某某长期遭受家庭暴力，从其牙齿缺损和伤痕照片可见一斑，事发前因婚姻矛盾反复遭到张某甲纠缠直至凌晨时分。在报警求助及向张某甲之母求助均无果后，无奈打开家门面对暴怒的张某甲，邱某某在用尽求助方法、孤立无援、心理恐惧、力量对比悬殊的情形下准备水果刀欲进行防卫，其事先有所防备，准备工具的行为具有正当性、合理性。

3. 应当以足以制止并使防卫人免受家庭暴力不法侵害的需要为标准，准确认定防卫行为是否过当。认定防卫行为是否“明显超过必要限度”，应当以足以制止并使防卫人免受家庭暴力不法侵害的需要为标准，根据防卫人所处的环境、面临的危险程度、采取的制止暴力的手段、施暴人正在实施家庭暴力的严重程度、造成施暴人重大损害的程度以及既往家庭暴力史等进行综合判断。

邱某某在自己遭到张某甲辱骂、扇耳光殴打后，虽然手中藏有刀具，但未立即持刀反抗，而顺势放下刀具藏于床头，反映邱某某此时仍保持隐忍和克制。张某甲将其子张某乙按在床上殴打时，具有造成张某乙取软骨的肋骨受伤、再造耳廓严重受损的明显危险。邱某某考虑到其子第三次手术出院不足一月，担心其术耳受损，在徒手制止无果后，情急之中持刀对张某甲进行扎刺，制止其对张某乙的伤害，避免严重损害后果的行为具有正当性。判断邱某某的防卫行为是否明显超过必要限度，应当充分体谅一个母亲为保护儿子免受伤害的急迫心情，还应当充分考虑张某乙身体的特殊状况和邱某某紧张焦虑状态下的正常应激反应，不能以事后冷静的旁观者的立场，苛求防卫人“手段对等”，要求防卫人在孤立无援、高度紧张的情形之下作出客观冷静、理智准确的反应，要设身处地对事发起因、不法侵害可能造成的后果、当时的客观情境等因素进行综合判断，适当作有利于防卫人的考量和认定。

从国际标准来看，联合国《消除对妇女一切形式歧视公约》及其一般性建议和联合国大会相关决议要求，“在案件审理过程中，应充分考虑性别因素并以受害人为中心”，在本案中，考虑到长期遭受家暴的受害人与施暴者之间形成的特殊互动模式，以及长期遭受家暴对受害人身心的特殊影响，受害人可能在认知和行为方面存在一些特殊状况。例如，受害人可能会误判施暴者的行为和后果，过度估计施暴者可能造成的伤害，并担心如果无法以一招取胜，将会遭受施暴者更加严重的伤害等。因此，在判定家暴受害者对施暴者采取的暴力行为是否过当时，需要考虑与平等非家暴关系主体之间的防卫程度认定存在不同之处。长期遭受家暴的经历以及其对受害人身心认知的影响应被纳入考量。因此，本判决符合国际准则的要求。

案例五

谌某某违反人身安全保护令案

——人身安全保护令的回访与督促执行

【基本案情】

罗某（女）与谌某某（男）系夫妻关系。2018 年 12 月，罗某向法院起诉要求离婚，并在诉讼过程中，以此前谌某某经常酗酒发酒疯、威胁恐吓罗某及其家人、在罗某单位闹事为由向法院递交了人身安全保护令申请书，同时提交了谌某某此前书写的致歉书、微信记录等证据予以证实。法院审核后，于 2018 年 12 月 18 日作出了人身安全保护令裁定并送达给了本案被申请人谌某某。同时，法院向罗某所在街道社区及派出所送达了协助执行通知书及人身安全保护令裁定，要求如谌某某对罗某实施辱骂、殴打、威胁等精神上、身体上的侵害行为时，要立刻予以保护并及时通知法院。

2019 年 2 月 14 日，法院按照内部机制对罗某进行电话回访，罗某向法院反映谌某某对其实施了精神上的侵害行为。后法官传唤双方当事人到庭并查明：在法院发出的人身安全保护令的有效期内，双方多次发生激烈争执。争执中，谌某某以拟公开罗某隐私相要挟。随后，双方又因琐事发生冲突，谌某某随即找到罗某单位两位主要领导，披露罗某此前在家中提及的涉隐私内容，导致罗某正常工作环境和社交基础被严重破坏，精神受损，基于羞愤心理意欲辞职。

【裁判结果】

法院认为，谌某某前往罗某单位宣扬涉隐私内容，上述事实的传播和评价，对于女方而言，是不愿意让他人知晓的信息。男方将女方的涉隐私信息予以公开，属于侵犯其隐私。

家庭暴力的核心是控制，谌某某以揭露罗某隐私相要挟，意欲对其进行控制，属于《反家庭暴力法》中对家庭暴力定义的“精神上的侵害”。最后谌某某将隐私公开，进一步造成了对罗某精神上的实际侵害。对此，2019 年

2 月 15 日，法院作出了拘留决定书，对谌某某实施了拘留 5 日的惩罚措施。

【典型意义】

1. 该案系法院在人身安全保护令发出后回访过程中所发现。“人身安全保护令回访制度”系该院创举，一方面该制度有利于发现家庭暴力行为，在当事人因受到暴力和精神压迫而不敢请求保护或对家庭暴力知识缺失的时候，通过司法机关主动回访及时发现并制止可能存在的或已经存在的违反人身安全保护令的行为，既能够维护司法权威，也能更好地保障家庭关系中弱势群体的合法权益；另一方面回访制度能够体现司法机关执法的温度，让当事人真正能够感受到法律并非冰冷的文字而是实实在在保护自己的有效利器。

2. 该案中，在人身安全保护令发出后，人民法院一直以纠问式审判主导该案。谌某某无视人身安全保护令，公然违抗法院裁判文书的行为已经触碰司法底线，人民法院在此情况下主动积极作为，维护人身安全保护令的权威和实施，保护受害人的合法权益不受侵犯。

3. 在该案影响下，“宣扬隐私”亦构成家庭暴力的观点被写入地方立法，2019 年 7 月 1 日起施行的《湖南省实施〈中华人民共和国反家庭暴力法〉办法》第 2 条明确，“本办法所称家庭暴力，是指家庭成员之间以殴打、捆绑、……宣扬隐私、跟踪、骚扰等方式实施的身体、精神等侵害行为”。此外，“宣扬隐私”构成家庭暴力的观念在 2023 年修订的《中华人民共和国妇女权益保障法》第 29 条中也有体现。

从国际标准来看，联合国《消除对妇女一切形式歧视公约》及其一般性建议和联合国大会相关决议要求，“司法部门对针对妇女的暴力（包括家庭暴力）有足够的警觉，一致地把保障妇女的生命权和身心健康放在重要位置”（依据指标 3.1—《公约案件 5/2005》要求），在当事人因受到暴力和精神压迫而不敢请求保护或对家庭暴力知识缺失的时候，通过司法机关主动回访及时发现并制止可能存在的或已经存在的违反人身安全保护令的行为，法院通过再次回访确保家庭中弱势群体的安全，本案做法符合这些国际准则。

案例六

冯某某申请曹某某人身安全保护令案
——全流程在线审理人身安全保护令促进妇女权益保护

【基本案情】

冯某某（女）与曹某某（男）系夫妻关系。申请人冯某某于2022年12月22日起诉要求与被申请人曹某某离婚。在诉前调解过程中，曹某某于2023年1月13日深夜前往冯某某住处辱骂、恐吓冯某某及其近亲属，并使用随身携带的铁锤毁坏门锁，冯某某报警；后曹某某又于1月16日至冯某某母亲张某某住处辱骂、威胁，并扬言“要在大年初一、十五上门找麻烦”，张某某亦报警。

因对人身安全及能否平安过年感到担忧，2023年1月19日，冯某某向其代理律师咨询申请保护令事宜，代理律师表示如按传统方式线下调查取证、申请保护令、签发送达及协助执行至少需要10天时间，时值农历年底可能无法及时完成，但当地法院在2022年底上线的“法护家安”集成应用可在线申请保护令，或可尝试。冯某某遂通过其律师于当天21时通过手机登录法院“法护家安”集成应用，在线申请了人身安全保护令。

【裁判结果】

2023年1月20日，法院通过绿色通道立案受理。承办法官通过“法护家安”集成应用反家暴模块建立的反家暴数据库快速获取相关警情数据等证据材料，同时通过关联检索获知被申请人曹某某曾多次因暴力犯罪被追究刑事责任。根据上述证据，申请人面临家庭暴力现实危险的证据充分，且该起民事纠纷极有可能转化为恶性刑事案件，承办法官遂决定签发人身安全保护令，禁止曹某某对冯某某实施家暴并禁止其骚扰、跟踪、接触冯某某及张某某。在线送达双方当事人后，承办法官通过在线方式向区公安分局、区妇联等单位进行送达协助执行通知书，相关协助执行单位在线实时签收后，根据相关工作机制开展工作，协助督促被申请人遵守保护令、并对申请人进行回访，疏导、安抚。

【典型意义】

本案从当事人申请，到法院立案受理、证据调取、审查签发，再到各部门送达响应、协助执行，总用时不到24小时，全流程在线运行，充分落实了《反家庭暴力法》第28条“情况紧急的，应当在二十四小时内作出”的规定。从国际标准来看，联合国《消除对妇女一切形式歧视公约》及其一般性建议和联合国大会相关决议要求，“各国确保在家庭暴力案件中，受害妇女有权申请和获得保护令，并确保这些保护令具有法律效力，并能得到有效执行”。

“法护家安”集成应用系由浙江省温州市龙湾区人民法院联合五家基层法院、区社会治理中心、区妇联，共同建设并于2022年12月29日成功上线。其中“反家暴人身保护模块”建立了政法委牵头，人民法院、人民检察院、公安机关、司法行政机关、社会治理中心、妇联、大数据管理机构等各部门共同参与、在线协同的反家暴工作机制，相比传统模式下，“法护家安”集成应用反家暴人身保护模块突破了当事人提交申请的时空限制，解决了当事人取证来回跑的难题，打通了各部门的数据共享通道，实现了家庭暴力事件的数据归集与分析预警，极大缩短了各流程的操作时间，加强了与公安、妇联等部门的多跨协同，具有“法护家安”反家暴人身保护模块“申请的便利性、信息的共享性、取证的快捷性、签发的准确性、响应的及时性、保护的充分性”六大优势，对被申请人及时起到了震慑作用，将司法触角延伸至家庭暴力的萌芽之初，对全时空保障妇女权益、促进和谐家风建设具有重要意义。

案例七

叶某申请人身安全保护令案

——同居结束后受暴妇女仍可申请人身安全保护令

【基本案情】

叶某（女）与黄某（男）是同居关系，双方于2021年生育女儿。后双方分手，女儿随叶某共同生活。叶某向法院起诉黄某同居关系子女抚养纠纷。2022年3月9日晚上，黄某去到叶某弟弟家中，并使用叶某弟弟的电话向叶某及其父母实施威胁，称：“如不交回孩子，将采取极端手段。”叶某及其家属立即于次日向所在辖区公安机关报警，同日晚上黄某通过网购平台购买了具有攻击性和伤害性的辣椒水用品，向法院解释是为了自己防身。叶某认为，结合黄某平时暴躁、极端的性格，其有可能作出恐怖、极端的行为，并已危及自己及家属的安全及生命，故于 2022 年 4 月向法院申请人身安全保护令，请求法院裁定禁止黄某骚扰、跟踪、威胁、殴打叶某及女儿。

【裁判结果】

法院经审查认为，黄某辩解因申请人藏匿女儿，导致其无法与女儿见面，心里很生气，于是想买瓶辣椒水。可见，黄某购买辣椒水并非用于防身，而是意图报复叶某。叶某提交的辣椒水购买记录、住所楼道监控录像等证据及黄某自认的事实，足以证实黄某及其亲属因女儿抚养权及探望争议对叶某进行骚扰、威胁，使叶某面临家庭暴力的现实危险，叶某的申请符合《反家庭暴力法》第 27 条规定的发出人身安全保护令的条件。叶某与黄某如因女儿的抚养权及探望问题发生矛盾，应通过合法途径解决。最终，法院依照《反家庭暴力法》之相关规定，作出人身安全保护令，裁定禁止黄某骚扰、跟踪、威胁、殴打叶某及其女儿。

【典型意义】

1. 同居男女朋友分手后女方遭受威胁、恐吓等暴力侵害的，可向法院申请人身安全保护令。

《中华人民共和国反家庭暴力法》第 37 条规定，家庭成员以外共同生活的人之间实施的暴力行为，参照本法规定执行。意味着监护、寄养、同居、离异等关系的人员之间发生的暴力也纳入法律约束。本案中，叶某与前男友黄某之间并非家庭成员关系，叶某的权益受侵害时，已结束了同居生活，但同居的结束，不代表同居关系的结束，还有共同财产、子女等一系列问题需要解决，如机械地要求受害者必须与侵害人同住一所才能获得保护，与反家暴法的立法初衷相违背，也不符合常理。

反家庭暴力法的本质，是通过司法干预来禁止家庭成员、准家庭成员间，基于控制及特殊身份关系而产生的各种暴力。该法规定了非婚姻的准家庭成员关系也受其调整，那么在离婚妇女受暴后能获得司法干预的同时，同居结束后受暴妇女亦应同样能够获得保护。因此，同居男女朋友结束同居生活后若存在家庭暴力情形的，也应作为人身安全保护令的申请主体。

从国际标准来看，符合联合国《消除对妇女一切形式歧视公约》及其一般性建议和联合国大会相关决议要求，体现了国际标准中国家针对妇女的暴力的无差别保护和司法救济，不因是否具有婚姻关系，是否尚处于同居关系等加以划分和有所限制。

2. 被申请人未实施实质性人身伤害行为，申请人仅提供了被申请人购买辣椒水的淘宝订单记录，是否符合发出人身安全保护令的条件。

家庭暴力具有隐秘性和突发性，对于家庭暴力行为发生可能性的证明，难度相对较高，为防止侵害行为的发生，应适当降低证明标准，即只要申请人能够提供初步证据证明存在家暴发生的现实危险即可，对于侵害可能性的标准应当从宽。《最高人民法院关于办理人身安全保护令案件适用法律若干问题的规定》第6条明确了人身安全保护令案件中，人民法院根据相关证据，作出人身安全保护令的证明标准是“申请人遭受家庭暴力或者面临家庭暴力现实危险的事实存在较大可能性”，而非民事诉讼的“高度盖然性”，降低了证明标准，从而减轻了当事人的举证负担。本案中，即使黄某尚未对叶某产生实质性伤害，但结合本案监控录像等证据及黄某自认“因原告藏匿女儿很生气，后购买了辣椒水”的事实，叶某遭受家庭暴力或者面临家庭暴力现实危险的事实存在较大可能性，因此，法院应当立即发出人身安全保护令，这对于预防及制止家庭暴力、保护家庭成员，具有重要意义，也符合反家庭暴力工作应遵循预防为主的基本原则。

3. 申请人提交的住所楼道监控录像及被申请人的淘宝购买订单可作为证实家暴的证据。

在对家暴行为的认定中，证据形式更加多样化，除了报警记录、病历、处罚决定书等，当事人陈述、短信、微信记录、录音、视频、村居委和妇联等单位机构的救助记录等均可纳入证据范围。《最高人民法院关于办理人身安全保护令案件适用法律若干问题的规定》第6条第2款第5项规定的“记录家庭暴力发生或者解决过程等的视听资料”、第11项规定的“其他能够证明申请人遭受家庭暴力或者面临家庭暴力现实危险的证据”，均可以作为证明存在家庭暴力的证据。

案例八

马某某诉丁某某离婚案

——对于家暴事实的认定应当适用特殊证据规则

【基本案情】

马某某（女）以丁某某（男）性格暴躁，多次对其实施家庭暴力为由诉至法院要求离婚，丁某某否认其实施了家暴行为，且不同意离婚。马某某提交了多次报警记录，证明其曾因遭受家庭暴力或面临家庭暴力现实危险而报警，并提供病历和伤情鉴定证明其受伤情况，丁某某未提交任何证据佐证其抗辩意见。

【裁判结果】

法院生效裁判认为，原告马某某主张丁某某对其实施暴力，并提交了相关佐证证据，虽丁某某予以否认，但马某某提交的病历资料及鉴定文书中均有“全身多处软组织挫伤”等表述，而丁某某对于马某某的伤情并未给予合理解释，综合双方的陈述以及马某某提交的证据可以确认，丁某某在其与马某某发生矛盾的过程中，确实动手殴打了马某某。法院根据家暴事实的认定，并综合经审理查明的其他事实，认定双方的夫妻感情确已破裂，判决准予离婚。

【典型意义】

1. 涉家庭暴力案件中，法院根据医疗机构的诊疗记录、伤情鉴定意见，可以认定申请人遭受家庭暴力或者面临家庭暴力现实危险的事实存在。本案中，马某某和丁某某对于家庭暴力发生的事实和经过的说法不一致，马某某对每一次家暴事实进行了详细且符合逻辑的描述，丁某某仅表述为双方“互有推搡”“搂抱”，基于马某某提交的病历资料及鉴定文书中均有“全身多处软组织挫伤”等表述，丁某某虽否认家暴行为，但对于马某某的伤情并未给予合理解释，考虑到马某某作为受害人能够提供相关证据并合理陈述，其陈述可信度要高于丁某某的陈述。该做法也符合 2022 年 7 月最高人民法院发布的《关于办理人身安全保护令案件适用法律若干问题的规定》中有关证据认定的制度规定。

2. 查清家庭暴力事实需要法官加大依职权探究力度。普通的民事诉讼，往往采用辩论主义，但要查清家庭暴力，则更需要法官依职权去探究相关事实及调取证据。本案中，马某某提交的证据并不足以证实其遭受到了家庭暴力，但法院根据其提交的证据，并结合其陈述，对于其主张的每一次家暴事实进行了仔细询问和追问，并对其最早一次遭受家暴以及自认为最严重的一次家暴等关键事实均进行了询问，马某某均给予了详细且符合逻辑的描述，通过对家暴细节进行主动调查，又根据受害人陈述可信度较高的原则，进而可以有助于家庭暴力事实的认定。

家庭暴力具有较高的私密性和隐蔽性，受害人普遍存在举证困难的问题。在涉家暴案件的审理过程中，法院可以通过积极举措降低家庭暴力事实的证明难度，平衡双方当事人之间的地位，对于认定家暴事实的，迅速作出离婚判决。本案中，法院适用一定条件下的举证责任转移及加大职权探知力度，更有利于保护在互动关系中处于弱势的家暴受害人，从而达到遏制并矫正家暴施暴人的强势控制行为，体现法院在处理涉家暴案件中的公正理念，保证裁判的公信力。

案例九

张某与邹某离婚纠纷案

——受暴方过错并非家暴理由，施暴方不宜直接抚养未成年子女

【基本案情】

张某（女）与邹某（男）于2007年4月登记结婚，自儿子邹小某出生后张某和邹某夫妻矛盾逐渐增多。2010年6月，因张某与其他异性有不正当关系，邹某用几股电话线拧成一股抽打张某。此后，邹某经常辱骂张某，稍有不顺就动手打骂，张某因做错事在先，心中有愧，从来不会还手。2013年6、7月，邹某怀疑张某与其他男性有不正当关系，就把张某摁在家中地板上殴打，导致张某嘴部流血。2018年11月24日，邹某持裁纸刀划伤张某面部、衣服，并导致张某身体其他部位受伤，张某遂报警并进行了伤情鉴定，显示构成轻微伤。张某以邹某多年来数次对其实施家庭暴力为由，向人民法院请求离婚，并请求儿子邹小某由张某抚养。邹某认为张某出轨在先，具有过错，其与张某的争吵是夫妻之间的普通争吵行为，其对张某没有严重性、

经常性、持续性的殴打、迫害，不构成家庭暴力，不同意离婚，且要求共同抚养儿子邹小某。

【裁判结果】

法院生效裁判认为，张某虽有过错，但邹某不能用暴力来解决问题。根据《中华人民共和国反家庭暴力法》第二条的规定，严重性、持续性、经常性并非家庭暴力的构成要件，2018 年 11 月 24 日张某所受损伤构成轻微伤，可见邹某的暴力行为已对张某的身体造成了伤害。法院认定邹某的行为构成家庭暴力。由于邹某实施家庭暴力的行为，而且双方已经分居，张某坚持要求离婚，法院判决准许双方离婚，邹小某由张某抚养，邹某于每月 20 日前支付邹小某抚养费 1000 元，直至邹小某年满 18 周岁为止。

【典型意义】

1. 家暴行为证据的采纳与认定具有特殊性。家庭暴力往往具有私密性，目睹家庭暴力的极可能仅有未成年子女，导致许多家庭暴力难以得到及时认定和处理。本案中，人民法院委托家事调查员与邹小某进行谈话，邹小某对家事调查员表示其曾看到过一次父母在家吵架，父亲打了母亲，母亲的嘴部流血，综合邹某承认其与张某确实发生争吵伴有肢体接触，其对张某有压制行为，并看到张某嘴部流血，法院认定 2013 年 6、7 月邹某实施了家暴行为。法院采纳未成年子女提供的与其年龄、智力相适应的证言，在能与其他证据相印证达到较大可能性标准的情况下，认定施暴人的家暴行为，既有利于充分保护受暴者，同时对涉家暴纠纷审判实践也具有指导意义。

2. 受暴方是否有过错，殴打行为是否具有严重性、经常性、持续性均不是认定家庭暴力的构成要件。《反家庭暴力法》第 2 条规定：“本法所称家庭暴力，是指家庭成员之间以殴打、捆绑、残害、限制人身自由以及经常性谩骂、恐吓等方式实施的身体、精神等侵害行为。”因此，家庭成员之间一方以殴打方式对另一方身体实施了侵害行为，即构成家庭暴力。本案中，邹某以张某有过错，其行为不具有严重性、经常性、持续性为由主张不构成家庭暴力，没有任何法律依据，亦不符合《反家庭暴力法》的立法精神和目的。

3. 实施家庭暴力是离婚法定事由，应依法判决离婚，及时阻断家庭暴力。审判实践中，对于初次起诉离婚，又无充分证据证明双方感情确已破裂的，人民法院本着维护婚姻家庭稳定的原则，一般判决不予离婚。但是，根据《婚姻法》第 32 条第 3 款第 2 项“有下列情形之一，调解无效的，应准予离婚：……（二）实施家庭暴力或虐待、遗弃家庭成员的”之规定，对于存在家庭暴力等离婚法定事由的，即便是初次起诉离婚，也应当准予离婚。邹某在婚姻关系存续期间，对张某实施家庭暴力，张某坚决要求离婚，即使邹某不同意离婚，法院也应依法判决双方离婚，及时遏制家庭暴力。

4. 根据最有利于未成年人原则，施暴方一般不宜直接抚养未成年子女。在处理离婚纠纷涉子女抚养权归属时，是否存在家庭暴力是确定子女抚养权归属的重要考量因素。审判实践中，施暴者往往辩称家暴行为只存在于夫妻之间，并不影响其对孩子的感情，甚至以希望孩子有完整的家庭为由，拒绝离婚。但是，家庭暴力是家庭成员之间的严重侵害行为，未成年子女目睹施暴过程会给其内心造成极大的心理创伤，目睹家庭暴力的未成年人实际上也是家庭暴力的受害者。因此，若父母一方被认定构成家暴，无论是否直接向未成年子女施暴，如无其他情形，一般认定施暴方不宜直接抚养未成年子女。本案中，张某仅有邹小某一子，邹某与前妻另育有一子，加之邹小某在张某、邹某分居后一直居住在张某父母家，由外公、外婆、舅舅等照顾日常生活起居，已适应了目前的生活、学习环境，为有利于儿童身心健康及防止家庭暴力的代际传递，法院认定邹小某应由张某抚养为宜。

从国际标准看，联合国《消除对妇女一切形式歧视公约》及其一般性建议框架要求，“在针对妇女的暴力（包括家庭暴力）案件中，决定监护权和探视权时应考虑受害人和儿童的权利安全”。本案裁判中考虑到儿童身心健康及预防家庭暴力的代际传递，判决由张某获得抚养权，这一裁判符合国际标准。

案例十

李某某与郑某某离婚纠纷案

——涉家暴案件审理必须多措并举实现案结事了

【基本案情】

经李某某（女）申请，人民法院于2018年5月2日作出人身安全保护令民事裁定，禁止郑某某（男）对李某某实施殴打、威胁、谩骂等家庭暴力行为。2018年6月8日李某某起诉离婚，7月23日两位书记员上门送达诉讼资料时，郑某某多次语言威胁并将留置的资料掷回书记员。7月25日两名法官、两名法警、一名书记员一行共计5人向郑某某送达诉讼资料，郑某某继续大吵大闹，拍桌子、辱骂送达的工作人员，近一个小时未能送达诉讼资料。

李某某与郑某某共生育了三名子女，李某某提供了诊断报告书、疾病证明书、报警回执、病历、鉴定意见书、受伤照片等证据，证实2018年2月7日、2018年4月21日、2018年4月25日、2018年5月2日郑某某多次对其实施殴打。经询，三名子女均表示选择与李某某共同生活。双方要求分割的夫妻共同财产为七套房屋。郑某某在庭审中明确表示不同意离婚，如果离婚要求三个孩子的抚养权。

【裁判结果】

法院于2018年12月作出民事判决：认定李某某提供的证据足以证实郑某某长期实施家庭暴力，准予双方离婚；尊重三个孩子的意愿，再结合郑某某存在家庭暴力的情形，从有利于子女身心健康角度出发，三名子女均由李某某直接抚养，被告郑某某每月支付孩子抚养费；四套房产归郑某某所有，三套房产归李某某所有。

【典型意义】

1. 重拳出击，让施暴人感受到司法的强硬。对李某某的人身安全保护令申请，法院发出人身安全保护令。李某某于2018年4月27日向法院申请人身安全保护令，法院于2018年5月2日作出人身安全保护令民事裁定，裁定禁止郑某某对李某某实施殴打、威胁、谩骂等家庭暴力行为。之后李某某又于2018年10月18日申请变更人身安全保护令。法院进行审查后认为合理合法，裁定予以准许，并作出民事裁定书裁定禁止郑某某对李某某及其三个子女实施殴打、威胁、谩骂等家庭暴力行为；禁止郑某某骚扰、跟踪、接触李某某及其子女。

此外，坚决惩处郑某某阻碍司法工作的行为。法院工作人员在2018年7月23日、2018年7月25日依法向郑某某送达诉讼资料时，郑某某两次对负责送达的司法工作人员进行威胁，阻碍司法工作人员执行职务。考虑到郑某某有家暴的前科，又目无法纪，威胁送达人员，如果不能坚决遏制他的嚣张气焰，那么本案开庭、审理、判决都将无法顺利进行，更无法保障女方和孩子的人身安全。因此，合议庭在第二次送达的现场合议后认为郑某某已经阻碍司法工作人员执行职务，符合司法拘留的情形，且现场还有刀具等物品，危险性极高，决定先将郑某某带回法院。郑某某被押回法院后仍毫无悔意，经合议庭合议，并报院长批准，决定对郑某某司法拘留15日。司法拘留让郑某某有了敬畏之心，之后基本能理性沟通，态度明显好转，为今后案件处理打下了坚实的基础。

2. 柔性司法，让受暴人感受司法的温暖。在审理方式上，虽然司法拘留之后郑某某也没有再敢对女方及孩子实施暴力，但为了确保庭审安全，合议庭决定采取隔离审判的模式，将李某某及其诉讼代理人安排在另外一个审判庭，由专门的社工陪同，通过远程技术进行网上开庭，申请了两名法警执庭，并从大门口安检开始就对郑某某保持高度戒备。确保庭审的顺利进行。庭审后安排李某某及其委托诉讼代理人先签笔录，并从安全通道先行离开法院，避免与郑某某接触。

从国际标准看，此举措符合《联合国消除一切形式对妇女的歧视公约》要求中“司法部门对针对妇女的暴力（包括家庭暴力）有足够警觉，起诉及时，并且一致把保障妇女的生命权和身心健康放在公认的重要位置”，即从隔离审判、社工陪同、法警执庭等多方面考虑到妇女的安全，司法机关有足够的警觉并采取了积极措施，此举措符合国际标准要求。

启动心理干预程序。鉴于郑某某存在严重家暴，且现有证据已经反映家暴行为对三个孩子，尤其是大女儿造成了严重的心理创伤，在案件审理过程中，就安排心理干预老师对三个孩子和李某某进行心理干预。其中李某某、二女儿和小儿子的心理状况基本健康，大女儿的心理问题较为严重，存在情绪偏激的情况，甚至还说出：如果郑某某再对家人实施暴力就要杀了他这样的话。针对此种情况，对大女儿展开了连续五次的心理干预，使大女儿能将情绪完全发泄出来，并理性地看待整个事情，取得了较好的效果。从国际标准看，这一举措符合《消除针对妇女一切形式歧视公约》建议“针对妇女的暴力（包括家庭暴力）的受害人可以获得公安部门、检察机关及法院等部门链接的医疗、法律与社会服务”这一国际标准要求。

3. 寻求他力，合作实现案结事了。宣判当天，为了防止郑某某宣判后可能因对判决不满，而再次对李某某及孩子实施暴力，法院还给李某某住所地的派出所和居委会发出防止民转刑的函，说明郑某某所具有的高度人身危险性，请求他们共同予以高度关注，及时预警、及时出警，共同防止暴力。同时，宣判后法官、书记员引导郑某某通过上诉来表达意见，郑某某在上诉期内上诉，二审维持了一审判决，之后郑某某也没有对法官、法院、女方和孩子有暴力或威胁，实现了案结事了。

3. 人民法院反家庭暴力典型案例（第一批）[①]

案例一

林某申请人身安全保护令案

——人身安全保护令可适用于终止恋爱关系的当事人

【关键词】

终止恋爱关系　骚扰　暴力　不法侵害

【基本案情】

林某（女）和赵某原系情侣，后因双方性格不合，林某提出分手。此后，赵某通过使用暴力、进行定位跟踪、使用窃听设备、破坏家门锁与电闸、安装监控摄像头等多种形式对林某进行骚扰，严重影响了林某的正常生活与工作，且对林某的人身安全构成威胁。林某多次通过人民调解委员会与赵某调解，但赵某拒不改正。林某遂向人民法院申请人身安全保护令。

【裁判理由及结果】

人民法院经审查认为，《妇女权益保障法》明确规定，禁止以恋爱、交友为由或者在终止恋爱关系、离婚之后，纠缠、骚扰妇女，泄露、传播妇女隐私和个人信息。妇女遭受上述侵害或者面临上述侵害现实危险的，可以向人民法院申请人身安全保护令。申请人提供的证据，可以证实被申请人自双方终止恋爱关系后，以不正当方式，骚扰申请人，干扰申请人的正常生活，致申请人面临侵害的现实危险，符合作出人身安全保护令的法定条件。裁定：禁止被申请人赵某殴打、骚扰、跟踪、接触申请人林某。

【典型意义】

妇女权益遭受的侵害除了来自家庭，也常见于恋爱关系中或者终止恋爱关系以及离婚之后。为此，新修订的《妇女权益保障法》第 29 条明确规定，禁止以恋爱、交友为由或者在终止恋爱关系、离婚之后，纠缠、骚扰妇女，泄露、传播妇女隐私和个人信息。妇女遭受上述侵害或者面临上述侵害现实

① 2023 年 11 月 25 日最高人民法院发布。

危险的，可以向人民法院申请人身安全保护令。该条规定将适用人身安全保护令的主体范围由家庭成员扩大至曾经具有恋爱、婚姻关系或者以恋爱、交友为由进行接触等人群，可以更好地预防和制止发生在家庭成员以外亲密关系中的不法行为。本案中，人民法院根据上述法律规定，及时签发人身安全保护令，让被申请人意识到其实施的行为已经构成违法，通过人身安全保护令在施暴人和受害人之间建立起了一道无形的“隔离墙”，充分保护妇女合法权益。

案例二

李某申请人身安全保护令案

——发出人身安全保护令的证明标准是“存在较大可能性”

【关键词】

人身安全保护令　证明标准　较大可能性

【基本案情】

申请人李某（女）与龚某系夫妻，双方于2000年4月登记结婚。婚姻关系存续期间，李某多次遭到龚某的暴力殴打，最为严重的一次是被龚某用刀威胁。2023年4月，为保障人身安全，李某向人民法院申请人身安全保护令，但其仅能提交一些身体受伤的照片和拨打报警电话的记录。龚某称，李某提供的受伤照片均为其本人摔跤所致，报警系小题大做，其并未殴打李某。

【裁判结果及理由】

人民法院经审查认为，虽然李某提供的照片和拨打报警电话的记录并不能充分证明其遭受了龚某的家庭暴力，但从日常生活经验和常理分析，该事实存在较大可能性，已达到申请人身安全保护令的证明标准。裁定：禁止被申请人龚某对申请人李某实施家庭暴力。

【典型意义】

当遭受家庭暴力或面临家庭暴力现实危险时，受害人可以向法院申请人身安全保护令。该制度的创设目的在于对已经发生或者可能发生的家庭暴力行为作出快速反应，及时保护申请人免遭危害。实践中，预防和制止家庭暴力最大的障碍是家暴受害人举证不足问题。鉴于人身安全保护令作为禁令的预防性保护功能，《最高人民法院关于办理人身安全保护令案件适用法律若干问题的规定》第 6 条规定，签发人身安全保护令的证明标准是“存在较大可能性”。本案中，虽然受害人提供的受伤照片和报警电话记录不能充分证明存在家暴行为，但人民法院综合考量双方当事人的陈述、多次报警情况，结合日常生活经验，认定家庭暴力事实存在较大可能性，符合法律应有之义，特别关注了家庭暴力受害人举证能力较弱、家暴行为私密性等特征，最大限度发挥人身安全保护令的预防和隔离功能，以充分保护家庭暴力受害人的合法权益。

案例三

王某申请人身安全保护令案

——通过自伤自残对他人进行威胁属家庭暴力

【关键词】

自伤自残　精神控制

【基本案情】

申请人王某（女）与被申请人李某系夫妻关系。双方因家庭琐事经常发生争议，李某多次以跳楼、到王某工作场所当面喝下农药等方式进行威胁，王某亦多次报警皆协商未果。为保证人身安全，王某向人民法院申请人身安全保护令。

【裁判理由及结果】

人民法院经审查认为，李某自伤自残行为会让申请人产生紧张恐惧情绪，属于精神侵害，王某的申请符合人身安全保护令的法定条件。裁定：一、禁止被申请人李某对申请人王某实施家庭暴力；二、禁止被申请人李某骚扰、跟踪、威胁申请人王某。

【典型意义】

精神暴力的危害性并不低于身体暴力的危害性。本案中，被申请人虽未实施殴打、残害等行为给申请人造成身体损伤，但其自伤、自残的行为必定会让申请人产生紧张恐惧的情绪，导致申请人精神不自由，从而按照被申请人的意志行事。该行为属于精神暴力。人民法院通过签发人身安全保护令，明确通过伤害自己以达到控制对方的行为也属于家庭暴力，这不但扩大了对家庭暴力的打击范围，也为更多在家庭中遭受精神暴力的家暴受害人指明了自救的有效路径，为个体独立自主权及身心健康的保障提供了有力的后盾。

案例四

陈某申请人身安全保护令案

——子女对父母实施家庭暴力的，父母可以申请人身安全保护令

【关键词】

子女　殴打父母　家庭暴力

【基本案情】

申请人陈某与被申请人郑某系母子关系。2022 年 6 月，郑某前往陈某居住的 A 房屋，以暴力威胁向陈某索要钱款，陈某拨打“110”报警。2022 年 9 月，郑某再次到陈某住处向陈某索要钱款，并对陈某进行辱骂和殴打，在陈某答应给予 2 万元的前提下才允许其离开住所。为避免进一步被威胁和伤害，陈某向人民法院申请人身安全保护令。

【裁判理由及结果】

人民法院经审查认为：申请人陈某已七十高龄，本应安度晚年，享受天伦之乐，但郑某作为子女非但没有好好孝敬申请人，而是多次使用辱骂、威胁、殴打的手段向申请人索要钱财，给申请人的身心造成了巨大打击，申请人无法正常生活。申请人的申请符合《中华人民共和国反家庭暴力法》第 27 条规定的发出人身安全保护令的条件。裁定：一、禁止被申请人郑某殴打、威胁申请人陈某；二、禁止被申请人郑某以电话、短信、微信等方式骚扰申请人陈某；三、禁止被申请人郑某前往申请人陈某居住的 A 房屋。

【典型意义】

尊老敬老爱老是中华民族的传统美德。本案中，郑某作为具有独立生活能力的成年子女，不但没有孝敬母亲，反而以殴打、威胁方式索要钱财，不仅违背了法律规定，也有悖于人伦，法院应对该行为作出否定性评价。同时，本案申请人作为年逾七旬的老人，无论是保留证据能力还是自由行动能

力均有一定局限性，人民法院充分考虑这一特殊情况，发挥司法能动性，与当地公安、街道联动合作，依职权调取相关证据，为及时保护申请人的合法权益织起了一张安全网。

4. 人民法院反家庭暴力典型案例（第二批）[①]

案例一

蔡某某申请人身安全保护令案

——未成年子女被暴力抢夺、藏匿或者目睹父母一方对另一方实施家庭暴力的，可以申请人身安全保护令

【关键词】

未成年人　暴力抢夺　目击者　未共同生活

【基本案情】

2022 年 3 月，蔡某与唐某某（女）离婚纠纷案一审判决婚生子蔡某某由唐某某抚养，蔡某不服提起上诉，并在上诉期内将蔡某某带走。后该案二审维持一审判决，但蔡某仍拒不履行，经多次强制执行未果。2023 年 4 月，经法院、心理咨询师等多方共同努力，蔡某将蔡某某交给唐某某。蔡某某因与母亲分开多日极度缺乏安全感，自 2023 年 5 月起接受心理治疗。2023 年 5 月，蔡某到唐某某处要求带走蔡某某，唐某某未予准许，为此双方发生争执。蔡某不顾蔡某某的哭喊劝阻，殴打唐某某并造成蔡某某面部受伤。蔡某某因此次抢夺事件身心受到极大伤害，情绪不稳，害怕上学、出门，害怕被蔡某抢走。为保护蔡某某人身安全不受威胁，唐某某代蔡某某向人民法院申请人身安全保护令。

【裁判理由及结果】

人民法院经审查认为，国家禁止任何形式的家庭暴力。家庭暴力，是指家庭成员之间以殴打、捆绑、残害、限制人身自由以及经常性谩骂、恐吓等

---

① 2023 年 11 月 27 日最高人民法院发布。

方式实施的身体、精神等侵害行为。当事人因遭受家庭暴力或者面临家庭暴力的现实危险，向人民法院申请人身安全保护令，人民法院应当受理。蔡某某在父母离婚后，经法院依法判决，由母亲唐某某直接抚养。蔡某在探望时采用暴力方式抢夺蔡某某，并当着蔡某某的面殴打其母亲唐某某，对蔡某某的身体和精神造成了侵害，属于家庭暴力。故依法裁定：一、禁止被申请人蔡某以电话、短信、即时通讯工具、电子邮件等方式侮辱、诽谤、威胁申请人蔡某某及其相关近亲属；二、禁止被申请人蔡某在申请人蔡某某及其相关近亲属的住所、学校、工作单位等经常出入场所的一定范围内从事可能影响申请人蔡某某及其相关近亲属正常生活、学习、工作的活动。

【典型意义】

抢夺、藏匿未成年子女行为不仅侵害了父母另一方对子女依法享有的抚养、教育、保护的权利，而且严重损害未成年子女身心健康，应当坚决预防和制止。《未成年人保护法》第24条明确规定，不得以抢夺、藏匿未成年子女等方式争夺抚养权。本案中，孩子先是被暴力抢夺、藏匿长期无法与母亲相见，后又目睹父亲不顾劝阻暴力殴打母亲，自己也因此连带受伤，产生严重心理创伤。尽管父亲的暴力殴打对象并不是孩子，抢夺行为亦与典型的身体、精神侵害存在差别。但考虑到孩子作为目击者，其所遭受的身体、精神侵害与父亲的家庭暴力行为直接相关，应当认定其为家庭暴力行为的受害人。人民法院在充分听取专业人员分析意见基础上，认定被申请人的暴力抢夺行为对申请人产生了身体及精神侵害，依法签发人身安全保护令，并安排心理辅导师对申请人进行长期心理疏导，对审理类似案件具有借鉴意义。

案例二

唐某某申请人身安全保护令案

——全社会应形成合力，共同救护被家暴的未成年人

【关键词】

未成年人　代为申请　心理辅导　矫治

【基本案情】

2023年8月，唐某某（4岁）母亲马某对唐某某实施家庭暴力，住所所

在地A市妇联联合当地有关部门进行联合家访，公安部门对马某出具家庭暴力告诫书。2023年9月，马某全家从A市搬至B市居住。同月底，唐某某所在幼儿园老师在检查时发现唐某某身上有新伤并报警，当地派出所出警并对马某进行口头训诫。2023年10月初，B市妇联代唐某某向人民法院递交人身安全保护令申请书。

【裁判理由及结果】

人民法院经审查认为，被申请人马某对申请人唐某某曾有冻饿、殴打的暴力行为，唐某某确实遭受家庭暴力，故其申请符合《中华人民共和国反家庭暴力法》关于作出人身安全保护令的条件，应予支持。裁定：一、禁止被申请人马某对申请人唐某某实施殴打、威胁、辱骂、冻饿等家庭暴力；二、责令被申请人马某接受法治教育和心理辅导矫治。

【典型意义】

预防和制止未成年人遭受家庭暴力是全社会共同责任。未成年人因缺乏法律知识和自保能力，面对家暴时尤为需要社会的帮扶救助。本案中，有关部门在发现相关情况后第一时间上门摸排调查；妇联代为申请人身安全保护令；幼儿园及时履行强制报告义务；公安机关依法对父母予以训诫；人民法院依法发出人身安全保护令，并联系有关部门协助履行职责，多部门联合发力共同为受家暴未成年人撑起法律保护伞。通过引入社会工作和心理疏导机制，对施暴人进行法治教育和心理辅导矫治，矫正施暴人的认识行为偏差，从根源上减少发生家暴的可能性。

案例三

刘某某与王某某离婚纠纷案

——离婚纠纷中，施暴方不宜直接抚养未成年子女

【关键词】

离婚纠纷　家庭暴力　直接抚养　子女意愿

【基本案情】

刘某某（女）和王某某系夫妻关系，双方生育一子一女。婚后，因王某某存在家暴行为，刘某某报警8次，其中一次经派出所调解，双方达成“王

某某搬离共同住房，不得再伤害刘某某”的协议。刘某某曾向人民法院申请人身安全保护令。现因王某某实施家暴等行为，夫妻感情破裂，刘某某诉至人民法院，请求离婚并由刘某某直接抚养子女，王某某支付抚养费等。诉讼中，王某某主张同意女儿由刘某某抚养，儿子由王某某抚养。儿子已年满8周岁，但其在书写意见时表示愿意和妈妈一起生活，在王某某录制的视频和法院的询问笔录中又表示愿意和爸爸一起生活，其回答存在反复。

【裁判理由及结果】

人民法院经审理认为，双方均确认夫妻感情已破裂，符合法定的离婚条件，准予离婚。双方对儿子抚养权存在争议。根据《中华人民共和国民法典》第1084条规定，人民法院应当按照最有利于未成年子女的原则处理抚养纠纷。本案中，9岁的儿子虽然具有一定的辨识能力，但其表达的意见存在反复，因此，应当全面客观看待其出具的不同意见。王某某存在家暴行为，说明其不能理性、客观地处理亲密关系人之间的矛盾，在日常生活中该行为对未成年人健康成长存在不利影响；同时，两个孩子从小一起生活，均由刘某某抚养，能够使兄妹俩在今后的学习、生活中相伴彼此、共同成长；刘某某照顾陪伴两个孩子较多，较了解学习、生活习惯，有利于孩子的身心健康成长。判决：一、准予刘某某与王某某离婚；二、婚生儿子、女儿均由刘某某抚养，王某某向刘某某支付儿子、女儿抚养费直至孩子年满18周岁止。

【典型意义】

根据《民法典》第1084条规定，离婚纠纷中，对于已满8周岁的子女，在确定由哪一方直接抚养时，应当尊重其真实意愿。由于未成年人年龄及智力发育尚不完全，基于情感、经济依赖等因素，其表达的意愿可能会受到成年人一定程度的影响，因此，应当全面考察未成年人的生活状况，深入了解其真实意愿，并按照最有利于未成年人的原则判决。本案中，由于儿子表达的意见存在反复，说明其对于和哪一方共同生活以及该生活对自己后续身心健康的影响尚无清晰认识，人民法院慎重考虑王某某的家暴因素，坚持最有利于未成年子女的原则，判决孩子由最有利于其成长的母亲直接抚养，有助于及时阻断家暴代际传递，也表明了对婚姻家庭中施暴方在法律上予以否定性评价的立场。

案例四

彭某某申请人身安全保护令案
——学校发现未成年人遭受或疑似遭受家庭暴力的，
应履行强制报告义务

【关键词】

未成年人　学校　强制报告　家庭教育指导

【基本案情】

申请人彭某某（女）13岁，在父母离异后随父亲彭某和奶奶共同生活，因长期受父亲打骂、罚站、罚跪，女孩呈现焦虑抑郁状态，并伴有自残自伤风险。2021年4月某日晚，彭某某因再次与父亲发生冲突被赶出家门。彭某某向学校老师求助，学校老师向所在社区派出所报案、联系社区妇联。社区妇联将情况上报至区家庭暴力防护中心，区家庭暴力防护中心社工、社区妇联工作人员以及学校老师陪同彭某某在派出所作了笔录。经派出所核查，彭某确有多次罚站、罚跪以及用衣架打彭某某的家暴行为，并对彭某某手臂伤痕进行伤情鉴定，构成轻微伤，公安机关于2021年4月向彭某出具《反家庭暴力告诫书》，告诫严禁再次实施家庭暴力行为。后彭某某被安置在社区临时救助站。彭某某母亲代其向人民法院提交人身安全保护令申请。

【裁判理由及结果】

人民法院经审查认为，经向派出所调取证据，可以证明彭某有多次体罚彭某某的行为，抽打彭某某手臂经鉴定已构成轻微伤，且彭某某呈现焦虑抑郁状态，有自伤行为和自杀意念，彭某的行为已构成家庭暴力，应暂时阻断其对彭某某的接触和监护。人民法院在立案当天即作出人身安全保护令，裁定：一、禁止被申请人彭某殴打、恐吓、威胁申请人彭某某；二、禁止被申请人彭某骚扰、跟踪申请人彭某某；三、禁止被申请人彭某与申请人彭某某进行不受欢迎的接触；四、禁止被申请人彭某在申请人彭某某的住所、所读学校以及彭某某经常出入的场所内活动。

【典型意义】

学校不仅是未成年人获取知识的场所，也是庇护学生免受家暴的港湾。根据《未成年人保护法》规定，作为密切接触未成年人的单位，学校及其工作人员发现未成年人遭受家庭暴力的，应当依法履行强制报告义务，及时向公安、民政、教育等部门报告有关情况。本案中，学校积极履行法定义务，在接到未成年人求助后立即向所在社区派出所报案、联系社区妇联，积极配合开展工作，处置及时、反应高效，为防止未成年人继续遭受家庭暴力提供坚实后盾。人民法院受理人身安全保护令申请后，第一时间向派出所、社区组织、学校老师了解情况，当天即作出人身安全保护令裁定。同时，人民法院还通过心理辅导、家庭教育指导等方式纠正彭某在教养子女方面的错误认知，彭某认真反省后向人民法院提交了书面说明，深刻检讨了自己与女儿相处过程中的错误做法，并提出后续改善措施保证不再重蹈覆辙。

案例五

韩某某、张某申请人身安全保护令案

——直接抚养人对未成年子女实施家庭暴力，人民法院可暂时变更直接抚养人

【关键词】

未成年人　直接抚养人　暂时变更

【基本案情】

申请人韩某某在父母离婚后跟随父亲韩某生活。韩某在直接抚养期间，以韩某某违反品德等为由采取木棍击打其手部、臀部、罚跪等方式多次进行体罚，造成韩某某身体出现多处软组织挫伤。韩某还存在因韩某某无法完成其布置的国学作业而不准许韩某某前往学校上课的行为。2022 年 9 月，某派出所向韩某出具《家庭暴力告诫书》。2022 年 11 月，因韩某实施家暴行为，公安机关依法将韩某某交由其母亲张某临时照料。2022 年 12 月，原告张某将被告韩某诉至人民法院，请求变更抚养关系。为保障韩某某人身安全，韩某某、张某于 2022 年 12 月向人民法院申请人身安全保护令。

【裁判理由及结果】

人民法院经审查认为，父母要学会运用恰当的教育方式开展子女教育，而非采取对未成年人进行体罚等简单粗暴的错误教育方式。人民法院在处理涉未成年人案件中，应当遵循最有利于未成年人原则，充分考虑未成年人身

心健康发展的规律和特点，尊重其人格尊严，给予未成年人特殊、优先保护。韩某作为韩某某的直接抚养人，在抚养期间存在严重侵犯未成年人身心健康、不利于未成年人健康成长的行为，故依法裁定：一、中止被申请人韩某对申请人韩某某的直接抚养；申请人韩某某暂由申请人张某直接抚养。二、禁止被申请人韩某暴力伤害、威胁申请人韩某某。三、禁止被申请人韩某跟踪、骚扰、接触申请人韩某某。

【典型意义】

一般人身安全保护令案件中，申请人的请求多为禁止实施家暴行为。但对被单亲抚养的未成年人而言，其在学习、生活上对直接抚养人具有高度依赖性，一旦直接抚养人实施家暴，未成年人可能迫于压力不愿也不敢向有关部门寻求帮助。即使人民法院作出人身安全保护令，受限于未成年人与直接抚养人共同生活的紧密关系，法律实施效果也会打折扣。本案中，考虑到未成年人的生活环境，人民法院在裁定禁止实施家庭暴力措施的基础上，特别增加了一项措施，即暂时变更直接抚养人，将未成年人与原直接抚养人进行空间隔离。这不仅可以使人身安全保护令发挥应有功效，也能保障未成年人的基本生活，更有利于未成年人的健康成长。

案例六

吴某某申请人身安全保护令案

——父母应当尊重未成年子女受教育的权利，父母行为侵害合法权益的，未成年子女可申请人身安全保护令

【关键词】

未成年人　受教育权　精神暴力

【基本案情】

申请人吴某某（女）16岁，在父母离婚后随其父亲吴某生活，于2022年第一次高考考取了一本非985高校。吴某安排吴某某复读，要求必须考取985高校，并自2022年暑期开始居家教授吴某某知识。开学后，吴某一直不让吴某某到学校上课。2022年下半年，吴某某奶奶发现吴某将吴某某头发剪乱，不让其吃饱饭，冬天让其洗冷水澡，不能与外界交流（包括奶奶），并

威胁其不听话就不给户口簿、不协助高考报名。因反复沟通无果，吴某某奶奶向当地妇联寻求帮助。妇联联合人民法院、公安、社区、教育局立即开展工作，赶赴现场调查取证。吴某某向人民法院申请人身安全保护令。

【裁判理由及结果】

人民法院经审查认为，申请人吴某某有遭受家庭暴力或者面临家庭暴力现实危险，其申请符合人身安全保护令的法定条件。人民法院在收到申请后六小时内便作出人身安全保护令，裁定：一、禁止被申请人吴某对申请人吴某某实施家庭暴力；二、禁止被申请人吴某限制申请人吴某某人身自由、虐待申请人；三、禁止被申请人吴某剥夺申请人吴某某受教育的权利。

【典型意义】

未成年子女是独立的个体，他们享有包括受教育权在内的基本民事权利。父母对未成年子女负有抚养、教育、保护义务。在处理涉及未成年人事项时，应当坚持最有利于未成年人的原则，尊重未成年人人格尊严、适应未成年人身心健康发展的规律和特点，尊重未成年人受教育的权利。父母应当在充分保障未成年子女身体、心理健康基础上，以恰当的方式教育子女。本案中，父亲虽系出于让孩子取得更好高考成绩的良好本意，但其采取的冻饿、断绝与外界交流等方式损害了未成年人的身体健康，违背了未成年人的成长规律，禁止出门上学更是损害了孩子的受教育权，名为“爱”实为“害”，必须在法律上对该行为作出否定性评价。

后　记

《最高人民法院关于审理涉彩礼纠纷案件适用法律若干问题的规定》已于2023年11月13日经最高人民法院审判委员会第1905次会议通过，于2024年1月17日公布，自2024年2月1日起施行。

《最高人民法院关于适用〈中华人民共和国民法典〉婚姻家庭编的解释（二）》已于2024年11月25日经最高人民法院审判委员会第1933次会议通过，于2025年1月15日公布，自2025年2月1日起施行。

出台上述司法解释，是最高人民法院深入学习贯彻习近平法治思想、贯彻落实中央1号文件精神、确保各级人民法院统一正确实施《民法典》的重要举措。院党组和各位院领导十分重视上述两部司法解释的制定工作。贺小荣副院长亲自参加部分片区调研会听取意见，多次作出批示、指示，从法理依据、实用性、针对性等方面对各条文提出严格要求。如上述司法解释中彩礼返还规则、夫妻间给予房产、父母给子女购房等条文，切实解决了审判实践中争议较大的司法难题，为统一裁判提供法律依据。最高人民法院审判委员会各位委员对上述司法解释进行了严格把关，确保了质量。上述司法解释得以顺利出台，要感谢全国人民代表大会常务委员会法制工作委员会提出的诸多宝贵、中肯的修改意见！感谢中央有关部门提出的珍贵修改意见！感谢最高人民法院有关部门、地方各级人民法院、部分高校以及对司法解释提出修改意见的社会各界人士！

本书由司法解释起草小组成员共同撰写，确保能原汁原味地呈现司法解释起草过程中的争议以及最终定稿的理由。全书在行文上力求“能简则简、当详则详”，尽可能简洁、准确、全面地诠释条文精神以及如何妥善应对司法实践面临的新情况新问题，做到方便、实用。

本书撰写分工如下：

上篇　《民法典婚姻家庭编解释（二）》理解与适用

刘忠伟　第一条、第三条

唐　倩　第四条

侯玉晖　第六条

危浪平　第七条

王　丹　第二条、第五条、第八条、第十五条、第十九条、第二十三条

李赛敏　第九条、第十条

于　蒙　第十一条

马　冉　第十二条

柳　凝　第十三条

王楠楠　第十四条

王永明　第十六条

谢　勇　第十七条

徐　上　第十八条

刘　静　第二十条

张一宸　第二十一条

赵风暴　第二十二条

下篇　《涉彩礼纠纷解释》理解与适用

王　丹　第一至七条

本书由陈宜芳、吴景丽、王丹、马冉统稿，贺小荣定稿。

尽管各位作者对本书的写作倾注了大量心血，但疏漏之处在所难免。欢迎社会各界批评指正，多提宝贵意见，以便我们下一步更好地开展家事审判指导工作！

最高人民法院民事审判第一庭

2025 年 4 月 2 日